碧梧叢書 2

조직학의 주요이론

[제6판]

오석홍
손태원　편저
이창길

法　文　社

머 리 말

「조직학의 주요이론」이 처음 출간된 것은 1991년의 일이다. 이 책은 그 자매편이라고 할 수 있는 「행정학의 주요이론」, 「정책학의 주요이론」과 함께 연작으로 기획되었다. 세 권의 '주요이론' 가운데 「조직학의 주요이론」이 그 첫 번째 작품이다.

이 책의 편집의도는 조직이론들을 조직학 입문교과서에서보다는 더 상세하고 친절하게 소개해서 조직학도들의 연구를 도우려는 것이었다. 이 책에 수록된 이론의 원저자들에 관한 전기적 자료도 함께 수록하여 독자들이 참고하도록 하였다. 이러한 편집의도와 방법은 되풀이 된 개정작업에서도 이어받았다.

「조직학의 주요이론」 제2판을 낼 때 편집진과 집필진을 함께 보강하고 출판사도 바꾸었다. 당초에 이 책의 출판을 구상하고 편집작업을 주도한 것은 오석홍이었다. 손태원과 하태권은 초판의 편집작업을 적극적으로 도운 사람들이다. 제2판 출간을 계기로 이 조력자 두 사람도 공동 편저자로 전면에 나서게 되었다.

이 책의 초판에는 25명의 학자들이 40편의 글을 실었으며, 제2판에는 35명의 학자들이 51편의 글을 실었고, 제3판에는 43명의 학자들이 62편의 글을 실었으며, 제4판에는 50명의 학자들이 69편의 글을 실었다. 제5판에는 52명의 집필자들이 72편의 글을 실었다. 제4판의 편집부터 이창길 교수가 새로 편집진에 참여하였다. 그 뒤부터 이교수가 이 책의 편집을 주도하는 일을 해왔다.

제2판을 낼 때 책의 편별을 크게 손질했었다. 제3판을 꾸미면서도 편별을 다시 조정하였다. 제2판의 5편체제를 4편체제로 바꾸었다. 제3편의 제목을 '조직 내의 인간과 문화'로 고치고 제4편 '조직의 문화와 시스템이론'은 폐지하였다. 제4판에서는 4편체제를 6편체제로, 제5판에서는 6편체제를 8편체제로 바꾸고 이론들을 재배치하였다. 편별을 세구분할수록 이론들의 범주별 배치에서 적정성을 확보하기가 더욱 어려워진다. 이론의 편별 배치가 반드시 적합하다고 장담하기 어려운 점을 독자들은 이해하기 바란다.

이번에 다시 세 편의 글을 추가하여 제6판을 발행하게 되었다. 추가된 글은 김상준교수가 집필한 Latour 등의 "행위자 - 네트워크이론", 최태현교수가 집필한 March의 "탐색과 심화 학습론", 그리고 이창길교수가 집필한 Rogers 의 "혁신확산 이론"이다. 이로써 이 책의 집필진은 54명이 되었고, 실린 글은 75편이 되었다.

    독자들의 꾸준한 관심과 성원에 감사한다.

2024년
오 석 홍

차   례

제 6 편 ┃ 조직과 문화

01

조직과 구조

Max Weber의
관료제 이념형*

Ⅰ. Weber의 학문세계

Max Weber(1864~1920)는 독일의 프랑크푸르트에서 공무원이자, 전직 정치가의 아들로 태어나 그의 아버지가 교류하였던 지식인 집단의 영향을 받으면서 성장하였다. 이 때 역사학자들이 그 집단 내에서 큰 영향력을 행사하였으며, 예술과 문학은 무시되는 분위기였다.

Weber는 1882년 하이델베르그 대학교에 입학하여 경제학, 철학, 로마법 등을 공부하였다. 1883년 그는 신생 프러시아 제국의 동부국경지대에서 잠시 동안의 군복무를 마치고 베를린 대학교로 돌아와 공부를 계속하였다. 베를린 대학교가 반세기 전에 젊은 Karl Marx에게 큰 영향을 주었던 것과는 달리 Weber에게는 그의 사상발전에 특별히 영향을 주지 못하였다. 이에 Weber는 1885년에 괴팅겐 대학교로 옮기게 되며, 1889년 그는 그 곳에서 중세의 무역회사에 관한 박사학위논문을 완성하였다.

1889년에서 1891년까지 Weber는 대학교수 자격을 위한 논문을 구상하는 한편 베를린의 작은 법률사무소에서 근무했다. 그 후 1892년 베를린 대학교의 법학과에 임용되어 1894년 브라이스가우의 프라이부르그 대학교(University of Freiburg in Breisgau)에서 경제학과 정교수가 될 때까지 강의하였다. 1896년 Weber는 하이델베르그 대학교 경제학과의 학과장으로 선출되고, 4년간 정교수의 자격을 획득하였다. 그러나 Weber가 학자로서 받은 명예는 그가 현실정치에 참여하여 성공하지 못한 점을 충분히 보상해 주지 못했다. 그는 공공연히 대학강의의 책임을 혐오했었다. 이와 같은 초기시절에 Weber는 대학교수직 외에도 여러 공공기관과 사기관의 고문으로 일하기도 하면서 다른 경력들을 추구

---

* 김석준: 건국대학교 융합인재학과 초빙교수.

하였다. 이러한 직무들과 관련하여 Weber는 독일의 증권거래나 동프러시아의 농지문제를 포함한 광범위한 주제들을 연구하였다. 대학강의와 더불어 이러한 연구결과들은 Weber의 사고 형성의 한 국면을 보여주며, 전기와 구분하여 그의 후기 저작을 특징짓는 주제나 연구기법의 한 전조가 된다.

Weber의 저작에서 반복되어 나오는 주제들은 그가 1888년부터 죽을 때까지 소속되어 있었던 사회정치연맹(Social-Political Union: SPU)의 회원으로 활동했다는 점에서 유래를 찾을 수 있다. 1872년에 창설된 학자들의 집단인 이 연맹은 설립 초기부터 당시에 지배적인 학문추세였던 추상적·일반적 학문체계를 거부하고 긴박한 현실적 사회문제들을 직접 연구하였다. 그 영향으로 Weber도 1871년 국가를 통일한 프러시아 군주정 아래에서 성립된 독일 사회의 토대 그 자체에 대해 의심을 품게 되었다. 또한, 그는 군주 대신 실권을 행사했던 Otto von Bismarck수상에 대해 깊은 관심을 가졌다. Bismarck가 권력을 성공적으로 장악하여 국가의 정치활동을 완전히 지배했으나 그가 계획한 미래를 만드는 데는 실패했다는 점에서 인간이 하는 계획의 한계를 교훈으로 얻게 되었다.

1897년 Weber는 신경쇠약으로 고생하다가 대학 교수직을 사직하였으나, 1899년에서 1904년 사이에 유럽 여러 지역을 여행하면서 병세가 크게 호전되었다. 1903년에는 충분히 건강을 회복하여 Werner Sombart, Edgar Jaffe와 함께 「사회과학총서」를 공동 편집하였다. 이 시기에 대학으로의 복귀를 제의받았으나 가문의 유산 덕분에 대학에 돌아가는 대신 자유롭게 개인적인 학문생활을 할 수 있었다.

1904년 잠시 동안의 미국 방문 후에 Weber는 자신의 대표작인 「프로테스탄트 윤리와 자본주의 정신」(*The Protestant Ethic and the Spirit of Capitalism*)의 저술에 착수하였다. 같은 시기에 Weber는 '이념형'(ideal types)의 사용을 약술한 방법론에 관한 논문을 출판하였다. 그 이념형의 가장 유명한 것은 권위에 관한 것으로 조직학이론에 직접 관련되는 관료제의 이념형들이다.

1905년에 Weber는 「프로테스탄트 윤리와 자본주의 정신」에서 주요 문명이 반전해 온 또 다른 길에 종교가 결정적인 역할을 하였다는 점을 밝히고자 세계적인 위대한 종교들을 비교 연구하였다. 이 연구에서 Weber는 교회와 국가간의 분리현상이 유럽 사회의 근대합리주의를 설명하는 데 중요한 요인이 된다고 확신하였다.

Weber는 만년에 그가 살던 시대에 대해 점점 더 비관적으로 생각하게 되면서 Nietzsche의 작품에 크게 영향을 받았다. 그는 유럽사회를 위대하게 만든 행위의 합리화가 또한 그 사회의 파멸을 초래하게 될 것이라는 점에 관심을 갖기 시작하였다.

Weber는 정치현실에 대해 참여하고자 하였음에도 불구하고 의도한 만큼 정치생활에서 성공을 거두지 못하였다. 만년에 제1차 세계대전 중 병원행정관·휴전위원회 위원 등으로 일하고, 바이마르헌법의 초안작업에 참여하기도 하였으나 그의 기대와는 달리 새 민주정부가 그를 공직에 임용하지는 않았다.

1918년 Weber는 빈 대학교에서 특별히 마련한 사회학 교수직에 임용됨으로써 학계에 복귀하고, 1919년에는 뮌헨 대학교로 옮겼다. 여기에서 사회학의 비교연구에 관한 저술을 시작하여 이 분야 이론화의 출발점이 되었다. 그러나 1920년에 Weber는 자신이 계획했던 작업의 일부분만 완성한 채 유행성 독감으로 인해 세상을 떠나고, 그의 저작은 2년 후 독일에서 출판되었다. Weber는 자신의 사상을 종합하여 저술로 남기지 못하였기 때문에 그의 사상을 종합하고자 한 최종적 시도의 일부 단편만이 그의 사후 20여 년 뒤인 1946~1947년에 영어로 번역되었다. 이 때문에 그의 저술을 영어로 읽는 사람들은 가끔씩 모호하고 상호 모순적인 듯한 내용을 담은 방대한 문헌에 당혹해 하는 경우가 많다.

Weber의 대표적인 저술인 「프로테스탄트 윤리와 자본주의 정신」(*The Protestant Ethic and the Spirit of Capitalism*, Allen & Unwin, 1930) 외에 나머지 책들은 후대 학자들이 편역한 것들이다. 그 대표적인 것은 H. H. Gerth와 C. Wright Mills가 편역한 「막스 베버로부터: 사회학수고」(*From Max Weber: Essays in Sociology*, Oxford University Press, 1946)와 A. M. Henderson과 Talcott Parsons가 편역한 「사회·경제조직이론」(*The Theory of Social and Economic Organization*, Oxford University Press, 1947)이다.

Weber는 이들 모든 저작에 걸쳐 경제적 생활의 사회학과 종교 사회학에 관한 연구를 통해 광범위한 문화의 역사적 발전에 주된 관심을 보이고 있다. 이 두 주제를 접근하고자 그는 유대교, 기독교 및 불교와 같은 주요 세계종교들을 분석하고 봉건사회 이전부터의 경제발전의 유형을 추적하는 데에 광범위한 노력을 보여주고 있다. 이 두 주제가 서유럽과 미국에서 자본주의가 발전하는 데 미친 프로테스탄트 신앙의 영향에 대한 그의 고전적 연구에 통합되고 있다. Weber는 독창적인 독일철학자로서 방대한 업적을 남겼으나, 영어로 번역된 그의 저술들은 그를 사회학의 주요 학자로 만들고 있다.

Ⅱ. 관료제의 이념형이론

조직학연구에 대한 Weber의 주된 공헌은 조직을 내부의 권위 관계로 특성화시키는 그의 권위구조이론이다. 권위에 관한 이념형 혹은 관료제의 이념형으로 불리는 그의 이론은 명령과 복종의 관계를 3가지로 유형화하고 있다. 이 문제를 다루면서 Weber는 권력(power)과 권위(authority)의 개념을 구별한다. 전자는 사람들의 저항 여부에 무관하게 복종하게 만드는 능력을 의미하는 반면, 후자는 명령이 명령받은 사람들에게 자발적으로 지켜지는 것을 의미한다고 양자를 구분한다. 따라서 권위체제하에서는 하급자들이 상급자들의 지시들을 정당한 것으로 받아들이게 된다. 이때 Weber는 권위가 정당화되는 방식에 따라 조직유형들을 구분한다. 그는 이들을 카리스마적 권위(charismatic authority), 전통적 권위(traditional authority) 및 합리적-법적 권위(rational-legal authority) 등의 3가지 순수 이념형으로 상정하고 있다. Weber는 이러한 것들이 이념형에서 묘사되어진 '순수한 형태'로서 역사상 존재했으리라고 가정할 수는 없지만 역사 속에서 볼 수 있는 서로 다른 권위체제의 전형적인 특징들을 보여준다고 주장한다.

첫째 유형인 카리스마적 권위에서는 권위의 행사가 지도자의 개인적인 자질에 따라 이루어진다. Weber는 그리스어인 카리스마(charisma)라는 말을 사용하는데 이 말은 '은총의 선물'(gift of Grace), 즉 지도자를 일반 사람들과 구별시키는 초자연적·초인적·최소한 특별히 예외적인 권력이나 자질들을 의미한다. 이것은 예언자, 메시아(messiah), 영웅, 선동자(a demagogue) 혹은 정치적 지도자의 지위를 뜻한다. 이 때 이들은 일반 대중과 지도자를 연결하는 업무를 담당하는 일단의 사도들을 거느리게 된다. 이러한 카리스마적 지배는 지도자의 비상한 능력이나 행위에 의해 정당화되고, 사도들은 믿음을 바탕으로 그의 지배를 따르게 된다. 이러한 권위와 지배에 따를 때 행정기구는 아주 불안정하고 이완되는 경향이 있다. 특히 지도자가 죽을 때 지도자의 계승문제가 심각해지고, 이 조직은 구조적 불안정성(built-in instability)에 따라 와해되는 과정을 겪게 된다. 그 대표적 조직들이 종교적이거나 정치적인 소규모 혁명운동조직들이다. 이들 조직은 운동이 분산되고, 여러 사도들이 서로 카리스마적 지도자의 '진정한' 상속자라고 주장하게 된다. 이 과정은 항상 일종의 핵분열로 이어진다. 1945년 초 Hitler의 부하들인 Himmler와 Goering간의 지위계승분쟁이 좋은 예이다. 지도자가 후계자를 지명하더라도 그 사람이 반드시 다음 지도자로 되는 것은 아니다. 카리스마는 그 성격상 또 다른 카리스마적 지도자를 허용하지 않는 경향이 크므로 조직은 카리스마적 형태를 잃고 다른 두 가지 유형의 하나로 변화할 가능성이 크다. 만일 지도자 계승이 세습적이라면 그 조직은 전통적 권위유형으로 되고, 만일 규칙에 의해 계승이 이루어진다면 합리적·법적 권위유형인 하나의 관료제조직으로 정착하게 되기 때문이다.

둘째 유형은 전통적 권위와 이에 따른 전통적 지배유형이다. 전통적 조직의 질서와 권위의 기초는 관례와 관습이다. 다양한 집단들의 권리와 기대가 이미 늘 있어 왔던 것을 신성하게 보는 관점에서 정립되어 있고, 이 체제의 위대한 조정자는 습관이다. 이 체제의 지도자는 세습되어 온 지위로 인해 권위를 부여받게 되고, 관습에 의해 그 권위의 범위가 고정된다. 카리스마가 그 권위의 승계를 세습제에 의해 전통으로 만들 때에는 그것은 창시자의 개인 특성의 일부라기보다는 지도자 역할의 일부로 전환된다. 전통적 권위체제하의 실제 조직형태는 두 가지로 나타난다. 그 하나가 가산제 형태(patrimonial form)의 전통적 지배이다. 이 형태에서 행정기구의 관료들은 주로 주인이 주는 급료에 의존하는 개인적 하인·친척·총애하는 사람 등 사적인 가신들이다. 또 다른 하나는 봉건제 형태(feudal form)이다. 이 형태는 가산제와는 달리 관료들이 주인에 대해 상당한 정도의 자율성을 누린다. 봉건관료들은 개인적인 예속물이 아니라 봉건 군주로부터 영지를 받은 제후(봉신: 封臣)들에 대해 스스로 소득의 근거를 지닌 협력자일 뿐이다. 비록 봉신들에 대해 충성 서약을 하지만 계약에 의해 그들은 독립적인 관할구역을 지닌다. 그들은 항상 관할행정구역을 가지고 있어서 봉신들에게 급료나 생계를 의존하지 않는다. 이처럼 봉건제는 과거로부터의 관습적인 권리와 의무의 체계에 따라 봉토, 봉신, 십일조 등의 물질적 기반을 가지고 이에 따라 체제가 유지된다. 비록 이러한 Weber의 예들이 과거의 역사적인 것들이지만 그의 통찰력은 현대적인 조직에도 동일하게 적용될 수 있다. 개인기업들의 경우 스스로의 세습제적인 승계를 가능케 하는 왕조를 건설하고 경영권과 경영직을 자손들에게 빈번히 이양하고 있다. 경영계층의 선임과 지명은 전문성에 의하기보다는 혈연관계에 따르는 경우가 많다. 이 외에 많은 조직의 업무처리방식들도 합리적 분석에 입각하기보다는 그런 방식으로 늘 해 왔다는 존재 그 자체만의 이유(as a reason in itself)로 정당화되고 있다.

셋째 유형은 합리적·법적 권위와 법에 따른 지배유형이다. 그 대표적인 유형은 관료제 조직형태이다. Weber는 이것을 현대사회의 지배적인 제도로 보고 있다. 이 체제가 합리적이라 불리는 이유는 특정한 목적을 달성하기 위해 수단들이 명백히 설계되기 때문이다. 즉, 조직은 특정 기능을 수행하기 위해 잘 설계된 기계와 같아서, 기계의 각 부품은 그 기능의 최대 성과를 달성하게 된다는 것이다. 또한, 법적이란 이유는 권위가 규칙과 절차의 체제에 따라 특정시간 사무실을 점유하고 있는 관료에 의해 행사되기 때문이다. 이러한 조직을 Weber는 관료제(bureaucracy)라고 부른다. 일반적으로 관료제는 비능률·번문욕례(繁文縟禮: red-tape) 및 과도한 문서화와 기록 등과 동의어로 사용되어 왔다. 특별히 관료제는 비능률적인 행정으로 인식되기도 한다. 그러나 Weber는 자신의 정의에 따라 관료조직이 기술적으로 가능한 가장 능률적인 조직의 형태라고 기술하고 있다. "정확성, 속도, 비모호성, 문서화, 계속성, 판단력, 통합, 엄격한 지배, 마찰의 감소 및 인적·물적 비용의 감소 등과 같은 장점들이 엄격한 관료제적 행정에서 적정시점에 달하면 나타나게 된다"고 Weber는 주장한다. Weber는 관료제가 현대적인 기계와 같을 때 다른 조직 형태들은 생산의 비기계적 방법과 같다고 비유한다.

관료제가 능률적인 이유는 그 조직적인 형태 때문이다. 사용되는 수단이 기술된 목적을 가장 잘 달성할 수 있는 것이기 때문에 지도자의 개인적인 변덕이나 더 이상 적용할 수 없는 전통적 절차에 의해 대체될 수 없다는 것이다. 이것은 관료제가 비개인화(depersonalization)의 최종단계를 나타내는 것이기 때문이다. 이러한 조직은 그들의 역할이 문서화에 의해 정의된 권위로 제한된 일련의 관료들로 채워져 있다. 이들 관료는 계층제에 따라 배열되어, 상관은 부하를 관장하게 되는 연속된 단계로 조직된다. 이 조직에는 모든 가능한 우발성이 이론적으로 다루어질 수 있도록 하는 일련의 규칙과 절차가 존재한다. 모든 기록과 문서파일들을 안전하게 관리하는 관청(bureau)이 있고, 이는 기록된 정보에 의해 체제의 합리성을 유지하는 데 중요한 역할을 담당한다. 직위에 맞는 기술적 자격에 따라 임용계약을 체결하기 때문에 개인과 공적 업무 사이에 명백한 구분이 있게 된다. 이러한 조직 내에서는 권위가 관직(office)에 주어지고, 규칙에 따라 일정한 명령을 그 관직이 내릴 수 있도록 권한을 위임하고 있기 때문에 명령은 지켜지게 된다. 또한, 전문가의 충원을 강조한다. 관료제 발전의 중요한 상징의 하나가 전문관리자와 전문기술자수의 증가이다.

Weber에게 관료제는 조정과 통제를 위해서도 고도로 능률적인 체제로 규정된다. 조직의 합리성은 그 행위의 결과를 계산하는 능력이다. 권위의 계층제와 규칙체제 때문에 조직 내 개인 행동에 대한 통제는 비개인화를 통해 확보되기 때문이다. 특정 영역에 대해 책임지고 파일을 사용하도록 전문가들을 고용하기 때문에 조직의 과거 행위에 대한 기록과 가능한 최선의 지식을 통합시킬 수 있다. 이것은 미래 사건들에 대한 예측도 가능하게 한다. 조직도 점차적으로 주어진 실질 목표의 달성을 위한 수단이 낳을 결과를 정확히 계산할 수 있는 방법들을 확보하게 되어 합리성을 가지게 된다.

관료제는 종교와 조직에 대한 Weber의 관심이 합치되는 곳에 존재한다. 경제체제로서의 자본주의는 경제적 이익에 대한 합리적인 장기간의 계산 위에 서 있다. 세계시장의 확장과 자본주의의 시발을 위해 특정의 도덕적 조망이 필요하였다. Weber는 현세에서의 근면을 통해 개인의 구원들이 가능함을 보여줄 필요가 있고, 이 세상에서의 삶을 강조하는 종교개혁 이후의 프로테스탄트 종교가 이러한 신앙을 제시함을 알게 되었다. 그리하여 경제적 활동이 점차 부정적인 악이 아니라 긍정적인 선으로 평가되었다. 자본주의는 그 궤도에 진입하게 되고, 경제적 합리성을 실천하게 하는 관료제의 조직형태가 자본주의 발전을 가장 쉽게 하는 데 공헌함을 평가하였다. 능률성과 규칙성으로 인해 관료제적 행정은 장기적인 경제활동의 계산에 필수적이었다. 산업화의 증대에 따라 관료제는 조직의 지배적인 방식이 되고 교육·정부·정치 등 사회의 다른 영역의 대표적 조직형태가 되었다. 결국 관료제적 조직이 현대사회의 모든 조직들의 대표적인 형태가 되었다.

과거 30여년에 걸친 조직의 공식적·구조적 특성에 관한 대부분의 연구들은 Weber의 연구에서 출발하였다. 그의 중요 업적은 조직 분석의 체계적인 카테고리를 제시한 최초의 연구라는 데 있다. Weber는 관료제 외에도 관료제와 민주주의의 관계, 관료제와 정치인 및 권력문제, 기타 정치사회학 분야의 광범위한 주제에 걸쳐 깊은 연구를 전개하였다. 이 때문에 Weber는 행정학자나 조직이론가로서보다는 사회과학 전 분야에 걸쳐 많은 업적을 남긴 위대한 학자로 평가된다. 이로 인해 현대사회과학을 크게 Karl Marx와 그 후예로 대표되는 급진주의에 경쟁하는 반대편에 Max Weber와 그의 학문적 지지자들을 두기도 한다. 이는 Weber가 현대사회과학을 양분할 정도로 높은 수준의 학문을 성취하였음을 의미한다.

그러나 Weber의 연구도 거시적인 면에서는 Marxist들에 의해 크게 비판받고 있다. 이 점에 대해서는 논의를 생략하고 Weber의 관료제 이념형에 대한 대표적인 비판만 간략히 보면 Weber의 관료제는 그 이론모형의 도출이 Bismark 수상으로 표현되는 강력한 지도력과 독일관료제를 준거의 틀로 삼고 있다는 점이다. 이 때문에 관료제를 법적·합리적 측면에서만 파악하고 의도적으로 이를 현대 산업사회의 이념형으로 삼고자 하였다. 이외에도 지나치게 공식조직만 강조하고 인간형태의 다양성을 무시하며 관료제 내의 갈등과 긴장을 경시한다는 등 Peter Blau, Robert Merton, 인간관계론자들의 비판이 많이 있으나 이에 관하여서는 이 책의 해당부분에서 상세히 설명되기 때문에 여기에서는 논의를 줄인다.

참 | 고 | 문 | 헌

Weber, Max, *The Protestant Ethic and the Spirit of Capitalism*, translated by Talcott Parsons, Winchester, Mass.: Allen and Unwin, 1930.

_____, *From Max Weber: Essays in Sociology*, translated and edited by H. H. Gerth & C. Wright Mills, Oxford University Press, 1946.

_____, *The Theory of Social and Economic Organization*, Translated by A.M. Henderson & Talcott Parsons, Oxford University Press, 1947.

Henry Mintzberg의
조직구조론*

I. Mintzberg의 학문세계

Henry Mintzberg는 현재 몬트리올에 있는 맥길 대학의 관리학 교수로 재직 중이다. 그는 매사추세츠 공과대학(MIT)의 Sloan 경영대학을 졸업하고, 프랑스 의 Aix-en-Province 대학의 교환교수로 재직하는 동안 여러 조직의 자문위원으로서 정책이나 조직구조 및 운영의 문제해결에 직접 참여하여 왔다. 그는 조직의 다양한 문제 중에서 관리자에게 주어진 과업과 그들이 관리하는 조직구조에 특별한 관심을 보이고 있다.

관리자가 수행하는 과업에 관한 Mintzberg의 관심은 「관리업무의 본질」 (1973)이라는 그의 첫번째 저서가 발간된 이래 계속되어 왔다. 그는 조직의 권한을 체계적으로 분석한 「조직 내외의 권력」(1983)을 발간하였는데 이 책에서 그는 조직의 형태를 조직에 영향을 미치는 각계 각층의 사람들이 조직의 결정과 행동을 통제하려는 파워 게임(power game)으로 이해하고 있다. 여기에서 그가 주장하는 제 관점은 그의 또 다른 저서인 「효과적인 조직설계-5개의 구조」 (1983)에서 조직구조의 다양한 형상을 설계하는 기초가 되고 있다. 조직구조에 관한 5개의 설계모형을 제시하고 있는 이 책은 Mintzberg가 조직구조와 관련 있는 200여 개의 논문 및 저서를 기초로 하여 편찬한 521페이지에 달하는 방대한 책인 「조직의 구조화」(1979)를 원래의 의도나 주장이 거의 손상되지 않게 축소 재편집하여 발간한 것이다.

70년대 이래 권위 있는 관리이론가 내지 조직이론가로 인정받는 Mintzberg 는 그 동안 별로 관심을 끌지 못했던 조직의 구조와 관리작용에 관한 기존 학파의 관점들을 체계적으로 분석·종합화하는 노력을 기울여 이 분야의 학문적

---

* 신환철: 전북대학교 행정학과 명예교수.

발전에 큰 공헌을 하였다. 그의 이와 같은 노력으로 한때 행동과학적 조직형태론에 밀려 고전적 이론으로 경시되었던 조직구조론이 다시 그 중요성을 회복하기 시작하였다. 그가 이 분야에 관심을 갖게 된 배경에는 당시의 조직이론들이 체계적이고 경험적인 연구조사에 기초를 두고 있음에도 불구하고 그것들이 너무 학문중심적이고 종합성이 결여되어 있어 실천적이 아니라는 그의 비판의식이 있었다.

조직구조에 대해 기존 문헌들이 제시하고 있는 주요 개념과 아이디어를 종합하고, 조직 내외의 권력관계를 포함한 여러 변수를 기초로 하여 Mintzberg가 설계하고자 하였던 조직구조 모형은 공식적인 조직구조의 전통적인 관점과는 다른 창조적이고 유용한 틀을 제시하고 있다. 뿐만 아니라, 그의 구조모형은 많은 비판을 받고 있던 관료제구조를, 상황론에 의거 조직환경의 변화에 대한 적응성과 인간성을 강조함으로써, 보다 효과적으로 개혁하려는 신구조론자(mordern structuralists)의 이론확립에 크게 기여하였다.

Ⅱ. 조직구조론

신구조론적 관점을 표방하는 Mintzberg의 조직구조론의 핵심은 조직의 상황적 변수에 따라 각기 다른 5개의 조직구조가 설계된다는 점이다. 즉, 그는 조정장치·설계변수 및 상황요인에 따라 조직을 구성하는 5개의 기본적 구성부분들 중에서 어느 부분이 중요한가를 기준으로 하여 조직구조 형상을 5개로 구별하고 있다.

Mintzberg는 하나의 조직체를 유지시키는 구조의 기본적 요소는 조정장치임을 강조하며, 이러한 조정장치로서 직접감독·상호조절 및 표준화를 들고 있다. 직접감독은 다른 사람들의 과업에 책임감을 갖는 어느 한 사람이 그들의 행위를 감독하고 지시함으로써 조정을 성취할 수 있는 것인 데 비해, 상호조절은 둘 또는 그 이상의 사람들이 비공식적 의사소통의 단순한 과정을 통해 조정이 이루어지는 것을 말한다. 표준화는 작업과정의 표준화·산출의 표준화·기술의 표준화 등으로 분류되는데, 각각은 작업의 실제적 과정, 작업의 결과, 작업을 수행하기 위해 요구되는 훈련의 형태가 특정화될 때의 조정장치를 가리킨다.

한편, Mintzberg는 James D. Thompson이 사용한 개념적 아이디어(Thompson, 1967)에 힘입어 조직을 구성하는 다섯 가지의 구성부분 — 작업층·전략적 최고관리층 · 중간계선관리층 · 기술구조 · 지원막료([그림 1] 참조) — 을 선정하고 있다. 작업층은 재화와 서비스의 산출에 직접 관련된 기초적인 업무를 수행하는 작업자들(operators)로 구성되는데, 이 작업층은 조직생존을 위해 필수적인 산출을 생산할 뿐만 아니라 산출의 분배, 투입이나 산출 및 변환과정에 대한 직접지원을 제공하는 기능을 수행한다.

조직의 정상에 위치한 전략적 최고관리층은 조직의 목표를 효과적으로 달성할 수 있도록 하고, 조직 내외에서 조직을 통제하거나 권력을 행사하는 사람들의 요구에 조직이 기여하도록 지원하는 책임을 맡는다. 이 밖에 장기적 안목과 보다 많은 재량권을 가지고 환경과 조직의 관계에 대한 관리와 조직전략을 개발한다.

조직의 전략적 최고관리층과 작업층을 연결하는 공식적인 권위의 계통인 중간계선관리층은 소관 부서에 대한 직접감독 이외에 정보의 상향적 전달을 포함한 피드백(feedback), 소관 부서들과 관련된 환경적 제약조건들의 통제, 연결장치(liaison device)나 자원의 할당 등에 의한 특정 부서의 감독과 같은 별도의 관리적 임무를 수행한다.

통제분석가들로 구성되는 기술구조는 조직활동의 표준화에 기여한다. 상호조절에 의해 그들의 업무를 조정하는 통제분석가들은 작업흐름을 설계하거나 변화시킴으로써, 또는 어떤 업무에 종사하는 사람들을 훈련시킴으로써 다른 사람의 업무에 영향을 미친다. 그러나 통제분석가는 지원기능만 수행할 뿐 조직존립에 필요한 산출은 직접적으로 생산하지 않는다.

┃그림 1┃ 조직의 5개의 구성부분

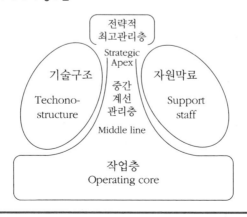

지원막료는 정상적인 작업흐름 밖에서 다양한 조직단위들에 지원을 제공한다. 지원막료는 기술구조와 같이 직접 산출이나 서비스는 생산하지 않고 다른 단위들이 산출을 쉽게 하도록 지원해 준다. 그러나 지원막료는 표준화에 집착하지도 않고 본질적으로 조언자가 아니라는 점에서 기술구조와는 다르다.

Mintzberg는 기존 조직이론이 조직구조의 설계를 위해 제시하고 있는 다양한 설계변수를 종합의 형태가 아니라 분석의 형태에서 4개의 범주 — 개인의 지위·상부구조·수평적 연계·의사결정체제 — 로 묶어 설명하고 있다. 개인적 지위는 조직구조와 관계되는 첫째 범주로서 직무전문화·행동의 공식화·훈련 및 교화를 통해 형성된다. 직무전문화는 할당된 과업에 대한 작업자의 통제나 노동의 분화를 반영하며, 업무내용의 표준화에 의한 행동의 공식화는 직무나 작업흐름의 공식화, 규칙 및 규율에 의해 규제된다. 훈련은 직무와 관련된 기술과 지식을 가르칠 때 나타나며, 교화 또는 사회화는 조직의 규범이 습득되어질 때 나타난다.

조직구조의 설계과정에서 나타나는 두번째 범주인 상부구조의 설계에는 단위집단과 단위규모에 대한 결정이 포함된다. 단위집단은 업무를 조정하기 위해 지위를 집단화하는 기본적 수단으로서 지위와 단위들간의 공통적인 감독체계를 설정해 준다. 단위규모는 단일 단위에 포함되는 지위의 수를 말하며, 일반적으로 단위규모가 크면 클수록 조정을 위한 표준화의 활용이 더욱 많아지고 역으로 조정장치로서 상호조절에 대한 의존이 크면 클수록 업무단위의 규모는 더욱 작아진다.

조직설계의 세번째 범주인 수평적 연계에 관한 설계는 계획과 통제체제 및 연결장치로 구성되어 있다. 계획과 통제체제의 목적은 산출을 표준화하는 데 있다. 공식적 구조에서 발견되는 연결장치는 비공식적이고 유기적인 구조의 성장을 촉진시키기 때문에 그것은 업무 자체가 수평적으로 전문화되어 있고 복잡하며 고도로 상호의존적일 때 더욱 필요하다.

설계변수의 네번째 범주는 의사결정체제의 수직적·수평적 분권화이다. 의사결정권한이 조직의 최고관리층 주위에 있는 한 사람이나 소수에게 부여되는 집권화에 반해 분권화는 보다 낮은 위치의 조직성원들에게 의사결정권한을 분산시킨다. 집권화는 모든 의사결정권한을 한 사람이나 한 단위에 집중시킴으로써 고도의 능률성을 확보할 수 있지만, 분권화는 관련 환경조건에 신속하게 대응할 수 있다.

Mintzberg는 이상의 제 설계변수와 독립변수인 상황요인들과의 일관성 위에 효과적인 구조화가 가능하다고 가정하고, 구조에 영향을 미치는 주요 상황요인으로서 조직의 연령과 규모, 기술적 생산체제, 외부 환경 등을 들고 있다. 조직의 연령과 규모는 특히 행동의 공식화나 중간계선관리층의 관리구조에 영향을 미친다. 일반적으로 오래된 조직일수록 행동의 공식화가 심화되며, 조직의 규모가 커짐에 따라 중간계선관리층의 비중은 감소되는 반면 전문막료의 비중은 증대된다.

조직의 기술체계는 작업자들이 자신의 과업을 완성하기 위하여 사용하는 총체적인 수단들로 구성된다. 기술체계에 의한 규제는 작업자의 과업이 그가 사용하는 수단이나 기술에 의해 통제되는 정도를 말하며, 일반적으로 이러한 기술체제가 고도로 규제된다면 작업과정은 보다 공식화되고 작업층의 구조는 보다 관료적이 된다.

외부환경은 전략과 정책이 만들어지는 전략적 최고관리층에서 더욱 중요시된다. 환경이 안정적이면 구조는 기계적이 된다. 환경에 대한 극도의 적개심은 관리를 일시적으로 집권화된 통제로 이끈다. 반면에 환경이 다양하고 복잡할수록 분권화의 필요성은 더욱 커진다.

Mintzberg가 제시한 조직구조론의 핵심적 내용은 5가지 형상으로 나타나는 조직구조의 모형에 있다. 위에서 논의한 조직의 제 요소들이 서로 관련되면서 다음과 같은 5가지의 조직구조 형상이 출현한다는 것이다: 단순구조(simple structure), 기계적 관료제(machine bureaucracy), 전문적 관료제(professional bureaucracy), 분점화 형태(divisionalized form)와 애드호크라시(adhocracy).

첫번째 형상인 단순구조에서 가장 중요한 조직의 구성부분은 전략적 최고관리층이다. 여기에는 기술구조나 지원막료는 거의 존재하지 않고 관리계층도 적다. 따라서 이 구조하에서는 분업은 거의 없고, 대부분의 조정은 직접감독에 의해 이루어지며, 의사결정은 고도로 집권화되어 있기 때문에 계획·훈련·연결장치 등은 거의 필요하지 않다.

단순하고 동태적인 환경을 선호하는 단순구조는 규모가 작은 신규조직에서 많이 나타난다. 일반적으로 단순하고 비규제적인 기술체제를 갖고 있는 이 구조는 전략적 최고관리층에 생산과 전략에 관한 권한이 집중됨으로써 오는 고도의 위험성을 내포한다. 그러나 이 구조의 중요한 장점은 다른 구조가 갖지 못한 신축성을 많이 가지고 있으며, 조직 내의 모든 사람에게 사명감을 쉽게 전할 수 있다는 점이다.

둘째 형상인 기계적 관료제는 문제의 해결조직이기보다는 하나의 집행조직으로서 생산이 주요 목표가 된다. 이 조직에서의 작업층은 표준화된 작업과정, 공식화된 행동, 협소하고 분업화된 업무로 특징지어지기 때문에 기술구조가 이 조직의 지배적인 부분이 된다. 지원막료 역시 크고 많은 비공식적인 권한을 지니게 된다. 전략적 최고관리층도 강력한 권한을 행사한다.

그러나 법규와 규칙이 조직 전반에 걸쳐 침투해 있고 공식적인 권위구조와 의사전달체계가 강조됨으로써 비신축적이고 통제의 압박이 크다는 문제도 있다. 또한, 이 조직은 계선과 막료의 분리, 일상적인 업무의 세분화와 극도의 노동분화 때문에 갈등이 만연될 수 있다.

거대하고 성숙된 조직에서 발달되는 기계적 관료제는 단순하고 안정적인 환경과 규제적인 기술체제를 갖고 있다. 외적 통제에 의존하는 대규모 생산기업에서 전형적으로 나타나는 기계적 관료제는 일상화된 과업의 수행을 위한 가장 능률적인 체제이기 때문에 대량생산체제에 가장 효과적인 구조이다. 다만 구성원을 기계와 같이 다루려는 속성 때문에 문제가 생겼을 때 조정이 어렵고, 수직적인 의사전달만이 허용되기 때문에 권력의 남용을 가져올 위험이 크다.

세번째 형상인 전문적 관료제에서는 작업층이 가장 중요한 구성부분이 되며, 과업은 수평적으로 분화되어 있다. 이 조직에서의 조정은 기술의 표준화에 의해 이루어지며, 그러한 표준화는 상당한 기간 동안의 훈련과 교육을 통하여 이루어진다. 전문가는 고용된 조직이 아닌 다른 기관에 의해 광범위하게 훈련되며, 따라서 표준화도 조직 밖의 전문직업에 의해 설정된다. 바로 이 점이 업무의 표준화가 기술구조에 의해 설정되는 기계적 관료제와 대조된다.

수직적·수평적 분권화가 특징인 이 조직에서 전문가에 의해 수행되는 업무 자체는 너무 복잡하여 직접적으로 감독할 수도 없고 표준화될 수도 없다. 전문가에 의해 자율적으로 어떤 상황을 진단하는 것이 전문적 관료제의 가장 기본적인 과업이기 때문에 작업층과 이를 지원하는 지원막료의 규모는 크지만, 상대적으로 중간계선관리층과 기술구조 및 전략적 최고관리층의 규모는 작다. 이 조직은 안정되고 복잡한 환경을 선호한다. 그러나 이 구조에 적합한 조직의 연령이나 규모는 일정하지 않다. 기술체계는 고도로 규제되거나 복잡하지 않다.

고도의 자율성을 부여받은 전문가가 관리계층을 형성하고 있는 이 조직의 구성원들은 외재적 통제를 거의 받지 않기 때문에 매우 민주적인 조직이라 할 수 있다. 그러나 이 조직에서는 외재적 통제가 거의 없기 때문에 전문가는 그의 봉급과 지위에만 연연하는 등의 비생산적인 활동을 자행하기도 한다. 또한, 전문가는 흔히 문제 자체를 무시하고 그렇게 함으로써 조직과 고객의 요구를 무시해 버린다. 지원막료와 작업층의 전문가 사이에 갈등이 만연되어 있는 점도 이 조직이 갖는 한계이다.

Mintzberg가 이상형으로 제시하고 있는 네번째 형상인 조직구조의 분점화 형태는 기계적 관료제로 되어 있는 여러 개의 분점구조가 겹쳐 있는 구조를 말한다. 이중적 활동구조를 갖게 되는 개별적 분점은 준자치적이며, 분점관리자에게 제한된 수직적 분권화를 허용하는 상부구조와는 느슨하게 연결되어 있다. 그렇지만 분점은 자체 내에서는 상당히 집권화되어 있다.

산출의 표준화에 초점을 두고 있는 업적통제체제가 이 구조의 지배적인 통제장치이다. 중간계선관리층(분점 관리자)이 이 조직의 주요한 역할을 담당하며, 따라서 분점 관리자는 막강한 권한과 표준화된 기술을 소유하고 있다. 분점이 각기 활동을 통제하고 특정 시장에 대한 전략을 결정하기 때문에 본부와 분점과의 엄격한 업무의 분할이 이루어진다. 따라서 이 조직의 작업층은 규모가 큰데 비해 기술구조와 지원막료는 규모가 작다.

시장의 다양화가 분점화를 가져오고 있지만, 이러한 구조형태는 각 분점이 분할된 부분을 통제할 수 있도록 조직의 기술체제가 분할되어 있을 때만이 가능하다. 분점화 구조는 영속적이고 대규모적인 조직으로 진행한다. 환경은 기계적 관료제의 그것과 같이 안정되고 단순하지만, 환경이 복잡하고 동태적일 때와 산출의 표준화가 아닌 다른 조정장치가 존재할 때 이 구조는 혼성구조로 발전된다. 분점화 형태는 민간부문에서 가장 효과적인 데 반해 질적인 목표를 추구하는 비경제 부문에는 적합하지 않다.

분점화의 경제적 이점은 분점 내의 자원을 능률적으로 활용하고 분점활동을 통하여 일반 관리자를 훈련시키고 위험을 분산시키며 시장에 전략적으로 대응할 수 있다는 점이다. 그러나 만일 이러한 조건이 남용될 경우 최고관리자는 보다 강력한 업적통제체제를 계획하고 집권화를 위해 분점의 권한을 찬탈한다. 이처럼 전략적 최고관리층에 권력이 집중되면 경쟁력이 저하되고 기계적 관료제로 회귀하려는 경향의 기반이 마련된다.

조직구조의 마지막 형상은 조직쇄신에 가장 적합하면서 복잡한 구조인 애드호크라시이다. 이것은 행동의 공식화가 거의 없는 구조이며 고도로 훈련된 전문가들로 구성된 유기적인 구조를 말한다. 조직의 관리자들은 상호조절에 의해 조정되고, 어느 한 사람이 동태적인 환경 내에서 강력한 권한을 가질 수 없게 된다. 프로젝트 팀이나 메트릭스 구조로 대표되는 애드호크라시에는 두 가지 유형이 있는데 그 하나가 작업적 애드호크라시이다. 기획엔지니어링과 창의적

광고회사로 대표되는 작업적 애드호크라시(operating adhocracy)는 고객을 대신하여 직접 문제를 해결한다. 이에 비해 잡지출판사로 대표되는 관리적 애드호크라시(administrative adhocracy)는 관리부분과 작업부분이 엄격하게 분리되어 각기의 과업에 종사한다.

애드호크라시의 가장 중요한 부분은 지원막료인데, 이것은 하나의 분리된 요소로서 독립적으로 존재하지 않고 조직의 모든 부분과 조화를 이룬다. 애드호크라시의 사용에 유리한 환경은 동태적이고 복잡하다. 그리고 이러한 환경은 비교적 분권화된 운영을 허용한다. 애드호크라시는 가장 최근에 나타난 것으로 인기있는 구조이지만 5개의 형상 가운데 가장 불안정하다는 문제가 있다. 작업적 애드호크라시는 비교적 단명적이고 소규모적인 데 비해 관리적 애드호크라시는 대규모적으로 성장하는 경향이 있다.

애드호크라시에서 권력은 전문가에게 있으나 어느 한 영역에서 권력이 집중하는 일은 없기 때문에 복잡하고 비구조적인 프로그램을 수행하는 데 가장 적합하다. 그러나 이 구조는 비능률적이고 규모의 경제가 없으며, 전문화의 이점을 희생시킬 수 있다는 문제가 제기되며, 의사소통과 통합을 위한 많은 비용 때문에 상황에 따라서는 이 구조의 사용이 거의 불가능하다.

이상 5개의 조직구조 설계모형을 제시하고 있는 Mintzberg는 일반적으로 하나의 조직은 상황요인과 조직의 구성부분의 세력에 따라 여러 가지의 형상 중의 하나를 지향하게 된다고 주장한다. 즉, 전략적 최고관리층은 직접감독과 집중화를 지향하며, 표준화된 업무과정은 기술구조에 의해 추진되는 반면에 표준화된 기술은 실무자에 의해 추진된다. 중간계선관리자는 그들의 소관 부서들을 관리하기 위한 자율권을 가지려고 한다. 〈표 1〉은 여러 가지 조직의 요소들이 Mintzberg가 제시한 5개의 조직구조 속에서 어떻게 구분되는가를 잘 보여주고 있다(Tosi, 1984, p. 204).

Mintzberg는 조직은 항상 단순구조나 작업적 애드호크라시에서 시작하지만, 설계변수와 상황요인에 따라서 다른 형태로 전환되고 있음을 지적한다. 또한, 그는 조직구조에서 유일한 최선의 구조는 있을 수 없으며, 다만 상황요인과 조화를 이루고 내적으로 일관성 있는 구조만이 성공적일 수 있다고 결론을 맺는다.

표 1 | 5개 조직구조 형성의 제 변수

	단순구조	기계적 관료제	전문적 관료제	분업화 형태	애드호크라시
[주요조정체계]	직접감독	작업의 표준화	기술의 표준화	산출의 표준화	상호조절
[조직의 중요부분]	최고관리층	기술구조	활동층	중간관리층	지원참모
[설계매개변수]					
직무의 전문화	거의 없음	많은 수직적·수평적 전문화	많은 수평적 전문화	약간의 수평적·수직적 전문화 (분점과 본부 사이에)	많은 수평적 전문화
훈련과 교화	거의 없음	거의 없음	많음	약간(분점관리자에게)	많음
행동의 공식화	거의 없음	많음	거의 없음	많음(분점 내에서)	거의 없음
단위집단의 규모	소규모	밑부분이 넓고 다른 부분은 좁음	밑부분이 넓고 다른 부분은 좁음	넓음(윗부분)	전체적으로 좁음
기획·통제체계	거의 없음	활동기획	거의 없음	높은 직접 통제	제한된 활동 기획
의사결정체계	집권화	제한된 수평적 분권화	수평적·수직적 분권화	제한된 수직적 분권화	선별적 분권화
[상황요인]					
연령과 규모	젊고 소규모적 단순하고 비규제적	오래되고 대규모	다양함	오래되고 대규모적 분할될 수 있거나	젊음
기술체계	단순하고 비규제적	규제적이지만 복잡하지는 않음	규제적이거나 복잡하지 않음	기계적 관료제와 유사	매우 복잡하고 자동화
[외부환경]	단순하고 통제적임 때로 적대적	단순하고 안정적임	복잡하고 안정적	상대적으로 단순하고 안정적: 다양한 시장	복잡하고 동태적

참|고|문|헌

Mintzberg, H., *The Nature of Managerial Work*, New York: Harper & Row, 1973, Englewood Cliff, NJ: Prentice-Hall, 1980.

_____, *The Structuring of Organizations*, Englewood Cliff, NJ: Prentice-Hall, 1979.

_____, *Power in and around Organizations*, Englewood Cliff, NJ: Prentice-Hall, 1983.

_____, *Structure in Fives: Designing Effective Organizations*, Englewood Cliff, NJ: Prentice-Hall, 1983.

Thompsom, J. D., *Organization in Action*, New York: McGraw-Hill, 1967.

Tosi, H. L., *Theories of Organization*, New York: John Wiley & Sons, 1984.

Alfred D. Chandler의
전략과 구조에 관한 이론*

Ⅰ. Chandler의 학문세계

Alfred Chandler는 1918년 9월 15일에 출생하였으며 하버드 대학에서 학부, 대학원 과정을 거쳐 1952년 역사학 전공으로 박사학위를 받았다. 그는 미국의 MIT, 존스 홉킨스 대학의 역사학 교수를 역임하였으며 유럽의 유수 대학에서도 초빙되어 강의를 한 바 있다. 현재는 하버드 경영대학의 기업사(企業史) 교수로서 그의 연구업적은 기업사, 특히 기업경영에 집중되어 있다. 그는 근세사 연구에서 기업경영에 대한 연구가 대단히 소홀히 취급되어 왔다고 주장하여 왔다. 그의 연구는 국제적으로 인정받아 왔으며, 그의 저서인 「전략과 구조」(*Strategy and Structure*, 1962)는 1964년에 뉴코멘상을, 「보이는 손」(*The Visibld Hand*, 1977)은 1978년에 역사부문에 대한 퓰리처상과 밴크로프트상을 받은 바 있다.

Chandler의 학문적 업적은 그가 근대 자본주의의 형성시기라고 규정한 1850년에서 1920년 사이의 기간 동안에 대규모 기업의 출현과 역할이라는 주제에 관한 것이다. 그는 '보이는 손'에서 이 시기 미국에서 생산과 유통의 변화하는 과정을 관찰하고 그것들이 어떻게 경영되어 왔는가를 분석하였다. 그는 이 책에서 봉급경영자(salaried managers)[1]에 의하여 경영되는 대기업이 생산과 유통을 관리하기 위하여 원초적인 형태의 소규모 전통적 가족기업을 대체해 오는 과정에서 근대기업과 경영자의 출현이라는 사회적 현상을 중점적으로 논의하였다.

---

* 한정화: 한양대학교 경영학부 명예교수.

1) 여기서 봉급경영자(salaried managers)라 함은 소유경영자(owner managers)와 대비되는 개념으로 쓰여졌다. 미국의 경우 소유경영자도 전문경영자(professional managers)의 범주에 속할 수 있기 때문에 소유경영자와 대비되는 개념으로 전문경영자보다 봉급경영자의 용어가 더 적절한 것으로 보인다.

- 21 -

Chandler에 의하면 이 시기에 새로운 경제적 제도가 창출되었으며 이는 새로운 자본주의 체제 내에서 활동하는 새로운 계층의 경영자에 의해 통제되는 복수사업부 기업(multi-unit firm)이라는 새로운 경제제도가 창출되었다고 주장하여 왔다. 새로운 경영자는 이전의 선구자적 기업가들과 다른 전략을 개발하지 않으면 안 되었으며, 특히 이들은 전략을 수행하기 위한 구조창출에 혁신적이었다.

이와 같은 변화는 대량생산을 가능케 한 대규모 시장과 기술변화가 가져온 수요의 변화에서 비롯되었으며 새로운 조직구조는 대량유통과 대량생산의 결합을 가능하게 하였다. 이러한 역사적 과정을 통하여 발전된 복수사업부 기업은 사업단위간에 재화의 흐름을 통제하고 활동을 감독하며 자원을 배분하게 되어 과거에 시장거래를 통해서 이루어지던 경제적 기능을 담당하게 되었다.

이러한 분석은 시장과 기업을 대체적인 것으로 보는 Williamson(1975)의 관점과 유사하다고 보겠다.

II. 전략과 구조

Chandler의 분석이 역사적이기는 하지만 그는 전략과 구조 사이의 관계와 조직의 관계에 관한 일반적인 이론을 제시하고자 하였다. 특히 Chandler는 자신의 연구에서 조직의 구조가 자신이 채택한 전략을 따른다는 것을 명백히 하였다. 전략은 기본적인 장기목적과 목표의 결정 및 이러한 목적을 수행하기 위한 행동과정의 채택 및 자원의 배분이다. 조직구조는 채택한 전략으로부터 나타나는 활동들을 관리하기 위하여 고안되었으며, 이는 위계질서, 업무배분, 권한의 계통 및 의사소통을 포함한다. 구조의 개념은 이러한 계통을 따라 흐르는 정보와 자료를 포함한다.

조직이 소유자가 통제하는 소규모 기업을 벗어나서 근대적인 복수사업부가 되면서 새로운 계층의 경영자가 출현한다. 봉급경영자는 기업의 장기적 안정에 몰두하기 때문에 이러한 현상은 조직구조의 발전을 위해 중요하다. 경영계층은 권력과 권한에 따른 지위를 부여하고, 그 결과 이는 영속성과 지속적인 성장의 원천이 된다. 이와 같은 과정의 일부로서 봉급경영자의 경력은 더욱더 기술적이며 전문적이 된다.

이와 같은 구조를 발전시키는 데 있어서 경영자의 역할은 Chandler의 분석에 있어서의 핵심이 된다. 그는 경영자의 '보이는 손'이 아담 스미스가 말한 시장에서의 '보이지 않는 손'을 대체해 왔다고 말한다. 경영자는 기술적 변화와 수요의 증가로부터 나온 조직적 결과인 복수사업부 및 분권화된 구조의 산물이자 개발자이다. 그들은 조정·계획·업무평가·자원배분 등의 기업관리에 책임을 지고 있다.

대기업은 구조적 조정을 통해 다양한 사업단위에서 일상적 업무의 능률을 추구함과 동시에 회사의 장기적 건강을 유지하는 것을 가능하게 한다. 이로부터 나온 것이 일상적인 제조 및 서비스를 다루는 분권화된 구조를 가진 업무활동과 기업의 장기적 전망을 관리하는 기능 부서를 가진 본사사무소를 구축하는 방법이다. 이는 기능적 전문화 과정의 일부로서 주된 구분은 총괄사무소와 사업부, 부문 및 일선사업단위이다. 이들 각각은 독특한 기능을 가지고 있으며 이와 같은 형태의 조직이 성공하는 근본적인 이유 중의 하나는 경영자로 하여금 직접적인 일상업무로부터 벗어나서 장기적인 기획 및 평가에 대한 책임을 질 수 있게 한 것이다. 이러한 분리의 중요성은 그것이 경영자로 하여금 장기적 경영에 몰두할 수 있는 시간, 정보 및 심리적인 몰입을 가능케 한 것이다.

Chandler의 견해에 의하면 경영계층과 함께 독특한 조직구조의 도입이 가족 또는 금융에 근거한 자본주의로부터 경영자본주의로의 이전을 가져왔다. 그러나 구조는 전략을 따르기 때문에 이와 같은 전환은 외부압력에 반응할 때만 가능한 것이었다. 특히 이는 19세기 후반에 전국적으로 급증하는 도시시장에 대응해서 기업을 대량생산체제로 옮겨가게 한 기술변화와 함께 이루어졌다.

이러한 압력에 직면하여 기업은 방어적 또는 적극적인 전략을 채택할 수 있었다. 적극적인 전략은 기업이 새로운 시장과 그러한 시장을 향한 새로운 제품을 능동적으로 찾을 때 일어난다. 이는 제품다각화를 중심으로 조직된다. 방어적 전략은 기업이 현재의 위치를 지키기 위하여 활동할 때이다. 이를 달성하기 위한 보편적인 방법은 유사한 기업 공급자, 고객을 흡수·합병하는 방법에 의한 수직적 통합회사를 만드는 것이다.

이 두 가지 전략에 의하여 기업은 관리상의 문제를 야기시키는 보다 큰 조직으로 발전해 간다. 이에 따라 기능적 활동의 관리를 위한 기술의 체계화가 시작된다. 이를 달성하기 위한 최초의 조직형태는 집중화되고 기능적으로 부문화된 구조이다. 이러한 조직의 변화는 필요한 새로운 전문능력의 도입을 가능하게 했으나, 아직은 소유자에 의해서 통제된 형태로 남아 있었다. 조직의 규모에 있어서의 증가는 기업이 사용할 수 있는 사람, 돈, 물자 등의 자원을 확대시키고 기업능력의 확장을 포함한다. 이 결과 자원을 충분히 사용하여 지속적으로 성장할 수 있게 되는 것이다. 성장은 외부적으로뿐만 아니라 내부적으로도 발전되며 복수사업부 및 분권화된 형태라는 혁신적인 구조를 만든다.

이러한 논의는 일찍이 Chandler의 「전략과 구조」에서 듀퐁, 제너럴 모터스, 뉴저지 스탠다드 오일, 시어즈 로벅 등의 네 회사의 사례 연구에서 상세하게 다루어진 바 있다. Chandler에 의하면 이 네 회사가 직면했던 일반적인 압력과 필요는 매우 유사했었다. 그러나 이 이슈를 진단하고 관리적 변화를 도입하는 과정은 매우 달랐었다.

듀퐁의 독특한 구조적 혁신은 자율적 사업부를 만드는 것이었다. 회사는 중앙관리통제가 없는 느슨한 연합체 상태로 20세기에 이르렀다. 듀퐁의 초기전략은 소수의 대규모공장의 제조활동을 통제하고 집중하는 것이었다. 이는 집권화되고 기능적으로 분권화된 구조였다. 경영정보와 예측 및 새로운 조직형태의 개발은 회사의 운영에 중요했다. 복수사업부 및 분권화된 구조의 도입은 성장을 유지하기 위하여 필요했다. 이는 유사한 일보다는 연관된 노력을 통합하는 새로운 원리 위에 근거한 구조이다. 이러한 혁신적인 원리에 의하면 광범위하고 다양한 기능적 활동들이 구분되는 관리단위 위에 놓여져야 함을 의미한다. 이와 같은 단위들을 운영하기 위하여 경영자의 권한이 증가되었다. 궁극적으로 이들은 전략이슈를 다루는 본사사무소에 의하여 뒷받침되는 제품에 근거한 사업단위로 발전되었다. 이는 일상적인 업무를 하는 자율적 단위가 되었다.

제너럴 모터스 사례는 조직구조가 전략을 따라야 되는 필요성을 강조한다. 제너럴 모터스의 창업자인 William Durant는 대단히 느슨한 연합하에 있는 많은 업무단위들을 가지고 대량생산전략을 수행하였다. 그 결과 전반적인 통제결핍으로 인하여 1920년에 위기가 왔다. 1923년에 대표이사가 된 Alfred P. Sloan의 대응은 이러한 활동들을 조정하기 위한 광범위한 정책과 목적들에 대해서 책임을 지는 총괄사무소를 만드는 것이었다. 자원을 제대로 사용할 수 있고 제품의 적절한 흐름을 보장할 수 있는 제품사업부와 사업부의 성과와 계획을 평가할 수 있는 본부참모들을 가진 직계참모조직이 개발되었다. Sloan은 My Years With General Motors에서 그러한 문제의 성격들과 그가 최고경영자의 관점에서 본 변화의 필요성을 기술하였다. 최고경영자는 경영층에 대하여 동기와 기회를 부여할 기본적인 책임이 있다. 이는 주식옵션계획 등의 보상에 의한 동기부여와 분권화된 경영을 통한 기회에 의한 동기부여 등이다. 그러나 좋은 경영이라는 것은 조정이 요구되며, 집권화와 분권화의 어떤 타협 위에서 이루어지는 것이다. 이것은 Sloan이 일견 역설적인 것처럼 보이는 통제된 분권화 (coordinated decentralization)라는 원리에서 말하였듯이 양 극단 사이에서 올바른 구조적인 균형을 얻고자 하는 그의 시도를 통해서 이루어진 것이다. 그의 목적 은 분권화된 업무의 조정된 통제였다. 정책조정은 위원회를 통하여 달성된다. 그는 이것은 모두가 기여하는 지속적인 논란과 교육과정을 통하여 진화된다고 보았다.

제너럴 모터스와 마찬가지로 뉴저지 스탠다드 오일도 Chandler가 볼 때는 구조를 전략에 적응시키는 데 있어서 초기에 실패한 사례이다. 권한과 의사소 통의 통로는 부분적으로는 연합되거나 연결된 기업 내에서 충분치 못하게 정의 되어 있었다. 그 결과 임시방편적 대응을 했던 1920년대 동안 재고와 과잉생산 으로 인한 일련의 위기가 있었다. 초기에 개발된 것은 자원배분과 통제를 위한 중앙사무소를 구축하는 것이었다. 두번째 단계는 분권화된 부문구조를 만드는 것이었다. Chandler에 의하면 스탠다드 오일은 한편으로 문제들이 보다 어려웠 고, 또 한편으로는 조직문제에 대한 관심이 결여되어 있었던 점으로 인하여 듀 퐁이나 제너럴 모터스보다 대응이 느렸고 잠정적인 것이었다.

1920년대와 1930년대 동안에 시어즈 로벅은 그 나름대로 독특한 방법으로 비슷한 과정을 거쳤다. 초기의 수직적 통합에 의한 방어적 전략은 집중화되고 기능적으로 부문화된 구조를 형성했다. 지속적인 성장은 업무단위와 기능부문 사이에 관계를 정리하고 분권화된 지역 조직에 대한 압력을 증가시켰다.

이러한 연구결과는 조직구조 형성에 있어서 전략의 역할을 파악하고 전략과 구조의 관계를 명확히 하여, 환경, 전략 및 조직구조적인 관점에서 기업의 행태 를 이해하는 데 지대한 기여를 하였다. 경영자에게는 기업의 흥망성쇠에 관한 역사적 시각을 갖는 데 도움을 주었으며, 연구자에게는 조직의 성과결정과 구 조를 설계하는 데 있어서 전략의 역할에 대한 중요성을 인식하게 해 주었다.

Chandler와 Daems가 편집한 「경영자의 위계체계」(*Managerial Hierarchy*, 1980) 에 기고한 사람들은 불란서, 독일과 영국 산업에서 비슷한 과정을 추적하였다. Chandler와 다른 학자들은 구조발전과 조직혁신에 관한 일반적인 관점들을 예 시하였다. 도시화와 산업화된 사회의 시장과 기술적인 압력이 기업으로 하여금 유사한 구조적인 방향으로 나가도록 한다. 그러나 혁신의 실질적인 과정은 상 당히 다를 수 있다. 이러한 과정에서 적응적 대응(adaptive response)과 창조적 혁신(creative innovation) 사이의 구분이 중요하다. 적응적 대응이라는 것은 현재 의 관습과 실무적인 범주 내에서 머무는 구조적인 변화인데, 기능적 부문화와 중앙사무소가 이 경우에 해당된다. 창조적 혁신이라는 것은 현재의 관행과 절차를 넘어서서 분권화된 현장사업단위를 개발하는 것이다. 직계참모 부문화조직을 일반적으로 받아들인다는 것은 권한과 책임을 일선단위에 위임하는 것이 가능하게 된다는 것을 뜻한다.

Chandler는 이와 같은 과정으로부터 관리적 조정과 통제라는 새로운 경제적 기능이 나타났다고 말하고 있다. 이러한 기능을 수행하기 위하여 새롭게 나타난 것이 봉급경영자와 현대기업으로서, 이는 구분되는 여러 업무단위가 있으며, 봉급받는 경영자들의 위계체제에 의해서 경영되는 것이다. Chandler는 이러한 관점을 가지고 최근의 저서인 「규모와 범위」(*Scale and Scope*, 1990)에서 미국, 독일, 영국의 사례를 분석하였다. 그는 선도적 산업국가인 이들 세 나라에 있어서 산업성장의 패턴과 경쟁력의 연구에 초점을 맞추었다. 이 나라들이 원가우위를 가질 수 있는 대규모 투자, 국내외 마케팅 및 유통 네트워크 구축, 새로운 형태의 기업을 관리할 수 있는 경영능력의 축적 등을 통하여 어떻게 범위와 규모의 경제를 실현하였는가를 보여주었다.

Chandler는 수많은 저서와 논문을 출판하였지만 그의 학문적 업적을 대표하는 것은 「전략과 구조」이다. 이 연구가 경영학분야에 미친 영향은 매우 지대하여서 오늘날에도 전략과 조직구조에 관한 연구에 있어서 하나의 고전으로 널리 인용되고 있다. Chandler가 이 저서를 통하여 조직연구에 기여한 바를 살펴보면 무엇보다도 대기업의 발전과정에 대한 최초의 비교연구로서 전략과 조직구조의 관계를 매우 설득력 있게 분석하였다는 점이다. 이 책에서 그가 제시한 첫번째 가설은, 오늘날은 이미 보편화된 명제인 '조직구조는 전략을 따른다'라는 것이다. 그의 분석에 의하면 조직은 기술, 소득, 인구 등이 변함에 따라 자원을 보다 효율적으로 배분하기 위해 전략을 바꾸게 되며, 변화된 전략은 새로운 관리문제를 야기시키게 된다는 것이다. 따라서 새로운 관리문제는 새롭게 바뀐 전략에 맞게 조직구조를 변환시킴으로써만이 해결할 수 있으며, 만약에 구조를 변화시키지 않으면 전략은 완전히 효율적이 되지 못한다는 것이다. 두번째 가설은, 기업의 전략과 구조는 발전적으로 진행해 나간다는 것이다. 그의 연구대상이었던 미국기업들은 처음에는 합리적 자원배분을 통해 자원을 축적하는 전략을 추구하였으며, 다음으로는 다각화를 통해서 새로운 시장으로 확장해 나갔으며, 다음으로는 구조의 분화가 이루어져 복합사업구조를 창출하였다. 세번째 가설은, 조직은 그 구조를 가능한 한 현재 상태대로 유지하고자 하며, 비효율성에 의하여 기업의 위기가 초래될 때 변화를 시도하게 된다는 것이다. 언제 어떻게 변화하는가는 기업이 처한 상황적 특성과 경영자의 능력에 따라 달라진다. 전략수립가들은 서로 다른 전문가적 배경과 서로 다른 이해관계를 갖고 있기 때문에 그들이 새로운 전략에 맞추어 구조를 바꾸는 데 적극적이지 못하다고 보았다. 특히 가족 중심의 소유경영에서 이러한 혁신적인 노력이 지연되는 점을 지적하였다.

이러한 Chandler의 연구는 조직의 전략적 과정에 관한 실증적 연구의 효시가 되었다. 사실 Chandler 이전에는 전략에 관한 이렇다할 실증적인 연구가 없었으며, 전통적인 경영정책분야에서는 경영자의 역할과 기능 및 책임에 대한 논의가 중심이 되어 왔다. 따라서 그의 연구는 이전의 경영자의 기능에 대한 관점에서 조직의 전략과정(strategic process of organization)으로 연구의 관점을 옮기게 하는 데 결정적인 역할을 한 것이다. Chandler 이전에는 조직의 의사결정에 대한 연구도 전략적 차원보다 관리적 내지 업무적 차원의 중심이 되어 왔다. Simon(1945)이나 Cyert와 March(1963)의 연구는 관리적 차원 내지 업무적 차원의 의사결정에 관한 보편적인 원리를 논의한 것이라 보겠으며, 전략적 차원의 의사결정을 구분하여 논의한 것은 Drucker(1954)나 Selznick(1957) 정도라고 보겠다. Barnard(1938)도 일찍이 조직의 장기생존에 영향을 미치는 조직유효성이 조직과 환경과의 관계에 달려 있음을 논의하였으나 이에 대한 실증적인 분석은 Chandler에 의해서 처음으로 이루어졌다고 볼 수 있다.

이러한 관점에서 본다면 Chandler는 경영학의 학문적 발전과정에서 오늘날 전략경영이라는 분야가 하나의 독립적인 연구분야로 정립될 수 있는 전환점을 마련한 것으로 평가될 수 있을 것이다. 물론 Chandler 이전에도 미국의 유수 대학에서 경영정책분야가 교과과정으로 포함되어 있었으나 하버드 대학을 제외하고는 독립적인 분야라기보다는 경영학의 여러 기능적인 분야를 통합하는 차원에서 인식되고 가르쳐져 왔다. 즉 각 기능분야를 가르쳐 오면서 연륜과 경험이 축적된 교수가 사례 중심으로 학생들로 하여금 기업에 대한 종합적인 이해와 판단을 하도록 가르치는 것이다. 따라서 분석에 있어서도 특별한 이론보다는 여러 기능분야의 이론을 상황에 맞게 응용하는 정도였다.

또한 Chandler는 전략에 대한 개념을 명시적으로 제시한 최초의 학자로 알려져 있다. 물론 전략개념에 대한 정의는 하버드의 LCAG에 의해 이미 정립되어 가고 있었으나 적어도 출판된 저서를 통해 널리 알려진 것은 Chandler가 처음이다.[2] Chandler의 정의에 의하면 전략은 조직의 목표설정과 이를 달성하기

---

2) LCAG는 하버드의 Edmond P. Learned, C. Roland Christensen, Kenneth R. Andrew,

위한 행동경로의 선택, 자원의 배분 등의 과정이다. 그의 전략개념은 목표설정을 포함하는 광의의 개념이며, 전략을 조직의 과정으로 보는 관점이다. 이는 후에 나타나게 되는 Ansoff(1950)나 Andrews(1971)와 차이가 있지만 전략개념의 동태적 특성을 반영하는 개념정의라 볼 수 있다.

전략과 구조에 관한 실증적 연구는 이후 Wrigley(1970), Rumelt(1974), Channon(1973), Nathanson(1980)의 연구로 이어진다. 이러한 연구의 결과들은 대부분의 Chandler의 가설을 부분적으로, 또는 전면적으로 지지하고 있다. 예를 들어 Rumelt는 관련다각화의 복수사업부 구조가 직능조직보다 우월한 성과를 가져오는 것으로 보고 있다. 이는 Chandler가 복수사업부 구조를 조직이 환경적응과정에서 나타난 창조적 혁신으로서 경영자 자본주의(managerial capitalism)를 가져오게 된 근본 동인으로 보고 있는 점을 실증적으로 지지하는 결과라 하겠다.

Chandler의 연구는 조직과 구조의 상황이론적 접근법과 비교된다. Woodward(1965), Burns와 Stalker(1961), Lawrence와 Lorsch(1967) 등의 연구들은 조직환경의 불확실성과 조직형태와의 관계를 연구하였다. 상황이론은 전략수행과 관련을 가지고 있지만 전략에 초점을 두는 대신 기업에 의해 수행되는 과업에 영향을 미치는 환경의 불확실성에 대응하여 변화하며, 이러한 변화가 적절하게 이루어질 때 조직의 상황적합성이 있고 조직성과에도 긍정적인 영향을 미치는 것으로 보고 있다. 불확실성과 다각화는 상호관련이 있으며, 다각화는 전략의 산물이기 때문에 이러한 점에 있어서 Chandler의 연구와 상보적인 점이 있다. 그러나 이러한 연구는 조직구조를 결정론적인 관점에서 보고자 했다는 점에 있어서 Chandler와는 다르다. 즉 유사한 상황에서도 기업에 따라 다른 조직구조를 택할 수 있다는 점에 있어서 Chandler의 연구는 Child가 주장한 전략적 선택개념이 강조되고 있다고 보겠다.

Chandler의 초기연구는 역사적 관점에서 기업의 진화과정에 초점을 맞춘 반면, 후기연구는 근대 자본주의의 형성과정을 경영관리적인 관점에서 논의하는데 주력하였다. 그의 연구는 산업화와 함께 출현한 거대기업의 발전과정과 봉급경영자라는 새로운 경영자 계층의 출현을 이해하는 데 기여하였으며, 복수사업부 구조 출현의 사회경제적 의미를 밝혀 주었다. 또한 기업의 환경적응에 있어서 전략의 동태적 기능과 역할을 명백히 보여줌으로써, 전략책정과정과 전략수행을 위한 조직설계에 있어서도 Chandler의 가설은 매우 유효한 것으로 받아들여지게끔 되었다. 역사적 접근방법에 의한 사례분석은 기업의 진화과정과 조

William D. Guth 교수의 머릿글자를 합친 것이다.

직의 행태를 전체적인 관점에서 이해하는 데 매우 유용한 방법론임을 보여주었다. 이러한 점에 비추어 Chandler는 금세기 조직연구에 있어서 근대 대기업의 역사적 발전과정을 기업경영적 관점에서 이해하는 데 결정적인 공헌을 한 학자로서 그의 업적은 높이 평가된다.

참 | 고 | 문 | 헌

Andrews, K., *The concept of Corporate Strategy*, Dow-Jones Irwin, 1971.

Ansoff, H. I., *Corporate Strategy: An Analytic Approach to Business Policy for Growth and Expansion*, New York: McGraw-Hill, 1965.

Barnard, C. I., *The Function of the Executive*, Harvard University Press, 1938.

Burns, T. & G. M. Stalker, *The Management of Innovation*, Tavistock Publication, 1961.

Chandler, A. D., *Strategy and Structure*, Cambridge, Mass.: MIT Press, 1962.

_____, *The Visible hand: The Managerial Revolution in American Business*, Cambridge, Mass.: Harvard University Press, 1977.

_____, *Scale and Scope: The Dynamics of Industrial Capitalism*, Cambridge, Mass.: Harvard University Press, 1990.

_____, & H. Daems, *Hierarchies: Camparative Perspectives on the Rise of the Modern Industrial Enterprise*, Cambridge, Mass.: Harvard University Press, 1980.

Channon, D., *The Strategy and Structure of British Enterprise*, New York: Macmillan and Co., 1973.

Cyert, R. M., & J. G. March, *A Behavioral Theory of the Firms*, Englewood Cliff, NJ: Prentice-Hall, Inc., 1963.

Drucker, P., *The Practice of Management*, New York: Harper and Row, 1957.

Lawrence, P. & J. Loschl, *Organization and Environment*, Division of Research, Harvard University School, 1967.

Nathanson, D. A., "The Relationship between Situational Factors, Organizational Characteristics and Firm Performance," Ph. D. diss., The Wharton School, University of Pennsylvania, 1980.

Rumelt, R. P., *Strategy, Sturcture, and Economics Performance*, Division of Research, Harvard University School, 1974.

Selzick, P., *Leadership in Administration*, New York: Harper and Row, 1975.

Simon, H. A., *Administrative Behavior: A Study of Decision-Making Process in Administrative Organization*, New York: Free Press, 1945.

Williamson, O., *Market and Hierarchies*, New York: Free Press, 1975.

Woodward, J., *Industrial Organization: Theory and Practice*, Oxford University Press, 1965.

Wrigley, L., "*Divisional Autonomy and Diversification*," Ph. D. diss., Harvard University School, 1970.

Thomas H. Hammond의
조직구조 연구*

I. Hammond의 학문세계

Thomas H. Hammond 교수는 미국 시카고 태생으로 1979년 University of California, Berkeley에서 박사학위를 취득하였으며, 현재 미국 Michigan State University의 정치학과 교수로 재직하고 있다. Hammond 교수는 공공관료제, 비교행정, 정치제도론, 공공선택론 등에 많은 관심을 갖고 있으며, "제도나 구조 등 주어진 상황이 정책결정에 어떤 영향을 미치는가?"라는 주제를 지속적으로 연구하고 있다.

최근 Hammond 교수는 그 동안 자신이 축적해온 연구성과를 바탕으로 국가의 정치적 제도가 정책결정에 미치는 영향을 비교연구의 관점에서 분석하고 있다. 다양한 형태의 권력분립과 의회제도를 포괄하는 정책결정의 단일국면모형(single-dimension model)을 개발하고 있다. 주된 연구주제는 "정치체제 내의 각 개인의 선호도를 통제한다고 할 때, 정책결정방식의 차이가 정책결정에 어느 정도 영향을 미치는가?"라는 질문이다. 즉, 동일한 인물들을 상이한 정책결정체제에 대입한다고 할 때, 정책 산물은 얼마나 차이가 나는가?라는 흥미 있는 주제를 연구하고 있다.

Hammond 교수는 1986년 "Agenda Control, Organizational Structure, and Bureaucratic Politics"라는 논문을 발표하면서 조직구조가 정책결정에 중요한 영향을 미친다고 주장하였다. 이 연구에서 Hammond 교수는 그 동안 공공관료제에 대한 연구가 주로 정치적 관심사에만 집중되었으며, 계층적 조직구조 자체에 대한 연구는 소홀하였다고 평가한다.

Hammond 교수에 의하면, 1950년대부터 관료제의 정책결정에 대한 연구들

---

* 김상묵: 서울과학기술대학교 행정학과 교수.

은 정치를 행정과정의 중심에 놓기 시작하였으며, 1960년대 후반에 와서는 정책결정을 관료정치(bureaucratic politics)로 이해하기 시작하였다. 이러한 연구경향이 확산되면서, 관료제의 두드러진 특징인 계층제(hierarchy)의 영향에 대한 관심은 사라지기 시작하였다. 관료제하의 정책결정은 대체로 비슷한 권력을 가진 행위자들간의 협상, 연합, 타협과 같은 '수평적'(horizontal) 과정으로 묘사되고, 하향적인 명령 전달과 상향적인 보고와 같은 '수직적'(vertical) 관계는 중요하지 않은 것으로 간주되었다. 관료정치에 대한 문헌들은 의사결정과 정책형성에 미치는 조직구조의 영향에 대하여 그다지 고려하지 않았다. 관료정치를 연구하는 학자들 중에 계층제는 관료제의 정책결정과 관련이 없다고 분명하게 주장하는 학자들은 없었으며, 수평적인 관료정치도 수직적 요소에 의해 정의된 게임의 상황하에서 이루어진다고 인식하기도 하였다. 하지만, 관료정치에 미치는 계층제의 영향을 집중적으로 다룬 본격적인 연구는 나타나지 않았다고 Hammond 교수는 평가한다.

　Hammond 교수는 조직구조에 대한 새로운 사고방법을 개발함으로써 이러한 공백을 메우려고 시도하고 있다. "조직구조가 독자적으로 조직활동에 영향을 미치지는 않는가?"라는 의문을 제기하고, 조직구조 자체가 관료제하의 정책결정에 어떤 영향을 미치는가에 대하여 해답을 찾고자 한다. Hammond 교수는 일련의 연구를 통해 이미 조직구조가 조직활동에 미치는 영향에 대하여 심도 있는 분석을 수행해왔으며(참고문헌 참조), 이 논문은 그 동안 축적된 연구성과를 체계화하고 응축시킨 것으로 볼 수 있다.

Ⅱ. 의제설정으로서의 조직구조

　Hammond 교수는 조직구조를 의회의 의제설정(agenda)으로 비유하는 은유법(metaphor)을 사용하여, 조직구조가 정책결정에 미치는 영향을 설명하고 있다. 의회 법률제정에 있어서 의제설정이란 법률안을 2개씩 짝지어 비교하는 과정을 뜻한다. 예를 들면, 법률안 A가 처음 발의되고 난 후, 이에 대한 수정안 B와 비교된다. 이 비교에서 채택된 안은 다시 수정안 C와 비교된다. 여기서 채택된 안은 다시 다른 수정안과 비교되는 방식이다. 의제설정이 중요한 이유는, 어떤 방식으로 비교가 이루어지는가를 결정하는 것 자체가 최종적인 선택 결과를 결정할 수 있기 때문이다.

가장 널리 알려진 예를 들어보자. A, B, C, 3명의 의원으로 구성된 위원회에서 ｛x, y, z｝라는 3개의 정책대안 중에서 하나를 위원회의 결정으로 선택하려고 하는 상황을 가정하자. 의원들의 대안에 대한 선호도는 아래 〈표 1〉과 같다.

┃표 1┃ 의원들의 선호도

선호도 순위	A의원의 선호도	B의원의 선호도	C의원의 선호도	위원회의 선호도
1순위	x	y	z	x
2순위	y	z	x	y
3순위	z	x	y	z
4순위				x

이 세 가지 대안을 비교하는 의제설정은 다음 3가지 방법이 있다. ① x와 y를 먼저 비교하고, 여기서 선택된 대안을 다시 z와 비교하는 방법, ② x와 z를 먼저 비교하고, 여기서 선택된 대안을 다시 y와 비교하는 방법, ③ y와 z를 비교한 후, 여기서 선택된 대안을 다시 x와 비교하는 방법이 그것이다. 이를 그림으로 나타내면 아래와 같다. 그림에서 볼 수 있듯이, 각 의제설정방식은 각기 다른 결과를 초래한다. 즉, 의제설정을 통제할 수 있는 의원은 그 결과까지도 통제할 수 있는 것이다.

┃그림 1┃ 의제설정이 결과에 미치는 영향

의제설정 1	의제설정 2	의제설정 3

Hammond 교수는 조직구조(organizational structure)는 이러한 의제설정과 유사한 역할을 담당한다고 주장한다. 구조는 '어떤 정책대안이 어떤 과정을 거쳐서, 누구에 의해 비교되는가'라는 점에 영향을 미치기 때문에, 실제 특정한 조직구조는 조직의 의제설정과 같은 것이다(그림을 시계반대방향으로 90도 돌리면 전통적인 피라미드 구조형태와 유사하다). 상이한 의제설정과 마찬가지로, 상이한

조직구조는 상이한 결과를 초래하게 된다고 예측할 수 있다.

그러나 이렇게 조직구조를 의제설정처럼 비유하는 것은 위험이 있다는 점도 인식하고 있어야 한다. 먼저 관료제는 의회의 계층제와는 다르다. 의회의 경우, 의원들은 소위원회나 상임위원회에도 참여하고 본회의에서도 표결에 참여한다. 하지만, 관료제에서 관료들은 한 번만 결정과정에 참여할 수 있다. 둘째, 의회의 표결은 위원회와 본회의 모두 여러 의원들이 참여하여 이루어지지만, 관료제에서 의사결정을 담당하는 지위는 주로 한 명에게 주어진다. 셋째, 관료제에서의 정책대안은 항상 2개씩 비교하는 것이 아니라 여러 대안을 동시에 비교하는 경우도 종종 있다. 넷째, 의회와는 달리, 관료제에서는 업무의 종류가 다르면 동일한 구조에서도 다른 방식으로 업무가 처리된다. 마지막으로, 의회구조와는 달리 조직구조의 영향은 선호도(preference cycle)의 존재 여부에 의존하지는 않는다는 점을 염두에 두어야 하기 때문이다.

조직구조를 의제설정으로 비유하여 논의하기 위해서는 구성원과 관료제에 대하여 몇 가지 가정을 설정하여야 한다. 이러한 가정들은 대체로 전통적인 계층제의 특성을 반영하고 있다. 첫째, 정책결정과정에서 정보, 자문, 갈등은 조직의 밑에서 위로 상향적으로 전달된다. 둘째, 조직의 기능은 크게 자문기능과 운영기능으로 나눌 수 있다. 자문기능에 대해서는 최고관리자는 부하들의 정보와 자문에 의존하지만 최종적 결정은 여전히 최고관리자의 몫인 반면, 운영기능에 대해서는 담당자들이 통상 업무를 처리하며 상급자는 하급자의 업무처리에 대하여 감독하기가 용이하지 않다. 셋째, 조직 내 계층간에는 분명한 명령체제가 설정되어 있어서, 한 사람의 하급자는 반드시 한 사람의 상급자로부터만 명령을 받는다. 넷째, 각 지위마다 특정한 업무영역이 부여된다. 다섯째, 조직구성원은 한 직위에 한 사람씩 임명된다. 여섯째, 각 지위를 수행하는 구성원들은 합리적 행위자(rational actor)라고 가정한다. 즉, 각 구성원들은 정책대안에 대하여 분명한 선호도를 갖고 있으며, 자신이 가장 선호하는 정책대안을 선택한다. 물론 구성원들은 '전략적으로'(strategically) 또는 '진솔하게'(sincerely) 행동할 수 있다. 일곱째, 전략적 선택을 하기 위해서는 다른 행위자들의 선호도에 대한 정보를 갖고 있어야 한다. 여덟째, 조직 내 의사결정에 대한 갈등은 일상적으로 일어날 수 있는 현상이다. 아홉째, 상급자는 의사결정에 있어서 '예외에 의한 관리'(Management by Exception)를 적용하는데, 이는 만약 부하직원들의 의견이 동일하다면 그 결정을 수용하고, 만약 의견들이 다르면 직접 대안들을 평가하여 가장 선호하는 대안을 선택한다. 이러한 가정들은 관료정치 모형에서의 가정들과 대체로 일맥상통한다.

Ⅲ. 자문기능에 대한 정리(propositions)

　　정책결정은 다양한 여러 대안 중에서 하나의 대안을 선택하는 것이다. 정책결정을 위한 정보와 자문이 조직계층의 상층부로 올라가게 되면서, 최고관리자는 단지 몇 개의 선택가능한 대안만 고려하게 된다. 조직구조가 다르면 최고관리자가 선택할 수 있는 대안들의 조합도 상이하게 되고, 결국 조직구조는 의제설정과 유사한 방법으로 최고관리자의 정책결정에 영향을 미치게 된다. 이를 증명하기 위하여 Hammond 교수는 여러 가지 사례를 들고 있으나, 여기서는 한 가지만 소개하고자 한다.

　　[그림 2]는 어떤 조직이 4개의 업무영역으로 구성되어 있으며, 각 업무영역별 정책대안은 2개씩이고, 따라서 선택할 수 있는 정책대안은 모두 16개임을 보여주고 있다. 3명의 담당자와 1명의 중간관리자, 그리고 1명의 최고관리자로 구성되어 있으며, 각 담당자들과 중간관리자들은 정책대안에 대하여 고유한 선호도를 갖고 있으며, 구성원들은 자신이 담당한 업무영역을 토대로 정책대안을 추천할 수 있다는 것을 [그림 2]는 나타내고 있다.

　　먼저 각 구성원들이 진솔하게 행동한다고 가정하고 조직구조 1의 경우를 살펴보자. 담당자 1은 계획안 $13(w_2, x_2, y_1, z_1)$을 가장 선호한다. 그는 업무영역 W를 담당하고 있기 때문에, w_2를 추천하고자 한다. 따라서 w_2를 포함하고 있는 모든 계획안(9~16)을 중간관리자에게 추천한다. 담당자 2는 계획안 $2(w_1, x_1, y_2, z_1)$를 가장 선호하고, 자신의 업무영역이 X이기 때문에 x_1을 제안하기 위하여 x_1이 포함된 계획안(1~4, 9~12)을 추천한다. 이것은 담당자 1에 의하여 계획안 1~8이 고려대상에서 제외되고, 담당자 2에 의하여 계획안 5~8, 13~16이 배제됨을 의미한다. 따라서 중간관리자가 고려할 수 있는 정책대안은 {9, 10, 11, 12, 13, 14, 15, 16} ∩ {1, 2, 3, 4, 9, 10, 11, 12}={9, 10, 11, 12}가 된다. 중간관리자는 계획안 $9(w_2, x_1, y_1, z_1)$를 가장 선호하고 자신의 담당영역이 Z이기 때문에, 남아있는 4개의 정책대안 중 z_1이 포함된 계획안 9와 11을 추천한다. 한편, 담당자 3은 계획안 $11(w_2, x_1, y_2, z_1)$을 가장 선호하고, 담당 업무영역이 Y이기 때문에, y_2를 포함한 계획안(3, 4, 7, 8, 11, 12, 15, 16)을 최고관리자에게 추천한다. 그럼 이 경우 중간관리자와 담당자 3이 추천한 정책대안들 중 공통적으로

┃그림 2┃ 구조가 정책결정에 미치는 영향: 업무영역과 정책대안 ─────────

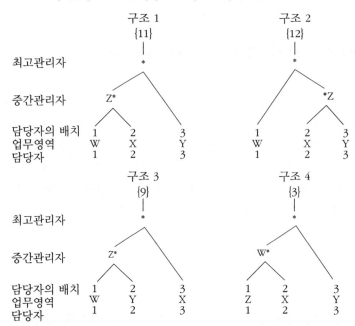

가능한 계획안	선호도			
	담당자			관리자
	1	2	3	
계획안 1=(w_1, x_1, y_1, z_1)				
계획안 2=(w_1, x_1, y_1, z_2)	13	2	11	1
계획안 3=(w_1, x_1, y_2, z_1)	8	12	4	4
계획안 4=(w_1, x_1, y_2, z_2)	3	16	1	8
계획안 5=(w_1, x_2, y_1, z_1)	12	6	8	13
계획안 6=(w_1, x_2, y_1, z_2)	16	8	12	6
계획안 7=(w_1, x_2, y_2, z_1)	1	3	16	9
계획안 8=(w_1, x_2, y_2, z_2)	6	10	13	15
계획안 9=(w_2, x_1, y_1, z_1)	10	14	6	11
계획안10=(w_2, x_1, y_1, z_2)	11	4	3	3
계획안11=(w_2, x_1, y_2, z_1)	5	1	9	16
계획안12=(w_2, x_1, y_2, z_2)	2	5	14	5
계획안13=(w_2, x_2, y_1, z_1)	15	11	7	2
계획안14=(w_2, x_2, y_1, z_2)	7	13	2	7
계획안15=(w_2, x_2, y_2, z_1)	9	15	5	10
계획안16=(w_2, x_2, y_2, z_2)	4	9	10	14
	14	7	15	12

포함되어 있는 계획안을 보면, {9, 11}∩{3, 4, 7, 8, 11, 12, 15, 16}={11}이다. 따라서 최고관리자는 계획안 11을 조직의 결정으로 선택하게 된다. 물론 최고 관리자가 담당해야 할 업무영역이 있다면, 선택해야 할 대안은 하나 이상일 것 이다.

[그림 2]의 구조 2를 보면, 담당자 2와 3은 중간관리자에게 보고하고, 담당 자 1은 최고관리자에게 직접 보고하도록 구조를 변경한 경우이다. 구조 1의 경 우와 동일하게, 중간관리자와 담당자들은 모두 동일한 지위와 동일한 업무영역 을 갖고 있다. 그러나 이러한 단순한 구조의 변경만으로도 최종적인 정책결정 은 달라지게 된다. 계획안 11 대신에 구조 2에서는 계획안 12가 최종 결정이 된다. [그림 2]의 구조 3에서는, 담당자 2와 3의 업무영역을 서로 바꾸었다. 이 경우 계획안 9가 조직의 정책으로 채택되게 된다. 마지막으로 구조 4를 보자. 구조 1과 비교하여, 중간관리자의 업무영역과 담당자 1의 업무영역을 서로 바 꾸었다. 이는 두 가지 기준이 적용되는 절차를 변경하는 결과를 초래한다. 즉, 구조 1에서는 업무영역 Z는 업무영역 W와 X가 적용된 이후에 고려되었으나, 구조 4에서는 업무영역 Z와 X가 먼저 적용된 후에 업무영역 W가 고려되었다. 물론 이 경우에도 정책결정 결과는 달라져서 계획안 3이 최종적으로 선택되게 된다.

정리 1 조직구조는 최고관리자가 선택할 수 있는 정책대안이 무엇인지에 대하여 영향을 미칠 수 있고, 따라서 최고관리자의 선택에 영향을 미칠 수 있다.

사회적 선택문제에 대한 모든 방법은 선택에 참여하는 구성원들이 자신의 선호도를 거짓으로 표방할 수 있기 때문에 조작이나 왜곡이 나타날 수 있다. 다수가 참여하는 정책대안의 선택에 있어서 만약 다른 참여자들의 선호도를 알 수 있다면, 자신의 선호도를 거짓으로 나타냄으로써 자신이 보다 선호하는 대 안이 선택될 수 있도록 전략적으로 행동하는 것이 가능하다(Gibbard, 1973; Satter\thwaite, 1975; Shepsle & Weingast, 1984). 이러한 전략적 행위는 관료제에서 도 나타난다. Hammond 교수는 조직구성원이 특정한 전략을 선택하는 것도 조 직구조의 함수라고 주장한다. 조직구조의 차이는 조직의 하급자로 하여금 상급 자에게 조언을 할 때 상이한 방법으로 자신의 선호도를 왜곡해 전달하도록 유 도한다. 만약 다른 사람들의 선호도를 알고 있다면, 특정한 조직구조는 정책대안들이 어떤 방식과 과정을 거쳐서 상호 비교되고 선택되는가를 보여주고, 종국적으로 어떤 정책대안이 선택될 것인지 예측할 수 있도록 만든다. 따라서 자신이 보다 선호하는 정책대안이 조직의 최종 결정이 되도록 만들기 위하여, 자신이 가장 선호하는 대안을 추천하기보다는 최종적으로 조직의 선택에 도움이 되는 대안을 전략적으로 추천하게 되는 것이다. 따라서 조직구조의 차이는 정책대안의 비교·선택 과정 및 절차의 변화를 초래하기 때문에, 구성원의 전략적 행동에도 영향을 미치는 것이다. 이러한 논의들을 토대로 Hammond 교수는 다음의 정리들을 도출하고 있다.

> **정리 2** 조직구성원들은 각자 자신이 가장 선호하는 정책대안과는 다른 대안을 추천함으로써 자신에게 보다 유리한 결정이 이루어지도록 할 수 있다.
>
> **정리 3** 조직구조의 차이는 부하직원들로 하여금 상이한 전략적 선택을 유도한다.
>
> **정리 4** 각각의 조직구조는 정책대안 비교의 기초가 되는 특정한 기준들을 제시하고 있다.
>
> **정리 5** 조직구성원들은 상이한 대안들간의 비교과정을 통해 부분적으로 상이한 종류의 문제에 대하여 학습하기 때문에, 조직구조는 구성원들의 학습내용에도 영향을 미칠 것이다.
>
> **정리 6** 조직구조가 상이하면, 동일한 기초자료(raw data)도 다른 형태의 조직 신념으로 변화한다.

Ⅳ. 운영기능에 대한 정리

자문기능과 관련하여, 조직의 최고관리자는 항상 최종적인 결정을 내린다. 하지만 운영기능에 대해서는 문제가 달라진다. 하급자간의 갈등이 발생하는 경우에도, 종종 현장에서 논쟁은 해결되고 업무수행은 지속된다. 최고관리자는 실제 어떤 '비공식적'인 정책이 조직에서 통용되거나 어떤 '공식적' 정책이 무시되더라도 발견하지 못하는 경우가 많다.

운영기능에 대한 핵심적인 주제는, 조직구조가 조직 내 갈등 중 어떤 것은 최고관리자가 해결하도록 제기되고 어떤 것은 그렇지 않은지를 결정한다는 것이다. 최고관리자가 조직에 대하여 어떤 점을 알게 되고, 최고관리자가 영향력을 행사할 수 있는 영역이 무엇인지도 조직구조에 의해 결정된다. 만약 우리가 구조를 대안선택에 영향을 미치는 의제설정으로 생각한다면, 이러한 의제설정은 고위관리층이 어떤 측면에서는 전혀 개입할 수 있는 여지가 없는 운영기능에서 더욱 중요하다. 그럼 조직구조가 조직의 운영기능의 측면에서는 어떤 영향을 미치는지 살펴보고자 한다.

먼저 동일 계층의 조직구성원간의 갈등이 발생하는 경우, 상급자의 개입 없이도 상호간에 해결되는 경우도 많이 있다. 하지만 상호간의 동의가 이루어지지 않는 경우에는, 이러한 갈등은 상층부로 옮아가게 된다. 또한 조직구조의 편제가 다르면, 갈등에 개입하게 되는 상급자도 달라지게 된다. 예를 들면, [그림 1-3]의 구조 1의 경우 담당자 1과 2간의 갈등은 중간관리자의 몫이지만, 구조 2의 경우에는 최고관리자가 그 갈등을 해결해야 한다.

> **정리 7** 2명 이상의 구성원간의 의견의 불일치가 생기면 생길수록 이러한 갈등이 조직의 상층부로 전가될 가능성이 높아진다.
> **정리 8** 갈등이 수평적으로 해결되지 않는 경우, 조직구조는 갈등이 해결될 수 있는 조직의 계층이 어디인지를 결정한다.

전략적 행위는 여기서도 가능하다. 만약 하급자가 상급자의 선호도나 관심사에 대하여 알고 있다면, 동료간의 갈등도 상호간에 해결하는 것이 보다 자신에게 유리한지 아니면 상급자를 끌어들이는 것이 유리한지를 계산하게 된다. 따라서 상급자의 개입이 자신에게 보다 바람직하다고 판단되면, 수평적인 타협의 가능성은 줄어들고 갈등의 해결은 상층부에 넘어가게 된다. 만약 상급자가 부하들간의 합의를 보다 강조하는 경향을 보인다면, 갈등은 당사자 상호간의 수평적 해결로 귀착될 가능성이 높다.

> **정리 9** 갈등에 관련된 당사자들에게 있어서, 당사자 상호간의 동의를 통해 얻을 수 있는 가치보다 상급자가 개입하여 얻을 수 있는 가치가 크다면, 갈등 해결은 조직의 상층부로 넘겨지는 것이 보다 바람직하다.
> **정리 10** 갈등 해결이 조직상층부로 넘겨지는 데 대한 벌칙의 가능성이 크다면, 부하직원들 상호간에는 수평적인 합의가 이루어질 가능성이 높다.

그럼 조직구조가 다르면 갈등해결방식도 달라진다는 점을 좀더 살펴보자. 예를 들면, 외교통상부가 정치전문가와 경제전문가를 채용했다고 하자. [그림 3]은 이들 전문가를 배치하는 2가지 기본적인 방법을 보여주고 있다. 첫번째 구조에서는 전문가들을 먼저 지역을 중심으로 배정하고, 그 다음에 '정치 대 경제'로 구분한다. 두번째 구조에서는 먼저 전문분야를 중심으로 구분하고, 하위 부서를 지역적으로 편제하고 있다. 먼저 지리적 구조에서 국가 1에 대한 분석에서 정치전문가 1과 경제전문가 1간의 의견차이가 발생하면, 대사 1이 해결할 것이다. 전문적 구조에서는 정치전문가 1과 경제전문가 1은 여전히 동일한 국가를 담당하지만, 서로 다른 상급자에게 보고하게 되고 결국에는 조직의 최고 관리자인 장관이 해결하게 된다. 지리적 구조에서 정치전문가 1과 4간의 의견 불일치는 장관에게까지 올라가야 해결이 되지만, 전문적 구조에서는 이러한 갈등은 정치부 차원 이상 올라가지 않을 것이다. 이는 곧 조직구조에 따라 어떤 갈등은 보다 분권적으로 해결될 수 있는 반면, 어떤 갈등은 보다 집권적인 형태로 해결되게 된다는 것도 의미한다.

> **정리 11** 수평적으로 해결되지 않는 갈등에 대하여, 어떤 특정한 방식의 부서화를 적용한 구조는 이러한 갈등을 조직의 하층부에서 해결하는 반면, 이와 다른 부서화 방식을 적용한 구조는 보다 상층부에서 해결하도록 만든다.

┃그림 3┃ 외교통상부 구조에 대한 2가지 대안

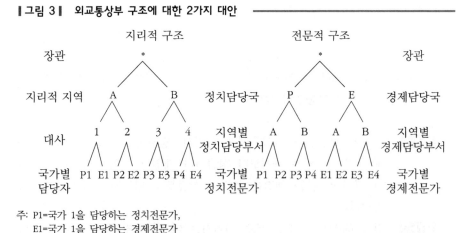

주: P1=국가 1을 담당하는 정치전문가,
　　E1=국가 1을 담당하는 경제전문가

정리 12 조직이 어떤 종류의 갈등은 최고관리자가 해결하도록 구조를 만들었다면, 이는 다른 형태의 갈등은 조직의 하위계층에서 해결됨을 의미한다.

정리 13 각 관리자에 대하여, 조직구조는 관리자가 어떤 갈등은 해결해야 할 책임이 있고, 어떤 종류의 갈등은 관여할 필요가 없는지를 결정한다.

정리 14 조직 하위계층의 선호도가 상위계층과 다르다면, 조직구조는 갈등이 해결되는 방법에 영향을 미치고, 따라서 갈등적인 하위직원들이 궁극적으로 수행하도록 명령을 받는 정책이 무엇인지에도 영향을 미칠 것이다.

[그림 3]에서 맨 아래 하위계층에서 갈등이 발생할 수 있는 경우의 수는 모두 28개(7+6+5+4+3+2+1)이다. 이 28개 경우는 동등하게 발생할 수 있다. 전문적 구조의 경우 28개 중 16개의 갈등은 장관이 해결해야 하는 경우이고, 이는 모두 '정치 대 경제'간의 갈등이다. 그러나 지리적 구조의 경우 역시 동일한 16개가 장관이 해결해야 할 갈등의 경우이지만, 이 중 8개는 '정치 대 경제'간의 갈등, 4개는 정치전문가간의 갈등, 4개는 경제전문가간의 갈등이다. 따라서 어떻게 조직구조를 설계하는가에 따라 장관이 해결해야 하는 갈등의 종류가 달라지게 된다.

정리 15 조직 상층부의 부서화 방법과 하층부의 부서화 방법이 동일한 경우, 동일하지 않는 경우보다 최고관리자가 해결해야 하는 갈등의 종류가 줄어들게 된다.

정리 16 관리자는 하위직원간의 갈등을 해결함으로써 부분적으로 상이한 종류의 쟁점을 알게 되기 때문에, 조직구조는 관리자의 학습에 영향을 미칠 것이다.

정리 17 조직을 설계하는 사람은 특정 방법으로 해결하고자 하는 갈등은 의도하는 방법대로 해결할 수 있는 구조를 선택하여야 한다. 이보다 덜 중요한 갈등의 해결방식은 조직구조가 결정된 이후에 부차적으로 설정될 것이다.

이상의 분석을 통해 조직구조는 최고관리자에게 도달하는 정책대안과 갈등을 제한한다는 점을 예상할 수 있다. 그럼 최고관리자가 자신의 선택권을 제한하지 않는 구조를 설계할 수 있는가? 이에 대한 한 방안은 명령통일(unity of command)의 법칙을 위반하는 것이다. 계층제적 구조하에서 한 사람의 하위직원이 하나 이상의 상급자로부터 지시와 명령을 받는 '복합구조'(multiple structure)를 설계하는 것이다. 그러나 Hammond 교수는 이 경우 최고관리자에게 보다 많은 선택가능한 대안과 해결해야 할 갈등이 부여되지만, 이러한 복합구조가 최고관리자에게 도움이 되는지는 장담할 수 없다고 한다.

1940년대 이후 관료제를 연구하는 학자들은 조직도표(organization chart)는 조직의 행태에 대하여 많은 것을 밝혀주지 못한다고 믿어왔다. 관료정치를 연구하는 학자들은 정치가 조직구조의 영향력을 약화시킨다고 믿어왔으며, 조직사회학자들은 비공식구조가 공식적 구조의 영향을 축소시킨다고 믿어왔다. 즉, 협상, 연합 및 주요 정보의 유포와 같은 조직구성원들의 전략적 행태는 구성원의 직위 및 업무영역에 의해 규정되는 제약요인을 약화시킬 수 있기 때문에, 조직구조는 크게 관련이 없는 것으로 여겨왔다. 그러나 Hammond 교수의 이 논문은 이러한 주장에 의문을 제기하면서, 조직구조 자체가 조직의 정책결정과 갈등해결에 영향을 미칠 수 있음을 보여주고 있다.

최근 '구조조정'이라는 슬로건 아래 조직구조를 개편하는 사례들을 주변에서 흔히 볼 수 있다. 이 논문은 정부조직이든 기업조직이든 간에 조직구조를 개편하는 것은 조직의 전반적인 활동에 영향을 미치게 된다는 것을 보여주고 있다. 특정한 조직구조를 선택하는 것은 조직 내 권력과 책임감의 배분상태를 조직설계자가 바라는 방향으로 변화시키는 것을 의미한다. 따라서 조직구조 변화에 대한 충분한 분석과 예측이 결여된 채 조직구조를 무분별하게 변경하는 것은 의외의 결과를 초래할 수 있다는 점을 인식하여야 한다. 단순히 한 부서를 신설 또는 폐지하는 것도 조직 내 권력관계, 관료정치, 구성원들의 전략적 행태, 조직의 정책결정 등에 영향을 미칠 수 있음을 염두에 두고 조직을 변화시키는 지혜가 필요하다.

참 | 고 | 문 | 헌

Gibbard, Allan, "Manipulation of voting schemes: A general result," Econo\metrica, 41, 1973, pp. 587~601.

Hammond, Thomas H., "On the meaning of 'jurisdiction' in political institutions," Paper given at the annual meeting of the Midwest Political Science Association, Chicago, 1984.

_____, "Agenda control, organizational structure, and bureaucratic politics," American Journal of Political Science, 30, 2, 1986, pp. 379~420.

_____ & Gary J. Miller, "A social choice perspective on authority and expertise in bureaucracy," American Journal of Political Science, 29, 1985, pp. 611~638.

Hammond, Thomas H. & Jeffrey Horn, "'Putting one over on the boss': The political economy of strategic behavior in organizations," Public Choice, 45, 1, 1985, pp. 49~71.

Hammond, Thomas H., Jeffrey H. Horn & Paul A. Thomas, "Organizational design and sophisticated choice," Paper given at the annual meeting of the American Political Science Association, Chicago, 1983.

Satterwaite, Mark, "Strategy proofness and Arrow's conditions," Journal of Economic Theory, 10, 1975, pp. 18~217.

Shepsle, Kenneth A. & Barry R. Weingast, "Uncovered sets and sophisticated voting outcomes with implications for agenda institutions," American Journal of Political Science, 28, 1984, pp. 49~74.

Theodore J. Lowi의
정부기관 유형론*

I. Lowi의 학문세계

미국의 남부 Alabama주에서 독일계 유태인으로 출생하여 성장한 Theodore J. Lowi는 애초에는 음악장학생으로 대학에 진학하였다. 그는 이후 정치학에 흥미를 갖게 되었고 1961년 Yale 대학의 정치학과에서 박사학위를 받았는데, 여기서 인연을 맺은 Robert Dahl, Herbert Kaufman, James Fesler와 같은 교수진 그리고 현재에는 각 분야에서 최고 권위자로 인정받는 당시 대학원을 함께 다닌 동료들은 그가 학자로서의 자질을 발전시키는데 큰 영향을 미친 것으로 알려져 있다. 미국정치학회(APSA)와 세계정치학회(IPSA) 양대 학회장을 역임하였고 여든이 넘은 2011년 현재까지도 Cornell 대학의 정치학과 석좌교수 (John L. Senior Professor of American Institutions)로서 연구와 강의에 대한 애착을 이어 가고 있다. 지난 50여년 간 맡아온 '미국정치입문'은 매년 400여명의 학생이 수강하는 인기강좌이다. 그가 강의하는 모습은 마치 정열적인 연기자 같다는 평을 들어왔다. 자신을 '70대의 신체에 갇힌 젊은이'로 묘사하거나, '정치학에 대한 열정과 학계의 쟁점을 리드해 가는 야망을 지닌 학자'로 기억되기를 바란다는 말("The Mentoring Column": PS, 2004)에서 알 수 있듯이 그는 자신이 정한 기대를 향해 끊임없이 도전하는 열정을 지니고 있다. 그의 학자로서의 명성은, 1930년대 루즈벨트 집권기 이후 권한위임으로 인한 진보적 미국행정부의 비대화와 조직화된 이익집단에의 포획 등을 주요내용으로 하는 *The End of Liberalism: The Second Republic of The United States*(1969; 1979; 2009)으로 특히 널리 알려져 있으며, 이는 현재에도 현대 정치학의 고전으로 인식되는 저서이다. 이외에도 미국현대정치사, 정치이념, 정책학, 도시정치, 대통령학, 정당제

---

* 김윤호: 서울시립대학교 행정학과 교수.

도 그리고 최근에는 글로벌 및 국제정치 등 다방면에 걸쳐 그의 학문적 관심과 공헌의 흔적을 찾아 볼 수 있다. 하지만 본인 스스로는 "다양한 정책(유형)이 다양한 정치(과정)를 결정하기도 한다(policies cause politics)"고 하는 소위 Lowi 의 법칙(Lowi's Law)에 대해 가장 큰 의미를 부여하고 있다("The Mentoring Column": PS, 2004). 이 이론은 처음 소개된(1964; 1972) 이후로 정치학 및 행정 학에서 큰 파장을 불러일으켰는데, 이는 기존에 널리 받아들여졌던 "정치가 정책을 형성한다(politics shapes policy)"고 하는 한 방향의 영향관계뿐만 아니라 그와 반대되는 방향의 관계도 성립할 수 있다는 새로운 시각을 제시한 것으로 인정된다.

II. 정부기관 유형론

1. 정책유형의 분류

"정책이 정치과정에 영향을 미친다"는 Lowi의 이론은 정부기관의 유형분류에도 적용될 수 있다. 정책과 정치의 관계를 설명하는 이론의 한 연장선상에서 Lowi는 1985년 "The State in Politics: The Relation Between Policy and Administration"이라는 논문에서 정책유형은 곧 행정기관 유형으로 이어 질 수 있다는 새로운 이론을 제시하였다. 정책목표에 기반을 둔 기관유형의 분류는 유형별 조직구조적 특성의 이해에 시사해 주는 바가 크며, 정부개혁에도 중요한 길잡이를 제공할 것으로 기대된다.

먼저 Lowi는 정책을 다음과 같이 개념화한다. 즉 정책이란 정부에 의해 형성된 규칙(rule)으로, 이는 긍정적 그리고 부정적 제재를 통해 개인적 또는 집합적 시민들의 행태에 영향력을 끼치고자 하는 정부의 의도를 표현한 것으로 정의한다. 나아가 Lowi는 정부가 자신들의 의도를 표현하는 데 있어서, 그리고 행정기관을 통해 강요적 권력을 행사하는 데 있어서 한 가지 이상의 방법이 있기에 정책도 다수의 유형이 존재 할 수 밖에 없다고 제안한다. 각 정책유형을 정리하면, 첫째, 규제정책(regulatory policies)은 시민 개개인들의 행위에 직접적으로 적용되는 규칙을 의미하는 것으로 규칙의 준수와 미준수의 결과로 나타난다. 이들 규칙은 시민들에게 준수해야 하는 의무(obligations)와 제재(sanctions)를 부과하며, 따라서 형사상의 문제와 연계되어 있다. 국민의 건강과 관련된 법,

산업안전법, 교통법규, 독점금지법 등이 그 예이다. 둘째, 분배정책(distributive policies)의 규칙은 규제정책과 달리 개개인들에게 의무를 부과하지는 않는 반면, 그들에게 후원이나 보조금을 제공함으로써 특권이나 편의를 부여한다. 공공토목공사, 농업증진사업 등을 예로 들 수 있다. 셋째, 재분배 정책(redistributive policies)과 관련된 법규는 개개인들에게 사회적 등급 및 자격(classifications or statuses)을 부여하며, 따라서 개인이 원하던 원하지 않던 법에 정의된 대로 특정 카테고리에 속하게 된다. 예를 들어, 소득세, 어음할인율, 사회보장정책 등을 들 수 있다. 마지막으로, 국가/정부고객 정책(constituent policies)[1]은 위 세 정책유형 중 어느 것에도 속하지 않는 나머지 정책들을 모아 놓았다고 볼 수 있다. 따라서 국가/정부 고객정책은 이질적 성격을 갖는 두 종류의 하위 정책유형으로 나누어 볼 수 있다. 먼저 국가전체, 즉 개개인으로서의 국민이 아닌 일반적 의미의 국민에게 서비스나 편의라는 혜택을 누릴 수 있게 해주는 정책을 들 수 있다. 국방정책이나 외교정책이 여기에 속한다. 두 번째 부류의 정책은 정부기관들에게 권력을 부여하고 관할권의 범위를 규정한다. 따라서 이러한 정책은 정부부처들의 권력 내지는 규칙을 관장한다는 측면에서 흔히 '권력에 관한 규칙(rules about powers)' 또는 '규칙에 관한 규칙(rules about rules)'으로 불린다. 예산정책, 인사정책 등 정부기관에 대한 감시 및 보조와 관련된 정책, 정부기관의 관할권과 관련된 법 등을 그 예로 들 수 있다.

2. 정부기관모형 분류

Lowi는 기존 정책유형론에서 정책유형별로 상이한 정치현상들(예컨대, 협력, 다원주의에 기반 한 이익들의 대치, 이념적 대립 등)로 귀착된다고 주장하였다. 정부기관의 유형화에 관한 연구에서도 정책유형별로 정부기관을 구분한다. 즉, Lowi는 정책이 행정기관에 어떤 영향을 미치는지에 대한 경험적 연구를 위해 각 부처의 하위 단위인 국(bureau) 수준에 있는 기관을 분석단위로 하고 있다. 그리고 이들 기관을 유형화 하는 작업에 있어서는 각 기관의 설치기본법에 명시되어 있는 관련 조항을 근거로 하고 있다. 각 기관의 설치기본법에는 기관목표와 수행기능이 기술되어 있기 때문이다. 기관목표에 대한 내용분석을 통하여

---

1) Constituent policies는 사전적 의미에 의하여 '구성정책'으로 번역되어 왔으나, 정부 및 국가전체가 그 정책의 혜택을 받는 고객(constituency)이라는 저자의 의도를 담아 '국가/정부 고객 정책'으로 사용한다(Lowi, 1972: 300).

기관유형을 구분한다. 본 연구를 위한 경험적 데이터는 미국과 프랑스의 중앙
정부기관 공무원들을 대상으로 시행된 설문자료가 이용되었다.

Lowi는 위에서 언급한 경험적 자료를 분석한 결과를 토대로 네 가지 기관
유형론의 개략적인 내용을 제시한다. Lowi 자신도 '원시적 원형'(primitive
archeology)에 가깝다고 인정한 바와 같이 가설적이고 임시적인 모형으로 수정
보완이 필요한 모형이다. 하지만 정책유형에 의한 기관유형의 분류는 정책과
조직의 관계에 관한 새로운 이론모형이며 행정기관의 성격과 특성을 이해하고
정책효과를 분석하는 데 유용한 모형이라고 생각된다.

(1) 규제기관 모형(Regulatory Agency Model)

Lowi에 의하면, 규제기관은 정부의 고전적 통제정책을 시행하고, 개인들에
게 책임을 부과하는 규칙을 만들거나 집행하고, 불복종에 대한 처벌을 내린다.
규제기관이 지닌 개인들에 대한 직접적 통제와 처벌은 시민들에게 불이익을 가
져 올 수 있기에, 시민들은 기관결정의 일관성과 형평성에 대해 매우 민감하게
반응할 수밖에 없으며 결정들을 서로 비교하는 경향을 보이게 된다. Lowi에 의
하면 이러한 시민들의 비교경향을 고려하여 규제기관은 집권화된 공식절차를
강조하게 된다고 한다. 따라서 규제기관은 가장 규칙에 얽매여 있으며, 구성원
들은 정책의 실질적인 내용보다는 과정 및 절차와 관련된 전문가들로 구성되는
성향이 더욱 높다는 것이다. 최고관리자들은 주로 본부에서 일하기도 하지만,
본부의 정책결정 권한을 현장에 위임하기 위해 유사한 비율의 최고관리자가 현
장부서에 배치되기도 한다. 최고관리자를 현장에 투입하는 경향에는 몇 가지
의도가 담겨있다. 즉, 규제기관은 최고관리자를 현장에 배치함으로써 충분한 재
량권을 현장부서의 직원들에게 부여할 수 있으며, 중앙본부의 법령이나 선례와
의 일관성을 유지하고 있음을 대내외적으로 확인하는 수단이 된다. 고위직급의
관리자들은 하위직급의 직원들이 재량권을 남용하고 있지는 않은지 감독하기
위해 현장에 배치되기도 한다. 마지막으로 고위직급의 관리자가 직접 의사결정
권을 행사하기 위해 현장에 투입되기도 한다.

Lowi는 통제와 법규위주의 규제기관들은 시민이나 이익단체의 저항에 직면
할 수 있기 때문에, 가장 격렬하고 불안정한(intense and unstable) 정치환경에 놓
여 있다고 주장한다. 조직화된 이익단체들과의 밀접한 관계는 상호 인력의 흡
수와 이용(mutual cooptation and exploitation)으로 귀결된다. 이는 곧 민간부분 등
외부로부터 고용된 인원을 직접 중간급 내지는 상급직위에 배치시키는 횡적 충

원의 형태로 나타난다. 횡적 충원은 분배기관에서도 나타나지만, 분배기관에서의 그것은 엔지니어와 같은 실질적 분야의 전문가에 한정된 반면, 규제기관에서는 변호사와 같은 과정 및 절차 전문가에 집중되어 나타난다.

Lowi에 의하면 규제기관들은 조직구조가 위계적이긴 하나, 그 위계는 베버 관료제에 비해 수평적으로 구성되어 윗부분이 잘린 피라미드 형태로 나타난다. 이는 앞서 밝힌 바와 같이 현장에 배치된 고위직 관리자들이 규제기관에 상당수 존재함을 의미한다. 또한 유사한 수준의 하부단위들 상호간의 수평적 연계와 하부단위와 본부 상호간에 수직적 연계로 이루어져 있음을 뜻한다.

(2) 분배기관 모형(Distributive Agency Model)

Lowi는 기관임무(mission)에 있어서 분배기관은 규제기관의 거의 정반대적 성격을 지닌다고 주장한다. 즉, 기관과 일반시민과의 관계가 통제자와 피통제자라기보다는 후원자와 고객의 관계라는 것이다. Lowi는 분배기관은 그들이 놓인 정치적 환경에서 마치 무한한 자원을 지닌 것처럼 운영되어 질 수 있다고 가정한다. 다시 말해, 기관행위를 관장하는 통합적 규칙(integrative rules)이 없기 때문에, 이들 기관들은 정치적 갈등에 분산(disaggregation)으로 대응할 수 있다는 것이다. '분산'을 통하여 행정기관은 각각의 결정을 서로 완전히 분리되어 있는 전혀 다른 것으로 취급할 수 있다는 것인데, 이는 다양한 결정들을 서로 연계하거나 비교할 수 있게 하는 기준이나 선례가 매우 드물게 존재하기 때문이라는 것이다. 예를 들어, 전형적인 공공토목공사와 관련된 법령은 수십 개의 개별적인 허가들로 구성되어 있다. 하지만, 이들 결정들을 통합 관장하는 규칙들이 존재하지 않는다. 분배기관들은 고객들과 평화로운 관계를 유지 할 수 있는데 이는 새로운 프로젝트를 위한 허가를 부가적으로 내어 주는 것에 의해 (잠재적으로 불만을 품을 수 있는) 고객들을 회유할 수 있기 때문이다. 반면, 규제기관이 놓인 환경에서는 패자와 승자가 근접하게 함께 존재하고, 기관행위의 근간이 되는 규칙이나 기준이 기관결정들을 비교하기 위한 하나의 근거를 제공하게 된다.

Lowi에 의하면 분배기관에서는 구성원들의 행태를 일관성 있게 통제하는 통합적 법규가 적은 대신, 전문가주의(professionalism)가 그 기능을 대체한다고 한다. 전문가주의는 법규의 결핍으로 나타나는 정책결정의 일관성과 조정문제에 대한 해결책으로 기능하게 된다는 것이다. 분배기관의 구성원들이 공유하는 학교교육, 교과서, 처방적 공식과 기술, 그리고 컴퓨터 프로그램들은 그들로 하여금 동일한 전제를 갖게 하는 데 도움을 준다. 구성원들이 공유하는 전제는 동일한 문제에 직면하였을 때 동일한 결정을 내릴 수 있도록 도와준다.

규제기관과 마찬가지로 분배기관도 많은 권한을 현장에 위임하지만 이러한 현상은 관리적 계선이라기보다 전문분야 위주의 기능적 분권화(functional decentralization)의 형태로 나타난다. 분배기관 내에서의 전문가주의의 팽배는 실질적 전문가가 최고관리층을 점유하는 조직구조의 모습을 보이게 된다. 분배기관은 규제기관에 비해 공식적 법적 절차는 약하게 구성되어 있지만, 비용효과 분석, 환경영향평가, 시민참여 등 다양한 의사결정 규칙을 지니고 있다.

Lowi에 의하면 분배기관은 규제기관과 같이 옆으로 널찍한 구조를 지니지만, 전체 구성원 중 최고관리자의 비율이 매우 낮은 조직구조를 지닌다. 즉 피라미드 형태의 조직구조를 가정할 경우, 중층 및 하층부는 옆으로 널찍하게 퍼져 있지만, 최상층부는 매우 뾰족한 형태를 나타낼 것이라고 한다. 이러한 위계 구조는 전문기능을 중심으로 하는 계선조직으로 구성된다. 전문적인 기능분야에 따라 재량권의 상당부분이 현장에 위임되어 있다. 하지만, 현장부서간의 수평적 연계는 최소화되는 반면, 전문가규범(professional norms)에 기반한 본부와 현장간의 수직적 연계는 최대화되는 경향이 있다.

(3) 재분배기관 모형(Redistributive Agency Model)

Lowi에 의하면 재분배 기관은 인간을 범주화하는 경향을 지닌다. 재분배 기관의 규칙은 대략적으로 구분된 사회계층에 따라 개개인들을 차별화한다는 것이다. 이들 규칙은 금전을 제공하는 자와 서비스를 필요로 하는 자 간에 분명한 구분을 짓는다. 예를 들어, 부유한 자 대 빈곤한 자, 젊은 직업인 대 늙은 실업자, 기업가 대 소비자 등이 그것이다.

Lowi에 의하면, 재분배 기관의 일반적인 정치환경은 안정적 경향을 보일 것으로 전제한다. 그러나 분배기관의 안정성을 부여하는 '분산'과는 차이가 있다. 재분배 기관의 환경은 주요 사회계층의 조직화된 갈등을 다루는 데 있어 주의 깊은 균형조정 작업을 통해 안정화 된다는 것이다. 매우 작은 한 변화가 국가 경제상 계층 간 이익의 변화로 이어 질수 있다. 예를 들어, 어음할인율에 있어 1%의 변화, 사회보장 수혜자격의 규정에 있어 단어 하나의 변경, 소비자물가표(CPI)를 구성하는 한 요소의 변화 등은 계층 간 부의 분배에 막대한 영향을 미칠 수 있다. 이러한 재분배기관들은 정치적 임용이 아닌 실무에 뛰어난 관리자를 최고위층에 배치한다. 따라서 고용과 승진에 있어 엄격한 통제가 이루어진다. 하위직급 중심의 채용, 중간계층에 대한 외부채용의 억제, 그리고 내부승진과 위계를 중심으로 하는 경력관리를 중시한다. 내부승진의 관행은 오직 본부에서만 일했던 사람들을 최고관리직으로 임용함으로써 더욱 강화된다. 또한 법규와 같은 조정 메커니즘이 구성원들의 업무를 지배하고 현장부서들이 본부 정책과의 일관성을 유지하는데 활용된다. 재분배 기관은 규제기관만큼 법규중심으로 운영되며, 전문가주의가 발달되어 있다. 하지만, 이들 전문분야는 실질적 기능의 분류라기보다는 내부경력을 중요시하는 관행의 결과로 나타난다. 아울러 통제범위가 좁고, 긴밀한 감독체계를 가진다. 기록관리와 허가절차를 강조하는 경향이 있으며, 사전 및 사후 회계감사(post-audit), 성과와 효율에 관한 보고의무 등의 감시체계도 중시된다. 결국 재분배 기관은 '통제에 기반한 관료주의의 팽배'로 요약된다. 즉, 막스 베버가 제안한 법적 합리적 관료제와 매우 흡사한 형태이다.

Lowi는 재분배 기관의 개괄적 구조로서, 좁고 윗부분이 매우 뾰족한 피라미드형(narrow, high-peaked pyramid)을 제안 한다. 이같이 날카로운 형태는 좁은 통제범위에 기인한 것이다. 법규는 재분배기관의 재량권을 최소화하며, 법규와의 일관성을 유지하고자 하는 구성원들의 노력은 본부와 현장간의 강한 수직적 연계와 함께 현장부서들 간의 약한 수평적 연계로 나타난다.

(4) 국가/정부고객기관 모형(Constituent Agency Model)

Lowi에 의하면, 국가/정부고객 기관들의 임무(mission)는 국가의 주권 및 통치권의 유지와 밀접하게 관련되어 있다. 따라서 시민들의 행위와 신분에 영향을 미치는 법규의 제정과 집행에는 최소한의 책무를 지닌다는 것이다. 이들 기관의 법규는 주로 정부기관들에 적용되는데, 기관의 관할권, 예산, 구입, 인원의 충원과 승진, 또는 외부납품업자와의 계약과 관련된 법규들이 그 예들이다.

Lowi는 국가전체 및 정부를 고객으로 하는 국가/정부고객 기관은 교양, 양질의 교육, 의사결정능력을 갖춘 사람들, 즉 전통적으로 바람직한 행정가로서 인식되는 개인들에 의해 운영된다고 설명한다. 기관의 거의 모든 일들이 본부에서 일어나며, 다른 정부기관들이 권위와 위계를 유지하는 데 도움을 주는 역할을 함에도 불구하고 국가/정부고객 기관 자체는 그다지 위계적이지 않다. 이들 기관엔 강한 수직적 연계가 존재하지만 이는 일반적인 그것과는 차이가 있다. 즉 상사와 부하의 관계가 아닌 내각과 최고행정수반을 향한 신뢰(trust)에 기반을 둔 수직적 연계라는 것이다. 하나의 비유로 표현하자면, 국가/정부고객

기관에는 '너무 많은 장군들(generals)이 있는 반면 이등병(privates)은 너무 적게 존재한다'는 것이다. 국가/정부고객기관의 조직구조는 전형적 피라미드 형태가 아닌 역삼각형 형태를 띤다. 이 형태는 상하관계를 바탕으로 하는 위계라기보다는 최고관리자들 간의 수평적 네트워크를 중심으로 이루어져 있을 것이다. 이와 같이 국가/정부고객 기관은 다른 세 유형의 기관들과의 연계 네트워크를 형성하고, 이들 외부 기관들에 대한 특별한 권력을 유지한다. 타 기관들의 영향력 행사에 있어 직접적으로는 다른 기관들의 필요자원을 보류할 수 있는 권한을 이용하거나, 간접적으로는 정치권력 상 최고위층에 있는 대통령과 그의 내각수반들에 대한 접근권한을 활용할 수 있다.

Ⅲ. 평가적 의견

조직의 유형화 및 비교에 관한 기존연구는 주로 사회학자들에 의해 사회학적 관점에서 논의되어 왔다. 따라서 공, 사조직 등을 포괄하여 모든 종류의 조직단위를 그 분석대상으로 조직을 분류하고 유형화를 시도하였다. 이에 반하여 Lowi의 정부기관 유형론은 정부기관에 한정하여 이를 보다 세분화하여 비교분석을 하였다는 점, 그리고 조직 유형화의 영역에 정치적 요소, 즉 정책유형을 포함시켰다는 점에서 이론적 의미가 크다 하겠다.

그럼에도 불구하고 Lowi의 기관유형론은 몇 가지 한계를 내포하고 있다. 먼저, 기관유형 분류의 근거로 각 기관의 기본설치법을 활용하고 있다는 점이다. 하지만, 조직의 목표도 시대환경의 변화에 따라 조금씩 변동될 수 있고, 역사가 오래된 조직이 실제 수행하는 기능과 임무도 변화하여 기존의 법률규정과는 차이가 발생할 수 있다. 즉, 현재의 기관목표에 유형화의 근거를 두는 등 기관분류 상 보다 현실적이고 정교한 방법을 모색 할 필요가 있다하겠다. 아울러, Lowi는 정책유형이 조직구조 및 특성에 영향을 미친다고 주장하지만, 특정 유형의 정책이 어떠한 방식으로 그러한 특성으로 귀결되는 지에 대한 구체적 인과관계에 대한 설명이 다소 부족하다. 즉, 각 기관별 조직적 특징들에 대한 기술에 머물러 있다는 것이다. 이들 한계점에도 불구하고 Lowi의 정부기관 유형론은 정책적 요소와 조직특성 간의 밀접한 관계를 이론화하려 했다는 점에서 학문적 공헌이 인정되어야 할 것이다. 향후 정책운영 및 조직관리에 대한 실증적 연구를 통하여 보다 발전된 정부기관 모형을 기대해 본다.

참 ｜ 고 ｜ 문 ｜ 헌

Ferejohn, John, "Comment" on Theodore J. Lowi's "The State in Politics: The Relation Between Policy and Administration" in *Regulatory Policy and the Social Sciences* ed. By Roger G. Noll. Berkeley and Los Angeles, CA: University of California Press, 1985.

Kim, Yoonho, *Differentiation of Bureaucracies and Their Responses to Reform: A Question for Max Weber and an Answer for Civil Service Reformers*. Ph. D. Dissertation: Cornell University, 2007.

Lowi, Theodore J., "The Four Systems of Policy, Politics and Choice," *Public Administration Review* 32, 1972, pp. 298~310.

_____, "The State in Politics: The Relation Between Policy and Administration" in *Regulatory Policy and the Social Sciences* ed. By Roger G. Noll. Berkeley and Los Angeles, CA: University of California Press, 1985.

_____, "The Mentoring Column" *PS: Political Science and Politics*, 2004, April.

Oliver E. Williamson의 조직의 경제이론*

Ⅰ. Williamson의 학문세계

Oliver E. Williamson은 1932년 미국 위스콘신 주에서 출생하였다. 일찍부터 수학과 과학에 흥미를 느낀 그는 MIT 학부를 졸업한 뒤 미국 정부에서 프로젝트 엔지니어로 조직생활을 처음 경험하게 되었다. 다시 1958년 스탠포드 대학의 경영학 박사학위 과정에 진학한 그는 여기에서 2년간 생활한 뒤 본인의 학문적 관심을 보다 잘 충족시켜 줄 수 있다고 생각되는 카네기 멜론 대학으로 전학하였고 여기에서 1963년에 경제학 박사학위를 취득하였다. 이 대학에서 수학하는 동안 그는 Herbert Simon, Richard Cyert, James March, Allan Meltzer 등 조직이론의 대가들을 만나게 되었고, 이들로부터 많은 영향을 받았다. 학위취득 후 버클리 대학에서 산업조직론을 강의하던 그는 곧 펜실베니아 대학으로 자리를 옮겼고, 1966년에는 미국 법무성의 독점규제국(Antitrust Division)에서 4년 동안 근무하게 되는 경험을 얻게 되었다. 이후 다시 펜 대학에 되돌아온 그는 1983년 예일 대학으로 옮겨 현재에 이르고 있는데, 예일 대학에서 *Journal of Law, Economics and Organization*이라는 그의 학문적 관심영역과 일치하는 학술지의 편집을 맡아 보고 있다.

그는 다양한 학구적 생활 속에서 실로 많은 학자들과 교류할 수 있었는데, 그 가운데에서도 그가 그의 연구 본령인 조직의 경제학(economics of organization)분야에서 가장 많은 영향을 받았다고 고백하고 있는 인물은 다음의 네 사람이다. 먼저 그는 스승이었던 Kenneth Arrow로부터 정보(information)의 중요성을 일깨울 수 있었고, 복잡한 문제를 정통이론에 함몰시켜서는 안 된다는 교훈을 얻었다고 한다. 또 다른 스승인 Herbert Simon으로부터는 행동과학적 가정

---

* **최병선**: 서울대학교 행정대학원 명예교수.

들(behavioral assumptions)은 매우 중요하며, 이것의 연구에 있어서 학문의 경계에 구애를 받아서는 안된다는 점을 배웠다고 한다. 또한 Alfred D. Chandler로 부터는 미국의 산업계를 이해하는 데 있어서 조직의 혁신(organizational innovation)이 그토록 중요하나 소홀히 취급되고 있음을 깨달았다고 한다. 마지막으로 Ronald Coase에게서 그는 거래비용(transaction costs)이 조직의 경제학적 이해의 핵심적 요소이며, 이러한 연구는 비교제도론적 방법으로 이루어져야 한다는 가르침을 받았다고 고백하고 있다. 이상에서와 같은 Williamson의 매우 독특한 학문적 편력은 그가 조직을 연구하는 데 전혀 다른 접근방법을 택하게 된 배경을 무엇보다도 잘 설명해 주는 것이라 하겠다.

Ⅱ. 조직의 경제이론

Williamson은 조직에 대한 연구를 함에 있어서 조직이라는 것이 도대체 왜 필요한 것이냐(why organizations?)라고 하는 아주 원초적인 의문을 가지고 출발하고 있다. 그의 조직관이 다른 조직론자의 근본적으로 다른 이유는 바로 이러한 독특한 사고의 출발점에서 비롯된다. 과연 경제학자답게 그가 얻은 해답은 조직(기업)은 거래비용(transaction costs)을 줄이기 위해 만들어진 존재라는 것이다. 한 사회는 복잡한 거래망(network of transaction) 또는 계약망에 다름 아닌데, 조직은 이러한 반복적인 거래관계에 필요한 정보를 얻고 사용하는 데 들어가는 거래비용(transaction costs)을 줄일 수 있는 효율적인 방법이라는 것이다.

예를 들면, 어떤 사람이 사업을 하려고 할 경우 이에 조력할 사람을 필요로 하는데, 이를 위해서는 매일 새로운 계약을 맺어서 이 사람의 노력(efforts)을 사는 방법이 있을 수 있으나, 이 사람이 가지고 있는 동기, 능력 등을 판단할 수 있는 정보가 필요하고, 또한 이러한 정보를 얻고 판단하는 데는 많은 비용이 초래하기 때문에 아예 이 사람과 장기고용계약을 맺을 필요가 생기게 된다는 것이다. 더 나아가서 이러한 장기계약은 아예 조직을 통한 고용관계로 대체될 수 있다. 다시 말하면 기업이란 이러한 개별적인 거래를 통한 고용관계를 기업 (조직)을 통한 고용관계로 전환하는 거래의 한 방법에 다름 아니라는 것이다.

이와 같은 반복적인 계약관계의 형성 또는 유지는 기본적으로 시장을 통해서(그때그때 필요에 따라) 이루어지는 방법과 조직화를 통해서 이루어지는 두 가지 방식(mode)이 있을 수 있다. 이 두 가지의 방식 중 어느 것을 선택하느냐

하는 문제는 교환관계 또는 거래관계의 형성에 필요한 정보의 소요량과 질에 달려 있다. 예를 들면 계속적인 거래관계에 있는 두 기업이 시장을 통하여 그 때그때 개별적인 계약을 통하여 거래하는 것을 흔히 볼 수 있으나 경우에 따라서는 두 기업을 하나의 기업으로 통합함으로써 개별적인 계약관계의 형성에 따르는 정보소요와 비용을 흡수해 버릴 수도 있는데, 기업결합(merger)은 바로 이러한 경제적 고려에서 시작되는 것이라는 주장이다. 이 경우에 기업결합이 효율적일 수 있는 이유는 별개의 기업이었던 두 기업이 이제는 하나의 조직 테두리 속에서 동일한 내부적 규칙과 절차(internal procedure)를 통하여 규율될 수 있게 되었기 때문이다.

Williamson은 기업들이 수직적 결합(vertical integration)이나 합병(merger) 등을 통하여 조직의 대규모화를 추구해 나가는 일반적인 경향을 보이는 것은 바로 이 때문인 것으로 파악한다. 기실 Williamson의 연구의 초점은 바로 금세기에 있어서 줄기차게 나타나고 있는 조직의 대규모화 현상 또는 거대기업(giant firms)의 출현을 설명하고자 하는 데 있다.

그러나 Williamson은 조직의 확대 또는 대규모화가 불가역적인 조직방식이라고는 보지 않는다. 다시 말하면 한 번 선택된 방식이 고착화되어야 할 이유는 없다고 보는 것이다. 이것은 시장이든 조직이든 시간이 지남에 따라 변화하기 마련이고, 따라서 처음보다 효율적이었던 방식이 더 이상 효율적이지 못할 경우가 얼마든지 있을 수 있기 때문이다. 그는 특히 거래에 따르는 불확실성의 감소, 거래상대방 사이에 존재하는 정보격차(information disparities)의 축소, 정보처리기술의 발전 등은 두 가지 방식의 상대적 효율성에 변화를 가져오는 중요한 요인이라고 생각한다. 이러한 이유에서 Williamson은 거래관계 또는 계약관계를 형성하거나 유지함에 있어서 시장과 기업(조직)의 어느 방법에 의존하는 것이 보다 효과적이냐 하는 것을 주기적으로 평가해 보아야만 한다고 주장한다. 이렇게 볼 때 거래비용의 개념에 입각한 조직의 경제이론은 대규모 조직화의 현상에 우선적인 관심을 기울임과 동시에 조직의 한계와 이에 따른 시장형태의 잔존 현상을 동시에 설명하려는 이론적 틀을 가지고 있다고 할 수 있다.

Williamson은 조직의 경제이론의 핵심을 다음과 같이 요약하고 있다. 첫째, 시장(market)과 조직(hierarchies)은 일련의 거래행위를 완결하는 상호대체적인 수단(alternative instruments)이다. 둘째, 어떤 거래관계가 시장에 의하여 이루어질 것이냐, 아니면 기업 안에서 이루어질 것이냐 하는 것은 궁극적으로 이 두 가지 방식의 상대적 효율성(relative efficiency)에 달린 문제이다. 셋째, 시장을 통하여 복잡한 계약을 형성하고 집행하는 데 소요되는 비용은 한편으로는 여기에 관계된 의사결정자의 특성, 다른 한편으로는 그 시장의 객관적 속성에 따라 변화한다. 넷째, 시장을 통한 기업간의 교환관계를 저해하는 환경적 요인과 인간적 요인은 기업 안에서 다소 다르게 나타나는 것이 사실이지만, 이러한 요인들은 시장이나 조직의 어느 경우에나 여전히 중요하다.

여기에서도 알 수 있듯이 Williamson의 궁극적 관심은 시장과 기업 가운데 어떠한 방식(mode)이 어떠한 경우에 보다 효율적일 수 있는가를 분석하는 데 있다. 이것을 분석하는 데 있어서 그는 시장을 통한 계약관계의 형성과 집행이 높은 거래비용을 초래하기 때문에 조직을 통한 계약관계가 보다 효율적인 방법으로 선택되지 않을 수 없는 상황을 환경적 요인(environmental factors)과 인간적 요인(human factors)을 가지고 설명한다. 여기에서 환경적 요인이란 ① 불확실성(uncertainty)과 ② 소수자 교환관계(small-numbers exchange relations)를 가리키며, 인간적 요인이란 ① 제한된 합리성(bounded rationality)과 ② 기회주의(opportunism)를 말한다.

Williamson은 이 두 가지 유형의 요인 가운데 환경적 요인이 시장실패(market failure)를 초래하는 요인으로서 일차적인 중요성을 갖는 것이기는 하지만, 환경적 요인이 인간적 요인과 특수하게 결합(paired)될 때 이러한 시장실패(market failure) 현상이 보다 심각하게 초래되는 것으로 본다. 여기서 두 가지 요인의 특수한 결합이란 불확실성과 제한된 합리성이, 또는 소수자 교환관계와 기회주의가 짝지워지게 될 때를 말한다. 그러면 이제 이러한 요인의 특수한 결합이 왜 시장실패를 야기시키게 되는지를 좀더 구체적으로 살펴보기로 한다.

1. 제한된 합리성과 불확실성/복잡성이 결합된 상황

Simon은 "합리적이기를 의도하지만 결과적으로 제한적으로 합리적일 수밖에 없는" 인간행동을 일컬어 제한된 합리성이라고 하였다. 제한된 합리성에는 두 측면이 있는데, 하나는 신경생리학적(neurophysiological) 제한이고, 다른 하나는 언어(language)의 제약이다. 전자는 인간의 지식, 예견(foresight), 기능, 시간이 제한적이기 때문에 인간의 목적을 달성하는 데 있어서 조직은 유용한 수단이 된다고 본다. 조직의 적응적, 계기적 의사결정(adaptive, sequential decision-making)을 통하여 인간은 의사결정에 필요한 부족된 계산능력의 경제화(economize on scarce computational capacity)를 꾀할 수 있다고 보는 것이다. 한편 후자는 인간이 언어, 숫자, 그림 등을 통하여 자기 의사를 남에게 이해시킬 수 있는 능력의 한계를 말한다.

이러한 인간의 제한된 합리성이 문제가 되는 경우는 두말할 것도 없이 인간의 합리성이 극복하기 어려운 한계에 봉착하게 되는, 다시 말하면 극도의 불확실성 또는 복잡성(complexity)이 존재하는 상황하에서이다. 요컨대, 경제적 문제가 야기되는 경우란 이러한 불확실성/복잡성이라는 상황에 인간의 제한된 합리성이 맞닥뜨려지는 경우이고, 바로 이러한 상황 속에서 시장이냐 아니면 조직이냐의 선택이 불가피해지게 되는 것이다. 이러한 상황하에서 개인이 장차 어떠한 상황이 전개될 것이고, 이에 대하여 사전에 어떠한 준비가 이루어져야 할 것인지에 대한 의사결정을 올바로 내리기란 불가능하다. 그렇기 때문에 이 경우에 인간은 내부조직(internal organization)을 통하여 문제해결에 응하게 된다는 것이다. 이것은 내부조직이 행정적 절차를 통하여, 그리고 계기적인 의사결정을 통하여 불확실성에 대한 적절한 대응을 할 수 있도록 해 주기 때문이다. 다시 말하면 불확실성이 대단히 높은 상황하에서 내부조직은 의사결정자의 제한된 합리성을 경제화(economize)시켜 주는 존재라는 것이다.

2. 기회주의와 소수자 교환관계가 결합된 상황

여기에서 인간의 기회주의적 속성 혹은 태도란, 거래관계에 있어서 사기성을 띤 이기적 이익(self-interest seeking with guile)을 추구한다거나, 혹은 자기 스스로도 믿지 않는 거짓된, 또는 공허한 위협이나 약속(threat or promise)을 하는 것을 말한다. 시장거래에 있어서 이러한 기회주의는 정보의 불완전성으로 인하여 만연되어 있다. 일반적으로 내부조직은 바로 이러한 기회주의적 행태를 가장 효과적으로 제어할 수 있는 방법이라는 것이다. 그러나 모든 시장이 바로 기회주의의 온상이 되는 것이라고는 볼 수 없다. 기회주의로 인하여 시장의 기능이 마비상태에 이르게 되는 경우란 소수자 교환관계(small-numbers exchange relations)가 지배적인 상황에서이다. 왜냐하면, 거래상대방이 다수인 경우에 있어서는 이들 사이의 경쟁으로 인하여 이러한 기회주의가 계속적으로 통용될 수 없기 때문이다. 다시 말하면 다수의 거래상대방이 있는 경우에는 한 거래상대방에 속아서 거래를 했다 하더라도 다음에는 다시 그 사람과 거래하지 않으면 그만인 것이다.

그러나 인간적 요인인 기회주의와 환경적 요인인 소수의 거래상대방이란 요인이 특수하게 결합되어 있는 상황하에서 거래관계는 크게 변모하지 않을 수 없다. 이 경우에는 마치 수요자와 공급자 모두가 독점자(bilateral monopolists)인 경우와 마찬가지로 거래당사자 쌍방이 자기에게 가장 유리한 조건을 고집할 수 있게 되고, 이것을 기회주의적 태도와 흥정(haggling)을 유발하게 되기 때문이다. 따라서 이 경우에 쌍방은 기회주의적 거래의 대가를 치러야 할 부담이 있기 때문에 상호간 협상에 들어가는 비용과 기회주의적 거래로 인하여 빚어지게 될 간접적 손실을 줄일 수 있는 유효한 방법을 찾지 않을 수 없게 된다는 것이다. 물론 이 경우에 선택될 수 있는 방법이 내부조직(internal organization)임은 두말할 필요가 없을 것이다.

이상에서 환경적 요인과 인간적 요인의 특수한 결합이 시장을 통한 거래관계를 특히 어렵게 만들고, 따라서 대체적인 방법으로서 내부조직을 선호하게 만드는 경우를 살펴보았다. Williamson은 여기에서 한 걸음 더 나아가 불확실성과 기회주의, 그리고 제한된 합리성이라는 요인들이 결합되는 상황에서 야기되는 특수한 문제, 즉 정보의 편재성(information impactedness)의 문제를 검토하고 있다. 정보의 편재성(偏在性)이란 거래당사자의 일방이 가지고 있거나 알고 있는 정보를 다른 상대방이 식별하지 못하는 상황을 일컫는다. 이와 같이 정보의 비대칭성(asymmetry) 또는 정보의 격차(disparity)가 존재하는 상황 속에서는 위험분담의 최적 배분(optimal allocation of risk-bearing)이 저해되게 되어 정보를 갖고 있지 못한 거래대상자의 일방이 손해를 보게 된다는 것이다.

Williamson은 내부조직이 기회주의적으로 정보의 편재성을 악용하려고 하는 유인을 약화시키는 데 기여할 수 있다고 본다. 그것은 내부조직이 공통적인 거래용어(code of transactions)의 사용을 가능하게 하고, 또한 경험에 의한 평가(experience-rating)를 관행화할 수 있기 때문이라는 것이다. 다시 말하면 내부조직 관계에 있는 두 기업은 보다 효과적인 거래용어의 개발 및 거래경험의 축적을 통하여 기회주의에 입각한 정보의 편재성을 배격할 수 있게 한다는 것이다. 항상적인 거래관계에 있는 기업들이 수직적 또는 수평적 결합(vertical or horizontal integration)을 추구하는 것이 바로 이 때문이라는 것이다.

이상에서 Williamson의 독특한 조직이론, 즉 경제학적 관점에서 본 조직이론의 대강을 고찰하였거니와 이 이론은 우리가 흔히 조직을 관찰함에 있어서 조직이 공통적 목적을 효율적으로 달성하기 위한 수단이라고 생각하면서도 조직의 효율성이 구체적으로 무엇을 의미하는 것인지를 분명히 해 오지 못한 기존이론의 한계성을 지적하면서 조직의 생성이나 변천이 어떠한 경제적 동기에서 비롯되고 있는지를 명쾌하게 분석할 수 있게 해 주는 새로운 패러다임을 제시하고 있는 데서 그 의의를 찾을 수 있다. 특히 그가 산업조직론(industrial organization)을 기존의 조직이론과 접합시킬 수 있는 길을 제시하고 있는 점은 그의 독특한 공헌이라고 하지 않을 수 없다.

그러나 Williamson의 이론은 다음과 같은 측면에서 명확한 한계를 가지고 있는 것이 사실이다(Perrow, pp. 236~247). 첫째, 이 이론은 모든 형태의 거래비용을 감안하고 있지 않다. 다시 말하면 기업의 결합과 같은 경우에 결합하는 두 기업 사이의 거래비용만이 고려되고 있을 뿐 그 각각의 가지고 있던 대외적 거래비용까지 기업결합으로 인하여 자연히 제약되는 것은 아니라는 것이다. 또한 기업결합을 통한 조직의 확대는 개개 기업의 신축성(flexibility)이나 혁신적 노력을 감소시켜 환경의 변화(예를 들면 수요의 변동)에 적절하게, 그리고 가장 효율적으로 대응하지 못하게 하는 요인이 될 수도 있다는 것이다. 둘째, 조직의 규모가 커지게 되면 이에 따라 자연히 조직의 내적 조정비용(coordination costs)은 증가하게 된다는 것이다. 셋째, 조직 내적 거래관계(가격결정 또는 회계 처리 등)는 비효율적으로 되기 쉽고 대규모 조직에서는 예상하지 못한 상호 작용이 생기게 마련이라는 것이다. 넷째, 조직 내의 정보는 조직원의 기회주의로 인하여 시장정보보다도 더 한층 신뢰성이 낮을 수 있다는 것이다. 다섯째, 조직 내의 유인체계는 시장의 경우에 비하여 보다 쉽게 정치화(politicized)되거나 조작될 수 있다는 것이다.

이상에서와 같은 비판들은 곧 기존의 조직이론이 다루어 온 조직의 실패(organizational failure)에 다름 아니다. 이렇게 볼 때 Williamson의 조직경영이론은 대규모 조직화의 현상을 설명하는 데 중요한 개념들을 제공하고 있는 것은 사실이지만, 기존의 조직이론이 문제삼고 있는 것들에 대하여 충분한 답을 제시할 수 있는 수준에는 아직 이르지 못하고 있다고 해야 할 것이다. 어쩌면 이것은 경제학자일 뿐인 그로서는 도저히 극복할 수 없는 한계라고도 할 수 있을 것이다. 바로 이러한 이유 때문에 정통적인 조직이론가들이 보기에 Williamson은 풋나기 조직이론가에 지나지 않을 수도 있다. 그러나 그가 제시하고 있는 독특한 문제의식과 분석개념은 그 나름대로 충분한 가치를 지니고 있는 것으로서 이것을 기존 이론 가운데 흡수 또는 통합하는 작업은 역시 기존의 조직이론가들의 책무에 속한다고 보아야 할 것이다.

✎참|고|문|헌

Williamson, Oliver E., *Markets and Hierarchies: Analysis and Antitrust Implications*, New York: The Free Press, 1975.

_____, *Economic Organization: Firms, Markets and Ploicy Control*, Brighton: Harvester Wheatsheaf, 1986.

Perrow, Charles, *Complex Organizations: A critical Essay*, 3rd ed., New York: Random House, 1986.

02

조/직/학/의/주/요/이/론

조직과 관리

Henri Fayol의
산업 및 일반관리론*

Ⅰ. Fayol의 학문세계

관리(management)에 대해서 최초로 종합적인 이론을 제시한 사람은 프랑스의 앙리 파욜(Henri fayol, 1841~1925: 영어식으로 부르면, 헨리 페이욜)이다. Taylor의 과학적 관리법이 한창 위세를 떨치고 있던 1916년 Fayol은 자신의 경험을 토대로 하여 Taylor와는 사뭇 다른 견해를 세상에 발표하였다. 산업 및 일반관리론[1](Administration industrielle et générale)이라는 논문이 그것이며, 이 논문 하나로써 그는 관리학 및 조직학 역사에 길이 남게 되었다.

Fayol은 1841년 프랑스의 한 중산층 가정에서 태어났으며 1860년 엘리트 엔지니어 학교의 하나인 생떼띠엔느 광산학교(l'Ecole des Mines de Saint-Etienne)을 졸업하였다. 졸업 후 그는 바로 고망뜨리 푸르상보 드까즈빌 회사(la Société commentry-Fourchambault et Decazeville)라는 긴 이름의 광산회사에 광산 엔지니어로 취직하여 정년을 맞을 때까지 줄곧 이 회사에서 근무하였다. 1888년부터 1918년 은퇴시까지 무려 30년 동안 최고경영책임직(Directeur général)을 역임하였다. 그가 경영책임을 맡던 당시 회사는 도산의 위기에 직면해 있었으나, 그의 은퇴시 회사의 재정상태는 매우 양호하였다고 한다.

광산 엔지니어로서 Fayol은 세 권의 기술서적도 펴냈으나(1878년, 1885년 그리고 1887년), 오늘날 우리에게 그는 성공한 최고경영자로서 그리고 「산업 및 일반 관리론」의 저자로서 남아 있다. Fayol은 최고 경영자로서의 성공을 자신의 개인적인 능력에 돌리지 않고, 누구든지 가르치고 배울 수 있는 객관적인

---

* 조영호: 아주대학교 경영학과 명예교수.
1) 김흥길 교수가 번역한 책에서는 administration을 '경영관리'로 번역하였으나, '관리'라고 번역하는 것이 일반적이기 때문에 우리도 일반적인 경향에 따라 간단히 '관리'로 번역하기로 한다.

개념과 원칙 덕택으로 돌렸다. 바로 이 점이 그의 독창적 시각이며, 그의 논리
는 경영자와 관리에 대한 일반의 오해와 혼란을 제거시켜 주는 데 크게 기여하
였다.

「산업 및 일반 관리론」의 저술 후 Fayol은 일반행정 조직에도 관심을 갖고,
국방대학원(l'Ecole Supérieure de Guerre)을 위시한 여러 조직에서 많은 강연도
가졌다. 관리에 대한 그의 이론이 비단 기업체에만 적용되는 것이 아니라는 것
을 보이기 위해 노력을 기울인 것이다. 그리하여 1921년에는 프랑스의 체신사
업에 관한 책을 쓰기도 하였다.

관리이론의 고전적 저자로서 Taylor와 Fayol은 자주 비교된다. 두 사람은 기
본적으로 같은 문제를 다루었지만, 접근방법은 거의 정반대였다. Taylor는 공장
의 하위체계로부터 거슬러 올라가는 방법을 취했으며, Fayol은 경영자로부터 아
래로 내려가는 방법을 취했다. Taylor는 매니지먼트를 직무분석·표준시간·종
업원 대우문제로 풀어 나갔으나, Fayol은 기업의 활동과 계획수립·조직화·명
령·조정·통제 등의 관리기능으로 파악하였다.

꼬망보(Comambault: 회사의 약칭)에서 아이디어를 개발하고 시험해 본 Fayol
은 1914년 이미 그의 이론을 세상에 알릴 준비가 되어 있었으나, 전쟁으로 미
루어 오다가, 잘 알려진 바와 같이 1916년 광산협회회보(Bulletin de la société de
l'Industrie Minérale)를 통해 산업 및 일반 관리론(Administration industrielle et
générale)을 발표하였다.

그러나, 이 무렵 프랑스와 유럽에서는 Fayol에 큰 관심을 보이지 않았으며,
오히려 대륙의 저편에서 만들어진 Taylor의 과학적 관리법에 심취해 있었다. 프
랑스인들은 도로와 항만을 건설하고, 통신시설을 설치하는 과정에서 미군들이
보여준 작업속도와 능률에 감탄하고, 그것이 모두 Taylor의 사상에 의한 것으로
믿고 이를 배우고자 하였다. 특히 당시 프랑스 국방장관이었던 조오쥐 끄레망
소(Georges Clémenceau)는 자신의 휘하에 있는 모든 공장에 Taylor의 과학적 관
리법을 연구하고 응용하도록 명령을 내렸다. 또한, 프레멩빌(Charles de la Poix
de Fréminville)과 르샤뜰리에(Henry-Louis Le Chatelier) 같은 엔지니어는 Taylor의
사상을 프랑스에 전파하는 데 크게 공헌하였다.

Fayol의 아이디어는 그의 사후에 주목을 받기 시작했으며, 아이러니컬하게
도 1949년 영문 번역판이 나온 후로 미국에서 크게 각광을 받았다. 1979년판 「산
업 및 일반 관리론」(Dunod사 발행)의 서문에서 프랑스의 저명한 경영컨설턴트
인 Pierre Morin은 "프랑스인들은 그들이 발명한 것을 알리고 팔 줄을 모른다.

물건뿐만이 아니라 아이디어도 그렇다. 여기 그 증거가 있다. 매니지먼트를 개발한 사람은 프랑스인인데 그 아이디어는 1960년대 미국의 비지니스 스쿨에 의해 상업화되었다."고 개탄하고 있다.

Ⅱ. 산업 및 일반관리론

Fayol의 가르침은 크게 세 가지로 나눌 수 있다. 첫째는 기업의 활동을 종합적으로 분류한 것이고, 둘째는 관리의 개념을 밝힌 것이며, 셋째는 관리원칙과 관리의 효율화 방안을 제시한 것이다.

Fayol은 기업이 수행하는 활동은 다음 6가지 활동으로 분류된다고 주장하였다.

① 기술활동(Opérations techniques): 생산·제조·변형
② 영업활동(Opérations commerciales): 구매·판매·교환
③ 재무활동(Opérations financiéres): 자금의 조달과 운영
④ 보안활동(Opérations de sécurité): 사람과 재산의 보호
⑤ 회계활동(Opérations de comptabilité): 재고조사·대차대조표작성·원가계산·통계작성 등
⑥ 관리활동(Opérations administratives): 계획·조직·명령·조정·통제

Fayol은 이 여섯 가지 활동을 기업의 기본 기능(Fonctions essentielles)이라고도 불렀으며, 크든 작든, 복잡하든 단순하든 모든 기업에 존재한다고 하였다. 여섯 활동 중 위 다섯 활동은 잘 알려져 있고 별로 설명이 필요없지만, 마지막의 관리활동은 긴 설명이 필요하다고 하였다.Fayol의 두번째 가르침은 바로 이 관리가 무엇인가를 밝힌 것이다. 후세 사람들이 Fayol의 업적 중 가장 높이 사고 있는 것이 이 점이기도 하다. Fayol은 관리의 개념을 매우 간단히 기술하고 있는데 그의 사고의 흐름을 이해하기 위해서 그의 글을 직접 읽어 보기로 하자.

"앞의 다섯 가지 기능(기술적 기능에서 회계적 기능까지: 필자 삽입)은 어느 것도 회사의 전체적인 활동을 다루고, 회사를 하나의 사회단체로 만들어 주며, 여러 가지 노력을 조정하고 활동을 조화롭게 해 주는 기능이 아니다. 이러한 일은 기술적인 기능도 아니고, 영업적인 활동이라고 할 수도 없으며, 그렇다고 재무·보안·회계 기능의 일부로 볼 수도 없다. 그것은

분명 또 하나의 별개의 기능이며, 정확한 개념정의 없이 통상 관리(Administration)라고 부르고 있는 바로 그것이다.

일반적으로 이해되고 있는 것처럼 계획(Prévoyance) · 조직(Organisation), 조정(Coordination) · 통제(Contôl)가 이 관리에 속하는 활동이라고 할 것이다.

그런데 명령(Commandement)은 어떻게 할 것인가? 명령도 관리기능의 하나로 포함시켜야 할 것인가? 반드시 그래야 하는 것은 아니지만, 다음과 같은 이유로 명령을 관리 속에 포함시켜야 한다고 생각한다.

첫째, 관리는 인력의 모집과 선발 그리고 단체의 구성을 담당하는데 이는 곧 명령과 깊은 관계를 가지고 있다.

둘째, 명령의 원칙은 또 대부분 관리의 원칙이기도 하다. 따라서, 연구의 편의를 위해서도 이 둘을 하나로 모아서 볼 필요가 있다.

셋째, 이렇게 함으로써 기술적 기능에 못지않게 관리기능이 중요하다는 사실을 일반 독자에게 알릴 수 있을 것이다.

따라서 관리란 계획을 수립하고, 조직하고, 명령하고, 조정하고, 통제하는 것이라고 정의하고자 한다.

계획수립은 미래를 예측하고 활동의 방향을 설정하는 것이고, 조직은 기업의 인적 · 물적 자원에 대한 체계를 구성하는 것이며, 명령은 구성원들로 하여금 직무를 수행하도록 하는 것이고, 조정은 모든 행위와 노력을 이어주고 통합시키며 조화롭게 하는 것이며, 통제는 모든 일이 정해진 규칙과 주어진 명령대로 행해지고 있는지를 살피는 것이다.

이렇게 볼 때, 관리는 기업주나 경영자만이 행하는 독점적인 기능이 아니라, 다른 기업기능과 마찬가지로 톱(top)으로부터 하급사원에 이르기까지 널리 퍼져 있는 것이다.

관리기능은 다른 다섯 가지 기능과 이렇게 확연히 구별된다. 한편, 관리기능을 기업경영(gouvernement: 기업통치라고 번역할 수도 있겠다. 필자 註) 그 자체와 혼동해서는 안 된다.

기업경영은 기업이 보유하고 있는 자원을 가장 효과적으로 활용하여 기업의 목표를 달성해 가는 전 과정이다. 즉, 관리기능을 포함한 6대 기능 전체를 수행시켜 나가는 것이다.

관리는 분명 기업경영을 뒷받침해 주는 하나의 기능이다. 하지만, 이는 누구보다도 최고경영자에게 특히 중요하므로 최고경영자만의 기능으로 때때로 오인되기도 한다."[2]

Fayol의 세번째 가르침은 관리의 일반원칙과 효율적인 관리의 방향을 제시한 점이다. Fayol은 관리의 일반원칙 14개와 계획수립·조직·명령·조정·통제 등 관리의 각 기능의 효율적으로 수행되기 위해서 갖추어야 할 특성을 제안하였다. 그런데, 그가 제시한 여러 가지 원칙들은 후세 사람들이 고전적 이론과 현대적 이론을 대비시키면서 평가한 것처럼 그렇게 확고부동하고, 경직적인 것이 아니라는 것을 이해할 필요가 있다. 스스로 말하기를, 비록 경직적인 뜻을 갖고 있는 원칙(Principles)이라는 단어를 선택하기는 했지만, 관리는 재료나 기계를 대상으로 하는 것이 아니라 사회시스템을 대상으로 하는 것이기 때문에 여기에 결코 절대적인 것이 있을 수 없으며, 원칙의 적용에 있어서 탄력성과 운영의 묘가 있어야 한다고 하였다.

Fayol이 제시한 14개의 일반 원칙은 다음과 같다.

① 분업의 원칙: 주의를 기울이고 노력을 경주해야 할 대상의 수를 줄여서 직무의 전문화와 권력의 분산을 꾀하는 것.

② 권한-책임의 원칙: 남에게 복종을 구할 수 있는 힘인 권한이 있으면, 거기에는 반드시 그에 상응하는 책임, 즉 보상과 벌이 함께 하도록 하는 것.

③ 기강확립의 원칙: 상급자와 하급자가 공동의 협약(conventions)을 준수함으로써 명령에 대한 복종이 이루어지고, 직무가 수행되며, 질서가 유지되고, 상호 예의가 확립되도록 하는 것.

④ 명령 일원화의 원칙: 특정 활동에 있어 작업자는 한 사람의 상사로부터 명령을 받도록 하는 것.

⑤ 업무추진 일원화의 원칙[3]: 목적이 같은 활동은 한 사람의 책임자가 하나의 계획하에 추진되도록 하는 것, 다시 말하면, 조직을 이원화시키거나, 업무를 이중적으로 추진하지 말라는 뜻임. 명령일원화의 원칙은 단지 명령의 상하관계를 말하는 것이고, 업무추진 일원화의 원칙은 조직설계에 관한 것임.

⑥ 전체이익 우선 원칙: 개인이나 부서의 이익이 기업 전체이익에 앞서거나 배치되어서는 안 됨.

---

2) Fayol, H., *Administration Industrielle et Generale*, Pasis: Dunod, 1979, pp. 4~5.

3) Unité direction을 보통 지휘일원화라고 번역하고 있으나(김홍길 역, 1990; 정수영, 1990), 여기서 말하는 direction은 Fayol이 밝히고 있는 바와 같이 명령이나 지휘와는 다른 뜻이다. 지휘나 명령 이전의 문제로서 조직설계에 관한 것이고, 종합적인 업무추진 방향에 관한 것이다. 따리시, 우리는 업무추진 일원화라고 번역한다.

⑦ 보상의 원칙: 보상은 노동의 대가로서 첫째 공정하게 지급되어야 하며, 둘째 의욕을 북돋을 수 있어야 하고, 셋째 합리적인 수준을 넘어서지 않도록 해야 함.

⑧ 집권화-분권화의 원칙: 집권화와 분권화는 절대적인 것이 아니며, 종업원의 능력을 최대한 활용할 수 있도록 상황에 맞추어 이루어져야 함.

⑨ 위계서열의 원칙: 위계서열의 사다리는 명령일원화의 원칙을 위해 필요한 것이기는 하나, 모든 커뮤니케이션이 여기에만 의존해서는 안 되고, 상급자의 이해를 전제로 하여 하급자간의 직접적인 수평적 커뮤니케이션도 가능하도록 해야 함.

⑩ 질서의 원칙: 물건이나 사람에는 자리가 할당되어 있어야 하며, 이들은 항상 제자리에 놓여 있거나 위치되어 있어야 함. 물리적 질서는 재료의 유실과 시간의 손실을 막도록 하고, 사회적인 질서는 적재적소의 원칙에 따름.

⑪ 공정성의 원칙: 종업원을 다룸에 있어서, 정해진 규범을 어기지 않고 정의롭게만 하면 된다고 생각하지 말고, 종업원이 실제로 공정하게 대우를 받고 있다는 느낌을 가질 수 있도록 심리적인 배려를 아끼지 않음.

⑫ 인력안정의 원칙: 새로운 일을 배우고 숙련에 이르기까지는 상당한 시간이 소요되므로, 회사가 번성하기 위해서는 인력이 안정되어야 함.

⑬ 자발성의 원칙: 종업원의 자발성은 일의 성패를 좌우하는 커다란 요인이 되므로 상사들이 더러는 자존심이 상하는 한이 있더라도 부하들의 자발성을 북돋아 주어야 함.

⑭ 단결의 원칙: 분리하여 지배하라는 말이 있으나, 적을 분리하여 무찌르는 것은 모르되, 부하를 분리시키는 것은 관리의 부재이며 소를 위해 대를 희생시키는 것임. 부하들을 단결시키고 인화를 이루어야 함.

이상과 같은 14개의 관리 원칙과 더불어 Fayol은 5개의 관리직능이 효과적으로 수행되기 위해서 갖추어야 할 성질을 각각 제시하였다.

먼저 계획수립에 있어서는 통일성·계속성·탄력성·정밀성을 거론하였다. 통일성이란, 기술·영업·재무 등 여러 가지 부문의 계획이 무질서하게 흩어져 있지 않고 하나의 통일된 체계를 갖추어야 한다는 것이며, 계속성이란 인간이 내다볼 수 있는 미래는 한계가 있으므로, 계획을 단계적으로 수립해 나가되 각 단계가 서로 잘 연계되어야 한다는 뜻이다. 그리고 탄력성은 계획은 어디까지나 계획이기 때문에 상황의 변화에 따라 수정이 될 수 있어야 함을 말하고, 정밀성은 가능한 한 관련된 사항이 모두 포함되도록 해야 한다는 의미이다.

Fayol은 조직화를 위해서는 다음의 16가지의 조건이 충족될 수 있도록 해야한다고 하였다.

① 계획이 효과적으로 수립되고 집행될 수 있을 것.

② 회사의 목표와 자원에 부합될 수 있을 것.

③ 업무추진이 일월화되고, 철저하고 효과적일 수 있을 것.

④ 행동을 일치시키고 노력을 조정할 것.

⑤ 의사결정을 정확히 할 수 있을 것.

⑥ 인력의 채용과 배치가 적절하게 이루어질 수 있도록 할 것.

⑦ 업무를 명확히 정의할 것.

⑧ 자발성과 책임감을 북돋을 것.

⑨ 공정하고 적절하게 보상이 되도록 할 것.

⑩ 부정이나 잘못에 대해 책임추궁을 할 것.

⑪ 기강이 확립되도록 할 것.

⑫ 회사의 이해가 특정 부분의 이해에 우선되도록 할 것.

⑬ 명령일원화의 원칙이 지켜지도록 각별히 주의를 기울일 것.

⑭ 물적·사회적 질서가 유지되도록 할 것.

⑮ 모든 것을 통제할 수 있도록 할 것.

⑯ 규칙·규정·서류작업의 남용과 관료적 형식주의를 경계할 것.

Fayol은 효과적인 명령을 위하여 책임자가 갖추어야 할 조건에 대해서도 여덟 가지를 제시하였는데 다음과 같다. ① 부하들에 대해서 충분한 지식을 갖고, ② 무능력자를 배제시키며, ③ 기업과 근로자들 사이에 형성되어 있는 협약의 내용을 숙지하고, ④ 모범을 보이며, ⑤ 일람표를 활용하여 정기적인 조직 점검을 실시하고, ⑥ 주요관계자들과 회합을 갖고 업무의 조정을 꾀하고, ⑦ 세부사항에 빠지지 않으며, ⑧ 부하들에게서 적극성과 자발성, 헌신의 마음이 우러나도록 한다.

Fayol은 조정기능이 잘 수행되고 있는 회사와 그렇지 않은 회사를 세 가지의 특성으로 대비시켰다. 첫째, 조정기능이 잘 수행되고 있는 회사는 각 타부문을 잘 이해하고 있는 반면, 조정이 잘 안되고 있는 회사에서는 서로 다른 부문을 모르거나 무시한다. 둘째, 조정이 잘 되고 있는 회사에서는 부문간 또는 부문 내에서 공동작업이나, 도움을 주고 받을 일에 대해서는 서로 정확한 정보를 주고 받지만, 그렇지 않은 회사에서는 부문간에 또 부문 내에서도 서로 벽을 두텁게 쌓고, 각자 자기 서류나 지시사항에만 파묻혀 있다. 셋째, 조정이 잘 되고 있는 회사에서는 각 부문의 작업이 상황에 항상 잘 부합되어 있으나, 그렇지 않은 회사에서는 누구도 전체이익을 생각하지 않으며, 자발성과 헌신정신이 결여되어 있다.

마지막으로 통제에 대해서는, 통제는 신속하게 이루어지고 제재가 따라야 한다는 것을 말하면서, 한편으로는 통제가 지나치게 기본업무 속에 깊이 개입하는 것을 경계하고 있다. 통제가 업무 자체에 깊이 관여하게 되면, 업무의 추진이 이원화되기 때문이다. 그는 통제요원의 자격에 대해서도 언급하고, 좋은 통제요원은 해당업무에 대한 지식이 있어야 하며, 불편부당해야 하는데, 불편부당은 바른 양심에 기초하지만, 제도적인 장치를 통해서도 이를 보장해야 한다고 조언하였다. 즉, 통제요원은 통제대상과 독립적 위치에 있어야 한다는 것이다.

이상에서 Fayol의 가르침을 간단히 정리하였으나, Fayol은 관리 자체보다는 오히려 교육에 더 큰 관심을 가지고 있었다는 점 또한 주목해 보아야 할 것이다. Fayol은 관리에 대한 자신의 견해를 기업경영자를 위해서가 아니라, 관리의 교육을 위해 정리한 것이다. 「산업 및 일반 관리론」의 내용구성을 보면, 관리의 개념은 관리 교육의 필요성과 가능성이라는 큰 제목(파트 제목)하에 소개되고 있다. 그 외에도 여러 군데에서 그는 교육에 관한 관심을 많이 보이고 있다. 오늘날에도 우리에게 시사하는 바가 크다고 하겠다.

Fayol의 개념은 H. Simon, J. March, H. Mintzberg 등의 조직이론가와 행동과학자들로부터 많은 비판을 받았고 또 받아 오고 있으나, 경영현상을 종합적으로 보려고 했던 L. Gulick, L. Urwick, J. D. Mooney 등의 고전적 이론가들에게 지대한 영향을 끼쳤으며, 오늘날까지도 H. Koontz 등을 통해 끊임없이 재음미되고 있다. 그러나 Fayol의 주장이 심도 있는 경험에 근거하고 있기 때문에 70여 년이 지난 오늘날까지도 경영 실무자들에게 깊은 공감을 일으키고 있다 할 것이다.

✎ 참 | 고 | 문 | 헌

Fayol, H., *Administration Industrielle et Générale, Bulletin de la Société de l'Industries Minérale*, 1916-Dunod, 1918, 1979.

Fayol, H., tr. by Constance Storrs, *General and Industrial Management*, NJ: Pitman, 1949.

Fayol, H., 김홍길 역, 산업 및 일반경영관리론, 지문사, 1990.

Scheid, J. C., *Les Grands Auteurs en Organization*, Dunod, 1980.

Claude S. George, 양참삼 옮김, "경영사상사," 현상과 인식, 1984.

정수영, 신경영학원론, 제6전정판, 박영사, 1990.

Chester I. Barnard의
관리기능이론*

I. Barnard의 학문세계

Chester I. Barnard(1886~1961)는 오랜 기간 동안 공사조직의 최고관리자로서 다양하고 풍부한 경험을 쌓았으며, 조직의 활동에 대하여 지속적인 관심을 지니고 있었다. Barnard는 20여 년 동안(1927~1948) New Jersey Bell Telephone Company의 사장으로 재임하면서 우수한 인재의 선발, 광범위한 교육훈련, 높은 보수, 원활한 의사소통, 회사의 정책에 대한 충분한 설득, 조직에 대한 강한 충성 등을 특징으로 하는 Bell전화회사의 기본문화를 확립하였다. 또한, Barnard는 1930년대의 대공황기간에 2차에 걸쳐 New Jersey주의 빈민구호기관의 책임자로 근무하였으며, 2차대전 중에는 비영리기관인 United Service Organizations, Inc.를 창설, 관리하였다. Bell전화회사에서 퇴직한 후에는 Rockefeller재단의 이사장으로(1952~1954) 근무하기도 하였다.

이와 같이 Baranrd는 공·사조직의 최고관리자로서 풍부한 경험을 쌓았다. 그는 최고관리자로서 조직의 활동과 조직구성원들의 사회적·개인적 관계에 커다란 관심을 지니고 있었으며, 그의 경험을 바탕으로 조직과 관리에 관하여 한 권의 저서와 여러 편의 논문을 발표하였다.

최고관리자로서 Barnard가 활동하던 시기는 주로 대공황과 제2차 세계대전을 전후하여 높은 실업률과 사회적 불안으로 인하여 갈등과 대립이 심화되던 시기였다. 이러한 시대적 상황도 협동(cooperation)을 조직의 핵심으로 파악하고 있는 그의 조직관에 상당한 영향을 미친 것으로 추측된다.

조직과 관리에 대한 Barnard의 경험과 지식은 1938년에 출간된 고전적 저서인 「관리자의 기능」(The Functions of the Executive)에 집대성되어 있으며,

---

* 하태권: 전 서울과학기술대학교 행정학과 교수.

Herbert A. Simon을 비롯한 많은 조직이론가들에게 상당한 영향을 미친 것으로 평가되고 있다. 조직활동에 관한 그의 논문들은 1948년에 출판된 「조직과 관리」(Organization and Management)에 수록되어 있다.

　Barnard는 조직을 본질적으로 협동적인 체제로 파악하고 개인의 동기와 선택을 중시하고 있다. 따라서 그는 권위를 상관에 의하여 부여되는 것이 아니라 부하에 의하여 상관에게 부여되는 상향적 개념으로 파악하고 있다. 이와 같이 Barnard는 고전적 조직관과는 대비되는 새로운 관점에서 조직에 대한 포괄적인 이론을 구축한 최초의 조직이론가로서 고전적 조직이론에 대한 대안을 제시하였다.

Ⅱ. 관리자의 기능

　Barnard는 조직이론은 개인의 특성에 기초하여 형성되어야 한다고 주장한다. 왜냐하면 '개인'에 대한 문제를 다루지 않고서는 조직이론의 구성이 불가능하며, 개인은 그 개인의 특성을 통하여 가장 잘 이해할 수 있기 때문이다. 개인의 특성은 심리적 요소와 심리적 요소의 산물인 행위(behavior) 및 목표를 결정하는 선택권(power of choice)으로 구성된다. 이와 같이 Barnard에게 있어 개인은 스스로 목표를 결정할 수 있는 선택권과 그에 필요한 결정능력 및 자유의사를 지닌 존재이다.

　그러나 개인의 선택권은 그의 생리적 요인들과 사회적 요인들에 의하여 제한을 받는다. 경험적으로 볼 때, 선택의 가능성을 제한하는 것이 개인의 선택에 도움이 된다. 즉, 선택의 조건(the conditions of choice)을 설정함으로써 개인은 자유의사에 의하여 표에 도달할 수 있다. 따라서 개인의 선택권은 본질적으로 제한되어 있으며, 개인의 의사결정은 결국 선택의 범위를 축소하는 기술(techniques for narrowing choice)이라 할 수 있다. Barnard에 의하면 개인에게 주어진 의사결정의 한계, 즉 선택권의 제약을 극복할 수 있는 가장 효과적인 방법은 공동의 목표를 향한 협력(cooperation)이다. 따라서 Barnard는 조직의 가장 핵심적 요체로서 협력을 제시하고 있다.

　Barnard는 공식조직(formal organization)을 "의도적으로 조정된 두 명 이상의 행동 또는 힘의 체계"(a system of conciously coordinated activities or forces of two or more persons)로 정의하고, 조직의 활력과 지속적인 존속을 위하여는 개인의

자발적 협동, 공동의 목표 그리고 조직구성원간의 원활한 의사소통이 필수적이라고 주장한다.

조직의 목표달성에 대한 개인의 자발적 협동은 효과성과 능률성[1]에 의존한다. 즉, 개인은 조직의 목표가 달성가능하며(효과성), 동시에 조직이 그에게 요구하는 희생보다 그가 조직으로부터 얻을 수 있는 만족이 크다고 믿는 경우에 (능률성) 비로소 자발적으로 협동을 하게 된다. 그런데 능률성이란 근본적으로 개인의 만족에 대한 조직구성원의 주관적 평가에 의존하게 된다. 따라서 조직은 그 구성원들로부터 능률성을 도출하고 유지하여야 하며, 이를 위하여는 조직구성원들에 대하여 여러 가지 형태의 경제적·비경제적 유인과 함께 개인적인 설득작업 등을 적절히 혼합하여 사용할 필요가 있다.

협동적 목표, 즉 조직의 목표는 효과성의 전제조건이 된다. 협동적 목표가 없으면 효과성의 개념이 개발될 수 없기 때문이다. 그러나 조직의 목표도 조직구성원들에 의하여 그 타당성(relevancy)이 수용될 때에만 비로소 협동적 행동을 유발시킬 수 있다. 따라서 조직구성원들이 공동의 목표를 타당한 것으로 수용하도록 그들을 설득하고 교육(inculcation)시키는 것이 관리자의 주요 기능이 된다.

Barnard는 '개인의 동기와 조직의 목표는 일치하거나 일치하여야만 한다'고 하는 당시에 널리 수용되던 조직의 목표에 대한 고전적 가정을 부정하였다. 그에 의하면 개인의 동기는 내재적(internal)이고 개인적이며 주관적인 반면, 조직의 목표는 외재적(external)이고 비개인적(impersonal)이며 객관적이다. 개인의 동기와 조직의 목표는 협동적 노력체제(조직)의 상반되는 지주로서 이들의 잠재력이 조직의 목표달성에 기여하는 방향으로 작용하도록 이들을 연계시켜 주는 과정이 의사소통이다.

의사소통, 즉 조직구성원간의 상호작용의 필요성이 복잡한 조직에 필수적인 구조적 분화의 정도를 결정한다. 모든 복잡한 조직은 상당수의 활동단위나 기초단위로 구성되며, 이러한 단위조직의 크기와 배열은 효과적인 의사소통의 범위 내에서 결정된다. 복잡한 조직을 구성하는 수많은 단위조직들을 효과적으로 관리하기 위하여는, 전체조직의 일반 목표가 그 조직을 구성하는 각각의 단위조직의 특수한 목표로 구체화되어야만 한다. 왜냐하면 각각의 단위조직에 부여

---

1) Barnard는 능률성을 개인적 동기의 충족과 관련된 개념으로 사용한다. 경우에 따라서 능률성은 조직에 대한 공헌과 조직으로부터 얻을 수 있는 만족에 대한 개인의 주관적 평가에 의존하게 된다. 능률성에 대한 이러한 정의는 Barnard에 특유한 것으로서 조직이론가들이 일반적으로 사용하는 개념과는 본질적으로 구별된다.

된 세부적인 목표가 달성되지 않고서는 전체조직의 목표달성은 불가능하기 때문이다. 따라서 각각의 단위조직의 구성원들이 그 단위조직의 세부목표를 이해하고 수용하도록 하는 것이 조직목표의 달성에 필수적이다.

한편, 전체조직의 일반목표는 단위조직의 활동에 바람직하고 그것을 활성화시키는 경향은 있으나, 단위조직의 활동에 필수적이지는 않다. 경우에 따라서 단위조직은 전체조직의 목표와 무관하거나 상반되는 목표를 추구할 수도 있다. 따라서 단위조직의 활동이 전체조직의 목표달성에 기여하도록 하여야 하며, 이를 위하여는 각 단위조직의 활동은 전체조직의 일반목표에 비추어 조정되어야 한다. 이러한 조정은 두 가지 원칙 — 노력의 동시성의 원칙과 연속성의 원칙 — 중의 하나에 의거하여 진행되어야 한다. 조직구성원간의 원활한 의사소통은 이러한 조정의 기본 전제가 된다.

Barnard는 권위(authority)를 의사전달의 특성으로 파악하고 있다. Barnard에 의하면 권위란 "조직구성원이 조직에 대한 그의 행동을 지배하는 것으로 인정하는 공식조직 내에서의 의사전달(지시)의 특성"을 의미한다. Barnard의 정의에 따르면 권위는 객관적 측면과 주관적 측면의 두 가지 측면을 내포한다.

권위의 주관적 측면은 권위가 조직구성원의 행동을 규제할 수 있으려면 조직구성원들에 의하여 정당한 것으로 인정받아야 한다는 것이다. 권위가 조직구성원들로부터 정당성을 인정받으려면 우선 의사전달이 권위적이어야 하며, 또한 그 내용이 조직구성원들의 무관심권(zone of indifference)에 속하여야 한다. 의사전달이나 지시가 권위적인 것으로 인정받기 위하여는 다음의 4가지 조건이 충족되어야 한다: ① 조직구성원이 이해할 수 있을 것, ② 조직구성원이 조직의 목표에 어긋나지 않는다고 믿을 것, ③ 조직구성원이 그의 개인적인 이익과 일치한다고 믿을 것, ④ 조직구성원이 정신적·육체적으로 따를 수 있는 것일 것.

또한, 지시(order)는 조직구성원 개개인의 무관심권에 속하여야 한다. 무관심권에 속하는 지시는 권위에 대하여 아무런 의심 없이 수용될 수 있기 때문이다. 개인의 무관심권은 조직구성원이 조직으로부터 얻거나 얻을 수 있으리라고 기대하는 만족의 정도에 따라 확대되거나 축소된다. 즉, 조직으로부터 상당한 유인(inducement)이나 보상을 받은 구성원들에게는 지시의 수용범위가 넓은 반면, 그렇지 못한 구성원 사이에는 지시의 수용범위가 매우 한정적이다. 이와 같은 권위의 주관적 측면은 권위의 상향적 속성을 주장하는 것으로서, 관리자는 그들의 책임에 따라 상급자로부터 공적인 권위를 부여받는다고 하는 권위에 대한 고전적 개념과 정면으로 배치된다.

권위의 객관적 측면은 그것이 '공식조직 내에서의 의사전달의 특성'이라는 점에 기인한다. 객관적 권위는 상급직위로부터의 지시(order)에 의해 부여되며, 점직자의 개인적인 능력과는 별 관계가 없다. 객관적 권위는 결국 직위에 따른 권위(authority of position)라 할 수 있다. 지시가 객관적 권위를 부여받으려면, 공식적인 의사전달의 통로가 확립되어야 할 뿐만 아니라 지시 — 보고체계가 명확하여야 하고 의사소통이 원활히 될 수 있어야 한다.

조직구성원간의 상호작용은 조직의 목표에 기초하거나 개인적인 목표에 기초하여 이루어진다. 이 중 개인적 목표에 의거한 조직구성원간의 상호작용은 반복적으로 이루어지는 특성을 지니고 있기 때문에, 조직구성원들의 행동양식과 사고방식에 영향을 미칠 뿐만 아니라 균일한 심리상태(uniform state of mind)를 촉진함으로써 체계화되고 조직화된다. 조직 내에서 개인적인 접촉을 경험하거나 지속적으로 유지하는 조직구성원의 수는 일반적으로 제한되어 있다. 그러나 조직구성원간의 개인적인 상호관계는 순환적인 성격(endless-chain relationship)을 지니고 있기 때문에 상당수의 조직구성원들에게 여러 측면에서 광범위한 영향을 미침으로써, 조직구성원들의 심리상태를 균일하게 만든다. 조직구성원간의 개인적인 상호작용은 이러한 과정을 거치며 조직의 관습이나 제도로 구체화된다.

비공식조건은 바로 이와 같은 조직구성원간의 개인적인 상호작용에 의하여 형성된다. 따라서 모든 공식조직 내에는 비공식조직이 존재한다. 비공식조직은 공식조직의 활동에 도움을 준다. 왜냐하면 비공식조직은 구성원간의 의사전달을 원활히 하여 주고, 결집력을 높이며, 공식조직의 지배로부터 개인의 존엄성을 보호하여 주기 때문이다.

Barnard는 이상에서 논의한 조직과 조직의 기능에 대한 분석에 기초하여 관리자의 기능을 제시하고 있다. 관리자의 기능은 조직의 활력과 존속에 필수적인 모든 업무와 관련된 것이다.

관리자의 기능 중 가장 중요한 것은 의사전달체계를 확립하고 유지하는 것이다. 그런데 이미 지적한 바와 같이 의사전달은 개인의 활동과 전체조직의 활동, 단위조직의 세부목표와 전체조직의 일반목표를 연계시키는 효과적인 조정의 기본전제가 된다. 따라서 의사전달은 조직의 설계 — 조직구조의 분화, 직무와 책임의 명확화 등 — 와 그에 따른 인력의 배치 — 인력의 충원 및 적재적소의 배치 — 라는 두 가지 측면을 지니고 있다. 결국 관리자의 기능이란 이러한 의사전달의 두 가지 측면, 즉 직무와 인력을 합치시키는 것이라 할 수 있다.

관리자의 두번째 기능은 개인을 조직과 협동적 관계 속으로 유인하고 그 개인으로부터 조직에 필수적인 서비스를 확보하는 것이다. 이를 위하여 관리자는 효과적인 보상체계, 유인체계, 감독 및 통제체계와 교육훈련체계 등을 확립·유지하여야 한다.

관리자의 세번째 기능은 조직의 목표를 결정하고 정의하는 것이다. 여기에서의 주요측면은 책임의 부과, 즉 객관적 권위의 위임이다. 조직의 일반적인 목표는 관리자가 결정하되, 특수한 상황에서의 목표에 대한 정의, 즉 구체적인 행동에 관한 결정은 하부단위에 위임하여야 한다. 따라서 하부단위의 활동이 조직의 일반목표와 일치되도록 조직구성원들에게 조직의 일반목표를 충분히 인식(inculcation)시킬 필요가 있다. 이를 위하여는 의사전달의 통로가 개방되어야 한다.

관리기능은 일반적으로 과학적이기보다는 기술적이며, 논리적이기보다는 도덕적이다. 따라서 관리기능은 협동의 성취에 대한 최종적인 표현인 관리책임(executive responsibility)을 포함하여야 한다. 관리자의 책임은 개인의 목표와 조직의 목표가 서로 융화되도록 개인의 의지를 결속시키는 지도자의 능력을 의미한다. 따라서 Barnard는 인간의 협동을 지속적으로 유지시킬 수 있는 가장 일반적인 전략적 요소는 관리자의 능력, 즉 지도력의 질이며, 관리자의 능력은 그것이 의존하는 도덕성에서 도출된다고 주장한다.

이상에서 논의한 바와 같이, Barnard의 이론은 Weber식의 고전적 조직이론과 여러 가지 측면에서 대비된다. 특히 그는 조직활동에 있어서 개인의 역할을 중시하고 형태적 측면에 대한 분석을 시도함으로써 고전적 조직이론에 반발하여 대두되는 소위 신고전이론과 형태주의이론에 상당한 영향을 끼친 것으로 평가된다.

조직이론의 발달에 대한 Barnard의 주요한 공헌 중의 하나는 개인을 조직목표의 달성을 위한 수단으로서만 인식하던 고전적 조직이론에서 탈피하고, 조직활동에 있어서 개인의 동기와 선택을 중시하였다는 점이다. 이미 지적한 바와 같이, Barnard는 조직을 협동체제로 정의하고 개인의 자발적 협동을 조직의 활동과 존속에 가장 핵심적인 요소로 인식함으로써, 조직에 있어서 개인의 중요성을 강조하고 있다.

동일한 맥락에서 Barnard는 권위도 본질적으로 상부로부터 하향적으로 부여되는 것이 아니라 하부로부터 상향적으로 형성된다고 주장함으로써 권위의 주관적 측면의 중요성을 강조하고 있다. 이와 같은 Barnard의 권위에 대한 개념정의(소위 수용이론: Acceptance Theory)는 고전적 조직이론에 대한 반발 중에서 가장 대표적인 것으로 평가되고 있다.

그러나, 조직활동에 있어서 개인역할의 중요성을 강조하였음에도 불구하고, Barnard는 고전적 조직이론을 완전히 탈피하지는 못하였다. Barnard에 의하면 개인은 정의적 비합리적 비논리적인 존재인 데 반하여 조직은 비정의적·합리적·논리적인 존재이기 때문에, 조직은 언제나 개인보다 우월한 위치에 있게 된다. 따라서 개인의 동기나 선택의 중요성은 제한될 수밖에 없다. 조직목표를 결정하거나 권위를 행사하는 것은 전적으로 관리자의 기능이며, 개인은 다만 그에게 주어지는 목표나 지시를 수용하거나 거부할 수 있을 뿐이다. 만일 개인의 동기가 조직목표와 상반될 경우에는, 당연히 조직목표가 우선시되며 개인은 조직목표의 주입(indoctrination) 대상으로 전락하게 된다. 결국 Barnard도 개인을 적극적·능동적인 존재라기보다는 소극적·피동적인 존재로 파악하고 있을 뿐이다.

조직이론의 발달에 대한 Barnard의 또 다른 공헌은 그가 조직구성원의 행태적 측면의 중요성을 인식하고 그에 대한 분석을 시도하였다는 점이다. Barnard는 협동과 조정에 있어서의 개인의 동기와 선택의 중요성, 권위의 주관적 측면, 개인의 사회적 성격과 비공식조직이 조직구성원의 사기에 미치는 순기능적 영향, 유인과 보상체계, 관리자의 의사결정기능 등을 분석함에 있어 개인의 행태적 측면에 초점을 맞추었다. Barnard의 형태적 분석은 Herbert A. Simon과 James G. March를 비롯한 형태주의자들의 연구에 많은 영향을 미쳤다.

그러나 Barnard는 조직과 개인을 분리하고 조직의 순기능적인 측면만을 지나치게 강조한 반면에 갈등이나 권력 혹은 강제적 조정(imperative coordination) 등을 간과함으로써 극단적인 기능주의에 빠지고 있다. 그는 공동목표의 달성을 위한 조직구성원의 자발적 참여가 조직활동의 가장 핵심적인 요소라고 주장함으로서 '조정'이나 '권위'의 중요성에 대한 설득력을 훼손시키고 있다. 권위의 주관적 측면을 중시하고 직책에 따른 권위의 허구성을 지적한 그의 주장도 직책에 따른 권위가 조직구성원에 대한 실질적인 제재수단을 보유하고 있다는 사실을 간과하고 있다. 또한 그는 개인의 사회적 욕구를 지나치게 중시함으로써 비공식조직의 역기능적인 측면을 도외시하였다는 비판도 받고 있다.

참 | 고 | 문 | 헌

Barnard, Chester I., *The Functions of the Executive*, Cambridge, Mass.: Harvard University Press, 1938.

Perrow, Charles, *Complex Organizations: A Critical Essay*, 3rd ed., New York: Random House, 1986.

Pugh, D. S., Hickson, D. J. & C. R. Hinnings, *Writers on Organzations*, 2nd ed., Harmondsworth, Middlesex: Penguin Books, 1971.

Rensis Likert의
관리시스템 Ⅳ*

Ⅰ. Likert의 학문세계

Rensis Likert(1903~1981)는 사회심리학자로서 사회과학의 연구방법론 분야뿐만 아니라 조직이론의 발전에 지대한 공헌을 한 학자들 중의 한 사람으로 평가된다. Likert의 생애와 연구경향, 그리고 주요 저술들을 통해 그의 학문적 활동을 정리해 봄으로써 오늘날 조직이론에서 중요한 위치를 차지하고 있는 Management System Ⅳ의 참여적 관리체계 패러다임이 어떻게 생성되고 발전되었는지를 이해할 수 있을 것이다.

Likert는 1903년 와이오밍주의 샤이안에서 태어났으며, 미시간 대학교를 졸업하고 1932년에 컬럼비아 대학교에서 박사학위를 취득하였다. 그는 1949년에 미시간 대학교 내에 사회조사연구원(The Institute of Social Research)을 설립하여 책임자로 활약하였으며, 1970년에 은퇴하기 전까지 행동과학 및 조직연구에 관련된 많은 연구업적을 쌓았다. 그가 설립한 ISR은 미국 내의 많은 사회과학연구기관들 중 가장 권위 있는 기관으로 정평이 나 있다. 후에 그는 Rensis Likert Association이라는 자문회사를 설립하여 조직관리에 관한 자신의 풍부한 지식들을 실제에 적용시키려는 노력을 경주하기도 했다.

그의 주요 학문적 업적들을 살펴보면, 우선 그가 1932년에 발표한 논문인 "A Technique for the Measurement of Attitudes"를 들 수 있다. Likert는 이 논문에서 오늘날 많은 사회과학도들이 사용하고 있는 태도측정의 도구인 Likert 척도를 제시하였다. 그 후에 Likert는 관리유형에 많은 관심을 가지고 연구를 수행하였으며, 이를 정리한 저서가 1961년에 출판된 *New Patterns of Management*(NY: McGraw-Hill)이다. 그 후에도 조직의 관리체계에 대한 연구를 여러 분

* 손태원: 한양대학교 경영대학 명예교수.

야에 걸쳐(예컨대, 마케팅관리나 보험경영분야 등) 수행하였고, 이러한 연구결과를 집대성한 저서가 바로 *The Human Organization: Its Management and Value* (1967)이다.

Ⅱ. 관리시스템 Ⅳ와 참여적 관리

Likert의 기본적인 사고는 기업과 행정부의 조직 내에서 효과적인 성과를 가져오기 위해서는 테일러리즘과 같은 과학적 관리기법에서 연유되는 '과업중심형'의 관리에서 무엇인가 새로운 관리체계로 이행되어야 한다는 것이었다. 최상의 성과를 낳는 관리자들은 주로 부하들의 인간적인 측면의 문제들에 보다 많은 관심을 기울이며, 아울러 높은 수준의 성취목표를 설정하고 이를 수행할 수 있도록 과업집단을 형성하여 관리하는 사람들이라는 점을 강조하고 있다. 즉, 과업지향형의 관리자에 대응하는 종업원 중심형의 관리자들이 실제의 조직에서 높은 성과를 낳고 있다고 주장한다.

종업원 중심형의 관리자들은 자신의 직무를 일 자체를 다루는 것이라기보다는 사람을 다루는 것으로 간주하며, 부하들의 개인적이며 인간적인 문제들에 관심을 가지고 이들을 돕는 것이 관리자의 직능이라고 생각한다. 세부적인 작업의 감독이나 통제보다는 전반적인 수준의 감독을 수행하며, 구체적인 방법보다는 목표에 더 많은 관심을 기울인다. 특히 이들은 의사결정에 있어서 부하들의 참여를 최대한 허용하려고 노력하며, 다양한 방법들을 통해 부하들의 성취동기를 제고시키려 한다.

이러한 연구결과들을 바탕으로 Likert는 기업이나 정부조직의 관리방식에 대해 네 가지 유형을 제시하고 있다. 관리체계 내지는 관리방식의 유형을 분류하는 데 적용한 기준들로는 다음과 같은 7가지의 요인들을 사용하였다.

첫째, 조직구성원들의 업무수행에 따른 목표설정방법, 책임감 및 직무만족 등 성취동기의 방법들을 어떻게 운용하고 있는가?(동기부여의 요인)

둘째, 상사와 부하간의 신뢰의 정도, 상사의 업무처리 스타일 및 부하에 대한 태도 등이 부하들에게 어떻게 받아들여지고 있는가?(리더십의 유형)

셋째, 부서 및 직원들간의 의견교환 및 접촉정도, 상하간의 의사전달의 방향, 상사의 업무지시가 부하들에 의해 받아들여지는 정도 등 의사전달의 방법이 어떻게 이루어지는가?(의사소통 요인)

넷째, 상사와 부하간 및 동료들간의 일상적인 교류와 접촉 등이 얼마나 자주 행해지며, 또한 어느 정도 친근감을 느끼고 협조적인 분위기를 유지하고 있는가?(상호 작용 요인)

다섯째, 업무수행에서 자율적인 근거 내지는 결정권이 어느 정도 분권화되어 있으며, 어느 정도 참여의 기회가 주어져 있는가?(의사결정 및 재량의 정도)

여섯째, 과업목표의 설정방법과 설정된 목표의 수용이나 거절 등은 어떻게 이루어지는가?(목표설정과정)

일곱째, 업무성과에 대한 평가의 공정성이 어느 정도 확립되어 있는가? 그리고 승진·승급 등이 얼마나 업무성과와 관련되어 이루어지고 있는가?(평가체계의 공정성 요인)

이상의 7가지 기준에 따라 Likert는 관리체계 또는 관리방식의 유형을 가장 비민주적인 '착취적 권위주의형'으로부터 '온정적 권위주의형', '자문형' 그리고 가장 이상적이며 인간적인 조직인 '집단참여형' 등의 네 가지로 분류하였고, 이를 System Ⅰ, Ⅱ, Ⅲ, Ⅳ로 부르기도 한다.

System Ⅰ의 관리체계는 관리자들이 주로 공포와 위협적인 방법들을 사용하며, 일방적인 상의하달식의 명령이 흔히 일어나고, 상하간의 관계가 매우 소원할 뿐만 아니라 모든 결정들이 조직의 최상층부에서 이루어지는 관리방식을 의미한다.

System Ⅱ는 온정적 권위주의형을 지칭하며, 주로 경제적 보상체계에 의한 관리가 행해지고, 부하들의 상사에 대한 태도가 복종적이다. 의사소통에서도 밑으로부터의 의견개진은 대체로 상사들이 듣기를 원하는 정보들에 국한되어 있으며, 아직도 많은 중요한 결정들이 상층에서 이루어지고 일부가 중간관리자 계층에 위임되기도 하는 관리방식을 의미한다.

System Ⅲ는 자문형 또는 협의형이라고도 불리며, 경제적 보상과 아울러 기타의 조직몰입의 방식들을 통해 동기부여를 진작시킨다. 의사소통의 경우도 상하간의 양방향으로 이루어지기는 하지만, 대체로 상사가 듣기를 원하는 사항들만 선별적으로 이루어지거나 제약을 받는다. 의사결정분야에서는 부하들에게 어느 정도의 재량권이 주어지며, 구체적인 결정들의 경우 조직의 하위계층으로 위임되는 관리방식을 말한다.

System Ⅳ는 집단 참여형의 관리방식을 의미하여, 완전한 자율과 자유로운 참여, 대화와 신뢰를 바탕으로 한 의견교환과 접촉 및 협동과 공정을 보장하는 이상형(ideal type)의 관리체계라고 할 수 있다. 관리자는 사회·경제적 보상체

계를 활용하고 목표설정이나 과업수행 방법의 모색 등에서 모든 구성원들이 참
여하도록 지원한다.

의사소통은 상하 양방향으로 원활히 그리고 정확하게 이루어지며, 심리적으
로도 매우 친근함을 느끼도록 분위기가 조성된다. 의사결정의 경우도 조직의
전 과정을 통해 체계적으로 이루어지며, 특히 조직구조의 중첩되는 부분인 연
계고리들(linking-pins)의 역할을 중시하고, 이들을 통해 전 구성원들이 의사결정
에 참여할 수 있도록 하는 조직유형이다. 이러한 유형의 조직체계는 생산성을
최대로 높일 수 있을 뿐만 아니라, 개개 구성원의 조직몰입도를 증대시키고 나
아가서는 원만한 노사관계를 설정하는 데 큰 기여를 한다고 Likert는 주장하고
있다.

일반적으로 유능한 관리자란 바로 자신의 부서를 효과적으로 집단화하고 협
조적 분위기와 동기부여를 통해 높은 직무만족을 가질 수 있도록 집단참여형의
System Ⅲ를 활용할 줄 아는 관리자를 의미한다. 물론 경우에 따라서는 과업중
심형의 관리자들이 높은 성과를 가져올 경우도 있다. 그러나 일을 중시하는 권
위주의적 관리방식은 노사간의 갈등을 유발하는 요인으로 작용하기도 하며, 높
은 이직률을 초래하거나 고정처리 등의 높은 비용을 치러야 하는 경우도 많음
을 주지해야 한다.

이와 같은 관리체계의 유형은 객관적이며 가시적인 실체라기보다는 각 구성
원들이 인식하고 있는 비가시적이며 관념적인 개념이며, 따라서 상대적인 개념
으로 이해되어야 한다. 참여적인 관리체계를 운영하는 데 어떤 구체적인 원칙
들은 없다고 해도 과언이 아니다. 다만 리더들은 자신이 관리하고자 하는 부하
들의 기대감과 가치 등에 보다 많은 관심을 가지고 있어야 하며, 특히 이들의
심리적 특성과 행태 등을 이해할 수 있는 대인관계적 기법들(interpersonal skills)
을 터득할 필요가 있다.

후에 Likert는 부인과 더불어 System Ⅳ의 개념을 확장시켜 System 4T모형
을 제시하게 된다. 'System 4 Total Model Organization'을 의미하는 System 4T
의 개념은 바로 조직이 System Ⅳ의 속성을 포함해서 많은 부가적인 특성들을
띠고 있음을 나타내기 위해 만들어 낸 것이다. 앞에서 언급한 7가지 요인들을
기준으로 분류한 System Ⅳ에 덧붙여서 상사와 부하간의 목표설정에 대한 합의
에 관련된 요인들을 포함시켰으며, 관리자들의 기술적·행정적 문제해결적 능
력과 지식들에 관련된 요인들도 매우 중요한 기준임을 강조하고 있다. 또한,
관리자들이 부하들을 돕기 위해 기획능력, 자원동원능력, 교육 및 지원 등의 능

력이 중요함을 강조하고 있다. 특히 System 4T는 조직의 분화와 통합 및 안정적 과업진단의 활동관계 등을 기할 수 있는 과업집단의 특징을 가정하고 있는 모형이기도 하다.

Likert는 System 4T가 조직 내의 집단간에 야기되는 갈등을 해소하는 데 아주 유용하게 활용될 수 있는 방법이라고 주장하고 있다. 특히 조직이 System 4T의 유형에 접근하면 할수록 조직의 생산성은 물론 이윤의 증대를 더욱 기할 수 있다고 한다.

Likert가 주장하는 참여적인 조직, 인간존중의 관리체계는 테일러리즘에 대한 반발로 등장한 인간관계학파들의 연구를 총정리하여 보다 거시적인 조직관리의 측면으로 발전시킨 이론이라고 하겠다. 개인수준의 성취동기, 개성특성, 작업조건 등의 연구에 관심을 집중시켜 온 인간관계학파의 연구결과와 아울러, 그가 책임자로 있던 미시간 대학교 부설 ISR의 Group Dynamics 연구팀들에 의한 Leadership, Communication, Problem-solving, Decision\making 등의 연구결과들을 종합하여 조직의 전체적인 수준에 적용할 수 있는 관리체계이론을 정립한 Likert의 공헌은 높게 평가되어지고 있다.

Likert가 제시한 이러한 관리체계모형은 조직의 건강정도를 측정하는 데에도 많이 활용이 되고 있지만, 특히 많은 연구들이 이루어진 분야는 리더십의 연구영역이라고 하겠다. 최근에는 기업문화 내지는 조직분위기의 연구에도 활용되고 있으며, 노사관계의 연구에도 많은 시사점을 던져 주는 이론이라고 하겠다.

최근 필자가 공동으로 연구한 "한국기업의 노사관계 관리모형 설정을 위한 탐색적 연구"(1989)에서 지난 3~4년간의 노사분규에 대한 분석을 시도한 바 있는데, 여기에서 Likert가 제시한 관리체계모형을 중심으로 분규의 원인과 과정, 그리고 결과에 대한 분석을 행한 바 있다. 그 후에도 계속적인 연구를 수행하여 전국의 13개 제조업체 종사자 2000여 명을 대상으로 해당 기업의 관리체계 유형과 노사관계의 유형과의 관계를 규명하려는 연구를 수행하였다. 연구의 결과를 한마디로 요약한다면, Likert가 주장한 유형들 중 과업지향적인 권위주의적 관리체계의 유형이 한국 기업들의 지배적인 형태라고 인식하는 근로자가 대부분이었으며, 특히 그 인식의 정도가 System Ⅰ 내지 Ⅱ에 가까운 사업장일수록, 그리고 상위관리자들이 생각하는 관리체계의 유형과 근로자들이 생각하는 관리체계의 유형간에 격차가 크면 클수록 노사분규의 정도가 격심하였으며, 노사협상의 결과에 대한 태도에 있어서도 부정적인 시각이 크게 나타나고 있음을 파악할 수 있었다.

시차를 두고 동일한 제조업체의 관리체계 유형에 관한 자료들을 수집해서 분석해 본 결과, 관리체계 유형이 System Ⅳ쪽의 방향으로 개선되거나 상위관리층과 근로자들의 인식의 차이가 줄어드는 사업장의 경우에 노사관계가 원만한 것으로 나타나는 징후들을 발견할 수 있었다. 이렇듯 Likert가 제시한 관리체계모형은 노사간의 갈등을 해소하는 데 유용하게 활용될 수 있는 모형일 뿐만 아니라, 기업조직이든 행정부의 조직이든 직장을 보다 인간적이며 삶의 질을 향상시킬 수 있는 터전으로 만들어갈 방향을 탐색하는 데 활용될 수 있는 유용한 모형이다.

비록 Likert의 관리체계 모형이 30여 년 전에 제시된 고전적인 모형으로 간주되기도 하지만, 이 모형이 제시되던 당시 미국의 산업화 과정에서의 수준을 감안한다면 활용정도에 따라 현재의 우리 기업조직과 행정조직의 생산성과 효과성 증대에 크게 공헌하리라고 생각된다.

참 | 고 | 문 | 헌

Likert, R., "Technique for the Measurement of Attitudes," *Archives of Psychology*, Vol. 140, 1932, pp. 1~55.

_____, *A The Human Organization: Its Management and Value*, New York: McGraw-Hill, 1967.

_____, *New Patterns of Management*, New York: McGraw-Hill, 1961.

_____, & J. G. Likert, *New Ways of Managing Confict*, New York: McGraw-Hill, 1976.

황일청 · 손태원, "한국기업의 노사관계 관리모형 설정을 위한 탐색적 연구," 경제연구, 한양대학교 경제연구소, Vol. 10. 2, 1989, pp. 1~26.

Peter F. Drucker의 주요 저술과 관리관*

I. Drucker의 학문세계

경영학자 중 Peter F. Durcker만큼 다양한 분야에 관심을 기울이고 저술활동을 한 학자도 드물 것이다. 그는 경영학 및 인접분야에서 1933년의 첫 저술 이후 2005년 사망할 때까지 39권의 저서와 수백 편에 달하는 논문을 발표해 왔다. 이와 같이 다양한 그의 학문활동을 이해하기 위해 그의 성장배경과 경력을 살펴본 후, 그의 학문적인 공헌과 주요 저서를 살펴 보겠다.

Drucker는 1909년 오스트리아의 빈에서 유태계 네덜란드인의 가정에 태어났다. 그의 집안이 17세기 네덜란드에서 성경, 설교집 등을 출판했다는 사실은 그의 저술가로서의 뿌리가 깊음을 말해 준다. 재미있는 것은 네덜란드어와 독어로 'Durcker'는 '출판인'이라는 뜻이다.

Drucker는 1927년에 빈에서 고등학교(gymnasium)를 졸업하고, 1년여 동안 영국과 함부르크 등지에서 무역회사의 말단직원으로 첫 사회경험을 하였다. 그 후 1929년에는 프랑크푸르트 대학에 입학하여 1931년에 법학박사학위를 취득하였다. 그는 이미 1930년부터 이 대학에서 국제법과 헌법사를 가르치기 시작하였다. 이 때에 그는 미국계 금융회사와 신문사 편집장의 일을 겸임하고 있었다.

Drucker는 탁월한 재능을 보여 1933년에 나치가 점령했을 때 정보성에서 일해 줄 것을 요청받게 되었다. 그는 그의 첫 출판으로 이에 대한 응답을 대신하였다. 이 책은 32페이지짜리 논문으로, *Friedrich Julius Stahl, Konservative Staatslehre und Geschichtliche Entwicklung*(보수적 정치이론과 역사의 변화)이라는 제목이 붙여져 있다. 이 책은 프러시아의 독일 장악에 저항한 Stahl이라는 1830년대의 유태계 철학자의 사상을 재조명한 것으로 나치의 사상과 상치되는 것이

---

* 조남신: 한국외국어대학교 경영학과 교수.

었다. 나중에 독일 정부의 고위 간부가 된 몇몇 사람들은 당시 이 책을 읽고 나치에 가입하지 않게 되었다고 후에 Drucker에게 말했다고 한다. 이 책은 출판 직후부터 커다란 반응을 불러일으켰으며, 금서로 지목되고 불에 태워지게 되었다.

이와 같은 사실은 Drucker가 더 이상 나치 치하에 있을 수 없음을 의미하는 것이었다. 1933년 4월에 그는 영국으로 건너가 신문사 일을 하게 되었다. 1937년에 그는 다시 미국으로 건너가 그의 최초의 영문저서인 *The End of Economic Man*을 출판하였다. 제2차 대전 기간 중 Drucker는 주로 워싱턴에서 독일 산업정보와 관련된 일을 하였다. 이 때부터 1949년까지 그는 2개 대학에서 철학, 정부론, 종교학 등을 가르쳤다. 1950년에는 뉴욕 대학의 경영학 교수로 부임하여 20년간 재직하였다. 그 후 1971년부터 2005년 사망할 때까지 캘리포니아의 Claremont 대학원에서 Clark 사회과학 석좌교수로 재직하였다.

Drucker의 미국에서의 경력은 매우 다양하게 전개되었다. 1943년 그는 최초의 경영자문 프로젝트를 수행하였는데, 이것이 바로 기념비적인 GM 자동차사의 프로젝트였다. 이 프로젝트 이후 그는 매우 성공적인 경영 컨설턴트로 수백 개의 기업에 대해 자문역을 하였다.그 당시까지 Drucker는 *The Future of Industrial Man*(1942)을 저술하였고, GM에서의 경험은 그에게 *Concept of the Corporation*(1946)을 저술하는 기초를 제공하였다. 그 이후 그는 사십권에 가까운 저서와 수백편의 논문을 저술했다.

저술가로서 그는 매우 성공적이었다. 그의 책들은 십여판을 거듭하여 현재에도 판매되고 있으며, 그의 논문이 게재된 *Harvard Business Review*는 주문이 쇄도해 재판을 거듭해야 할 정도였다. 한편, 컨설턴트로서 그는 스탭을 두지 않고 혼자 일을 하는 것으로 유명했다. 일반적인 컨설턴트들이 자신의 원칙을 갖고 이를 기업에 적용시키려 했던 것에 반해, 그는 직접 기업에 들어가 그 안에서 핵심적인 문제를 찾아 풀어나가곤 하였다. 이러한 점은 그를 세계적으로 매우 성공적이고 영향력 있는 인물로 만들었다. 그는 일본·소련 등에서 성공적인 자문활동을 하였으며, 이러한 경험은 다시 그에게 새로운 안목을 제시하였다.

이상에서 본 것과 같이 Drucker는 매우 다양한 경력을 가졌고 그에 대한 학자들의 평가도 각양각색으로 엇갈렸다. 그러나 중요한 점은 그가 경영학의 전개와 기업경영에 커다란 영향을 미쳤다는 점이다. Drucker의 다양한 경력이 시사하는 바와 같이 그의 업적을 한마디로 평가한다는 것은 무리라고 하겠다.

여기서는 그에 대한 몇몇 주요인물들의 평가를 제시함으로서 논의를 전개하기로 한다.

경영이론가로서의 Drucker에 대해서 다음과 같은 평가가 주어졌다. Harold Koontz(UCLA의 Mead Johnson 경영학 석좌교수): "그는 전 시대를 통해 확실히 가장 훌륭한 경영철학자이다. 그는… '목표관리(MBO)', '자기통제에 의한 통제', '연방제 분권조직' 등 많은 분야에 걸쳐 매우 특별한 통찰력을 발휘해 왔다. 이와 같은 통찰력은 실무와 경영사상에 지대한 영향을 미쳐 왔다." Chris Argyris (하버드 교육대학원 교수): "Peter Drucker는 남다른 분석능력과 특히 최고경영층에서의 효과적 관리에 필요한 것이 무엇인가를 이해하는 능력을 가지고 있다. 어떤 사회과학자들은 Peter가 실증연구자가 아니라는 점에서 흠을 잡을 수 있을 것이다. 나의 생각은 그렇지 않다. 그 이유는 만일 그가 실증연구가였다면 그가 해 온 것 같이 개념적인 방향을 제시하는 공헌을 할 수 있었을지 의문이 가기 때문이다." Lawrence E. Fouraker(하버드 경영대학 학장): "그는 경영학 일반에 관한 지식에 있어 중요한 공헌자이다."

반면 그의 경영이론에 대해 다음과 같은 부정적 평가들이 주어졌다. Dale Crueger(경영비평가): "목표관리는 실행하기 어렵다. 기업들은 본래의 취지대로 창의성을 발휘하기보다는 통제를 지나치게 강조하게 된다." Chester Burger(경영자문가): "나는 Drucker의 경영의사소통에 관한 이론들을 면밀히 연구하였다. 이 이론들은 매우 정교하게 제시되어 있으나, 새로운 것은 하나도 없었다."

경영자문가로서의 Drucker에 대해서는 다음과 같은 평가가 존재한다. Arjay Miller(Stanford 경영대학원 원장, 포드 자동차회사 전 사장): "오랫동안, Peter Drucker는 학계와 실업계를 효과적으로 연결시킴으로써 양자에게 도움을 주어 왔다. 그의 강의와 저술은 '실제 세계'의 경험을 통해 보강되고 충실해져 왔으며, 업계의 경영은 그의 아이디어와 통찰력의 적용을 통해 도움을 받아 왔다." Richard H. Buskirk(남부감리교대학의 Herman W. Lay 석좌교수): "그는 경영이론을 상아탑으로부터 일선 작업라인으로 인도해 내었다. 그는 경영자에게 경영이 단순히 기술적 작업을 관리하는 것과는 별개의 것이라는 것을 일깨워 주었다. … 그는 경영학적 사고를 경영자에게 전파하여 왔다. Charles Dailey(경영자문가, 전직 Dartmouth 대학 심리학 교수): "Drucker의 아이디어의 진정한 가치는 … 산업계나 정부기관에서 좀더 적용되어져야만 충분히 알 수 있을 것이다."

반면 다음과 같은 부정적 평가가 동시에 주어졌다. Robert Townsend(작가, 경영자): "그는 사람에 관한 한, 특히 진정한 깊은 관계를 갖는 면에서는, 완전히 무능하다.…그는 진정으로 사람을 이해하거나, 그들이 일로부터 무엇을 얻기를 원하는지를 알지 못하며, 다만 조직의 구조를 정비함으로써 모든 사람이 동일한 목표를 향해 일하도록 한다. … 그는 이상(理想)의 세계에서는 매우 잘 어울리며, 또 바로 그 곳이 그의 역할이 주어져 온 곳이다." Ernest Dichter(작가, 경영자문가): "그는 미국의 사업가들로 하여금 특히 그들의 역할을 시간과 결부시켜, 과거·현재·미래를 연관 짓도록 만들어 주었다고 확신한다. … 내가 그와 의견을 달리하는 점은, 경영자가 이론을 받아들이는 것과 실제로 적용하는 것과는 큰 차이가 있다는 사실에 근거를 두고 있다. … 다시 말하면, Drucker는 그의 이론들을 좀더 충분히 적용시키지 못했다." Leonard Silk(뉴욕타임즈 경제기자): "자신이 경영에 대해 잘 안다고 생각하는 많은 사람들은 Drucker를 철저한 전문가로 보지 않고 아마추어로 평가한다."

저술가와 사상가로서의 Drucker에 대해 다음과 같은 평가가 주어졌다. Lawrence J. Peter(저술가, 교사, 'Peter Principle'의 창안자): "그의 저술은 명확하며, 자주 기지가 번쩍인다. 저술가로서 Drucker는 확고한 기반을 갖고 있다." Leo Cherne(Research Institute of America 이사): "Drucker는 위대한 중개자이다. 그의 가장 위대한 재능은 흩어진 사회와 역사의 갈래를 잡아서 이들 사이의 연결을 지어 주는 능력이다."

이상에서 보는 바와 같이 Drucker에 대한 평가는 매우 다양하며, 또한 상반된 견해들이 많이 제시되어 있다. 그의 경영이론에 대해서 Koontz, Argyris, Fouraker 등이 긍정적으로 평가하고 있는 반면, Krueger, Burger는 부정적인 의견을 제시하고 있다. 그의 경영자문가로서의 공헌에 대해서는 Miller, Buskirk, Dailey 등은 높이 평가하고 있는 반면, Townsend, Dichter, Silk 등은 비판적인 의견을 제시하고 있다. 한편, Peter, Cherne 등은 그를 저술가·사상가로서 높이 평가하고 있다. 이와 같이 다양한 견해들에도 불구하고, Fouraker 교수의 견해와 같이 그가 경영학 일반에 미친 영향은 실로 지대하다 하겠다.

Ⅱ. 주요저술과 관리관

Drucker의 학문적 관심은 그의 다양한 경력만큼 다양하게 전개되어 왔다. 그의 다양한 학문적 관심을 시간의 흐름에 따라 주요 저서와 함께 살펴보기로 한다. 첫째, Drucker는 항상 새로운 세계에 대한 비전을 제시해 왔다. 1936년까지 그는 혼란의 세계를 조망하였다. 전체주의와 군국주의가 난무하고 있었다. 수세기에 걸친 전통이 무너지고 문명은 거대한 소용돌이 속으로 빠져 들어가고 있었다. 그러나 Drucker는 기존의 질서가 무너지는 이와 같은 과정이 결국은 완료될 것이며, 히틀러도 중국을 맞게 될 것이라고 보았다. 이러한 세계관을 제시한 책이 그의 최초의 영어저서인 *The End of Economic Man*이다. 이 책과 함께 그 후 10년 이내에 출판된 두 권의 책, *The Future of Economic Man*과 *Concept of the Corporation*을 포함한 세 권의 저서에 Drucker는 자유인이 다시 살아나고 성장할 것이라는 철학을 담고 있다. 이 세 권의 저서에서 그는 평화, 자유, 인간의 개발을 향한 이념적인 틀을 완성시켰다. 그는 또한 1950년에 출판된 *The New Society*에서 첫 두 권의 저서를 보완하여 세계질서에 대한 전망을 제시하였다. 그는 기업을 사회의 대표적인 조직으로 파악하였다. 그는 20세기 후반의 세계의 모습을 제시하였는데 그의 예측은 놀랄 정도로 적중하였다.

그 후 Drucker는 계속해서 세계의 변화에 대한 전망을 제시해 왔다. 1959년에는 *Landmarks of Tomorrow*를 출판하였다. 이 책은 당시뿐만 아니라 현재에도 중요한 저서로 평가되고 있다. 그는 이 책에서 세 가지 목적을 추구하였다: ① 세계에 대한 새로운 시각·개념·능력 등을 제시한다. ② 인간성이 추구되어야 할 새로운 개척자의 정의를 제시한다. ③ 인간존재의 현실을 증거한다. Drucker는 이 책에서 생물학, 심리학, 경제학, 언어학의 급격한 발전으로부터 논의를 전개하였다. 그는 이러한 변화가 기존의 철학이나 과학이 추구하였던 바 '인간관계'의 탐구보다는 '의도'를 중요한 개념으로 부각시켰다고 지적하였다. 변화는 항상 있게 마련이지만 인간이 만들어 낸 변화가 세계를 악화시키지 않도록 해야 할 의무가 있다는 것이다. 따라서 혁신에는 계획이 필요하며 그것은 중앙집권적인 것이 아니라 분권적인 것이 되어야 한다는 것이다. 또한, 혁신에는 조직이 필요하며 이를 이끌어 나가기 위해 '전문경영자'가 필요하다는 것이다. 끝으로 이러한 조직이 인간성의 바탕 위에서 이루어져야 하며 이를 위해서는 교육이 중요한 역할을 한다는 것이 Drucker의 주장이다. 이 책은 Drucker의 다른 저서들이 인간의 문제보다는 객관적인 관찰과 분석에 치중했던 것과는 상당히 다른 면을 보이고 있다. 즉, 그의 흩어진 사회와 역사의 갈래를 잡아서 이들 사이의 연결을 지어주는 '위대한 중개자'로서의 능력을 보여주는 저서인 것이다. 그 후에 출판된 *The Age of Discontinuity: Guidelines to Our Changing Society*(1969), *Managing in Turbulent Times*(1980), *Management Challenges for 21st Century*(1999)에서도 그는 이러한 능력을 보여주고 있다.

그는 1990년대 초반에 새로운 세계에 대한 비전을 집중적으로 제시하였다. *The New Realities: in Government and Politics, in Economics and Business, in Society and World View*(1989), *The Ecological Vision*(1993), *Post-Capitalist Society*(1993) 등에서 그는 거대자본이 아닌 전문가로서의 개인이 자본가로서의 역할을 할 것이며, 전문화된 소규모조직의 역할이 중요하게 될 것임을 주장하였다. 분권화된 사회와 조직에 대한 비전은 전 생애에 걸친 그의 저서에서 일관되게 나타나고 있다. 2002년에 출판된 *Managing in the Next Society*에서 그는 자신이 50여년 전에 *The New Society*(1950)에서 예측한 새로운 사회에 대한 비전을 다시한번 확인하며 다음 시대에의 전망과 비전을 제시하고 있다. 자유시장과 지식근로자의 중요성을 다시한번 확인하는 한편, 고령화사회, 인터넷 정보혁명, 금융산업, 글로벌 경제 등 새로운 이슈들을 제시하였다.

둘째, Drucker가 지속적인 관심을 보여온 분야는 경영자의 역할에 관한 것이었다. 그는 후기산업사회의 대표적 조직인 기업에서 가장 중요한 위치에 있는 경영자의 역할에 대해 비전을 제시해 왔다. 1954년에 출판된 *The Practice of Management*, 1967년의 *The Effective Executive*, 1969년의 *Preparing Tomorrow's Business Leaders Today*, 그리고 1974년의 *Management: Tasks, Responsibilities, Practices* 등의 저서는 경영자의 역할에 대해 논의하고 있다. 그는 경영자야말로 기업에 있어 핵심적인 요소인 동시에 역동적인 요소라고 보았다. 현대기업의 의사결정 구조를 통제함으로써 경영자가 조직과 사회에 생명을 불어 넣는다고 보았다. 경영자는 인간과 물적 자원을 가지고 생산적인 기업을 만듦으로써 사회의 부를 창조한다. 이와 같은 사실은 현대사회가 지식의 시대로 되어감에 따라 인적 자원이 조직의 성과에 있어 중심적인 위치를 차지하게 됨으로써 더욱 중요해지고 있다.

그러나 Drucker는, 경영자는 기업의 기본적 자원으로서 중요성이 더해 가고 있음에도 불구하고 점점 더 가장 희소하고, 가장 많은 비용을 필요로 하고, 가장 잃기 쉬운 존재가 되어 가고 있다고 지적하였다. 따라서 가능한 경영에 관한 모든 지식을 활용함으로써 경영자가 효과적으로 활용되도록 하는 것이 매우 중요해지고 있다는 것이다. 이와 같이 효과적인 경영을 위한 경영자의 역할로서, Drucker는 2개의 차원이 있음을 제시하였다: 경제적 차원과 시간적 차원이 그것이다. 경영자는 사업조직의 책임을 맡는다(이것이 일반적인 관리자와의 차이점이다). 그 자체로써 경영자는 항상 경제적 성과를 최우선에 놓을 수밖에 없으며, 경제적 성과가 그들을 평가하는 기본적인 기준이 되는 것이다. 두번째 차원인 시간은 모든 의사결정에 게재되어 있는 요소이다. 경영자는 자신의 의사결정이 현재와 단기적 · 장기적인 미래에 어떠한 영향을 미칠 것인가를 항상 고려해야 한다. 이와 같은 두 가지 차원을 결합하면 경영자는 현재와 단기적 미래, 장기적 미래의 경제적 업적에 의해 평가되어진다는 것을 의미한다. Drucker는 효과적인 경영자는 이를 위해 상치되는 목표를 조정하고, 조직의 다양한 목표에 우선순위를 부여하는 의사결정을 하는 줄타기와 같은 어려운 역할을 하고 있음을 지적하였다. The Frontiers of Management(1987)에서 그는 이와 같은 최고경영자의 의사결정이 기업조직은 물론 커뮤니티와 사회의 모습을 만든다고 지적하였다.

Drucker는 현대의 급변하는 환경 속에서 새로운 경영자의 역할에 관한 시각을 꾸준히 제시해 왔다. The Changing World of Executive(1985), The Temptation to Do Good(1984), Peter Drucker on the Profession of Management (1998), Effective Executive in Action(2006) 등에서 그는 정보의 홍수, 중소기업과의 상생, 최고경영자의 급여수준, 정년퇴직 등 21세기 기업의 주요이슈에 대한 경영자의 새로운 역할을 다루었다. 그의 마지막 저술이 사후인 2006년에 출판된 The Effective Executive in Action이라는 사실은 그가 일생을 두고 경영자의 역할에 대해 고민해 왔다는 것을 잘 말해준다고 하겠다.

셋째, Drucker는 효과적인 경영을 위한 여러 경영기법 및 그 개념들에 대한 아이디어를 제시해 왔다. 이중 대표적인 것이 목표관리(Management by Objectives: MBO)라고 하겠다. 목표관리라는 용어는 1954년의 저서 The Practice of Management에서 처음으로 소개되었다. 미시간 대학의 Odiorne 교수는 목표관리를 다음과 같이 정의하였다: "목표관리체제란 한 조직의 상급경영자와 하위경영자가 같이 그들의 공동목표를 설정하고, 각 개인의 주요 책임영역을 예상되는 결과지표로써 정의하며, 그와 같은 지표를 사용하여 부서를 운영하고 각 구성원의 공헌도를 평가하는 과정이다." Buskirk 교수는, "작업의 감독 대신에 경영활동의 결과를 강조한 것이 그의 주요 공헌이다. 이는 경영의 초점을 작업노력, 즉 투입으로부터 생산성, 즉 산출로 옮겨놓았기 때문이다."라고 평가하였다. 작업 자체 또는 관리를 위한 관리가 중요한 것이 아니라 경영활동을 통해 무엇을 얻을 것인가가 중요하다는 것을 지적한 것이었다.

이와 같은 목표관리는 앞에서 논의한 바와 같은 Drucker의 경영자관으로부터 자연스럽게 발전된 것이었다. 즉, 경영자는 최종적으로 성과에 의해서 평가될 수 있다는 것이다. 목표에 의한 관리는 다음과 같은 다섯 가지 면에서 경영

자로 하여금 경영활동을 설명하고, 예측하고, 통제할 수 있도록 하여 준다. ①
목표는 몇 가지 단순한 용어를 통해 조직의 광범위한 경영현상을 포착할 수 있
도록 한다. ② 목표는 이 용어로써 표현된 것들을 실제 경험을 통해 검증할 수
있도록 해준다. ③ 행동을 예측할 수 있도록 한다. ④ 의사결정의 적합성을 사
후적으로가 아니라 의사결정과정 중에 검토할 수 있다. ⑤ 과거 경험의 분석을
통해 미래 성과를 향상시킬 수 있다. 요컨대, 목표관리는 각 경영자로 하여금
스스로 조직목표를 자기 것으로 받아들이도록 함으로써 조직의 목표를 달성하
도록 하는 것이다.

　Drucker가 제시한 것은 단순히 사업을 운영하는 방법이 아니라, 철학에 관
한 것이다. 그리고 그의 철학은 자유를 강조하는 것이다. 경영자는 그의 과업
목표를 인식함으로써 스스로의 결정에 따라 행동하며, 그의 행동은 이 과업목
표에 의하여 방향이 정해진다. 목표관리는 "요구되는 목표를 개인의 목표로 바
꾸는 것이며, 그것이 진정한 자유인 것이다(Tarrant, 1976)."

　이후 Drucker는 급변하는 환경 속에서 효과적인 경영의 이슈를 지속적으로
제시해 왔다. *Managing in Turbulent Times*(1980), *Managing for the Future*
(1992), *Managing in a Time of Great Change*(1995), *Management Challenges for
21st Century*(1999)에서 그는 사회, 경제, 통화, 기술, 제도 등의 변화 속에서 어
떻게 경영이 이루어져야 하는가를 제시하고 있다. 급변하는 환경 속에서는 생
각으로부터 행동으로, 분석으로부터 의사결정으로 초점이 바뀌어야 한다고 지
적하였다. 그는 전략, 변화관리, 정보관리, 지식근로자의 생산성, 자기관리 등을
경영의 새로운 주요 요소로 제시하고 있다.

　끝으로 Drucker는 그의 국제적인 경영자문가로서의 경험과 통찰력을 통해
국가간 경영의 차이, 다국적기업, 범세계적 기업 등을 연구하고 이들에 대한 비
전을 제시해 왔다. 제2차 세계대전 이후 30년, 즉 1970년대까지는 미국적 경영
학이 세계 여러 나라의 모델이 되어 왔다. 이 때 구미의 선진국은 물론 도약을
꾀하는 일본 등 전 세계에 걸쳐 많은 나라의 정부 기업 공공기관들은 Drucker
를 경영자문가로서 요구하게 되었다. 이와 같은 쇄도하는 요구는 그가 지역과
문화의 차이에 따라 경영이나 조직의 스타일이 어떻게 달라지는지를 관찰할 수
있도록 해 준 중요한 기회가 되었다. 그는 이러한 차이를 매우 주의 깊게 받아
들였다. 즉, 그는 각국에서 자문활동을 함에 있어 이러한 차이를 고려하는 것
을 잊지 않았다.

　기본적으로는, Drucker는 문화적인 차이에도 불구하고 경영이나 조직의 기

본원리에 의해 필연적으로 나타나는 공통점을 발견하였다. 단적으로 말하면, 그는 문화의 차이에서 오는 경영상의 차이보다는 한 문화 내에서 더 큰 경영상의 차이를 관찰하였다. 세계 어느 곳에서나 대기업은 소규모기업과 큰 차이를 보인다는 것을 예로 들 수 있다. Drucker는 "GM과 같은 대기업의 경영자가 미국의 중소기업을 경영하는 것보다는 일본의 대기업을 경영하는 것이 덜 어려울 것이다."라고 하였다.

그럼에도 불구하고 Drucker는 각국의 사회·문화적 차이에서 나타나는 경영상의 중요한 차이를 지적하였다. 그는 각국의 자본시장 구조의 차이에서 오는 경영상의 차이, 미국·일본·독일의 의사결정방법의 차이, 독일과 프랑스의 경력 경로상의 차이, 미국과 영국의 기업관의 차이 등에 대해 깊은 통찰력을 보였다. 또한, 다국적기업 및 범세계적 기업의 출현과 성장에 대해서도 깊은 관심과 함께 그에 대한 비전을 제시하였다(Managing in Turbulent Times, 1980; Drucker on Asia: A Dialogue between Peter Drucker and Isao Nakauchi, 1997).

그 밖에도 Drucker는 컴퓨터의 역할(Technology, Management and Society, 1970), 경영정책(Management: Tasks, Responsibilities, Practices, 1974), 사례연구방법, 정부와 사회·교육 등의 광범위한 분야에 다양한 관심을 기울여 왔다. *A Functioning Society*(2002)에서 그는 65년간에 걸친 저술활동을 종합하며 다원화된 사회 속의 각 기관들은 공동선을 추구한다는 기본 전제 하에 자신이 역할을 충실히 수행할 때 이상적인 모습을 가지게 될 것임을 주장하였다.

지금까지 본 것과 같이, 그리고 그의 경력이 말해 주는 바와 같이 Drucker는 한 분야의 전문가라기보다는 다양한 분야의 일반론자라고 평해야 할 것이다. 또한, 그의 업적이나 학문에 대한 평가도 그의 경력만큼이나 다양하고 상반되는 것을 보았다. 그러나 분명한 것은 그가 학문으로서의 경영학과 실무로서의 경영활동에 커다란 영향을 미쳐 왔다는 사실이다. 그의 저서와 경영자문 활동은 세계의 많은 나라의 정부·기업·공공기관 그리고 개인의 의사결정에 영향을 미쳐왔다. 그러한 의미에서 그는 세계역사의 한 부분에 영향을 미쳤다고 하겠다. 그는 세계에서 가장 큰 영향력을 끼친 경영학자의 하나임에 틀림이 없다.

📖 참 | 고 | 문 | 헌

Drucker, Peter F., *Friedrich Julius Stahl, Konservative Staatslehre und Geschichtliche Entwicklung*, Mohr, 1933.

_____, *The End of Economic Man*, New York: John Day Co., 1939, Reprinted by Harper and Row, 1969.

_____, *The Future of Industrial Man*, New York: John Day Co., 1942, Reprinted by Transaction Publishers, Rutgers, NJ: 1995.

_____, *Concept of the Corporation*, John Day Co., 1946, Reprinted by John Day Co., 1972.

_____, *The New Society*, New York: Harper and Row, 1950.

_____, *The Practice of Management*, New York: Harper and Brothers, 1954.

_____, *The Landmarks of Tomorrow*, New York: Harper and Row, 1959.

_____, *The Age of Discontinuity: Guidelines to Our Changing Society*, New York: Harper and Row, 1964.

_____, ed., *Preparing Tomorrow's Business Leaders Today*, Englewood Cliffs, MA: Prentice-Hall, 1969.

_____, Technology, *Management and Society* (Selected Essays), New York: Harper and Row, 1970.

_____, *Men, Ideas, and Politics*, New York: Harper and Row, 1971.

_____, *Management: Tasks, Responsibilities, Practices*, New York: Harper and Row, 1973.

_____, *Managing in Turbulent Times*, New York: Harper and Row, 1980.

_____, *The Changing World of the Executive*, New York, Horizon Book Promotions, 1985.

_____, *The Temptation to Do Good*, New York: Harper and Row, 1984,

_____, *The Frontiers of Management*, New York: Harper and Row, 1986.

_____, *The New Realities: in Government and Politics, in Economics and Business, in Society and World View*, New York: Harper and Row, 1989.

_____, *Managing for the Future: The 1990s and Beyond*, New York: Penguin Books, 1993.

_____, *The Ecological Vision*, Rutgers, NJ: Reprinted by Transaction Publishers, 1993.

_____, *Post-Capitalist Society*, New York: Harper Business, 1993.

_____, *Managing in a Time of Great Change*, Boston, MA: Reprinted by Harvard Business School Publishing, 1995.

_____, *Drucker on Asia: A Dialogue between Peter Drucker and Isao Nakauchi*, Jordan Hill, Oxford: Butterworth-Heinemann Linacre House, 1997.

_____, *Peter Drucker on the Profession of Management*, Boston, MA: Harvard Business School Publishing, 1998.

_____, *Management Challenges for the 21st Century*, NY: Harper Collins Publishers, 1999.

_____, *Managing in the Next Society*, NY: St. Martin's Press, 2002.

_____, *A Functioning Society*, Rutgers, NJ: Reprinted by Transaction Publishers, 2002.

_____, *The Effective Executive in Action*, Jordan Hill, Oxford: Elsevier Linacre House, 2006.

_____, "Highlights the Managerial Actions that Lead to Purposeful Management," Hamermesh, R. G., ed., *Strategic Management*, Wiley, 1983, pp. 64~76.

_____, "Managing for Business Effectiveness," *Harvard Business Review*, 1963, Reprinted in Hamermesh, R. G., ed., *Strategic Management*, Wiley, 1983, pp. 64~76.

_____, "New Templates for Today's Organizations," *Harvard Business Review*, Vol. 52, 1974, pp. 45~53.

Hamermesh, R. G., ed., *Strategic Management*, Hoboken, NJ: Wiley, 1983.

Krueger, D., "Strategic Management and Management by Objectives," Small Business Advancement National Center, 1994

Pugh, D.S. et al., *Writers on Organizations*, 4th ed., Thousand Oaks, CA: Sage, 1989.

Tarrant, John J., *Drucker: The Man Who Invented The Corporate Society*, Cahners, 1976.

Robert E. Quinn의
조직효과성의 경합가치이론*

I. Quinn의 학문세계

1948년생의 젊다면 젊은 Robert E. Quinn 교수는 1970년 Brigham Young 대학에서 이학사를 취득하고 같은 대학에서 이학석사를 획득한 생물학과 전산학을 공부한 이학도였다. 1972년 Cincinnati 대학 경영대학 박사과정에 진학하면서 Quinn 교수는 경영과학에 눈을 뜨기 시작하였다. 박사학위를 취득하기 한 해 전인 1974년 가을에 그는 이미 뉴욕 주립대(Albany) 록펠러 행정대학원에 조교수로 임용되면서 조직이론과 관리과학의 일부 분야를 맡아 강의하기 시작한다. Quinn 교수는 1978년 *Public Administration Review*에 "생산성과 조직개선의 과정"이란 논문을 발표하면서 일약 미국행정학회에 샛별로 등장하게 된다. Quinn 교수는 같은 대학에서 의사결정론을 가르치고 있던 John Rohrbaugh 교수와 교분을 쌓던 중 1979년 봄 볼티모어에서 열린 미국행정학회 연례학술대회에서 "공공조직의 성과 평가"란 논문을 공동으로 발표하게 됨으로써 성과란 어떤 관점에서 바라보아야 하며, 성과를 평가하기 위한 기준들은 어떤 것이 있는가를 연구하는 데 심취하게 된다. 그리고 같은 해 연달아 *Human Relations*에 "변화의 이론에 대하여"란 논문을 발표하였고, 1980년 Rohrbaugh 교수와 공저로 "조직효과성에 대한 경합가치접근"(A Competing Values Approach to Organizational Effectiveness)이란 논문을 *Academy of Management* 연례학술대회에서 발표하면서 조직효과성에 대한 다차원적 측정모형을 구상하기에 이른다. 이 논문의 수정판은 1983년 *Management Science*에 "효과성 기준의 공간모형"(A Spatial Model of Effectiveness Criteria)이란 제목으로 게재되면서 조직효과성에 대한 경합가치이론의 틀은 어느 정도 완성된다. Quinn 교수가 조직효과성의 경합가치이

---

* 조경호: 국민대학교 행정정책학부 교수.

론을 정립하게 된 데는 1976년 Carnegie-Mellon 대학에서 열린 조직효과성 세미나에서 발표된 논문들로부터 많은 영향을 받았던 것 같다. 당시에 발표된 논문들은 주로 조직효과성의 다차원적 국면들을 분석한 것들이 주종을 이루었고 (Pennings and Goodman, 1977), 공공조직의 효과성에 관심을 가지게 되면서 Quinn 교수는 조직효과성의 다차원적 가치들에 대해 더 깊은 연구를 하게 되었던 것으로 알려지고 있다.

Quinn 교수는 1986년 뉴욕 주립대(올바니) 부설 Institute of Government and Policy Studies의 소장을 끝으로 Michigan 대학 경영대학으로 학교를 옮기게 된다. 부교수와 교수를 거쳐 현재 그는 Michigan 대학에서 Margaret Elliot Tracy 석좌교수로 활동하면서 세계경영학연구협의회(World Business Academy)의 펠로우로 봉직하고 있다. Michigan 대학으로 옮기면서 Quinn 교수는 조직 연구의 범위를 경영조직에까지 확장시키면서 조직효과성과 리더십 분야에서 탁월한 연구업적을 쌓기 시작한다. 1990년대 들어와 그의 영원한 학계의 동료인 뉴욕 주립대(올바니)의 Sue Faerman 교수, Georgia 대학의 Joseph Wharton 교수 등과 함께 「최고의 관리자가 되는 길」(Becoming a Master Manager 1996, John Wiley)을 출간하였으며, 같은 해 「깊은 변화」(Deep Change, 1996, Jossey-Bass)를, 1999년에는 Kim Cameron 교수와 함께 「조직문화의 변화와 진단」(Diagnosing and Changing Organizational Culture, Addison-Wesley-Longman)을 잇달아 출간하면서 명실공히 조직효과성과 리더십 분야의 대가로 떠오르게 된다. 아울러 Quinn 교수는 경합가치이론을 의사소통의 유형에 따라 리더십의 기준을 평가하는 데 적용하는가 하면, 정보관리 분야나 경영개발의 지표로 활용하기도 하였다. 50세를 갓 넘은 Quinn 교수의 학문세계를 조명하고, 그의 경합가치이론을 소개하고자 하는 것은 끊임없이 한 가지 분야에서 노력하는 그의 학자로서의 자세뿐만 아니라 복마전의 세계로 알려져 있는 효과성의 영역에서 체계적이고 종합적인 분석의 틀을 마련함으로써 다차원적 관점에서 효과성을 가치판단의 비영화적 게임(non zero-sum game)으로 재정립한 업적을 배우기 위해서이다.

Ⅱ. 비영화적 경합게임으로서의 조직효과성

조직효과성을 평가하는 작업은 생산성이나 사기, 또는 정보관리능력 등 한 가지 차원만으로 수행하기 곤란하다. 즉 A라는 조직이 효과적이다라고 평가하는 작업은 가치판단적인 성격을 띠게 마련이기 때문에 두 가지 이상의 서로 다른 효과성의 기준들은 상호 공제적(inter-subtractive) 관계에 있기보다는 상호 독립적(inter-independence) 관계에 있게 된다. 이 논리는 Quinn 교수가 조직효과성에 대해 경합가치이론을 정립하는 데 중요한 논리적 기초가 된다. 예컨대 생산을 중시하는 조직과 조직 속의 개인을 중시하는 조직이 있다면 이 두 가지 관점은 모두 다 효과성의 기준이 될 수 있다는 것이다. 어느 하나가 중시되고 다른 하나가 희생되는 경우는 조직의 세계에서 찾아보기 힘들며, 만약 그렇게 판단된다 하여도 그것은 조직의 다른 모든 중요한 가치들을 간과하고 하나의 기준만 가지고 효과성을 평가하게 되는 우를 범하게 된다는 논리이다.

Quinn 교수는 Blake와 Mouton이 개발한 리더십의 '관리격자이론'(Managerial Grid)을 사례로 들면서 관리격자의 '9,9' 상황(생산에 대한 관심과 개인에 대한 관심이 모두 높은 경우)이 모든 관리자들이 추구해야 하는 또 하나의 다른 '하나의 최선의 방법'(one-best way)이 될 뿐이라고 비판하면서 다차원적, 그리고 상황적합적 관점에서 조직효과성을 평가하기 위한 이론의 정립이 필요하다고 주장하고 있다(Quinn & McGrath, 1982, p. 478). Quinn 교수에 따르면 우리는 너무나 많은 효과성 기준들에 의해 숨막힐 정도에 와 있으며, 모든 기준들이 모두 중요하다면 우리의 관리자들은 무엇을 가지고 평가받아야 하고, 평가해야 하는가 하는 중요한 문제를 떠안게 된다고 하였다. 효과성의 평가 기준은 상황적합적으로 적용될 수밖에 없으며, 평가 기준의 선택은 가치판단의 대상이 될 수밖에 없다는 것이다. 여기서 우리는 매우 재미있는 부분을 발견하게 되는데, Quinn 교수의 논리에 의하면, 어떤 조직이 효과적이라고 단정지어 평가하기는 힘들며, 오히려 여러 가지 기준들 중에서 어떤 기준이 어떤 다른 기준들에 비해 상대적으로 더 효과적이고 혹은 덜 효과적이다라고는 평가할 수 있다는 것이다. 어떻게 보면 너무도 상식적인 것 같으나 실제 조직들은 이처럼 움직이지 않는다. 대개의 조직은 어느 한 가지의 기준에 입각하여 일사불란하게 움직이고 있으며 이 때문에 조직의 다양한 잠재력과 의견들이 공평하게 반영되지 못하거나 조직의 산출을 위해 효율적으로 쓰여지지 못하고 있다. Quinn 교수는 바로 이러한 점들에 착안하여 조직의 효과성을 하나의 기준이 강성해지면 다른 하나의 기준이 미약해지는 영화적 또는 상호공제적 게임으로 이해하면 안 된다고 주장하면서 조직효과성의 경합가치이론을 만들어 내게 된다. 어떤 조직이 효과적이다라고 평가하기 위한 판단은 가치판단적이며, 일련의 가치판단은 당연히 서로 경합하게 된다. 이 관점은 Quinn 교수의 이론 정립에 지대한 영향을 미치게 된다.

Ⅲ. 다차원적 가치 내재적 개념으로서의 조직효과성

　　Quinn 교수가 주장하는 조직효과성의 경합가치이론은 다차원적 가치들을 내포하고 있다. 어떤 조직의 효과성은 조직을 구성하는 행위주체들에 의해 한정되어지는 것이지 그 조직의 모든 체계를 한번에 평가한 결과 나타난 현상이 아니라는 것이다. 즉 조직의 효과성은 조직이 추구하는 행위의 '바람직한' (desirable) 속성을 기초로 평가될 수 있는 것이지 '기대했던'(desired) 행위의 달성도를 의미하는 것이 아니라는 것이다. 가장 보편적으로 이해되는 조직효과성의 목표모형은 기대했던 효과와 실제 나타난 효과를 비교함으로써 효과성의 수준을 평가하고자 한다. 하지만 조직의 효과성을 바람직한 조직의 상태 또는 속성이라 정의한다면 효과성은 결국 기대했던 효과뿐만 아니라 어떤 행위로 인하여 개인이나 조직이 원래 기대했던 효과 이외의 다른 효과를 바람직한 것으로 발견하게 되는 모든 가능성을 내포하는 복합적 개념이 된다. 다시 말하면 한 상황에서 기대했던 효과는 개인이나 조직이 처하게 되는 상황이 변하면서 얻게 되는 새로운 정보에 의해 변화될 수 있으며 이는 곧바로 조직의 바람직한 미래 상황의 변화로 이어지게 된다. 따라서 조직의 효과성은 상황적합적이고 다차원적 개념으로 이해될 수밖에 없으며 여러 가지 하위 개념으로 이루어진 고차원적인 상위개념이기 때문에 하나의 획일적인 기준에 의해 평가될 수 없다는 것이 Quinn 교수의 주장이다.

　　Quinn 교수는 조직효과성의 목표모형뿐만 아니라 목표가치성을 인정하지 않는 일반체제이론을 신랄하게 비판한다. 조직효과성의 가치 판단적 요소를 전혀 인정하지 않는 효과성의 일반체제이론(General Systems Approach)은 조직의 기능을 기초로 하여 조직 효과성을 모형화한다. 조직목표를 무시하고 조직기능을 중심으로 효과성을 평가하게 되므로 일반체제이론에서 조직효과성은 조직의 모든 기능적 요소들(예: 입력체계, 전환체계, 출력체계)이 여러 가지 방법을 동원하여(equifinality) 조직의 대가(예: 입력과 산출)를 극대화시킬 수 있을 때 달성하게 되는 것으로 이해된다. 결국 일반체제이론은 주어진 목표를 달성한 여부를 가지고 효과성을 평가하기보다는 개인이나 조직이 주어진 목표를 달성할 수 있는 능력을 가지고 있는가 하는 수단에 치중하여 평가하는 모형이 된다. Quinn

교수에 따르면 일반체제이론이 추구하는 가치 중립적 효과성 모형은 표면적으로론 객관적 지표에 따라 효과성을 평가할 수 있는 것처럼 가면을 쓰고 있지만 모든 효과성의 판단은 주관성을 띠기 마련이기 때문에 옳은 모형이 될 수 없다고 한다. 같은 논리는 Campbell(1977, pp. 45~56)에 의해서도 지지되는데 그는 "전통적인 생각으론 객관적 지표가 항상 좋은 것 같지만, 주관적 판단이 효과성의 거의 모든 객관적 지표에서 발견되므로 객관적 지표만 가지고 효과성을 평가하게 되는 것처럼 위험스러운 것은 없다"고 하였다.

Ⅳ. 조직효과성의 경합가치이론

Quinn 교수와 그의 동료 Rohrbaugh 교수는 1977년 Campbell에 의해 개발된 30개 조직효과성 국면들을 조직효과성에 대한 식견을 갖고 있는 일곱 명의 전문가들에게 제시하고 두 단계 판단과정(a two-stage judgement process)을 거치도록 하여 최초 30개 Campbell 국면들 중에서 중요함이 덜한 국면들을 하나씩 제거해 나아가도록 하였다. 첫째 단계에서는 다음과 같은 네 가지 질문을 하여 30개 국면들 중, ① 분석수준이 조직이 아닌 것, ② 여러 가지 국면을 복합적으로 설명한 것, ③ 상위차원의 구성개념이 아닌 것, ④ 조직성과를 설명할 수 없는 것 등은 리스트에서 제거하도록 하였다. 두번째 단계에서는 남은 국면들 간의 유사성을 식별하도록 하였다(Quinn & Rohrbaugh, 1983, pp. 365~66). 이와 같은 두 단계 판단과정을 거쳐 최종적으로 세 개의 차원들이 도출되었는데, 그들은 첫째, 조직구조의 유연성을 강조하는 점으로부터 통제를 강조하는 점까지 이어지는 Y축, 둘째, 조직의 발전을 추구하는 점으로부터 조직 내 개체(개인)의 발전을 추구하는 점까지 이어지는 X축, 그리고 셋째, 조직의 수단을 강조하는 점으로부터 조직의 목적을 강조하는 점까지 이어지는 Z축 등이다.

세 가지 경합적 차원으로부터 네 개의 효과성모형들이 도출되는데 그들은 첫째, 조직 전체의 발전을 도모하면서 조직구조의 유연성을 강조하는 개방체제모형, 둘째, 조직 전체의 발전을 추구하면서 구조적으로 통제를 지향하는 합리적 목표모형, 셋째, 조직 속의 개인의 발전을 추구하면서 구조적으로 통제를 강조하는 내부과정모형, 넷째, 조직 속의 개인의 발전을 도모하면서 조직구조의 유연성을 강조하는 인간관계모형 등이다.

|표 1| Campbell의 30가지 조직효과성 국면과 측정지표

1. 전체 효과성	16. 기획과 목표설정
2. 생산성	17. 목표동의율
3. 능률성	18. 조직목표의 내재화
4. 이윤	19. 역할과 규범의 일체
5. 품질	20. 관리적 대인관계 기술
6. 사고	21. 관리적 업무수행 기술
7. 성장	22. 정보관리와 의사소통
8. 결근	23. 신속성
9. 이직	24. 환경의 활용도
10. 직무만족	25. 외부주체들에 의한 평가
11. 동기유발	26. 안정성
12. 사기	27. 인적 자원의 가치
13. 통제	28. 참여와 영향력의 분배
14. 갈등/응집	29. 훈련과 개발의 강조
15. 유연성/적응성	30. 성취의 강조

개방체제모형은 조직환경의 변화 때문에 새로운 과업이 주어졌을 경우 언제나 유연하게 대처할 수 있도록 준비태세가 되어 있는 조직이나 어떠한 위기 시에도 적절히 대처할 수 있는 능력을 갖추고 있는 조직에서 나타날 가능성이 높은 모형이다. 특히 전년도에 비해 조직의 규모(예: 직원수, 예산규모)가 증가하고 있거나, 계속해서 새로운 직위를 만들어 새 사람을 채용하는 조직은 개방체제모형에 적합한 사례가 된다. 조직의 생명주기에 따라 판단해 볼 때 개방체제모형은 조직이 창업시기에 놓여 있을 때 가장 잘 적용될 수 있는 것으로 알려져 있다.

합리적 목표모형은 공언된 목표가 설정되어 있고, 그 목표가 조직구성원 모두에게 분명하게 이해되는 조직에서 잘 적용된다. 아울러 합리적 목표모형은 생산성 제고를 제1의 목표로 삼고 있는 조직에서, 그리고 과업들이 매우 정교하게 계획되어 수행되는 경우 잘 적용될 수 있다. 합리적 목표모형은 조직이 어느 정도 공식화단계에 있는 경우 잘 적용될 수 있는 것으로 알려져 있다(예: 정부조직).

내부과정모형은 생산을 위한 조직 내부의 모든 기능들이 순조롭게 분화되고 통합되고, 그리고 생산을 위한 모든 조직 정보들의 교환이 원활하게 이루어질 때 적용될 수 있는 모형이 된다. 또한 조직구성원들간에 응집력이 높아 하루하

루의 일과가 계획대로 잘 진행될 때도 내부과정모형이 적용될 가능성이 높아진다. 합리적 목표모형과 같이 조직의 생명주기가 공식화단계에 진입하게 되면 대부분의 조직의 효과성 정향은 내부과정모형에 가까워지는 것으로 알려져 있다.

인간관계모형은 인적 자원의 개발에 많은 투자를 하면서 조직의 목표가 생산성 향상에 있는 것이 아니라 인적 자원의 가치를 극대화하는 데 있는 경우 잘 적용될 수 있는 모형이 된다. 특히 조직구성원간의 신뢰수준이 높아 아무리 어려운 과업이라도 서로 협조하여 달성해 낼 수 있는 잠재력을 갖춘 조직은 인간관계모형에 입각하여 좋은 평가를 받게 될 것이다. 인간관계모형은 창업시기를 지나 공식화단계에 진입하기 직전의 집단화, 통합화단계(collectivity, integration)에서 잘 식별되어지는 모형으로 알려져 있다.

┃표 2┃ 경합가치이론의 효과성모형

효과성모형	효과성의 수단-목적	
	수 단	목 적
개방체제모형	적응력 위기대응력	성장 자원획득
합리적 목표모형	기획 목표설정	생산성 능률성, 이윤
내부과정모형	정보관리 의사소통	팀워크 안정의 유지
인간관계모형	응집력 신뢰와 사기	인적 자원의 가치 개발 인적 자원의 성장

그러나 Quinn 교수의 경합가치이론도 몇 가지 한계가 있다. 첫째, 지나치게 분석수준이 조직에 한정되어 있어 사회환경과 끊임없이 관계하면서 역동적으로 움직이는 대규모 조직에 적용하는 데 무리가 있다는 것이다. 경합가치이론을 조직효과성의 일반이론으로 받아들이기 힘든 이유가 바로 여기에 있다. 둘째, 1990년대 들어 Quinn 교수는 경합가치이론을 경영자개발(management development) 분야에 적용하여 조직의 리더십 정향을 분석하는 데는 유익한 것으로 알려져 있지만(Quinn, Hildebrandt, Rogers & Thompson, 1991; Rogers, Hildebrandt, 1993; Quinn, 1997), 다양한 정치적 세력의 영향으로부터 자유로울 수 없는 정부조직의 효과성을 평가하기에는 지나치게 단순하다고 볼 수밖에 없다. 정부조직에 적용하기 위해서는 주민만족모형, 정당성모형 등과 병행하여 사용해야 하는

불편이 따른다는 것이다. 셋째, 경합가치이론을 조작화한 측정지표가 1981년 Rohrbaugh 교수에 의해 제시된 바 있지만 효과성의 분석수준이 집단수준, 개인수준, 조직수준, 조직과 환경과의 관계 수준 등 다양하게 분포하고 있는 것으로 알려져 이론의 조작적 정의 작업이 더 필요할 것으로 보인다. 하지만 Quinn 교수의 경합가치이론은 현대사회에서와 같이 다양한 가치들이 조직에 영향을 미치는 상황에서 조직수준의 효과성을 체계적이고 종합적으로 진단할 수 있는 거의 유일한 모형이란 점에서 볼 때, 그리고 그간 개발된 효과성 이론들이 대개 처방적이고 규범적이었다는 점에서 발전가능성은 무한하다고 판단된다. 또한 경합가치이론은 정부조직과 관련된 지표들을 보완하고, 주민만족모형이나 정당성모형 등과 함께 활용하면 정부조직의 부서 효과성 평가에도 유익하게 적용될 수 있을 것으로 보인다.

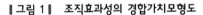

┃그림 1┃ 조직효과성의 경합가치모형도

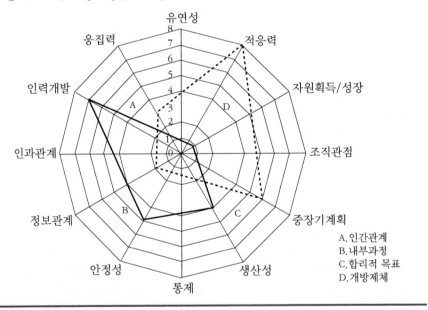

참 | 고 | 문 | 헌

Campbell, John P., "On the nature of organizational effectiveness," in Paul S. Goodman and Johannes M. Pennings eds., *New Perspectives on Organizational Effectiveness*, San Francisco, Cal.: Jossey-Bass, 1977, pp. 13~55.

Quinn, Robert E., *Deep Change*, San Francisco, Cal.: Jossey-Bass, 1996.

_____, "Productivity and the process of organizational improvement," *Public Administration Review*, January/February, 1978.

_____, & Kim Cameron, *Diagnosing and Changing Organizational Culture*, Reading, Mass.: Addison-Wesley-Longman, 1999.

_____, & Michael R. McGrath, "On catching up to fall behind: The illusion of single-solution realities," *The Journal of Applied Behavioral Science*, Winter, 1982.

_____, Sue R. Faerman, Michael P. Thompson & Michael R. McGrath, *Becoming a Master Manager: A Competency Based Framework*, John Wiley, 1996.

_____, Herbert W. Hildebrandt, Priscilla S. Rogers & Michael P. Thompson, "A competing values framework for analyzing presentational communication in management context," *The Journal of Business Communication*, Summer, 1991.

_____ & John Rohrbaugh, "A spatial model of effectiveness criteria: Towards a competing values approach to organizational analysis," *Management Science*, March, 1983.

Rogers, Priscilla S. & Herbert W. Hildebrandt, "Competing values instruments for analyzing written and spoken management messages," *Human Resource Management*, Spring, 1993.

Rohrbaugh, John, "Operationalizing the Competing Values Approach," *Public Productivity Review*, June, 1981.

_____ & Robert E. Quinn, "Evaluating the performance of public organizations," the paper presented at the ASPA conference in Baltimore, April 3, 1979.

Gary Hamel과 C. K. Prahalad의 핵심역량이론과 활용*

I. 머 리 말

1980년대 이전까지는 조직성장을 이해하는 관점이 주로 기존의 환경에 어떻게 잘 적응해 나갈 것인가에 초점이 맞추어진 '환경적응형'(environment adaption) 조직운영에 관심이 모아졌다면, 90년대는 조직이 어떻게 하면 고유의 독창적이고 남들이 쉽게 복제할 수 없는 자원을 개발하여 경쟁자들을 선도하고 동시에 새로운 시장환경을 개척하여 지속적인 경쟁력을 확보할 것인가의 '환경창조형'(environment creation) 조직운영에 더욱 관심이 모아졌다고 볼 수 있다. 즉, 1980년대의 주류를 이루던 산업조직론적 관점(industrial organization perspective)에서 1990년대는 자원준거이론(resource based view)에 바탕을 두고 있는 핵심역량(core competence)으로 기업의 성장과 조직을 이해하는 패러다임의 전이가 있었다고 볼 수 있다.

핵심역량의 개념은 1959년 Penrose의 기업성장이론(the Theory of the Growth of the Firm)에서 이론적 근원을 찾을 수 있다. Penrose의 기업[1]에 대한 해석은 생산설비, 자본, 인력 등 유형적 자산의 집합이라는 신고전파경제학자들의 주장을 비판하면서 기업은 단순히 유형의 자산뿐만 아니라 기술, 경영노하우, 브랜드 등 무형의 자산이 실질적 경쟁력을 더 높인다고 주장하였다. 이후 1984년에 Wernerfelt 교수가 이를 발전시켜 경영전략분야에 도입하게 되었고 1990년에 Hamel과 Prahalad에 의해 진보적 발전이 있었다.

일반적으로 핵심역량이란 "경쟁기업에 대해 절대적인 경쟁우위를 창출케 하

---

* 김영수: 숭실대학교 벤처중소기업학과 교수.
1) 본 연구에서의 기업은 기업조직을 의미함. 핵심역량이론이 기업조직형태를 연구하는 경영학 분야에서 출발하여 발전하였으므로 핵심역량을 설명함에 있어 혼돈을 막기 위해 기업조직을 대상으로 하고 있음.

는 기업의 독특한 자원과 능력의 조합을 의미하는 것으로 시장에서 구입 가능하거나 재생산, 복제, 대체가 불가능한 유무형의 자산"으로 정의할 수 있다. 좀 더 구체적으로 묘사한다면, 경쟁사를 압도하는 고유기술력, 고객니즈를 만족시키는 상품기획력, 조직 내에 축적된 관리기술 등을 의미한다.

이 분야의 주요 연구자인 Barney(1986)는 핵심역량을 기업이 일반적으로 취득할 수 있는 자원(generic input)과 구별되는 전략적 자산(strategic assets)으로 해석하였다. 기업의 경영자원이 전략적 자산이 되기 위해서는 기업에 긍정적 가치(positive value)를 제공해야 하고, 경쟁업체와 비교하여 희귀성(rareness)을 보유해야 하며, 완전한 복제가 불가능(inability to copy)해야 하며, 해당 조직에 특화(organization specific)되어야 함을 강조하고 있다.

핵심역량이론을 주장하는 학자들은 각기 다양한 핵심역량의 조건을 제시하고 있지만 필자가 보건대, 대략적으로 고객가치, 경쟁자 차별화, 확장력 등을 주요 구성요건으로 강조하고 있다고 본다. 이러한 핵심역량은 실질적으로 기업의 영속적인 성장을 위한 필요충분조건으로 인식되어지고 있는데 자사의 핵심역량을 파악해 이를 잘 활용한 기업은 지속적 성장을 한 반면, 그렇지 못한 기업은 쇠퇴함을 쉽게 파악할 수 있다.

핵심역량 개념은 주로 자원준거이론에서 주로 다루어지고 있으며 일부 진화론적 관점(evolutionary theory)에서도 해석 가능하다. 자원준거이론은 기업의 차별적인 성과인 초과이익(economic rent)은 개별기업의 특이성에 기인한다는 관점으로써 자원의 이질성과 비이동성의 두 가지 가정을 통해 논리를 전개하고 있다.

자원의 이질성(resource heterogeneity)은 기업이 보유하고 있는 자원의 조합과 능력이 기업간에 서로 다르다는 것이다. 개별기업이 보유한 자원이 효율성과 생산성에서 차이가 나는 것은 각 기업의 특성(firm specific)에 따라 그 자원이 활용되는 효율성의 수준이 차이가 난다는 것이다. 즉, 경쟁기업보다 효율성이 뛰어난 자원과 능력을 보유한 기업은 고객의 요구를 충족시키는 데 있어 보다 유리하다는 것에 초점이 맞추어져 있다. 자원의 비이동성(resource immobility)은 기업활동에 필요한 자원이나 능력이 요소시장으로부터 구입이 불가능한 이유는 자원 자체의 비이동성에 기인한다는 것으로, 자원과 능력의 이동이 용이하면 그만큼 모방이 쉽고 빠르지만 소위 기업의 차별적 우위를 제공하는 자원이나 능력은 쉽게 이동되지 않아 모방이 힘든 것이다. 경영자의 리더십, 종업원의 학습능력, 기업문화 등은 기업 특유의 자원이므로 기업간 모방이 용이치 않다.

이와 같이 특정자원이나 능력이 독특하여 모방이나 구입이 어려워 기업간 자원 이동이 제약받는 것을 자원의 비이동성이라 한다.

이상의 자원 이질성과 비이동성이 발생하는 근거를 기업의 고유경로(path dependent)에서 찾아볼 수 있다. 각 기업은 자원을 획득하고 활용하여 가치를 만드는 과정이 서로 상이하다. 즉, 자원의 활용과 능력을 개발하는 고유의 경로를 가지므로 이 고유의 경로는 기업간 복제나 이동이 불가능하므로 자원의 이질성과 비이동성이 발생한다는 것이다. 이러한 자원의 이질성과 비이동성이 크면 클수록 그 기업은 시장에서 구할 수 없는 희귀한 자원을 보유하게 되며, 이를 활용함에 따라 산업평균 혹은 경쟁사에 비해 초과이익을 달성할 수 있는 것이다. 이 초과이익은 산업조직론의 생산량에 대한 인위적인 제한이나 시장지배력의 결과가 아닌 보다 효율성이 높은 자원을 보유함으로써 이익을 얻을 수 있다는 개념이다. 따라서 효율적 기업은 그들이 보유한 자원의 공급이 제한되거나, 다른 기업에 의해 모방되기 어려울 때 경쟁우위를 지속할 수 있다는 것이 자원준거이론의 주 관점인 것이다.

진화론적 관점은 기업간 이질성이 나타나는 이유를 동태적 일상성(dynamic routine)을 통해 설명하고 있다. 진화론은 기업을 구조경로에 의한 일상성의 집합(bundle of hierarchically arranged routines)으로 인식하여 기업의 자원이나 능력은 조직에 체화되어 있으므로 그 인과관계가 모호하고 경로의존적이므로 쉽게 모방되기 힘들다는 것이다. 즉, 조직 일상성(organizational routine)이란 개인들의 조화된 행동들로 구성된 규칙이나 예측 가능한 행동유형을 의미한다. 진화론적 관점은 이러한 일상성을 형성해 가는 과정에 초점이 맞추어져 있으므로 이들 무형자산의 습득과 전수 및 개발과정에서 발생하는 암묵적인 내용을 가시적인 것으로 전환하려는 노력이 필요함을 강조하고 있다.

그러면 이상에서와 같이 핵심역량의 개괄적인 이론을 바탕으로 이 분야의 대표적인 학자인 Gary Hamel과 C. K. Prahalad의 주요 저서인 *Competing for the Future*에서 핵심역량을 어떻게 해석하고 있는지 살펴보고 그 시사점을 알아보기로 하자.

Ⅱ. 이론의 소개

1. 핵심역량을 통해 본 경쟁구도: '현재의 경쟁 ⇒ 미래를 위한 경쟁'

Hamel과 Prahalad는 대부분의 기업이 그 조직이 처한 '현재의 경쟁'에 초점을 맞추고 있는 것을 비판하면서 그들의 주장을 펼쳐 나가고 있다. 많은 기업들은 현재의 사업구조 내에서 시장점유 확대 및 오버헤드 감소에 주력하고 있는 것이 사실인데, 미래 경쟁을 위한 경영자들의 시간 투입은 겨우 2~3%에 불과한 실정이라고 비판하고 있다.

〈최고경영자의 시간투입현황〉
· 외부경쟁에 신경   → 40%
· 미래에 신경   → 30%
· 전사적 경쟁력에 신경   → 20%
· 미래 경쟁을 위한 시간투자율=40%×30%×20%=2.4%
  ↔ 미래에 대한 차별적 식견 개발을 위해서는 최소 20% 이상 투입필요

그러나 현재의 당면한 문제에만 집착할 경우 실패의 확률은 더욱 높아지므로 경영자들, 특히 최고경영자의 제1의 임무는 '미래의 경쟁'구조를 예견하고 이에 따른 핵심역량을 확보하는 것이라고 주장한다. 결국 '미래를 위한 경쟁'전략에서는 '현재의 경쟁'전략과는 차별화된 전략 패러다임이 요구되는데, 새로운 패러다임은 '기본적인 것'보다는 '필히 더 나아가야 하는 것'에 초점을 맞추어야 한다고 주장하고 있다.

그러면 미래의 경쟁은 어떻게 달라질 것인가? 이에 대한 답변으로 Hamel과 Prahalad는 6가지의 미래경쟁 구도의 변화를 제시하고 있다.

1) '시장점유율'경쟁에서 '기회선점'경쟁으로: 미래의 제품·서비스가 아직 정의되지 않았고, 시장도 불분명하기 때문에 시장점유는 전혀 의미가 없다. 그러므로 보다 중요한 것은 미래시장의 정확한 형태와 구조가 정립되기 전에 새로운 영역에서 발생하게 될 기회에 대한 주도권을 구축하는 것이다.

2) '사업단위'경쟁에서 '기업역량'경쟁으로: 미래의 사업기회는 현재의 사업

┃표 1┃ 새로운 전략 패러다임

	기본적인 것	필히 더 나가야 하는 것
경쟁적인 도전	프로세스 리엔지니어링	전략 재창조
	조직의 변환	산업의 변환
	시장점유를 위한 경쟁	기회선점을 위한 경쟁
미래를 발견하기	기존시장 구조에서의 Positioning 중시	미래 산업구조 변환에 대한 통찰력 중시
미래를 위한 체제로 바꾸기	자원할당 전략	자원축적 전략
미래에 먼저 도달하기	현존 산업구조 내에서 경쟁	미래 산업구조를 형성하기 위한 경쟁
	상품 주도권을 위한 경쟁	핵심역량 확보를 위한 경쟁
	신상품 히트율 극대화	새로운 시장 학습비율 극대화
	상품화 시간 최소화	범 세계적 선제권 획득시간 최소화

단위(SBU)와 잘 맞지 않고 필요한 기업역량도 여러 사업단위에 퍼져 있기 때문에 기업차원의 역량배분이 필요하고 최고경영자는 기업을 핵심역량의 포트폴리오로 보고, 미래에 대비하기 위하여 자원을 어떤 식으로 배분하고 활용할 것인가를 고민해야 한다.

3) '단위(stand alone)'경쟁에서 '통합시스템'으로의 경쟁으로: 단일 기업이 신제품·신서비스를 개발하는 데 필요한 모든 자원을 가지는 것은 어려워질 것이고 기업과 기업, 국가와 국가를 통합한 시스템이 형성되어야만 필요한 자원조달이 가능한 것이다.

4) '스피드'경쟁에서 '인내력'경쟁으로: 오늘날 스피드는 없어서는 안되는 요소이지만, 미래의 경쟁에서 승리하기 위해서는 10년, 20년 혹은 그 이상이 소요될 수도 있기 때문에 인내할 수 있어야 한다.

5) '정형화(structured)'경쟁에서 '비정형화'경쟁으로: 미래경쟁은 세계적 규제철폐, 세계화, 과학기술의 발달, 정보화 등으로 인해 산업간의 경계선이 희미해지는 상황에서의 주도권 경쟁이다. 이미 제약과 화장품, H/W판매와 S/W판매, 출판사와 방송사 등의 업종에서는 사업간 경계선이 무너지고 있는 것이 좋은 예를 들고 있다.

6) '단일단계'경쟁에서 '다단계'경쟁으로: 미래를 위한 경쟁은 게임의 규칙이 정립되어 있지 않기 때문에 100M 달리기보다는 철인 3종경기(triath-lon)

에 가깝다. 이는 한 가지만 잘해서는 안되며 미래경쟁의 승리자가 되기 위해 거쳐야 하는 각 단계 모두를 세심하게 처리해야 함을 의미한다.

2. 조직사고의 전환: 과거의 틀 버리기

저자들은 이러한 바뀌어진 미래경쟁구도에 조직은 어떻게 적응해 가야 할 것인가 하는 문제에 대해 우선적으로 '과거의 틀 버리기'가 선행되어야 한다고 주장한다. 대부분 경영자는 그들이 구축한 경영의 틀(managerial frame)에 갇혀 살고 있으며 큰 기업에는 예외 없이 사업규범을 정하는 지배적 틀이 있다고 보았다. 고용기준이 까다로울수록, 기업 내 교육이 활성화되어 있을수록, 경영자의 재직기간이 길수록, 외부인이 조직의 상층부에 적을수록, 과거 성공경험이 많을 수록 경영의 틀은 단일화되는 경향이 있다. 그러나 시간이 지남에 따라 경영자들은 그들이 믿고 있는 것을 왜 믿게 되었는지 잊어버린 채 새로운 것을 회피하게 된다. 이러한 과거의 틀에서 벗어나 미래 경쟁에 대비하기 위해서는 조직 내 유전적 다양성(genetic diversity)을 증가시켜야 하는데 유전적 다양성은 돌연변이를 통하여 창출되는 것처럼 기업에서 돌연변이를 얻기 위해서는 '조직혁신', '기업가정신 제고', '특수임무의 팀 구성' 등 기존의 제도를 뒤엎는 혁신적인 시도가 필요하게 되는 것이다. 특히 최고 경영자들은 정통이 아닌 것을 추구하고 또한 그것을 포상하는 법을 배워야 하며 조직의 임직원들은 호기심을 기르고 겸손함을 키워 배우는 자세를 가져야 한다. 새로운 것을 배우는 것도 중요하지만 갖고 있는 것 중 버려야 할 것을 선별해서 버리는 것이 중요하다. 어린이들이 어른보다 새로운 기술을 훨씬 빨리 배우는 것은 없애버려야 하는 것이 적기 때문이라고 설명하고 있다. 또한, 저자들은 '과거의 틀 버리기'를 위해 좀더 구체적인 방안으로 근시안적 시각 버리기, 고정관념 깨뜨리기, 상상력 및 호기심 개발하기, 충분히 숙고하기, 상호 절충적 관점 키우기(eclecticism), 은유(metaphor)와 유사성 찾기, 반대의견 가진 사람(contrarian)되기, 현재 고객의 지배를 받는 상태에서 초월하기, 본질적인 니즈에 부응하기 등을 제시하였다.

3. 전략적 의지

Hamel과 Prahalad는 핵심역량을 확보하기 위한 중요한 요인으로 전략적 의지를 강조하고 있다. 전략적 의지(strategic intent)란 활기를 불어넣으려는 꿈을 지칭하며, 전략체계의 핵심으로 강조하였다. 전략적 의지는 미래여행에 필요한 정서적, 지적 에너지를 제공하는 것으로 전략계획이 '실행 가능한 것만 선별'하는 현실성이 있어야 하는 반면 전략적 의지는 현실성보다는 창조성과 상상력이 있어야 한다. 만약 Kennedy 대통령이 '현실적'이었다면 미국은 소련보다 먼저 달나라에 가지 못했을 것이며, JVC 엔지니어가 '현실적'이었다면 VCR을 개발하지는 못했을 것이다.

전략적 의지를 구성하는 요소로 방향감각, 발견의 느낌, 목적의식 등 3가지를 제시하였다.

1) 방향 감각: 구체적 방법보다는 구체적 목적지를 중시하며 일관성 있는 방향을 확보해 주어야 한다. 모든 계곡과 언덕이 어디 있는지 예상할 수 없기 때문에 목적지에 도달하는 방법의 결정에는 충분한 선택의 여지를 남겨두어야 한다.

2) 발견의 느낌: 모든 사람의 가슴에는 탐험에 대한 열정이 숨쉬고 있으므로 발견의 기쁨을 느낄 수 있도록 해 주어야 한다. 조직의 직무가 경쟁사에 비해 차별성이 없을 때 종업원의 사기저하로 이어진다.

3) 숙명 의식: 모든 종업원들이 존중하고 숙명적으로 따를 목표를 제시해야 한다. 종업원 스스로 추구할 가치를 느낄 수 있어야 한다. 기업이 도전을 시작하려면 최고경영층의 솔직함과 겸손이 필요하다. 솔직함은 앞으로 해야할 과제의 중대성을 강조할 때 요구되고, 겸손은 경영을 제대로 수행하지 못한 것에 대해 책임을 감수할 때 필요하다.

4. 자원의 효율성 극대화

핵심역량확보를 위해 미래경쟁의 양상을 파악하고 이에 대한 새로운 조직변신과 전략적 의지가 구비되면 다음으로 고려할 사항은 자원효율성의 극대화로 자원의 집약, 축적, 보완, 보존, 회복 등을 통한 효율성이 요구되어 진다.

(1) 자원의 집약

1) 수렴화(converging): 하나의 전략계획을 일관성 있게 오랜 기간 동안 계속 추진하다 보면 개인의 노력, 기능 부문들과 전체사업을 하나의 목표아래 수렴함으로써 자원효율 극대화를 얻을 수 있다. 대부분의 조직에서는 매년의 계획이 변경되어 왔는데 심지어는 기업의 핵심능력이나 핵심사업조

차도 너무 자주 변경해 왔다. 개인들의 노력, 각 팀과 기능, 사업들이 시간 측면뿐만 아니라 조직 단위의 벽을 넘어설 때 비로소 가능하다.

2) 촛점집중(focusing): 수렴은 시간경과에 따른 목표의 변질을 예방하는 반면, 촛점 집중은 특정시점에서 자원이 희석되지 않도록 한다. 특정시점에 소수의 운영목표에 집중적으로 힘을 기울이지 않으면 발전 노력이 분산되고 회사는 언제나 느림보가 될 수밖에 없다.

3) 표적화(targeting): 한 번에 소수의 것에 촛점을 집중할 뿐만 아니라 정확한 것에 집중하는 것도 중요하다. 마이크로소프트는 운영체제(OS), 사용자 인터페이스, 응용프로그램 등 3가지 요소에 기업의 자원을 집중한다.

(2) 자원의 축적

1) 자원의 발굴(mining): 진정한 차별성은 자신의 경험에서 경쟁자보다 훌륭한 지식을 발굴해 내는 능력 차이에서 나타난다. 혼다가 자동차시장에 참여할 때 자동차관련 경험이 거의 없었으나, 포드나 GM보다 훨씬 적은 시간과 비용으로 성공적인 신형차를 개발한 것이다.

2) 차용(borrowing): 동맹이나 공동사업, 하청을 통해 기업외부의 기능과 자원을 이용하거나, 파트너의 기능을 자기 것으로 만들 수도 있다.

(3) 자원의 보완

1) 혼합(blending): 다양한 종류의 자원을 혼합함으로서 개별자원의 가치를 극대화하는 것이다. 소니의 워크맨은 핸드폰과 테이프레코더 기술의 합작품이었으며 방대한 신시장을 창출했다.

2) 균형(balancing): 기업은 창조력, 생산능력, 전달능력 등 최소한 3가지 기능을 활용할 수 있어야 하며, 하나라도 나머지 것에 비하여 부족하면 투자를 성과로 연결할 수 없다. 1970년대 초반 영국의 EMI는 세계최초로 컴퓨터 단층촬영기(CAT)를 개발했으나, 국제적인 판매망, 서비스망, 제조기술의 부족으로 기대한 이익을 실현하지 못했고, 결국 특허권을 GE에 팔았다.

(4) 자원의 보존

1) 리사이클링(recycling): 주어진 기술이나 능력을 보다 자주 재활용할수록 자원의 효율은 커진다. 일본기업들이 대부분 개별브랜드 대신 대표브랜

드를 사용하는 것은 브랜드의 범위 경제성(economy of scope)을 획득하기 위한 것으로 브랜드 리사이클링의 대표적인 사례이다.

2) 합의 선별(co-opting): 잠재적인 경쟁자들을 공동의 적에 대항하는 싸움에 끌어들여 자신의 영향력을 증대시키는 것이다. '적의 적은 친구'라는 논리이며, 후지쓰가 IBM에 도전하기 위하여 ICI, 지멘스, 앰달 등 컴퓨터 부문의 파트너와 맺은 협약이 대표적 사례이다.

3) 보호(protecting): 적에게 최대의 손실을 입히고 아군의 위기는 최소화하는 것이 주요 개념이다. 델컴퓨터의 통신판매는 컴팩의 판매망이나 IBM의 직영 판매력에 대항할 수 없었기 때문에 채택한 판매방법이지만, 결국 경쟁자가 방어를 덜 하고 있는 부문으로 자신의 역량을 집중시킨 결과를 가져왔다.

(5) 자원의 회복

자원의 소모에서 회복까지의 소요시간을 최소화함으로써 한정된 자원의 효율성이 배가된다. 일본의 자동차업계는 신차개발기간이 미국의 반에 불과하여 적은 자원으로 고객의 니즈변화에 재빠르게 대응할 수 있었던 것이 좋은 예다.

5. 연합과 표준설정

Hamel과 Prahalad는 조직이 미래의 핵심경쟁구도로의 접근을 단축하는 길은 연합과 표준설정에 의해 가능하다고 주장하였다. 우선 연합(coalition)은 미래의 매력적인 기회를 실현하는 데는 여러 기업들이 보유하고 있는 기술과 능력의 통합이 요구된다. 그 이유는 어떤 회사도 미래 창조에 필요한 자원을 모두 갖고 있지 못하고 있으며, 정치적인 간섭을 완화시킬 수 있으며, 참여자에게 위험을 분산시킬 수 있기 때문이다

다음으로 표준설정을 강조하고 있다. 현재 표준을 보유하고 있는 기업은 미래 표준 주도권싸움에서도 매우 유리한 입장이 될 수 있다. 고객들은 특정표준에 큰 투자를 하고 나면 그 신상품이 기존의 표준과 공존할 것을 요구하는 경향이 있기 때문이라는 설명이다. 또한, 표준설정은 특정 신상품영역에서 사실상의 독점 확보, 자신이 표준을 정하고 로열티를 확보, 경쟁규칙을 설정, 후발자들이 쉽게 모방할 수 없는 인프라(installed base)를 구축, 과거에 했던 투자를 보다 빨리 회수하는 등의 장점을 가지고 있다.

6. 핵심역량 발굴의 5대 과제

마지막으로 저자들은 핵심역량 발굴을 위한 주요 과제를 제시하고 있다. 첫째, 핵심역량의 파악이다. 자신의 핵심역량에 대하여 명확하게 정의를 내리고 그 정의를 직원들이 이해할 수 있도록 하는 것이 첫 걸음이다. 둘째, 핵심역량 획득을 위한 예정표(agenda)를 작성하는 것이다. 자신의 핵심역량과 시장의 형태에 따라 다른 전략을 구사한다. 셋째, 새로운 핵심역량을 구축하는 것이다. 일반적으로 핵심역량을 구축하려면 5년, 10년 혹은 그 이상 지속적으로 추진할 수 있는 일관된 노력과 추진팀의 안정성이 중요하다. RCA는 비디오 녹화기술과 플레이백 기술 연구에 어느 기업보다 오랜 시간(20여 년)을 들였지만, 성공적 상품출시에는 실패하였다. 프로젝트 리더의 잦은 교체, 연구비 지원중단 등으로 지식축적에 실패한 것이다. 넷째, 핵심역량의 재배치이다. 핵심역량의 관점에서 보면 기업은 잠재적 핵심역량의 저장소이고, 경영자는 핵심역량의 소유자가 아닌 보좌역이나 관리자이다. 많은 기업들이 상당한 규모의 핵심역량을 비축하고 있으나 신시장 기회에 적절한 인력을 배치하는 속도는 거의 제로에 가깝다. 마지막으로, 핵심역량의 보호와 방어다. 대부분 최고경영자는 영업성과나 시장점유율, 이윤에 관련되어 있는 판단은 능하지만 자사 핵심역량수준에 대한 판단은 부정확하고 느리다. 그러므로 핵심역량의 잠식을 막기 위해서는 최고경영진의 꾸준한 경계가 필수이다.

Ⅲ. 평가적 의견

조직의 활동 중에는 과거를 위한 활동과 미래를 위한 활동으로 나누어진다. 과거를 위한 활동의 대표적인 것이 기업의 회계나 재무활동으로 이러한 기능은 기업의 과거활동에 대한 성과와 기록을 정리하고 그 평가를 하는 것이 주목적일 것이다. 이에 반하여 기획기능은 조직의 미래를 준비하고 책임지는 기능으로 조직의 10년, 20년 나아가 조직의 영원한 생존과 경쟁력 확보에 주력해야 한다. 이런 점에서 볼 때, 다른 여러 이론들과는 차별되게 핵심역량은 조직이 미래를 대비하기 위해 무엇을 해야 하는지에 대한 새로운 관점을 제시하고 있는 이론이라 볼 수 있다. 그러나 핵심역량에 대한 비판도 만만치 않은데 대략 다음의 몇 가지로 정리할 수 있다.

첫째, 과연 조직은 그들을 둘러싼 환경에 얼마나 자유로울 수 있는가? 핵심역량은 조직의 성장을 보는 시각을 조직 외부에서 조직 내부로 무게중심을 옮겨 조직이 보유하고 있는 고유의 자원을 바탕으로 새로운 환경을 만들고 선도해 가자는 입장이다. 그러나 많은 학자들은 과연 조직(기업)을 둘러싼 고객, 공급자, 주주, 기타 이해관계자, 그리고 급변하는 산업동향 등을 무시하거나 덜 고려한 신제품이란 것이 의미가 있는 것인가에 대해 회의적이다. 결국, 핵심역량이라는 것도 기업환경을 철저히 고려하고 그 범주 내에서 자원을 활용해야 된다고 본다면 산업조직론에서 주장하는 환경적응적 접근을 벗어날 수 없다는 비판이다.

둘째, 핵심역량이론은 귀납적 접근법이라는 것이다. 사후의 결과를 놓고 성공한 조직을 위주로 파악하였으므로 일반화하기가 힘들다는 것이다. 즉, 과연 얼마나 많은 기업들이 그들을 둘러싼 환경을 리드하며 새로운 시장을 만들고 기업 환경을 창출할 것인가를 본다면 각 산업에서 몇 안 되는 선도기업에 해당되는 접근법이라는 것이다. 다시 말해서, 핵심역량이론은 한 산업의 선도적 역할을 하는 초우량 기업조직에 해당될 수 있는 이론으로 산업 내의 대부분의 기업들은 환경을 창출하기보다는 선도기업들이 창출해 놓은 조직환경을 추종하는 환경적응형 전략이 위험과 비용을 줄일 수 있는 유용한 접근법이라는 것이다.

셋째, 핵심역량이론은 구체적인 방법론 제시가 미미하다. 과연 어떻게 핵심역량을 개발할 것인가에 대한 분명하고도 구체적인 답변을 주는 데는 아직 한계가 있다고 본다. 본서에도 Hamel과 Prahalad는 핵심역량 발굴과제를 제시하고는 있으나 좀더 구체적인 방법론 개발에 많은 노력이 필요하다.

이상과 같은 많은 비판에도 불구하고 90년대 들어 핵심역량 이론은 경영전략 및 조직분야의 가장 설득력 있는 이론 중의 하나로 정착해 가고 있다. 그 이유는 무엇보다도 조직을 보는 관점이 달라졌다는 것에 큰 의미가 있다고 본다. 즉, 조직을 환경에 적응해 가는 객체로 보는 소극적인 시각(passive perspective)에서 환경을 이끌어 가는 주체로서의 조직을 보는 능동적인 시각으로 바뀌었다는 것이다. 또 다른 의의는 조직 개개의 특성을 존중하고 조직 스스로의 노력이 그들의 운영을 좌우한다는 중요한 의미가 핵심역량이론의 근간을 이루고 있다는 것이다. 즉, 왜 어떤 기업은 성공하는데 어떤 기업은 실패하는가에 대한 해답의 실마리를 제공하고 있다. 인류가 경제활동을 시작한 이래로 항상 불경기는 있었고 그때마다 경영자에게는 고통의 시간이었으며 어려웠

을 것이다. 우리 나라도 IMF 기간 동안 기업성과는 악화되었고 이것을 대부분
의 경영자들은 당연시 받아들이고 경기 탓으로 돌리기가 일쑤였다. 그러나, 그
런 어려움과 시련 속에서 분명히 성공하는 기업은 나왔으며, 어려움 속에서 성
장한 기업은 분명 호황기 때 성장한 기업보다는 그 경쟁력의 기반이 튼튼할 것
으로 본다. 이런 개별기업의 성과와 그 과정을 연구하는 데는 핵심역량이론이
그 해답의 실마리를 제공할 것이라 본다.

✒ 참 | 고 | 문 | 헌

Barney, Jay B., "Strategic Factor Markets: Expectations, Luck, and Business Strategy,"
    Management Science, 32, 10, 1986, pp. 1231~1241.

Hamel, Gary & C. K. Prahalad, *Competing for the Future*, Boston, Mass. Harvard
    Business School Press, 1994.

Wenerfelt, Birger, "A Resource-Based View of the Firm," *Strategic Management Journal*,
    18, 1984, pp. 509~534.

Robert T. Golembiewski의 목표지향적인 경험적 조직이론*

Ⅰ. Golembiewski의 학문세계

Robert T. Golembiewski는 폴란드계 미국인으로 독실한 기독교 집안에서 자라났다. 프린스턴 대학의 핵물리학과에서 대학생활을 시작하여 정치학과 (Woodrow Wilson School)를 졸업했는데, 이 때 물리학과에서 경험적인 방법을, 그리고 Wilson School에서 가치문제를 중점적으로 배워 이 양자를 통합하는 데 관심을 가지게 된다. 이러한 관심은 그 뒤 예일 대학에서 정치학석사 및 박사과정을 거쳐 소집단에 관한 박사학위 논문으로 최초의 결실을 맺는다. 조직행태분야에 있어서 이러한 그의 관심과 연구노력은 계속되고 있는데, 조직의 발전을 위한 행태과학 적용의 탁월성으로 McGregor상을 두 번씩 수상하는 등 그 업적을 인정받고 있다. 그는 현재 미국 조지아 대학의 정치학과에서 연구교수로 재직하고 있으며, 여러 가지 행정 및 조직관리분야 학술지의 편집책임을 맡고 있다.

Golembiewski 교수는 60여 권에 이르는 책과 수백 편의 논문을 발표한 왕성한 저술가이기 때문에 그의 학문적 공헌을 간단히 정리하는 것은 쉬운 일이 아니다. 더구나 그는 이론의 개발뿐만 아니라 이론의 적용에도 관심을 보이고 있으며, 조사연구자인 동시에 조직발전의 상담자이기도 하다. 그리고 또 공공부문과 민간부문 양쪽을 다 연구의 영역으로 삼고 있다. 이 모든 것들은 그를 한 마디로 평가하기 어렵게 만든다. 그럼에도 불구하고 그의 학문활동에 일관되게 흐르는 하나의 특징을 지적한다면 '가치'에 바탕을 둔 '경험적'이론의 개발 및 적용이라고 하겠다.

그는 조직에 관한 연구는 크게 두 가지 질문에 대한 해답을 강구하는 것으

---

* 김병섭: 서울대학교 행정대학원 명예교수.

로 이해한다. 하나의 질문은 조직 안에서 어떤 변수와 어떤 변수가 관련되어 있는가 하는 문제이고, 다른 질문은 어떤 변수간의 관계가 바람직한 관계인지에 관한 문제이다. 전자는 경험적인 연구, 후자는 가치지향적인 연구를 가리키는 것이라고 할 수 있다. 그는 이들 두 가지 연구지향이 상호배타적이라기보다 상호보완적이라고 하면서 양자를 통합한 목표지향적인 경험적 조직이론 (goal-based empirical theories of organizations)을 제시하고 있다. 이 이론은 조직의 바람직한 상태 또는 목표를 달성하는 데 필요한 여러 가지 변수간의 관계에 관한 지식을 추구하고, 이를 토대로 처방을 제시하는 것이다.

그러나 이러한 이론의 통합이 하나의 거창한 체계적인 이론을 구성하는 데 목적이 있다고 보기는 어렵다. 오히려 그는 목표를 달성하기 위하여 여러 가지 각도에서 '종합적인 해결 방안'을 모색하는 것은 필요하지만, 하나의 '종합적인 이론'을 만드는 것은 쉬운 일도 아니고 또 바람직하지도 않다고 한다. 가령 많은 행정학자들이 행정학의 다른 학문분과와의 관계성에 주목하여 경영학이나 정치학과 구별되는 이론을 만드는 데 시간을 쏟고 있지만, 이러한 관심은 단지 행정학을 유지(maintenance)하는 데 그 목적을 가진 것으로 행정의 과업(task)을 해결하는 데 대한 관심의 부재를 반영한다고 본다. 그래서 그는 정부조직이든 비정부조직이든 과업의 해결에 도움이 되는 것이 무엇인지에 관해서 관심을 보여야 한다고 주장한다. 이것은 행정학이든 조직이론이든 종합적인 이론의 개발보다 문제의 종합적인 해결에 도움이 될 수 있는 구체적인 지식의 확보와 기술을 습득하는 데 더 많은 관심을 집중시켜야 함을 의미한다. 그래서 그는 거창한 하나의 종합적인 패러다임의 발견보다 그 상황에 맞는 소위 소(小)패러다임들(miniparadigms)을 개발하는 데 노력할 것을 주장하면서 그것의 중요한 후보의 하나로서 조직발전(OD)을 제시하고 있다. 따라서 그는 조직을 발전시키는 데 필요한 구체적인 이론을 스스로 개발하거나 또는 다른 사람이 개발한 이론을 활용·보급하는 데 기여해 왔고 또 현재도 하고 있다고 할 수 있다. 바로 이러한 그의 기여 때문에 그의 이름은 조직이론가들 중에서 가장 많이 인용되는 사람 중의 하나가 되고 있는 것이다.

Ⅱ. 목표지향적인 경험적 조직이론

목표지향적인 경험적 조직이론에서 제일 먼저 언급되어야 할 것은 조직의 바람직한 상태를 규정해 주는 가치가 무엇인지를 정하는 것이다. Golembiewski는 그가 어릴 때 흠뻑 젖어 있었던 기독교의 전통으로부터 그런 가치로서 기능할 수 있는 것을 도출하고자 하였다. 그의 초기 작품 Men, Management, and Morality(1967)는 이런 시도에서 이루어진 것으로 그는 이 책에서 다음 다섯 가지 기독교의 윤리(Juedo-Christian Ethics)를 일과 관련된 가치로 제시하고 있다. 즉 ① 일은 사람들에게 심리적으로 할 만하다고 생각되어져야 한다. ② 일에서 사람들은 자기의 자질을 계발할 수 있어야 한다. ③ 일을 하는 데 있어 사람들이 스스로 결정할 수 있는 여지가 상당히 있어야 한다. ④ 사람들이 일을 수행하는 데 있어서 일과 관련된 환경을 상당한 정도로 통제할 수 있어야 한다. ⑤ 마지막으로 가장 중요한 것으로 조직이 조직 내의 어떤 행태에 대한 유일한 그리고 최종적인 판단자가 되어서는 안 된다. 즉, 조직과 개인 둘 다 외부의 도덕적 기준에 따라서 결정을 해야 한다.

그런데 이러한 가치가 전통적인 조직이론에 의해서는 잘 실현되지 않는다고 한다. 다시 말해서 전통적인 이론의 처방에 따르면 일은 지나치게 세분되고 반복적이어서 할 만한 가치를 못 느끼게 된다. 또 권한은 상층부에 집중되어 있어 조직구성원이 스스로 결정할 수 있는 자율성이 거의 없다. 그리고 상관은 적은 수의 부하들을 통솔하며 부하들의 성과를 아주 엄밀히 판단하고 감시하게 된다. 이렇게 전통적인 조직이론에서 일(work)과 인본주의적 가치가 부조화를 이룬다고 비판하는 것은 물론 그의 주장만은 아니다. 오히려 McGregor의 *The Human Side of Enterprise*나 Argyris의 *Personality and Organization*으로 대표되는 표준적인 인간관계론을 그가 지지하고 강화시켰다고 보는 것이 더 적합하다.

차이가 있다면 Golembiewski는 이러한 가치들이 바로 미국의 사회 종교적 윤리를 반영한다는 것을 지적하고 있다는 점이다. 즉, 앞에서 언급한 네번째 가치까지는 표준적인 인간관계론과 유사하지만 마지막 다섯번째 가치는 차이가 있다. 그래서 그는 경제생활에 있어서 종국적인 판단자는 개인도 조직도 아닌 외부의 도덕 윤리여야 한다고 주장한다. 이것은 조직과 개인이 대립될 때 전통적인 입장에서 보는 것처럼 조직이 판단자가 되어서도 안 되고, 인간관계론에서 주장하는 것처럼 개개의 인간이 — 비록 그가 성숙하다고 하더라도 — 판단자가 되어서도 안 되는 것처럼 해석된다. 그러나 그는 도덕적인 윤리를 지키는 것과 표준적인 인간관계론자들이 주장하는 성숙한 인간이 취하는 자아실현적인 행동이 다른 것인지, 다르다면 어떻게 다른지 그 관계에 대한 설명을 하지 않고 있다. 대신 그는 조직이 최종적인 판단자가 되어서는 안 된다는 점만을 부각시켜 강조하고 있다. 아마도 이것은 일반적으로 특별한 제한조치를 두지 않는 한 개인보다 조직이 최종적인 판단자가 되는 경우가 많기 때문이라고 생각된다.

그러면 어떻게 하면 일과 관련된 가치를 실현할 수 있을 것인가? 그는 먼저 전통적인 일의 형태인 관료제적 조직구조는 앞서 언급한 바와 같이 인간의 자율성을 저해하고 있기 때문에 그에 갈음할 새로운 일의 형태가 필요하다고 주장한다. 직무 충실/목표 지향 구조(job enrichment/purpose-oriented structure)[1]가 바로 이런 대안적인 일의 형태이다. 물론 직무충실화는 작업수준에서 그리고 목표지향구조는 관리수준에서 요구되는 점이 차이가 있기는 하지만 둘 다 관료제적인 조직구조와는 상당한 차이를 보이고 있다. 자세한 것은 그의 책(예를 들어, Golembiewski, 1985: 179~185: 1979, Vol. Ⅱ, 61~69)을 참조하기 바라고 그 특징을 약술하면 다음과 같다.

관료제적 구조	직무충실/목표지향적 구조
· 일의 각 부분에 관심 · 합리적·기술적 지향 · 권위주의적 관리 · 결정의 집권화 · 일과 그 결과에 대한 근로자의 분리 · 인간에 대한 비관적 태도	· 일의 흐름에 관심 · 합리적·기술적 및 사회심리적 지향 · 민주적 관리 · 결정의 분권화 및 공유 · 일과 그 결과에 대한 근로자의 개입 및 심리적 연결을 강조 · 인간에 대한 긍정적 태도

그러나 Golembiewski는 일의 형태에 관한 이러한 기본적인 처방을 제시하는 데 그치지 않고, 조직 내에서 일과 관련된 가치를 증대시키기 위한 여러 가지 기법을 수집하거나 스스로 개발하여 제시하고 있다. 이러한 시도로서 이루어진 것들이 *Renewing Organizations, Toward the Responsive Organization, Approaches to Planned Changes*, Vol. Ⅰ, Ⅱ 등등이다. 이 책들은 조직발전의 기법들에 관한 책으로서 이 분야에 관한 다른 책들과 유사한 점이 많다. 어쩌면 조직발전(OD)의 기본적인 기술에 있어서는 전혀 차이가 없다고도 할 수 있을지 모른다.

그럼에도 불구하고 조직발전에 관한 그의 저서들은 몇 가지 특징을 보이고

---

1) 이것은 때로 견인이론(pull theory)으로 불리기도 했으며, 대칭적으로 관료제적구조는 압력이론(push theory)으로 불리기도 했다(오석홍, 조직이론, 1990, pp. 541~544).

있는데, 첫째, 조직발전의 다양한 기법들을 가능한 한 많이 수집·정리하고 있
다는 점이다. 아울러 이러한 다양한 기법들을 조직의 문제를 해결하고 개인의
자율성을 증대시키는 데 종합적으로 활용하려고 노력해 왔다는 점이다. 다시
말해서 그는 보다 종합적인 관점에서 개인·집단·조직수준의 변화를 추구하려
고 노력하여 왔다고 할 수 있다.

둘째, 그는 조직발전의 구체적 기법의 탐색 못지 않게 이러한 조직발전의
기법들이 일과 관련된 가치에 어떻게 영향을 미치는지에 대해서 상당한 관심을
보여 왔다.

셋째, Golembiewski는 다른 인간관계론자나 조직발전론자들처럼 낭만적이라
는 비판을 받지 않는 것은 아니지만, 그래도 이들에 비해 상대적으로 현실적이
라고 할 수 있다. 즉, 조직과 인간욕구의 동시적 충족을 추구하면서도 이것이
결코 쉬운 일이 아니라는 점을 그는 인지하고 있다. 그가 보기에 조직과 개인
간의 갈등을 해소하려 할 때 해소방안은 보통 조직이 아니라 사람을 변화시키
는 데 두어진다. 그리고 인본주의적인 이상도 보통 근로자 스스로에 의해 정해
지는 것이 아니라 위로부터 주어진다. 이것은 결국 인간의 욕구라는 것이 대부
분의 경우에는 조직의 욕구와 충돌하지 않을 때에만 실현된다는 것을 의미한
다. 다시 말해서 조직 구성원의 행태에 관하여 조직이 최종적인 판단자가 되기
쉽다는 것을 시사한다. 그래서 그는 조직이 결코 인간 행태에 대한 최종적인
판단자가 되어서는 안 된다고 주장하는 것이다.

넷째, 그는 어떤 변수를 변화시키면 조직의 발전을 도모할 수 있는가 하는
변수간의 경험적인 인과관계에 관심을 가지면서도, 이 관계가 언제나 불변하는
것으로 보지 않는다. 다시 말해서 변수간의 관계가 직선적이 아니라 순환적일
수 있음을 인지하고 있다. 그래서 그는 조직 내 일과 관련된 가치를 실현하기
위하여 분권화를 제창하면서도, Ostrom과 같은 공공선택이론가들이 취하는 지
나친 분권화는 혼란만을 가져와 오히려 집권화를 유발하게 된다고 경고하고 있
다. 실제적인 조직현상이 내포하고 있는 이러한 아이러니에 대한 그의 시각은
그의 최신작인 Ironies in Organizational Development에 잘 나타나고 있다.

다섯째, 그는 이론의 개발뿐만 아니라 조직을 변화시키는 일에 실제로 개입,
이들 이론을 적용하여 왔다. 만약 "당신이 어떤 것을 조금이라도 변화시킬 수
있다면 당신은 그것을 완전히 이해하고 있다"고 주장할 수 있다는 Lewin의 말
에 따라 그는 여러 가지 종류의 조직에 대하여 상담과 변화를 위한 처방을 제
시하여 왔다. 그리고 이러한 상담의 결과를 거의 예외없이 연구논문으로 또는

저서로 발표하여 왔다. 따라서 실제 조직발전의 적용과 그 결과에 대해서 발표
한 사례 연구가 많은데, 이것들 중의 몇 가지²⁾를 소개하면, 조직의 성장(예,
Golembiewski & Blumberg, 1968), 조직의 쇠퇴 또는 감소(Golembiewski, et al.,
1972), 공공부문(Golembiewski & Eddy, 1978), 사회문화적 변화(Golembiewski, et al.,
1991), 최고관리자 승계(Golembiewski, 1979), QWL(Golembiewski, Hilles, & Kagno,
1974), R&D조직의 구조 및 정책변화(Golembiewski & Fox, 1980), 대도시 교통정책
체제(Golembiewski & Kiepper, 1980), 새로운 조직문화의 형성(Golembiewski, et al.,
1991) 등과 관련된 연구가 있다.

그러면 이러한 조직 내 인간의 자율성을 증대시키기 위한 처방들은 어느 정
도 성공적인가? 다시 말해서 조직에서 인본주의적인 가치를 실현하는 데 필요한
지식은 과연 확보되었는가? 이러한 지식은 어느 정도 일반화할 수 있는가? 다시
말해서 조직발전의 성공률(success rate)은 어느 정도인가? Golembiewski는 이 문
제에 관해서 깊은 관심을 가지고 조사하였다. 그 결과 조직발전기법의 성과가
상당히 높은 것을 발견하였다. 보다 구체적으로 말하면, 조직발전기법의 하나
또는 둘 이상을 처방한 사례들을 모아서 분석하여 본 결과, 가령 공공부문의
경우 270개 사례연구의 약 80%에서 의도한 효과를 가져온 것으로 평가되었다
(Golembiewski, Proehl, & Sink, 1981). 여기의 270개의 사례연구들은 지난 20여
년간에 이루어진 이 분야의 연구들을 거의 다 수집 망라한 것이다. 기업부문에
있어서도 비슷한 숫자의 사례연구들이 수집되어 분석되었는데, 그 결과 공공부
문보다 성공률이 약간 더 높은 것으로 나타났다(Golembiewski, Proehl, & Sink,
1982).

그런데 이러한 높은 성공률은 조직발전이 생성된 서구문화와 여러 가지로
상이한 문화권에서 이것이 적용된 경우에도(Golembiewski, 1990), 그리고 경제적
으로 풍족하지 않은 상황에서 적용된 경우에도(Golembiewski, 1990) 나타나는 것
으로 조사되었다. 이러한 조사결과는 조직발전이 서구문화에서만 적용될 수 있
다는 일반적인 견해를 뒤엎는 것으로 주목된다. 이와 같이 상이한 문화에도 조
직발전의 적용이 가능한 이유를 그는 크게 세 가지로 생각한다. 첫째, 조직발
전기법이 적용되는 개별조직의 문화가 나라 전체의 문화와 똑같지 않으며 둘
째, 어느 문화에도 어울리는 기법을 찾을 수 있을 만큼 조직발전기법이 다양하
고 셋째, 대상조직의 문화 자체를 바꾸기 위해 전혀 어울리지 않는 기법을 사
용할 수도 있기 때문이다.

---

2) 지면관계상 이 논문들의 정확한 소재를 다 밝히지 못함을 양해해 주기 바란다.

그런데 또 어떤 학자들은 조직발전의 이런 높은 성공률은 실제 그런 것이 아니고 성공여부를 평가하는 측정도구가 주관적이기 때문에 나타난 것이라고 비판한다. 그래서 그는 이 문제에 관해서도 조사를 하게 된다. 그 결과 조직발전기법의 적용은 주관적인 척도와 객관적인 척도에 관계없이 모두 높은 성공률을 보이는 것으로 분석되었다(Golembiewski, 1985).

또 다른 사람들은 엉성한 조사설계 때문에 실제 조직발전기법이 아닌 다른 제3의 변수가 조직의 변화를 초래한 원인임에도 불구하고 마치 조직발전기법이 성공의 원인인 것처럼 평가된다고 비판한다. 그래서 그는 조사설계의 엄격성이 성공률에 어떻게 영향을 미치는지 검토하게 된다. 그 결과 조사설계의 수준과 성공률과는 부(負)의 상관관계가 있는 것이 아니라는 것을 밝혀낸다.

그런데 이와 같이 조직발전의 성공률을 조사하는 과정에서 그는 변화의 삼위일체 모형(trinitarian model of change)에 관심을 가지게 된다. 즉, 조직발전이 성공적임에도 불구하고 성공하지 않은 것으로 평가되는 경우가 많다는 것을 인지하였던 것이다. 특히 주관적인 평가를 하는 경우에 그러하였다. 그래서 그 까닭을 연구한 결과 이것은 변화가 세 가지 차원으로 이루어져 있음에도 불구하고 하나의 차원에만 대해서 조직발전의 효과에 대한 평가를 하기 때문이라는 사실을 발견하였다. 일반적인 견해에 의하면 변화는 보통 상대적으로 안정된 간격에서 측정하게 된다. 그는 이것을 알파변화(alpha change)라고 불렀는데, 이것은 질적 상태의 변화가 아닌 정도의 변화이다. 반면, 감마변화(gamma change)는 양적인 정도와 질적인 상태의 변화를 동시에 포함하는 개념이다. 한편 베타변화(beta change)는 이 두 변화의 중간에 위치한 변화로서 어떤 일정한 상태 속에서 조건이 변화하는 것을 말한다. 그런데 조직발전은 새로운 사회질서 또는 문화를 추구하는 것이 목적인 만큼 감마변화가 조직발전의 의도된 효과라고 할 수 있다. 따라서 조직발전기법이 성공적으로 도입되면, 사람들의 세상을 보는 눈이 달라질 수 있다. 옛날 같으면 괜찮은 것으로 평가할 수 있는 것도 대단치 않게 볼 수 있는 것이다. 그래서 실제 객관적으로는 조직발전의 결과 조직이 성장·발전했음에도 불구하고 이 조직구성원들의 수준이 높아져서 주관적 평가를 하게 되면 아무 변화가 없거나 나빠진 것으로 나타날 수도 있다. 다시 말해서 감마변화를 고려하면 조직발전의 적용이 성공적임에도 불구하고 알파변화만을 보면 성공적인 것으로 볼 수 없게 되는 것이다.

그런데 우리가 이러한 변화의 삼위일체모형을 취하면 좋은 면이 분명히 있지만 문제가 없는 것이 아니다. 즉, 감마변화만 고려한다면 우리는 변화의 방향을 수립하기가 어렵다. 다시 말해서 감마변화는 조직 내 구성원의 태도가 완전히 바뀐 상태를 의미하므로 일반적인 방법으로는 측정이 잘 되지 않는데, 이렇게 되면 어떤 현상을 두고서 어떤 사람들은 조직발전의 감마효과가 있다고 할 수도 있고 또 어떤 사람들은 전혀 아무런 효과가 없다고 할 수도 있는 것이다. 때문에 해석이 자의적일 가능성이 많다. 이와 같은 변화의 삼위일체모형은 동일한 현상을 놓고 그 해석이 다양하기 때문에 문제라 아니할 수 없다. 그래서 몇몇 조직발전론자들은 공개적으로 이러한 개념의 유용성에 실망과 의문을 표시하고 있다.

그래서 Golembiewski는 변화의 방향이나 정도도 표시해 주고 동시에 변화의 질적 상태도 동시에 측정해 줄 수 있는 도구를 모색하게 된다. 이러한 도구의 하나로 등장하게 된 것이 바로 10년 가까이 그가 그의 동료들과 함께 개발하고 발전시키고 있는 심리적 탈진감의 단계모형(phase model of burnout)이다. 이 모형에서는 탈진감이 여덟 단계로 나뉘어지는데, I 단계에 있는 사람은 II 단계에 있는 사람보다 탈진이 덜 되었다는 것을 나타낸다. 그래서 변화의 방향이나 정도를 나타내 준다. 또한 그에 의하면 이 단계모형에서 심리적 탈진이 진행되면, 즉 I 단계에서 VIII단계로 진행되면, 그것은 최소한 하나의 감마변화를 의미할 수 있다고 한다. 가령 탈진이 어느 정도라도 진행된 사람의 경우와 아예 없는 사람의 경우에는 세상을 보는 것이 달라지게 되며, 이것은 감마변화를 보여 주고 있다고 할 수 있다. 그래서 단계모형은 질적 변화와 양적 변화를 동시에 측정해 준다고 한다. 그러나 이 문제에 관하여 그가 완전히 설득력 있는 척도를 만들었다고 보기는 아직 어렵다. 하지만, 대신에 이 척도로써 다른 여러 가지 척도들이 측정하지 못하던 것을 측정할 수 있게 되었다. 즉, 이 모형은 누가 얼마나 많이 스트레스나 심리적 탈진상태에 있는지를 측정할 수 있게 해 준다. 물론 다른 척도가 없는 것은 아니지만 경험된 스트레스의 결과보다 스트레스의 원인들에 관한 척도가 주를 이루고 있다. 그래서 이것들은 어떤 사람들에게는 스트레스가 되는 것이 또 다른 사람들에게는 동기를 유발시키는 요인이 될 수 있다는 사실을 정확히 파악하고 있지 못하다. 따라서, 이 단계모형은 스트레스나 심리적 탈진의 전형적인 조작적 정의를 개선시켜 주고 있다고 할 수 있다.

또한 단계모형은 실제 문제의 해결, 즉 스트레스의 관리에 관하여도 의미 있는 기여를 하였다. 대부분의 스트레스는 개인수준의 문제로 이해되고 개인적인 병의 치료차원에서 그 관리가 이루어지지만, 단계모형에서 스트레스는 환경에 의해서 발생되거나 아니면 집단을 기초로 하는 경우가 많다고 이해한다. 전자의 입장에서 보면 스트레스의 환경적인 요인의 제거는 관심사항도 아니고 가능하지도 않지만, 단계모형에서는 이것이 가능하며 또 주된 관심사이다. 그리고 보통 스트레스의 해소를 위해 오는 사람들은 그나마 심리적 탈진이 낮은 상태에 있는 사람들이고 스트레스 관리를 대단히 필요로 하는 사람들은 스트레스 관리 워크숍에도 참석하지 않는 경우가 많다는 점도 이 단계모형의 연구에서 지적하고 있다.

이상에서 Golembiewski의 다양한 학문적 업적을 살펴보았다. 그의 작업의 여러 가지 면 중에서 사람들이 어떤 부분을 보는가에 따라서 그에 대한 평가가 달라지고 있다. 어떤 사람들은 그를 집권주의자라고 하며 또 어떤 사람들은 노련한 경제학자라고도 한다. 어떤 사람들은 alpha · beta · gamma 사나이라고도 하며 또 어떤 사람들은 단계모형(phase model)을 제창한 사람이라고 한다. 이러한 다양한 평가에도 불구하고 그는 조직 내에서 인간의 가치와 책임성을 증대시키기 위해서 각 변수와 변수간의 관계에 관한 정확한 지식의 탐구와 적용에 일생을 바치고 있다고 하겠다.

📋 참 | 고 | 문 | 헌

Golembiewski, Robert T., *The Small Group*, Chicago, Il.: University of Chicago Press, 1962.

_____, *Men, Management, and Morality*, New York: McGraw-Hill, 1967.

_____, *Public Adminstration as a Developing Discipline*, New York: Dekker, 1977.

_____, *Approaches to Planned Change*, New York: Dekker, 1979.

_____, *Humanizing Public Organizations*, Lomond, 1985.

_____, *Ironies in Organization Development*, New York: Dekker, 1990.

Herbert A. Simon의
의사결정이론*

Ⅰ. Simon의 학문세계

Herbert A. Simon은 다양한 학문분야에 걸쳐 이론적·실제적 측면에서 독보적 업적을 남긴 저명한 사회과학자로 1916년 미국 위스콘신주에서 태어났다. Simon은 고등학교 시절부터 학문에 남다른 관심과 능력을 보였는데 이는 경제학을 전공한 그의 삼촌으로부터 영향받은 바 컸다. Simon 자신도 그의 최초의 저서인 *Administrative Science*에 담겨 있는 사상의 상당부분이 경제학의 제도학파(Institutionalist School)와 관련되어 있다는 점을 밝히고 있다. 시카고 대학에서 행정학(정치학 박사)을 전공한 그는 버클리 대학, 일리노이 공과대학(Illinois Institute of Technology)를 거쳐 1949년에 카네기-멜론(Carnegie-Mellon) 대학으로 옮긴 후 현재까지 재직중이다. 수많은 명예박사학위를 수여받고, 미국 예산처(BOB), 통계청, ECA(Economic Cooperation Administration), 대통령과학자문회의 등 다양한 공직생활을 하기도 하였다. 그러나 Simon이 대부분의 학자들과 구분되는 점은 사회과학 전반을 포괄하는 광범위한 학문분야에서 지대한 업적을 남기고 있다는 점일 것이다.

이러한 사실은 그의 경력을 살펴보면 보다 분명해진다. Simon은 행정학을 전공하여 정치학 박사학위를 취득하였으나 상당기간 동안 산업경영학(Industrial Management)을 강의하였고, 현재는 컴퓨터와 심리학을 연구하고 있다. 1978년에는 노벨 경제학상을 수상하였으며, 정치학, 경제학, 심리학, 컴퓨터과학(computer science), 관리과학(management sciences), 철학분야의 거의 모든 학술잡지에 논문을 발표하였고, 수많은 학자들과 학문적 논쟁을 벌이기도 하였다. 이러한 의미에서 Simon은 진정한 사회과학자라고 할 수 있다.

---

* 김종순: 건국대학교 행정학과 교수.

그러나 이렇게 광범위한 분야를 섭렵하면서도 Simon의 학문적 주제는 일관되게 의사결정(decision making)에 관한 것이었다. Simon은 그의 최초의 저서 Administrative Behavior가 의사결정을 조직연구의 핵심으로 부각시키고, 조직이론의 조작적 용어(operational language)를 구축하기 위한 것이었다고 서술하고 있다.

Donald Smithburg, Victor Thompson과 함께 집필한 *Public Administration*은 행정(학)에 관한 다양한 관점들(perspectives)을 종합하기 위한 시도로 쓰여졌지만 역시 의사결정이 주된 논의의 대상이었다. James March와 공저한 *Organizations*는 *Administrative Behavior*에서 제시된 이론적 틀(theoretical frame-work)을 상술하고 이에 대한 광범위한 실증적 증거를 제시하는 데 그 목적이 있었다. *Models of Man*에서는 여러 편의 논문들을 통하여서 의사결정이론의 기초개념 및 요소들(elements)을 구체화하는 작업을 하고 있다. 또한, *The New Science of Management Decision*에서는 최초로 컴퓨터를 이용한 의사결정 접근모형을 제시하고, 컴퓨터가 의사결정과정에 미친 영향을 논의하고 있다. *The Sciences of the Artificial*에서 Simon은 인공지능분야로의 학문적 영역확대를 시도하고 있는데 여기에서는 개인이 하나의 정보처리체제(information processing system)로 파악되고 있다. Simon과 다른 동료학자들의 논문을 종합한 *Human Problem-Solving*과 *Models of Man*에서는 인간의 인지능력(human cognition)에 관한 통합이론의 모색을 시도하고 있다.

이러한 다수의 연구업적을 통하여 나타난 Simon의 학문적 관심은 일관되게 의사결정에 관한 것이었지만, 연구의 시각·초점에는 중대한 변화가 있었다. Simon의 초창기 연구는 주로 조직환경(organizatiional environment)이 의사결정에 미치는 영향에 관한 것인 데 반해, 후반기의 주된 관심은 개인차원의 의사결정과정(individual decision making processes)으로 옮겨가고 있다.

행정의 과학화(science of administration) 또한 빼놓을 수 없는 Simon의 중대한 학문적 업적이지만 본장에서는 의사결정이론을 중심으로 고찰하기로 한다. 논의의 순서는 개인적 의사결정과정에 관한 내용부터 논의하고, 조직적 의사결정에 관한 연구를 소개하기로 한다. 개인적 의사결정에 관한 내용이 Simon의 학문적 관심과 업적에서 시대적으로 후기에 해당되는 것이지만 조직의사결정의 근간이라는 점에서 조직적 의사결정에 우선하여 소개하는 것이 효과적이라고 생각되기 때문이다.

Ⅱ. 의사결정이론

Simon에 따르면, 의사결정은 일반적으로 다음과 같은 세 단계를 거쳐 이루어진다. 첫째, 의사결정을 필요로 하는 사건에 대한 정보수집단계, 둘째, 가능한 대안들을 나열·개발·분석하는 단계, 셋째, 가능한 대안들 중에서 특정대안을 선택하는 단계가 그것이다. 일반적으로 정보활동은 설계활동에 선행하고, 설계활동은 선택에 앞서 이루어진다. 물론 실제의 과정은 훨씬 복잡한 절차를 필요로 하고, 각각의 과정이 하나의 복잡한 의사결정과정을 구성한다. 설계과정은 새로운 정보활동을 필요로 할 수 있다. 각 단계마다의 문제들은 일련의 하위문제들을 야기하며, 이러한 하위문제들 역시 정보·설계·선택의 과정을 필요로 하게 된다. 그러나 이와는 달리 조직의 의사결정에서는 이러한 세 단계가 보다 명확히 구분되고 있다.

결정된 의사를 수행하는 것은 역시 하나의 의사결정과정이라 할 수 있다. 의사결정이 일단 이루어진 후에도 의사결정을 필요로 하는 일련의 새로운 문제들에 직면하게 되기 때문이다. 정책의 집행과정이 보다 세부적 정책결정을 필요로 하는 것과 같다. 이러한 논리를 바탕으로 Simon은 경영 또는 관리란 본질적으로 의사결정과 동일시될 수 있다고 주장한다.

그렇다면 무엇을 기준으로 의사결정을 하는가? 전통적으로 경제학자들은 완전한 의미의 합리성을 가정하여 경제인(economic man)을 상정하고 있다. 경제인은 이성적 판단을 기초로 보상을 극대화할 수 있는 최선의 대안모색을 시도하고 있어 경제인이 채택하는 의사결정 절차는 비교적 단순하다. 가능한 모든 대안을 나열하고, 각 대안이 선택되는 경우 예상되는 결과(비용·효과 등)를 분석하고, 분석된 결과를 비교평가하여 최선의 대안을 선택하는 과정을 거치게 된다.

Simon은 이러한 경제인 모델의 중요성에 이의를 제기하지는 않는다. 경제인 모형이 규범적으로 가장 적합한 모형이고, 합리성의 개념성격에 부합한다는 점을 인정하기 때문이다. 그러나 이러한 모델과 현실 사이에는 상당한 거리가 존재하고 있어 인간의 행동이나 사고에 포함되어 있는 상당한 정도의 비논리적(nonrational) 요소를 무시 또는 간과하고 있어 합리성의 개념을 지나치게 축소해석하고 있기 때문이다.

경제인 모형이 안고 있는 가장 근본적인 문제점은 불확실성의 문제를 간과하고 있다는 점이다. 현실적으로 불확실성은 목표의 설정, 대안의 모색, 대안의 효과분석, 선택 등 의사결정의 전 과정에 걸쳐 광범위하게 존재하는 현상임에도 불구하고 경제인 모형은 불확실성의 상황하에서의 의사결정을 위한 효과적인 기준을 제시하고 있지 못하다. 불확실성의 문제와 함께 인지능력상의 한계 역시 의사결정과정에서의 경제적 합리성의 추구를 저해하고 있어 비현실적 이론모형에 불과하다는 것이 Simon의 주장이다.

Simon은 경제인에 대신하여 보다 확정된 범주의 합리성에 기초하여 행동하는 만족인(행정인)을 새로운 의사결정모형으로 제시하고 있다. 만족인 모형은 의사결정을 위한 다양한 모형 중에서 중간적 성격(middle ground)에 해당된다. 만족인은 의사결정의 인지적·분석적 요소를 강조한다는 점에서 심리모형과 구분되고, 의사결정이 전적으로 사회적 역할에 의해서만 결정되지는 않는다는 점에서 사회학적 모형과도 다르다. 또한, 인지적 능력과 분석능력상의 제한된 인간이라는 점에서 그 성격을 달리하고 있다.

만족인은 합리성을 추구하나 가치극대화를 실현할 인지적 능력상의 한계로 인하여 최적의 대안선택보다는 만족스럽다거나 수용할 만한 행동대안을 선택하는 데 만족하게 된다. 의사결정자의 능력범위 내에서 수용할 수 있을 정도로 의사결정과정을 단순화하고 한정된 수의 대안과 요소들만을 고려의 대상으로 삼는다. 정보와 계산능력상의 한계로 인하여 합리성의 추구가 제한될 수밖에 없다. 개인차원에서건 조직차원에서건 의사결정과정에서 만족할 만한 대안을 발견하고 선택하는 데 중점을 두고 극히 한정된 경우에만 최적의 대안모색을 시도한다. 대부분의 기업가(경영자)들이 최대의 이익이나 최저가격보다는 적정 이윤과 적정가격(fair price and adequate profit)을 추구하고 있는 것도 이러한 연유에서이다.

그렇다면 이러한 종류의 의사결정과정을 합리적이라고 할 수 있는가? Simon은 제한된 합리성(bounded rationality)이라는 용어의 표면상의 의미와는 달리 합리성을 보다 확장된 개념으로 사용하고 있기 때문에 이 질문에 대한 그의 답변은 긍정적이다. 그의 견해에 따르면 합리성이란 목표달성을 위한 수단의 선택과정에 있어 불완전한 정보에 기초한 무의식적이고 비의도적인 순응(subconscious and nondeliberate adaptation)과 완전한 정보를 바탕으로 한 의식적·의도적 대응(conscious and deliberate adaptation)을 양극으로 하는 연속선상을 포괄하는 개념이라고 볼 수 있다. 의사결정과정상 직면하는 한계적 요인을 동시에 수용하여야 하기 때문에 현실세계의 의사결정의 대부분은 이러한 연속선상의 중간영역에 위치하게 된다. 이러한 합리성의 개념확장은 모든 사람의 행동에는 합리적인 요소가 있다는 그의 주장과도 일치한다. 그러나 그러한 합리성이 반드시 가치극대화를 지향하는 경제적 합리성을 의미하는 것은 아니다. 따라서 합리성의 개념은 보다 광범위한 인간행위를 포함할 수 있도록 확장될 필요가 있다는 것이 Simon의 주장이다. 이에 기초하여 Simon은 합리성의 개념을 몇 개의 유형으로 분류하고 있는데 객관적 합리성(objective rationality), 의식적 합리성(conscious rationality), 의도적 합리성(deliberate rationality), 조직적 합리성(organizational rationality) 등이 그것이다.

Simon의 후기 연구의 대부분은 만족인이 실제의 상황에서 어떤 절차를 거쳐 의사결정을 하는가에 관심이 두어졌다. 그는 의사결정자를 하나의 인공적 체제(artificial system)로 개념화하고 있다. 의사결정에 종사하는 사람들이 광범위하게 보유하고 있는 공통점은 정보처리기능이기 때문에 의사결정자를 달성하고자 하는 목표, 또는 목적을 환경적 여건에 순응(adapt)시키는 하나의 정보처리체제(information processing system)로 인식하고 있다.

개인적 의사결정을 구성하는 기본요소는 자극(stimuli), 기억(memory), 문제해결과정(problem-solving process)이다. 자극이란 의사결정환경으로부터 제기되는 요구를 의미하고, 기억이란 저장된 정보를 뜻하는데 최선의 대안을 결정하는 가치 또는 목표를 결정하는 기준이 된다. 문제해결과정은 문제해결을 위한 탐색(search activity)과정으로 선택을 하기 위하여 정보를 활용하고, 의사결정환경으로부터 정보를 확보할 수 있는 프로그램과 전략을 결정하는 과정을 가리킨다. 문제해결과정은 문제영역(problem space)에서 가능한 해결대안을 모색하는 일로부터 출발한다. 문제영역이란 의사결정환경을 의사결정자가 주관적으로 단순화한 지각(representation)을 뜻한다.

그러나 하나의 정보처리체제로서의 의사결정인은 인지능력상의 한계로 인하여 모든 대안을 동시적으로 고려하는 것이 아니라 차례로 검토할 수밖에 없다. 의사결정자는 관련 문제영역의 기대수준을 충족한다고 판단되는 첫번째 대안을 선택함으로써 만족한다는 것이다. 그 이유는 기억구조(memory structure)에 보관된 모든 정보에 동시적으로 접근하여 저장된 모든 정보를 포괄적으로 활용할 수 없기 때문이다. 따라서 대부분의 의사결정에 있어서 기억 속에 축적되어 있는 정보의 한정된 일부분만이 활용되고 있고, 그 결과 의사결정과정은 간소화되고 선택의 범위 역시 축소된다. 즉, 의사결정과정이란 기억 속에 축적된 정보의 일부분을 불러내는(evoking) 과정과 불러내어진 한정된 정보(limited information evoked) 사이의 상호작용의 결과인 것이다. 결론적으로 정보처리체제로서의 의사결정자는 한정된 정보만을 동시에 처리할 수 있으며, 환경이 제공하는 정보의 일부분만에 주의를 기울일 수 있는 문제해결자(problem-solver)에 불과한 것이다. 모든 정보를 활용하여 최적의 대안을 모색하기보다 사전에 설정된 기대수준을 충족하는 최초의 대안을 선택하는 것으로 만족하게 된다.

그러나 Simon의 만족인 모형과 이에 관련된 합리성의 개념확장은 몇 가지 심각한 문제점을 제기하고 있다. 합리성의 개념에 대한 해석이 지나치게 광범위하여 합리적 행위와 비합리적 행위를 구분하는 근거가 될 수 없다는 것이다. 그는 인간의 모든 행동은 합리적 구성요소를 가지고 있다고 주장하고 있으나 이러한 주장은 모든 인간의 행동에는 비합리적 요소가 포함되어 있다는 해석을 가능케 하고 있기 때문이다. 만족인 모형 역시 현실의 의사결정인 모형을 묘사하는 서술적 정확성 측면에서는 그 효용이 인정되어야 하지만 예측력을 결여하고 있다는 점에서 문제점이 지적된다.

초창기 Simon의 학문적 관심은 개인이 조직에 참여하고, 잔류하고, 이탈하는(decision to participate) 이유를 규명하고, 또 조직에 잔류하는 기간 중 개인은 어떠한 행동양식을 취하는가(the decision to produce)에 집중되어 있다. 의사결정과정에 있어 조직의 영향이 중시되는 이유는 조직이 개인적 의사결정의 자율성의 일부를 박탈하고, 조직적 의사결정으로 대체하고 있기 때문이다. Simon의 표현에 따르면 합리적 개인이란 조직화된 또는 제도화된 개인을 의미한다는 것이다. 이러한 점에서 Simon은 고전적 조직이론가(classical authors)의 범주에 포함되지만, 개인의 의사결정에 조직이 행사할 수 있는 영향력의 정도를 달리 평가하고 있다는 점에서 그 성격을 달리한다. 그는 조직 속의 개인을 설명함에 있어 인간의 본성과 조직의 관계에 충분한 관심을 기울이고 있다. 즉, 조직과 개인의 기본적인 관계는 개인의 조직에 대한 참여결정에 의해 생겨난다고 보고 있다.

조직에의 참여결정과 관련하여 Simon은 Chester I. Barnard의 유인-보상체계이론(inducement-contribution utility scale)을 수용하고 있다. Barnard는 조직은 개인의 참여에 대하여 보상을 제공하고, 개인은 조직에게 공헌을 한다는 교환체제(a system of exchange)가 조직이라고 설명하고 있다. 환언하면, 유인이란 개인의 공헌과 참여를 유도하기 위하여 제공되는 것이고, 개인은 조직이 제공하는 보상을 확보하기 위하여 참여하고 공헌한다는 것이다. 그러나 개인은 자기가 제공하는 공헌에 비하여 보상의 효용이 작다고 판단하는 경우 조직에 참여하기를 거부할 것이며, 반대의 경우에는 조직이 개인의 참여를 허락하지 않을 것이다. 이러한 비교를 위한 척도로는 주관적 판단에 기초한 효용의 개념이 사용된다. 따라서 교환관계의 성립이 가능해진다. 이러한 조직참여가 구체적으로 나타나는 형태의 하나가 고용계약이다.

그러나 조직에의 참여가 반드시 높은 생산성을 보장하는 것은 아니다. 조직에의 참여를 결정하는 것은 유인과 공헌의 효용체계에 의해 결정되지만, 생산을 위한 동기수준은 만족척도(satisfaction scale)의 함수이기 때문이다. 즉, 생산수준은 조직이 제공하는 만족수준에 의해 결정된다. 개인의 만족수준이 조직적 권위를 개인이 얼마나 수용할 것인가를 결정하는 요인으로 작용하기 때문이다. 이와 관련하여 Simon은 Barnard가 정립한 권위의 개념에 다소의 수정을 가하고 있으나 기본적 생각에 대하여 동의하고 있다. 권위란 공식조직이 부여하는 지위에 수반되는 것이 아니라 상급자와 하급자의 관계를 의미한다는 것이다. 즉, 하급자에 의해 수용될 때 권위로서 성립하는 것이지 일방적·하향적 명령관계의 형태로 존재할 수 없다는 것이다. 하급자가 조직적 권위를 수용하고 존중할 때 동기가 유발되고 협력관계가 확보될 수 있다고 보고 있다. 그렇다면 근로자는 어떤 경우에 조직적 권위를 수용하고 존중하게 되는가? Simon의 대답은 위에서 언급한 바와 같이 유인과 공헌의 보상체계가 균형을 이룰 때 조직적 권위가 인정된다는 것이다.

Simon에 따르면 의사결정은 두 가지 유형으로 구분된다. 구조적 결정(programmed decision)과 비구조적 결정(nonprogrammed decision)이 그것이다. 물론 두 가지 의사결정은 상호배타적인 관계에 있다기보다는 극히 구조적 결정과 극히 비구조적 결정을 양극으로 하는 연속선상으로 표현될 수 있다. 구조적 결정이란 반복적·규칙적이고, 의사결정을 위한 표준화된 절차가 마련되어 있는 경우를 말한다. 고객의 주문처리과정, 병가수당의 산정, 또는 기계적인 작업 등 계획적 결정이 가능한 영역이다.

비구조적 결정이란 표준적 의사결정 절차가 마련되지 않은 의사결정을 의미한다. 그것은 의사결정의 전례가 없었기 때문일 수도 있고, 특별히 어렵거나 중요한 사안인 경우일 수도 있다. 신제품의 개발, 인력의 전반적인 재배치 등이 그러한 예이다. 이러한 경우 발생할 수 있는 상황에 대처할 수 있는 구체적인 전략이 마련되어 있지 아니하다.

인간은 새롭거나 어려운 상황에서도 합리적 결정을 내릴 수 있다. 그러나 이러한 상황에서는 의사결정의 효율성이 저하될 수밖에 없다. 비구조적 의사결정과정은 구조적 결정의 경우보다 훨씬 많은 정보의 수집·분석·판단을 필요로 하게 되는데 구조적 의사결정에서는 이러한 노력의 상당부분이 절약될 수 있기 때문이다. 따라서 표준화된 절차나 계획이 마련될 수 있는 상황에서는 가능한 한 구조화의 정도를 높이는 것이 바람직스럽다. 구조적 의사결정에 흔히 사용되어 온 방법들을 살펴보면, 관습, 지식과 기술, 사무적 절차, SOP, 조직의 구조와 문화 등이 있다.

세계 제2차대전 이후 산업분야에서의 동력기계의 발명에 버금가는 의사결정에 관한 근본적인 혁신이 진행되어 왔다. 이러한 혁신이 가능했던 것은 수학적 분석, OR, EDPS, 정보기술, 컴퓨터 시뮬레이션(computer simulation) 등의 기법이 의사결정에 적용되었던 데 기인한다. 처음에는 이러한 기법들이 완전히 구조적 영역(예를 들면 수학적 계산이나 회계절차 등)에만 한정되어 적용될 수 있었다. 그러나 과거 비구조적 영역으로 간주되던 보다 판단을 필요로 하는 중간관리층의 업무분야들도 점차 구조적 의사결정영역에 포함되게 되었다. 재고관리·생산관리 등의 분야가 이러한 변화가 일어나는 대표적 영역이다. 컴퓨터의 발전으로 인하여 보다 복잡성을 띠는 많은 분야가 구조화되고 있다. 심지어는 극히 비구조적 의사결정영역에서도, 결정이 일단 내려진 후에는 의사결정상황(decision situation)을 표준화함으로써 구조적 의사결정이 가능하게 되었다. 다양한 행동방안이 시뮬레이션되고 그 효과가 평가될 수 있기 때문이다. 이러한 이유에서 미래사회의 조직은 자동화된 사무실에서 내려진 계획적 의사결정에 의해 운영될 것으로 예측되고 있다.

Simon의 학문적인 공헌은 사회과학 전반에서 인정되고 있으나 비판이 없는 것은 아니다. 특히 합리성의 개념을 지나치게 확장하여 합리적 행동과 비합리적 행동을 구분하는 기준으로서의 유용성을 상실하고 있다든지, 만족모형이 대부분의 의사결정과정을 비교적 정확하게 묘사하고 있지만 이론의 처방적(prescriptive) 성격이 간과되고 있다는 비난이 있다. 만족인 모형은 대부분의 경우 기술적(descriptive) 모형으로 사용되고 있으나 경우에 따라서는 처방적 용도로도 사용되고 있다. 이렇게 기술모형, 처방모형 또는 심지어 어느 쪽에도 속하지 않는 성격으로 사용될 수 있는 것은 Simon이 그 이론적 성격을 명확히 제시하고 않고 있기 때문으로 보인다.

또한, 만족인 모형은 실제적 상황에서 어떠한 절차를 거쳐 의사결정을 하여야 하는지 방향제시를 하지 않고 있다는 비판이 있다. 상황론적 접근방법이 유용성이 강조되고 있는 최근의 조직이론(의사결정이론)에 따르면 Simon이 주장하는 바와 같이 만족모형만이 유용하고 최적모형은 불필요한 것이라기보다는 두 가지 다 그 유용성이 인정될 수 있다는 것이다. 물론 만족모형적 절차에 따라 의사결정이 이루어지는 경우가 대부분이지만 최적모형적 의사결정이 가능한 영역에서는 최적적 접근이 시도되는 것이 효과적일 것이다. 따라서 중요한 것은 최대의 효과성을 거두기 위하여 두 가지 의사결정모형을 어떻게 결합 또는 선택적으로 채택하는가에 있다는 것이다.

그러나 이러한 종류의 비판이 행정학 또는 조직론 분야에서 쌓은 Simon의 업적을 손상시키는 것은 아니다. 만일 그의 연구에서 어떤 단점이 있다면 그것은 아마도 행정과학(a science of administration)을 체계적으로 구축하고 모든 영역에서 인간의 인지능력(human cognition)에 대한 통합된 설명을 시도한 다소 지나치게 큰 야심 때문일 것이다. 결론적으로 사회과학 전 분야에 있어서 Simon은 통찰력과 창조력을 지닌 석학으로서 그 독보적인 위치를 인정받고 있으며, 그러한 평가는 그의 학문적 공헌에 비추어 볼 때 합당한 것으로 판단된다.

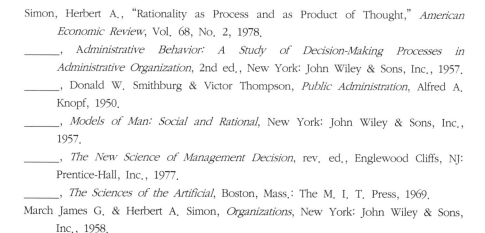

참|고|문|헌

Simon, Herbert A., "Rationality as Process and as Product of Thought," *American Economic Review*, Vol. 68, No. 2, 1978.

_____, *Administrative Behavior: A Study of Decision-Making Processes in Administrative Organization*, 2nd ed., New York: John Wiley & Sons, Inc., 1957.

_____, Donald W. Smithburg & Victor Thompson, *Public Administration*, Alfred A. Knopf, 1950.

_____, *Models of Man: Social and Rational*, New York: John Wiley & Sons, Inc., 1957.

_____, *The New Science of Management Decision*, rev. ed., Englewood Cliffs, NJ: Prentice-Hall, Inc., 1977.

_____, *The Sciences of the Artificial*, Boston, Mass.: The M. I. T. Press, 1969.

March James G. & Herbert A. Simon, *Organizations*, New York: John Wiley & Sons, Inc., 1958.

Richard M. Cyert와 James G. March의 행태적 의사결정이론*

Ⅰ. Cyert와 March의 학문세계

Richard M. Cyert와 James G. March는 조직현상연구의 공동관심사에 관하여 같은 관점을 가지고 협력해 왔다. 그들의 관심이 겹친 영역의 대표적인 것은 조직 내의 의사결정과정이다. 그들은 의사결정연구에서 '제한된 합리성'의 개념을 함께 수용하였으며, 조직은 여러 목적을 가진 정치적 연합체라고 파악하는 점에 관해서도 합의를 보고 있었다. 그들은 Herbert A. Simon 등과 더불어 이른바 의사결정학파의 성립 및 발전에 핵심적인 기여를 해 왔다.

Cyert와 March는 다년간 카네기 멜론 대학(Carnegie-Mellon University)에 함께 근무하면서 학문적으로 협동한 동료였다. Cyert는 대학 내의 행정직들도 맡으면서 노년에 이르기까지 카네기 멜론 대학에 근무하고 있다. 그는 이 대학에서 산업관리대학원의 원장과 총장을 역임한 바 있다. 이러한 경험 때문에 그의 학문활동은 March의 경우만큼 왕성할 수는 없었다.

March는 카네기 멜론 대학을 떠나 캘리포니아 대학을 거쳐 스탠포드 대학에 재직하고 있다. 그는 이 대학의 관리학 교수로 있으면서 정치학과와 사회학과의 강의 및 연구활동에도 가담하고 있다. 캘리포니아 대학시절에는 심리학과 사회학을 강의한 바 있다. 이것은 그의 폭넓은 학문적 관심을 반영하는 것이다. 그의 연구업적 가운데서 의사결정에 관한 것이 가장 널리 인용되고 있으나 그의 관심은 그 밖에도 권력연구 등 다방면에 이르고 있다. 의사결정에 관한 March의 분석은 논리적이며 동시에 시적(詩的)이라는 평판을 받고 있다. 그의 논법(論法)은 논리적이며 그의 상상력과 표현방식은 시적이라는 것이다.

Cyert와 March의 공통적인 조직관 그리고 의사결정관은 그들의 공저인 *A*

---

* 오석홍: 서울대학교 행정대학원 명예교수.

*Behavioral Theory of the Firm*에 잘 집약되어 있다. 이 책의 주된 목적은 기업 조직의 의사결정이 어떻게 이루어지는가를 기술하고 설명하려는 것이다. Cyert 와 March는 이 책에서 기업조직(business firms), 특히 불완전경쟁상황에서 운영 되는 다품목(多品目) 생산의 대규모조직을 준거로 삼았다. 그리고 경제이론에서 오래 분석되어 왔던 문제들에 관한 의사결정을 연구의 초점으로 삼았다. 경제 이론에서 오래 관심을 가져온 문제란 가격결정, 자원배분, 자본투자, 생산량 등 에 관한 문제이다. 이러한 그들의 분석대상 때문에 Cyert와 March의 의사결정 이론은 고전적 경제이론과 현대적 조직이론을 접목시키려는 노력의 소산이라고 평가되기도 한다.

Cyert와 March는 의사결정을 목표의 선택(choices made in terms of objectives) 이라 규정하고 의사결정의 과정을 규명하려 하였다. 그들의 의사결정이론은 과 정지향적 이론(process-oriented theory)이라고 말할 수 있다. Cyert와 March는 그 들의 이론을 조직 내 의사결정에 관한 행태적 이론(behavioral theory)이라 불렀 다. 그들의 관심은 의사결정이 어떻게 이루어져야 하느냐의 문제가 아니라 복 잡한 조직에서 의사결정이 실제로 어떻게 이루어지고 있느냐의 문제에 있으며 따라서 그들의 이론은 규범적 이론이 아니고 분명한 경험적 이론이라고 말하 였다.

Cyert와 March가 함께 지은 *A Behavioral Theory of the Firm*을 기본적인 전 거(典據)로 삼아 그들의 의사결정이론을 다음에 소개하려 한다.

II. 행태적 의사결정이론

1. 연합체의 구성

의사결정체제인 기업조직은 단일체적(monolithic)인 존재가 아니라 다양한 개 인과 집단(subcoalition)으로 구성되는 연합체(聯合體: coalition)이다. 조직이라는 연합체의 구성원들은 제각기 다른 목표와 선호(preferences)를 가지고 협상하며 타협하여 공존을 모색한다. 따라서 조직은 유동적인 여러 목표들을 추구하는 연합체라고 할 수 있다.

조직이라는 연합체 또는 그 목표의 형성과 변동은 세 가지 방법 내지 단계 에 걸쳐 이루어진다.

첫째 단계는 연합형성의 일반적 조건에 합의를 보기 위해 협상하는 단계이다. 이 단계의 협상과정에서 가장 중요한 문제가 되는 것은 돈, 개인적인 처우, 권한, 조직의 정책 등 여러 가지 형태의 편익(便益: side payment)을 연합체 구성원들에게 배분하는 결정을 하는 것이다. 그러한 편익의 분배에 관하여 협상하는 과정에서 조직의 목표들이 대개 규정된다. 협상과정을 통해서 형성되는 연합체의 목표는 '불완전하게 합리화되는' 수준에 머물 수밖에 없다. 여러 구성원들의 요구를 반영하다 보면 조직의 목표가 모호하거나 단순한 욕망의 표현에 불과하게 되는 경우가 허다하다.

둘째 단계는 협상에 의하여 결정된 조직목표를 안정시키고 구체화하는 조직 내적 통제과정이 진행되는 단계이다. 첫째 단계의 협상과정에서 이익의 충돌이 완전히 해소될 수는 없다. 그리고 편익 배분에 관한 합의는 불완전한 것일 수밖에 없다. 왜냐하면 협상과정에서 장래의 모든 상황을 고려한다거나 연합체 구성원들이 장차 중요하다고 생각할 수 있는 모든 요인을 빠짐없이 고려한다거나 하는 것이 불가능하기 때문이다.

그럼에도 불구하고 연합체 구성원들은 협상과정에서 도출한 합의에 따라 조직을 운영하고자 하는 충분한 동기를 가지고 있다. 따라서 합의된 바를 시행하는 데 필요한 상호적 통제체제(mutual control system)를 발전시키려 한다. 그러한 상호적 통제체제의 예로 예산안(budget)의 편성, 그리고 기능 및 재량권 배분체제를 들 수 있다. 의사결정의 분권화, 복수목표의 순차적 추구, 잉여자원(organizational slack)의 조정 등은 연합에 관한 합의를 안정시키는 수단의 예이다.

셋째 단계는 조직에 대한 요청과 환경의 변화에 따라 연합에 관한 합의를 변동시키는 조정의 단계이다. 연합체 구성원들의 요구는 당사자들의 기억이라든지 제도화현상이라든지에 의하여 시간이 지나더라도 어느 정도 안정된다. 그러나 고정불변인 것은 결코 아니다. 그러한 요구의 내용과 양적 수준은 시간의 흐름에 따라

많든 적든 변하게 마련이다. 그리고 환경도 연합체에 유리한 방향으로 또는 불리한 방향으로 변동한다. 따라서 조정의 과정을 통해 그러한 변화들에 대응하고 연합체구성의 합의를 변동시켜 나가야 한다.

2. 의사결정의 제한된 합리성

연합체의 형성과 변동에 관한 위의 설명에서 이미 분명해진 바와 같이 기업조직의 의사결정은 제한된 합리성밖에 지닐 수 없다. 기업조직의 합리성이 결코 전지전능(全知全能)의 수준에 도달할 수 없는 것은 자명한 이치이다. 기업조직은 제한적으로 또는 '적응적으로' 합리적인(adaptively rational) 체제로서 의사결정에 영향을 미치는 조직 내외의 여러 가지 제약조건에 적응하고 대응한다.

의사결정의 합리성을 제약하는 요인으로는 사람들이 지니는 인식론적 제약(cognitive limits), 환경의 불확실성, 연합체구성과 유지에 따른 정치적 제약과 조직관리상의 제약 등을 들 수 있다. 인식론적인 관점에서 볼 때, 사람의 관심 또는 주의(attention)는 가장 중요한 희소자원이다. 사람이 모든 일에 대해서 한꺼번에 주의를 기울이는 것은 불가능하다. 의사결정에 관한 사람의 주의도 국한적인 것이 될 수밖에 없으므로 그의 합리성은 제한된다.

사람들은 스스로의 선호(選好)를 결정함에 있어서 두서 없고 비조직적인 행동을 보일 때가 많다. 자기의 선호를 수시로 바꾸거나 남의 권유나 선례 또는 전통에 따르면서 자기의 선호를 버리기도 한다. 선호하는 바를 아주 모호하게 표현하기도 한다. 이러한 행태는 의사결정의 합리성을 제약할 수밖에 없다. 환경의 불확실성을 완전히 극복하거나 통제할 수 없는 인간능력의 한계도 의사결정의 합리성을 제약하는 중요한 요인이다.

조직은 구성원들의 연합체이기 때문에 조직의 관리자들은 불안정한 환경을 예측하고 조정하려 애쓰는 만큼 내적 복잡성의 예측과 조정에도 힘쓰지 않으면 안 된다. 기업운영의 실제에 있어서 관리자들은 내부의 연합구조를 관리하는 데 더 많은 노력을 경주하는 경향이 있다. 여기에 연관된 것이 의사결정에 대한 정치적 제약이다.

연합적 상황하에서 조직은 관련자들의 이해관계와 요구를 고려에 넣지 않고는 어떠한 결정도 할 수 없다. 구성원의 요구변화와 환경의 변화 때문에 장기적인 안목으로 냉철한 의사결정을 하기보다는 사태의 진전을 따라가면서 임기응변적 결정을 하지 않을 수 없는 경우가 훨씬 더 많다. 예컨대, 공식적인 매출예측이 있고, 그에 따라 장기적인 생산계획이 세워져 있더라도 실제의 생산결정은 매일매일 접수되는 판매사원의 보고와 최근의 매출추세 및 재고량에 의하여 더 많은 영향을 받는 것이 보통이다. 조직이 다양한 이익의 연합에 의하여 구성된다는 것을 전제하는 경우 변화하는 조건에 임기응변적으로 대응하는 '소방서적 결정'(消防署的 決定)의 방식이 관련자들의 변동하는 요청에 대한 지속적 적응을 용이하게 하는 것이라고 볼 수도 있다.

연합체인 조직의 내부관리상황은 언제나 의사결정의 합리성을 다소간에 제약하게 마련이지만 내부관리상황의 유형이 '조직화된 무정부상태'(organized anarchies)일 경우 합리성제약의 정도가 아주 심해진다. 모든 조직이 언제나 조직화된 무정부상태를 노정하는 것은 아니다. 그러나 때에 따라 또는 조직의 하위부문에 따라 조직화된 무정부상태가 나타나는 예는 흔히 볼 수 있다. 그러한 예는 공공조직이나 학교조직에서 더 자주 관찰된다.

조직화된 무정부상태에서는 선호하는 바가 불분명하기 때문에 조직은 그 목표를 미리 분명하게 규정하기보다 해나가고 있는 일에서 목표를 찾아내는 경향이 있다. 조직이 사용하는 기술도 불분명하기 때문에 조직구성원들이 업무수행과정을 잘 모르고 시행착오의 방법으로 일을 해나간다. 그리고 조직구성원의 참여는 유동적이기 때문에 조직은 지속적인 변동을 겪게 된다.

3. 의사결정의 네 가지 양태

인식론적 제약과 정치적 제약, 그리고 조직관리상의 제약 때문에 그 합리성이 제한되는 조직상의 의사결정과정은 다음과 같은 네 가지 모습 또는 전략을 내포한다. 네 가지 모습이란, 첫째 갈등의 의사해결(擬似解決: quasi-resolution of conflict), 둘째 불확실성의 회피(uncertainty avoidance), 셋째 응급적 대안탐색(problemistic search), 그리고 넷째, 조직상의 학습(organizational learning)을 말한다.

갈등의 의사해결은 갈등이 외견상 또는 형식적으로 해결된 것처럼 보이게 하거나 분열과 갈등을 덮어 둔 채 조직이 움직여 나갈 수 있게 하는 방법이다. 갈등의 의사해결은 거의 모든 조직에 미만되어 있는 현상이다. 조직은 정치적인 연합체이기 때문에 내장된 갈등이 항상 있으며, 모호한 일반적 목표에 관하여 합의가 있는 경우에도 구체적인 실천적 목표에 관하여는 합의가 이루어지기어렵다. 의사결정과정에서 그러한 이견과 갈등이 모두 해결되는 것을 기대하기는 어렵다. 이러한 문제에 봉착하여 조직은 갈등의 의사해결이라는 전략을 추구할 수 있다. 이것은 다기한 의견의 분열과 갈등에도 불구하고 조직을 지탱시키고 움직여 나가게 하려는 전략이다.

　　의사해결전략의 기법 가운데 하나는 '국지적 합리성'(局地的 合理性: local rationality)을 추구하는 것이다. 조직 내의 각 부서는 좁은 범위의 소관사항에 관한 의사결정문제만을 다룬다. 조직 내의 하위단위들은 각기의 좁고 전문적인 안목으로 소관사항에 관한 합리적 의사결정을 추구할 수 있다. 이 때에 합리적이라고 하는 것은 조직 전체를 위해서도 반드시 합리적인 것은 아니다.

　　판매부는 판매에 관한 의사결정을 하며, 생산부는 생산에 관한 의사결정을 하는 것과 같이 각 부서는 조직 전체의 복잡한 의사결정문제를 분할하고 단순화한 문제들을 다룬다. 거기서 제각기의 국지적인 문제를 합리적으로 해결하려 할 수 있다. 이렇게 해서 여러 부서들이 각기 추구하는 합리성 사이에는 일관성이 결여되고, 여러 부서의 결정들은 상충될 가능성도 있다. 따라서 국지적 합리성의 단순한 합계가 그대로 조직 전체의 총체적 합리성과 같아질 수는 없다. 국지적 합리성들이 서로 그 효용을 손상시킬 수도 있기 때문이다. 그럼에도 불구하고 국지적 합리성 추구의 수준에서 타협하고 그럭저럭 활동해 나가는 조직들이 많다.

　　의사해결의 또 다른 기법은 '수용가능한 수준에 관한 의사결정규칙'(acceptable level decision rules)을 설정하는 것이다. 즉, 각 부서의 의사결정 사이에 조직이 받아들일 수 있는 일정 수준 이상의 일관성이 유지되도록 하는 기법이다. 이 때에 요구되는 수준은 별로 높지 않은 것이 보통이다. 다양한 이해관계자들에 의하여 받아들여질 수 있는 의사결정이기만을 기대한다. 전반적으로 최적인 수준의 일관성을 요구하는 것은 아니다. 조직 전체의 총체적 최적화(最適化)를 이루려면 각 의사결정은 다른 모든 의사결정과 철저한 일관성을 유지해야 한다. 그러나 수용가능한 수준의 의사결정 규칙을 유지하려는 접근방법은 일관성에 관한 요구를 완곡하게 함으로써(또는 요구수준을 낮게 함으로써) 조직 내의 다기한 주장과 의사결정이 용인될 수 있는 여지를 남긴다.

　　의사해결의 세번째 접근방법은 '목표들의 순차적 추구'(sequential attention to goals)이다. 이 방법도 목표간의 갈등을 해소하는 것이 아니라 하나의 목표를 먼저 추구하고 다음에 다른 목표를 차례대로 추구하는 것이다.

　　불확실성의 회피는 의사결정을 위한 장기적 예측에서 봉착하게 되는 불확실성을 회피하는 전략이다. 기업조직의 의사결정에서 이 전략도 아주 널리 쓰인다. 모든 조직들은 다소간의 불확실성과 더불어 살아가고 있다. 고객의 주문이 불확실하고, 통화량의 변화가 불확실하고, 조세정책의 변화가 불확실하고, 원료공급이 불확실하고, 주주(株主)들의 행태가 불확실하다. 이러한 조건들은 기업조직이 직면하는 불확실성의 몇 가지 예에 불과하다. 그러므로 의사결정자들은 흔히 당장 쓸 수 있는 정보에 의존하고, 불확실한 장기예측을 피한다. 급박한 압력을 받는 문제들은 처리하고, 장기적인 계획은 회피하는 것이다. '협상된 환경'(negotiated environment)을 꾸밈으로써 환경적 변화의 예측에 대한 필요를 회피하기도 한다. 협상된 환경을 만든다는 것은 납품업자, 고객 등과 장기적인 계약을 체결한다든지, 업계(業界) 전체의 가격결정관행을 준수한다든지 하는 방법으로 시장(환경)의 불확실성을 회피한다는 것이다.

응급적 대안탐색전략은 문제에 직면해서야 해결방안 탐색을 시작하고, 어떤 해결방안 하나가 발견되면 대안탐색작업을 바로 멈춰 버리는 전략이다. 이 때의 탐색은 불완전하고 단견적(短見的)인 것이다. 시장정보의 꾸준한 축적과 같은 장기적이고 지속적인 탐색은 별로 중요한 취급을 받지 못한다. 문제가 생겨야만 그것을 다루거나 해결할 방안을 찾고, 방안이 하나 발견되면 그것으로 해결방안 탐색을 끝내 버리는 것이 예사이다. 목전에 닥친 문제를 해결해야 한다는 긴급성 때문에 장기적으로 수집된 정보들은 간과된다.

그리고 응급적 대안탐색전략에서의 탐색은 '단순한'(simple-minded) 것이다. 문제가 생겼을 때에 하게 되는 해결방안의 탐색은 과거에 썼던 해결방안 주변에 집중된다. 그리하여 과거의 방안 또는 그와 유사한 방안을 해결책으로 채택하게 된다. 과거의 예와 별로 다르지 않은, 안전한 해결방안이 채택되며, 과거의 대안과 많이 다른 과격한 제안은 배척된다.

조직상의 학습전략은 의사결정과정을 학습과정처럼 진행시키는 전략이다. 즉, 일하면서 배워 나가는 전략이다. 이 전략을 따르는 경우 의사결정자들은 그들이 알아야 할 바를 모두 알고 일을 시작하는 것이 아니라 일을 해 가면서 배우게 된다. 그들은 실천가능한 것과 그렇지 않은 것, 그리고 용인되는 것과 그렇지 않은 것을 배워 나가게 된다. 의사결정자들은 시행착오를 통해 무엇이 실현가능하고 용인될 수 있는가를 배우고 그에 따라 목표를 조정해 나간다.

요컨대, 연합체를 구성하는 사람들의 이해관계나 하위목표들(subgoals)이 어떻게 되느냐에 따라서, 그리고 이해관계자들이 모두 받아들일 수 있는 것의 최저수준이 무엇이냐에 따라서 조직은 그 목표를 변동시켜 간다. 조직목표를 변동시킬 때에는 제한적으로 선택된 정보만을 검토할 뿐이다. 그렇게 함으로써 조직은 매우 복잡한 의사결정의 문제를 실천적으로 다룰 수 있는 수준까지 단순화하며 불확실성의 문제를 회피하거나 완충시킨다. 의사결정에서의 대안탐색은 한정적이며, 해결방안 선택은 선례답습적이다.

위에서 살펴본 Cyert와 March의 이론은 조직구성의 정치적 성격과 의사결정의 점증주의적 성격을 설명하는 것으로서 목표변동이론과 점증주의적 의사결정이론의 발전에 지대한 공헌을 하였다. Cyert와 March가 지적한 현상은 기업조직에서뿐만 아니라 다른 분야의 조직들에서도 흔히 관찰되는 것이다. 따라서 그들이 전개한 이론의 적용가능영역을 아주 넓게 보는 평자들이 많다.

그러나 조직을 구성하거나 거기에 연관된 요인들은 매우 복잡한 것이다. 조직의 운명이 당사자들의 협상에 거의 달려 있다고 하는 것은 사실의 지나친 단순화라 하지 않을 수 없다. 그리고 점증주의적 의사결정모형이 적용될 수 있는 영역은 한정적인 것이다. 상황에 따라서 그 모형의 적실성에는 차이가 나게 마련이다. 합리적 모형의 지나친 이상주의도 비판받아야 하지만 점증적 모형의 지나친 보수주의(保守主義)도 비판받아야 한다.

참 | 고 | 문 | 헌

Cyert, Richard M. & James G. March, *A Behavioral Theory of the Firm*, Englewood Cliffs, NJ: Prentice-Hall, 1963.

_____, "A Behavioral Theory of Organizational Objectives" in Shafritz, J. M. and J. S. Ott, 4th eds., *Classics of Organization Theory*, Orlando Fl.: Harcount Brace & co., 1996, pp. 138~148.

Pugh, D. S., D. J. Hickson & C. R. Hinings, eds., *Writers on Organizations*, New York: Penguin, 1973, pp. 80~86.

Pugh, D. S. & D. J. Hickson, eds., *Writers on Organizations*, Beverly Hills, Cal.: SAGE, 1989, pp. 141~146.

Howard Raiffa의
협상이론*

I. Raiffa의 학문세계

현재 하버드 대학교의 경영대학원과 행정대학원의 의사결정분야 교수이며 하버드의 협상워크숍을 이끌고 있는 Howard Raiffa 교수는 1940년대 말 미시간 대학교(the University of Michigan)의 대학원에서 수학과 게임이론을 연구하였다. John von Neuman과 Oskar Morgenstein이 1944년 「게임이론과 경제행태」 (Theory of Games and Economic Behavior)를 저술한 직후에 RAND연구소와 프린스턴 대학 등에서는 게임이론에 관한 연구가 불붙고 있는 시기였다. Raiffa 교수도 이 분야를 개척하기 위하여 뛰어든 수많은 박사과정 학생 중의 한 사람이었다. 그러면서 미시간 대학의 경제학 교수인 William Harber의 영향을 받아 노사분쟁과 화해 그리고 조정에 대해 관심을 갖게 되었다. 그러나 이 때는 어디까지나 추상적인 수리모델과 게임이론적 입장에서 분쟁과 갈등문제를 접근하였다.

1951년 학위를 받은 이후 미시간 대학에서 게임이론과 통계학을 가르치면서 Duncan Luce와 함께 「게임과 의사결정」(Games and Decision)을 저술하고는 하버드 대학교로 자리를 옮겼다. 하버드 대학교의 경영대학원에서 경영사례를 가지고 학생을 가르치고 연구를 진전시키면서 경영현실에 관심을 가지게 되었는데 그의 관심을 유달리 끈 분야는 대부분의 의사결정과정에 내포되어 있는 상호작용적이며 경쟁적인 의사결정요소(interactive, competitive decision component)이었다. 게임이론이 완전한 정보와 전지전능한 의사결정자를 전제로 한 최적해 (optimal solution)를 추구하는 것인 데 반하여 그가 접한 의사결정의 현실은 불완전한 정보와 대안선택에 도사리고 있는 엄청난 불확실성의 문제였다. 그는

---

* 이달곤: 가천대학교 행정학과 석좌교수.

그로부터 10년간 추상적 수학모델인 게임이론으로부터 되도록이면 멀어지려고 노력하면서 불확실성하의 의사결정(decisions under uncertainty)이라는 협소한 한 분야에 노력을 집중하여 이 분야를 의사결정분석(decision analysis)이라고 이름 붙이면서 학문의 한 분야로서의 토대를 마련하고 연구대상과 방법론을 제시하였다. 의사결정 분석은 주로 상호작용이 없으며 '비경쟁적'인 상황에서 단수의 의사결정 주체가 불확실성의 문제를 다루는 것인데 10년 동안의 이 분야의 연구결실이 1968년에 나온 「의사분석론」(Decision Analysis: Introductory Lectures on Choice under Uncertainty)이라는 저서이다. 이 책은 아직도 하버드 행정대학원 등 각 대학원에서 기본 교과서로 사용되고 있다.

그 뒤 1968년에서 1972년까지 그의 관심을 끈 분야는 상호작용적이며 '경쟁적'인 현실의 의사결정문제였다. 그는 이 분야가 1960년대에 그가 연구한 의사결정분석과 1950년대에 연구한 게임이론을 결합시킬 수 있는 영역이라고 믿었다. 그는 불확실한 상황에서의 한 사람의 의사결정이론과 상호전략적으로 교우하는 관계에서의 여러 사람의 움직임을 통합하려고 노력하였다. 그는 이 때에 이르러 비로소 완전히 실제 인간, 실제 정책결정사안에 관심을 가지게 된 것이다. 그는 자신의 추상적이며 순수한 이론틀이 실제 문제를 해결하는 데 어떻게 적용될 수 있을 것인가를 가지고 고민하기 시작한 것이다.

1972년 Lyndon Johnson대통령이 McGeorge Bundy 당시 포드재단 총재에게 과학분야를 통하여 소련과 더불어 국제적 협조를 실현시킬 수 있는 방법을 찾아보라고 하였는데, Bundy총재는 Raiffa 교수를 고문으로 맞아들인다. 이 때부터 4년간 그는 외교나 국제협상분야의 맛을 보게 되었다. 그 때 탄생한 연구소가 빈 교외에 있는 IIASA(the International Institute for Applied Systems Analysis)인데 Raiffa 교수가 초대 소장을 맡게 되었다. 이러한 실무경험에서 그는 합리적·경제적 인간(rational economic man)이라는 이론적 가정의 적실성을 여러 각도에서 재음미해 볼 수 있었고, 협상이 성공적이기 위해서는 현실적으로 필요한 여러 가지 복잡한 이해관계와 심리적 요인들을 자세히 분석할 필요성을 절감하였다.

1970년대 중반 다시 하버드로 돌아와서는 실제 협상에 가까이 갈 수 있고 또 새로운 아이디어와 개념을 실험해 볼 수 있는 실험실(laboratory)이 필요함을 인식하게 되었는데 많은 정규수업과 실무자 훈련 교육시간이 이러한 측면에서 활용되기도 하였다. 그는 하버드의 여러 젊은 학자들과 더불어 협상라운드테이블을 만들어 토론하고, 행정대학원, 경영대학원, 교육대학원 및 법과대학원에 다양한 협상과 의사결정에 관한 강의를 열게 하는 구심점이 되었다. 더불어 협상병원(negotiation hospital)을 운영하면서 실무자와 이론가에게 만남의 장을 제공하고 개인 내부, 조직 내부, 조직간, 국가나 사회간의 갈등문제를 합리적으로 해결하는 데 심혈을 기울였다.

1970년대 후반에 좀더 현실여건을 고려한 협상에 관한 저서를 준비하려고 하던 중 1980년에 버클리 대학에서 Gaither Lectures를 맡게 되었고 이 강의들을 편집하여 다듬은 것이 1982년에 나온 「협상의 기술과 원리」(The Art and Science of Negotiation)이다. 필자의 하버드 대학교 석사과정 지도교수이기도 한 노교수 Raiffa의 연구실은 항상 잘 정리된 조그마한 방인데, 그의 책상 위에는 하얀 백지 몇 장과 연필 몇 자루가 얹혀 있던 기억이 새롭다. 그는 진실로 이론으로 세상을 보는 그리고 새로운 개념을 만들어 내는 창조자이다.

Ⅱ. 협상이론과 조직학

Raiffa 교수를 조직이론가라고 부르기에는 부적절한 점이 많다. 그리고 그는 현실의 조직 내외의 갈등문제를 다루었지만 어디까지나 합리적인 분석을 중시하는 '과학자' 같은 인물이다. 따라서 여기서는 Raiffa 교수의 이 분야 업적과 더불어 조직학이라는 큰 틀 속에 협상이론이 어떻게 연구되고 있는가를 밝히고 그 한계에 대해서도 언급해 보기로 한다.

협상이론은 그 뿌리를 확정적으로 언급하기는 어려우나 명시적인 협상장면은 구약성서의 창세기에서 Abraham이 소돔읍을 구하려고 노력하는 과정에서도 나타나며, 학술적으로는 1723년경 De Felice의 저술에서 설득과 이해관계의 개념화를 통하여 협상이 연구되기 시작하였다. 그리고 20세기에 접어들어서는 경제학 분야에서 협상의 논리적 구조를 규명하려고 애썼다. 1950년 John Nash의 「협상문제」(The Bargaining Problem), 1951년의 「비협조게임」(Non-Cooperative Games) 등이 여기에 속한다.

조직학의 관점에서 보면 개인이나 조직간의 갈등의 성격을 규명하고 이것이 조직관리에 미치는 영향을 연구하는 분야도 있다. 또 사회심리학 계통에서도 협상의 사회심리학분야를 개발하여 개인이나 조직의 갈등을 접근하고 있다. 이러한 접근의 대표적인 예가 Jeffrey Z. Rubin과 Bert R. Brown이 저술한 「협상의 사회심리학」(The Social Psychology of Bargaining and Negotiation, 1975)인데 협상의 사회심리학적 요소를 찾아서 협상과정의 역동성을 규명하려고 노력하며 개인의 심리적 지향이나 상호의존관계, 사회적 영향력의 관계 등이 협상과정에 어떻게 작용하는가를 밝히는 연구이다.

그리고 국가간의 분쟁해결을 위요한 연구도 여러 학문분야에서 진행되었는데 대표적인 것이 국제정치학의 군사적·외교적 측면의 연구이다. 국가간의 관계에서 일어나는 갈등을 국제적 자원, 역사적 관점에서 분석하여 전쟁과 평화의 구도를 밝혀내려고 노력하는 분야이다. 최근 이 분야는 이론화 작업이 상당히 진척되어 각종 실험을 통한 데이터의 수집과 해석으로 나아가는 인상을 주고 있다.

조직관리나 경영의 측면에서도 협상을 연구하고 있다. 민주화된 조직관리에서는 상하관계를 강조하는 행정관리전략이 제대로 기능하지 못하기 때문에 연성관리(soft management)의 한 방안으로서 협상이 활용되고 있다. 이는 조직 내부의 수평관계의 조정문제뿐만 아니라 타조직과도 외부관리(external management)를 하여야 할 때 필수적으로 요구되는 갈등해소방법이기도 하다. 여기서 한걸음 더 나아가 조직 내의 상하관계에 있어서도 협상은 중요한 관리수단이 된다는 경험적 연구가 많다. 상사의 경우 많은 권능을 가지고 있으나 부하보다 구체적인 정보를 적게 가지고 있고 특수상황에 대한 즉각적인 대처능력이 취약한 상태에서 협상은 상하간의 부족한 점과 장점을 잘 통합시켜서 상호이득을 증진시키는 방향에서 계층간의 문제를 해결하는 방법이 된다.

이상에서는 협상이론의 여러 가지 영역을 이론적 관심이나 비중이라는 측면에서 간략히 살펴보았는데 구체적으로 적용될 수 있는 영역은 거의 제한이 없다고 보아야 할 것이다. 한 개인의 갈등문제를 분석하여 해결하려는 시도에서부터 국가 대 국가의 문제에 이르기까지 수많은 실무영역이 존재하는데 갈등에 관한 상황이면 대부분 협상이라는 방법이 활용될 수 있을 것으로 보인다. 따라서 물건의 매매, 이혼문제, 장기계약, 노사협상, 남북한 협상, 중앙정부 부처간의 조정, 중앙정부와 지방정부간의 관계관리, 환경분쟁, 집단민원, 통상압력, 군비통제, 국제적 분쟁, 전쟁론 등등의 실무분야에서 이러한 협상이론이 적용될 수 있을 것으로 본다.

이러한 다양한 협상이론의 영역에서 Raiffa 교수가 크게 기여한 바는 갈등구조의 핵심인 이해관계를 분석하고 갈등문제의 해소를 위해서 필요한 합리적 전략을 마련하는 것이다. 다수의 상호독립된 의사결정주체들이 상호보완적이며 경쟁적인 이해관계에서 갈등을 해소하는 방식에는 여러 가지 유형이 있을 수 있다. 이해관계를 영화적 게임(zero-sum game)으로 보는 경우는 협상이 이해관계의 단순한 배분에 관련된 배분적 협상(distributive negotiation)이 될 것이고 협상을 가치나 이익창조적인 과정으로 보는 비영화게임(positive-sum game)인 경우에는 상호간의 관계가 융화적이며 협상을 통하여 당사자의 가치가 증대되어 생산적 교환과정이 되는 융화적 협상(integrative negotiation)이 있을 수 있다. Raiffa 교수는 어떻게 하면 융화적 협상을 이루어 나갈 수 있으며 이 과정에서 또 여하히 당사자의 이익의 합이 극대화되는 경제적 효율성을 달성하느냐에 관심을 가지고 있다.

이러한 융화적 혹은 통합적 협상은 하버드 협상연구팀의 주요 멤버인 Roger Fisher와 William Ury에 의해서 원칙협상(principled negotiation)으로 발전되어 명명되어졌는데 그 기본구조는 상호 유사하다고 볼 수 있다. 경제적·수학적 분석을 통하여 원칙협상이 가능할 수 있는 방안과 그 구도를 간명히 밝히는 노력에서는 Raiffa 교수가 단연 독보적인 기여를 한 셈이다. 그는 협상연구를 일단 대칭적 연구와 비대칭적 연구로 구분하였다. 대칭적 연구란 협상의 당사자 모두를 균형되게 다루면서 그들의 형태를 구체적으로 기술하고 제한된 정보와 합리성을 가진 당사자가 실제 행동한 바를 분석하여 만약 관련 당사자가 좀더 현명한 사고를 하고 이러이러한 방향으로 노력하였다면 모두에게 좀더 유리한 결론에 도달할 수 있었을 것이라는 점을 발견하는 것이다. 반면 비대칭적 연구란 어느 한 당사자의 입장에 치우쳐서 한 당사자가 자기의 기대하는 바를 얻어나가는 행태를 묘사하고 그의 기대이득을 극대화시키는 전략을 개발하는 것이다. 상대의 행동이나 대안에 대한 확률적 정보를 가지고 이것에 기초하여 당사자의 이익을 극대화할 수 있는 전략을 개발하려는 노력은 상대를 불확실한 환경으로 보고 자신의 목표를 극대화시키는 전략을 모색하는 개인, 조직, 기업의 의사결정과 유사하다.

Raiffa 교수는 갈등구조의 분석을 보다 객관적으로 수치화하여 정교하게 처리하며 협상가능영역(zone of agreement)을 제시하고 이러한 협상에 이르는 의사결정에 무엇을 고려해야 할 것인가에 대해서 도움을 주는 분석을 한다. 이러한 분석틀을 제시함으로써 갈등구조와 협상과정을 과학적으로 이해하는 데 도움을 주었으며 수많은 개념을 만들어 내어 역동적인 협상과정을 정교하게 이해하게 하였다.

여기에서 Fisher와 Ury가 개념화한 원칙협상을 약간 설명한 후에 Raiffa 교수가 이 분야에 기여한 바를 몇 가지 예를 중심으로 설명하는 것이 독자들에게 도움이 될 것으로 보인다.

원칙협상과 대조되는 것이 입장협상(positional negotiation)인데, 이 협상자세는 당사자 자신만의 입장을 중시하여 자신의 처지를 상대에게 이해시키고 세계가 완전한 상태라면 자신의 주장에 따라야 최선의 해결이 가능하고 또 자신의 주장이 정의로운 해결이라고 믿는 경우를 말한다. 입장협상도 연성입장협상과 강성입장협상으로 나누어 볼 수 있는데, 전자는 당사자들간의 관계를 아주 신뢰하고 우의를 바탕으로 하여 언제든지 양보할 태세가 되어 있는 사람간의 협상이며, 후자는 당사자 관계를 강한 적대관계로 인식하고 자신의 입장을 처음부터 확고하게 형성·견지하는 협상전략으로서 자신의 이익을 단기적으로 극대화하며 이해타산에 집착한 나머지 인간관계까지 훼손하는 경우이다.

한편 원칙협상은 다음 네 가지 점에서 입장협상 특히 강성입장협상과는 대조적이다.

첫째, 협상과정에서 사람의 문제를 협상문제, 즉 이해관계로부터 분리시켜서 접근한다. 갈등이라는 공동문제를 당사자가 협동으로 공략하려는 자세를 가지며 신뢰의 정도와는 관계없이 협상을 진전시킨다.

둘째, 당사자의 일방적 처지나 견해를 바탕으로 형성된 입장보다는 당사자간의 이해관계에 비중을 둔다. 실제 갈등을 생성시킨 원인인 이해상충관계에 초점을 맞추어 이를 해결하려는 노력을 한다.

셋째, 일방이 자신의 이익을 극대화시키는 입장에서 벗어나 상호이득이나 결합이득(mutual or joint gain)을 가져오는 상호 특출대안들을 개발한다. 상호간의 관심사에 차이가 있거나 각 협상의제에 부여하는 가치가 다른 것이 보통이므로 협상을 창의적으로 수행하면서 적절한 정보공개와 분석 그리고 효과적인 의사소통을 병행해서 나간다면 결합이득이 커지고 이익의 배분이 형평의 원리에 적합한 협상이 가능하다는 전제를 가지고 있다.

넷째, 협상의 결과물로 나오는 이해의 배분을 주관적인 필요에 의해서 평가하기보다는 객관적인 원칙을 세워서 결정하려 하고 있다. 벌거벗은 의지의 경합보다는 객관적이고 보편성 있는 기준을 중심으로 이해배분을 기할 때 보다 생산적인 갈등해소가 가능하다는 것이다.

이상의 특징을 지닌 것이 소위 원칙협상인데 Raiffa 교수는 이러한 패러다임을 개념적으로 논의하는 수준에서 한 걸음 더 나아가 어떻게 이해관계를 분석하고, 객관적인 기준을 발견하며, 또 효율성을 높이고 동시에 형평성의 준거들을 찾을 수 있는가에 대한 과학적·수리적 접근을 시도하고 있다. 그가 오랫동안 연구한 의사결정 분석의 여러 기법과 효용이론 및 확률이론을 통합하여 어떻게 불확실한 갈등 상황에서 최적의사결정을 할 수 있을 것인가에 연구의 초점을 맞추고 있다.

협상구도를 보다 이론적으로 규명하기 위하여 그는 당사자가 둘인 경우와 그 이상인 경우를 구별하였다. 또 협상의제가 하나인 경우와 둘 이상인 경우를 구별하여 네 가지 유형으로 나누어 접근하고 있다. 협상의제가 하나뿐인 경우는 당사자가 둘이든 그 이상이든 융화적 협상이 될 가능성이 줄어들고 배분적 협상이 될 가능성이 많다. 물건을 사고 파는 경우가 이 경우에 속한다고 볼 수 있는데 당사자가 제로섬게임으로 협상을 인식할 가능성이 높다. 그러나 자세히 들여다 보면 협상의제가 하나인 경우도 여러 가지로 세분할 수 있다. 예를 들면 대금지급방식을 물건가격과 분리하는 경우 의제가 두 가지로 변하게 된다. 협상의제가 다수가 되면 당사자들이 관심과 비중을 두는 의제가 서로 달라지고 한 당사자는 자기가 중요하게 여기는 것을 양보받고 상대가 귀중히 여기는 것을 양보하여 서로가 융화적이며 가치창조적인 통합협상을 가능하게 한다. 위의 예에서 사는 사람은 신용카드로 결제를 하고 싶고 파는 사람은 조금이라도 가격을 더 받고 싶은 경우 카드로 지불하면서 파는 사람이 요구하는 가격수준에서 협상이 타결된다면 분명히 상호이득이 있는 협상이 될 것이다.

그러나 융화적 협상은 전지전능한 제3자가 볼 때는 어떤 대안보다 바람직한데도 불구하고 현실적으로는 도달하기 쉽지 않다. 이는 노사분규, 남북한 군축, 조직간의 반목을 보면 쉽게 이해할 수 있을 것이다. 융화적 조정이나 동의 절차가 어려운 이유는, 첫째, 협상 당사자가 당면하고 있는 갈등 속에 내포된 융화적이며 가치창조적인 잠재력을 쉽게 발견하지 못한다고 하는 점이다. 이는 주로 갈등구조의 분석적 노력이 미약하고 이해관계를 합리적으로 따져보는 능력이 부족한 데서도 연유한다. 둘째는 인간적인 문제이다. 자신의 욕구만을 충족시키려는 동기와 흑백논리 그리고 당사자간의 불편한 관계나 문화적 특성이 가치창조로 이르는 진통과정을 원활하게 통과하는 데 장애가 된다.

Raiffa 교수도 이 점을 중시하여 합리적 분석의 한계를 다각도에서 검토하고 있으나 그의 학문적 배경에서 보듯이 인간적인 심리나 행태를 정교하게 다루기에는 한계가 있다. 많은 사례를 분석하는 과정에서도 실제 상황을 논리적 구도로 재편하는 놀라운 지혜를 보여주나 조직이나 집단이 갖는, 쉽게 수리적으로 규명하기 어려운, 심리나 행태의 복잡성을 과도하게 단순화하는 약점을 보여준다. 이러한 단순화를 보완하는 과정이 여러 가지 가정을 도입하는 것이다. 그의 글은 논리적 구조가 명쾌하지만 수리적이며 분석적인 방법론의 도움을 받아야 이해할 수 있는 것이 많다. 어쩌면 그는 복잡한 의사결정 과정을 논리적으로 수리화하는 데 온 정력을 바쳤고 이러한 과학적 구조를 일단 이해하는 사람에게도 굉장히 위력적인 메시지를 전달하고자 한 것이다.

또 그는 협상에서의 제3자 연구에 누구보다 공헌한 사람이다. 협상당사자의 의도를 분석하는 것도 중요한 일이나 중간에서 당사자들의 협상구도를 완전히 이해하고 갈등을 순조롭게 해소할 방안을 제시하는 노력도 중요하다. 협상에는 협상조성자(facilitator)나 사실 규명자(fact finder)가 있을 뿐만 아니라 알선·중재·조정을 도모하는 협의의 제3자도 있다. 또 협상을 분석하고 전략을 개발하는 이론가도 필요한데, 이들의 역할이 협상과정에서 어떻게 작용하는가에 대해서도 그는 놀랄 만한 분석력을 투입하고 있다. 제3자의 역할 여하에 따라서는 협상의 타결점이 상당히 효율적이며(가치창조적) 타결과정이 별 진통 없이 순조롭게 흐를 수 있다. 그는 많은 사례를 통하여 이러한 협상의 제3자가 어떠한 역할을 해내고 있는지를 유형화한다. 더불어 협상당사자가 많은 경우 당사자의 연합(coalition)이 협상력을 어떻게 변화시키고 있으며 연합이 협상타결의 가능영역에 어떤 변화를 주는가를 수리적 모델을 통하여 분석하고 있다.

마지막으로 그가 분석적으로 보여주고 있는 것이 협상윤리이다. 상호성의 원칙(principle of reciprocity)이라고도 불릴 수 있는 원칙으로 상대가 나에게 하지 않았으면 하는 행위를 자신이 상대에게 하지 않는다는 원칙이다. 협상이 너무 전략적 오도(strategic misrepresentation)나 협상게임으로 변하여 노골적인 이해투쟁의 장이 되는 경우 가치창조(synergy)란 불가능한 것이며 개인간이나 조직간의 관계유지에 엄청난 에너지가 소모되고 결국 이러한 의사결정방식에 의존하는 개인과 집단에 불이익이 돌아가는 것이다.

협상윤리와 결부되어 연구되는 분야가 조직이나 사회전반의 갈등과 지도자의 역할이다. 지도자의 모범이 조직이나 사회의 갈등수준을 관리하는 데 얼마나 효과적인 수단인가는 그의 모델을 이해하면 확신을 갖게 된다.

참 | 고 | 문 | 헌

Raiffa, Howard, *Decision Analysis: Introductory Lectures on Choices under Uncertainty*, Cambridge: Addison-Wesley Publishing Co., 1970.

_____, *The Art and Science of Negotiation*, Cambridge, Mass: Harvard University Press, 1982.

Lewicki, Roy J. & Joseph A. Litteler, *Negotiation*, Homewood, Ill., Irwin, 1985.

Lax, David A. & James K. Sebenius, *The Manager as Negotiator: Bargaining for Cooperation and Competitive Gain*, New York: Macmillan, 1986.

Fisher, Roger & William Ury, *Getting to Yes: Principled Negotiation*, New York: Penguin Books Ltd., 1984.

Rubin, Jeffrey Z. & Bert R. Brown, *The Social Psychology of Bargaining and Negotiation*, New York: Academic Press, 1975.

Thomas J. Peters와 Robert H. Waterman, Jr.의 초우량기업에 관한 이론*

Ⅰ. Peters와 Waterman의 학문세계

Thomas J. Peters는 볼티모어 출신으로 코넬 대학 토목공학과에서 학사와 석사학위를 수여받은 후 스탠포드 대학에서 경영학석사와 박사학위를 취득했다. 그는 자신의 아이디어를 개발하고 보급하기 위하여 설립한 The Tom Peters Group 상담회사의 사장이며 스탠포드 대학에서 강의를 맡고 있다. Robert H. Waterman은 콜로라도 대학에서 지구물리학을 전공한 후 스탠포드 대학에서 경영학석사학위를 받았다. 그리고 현재 경영관리상담회사인 Waterman & Miller사의 책임을 맡고 있다.

일본 기업의 성공과 미국 기업의 쇠퇴는 미국의 기업경영에 관한 전통적인 이론들에 대한 재검토와 새로운 이론의 추구를 도모하게 했다. 새로운 이론의 추구는 한편으로는 일본 기업의 성공비결을 연구·도입하려는 쪽으로, 다른 한편으로는 미국 내 우량기업에서 교훈을 얻는 쪽으로 연구가 이루어졌다. Peters와 Waterman의 「초우량기업의 조건」(In Search of Excellence)은 후자의 입장에서 이루어진 책으로, 미국인들의 자존심을 만족시켜 주면서 이미 500백만 부 이상 판매되어 1980년대의 책으로 불리기도 하는 대성공을 거두었다.

이 책이 이처럼 열광적인 반응을 얻게 된 것은 첫째, 문체가 정열적이고, 둘째, 일본 기업에 대한 열등감을 벗어날 수 있는 복음, 즉 미국 기업들도 성공할 수 있다는 것을 보여주고 있기 때문이다. 그러나 무엇보다 중요한 까닭은 이들이 전하고자 하는 바가 대단히 간단하며, 이해하기가 쉽기 때문이다. 즉, 초우량기업은 무엇을 요란하게 잘 해서가 아니라 아주 기본적인 것을 충실히 하였기 때문에 성공했다는 것을 보여주고 있기 때문이다. 다시 말해서, 평범한

---

* 김병섭: 서울대학교 행정대학원 명예교수.

것이지만 사실은 잘 시행되고 있지 않는 것에 충실함으로써 보통 사람이 보통 이상의 성과를 낼 수 있다는 것을 생생하게 보여주고 있는 것이 이들의 업적이라 하겠다.

Ⅱ. 초우량기업의 조건

Peters와 Waterman은 교훈을 얻을 수 있는 미국 내 초우량기업을 선정하는 것으로 연구를 시작하였다. 연구팀은 먼저 매출액 10억 달러 이상, 창사 후 20년 이상 경과된 기업 중에서 사업가, 상담가, 경제부 기자, 경영학자 등 관계전문가들의 자문을 받아 62개 기업을 우량기업으로 선정하였다. 이 중 다시 재무상의 실적과 혁신성이라는 두 가지 기준을 통과한 36개 기업과 저자들이 별도 추가한 7개 기업 등 최종적으로 최우량기업으로 선정된 기업은 43개로 여기에는 IBM, 3M, McDonald's 등이 포함되어 있다.

저자들의 연구에 의하면, 이들 초우량 기업체들은 다른 기업체들과 달리 다음 8가지 특질을 가지고 있는 것으로 밝혀졌다.

1. 행동지향적 경향(a bias for action)

초우량기업이 가지고 있는 특질 중에서 먼저 지적된 것은 이들이 행동을 강조한다는 점이다.

대부분의 기업들은 많은 두뇌집단을 동원하여 성공을 위한 각종 전략을 수립한다. 그런데 이 전략을 만드는 데는 오랜 시간이 소요된다. 게다가 이런 전략은 보통 방대한 내용을 담고 있어 이 보고서를 읽는 데 또 오랜 시간이 소요된다. 그래서 정작 필요한 조치는 취하지 못하게 되는 경우가 많다.

반면 초우량기업은 전략보다 실제로 행동에 옮기는 것을 강조한다. 경영자는 무엇이든 '할 수 있다'와 '한 번 해 보자'는 태도를 취한다. 그래서 이들 경영자는 사무실에서 나와 현장을 직접 돌아보는 것을 즐긴다. 현장에 머물면서 '이리저리 돌아다니는 경영(management by wandering around)'을 하게 된다. 그 결과 현장에서 일어나는 문제를 보다 잘 파악하게 될 뿐만 아니라 그 즉시에서 바로 대안을 지시하게 되는 이점이 있다. 그리고 사업이 본래의 궤도에서 벗어나지 않도록 할 뿐만 아니라, 경영자의 잦은 출현으로 사람들은 그 사업이 중요'하다고 생각하게 되며, 따라서 열심히 일을 하게 된다.

2. 고객중심적 경영(close to the customer)

기업이 고객중심적 정책을 수립해야 한다는 것은 이론의 여지가 없다. 그럼에도 불구하고 많은 기업들은 입으로만 떠들고 있지 실제로는 고객들을 무시하는 경우가 많다. 반면 초우량기업들은 업종을 막론하고, 자신들의 업종을 서비스 업종으로 생각할 정도로 고객을 중시하며, 품질·신뢰도·서비스 등 고객과 관련된 문제들에 대해 최대의 노력을 기울인다.

이렇게 고객을 중시하는 것은 물론 제품의 지속적인 판매를 위해서이다. 그러나 이 외에도 품질의 개선이 수요자의 아이디어에서 비롯되는 경우가 많고 또 상당한 숫자의 발명품이 기기 제조업자가 아니라 수요자에 의해서 최초로 시험되고, 품질을 인정받기 때문에 고객에 관심을 보일 필요가 있다. 그래서 초우량기업은 고객의 이야기에 누구보다도 더 귀를 기울이고 있는 것이다.

3. 자율과 기업가 정신(autonomy and entrepreneurship)

초우량기업은 최고관리자로부터 말단에 이르기까지 모든 종업원에게 자율성을 주입시켜 기업가 정신을 갖도록 한다. 소위 챔피언, 즉 모든 방향으로 자신의 상상력을 발휘하고 그것을 실현시키기 위해 저돌적으로 일을 추진하는 사람들에 대한 지원 체계가 완벽하다. 실제로 초우량기업은 챔피언을 만들기 위하여 극단적인 분권화, 참여자의 중복, 조정의 결여, 내부 경쟁 등을 지향하는 조직구조를 갖추고 있었다.

4. 사람들을 통한 생산성 향상(productivity through people)

경영자들을 만나면 모두 다 무엇보다도 중요한 것은 사람이라고 말한다. 그러나 자기 회사의 종업원에게 실제로 충분한 관심을 두는 경영자는 많지 않다. 심지어 자기들이 관심을 쏟고 있지 않다는 것조차 알지 못하는 사람까지 있다.

그러나 초우량기업에서는 전혀 다르다. 이들 기업에서는 인간에 대한 존중과 관심을 수십 년 전부터 보여 왔다. 불황 때에도 종업원을 해고시키지 않았고, 종업원 교육이 당연시되지 않던 시대에도 많은 교육을 실시하였다. 특히 이들 기업의 경영자들은 종업원이 있음으로 해서 자기들이 존재할 수 있음을 충분히 이해하고, 또 그것을 실천하고 있는 것이 밝혀졌다.

초우량기업이 보이는 사람에 대한 관심의 또 다른 특징은 대부분의 종업원이 자신을 승리자로 느끼게 한다는 것이다. 물론 이들 기업이 우수한 인력을 모집하기 위해 심사를 까다롭게 하며, 또 새로 채용되는 사람들을 회사의 체질에 적응시키기 위해 작업현장에 먼저 배치하는 등의 노력을 게을리하지 않는 것은 아니다. 하지만 소수의 탁월한 엘리트들에게만 기업의 성패를 거는 것이 아니라 평범한 종업원들이 보통 이상의 성과를 내도록 이들에게 보다 많은 관심을 지속적으로 기울인다. 한 예로 초우량기업에서는 종업원 스스로가 목표를 설정하여 대체로 이를 달성하고 있었는데, 이는 많은 승리자를 만들어내기 위한 것이다. 그리고 일단 승리자가 나오게 되면 그 승리를 축하하도록 조직화되어 있었다.

5. 가치지향적 경영(hands-on, value driven)

한 조직의 성공과 실패는 그 구성원들의 에너지와 재능을 얼마나 끌어낼 수 있는가에 달려 있다. 그런데 각기 서로 다른 욕구와 선호를 가진 구성원들이 한 세대로부터 다음 세대에까지 걸쳐 공통된 목표를 향하여 재능을 발휘하도록 하는 것은 경제적 자원도, 관리기술도, 조직구조도 아니고 그 기업의 기본철학과 이것이 구성원에 대해 가지는 호소력 때문이라고 한다. 실제로 초우량기업들을 분석하여 본 결과, 이들 기업들은 구성원들이 헌신적으로 일을 하게하는 일련의 가치체계를 가지고 있었다. 이러한 가치체계나 기업문화는 조직의각 부분이 공통된 목표를 향하여 종국적으로 조화를 이루는 데 도움을 준다고한다. 따라서 초우량기업은 자기의 고유한 철학이나 문화를 유지하기 위하여이것들과 관련된 신화나 전설을 수집하고 또 이를 널리 보급하는 데 열심이었다. 특히 조직의 제일 밑바탕을 이루는 사람들에게 이것들을 열심으로 보급하고 있었다.

반면 업적이 좋지 않은 기업들은 가치체계나 기업철학을 가지고 있지 않거나 가지고 있더라도 역기능적인 성격을 가지고 있었다. 즉, 불량기업들은 대개고객보다는 내부정책에 초점을 맞추거나, 제품이나 제품의 생산 또는 판매에종사하는 사람들보다는 '수치'에 집착하고 있었다. 이에 비해서 초우량기업의문화는 기업 내부에 초점을 두고 있지 않고 고객지향적이었다. 그리고 가치도 양적이라기보다 질적인 것이었다.

6. 주력부문에의 충실(stick to the knitting)

일반적으로 자신들의 고유한 업종에 주력하는 기업체가 성공할 가능성이 더 높다. 다시 말해서, 자기 회사의 기본업종을 굳게 지키고 있는 조직은, 그렇지 못한 조직보다 훨씬 우수한 업적을 올리는 경우가 많다. 물론 이것은 단순한 것이 더 좋다는 것을 시사하는 것은 아니다. 지나치게 사업을 단순화시킬 경우 실적이 빈약해지는 경우가 많다. 오히려 어느 정도의 다각화는 조직의 안정을 위하여 필요하다고 하겠다. 그래서 초우량기업도 다른 기업을 인수한다.

하지만 이들 기업이 상대회사를 인수하여 다각화하는 것은 실험적인 형태로 이루어진다. 다시 말해서 인수할 대상이 관리가능한 조그만 회사일 때 실시하며 잘 안될 경우에는 기꺼이 손을 뗀다. 그러나 그보다 더 중요한 것은 초우량기업은 인수에 의해서건 혹은 내부의 다각화에 의해서건 조직영역을 넓히면서도 고유업종에 전념한다는 점이다. 즉, 한 분야에 모든 자원과 노력을 집중함으로써 세계에서 초일류기업이 된 것이다.

7. 단순한 형태, 약한 참모진(simple form, lean staff)

기업이 성장하게 되면 당연히 업무가 복잡해진다. 이러한 복잡성에 대응하여 대부분의 대기업은 체제와 구조를 복잡하게 만든다. 그러나 이런 내용은 불가피한 면도 있지만 문제가 많다. 첫번째 문제점은 관리 계층이 그 존재를 정당화시키기 위하여 필요 이상으로 쓸데없이 많은 일들을 만들어내는 것과 구별하기 어렵다는 점이다. 다른 문제점은 이러한 대응책이 조직 내 사람들의 본성과 잘 합치되지 않는다는 점이다. 사람들은 본질적으로 단순한 것을 선호한다. 따라서 조직구조를 합리적으로 단순하게 유지할 필요가 있다. 초우량기업이 복잡한 업무에도 불구하고 매사를 단순하게 유지시키는 것은 바로 이 점의 중요성을 인식하고 있다는 것을 의미한다. 그래서 초우량기업의 기본구조 형태와 체제는 극히 단순하며 고위 참모진의 수가 적다.

이러한 단순한 조직구조를 가지고도 아주 복잡한 문제를 매우 탄력성 있게 운영할 수 있는 것은 다음에서 볼 수 있는 바와 같이 조직의 통일된 가치관과 규범이 있기 때문이다.

8. 통제와 방임의 공존(simultaneous loose-tight properties)

지금까지 언급해 온 우량기업의 특질을 보면 일견 모순되는 것처럼 보인다. 초우량기업과 우수성은 바로 이런 모호성과 패러독스를 감당할 수 있는 능력에 있다.

먼저 초우량기업은 본질적으로 중앙으로부터 엄격한 명령과 개인에 대한 최대한의 자율성을 동시에 보장한다. 그래서 우량기업체들은 집권화되어 있으면서도 동시에 분권화되어 있다고 할 수 있다. 다시 말해서, 이들 기업들은 과나 제품 개발팀 또는 작업장에 자율성을 부여한다. 아울러 일반 사원들의 자율성, 기업가 정신 그리고 혁신을 허용하고 장려한다. 하지만 이들 기업체들은 자사가 소중히 다루고 있는 소수의 핵심 가치에 대해서는 집권화를 도모한다. 핵심적인 몇몇 가치에 집중함으로써, 해당 조직의 구성원들은 무엇이 중요한 것인지 알기가 쉽다. 그리고 사람들은 이런 가치들을 대부분의 상황에서 행동의 지침으로 활용하게 된다. 따라서 매일매일의 구체적인 문제에 대한 교육의 필요성이 줄어 들며, 아울러 자세한 업무진행 절차 및 규칙 등의 필요성이 감소되게 된다. 그리하여 가치의 집권화와 개인행동의 자율성을 동시에 보장하게 되는 것이다.

초우량기업은 또 인간의 양면적 욕구, 즉 의미와 안정감을 주는 조직에 기꺼이 복종하려는 욕구와 자기 일은 자기가 결정하려는 욕구를 동시에 충족시켜 준다. 초우량기업은 돈뿐만 아니라 의미까지 부여해 줌으로써 종업원에게 임무 외에도 커다란 만족감을 준다. 많은 기업들이 인간의 경제적 욕구를 충족시켜 주면서 인간을 피동적인 존재로 대하고 있지만, 초우량기업은 경제적 욕구뿐만 아니라 자아실현적 욕구의 실현도 동시에 충족시켜 주고 있는 것이다. 이들 기업들에서는, 모든 사람이 개척자가 되며 실험자가 되고 리더가 된다. 회사는 지침이 되는 신념을 주어서 열의를 불러 일으키고, 최고의 부서에 소속되어 있다는 느낌과, 일반적으로 높이 평가되는 품질의 제품을 만들고 있다는 느낌을 갖게 해 준다.

또 다른 모순은 장기와 단기의 상반 관계에 관한 것이다. 품질, 혁신, 고객에 대한 서비스, 인간 존중 등과 같은 가치관은 시대를 초월해서 설정된다. 그러나 초우량기업은 이런 장기적인 가치들을 실현하기 위해 장기적인 계획이나 전략을 수립하지 않는다. 대신 평소 사소한 일에 주목함으로써 실현하고자 한다. 매분, 매시간, 매일이 이같은 가치관을 실현하기 위해 행동으로 보여주는 기회가 되는 것이다.

이런 모순들을 극복하고 통제와 방임이 공존할 수 있도록 하는 것이 바로 기업문화이다. 초우량기업의 주된 가치체계나 기업문화는 품질, 고객에 대한 서비스, 그리고 혁신에 관한 것으로 이것이 구성원을 하나로 묶어 준다. 또 행동을 위한 일정한 틀을 제공해 준다. 이러한 문화라는 틀 안에서 사람들은 실질적인 자율성을 항상 발휘할 수 있게 된다. 한마디로, 기업의 문화가 원동력이 되며 문화적으로 통제되는 엄격한 특성이 초우량기업을 두드러지게 하고 있다고 하겠다.

그런데 이러한 가치체계나 기업문화를 형성하는 것은 쉬운 일이 아니다. 어느 정도 형성된 가치체계를 조직의 전 구성원들이 공유할 수 있도록 하는 것은 더욱 그러하다. 여기에는 긴 시간과 인내가 요구된다. 이런 어려운 과업을 수행해야 할 사람이 바로 리더이다. 다시 말해서 가치체계를 명확히 하고 그 안에 생명을 불어 넣는 것은 리더가 해야 할 가장 중요한 일의 하나다. 실제 초우량기업의 경영자들은 이 역할의 중요성을 인지하고 많은 관심을 보이고 있는 것이 조사되었다. 이러한 결과는 Peters가 Austin과 함께 쓴 '초우량기업에 대한 열망'이라는 책에서 보다 구체적으로 설명되고 있는데 핵심적인 메시지는 바로 초우량기업의 달성 여부는 리더십에 의하여 결정된다는 점이다.

이상에서 살펴본 바와 같이 「초우량기업의 조건」은 대단히 간단하면서도 실제 기업에 유용한 내용을 들려주고 있다. 따라서 이 책은 그 판매부수에 상응하는 비판, 예를 들어 방법론상의 엄격성 결여나 왜곡된 사실의 인용 등에 대한 비판도 많지만, 그럼에도 불구하고 대단한 반향을 불러 일으키며 기존 조직이론의 유용성에 의문을 가하고 있다 하겠다.

참|고|문|헌

Peters, T. J. & R. H. Waterman, *In Search of Exellence: Lessons from America's Best Companies*, New York: Harper & Row, 1982.

Peters, T. J. & N. Austin, *A Passion for Exellence: The Leadership Difference*, New York: Random House, 1985.

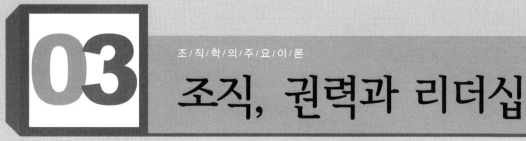

03

조/직/학/의/주/요/이/론

조직, 권력과 리더십

Gary Miller의
관리자의 딜레마*

Ⅰ. Miller의 학문세계

　　Gary Miller는 1949년 미국 일리노이주 Urbana 태생으로, 1976년 University of Texas at Austin에서 박사학위를 취득하였으며, 1986년부터 미국 Washington University at St. Louis에 재직하고 있다. Miller 교수의 연구분야는 크게 세 가지로 구분할 수 있다. 사회선택 및 제도론 분야에서는 입법부의 의사결정, 제도의 형성 및 위원회 의사결정에 대한 경험적 연구에 관심을 갖고 있으며, 계층제적 의사결정 분야에서는 조직의 정치경제, 인센티브, 협력, 기업경영 및 지도력 등에 대하여, 정책학 분야에서는 주로 식품 및 영양정책과 환경규제에 대하여 연구하고 있다.

　　Gary Miller(1992)의 *Managerial Dilemmas: The Political Aconomy of Hierarchy*는 조직경제학 연구에서 제기되는 근본적인 딜레마를 다룬 역작이다. 계층제의 존재에 대한 경제적 합리성은 시장실패를 처방할 수 있는 계층제의 역량에 기반을 두고 있으나, 이러한 처방은 불가피하게 이기적인 관리자와 부하직원간의 양립할 수 없는 동기부여를 초래하게 된다. 그렇다면, 어떻게 관리자는 조직구성원들이 근무를 태만하게 하는 이기적인 행동을 하지 않도록 할 수 있는가? 어떻게 조직구성원들이 조직목표 달성에 매진하도록 동기를 부여할 수 있는가? Miller는 이러한 근본적인 질문에 대한 해답을 찾고 있다.

　　Miller는 관리자가 구성원들로 하여금 단기적인 이기심을 초월하도록 만들 수 있는 조직은 항상 경쟁력 우위를 확보할 것이라고 주장한다. 그는 조직경제학 문헌과 조직행태에 관한 연구성과를 결합하여 계층제에 대한 새로운 통찰력을 제공하고 있다. 반복게임(repeated games)이라는 맥락에서, 협력, 문화, 신뢰,

---

　　* **김상묵**: 서울과학기술대학교 행정학과 교수.

몰입, 지도력이라는 조직연구의 전통적 개념에 보다 중요한 의미를 부여하고 있다. Miller는 계층제에서의 동기부여 문제는 조직경제학적 분석을 통해 해결할 수 있는 문제가 아니라 오히려 전통적인 조직행태적 논의를 통해 해결방안을 모색할 수 있다고 주장하며, 계층제에서의 협력과 정치적 지도력에 대하여 면밀히 분석하고 있다.

이 책의 주된 목적은 계층제적 조직에 대한 두 가지 연구경향간의 이론적 연계를 위해 정치경제학(political economy)의 문헌들을 탐색하는 것이다. 이 책의 앞부분인 제1부와 제2부는 조직경제학의 입장을 설명하고 있다. 계층제는 시장실패의 대안으로 대두되었으나, 상급자와 하급자 양측의 이기적인 행동을 제어할 수 있는 효율적인 방법이 없기 때문에, 계층제를 원만하게 운영되는 능률적인 기계로 보기는 어렵다. 한편, 사회적 선택이론(social choice theory), 대리인이론(principal-agent theory), 동기적합성(incentive compatibility)의 연구성과는 상급자와 하급자 모두의 이기적인 행동을 동시에 제어할 수 있는 동기부여/통제 체제의 설계가 불가능하다는 본래적인 논리적 모순을 보여주고 있다. 바람직한 특성을 지닌 모든 인센티브시스템에 있어서도, 항상 일부 구성원들은 '일하지 않으려는'(shirk) 동기를 가지게 된다. 따라서 조직구성원들이 단기적인 이기심을 초월하도록 관리자들이 유도할 수 있는 조직은 항상 경쟁력 우위를 점하게 될 것임은 분명하다. 이 책의 마지막인 제3부에서 Miller는 게임이론이 계층제에서의 협력과 정치적 지도력을 보다 면밀히 분석하는 이론적 구조를 제공한다고 주장한다. 게임이론적 분석은 조직경제학과 분명히 방법론적 연계를 갖고 있으나, 오히려 조직심리학과 정치학의 보다 유기적인 접근방법에서 다루는 협력, 문화, 신뢰, 몰입, 지도력과 같은 주제들이 보다 중요함을 보여주고 있다.

II. 계층제: 정치적 권위의 출현

이 책의 제1부는 기업조직에서의 정치적 권위 문제를 다루고 있다. 조직경제학자들은 계층제적 기업조직의 등장 이유는 시장 능률성의 실패 때문이라고 주장한다. 시장을 통해 재화와 용역을 거래하는 쌍방이 능률적으로 계약하는 데 실패하는 이유는, 협상, 감시, 계약이행의 감독 등에 상대적으로 비용이 들기 때문이다. 이처럼 계약을 체결하는 것과 관련된 비용을 거래비용(transaction cost)이라고 부르며, 거래비용이 지출되는 조건이 존재하는 경우 시장은 능률적인 균형(equilibrium)을 달성하는 데 실패한다.

높은 거래비용과 시장실패(market failure)의 원인은 크게 3가지로 구분할 수 있다. 첫째는 정보의 비대칭성(information asymmetry)이다. 예를 들면, 인력시장에서 일자리를 구하려는 노동자는 자신의 능력을 과대포장하여 선전하지만, 고용자는 노동자가 실제 그만큼 능력이 있는가에 대하여 제대로 알 수 없다. 정보 비대칭성이 존재하는 경우, 노동의 소비자와 생산자는 상호 이익이 되는 시장에서의 교환에서 실패하게 된다. 시장실패의 둘째 이유는 외부효과(externalities)이다. 특히 팀 생산과정에서 각 팀원의 생산수준은 다른 팀원의 공동노력에 의해 결정된다. 따라서 혼자서 열심히 일한다고 하여 자신이 일한 만큼 보상받는 것이 아니라 팀 전체의 노력 정도에 의하여 생산량이 결정되기 때문에, 다른 팀원의 노력에 의존하면서 자신의 직무는 태만히 하려는 동기를 부여하고, 결국 이를 방지하고 일정 수준의 노력을 유인하기 위한 계약을 체결하는데 거래비용이 들게 된다. 셋째 이유는 시장에 참여하는 소수의 참여자들이 시장권력을 갖고 있는 경우이다. 시장의 참여자가 얼마 되지 않은 경우, 참여자들은 경쟁시장에서처럼 단순히 가격을 받아들이지 않고 거짓으로 허위정보를 제공하는, '기회주의'(opportunism)가 나타나게 된다(Williamson, 1975). 이 경우 독점적으로 생산되는 재화로 인해 자원이 비능률적으로 배분되는 결과가 나타난다. 이러한 요인들이 존재하는 경우, 경쟁시장에서는 자원의 비능률적인 배분이 이루어지게 된다.

Coase(1960)가 주장하는 바와 같이, 이러한 비능률적인 배분은 재산권의 분명한 설정, 비용이 수반되지 않는 협상 및 계약의 이행 감독을 동반하는 계약 체결을 통해 교정할 수 있다. 그러나, 여기에 소모되는 거래비용은 큰 규모다. 따라서 정보 비대칭성, 외부효과, 시장권력은 협상을 통한 해결의 능률성을 제약하여 경쟁적 시장의 실패를 초래한다. 이를 극복할 수 있는 대안은 감독하는 사람을 두어, "보상을 배분해 주고, 한계생산성 측정수단으로 개인별 노력의 정도를 관찰하고, 무엇을 어떻게 하는지 지도하도록" 과업을 부여하여 감독하도록 하는 방법이다(Alchian & Demsetz, 1972). 즉, 계층제(hierarchy)를 도입하여 팀 생산에서 게으른 팀원에 대해서는 처벌을 하고 성실한 팀원에 대해서는 보상을 하도록 하여 게으른 것이 더 이상 유익하지 않도록 인센티브를 재정비하는 방법으로, 이 경우 팀원에 대하여 감독자가 지니는 계층제적 권위는 능률성을 확보하기 위한 제도적 장치이다. 계층적 조직은 자발적인 계약의 연계 이상으로, 구성원간의 계약 협상의 비능률성이 존재하지 않아도 해결할 수 있는 정치적 권위를 포함하고 있다. 구성원들은, 장기적으로 모든 구성원들에게 성과를 배분하는 권위를 가진 계층제적 체제에서 더 많은 이익을 얻는다고 인식하기 때문에, 이러한 권위에 복종하게 되는 것이다.

이러한 결과는 개인들의 집합체인 집단에게 딜레마를 가져온다. 대부분의 사람들은 경쟁시장, 협상에 의한 계약 또는 민주적 투표에 있어서의 자발적인 또는 참여적인 교환을 선호한다. 그러나, 이러한 거래영역에 있어서 정보의 비대칭성, 외부효과, 시장권력이 존재하는 경우 대규모의 배분적 비능률성을 초래하게 된다. 배분적 능률성 및 계약체결에 소요되는 거래비용을 축소하기 위해서는, 집단 내 일부 구성원들에게 다른 구성원들의 행동을 지시·감독·명령할 수 있도록 비대칭적인 권위를 부여하여야 한다. 정보 비대칭적인 상황에서, 상호 의존적인 쌍방이 계약하는 경우 강제적인 권위가 필요하다. 계층제가 합리적인 집단의사결정의 최소한도의 조건을 충족시키려고 한다면 이러한 강제적 권위의 집권화가 필요하다. 즉, 조직에서는 시장실패의 잠재성을 회피하기 위해서 집권적이며 계층제적인 의사결정 유형이 바람직한 것으로 받아들인다. 그럼 어떻게 이러한 권위를 확립할 수 있는가? 이에 대하여 Milller는 고용자와 피고용자간의 장기적인 계약 설정이 한 방법이라고 주장한다.

Ⅲ. 관리자의 딜레마: 정치적 권위의 사용

고용자와 피고용자간의 관계는 고용계약을 통해 성립된다. 계약의 각 당사자가 계약 이외에 대등한 대안들을 가지는 경우 자발적·경제적 관계를 내포한다. 그러나 고용계약에 있어서는, 계약의 한 당사자(피고용자)는 고용관계 이외에 손쉽게 다른 대안을 모색할 수 없으며 따라서 상대방(고용자)에게 폭넓은 재량적 권위를 부여하는 계약을 받아들여야만 하기 때문에, 고용계약은 보다 정치적·계층적 관계를 포함한다고 할 수 있다. 피고용자는 임금을 지급 받는 대가로, 조직 내 갈등에 대한 고용자의 해결을 최종적인 것으로 수용하려는 의지를 보여주는 것이다. 즉, 고용자는 피고용자의 행동에 대한 정치적 권위를 행사하기 위하여 임금을 지불하는 것이다.

Miller는 이 책의 제2부에서 정보 비대칭성, 독점 및 팀생산 외부효과에 의해 초래되는 인센티브문제를 계층제가 얼마나 잘 해결할 수 있는가를 분석한다. 분명히 계층제는 때때로 시장의 비능률성이나 자발적 협력행동의 실패를 해결할 수 있다. 그러나 Miller는 계층제가 존재하지 않는 시장상황에서 비능률을 초래해온 동일한 요인들을 계층적 조직에서도 직면하게 된다고 주장한다.

시장실패의 원인인 정보 비대칭성은 계층제적 조직이 만들어진다고 하여 사라지지 않는다. 계층제에서는 상사와 부하간의 정보 비대칭성 문제가 나타난다. 즉, 부하는 상사가 보유하고 있는 정보를 모두 알 수 없으며, 상사 또한 부하직원들의 행동이나 갖고 있는 정보를 다 알 수는 없다. 따라서 양방향 모두 정보 비대칭성 문제를 안고 있다. 예를 들면, 상사들은 부하들이 정말 열심히 조직목표 달성을 위해 노력하는지 상세하게 알 수 없으며, 부하들은 상사가 얼마나 이윤을 남기며 자신들의 노력한 대가에 합당한 보상을 하는지를 정확하게 알 수 없다.

경제학자들은 이러한 계층제적 상황에서의 정보 비대칭성 문제를 해결하기 위하여 적절한 인센티브시스템을 구축하는 데 주의를 기울이고 있다. 물론 인센티브시스템은 모든 조직에서 사용하고 있으며, 종종 큰 효과를 보이기도 한다. 그러나, 계층제적 인센티브를 통한 능률성 추구에도 한계가 있음을 설명하는 연구결과들도 많이 있다. 부하직원들의 충실한 임무수행을 유도하기 위해 설계된 인센티브시스템은 부하직원들에게 조직목표 달성을 위해 노력하도록 동기를 부여할 수 있지만, 예산균형(budget balancing)을 이룰 수가 없어 잉여금이 남거나 예산이 부족한 경우가 발생하게 된다(Groves, 1973). 따라서 능률적이며 동시에 동기부여에 적합한 인센티브시스템은 존재하지 않는다. 한편 상사가 자신만 보유하고 있는 정보를 활용하여 보다 많은 잉여금을 남기고 부하직원들에게는 보다 적은 보상을 하고자 하는 경우, 부하직원들이 이를 방지할 수 있는 인센티브시스템은 존재하지 않는다. 즉, 정보의 비대칭성 및 팀생산 외부효과는 시장에서와 마찬가지로, 계층제에서도 동일한 형태의 비능률성을 초래하게 된다. 계층제에서도 이기적인 행동으로 인한 자연스런 결과로 비능률이 지속된다. 계층제는 집단 이익의 실현을 위해 모든 구성원들이 몰입하도록 만들지는 못한다. 따라서 Miller는 인센티브 설계도 궁극적인 해답을 가져오지는 못한다고 주장한다.

관리자의 입장에서 보면, 자신만이 가진 사적 정보를 이용하여 부하직원들에게 비능률적인 인센티브시스템을 제공하려고 하는 근시안적인 인센티브에 직면하게 된다. 한편, 이 점을 알고 있는 부하직원들은 능률적인 결정을 내릴 수 있는 정보를 지닌 경영자들을 신뢰해야 할 이유가 없다. 따라서 계층제는 몰입(commitment) 문제에 직면하게 된다. Miller는 이 문제가 정치적인 전략을 통해 해결될 수 있다고 주장한다. 정보 비대칭성과 팀생산 외부효과가 계층제에 존재하는 한, 계층제적 상급자의 정치적 권위에 대한 제도적인 제한과 신뢰성을 보여주는 정치적 지도력이 요구한다는 것이다.

Ⅳ. 협력과 지도력: 정치적 권위의 실천

만약 정형적(formal)인 계약하에서도 이기적인 행동으로 인해 잠재적인 능률성 향상을 실현할 수 없다면, 이기적이지 않으며 조직 내의 협력을 유도할 수 있는 계층제의 독특한 이점이 존재하여야만 한다. 실제 몇몇 산업분야에서 기업체 내부의 협력이 갖는 장점이 나타나고 있다. 분명하고 정형적인 계약, 조직구조 및 인센티브체계를 갖춘 기업들은, 구성원들의 기대와 믿음, 사회적 규범 및 지도력의 성격에 따라 분명히 다른 성과를 보여주고 있다. 어떤 유형의 정형적인 인센티브도 지속적인 능률성 손실을 초래하는 이기적인 행동이 나타날 수 있는 여지를 보유하고 있다. 결론적으로 말하면, 이기적인 행동에서부터 자발적으로 탈피하여 올바른 형태의 협력을 유도할 수 있는 계층제가 그렇지 못한 조직에 비하여 중요한 경쟁력 우위를 점유하게 될 것이라는 점이다.

Miller는 반복게임이론이 계층제에서의 협력적 행동 분석에 있어서 중요한 기여를 할 수 있다는 것을 보여주고 있다. 이 이론은 계층제를 정형적인 경제적 인센티브와 구별짓는 다양한 범위의 행태를 이해할 수 있는 신축적인 수단을 제공한다. 동시에, 이러한 분석은 계층적 조직간의 주요한 차이는 분명한 경제적 특성이 아니라 정치적 특성이라는 점을 제시한다. 계층적 조직은 단순히 관리자가 조작할 수 있는 경제적 인센티브와 공식구조의 영역이 아니라 오히려 정치적 지도력, 이념 및 목표 설정의 영역으로 간주되어져야 한다는 주장이다.

다양한 개인들로 이루어진 조직을 기계처럼 만들 수 있는 방법은 없다. 관리자들은 조직이란 갈등적일 수 있는 다양한 이해관계를 가진 개인들로 구성되어 있다는 점을 인식해야 한다. 정보 비대칭성(부하직원에 대한 감독의 한계라는 형태에서)과 생산 외부효과(부하직원간의 고도의 시너지 수준이라는 형태에서)는 단기적인 경제적 인센티브만의 조작으로는 팀생산과정의 잠재적 능률성을 충분히 실현하는 것이 불가능하도록 만든다. 관리자는 관심과 신뢰의 사례를 제시함으로써 구성원들로 하여금 협력하고 신뢰하려는 의지를 갖도록 고취할 필요가 있다. 반복적인 사회적 딜레마 상황에서 협력은, 관계가 지속될 가능성이 높고 참여한 모든 구성원들이 상대방의 상호존중 의지에 대한 일관된 기대를 갖고 있는 한, 합리적 행위자들에 의해 지속될 수 있다. 인센티브가 능률적인 산출을 초래하기에 부족한 상황에서, 관리자의 역할은 이러한 두 가지 조건을 확립하는 것이다.

정보 비대칭성과 팀의 상호의존성이 증가할수록, 이기적인 부하직원들은 일을 태만하게 하고 자신의 사적 정보를 허위로 보고할 가능성이 더욱 증가한다. 따라서 부하직원들이 열심히 일하도록 만들기 위해서는 계층제적 감독과는 다른 무엇을 발견하는 것이 필수적이다. 계층제의 기원은 시장실패에 있다. 그러나 합리적인 목표중심적 행동은 시장에서와 계층제에서 서로 다르다. 그 이유는 계층제에서의 성공은, 언제 협력과 팀워크가 적절하고, 어떻게 장기적으로 상호존중과 보상이 이루어지는가에 대한 상호 강화된 기대를 확립함으로써 이루어진다. 이러한 이유로 인해, 부하직원간의 협력과 신뢰의 규범을 고취할 수 있는 관리자들은 정형적인 인센티브에만 의존하는 관리자들보다 보다 많은 성과를 실현해낼 수 있을 것이다.

그럼, 어떻게 하면 계층제에서의 정보 비대칭성 문제를 극복하여 조직구성원들이 이기적인 행동에서 탈피하여 조직목표 달성을 위해 헌신하도록 유도할 수 있는가? 이에 대한 Miller의 해답은 협력과 지도력이다. 계층제에서 수직적·수평적 관계가 장기간 보장된다면, 구성원들은 상호 협력이라는 기대를 공유하게 되고, 협력은 균형으로서 지속될 것이다. 상사와 부하간의 선물(부하는 상사가 요구하는 것보다 많은 노력을 기울이고, 상사는 부하의 예상보다 많은 금전적·비금전적 보상을 주는 것을 의미) 교환(gift exchange)이 이루어진다면, 상사와 부하간의 상호 협력이 지속적으로 이루어질 수 있다. 부하직원이 성실히 업무를 수행하였을 때, 상사가 이를 인정해주고 이에 상응하는 금전적·비금전적 보상을 하게 되면, 부하직원은 보다 열심히 직무를 수행할 것이다. 그러나 상사가 이에 상응하는 보상을 하지 않거나 상사가 추구하는 방향이나 이해관계가 부하직원들과 상반되는 경우, 부하직원들은 상사에게 협력하기를 꺼려하게 된다. 조직의 상급자들이 먼저 자신들의 단기적인 자기이익(self-interest)을 초월하여 부하직원들과의 협력적 관계 확립에 솔선수범하여야만, 부하직원들의 협력을 유도할 수 있다. 이러한 몰입(commitment)은 보다 능률적인 협력적 결과를 지속하는 데 필수적이다.

협력문제를 해결하기 위해서는 모든 참여자들간의 상호 보완적인 심리적 기대를 구축하여야 한다. 계층제가 갖는 장점은 공통의 지식과 협력적인 업무규범을 창조하는 수단이라는 점이다. 조직문화(organizational culture)는 조직내에서 서로가 강화시켜 나가는 신념과 기대라고 볼 수 있다. 협력적인 조직문화는 구성원 각자가 다른 모든 구성원들도 협력하고, 협력의 규범을 보다 강화해 나갈 것으로 믿는 것을 의미한다. 협력적 조직문화를 구축하기 위해서는 관리자들이 먼저 협력적인 문화에 확실히 몰입하도록 하여야 한다. 이것이 바로 관리자들이 보여야 할 정치적 지도력(political leadership)이다.

지도력은 기대를 창출하는 것이다. 각 개인의 지각은 항상 다른 사람으로부터의 다양한 의사소통 및 신호로부터 영향을 받는다. 한 사람에 대한 평판(reputation)은 그 사람이 어떤지에 대한 다른 사람들의 심리적 인식에 기반을 두고 있다. 따라서 고위관리자들은 협력에 대한 평판을 쌓아야 한다. 부하직원들이 더 많은 노력을 기울이면 이에 대한 보답으로 더 많은 보상을 할 의지가 있다는 평판을 구축하여야 한다. 이러한 평판은 과거 행동, 공개적인 선언 또는 상징의 의도적 사용이나 신화의 조작을 통해 만들어갈 수 있다. 첫째, 달성하려는 목표를 분명히 설정하고 이에 대한 헌신을 지속적으로 밝힌다. 둘째, 목표를 달성하도록 지원하려는 인식 공유가 지속되도록 의사소통망을 형성한다. 셋째, 상호 협력이 긴요하다는 믿음을 조직구성원 모두가 공유하도록 한다. 마지막으로, 지도자는 자신의 헌신과 개인적 성장 사례를 보여줌으로써 위의 3가지 점들이 보강되도록 노력하여야 한다.

협력과 지도력을 통해 형성되는 조직몰입(organizational commitment)을 지속적이고 신뢰할 수 있는 형태로 유지하기 위해서는, 지도자는 집권화된 의사결정권한을 부하직원들과 공유하여야 한다. 높은 조직몰입을 지속하기 위해서는 근본적으로 관리자의 권한을 업무수행집단에게 위임하여야 한다. 업무수행집단은 스스로 목표를 설정하고, 목표를 달성하기 위한 방법을 결정하고, 열성을 다해 업무를 수행하고 정보를 공유하도록 고취하는 규범을 강화할 수 있도록 훈련을 받아야 한다. 그리고 이를 통해 조직구성원 전체가 주인의식(ownership)을 갖도록 유도하여야 한다.

이러한 Miller의 주장은 경제학적 분석이라기보다는 전통적인 행태론적 분석에서 다루는 규범 및 조직문화와 같은 개념을 게임이론적으로 재해석하는 것이다. 부하직원들의 경우, 다른 구성원들, 특히 상급자들이 자발적으로 적절한 협력을 한다는 확신을 갖는 경우에만 협력적 전략을 사용하는 것이 합리적이다. 이것은 조직의 지도자들이 협력적인 장기적 균형에 대한 조직의 기대를 구축하고자 원한다면, 먼저 스스로가 적절한 행동에 몰입할 수 있는 방법을 찾아야만 한다는 것을 의미한다. 이를 위해서는 조직 내의 정치적 권력 및 재산권(property rights)을 적절히 분산시키는 것도 중요하다. 정치적 대표성의 구축 및 부하직원들의 재산권에 대한 합의는 계층제에서의 협력문제를 해결할 수 있으며, 또한 계층제에서의 사회적 딜레마에 대한 보다 효율적인 해결방안을 제공하게 될 것이다.

조직이론의 발흥 이래, 조직통제(organizational control)라는 주제에 대하여 두 가지 유형의 연구들이 수행되어 왔다. 하나는 조직통제를 동기부여 제공이라는 기계적(mechanistic) 문제로 파악하고, 동기부여를 통해 이기적이면서 내적 동기 유발이 되지 않는 조직구성원들은 조직목표 달성을 위해 노력하는 것이 자신의 이익에 도움이 된다는 것을 발견하게 된다는 견해이다. 즉, 관리란 보상과 처벌이라는 공정한 체제를 통해 부하직원들의 행동을 통제하는 것으로 여긴다. 이러한 연구경향은, 구성원에 대한 동기부여 방법으로서 성과급제를 열렬히 주창한 '과학적 관리의 아버지'인 Frederick Taylor와 연결되어 있다. 보다 최근 대두되고 있는 대리인이론(principal-agent theory)의 문헌들도 이러한 기계적 접근방법에 거의 전적으로 매달리고 있다. 이 이론에 의하면, 대리인은 분명한 선호를 가지고 효용극대화를 추구하는 합리적 존재이며, 위임자의 역할은 대리인이 합리적인 반응을 하도록 인센티브시스템을 설계하여 대리인이(위임자의 입장에서 볼 때) 가장 최선의 행동을 하는 것이 대리인 자신의 이익에도 도움이 되도록 만드는 것이다. 이러한 접근방법에서는, 관리자의 목적이란 필연적으로 조직의 '기계'(machine)를 돌리는 것이기 때문에, 지도력(leadership)은 무시되고 있다.

이와는 반대로, 정치학과 조직심리학에 기반을 둔 보다 유기적(organic)인 견해는 조직에서의 자원배분은 지도자의 결정에 의한 것으로 본다. 관리자의 우선적인 역할은 지도력을 발휘하는 것으로, 이는 협력하고, 위험을 감수하고, 쇄신하고, 요구수준 이상의 노력을 하도록 구성원들을 고취하는 것을 의미한다. 이 접근방법의 초기 사례는 Chester Barnard의 The Functions of the Executive (1938)이다. Barnard는 조직이란 근본적으로 개인들의 협력집단이라고 파악하고, 관리자의 주된 임무는 조직구성원들이 개인적인 이기심에서 벗어나도록 고취하는 것이라고 주장한다.

Miller는 조직이 당면한 딜레마를 해결하기 위하여 이 두 가지 접근방법을 상호 연계시키고 있다는 점에서 큰 의미가 있다. 시장실패를 극복하기 위한 대안인 계층제 역시 시장실패의 원인인 정보 비대칭성 문제를 안고 있다. 이 문제를 해결하기 위하여 기계적 접근방법은 인센티브시스템을 개발하고자 노력하였으나, 이상적인 인센티브시스템은 발견되지 않고 있다. 반복게임이론을 적용하여 분석한 결과, 협력과 지도력을 통해 조직몰입을 이루는 것이 딜레마 상황을 극복하는 방법으로 나타났다. 이러한 방법은 유기적 접근방법에서 주로 다루는 주제들이다. 따라서 Miller는 조직구성원 각자가 이기적인 행동에서 탈피하여 조직목표 달성을 위해 매진할 수 있도록 만드는 방법은 바로 협력적 조직문화를 형성하는 것이며, 이를 위해서는 구성원들이 신뢰할 수 있도록 관리자들이 먼저 조직을 위해 헌신하는 모습을 보여주는 지도력을 발휘하여야 한다고 주장한다. 또한 Miller는 이러한 연계를 통해 조직이 당면한 문제를 해결하는 방법을 모색하는 데 있어서 기계적 접근방법이나 유기적 접근방법이 모두 유용할 뿐만 아니라, 각 접근방법의 연구성과를 서로 교류함으로써 조직에 대한 보다 풍부한 분석과 이해가 가능하다는 것을 보여주고 있다.

참|고|문|헌

Alchian Armen & Harold Demsetz, "Production, Information Costs and Economic Organization," *American Economic Review*, 62, 1972, pp. 777~795.

Barnard, Chester I., *The Functions of the Executive*, Cambridge: Harvard University Press, 1938.

Coase, R. H., "The Problem of Social Cost," *Journal of Law and Economics*, 3, 1960, pp. 1~44.

Groves, Theodore, "Incentives in Teams," *Econometrica*, 41, 1973, pp. 617~631.

Miller, Gary J., *Managerial Dilemmas: The Political Economy of Hierarchy*, Cambridge: Cambridge University Press, 1973.

Williamson, Oliver E., *Markets and Hierarchies*, New York: Free Press, 1975.

Gary A. Yukl의
조직에서의 리더십*

Ⅰ. Yukl에 대하여

Yukl은 1967년에 University of California at Berkeley에서 박사학위를 취득하고 리더십분야에서 활동해 왔으며 현재 뉴욕 주립대학(State University of New York at Albany)에서 근무하고 있다. 처음에 리더십분야에 연구를 하면서, 그는 당시에 유행하던 F. E. Fiedler의 상황적 특성이론에서부터 출발하였다. 1970년대에는 방향을 바꾸어 리더십의 특성이론보다는 행동이론에 더 많은 관심을 가지고 연구를 하였다. 이 때에, 그의 글이 발표된 학술지로서는 *Organizational Behavior and Human Performance, Personnel Psychology, Journal of Social Psychology* 등이 있다. 70년대 말을 거쳐 80년대에 오면서부터는 보다 실무계를 겨냥한(practioner-oriented) 연구를 많이 하였다. 따라서 그의 글은 'leadership'이란 제목보다는 'managerial behavior'란 제목을 달게 된다.

이 글에서 소개되는 Yukl의 *Leadership in Organizations*는 1981년에 1판, '89년에 2판, '94년에 3판, '98년에 4판이 나왔다. '70년대까지의 연구를 총정리한 1판에서는 행동, 특성, 및 상황이론 중심이었고 관리자 행동에 대한 언급은 최소한도에 그쳤으나 2판에서는 80년대에 그가 부쩍 관심을 기울인 'managerial behavior'가 상당부분 포함되어 있다. Yukl은 관리자의 역할 가운데 리더로서의 역할이 있음을 이해하고서 리더십의 이론을 관리자행동의 이론으로 제시하는 입장을 취하기 시작했다. 80년대 후반부터 'leadership'과 'management'를 구분하면서, 한편으로는 연결해 보려는 노력이 가속화되는 추세와 궤를 같이 한 것이다. 제3판에서는 리더와 관리자를 거의 구분 없이 쓰고 있으며, 보편행동이론에 상황적응적 행동선택의 개념을 추가하고 있고, '80년대 후반부터 불어닥친

---

* 이순묵: 성균관대학교 심리학과 명예교수.

경제적 소용돌이 속에서 부각된 전략적 리더십을 논의하고 있다. 그러나 무엇보다도 리더와 구성원간에 공유하는 리더십과 상이한 문화 속의 리더행동을 인식한 것은 앞으로 연구의 방향을 제시한 것으로 본다. 제4판에서는 3판에서 쌍방적 영향력과정 속에서 다루었던 리더-구성원 교환이론과, 참가적 리더십의 극단적 발달행태로 다루었던 자기관리팀을 각각 독립된 장으로 만들어 부각시키고 있으며, 아울러 리더가 변화의 리드를 책임진다는 측면, 리더스킬의 개발을 각각 새로운 장으로 추가하였다.

Ⅱ. Yukl의 저서; Leadership In Organizations

이 책은 공식조직에서의 관리자의 리더십을 중점으로 다루며 다음과 같이 열 네 개의 토픽으로 나누어 소개한다: ① 리더십의 본질, ② 관리자 업무의 성격, ③ 효과적인 리더십행동, ④ 업무중심의 구체적 행동들, ⑤ 관계중심의 구체적 행동들, ⑥ 참여적 리더십과 위양, ⑦ 권한과 영향의 원천, ⑧ 영향력의 과정, ⑨ 관리자의 특질(trait) 및 기능, ⑩ 상황적 이론, ⑪ 카리스마적 리더십, ⑫ 변혁적 리더십, ⑬ 최고경영자의 전략적 리더십, ⑭ 리더십스킬의 개발.

1. 리더십의 본질

리더십이 무엇이냐고 하면 너무나 여러 가지로 정의되고 있다. 그러나 이 책에서는 'managerial leadership', 즉 관리자 또는 경영자의 리더십에 대해서 논의한다. 그러면 리더십의 효과를 재는 준거변수들은 어떤 것일까? 그룹의 수행, 그룹목표의 달성, 그룹의 생존, 그룹의 성장, 위기에 대처하는 그룹의 능력, 리더에 대한 부하의 만족, 그룹목표에 대한 부하의 몰입도, 그룹구성원의 심리적 복지 및 개발, 그룹 내 리더지위의 유지 등이라고 할 수 있다.

리더십에 대한 연구는 연구자가 가지는, 리더십에 대한 개념 및 방법론적인 선호에 따라 다른 방식으로 연구되어 왔다. 몇 가지 연구의 접근방식을 보면 다음과 같다: ① 특질(trait)중심 ② 행동중심 ③ 권한-영향 중심 ④ 상황중심 ② 구성원의 지각 및 귀인 중심. 이제껏 리더십연구는 세분화되어 가기만 했으나 서로 상이한 접근간에 연계된 연구는 지난 40여 년간에 거의 없었다. 그러나 이제 복수의 접근을 반영하는 연구들이 증가하고 있다. 상이한 접근의 연구들이 점점 수렴해가고 있는 것은 고무적이다.

한편 2판에서와 달리 3판에서부터 Yukl은 '리더십'과 '관리자행동'의 구별이 불필요함을 과감하게 제시하고 있다.

2. 관리업무(managerial work)의 성질

관리자들의 업무라고 하면 조용하고 쾌적한 사무실에서 보고서를 읽고, 생각하고, 계획하고, 조직하고, 문제해결을 하는 것으로 생각하기 쉬운데 사실상 그들의 업무에는 아주 많은 사소한 일들이 포함된다. 따라서 많은 경우 관리자는 계획이나 생각을 할 수 있는 뭉텅이 시간(block of time)을 갖기가 어렵다. 조직에서 낮은 수준으로 내려 갈수록 더욱 그렇다. Yukl은 Mintzberg가 분류한 관리자의 역할에 대해 소개하고 있다. 이 역할들은 크게 나누어 대인관계 역할, 정보처리 역할 및 의사결정 역할로 나뉜다.

대인관계 역할이라면 그룹의 상징 또는 대표(figurehead)로서, 부하를 지휘감독하는 리더로서, 많은 사람들간의 관계를 연결하는 매개자(liaison)로서의 역할이 있다. 정보처리 역할로서는 여러 가지 원천에서 정보를 찾아내는 모니터(monitor)로서, 조직의 방침, 목표, 정책, 표준 또는 특정의 반응에 대한 정보를 부하에게 전달하는 정보전달자(disseminator)로서, 정보를 조직체 밖의 사람들에게 내보내는 대변인(spokesman)으로서의 역할이 있다.

끝으로 의사결정 역할로서는 상황에 맞춰 조직을 꾸려가고 설계하는 기업가로서, 위기를 해결하는 해결사(disturbance handler)로서, 또는 조직의 여러 환경요소(예: 노동조합, 하청회사…)들과의 협상을 하는 협상자로서의 역할이 있다. 여기서 리더로서의 역할은 관리자가 수행하는 역할 중 하나로 나타나고 있다. 그러나 Yukl은 이 부분을 제외하고 나머지 부분에서는 이미 1장에서 언급한 바와 같이 리더십과 관리자행동을 상호교환적으로 쓰고 있다.

3. 리더의 효과적인 행동

리더십의 이론 중 리더의 행동을 중심으로 한 이론에 대한 검토를 할 때 효과적인 리더십을 가져온다고 여겨지는 보편적인 행동에 대한 논의는 보편적 행동이론(universal behavior theory)이라고 해도 무방할 것이다. 보편적 행동을 찾아내는 연구는 1950년대, 1960년대에 미국 Ohio 주립대학과 미시간 대학의 심리학자들에 의해 실시되었다.

Ohio 주립대의 연구에서는 1800개의 리더십행동을 뽑아서 결국에는 두 개의 차원으로 요약하였다: 부하에 대한 배려(consideration), 구조화(initiating structure). 부하에 대한 배려는 부하들에게 얼마나 친근하게 후원적(supportive)으로 행동하고, 관심을 보이고, 그들의 복지를 주선하는가 하는 정도를 의미한다. 구조중심은 리더가 그룹의 공식적 목표를 달성키 위해 자신의 역할과 부하의 역할을 정의하고 구조화하는 정도를 의미한다. 구조중심의 행동으로서는 일을 잘 못했을 때 비평하고, 마감날짜 지킬 것을 강조하고, 부하를 과업에 할당하고, 수행성과의 확실한 표준을 주지하며, 부하들에게 표준적인 절차를 따를 것을 요구하는 것 등이다.

미시간 대학의 연구에서 나온 결과도 Ohio 주립대의 경우와 유사하다. Ohio 주립대의 '부하에 대한 배려'는 미시간 대학 연구팀이 발견한 '관계중심적 행동'과 유사하고, '구조중심'은 미시간 대학팀이 발견한 '과업중심행동'과 유사한 내용을 의미한다. 그런데 이러한 보편행동이론은 하나의 틀(frame)로서 간주될 수 있을 뿐, 리더는 다시 그 틀 내에서 시점이나 상황에 따라서 상이한 행동을 선택하게 된다. 즉 '배려'의 차원에서도 구체적 행동은 여러 가지 있을 수 있고 '구조화'의 차원에서도 마찬가지이다. 사실 관리자는 두 가지(배려, 구조화)를 동시에 달성해 주는 행동을 선택하고자 할 것이다. Yukl은 3판에서부터 이러한 견해를 보이고 있다.

4. 업무중심의 구체적 행동들

보편행동이론에서 구조화 또는 업무중심 차원에 속하는 여러 가지 구체적 행동이 상황에 따라 선택된다. 그러한 구체적 행동들은 다음과 같다: 계획, 문제해결, 역할 및 목표의 명확화, 정보제공, 업무활동 및 환경의 감찰(monitoring).

5. 관계중심의 구체적 행동

보편행동이론에서 이야기한 관계중심 차원에서 상황에 따라 리더가 선택해야 하는 구체적 행동들은 다음과 같다: 지원, 개발, 인정(recognizing), 보상, 갈등관리 및 팀구축, 네트워킹.

6. 참여적 리더십과 위양

미시간 대학팀의 연구내용 가운데 참여적 리더십이 있다. 이것은 여러 가지 다른 이름으로 많이 불린다. consultation, joint decision making, power sharing, decentralization, democratic management. 참여적 리더십에는 의사결정에 부하의 참가를 허용하는 정도에 따라 독재적 결정, 자문적(consultation) 결정, 공동적 의사결정, 위양적(delegation) 결정 등이 있다.

참여의 정도가 높을수록 리더십을 공유하는 정도가 높아지고 구성원의 권한이 증대(empowerment) 되며 리더십의 내용도 단순히 특질이나 행동이 아니라 기능(function)이 될 것이다.

7. 권한 및 영향의 원천

리더십의 본질은 '부하에 대한 영향'의 행사이다. 그러나 그 영향을 미치는 과정은 결코 일방적이지 않다. 리더나 부하는 서로 영향을 주고 받는다. 따라서 영향력을 행사하는 편을 행사자(agent), 영향력을 행사할 때의 대상을 대상자(target)이라고 한다. 영향력을 시도한 결과로 행사자는 대상자로부터 다음의 세 가지를 얻어낸다. 몰입(commitment), 복종(compliance) 및 저항(resistance). 가장 성공적인 경우에 대상자는 마음속으로부터 행사자의 결정 및 요구에 따른다. 그렇지 않을 경우 어쩔 수 없이 복종하거나 저항하는 경우로 볼 수 있다.

조직 내에서 권한이 생기는 원천에는 크게 다음의 두 가지가 있다: ① 직책의 권한(position power), ② 인적 권한. 직책의 권한은 공식적 권위, 자원이나 보상에 대한 통제, 처벌에 대한 통제, 정보에 대한 통제, 생태학적인 통제 등을 통해서 얻어진다. 인적(人的) 권한은 전문지식, 우정, 천부적 매력(charisma)을 통해서 얻어진다.

권한은 정지된 조건이 아니다. 그것은 시간에 따라 변한다. 사회적 교환이론(social exchange theory)은, 리더나 부하간에 시간이 흐름에 따라 쌍방적인 영향력 행사에서 어떻게 권한이 얻어지고 상실되는지를 잘 설명해 준다. 사회적 교환의 대상에는 물질적인 혜택만이 아니라, 승인, 존경 및 사랑의 표시인 심리적 혜택까지 포함된다.

8. 영향력의 과정

영향은 리더십의 본질이다. 따라서 리더의 권한만 보는 것은 리더가 실제로 그것을 어떻게 사용해서 구성원에게 영향을 미치고 과업에 몰입하도록 동기부여시키는지에 대해서 충분한 정보를 제공하지 않는다. 영향과정은 영향의 전술(tactic)에 의해서 효과성이 결정된다. 그 전술 또는 영향행사의 방식 다섯 가지만 보면 다음과 같다: ① 합리적 설득, ② 교환전략(exchange tactics), ③ 합법적 요구, ④ 압력행사(pressure tactics), ⑤ 개인적 호소(personal appeals). 합리적 설득은 논리적 논의 및 사실적 증거를 써서 대상자를 설득하는 것이다. 교환전략은 어떤 보상을 주겠다는 약속을 하면서 대상자에게 요구 내지 제한을 하는 것이다. 합법적 요구는 행사자가 조직체 내의 규범, 정책, 방침 등에 따르는 권위에 의한 또는 역할상의 요구를 하는 것이다. 압력행사는 그야말로 대상자를 위협하는 방식이다. 개인적 호소는 사정을 한다든지 개인적 친분관계를 이용하는 것이다.

그러면 리더는 얼마나 많은 권한과 영향행사를 가져야 그룹의 운영에 효과적인가? 필요한 권한의 양은 그 리더가 무엇을 달성하고자 하며 권한을 사용하는 데 어떤 스킬을 가지고 있는지에 의존한다. 또한 상황에 따라 효과적인 리더가 되기 위해 보다 많은 권한을 필요로 한다. 영향행사의 면에 있어서, 대부분의 효과적인 조직에서는 리더와 부하간에 서로 영향을 주고 받는다. 일대일로 주고받는 관계 속에서 리더십의 일대일연결이론(dyadic linkage theory)도 자리를 잡아간다.

9. 관리자의 특질 및 스킬

리더십연구에서 특질이론은 아주 일찍이 출발하였다. 특질(trait)이론에서는 성공적인 리더는 어떤 특질을 가지고 있는가 하는 것이 그 관심사이다. 이 장에서는 성공적인 관리자는 어떤 개인적 특질 또는 속성을 가지는가 하는 것을 살펴본다. 따라서 일단은 리더십의 특질이론에서 출발하여, 관리자 선발시 리더로서의 속성을 재는 평가센터(assessment center)까지 소개한다. 여기서 말하는 특질에는 성격, 기질, 욕구, 동기 및 가치의 측면들이 포함된다. 이들 특질의 일부는 학습에 의해, 또 다른 일부는 유전에 의해서 획득된다.

스킬(skill)은 다양한 형태의 인지적 또는 행동적 활동을 효과적으로 수행하는 능력이다. 특질과 마찬가지로 스킬도 학습 및 유전에 의해서 결정된다. 관리상의 스킬관점에서 가장 널리 쓰이는 스킬은 다음 세 가지이다: ① 기술적 스킬, ② 대인스킬, ③ 개념적 스킬. 기술적(technical) 스킬은 전문적인 활동을 수행하는 데 필요한 방법, 과정, 및 기술(technique)에 대한 지식과 그러한 활동에 관련된 도구 및 장비를 사용하는 능력을 의미한다. 대인스킬은 인간관계의 행동 및 과정에 대한 지식과 능력이다. 개념적 스킬은 일반적인 분석능력, 논리적 사고, 개념형성의 유능성, 아이디어 발상 및 문제해결의 창의성, 그리고 사건분석·추세지각·변화예기·기회포착·잠재적 문제의 인식에 관련된 능력 등을 포함한다.

10. 리더십의 상황적 이론

여기서는 House의 목표경로(path-goal)이론, Kerr와 Jermier의 리더십대체이론(leadership substitute theory), Yukl 본인의 다중연결모형, Fiedler의 LPC이론 및 인지적 자원이론을 소개하고 있다.

목표경로이론에서는, 리더의 행동은 부하에게 만족을 주는 직접·간접의 원천으로 인식되는 정도의 범위에서 수용된다는 견해를 보인다. 즉 부하가 작업목표를 달성하고 보상을 받는 경로 또는 길(path)을 잘 밝혀주고 장애물을 치워주는 정도의 범위에서 리더의 행동은 부하의 동기를 유발시킬 수 있다는 것이다. 그렇다면 리더는 과업의 특성(예: 어떤 일이며 어떻게 해야 하는지) 및 부하의 특성(예: 무엇을 원하는지)이라는 상황변수에 따라 행동을 조절해야 한다.

리더십대체이론에서는 대체요인(substitute)과 무효요인(neutralizer)을 소개한다. 부하들이 모두 전문가이고, 하고 있는 일에 마음 속으로부터의 만족을 느끼면 후원적 리더십행동은 이미 주어진 것과 다름없다(대체요인). 또 부하들이 모두 경험과 능력을 가지고 있고 작업수행의 규율(rule)이 분명하면 과업중심의 리더십 역시 주어진 것과 다름없다(대체요인). 그러나 부하들이 조직에서 주어지는 보상에 무관심하고 리더에게 적당한 권한이 없으면 리더의 행동은 전혀 효과를 볼 수가 없다(무효요인).

다중연결모형은 리더의 행동이 매개변수와 상황변수(대체요인, 무효요인이 조절변수로 작용)에 의해서 집단효과성에 미치는 영향을 모형화하고 있다. 이 모형은 Yukl 본인의 모형이지만 그는 모형의 미비점과 한계를 잘 기술하고 있다.

LPC이론은 리더가 LPC(least preferred coworker: 가장 손이 잘 안 맞는 동료)에 대해서 주는 점수의 높고 낮음에 의해 집단수행이 가지는 효과가 상황변수에 의해서 조절된다는 것으로서, 제시된 역사에 비해서 효용이 떨어지는 모형이다. 인지적 자원이론은 집단수행이 리더의 특질(지능, 경험), 리더행동(지시적 리더십 행동), 그리고 상황변수(대인스트레스, 과업의 성질)간의 복잡한 상호작용에 의해서 결정된다는 이론이다.

이제껏의 상황이론들은 주어진 상황에서 반응하는 하나의 최선(single best way)이 있음을 묵시적으로 가정하고 있는데, 업무의 특성상 관리자가 모든 상황유형에 처해서 최적행동을 명세하는 복잡한 이론을 적용하는 것은 불가능함이 지적되고 있다. 오히려 보편이론과 상황이론의 요소가 결합된 이론이 필요하다는 것이다. 즉 보편이론의 요소 가운데서도 보다 응용하기 쉬운 구체적 원리가 있으면 관리자에게 현실적 도움이 될 것이다.

11. 카리스마적 리더십

1980년대에 와서 관리자들의 카리스마적 리더십, 조직문화(organizational culture)의 확립, 조직의 변혁 또는 조직의 활성화 등에 대한 연구가 관심을 끌기 시작했다. 이들은 미국의 기업들이 다른 나라에 뒤떨어짐을 자성하는 가운데 무엇인가 카리스마적인(charismatic), 또는 기업의 체질을 혁신하는 리더십을 통해서만이 조직 구성원의 태도를 바꾸고 조직의 목표에 몰입하게 할 수 있겠다 싶어서 부각된 개념이라고 할 수 있다. 카리스마적 리더십과 혁신적 리더십은 겹치는 내용도 많지만 달리 보는 사람도 있으므로 여기에서는 전자만 보기로 한다.

카리스마적 리더십에서의 '카리스마'는 천부의 재능을 의미하는 그리스말이다. 그러나 리더십에서의 '카리스마'는 추종자들이 리더의 능력과 행동에 대한 지각에서 결과되는 것으로 보여진다. House에 의하면 다음과 같은 요소들에 의해 리더의 카리스마는 발생한다.

1) 리더의 신념이 옳다고 보는 추종자들의 신뢰도
2) 추종자들의 신념과 리더의 신념의 유사성
3) 추종자들이 리더를 의문 없이 받아들이는 정도
4) 추종자들의 리더에 대한 사랑
5) 추종자들이 리더에 대한 복종을 기꺼이 함

6) 추종자들의 정서가 조직의 목표에 몰입됨

7) 추종자들이 고양된 수행목표를 가짐

8) 추종자들이, 자신들은 그룹의 목표달성에 공헌할 수 있다고 하는 신념

12. 변혁적 리더십과 문화적 리더십

변혁적(transformational) 리더십의 초기개념으로서 Burns의 'transforming' 리더십은 "리더와 추종자가 서로를 보다 높은 수준의 도덕성과 동기유발의 상태로 고양시키는 과정"으로 정의된다. 그에 의하면 리더는 추종자들에게 보다 높은 이상과 도덕성을 호소하여 의식수준을 높인다. 그는 'transforming' 리더십과 거래적(transactional) 리더십을 구분한다. 후자의 경우는 추종자들에게 이해관계를 호소하여 동기유발을 한다.

Bass는 Bruns의 초기아이디어에 기초해서 변혁적 리더십의 이론을 제시하였다. Burns는 'transforming' 리더십을 긍정적 도덕가치와 추종자의 고급욕구에 호소하는 리더로 제한하였으나, Bass는 구성원의 동기부여를 활성화하고, 몰입을 증대시키면 그 효과가 구성원에게 궁극적으로 도움이 되는가에 무관하게 변혁적이라고 하는 것이다. Bass의 변혁적 리더십 속에는 카리스마가 한 요소로 포함되어 있다. 그러나 그것으로 충분한 것은 아니라는 데서 변혁적 리더십과 카리스마적 리더십의 구분이 된다.

리더는 기본적으로 의미(meaning)의 전달자이므로 문화를 조형(shaping)하는 역할을 한다. 즉 조직의 문화에 영향을 미치는 것이다. 그러나 그것은 조직의 발달 또는 성장주기에 따라서 달라진다. 기업의 초창기에 창업자는 문화의 창달자라고 할 만큼 지대한 영향을 미친다. 문화적 리더십은 리더가 이렇게 새로운 조직을 출발시킴으로써 또 하나의 문화를 만들어가거나, 기존의 조직에서 문화에 현저한 변화를 유발하는 것을 말한다. 문화의 주도와 변화는 종종 위기 상황에서의 카리스마적 및 변혁적 리더십에 연관되어 있다.

13. 최고경영층의 전략적 리더십

1940년대에서 1980년대에 이르는 동안의 리더십은 소집단 위주였고 조직의 상층에 있는 경영자들의 리더십에 대해서는 별로 언급이 없었다. 이제 80년대에 오면서 특히 90년대에는 치열한 경쟁 속에서 경영자의 행동 및 결정이 많은

이해관계자들에게 미치는 치명적 결과를 감안할 때 그의 리더십이 어떠해야 하는가에 관심이 모이고 있다. 최고경영자는 어떻게 조직의 목표와 전략을 변화시키는가, 어떤 상황에서 변혁적 리더십이 적절한가, 그리고 조직 내 다른 관리자들이 변화과정에 참여하도록 고취되려면 어떻게 해야 하는가 하는 것이 논의된다.

참|고|문|헌

Yukl, G. A., Leadership In Organizations, 4th ed., Englewood Cliff, NJ: Prentice-Hall, 1998.

Fred Fiedler의
상황적응리더십이론*

I. Fiedler의 학문세계

　　Fred Fiedler는 현재 워싱턴 대학교(Univiersity of Washington)의 조직심리학 교수이며, 조직연구소(Organizational Research Group)의 소장으로 활동하고 있다.

　　그는 1953년에 일리노이 대학교(University of Illinois)에서 폭격기부대의 지휘관들, 포병부대의 지휘관들, 철강공장의 감독자들, 농산물회사의 감독자들, 고등학교 농구팀의 주장들 등 다종다양한 집단들의 지도자들을 대상으로 리더십 연구에 착수한 이래 지금까지 줄곧 리더십 현상의 연구와 실무계의 자문에 정열을 바쳐왔다. 그는 초기에 LPC조사표라는 일종의 태도조사표를 만들어 지도자의 유형을 확인하고, 이것을 통해 리더십 효과성을 예측하려고 시도하였다. 그는 그 동안의 연구성과에 기초하여 1964년에 리더십 효과성이 지도자유형과 상황의 적합성 여부에 달려 있다는 명제에 입각한 이른바 상황적응이론(contingency theory)을 개발하였다. 이 이론은 오늘날 리더십 이론을 주도하고 있는 이른바 상황이론(situation theory)의 효시로 평가받고 있다.

　　주지하는 바와 같이, 리더십 현상을 체계적으로 연구하기 시작한 초창기에 연구자들은 성공적인 지도자의 자질을 밝히려고 노력하였다. 1940년대와 1950년대에 성행했던 이러한 자질이론(trait theory)은 상식적 호소력에도 불구하고 여러 가지 이론적 결함들을 드러냈다. 연구자들이 지적한 지도자의 자질들이 한결같지 않았을 뿐만 아니라, 특정의 자질을 갖춘 지도자가 언제나 성공적인 리더십을 발휘한다고 볼 수 없다는 것이 밝혀졌다. 이어서 자질이론에 불만을 느낀 일단의 연구자들은 지도자의 리더십 행동을 관찰함으로써 리더십 효과성을 예측하려고 시도하였다. 고도의 리더십 효과성을 보장하는 바람직한 리더십

---

*　안성호: 한국행정연구원장.

행동유형을 발견하려고 시도된, 소위 리더십에 관한 행동이론(behavioral theory)은 기대와는 달리 후속 연구들의 심각한 비판에 직면하였다. 후속 연구들은 언제 어디서나 최고의 리더십 효과성을 보장하는 어떤 유일·최선의 리더십 행동유형이 존재하는 것이 아니라, 다른 상황에서는 다른 리더십 유형이 리더십 효과성을 높인다는 사실을 발견하였다. 이러한 발견이 리더십에 관한 상황이론의 개발을 부추기는 가운데, 최초의 대표적인 상황이론이 Fiedler에 의해 개발되었다.

　　Fiedler의 상황적응리더십이론은 리더십 현상의 해명에 크게 기여하였다. 그의 공적이 인정되어 1978년 리더십 연구에 크게 공헌한 사람에게 주어지는 영예의 제1회 스톡딜 상(The Stogdill Award)이 그에게 수여되었다. 이제까지 그의 상황적응리더십이론에 관한 후속 연구들이 무려 수백 편에 이르러 헤아리기조차 어렵다는 사실만으로도 그의 이론이 리더십 연구에 끼친 막대한 영향을 짐작할 수 있다.

Ⅱ. 상황적응리더십이론

1. 지도자유형과 LPC 조사표

　　Fiedler는 두 가지 기본적인 지도자유형, 곧 과업지향형 지도자(task-oriented leaders)와 대인관계지향형 지도자(relationship-oriented leaders)를 확인하기 위하여 LPC조사표라고 부르는 독특한 태도측정 조사표를 창안하였다.

　　LPC조사표는 '가장 선호하지 않는 동료'(LPC: Least Preferred Coworker)에 대한 지도자의 태도를 묻는 8점 척도의 문항들로 구성된다. 각 응답자는 그가 지금까지 만난 동료 작업자들을 모두 고려해보고, 이들 가운데 함께 일하기 가장 거북하고 힘들었다고 생각되는 한 사람(LPC)을 택하여 그를 평가하도록 요청받는다. 각 응답자의 LPC점수는 그가 각 문항의 8점 척도에 매긴 점수들을 합하여 얻어진다.

┃표 1┃ LPC 척도

　경험을 돌이켜 보면, 선생님은 어떤 목표를 달성하기 위해 다른 사람들과 함께 일해 본 경험이 있을 것입니다. 직장, 사교단체, 교회, 봉사단체, 운동경기팀, 그 밖의 다양한 상황에서 어떤 동료들과는 함께 일하기 쉬웠고 즐거웠던 반면, 어떤 동료들과는 함께 일하기 매우 어렵고 불쾌했던 적이 있었을 것입니다. 그러면, 지금 함께 일한 경험이 있는 모든 사람들을 생각해보십시오. 그가 현재 함께 일하고 있는 사람이라도 좋습니다. 그러나 그 사람이 반드시 개인적으로 가장 싫어했거나 싫어하는 사람일 필요는 없습니다. 다만 함께 일하기 가장 힘들었거나 힘든 사람이라면 됩니다.

　이제 그 사람을 가장 잘 묘사한다고 생각되는 점수에 V해 주십시오. 응답하실 때, 특별히 주의하실 점은 척도의 양단에 있는 형용사들을 먼저 읽으신 다음에 하나도 빠뜨리지 말고 모든 문항들에 응답해주셔야 한다는 것입니다. 그리고 가능한 한 빠른 속도로 응답해주십시오. 맨 처음에 선택한 응답이 가장 정확한 판단일 가능성이 높기 때문입니다.

유쾌한(사람)	8	7	6	5	4	3	2	1	불쾌한(사람)
친절한	8	7	6	5	4	3	2	1	불친절한
거부적인	1	2	3	4	5	6	7	8	포용적인
도움을 주는	8	7	6	5	4	3	2	1	좌절시키는
열의가 없는	1	2	3	4	5	6	7	8	열성적인
긴장시키는	1	2	3	4	5	6	7	8	편안한
소원한	1	2	3	4	5	6	7	8	친근한
냉정한	1	2	3	4	5	6	7	8	다정한
협조적인	8	7	6	5	4	3	2	1	비협조적인
지원적인	8	7	6	5	4	3	2	1	적대적인
따분한	1	2	3	4	5	6	7	8	재미있는
호전적인	1	2	3	4	5	6	7	8	화평한
자신있는	8	7	6	5	4	3	2	1	주저하는
능률적인	8	7	6	5	4	3	2	1	비능률적인
우울한	1	2	3	4	5	6	7	8	명랑한
활달한	8	7	6	5	4	3	2	1	소심한

총　점　□

자료: F. Fiedler & M. Chemers, *Leadership and Effective Management*, New York: Scott Foresman, 1974.

Fiedler는 LPC점수에 따라 응답자들의 지도자유형을 결정할 수 있다고 믿었다. 만일 응답자가 LPC에게 비교적 높은 점수를 주면, 그 응답자는 대인관계지향형 지도자로 간주된다. 왜냐하면 '가장 선호하지 않는 동료'를 호의적으로 평가하는 지도자는 좋은 대인관계를 유지하는 데 일차적인 관심을 두는 사람이라고 보기 때문이다. 반면에 LPC에게 비교적 낮은 점수를 주는 응답자는 과업지향형 지도자로 간주된다. '가장 선호하지 않는 동료'를 박하게 평가하는 지도자는 과업을 성공적으로 수행하는 데 일차적 관심을 두므로 과업의 성공적인 수행에 별 도움이 되지 못하거나 방해가 되는 LPC를 성가신 존재로 보는 경향이 있기 때문이다.

LPC에게 64점 이상을 주는 응답자는 '높은 LPC 지도자'(High LPC leader) 또는 관계지향형 지도자로 간주되며, LPC에게 57점 이하를 주는 응답자는 '낮은 LPC 지도자'(Low LPC leader) 또는 과업지향형 지도자로 간주된다. LPC에게 중간 범위의 점수를 주는 응답자들의 비율은 대략 16%에 이르는 것으로 알려지고 있다(S. Shiflett, 1981, pp. 765~769). LPC에게 중간 범위의 점수를 주는 응답자들은 관계지향형 지도자나 과업지향형 지도자로 분류될 수 없으며, 따라서 상황적응이론의 예측가능한 범위 밖에 있다.

LPC점수에 근거해 구분된 지도자유형은 행동이론에서 밝혀온 리더십 행동유형과는 다르다. LPC 점수에 의해 확인된 지도자유형은 자질이론에서 밝혀 온 지도자의 특성에 해당된다. 왜냐하면 LPC 조사표는 지도자가 실제 상황에서 어떻게 리더십 행동을 수행하는가를 묻는 것이 아니라, LPC에 대한 지도자의 성향과 성격을 확인하는 것이기 때문이다. 따라서 혹자는 Fiedler의 이론을 상황적응자질이론(situation-contingent trait theory)이라고 부르기도 한다.

2. 상황변인

Fiedler는 리더십 효과성이 지도자유형과 상황의 함수라고 보기 때문에 LPC점수를 통해 지도자유형을 확인한 다음에 상황의 속성을 밝히고자 한다. 그는 지도자의 상황통제력(situational control) 수준에 따라 리더십이 행사되는 상황의 유리성(situational favorableness)이 달라진다고 본다. 말하자면, 지도자가 상황에 대해 더 많은 통제력을 행사할수록 다른 사람들의 선의에 덜 의존하게 되고, 따라서 더 유리한 입장에서 리더십을 발휘할 수 있다고 본다.

Fiedler는 상황의 유리성을 규정하는 세 가지 상황변인들로서 지도자와 구성원의 관계(leader\member relations), 지위권력(position power), 과업구조(task structure)를 고려한다.

1) 지도자와 구성원의 관계: 지도자에 대한 구성원들의 신뢰와 존경의 수준은 상황의 유리성을 결정하는 가장 중요한 요인이다. 구성원들로부터 신뢰와 존경을 받는 지도자는 그렇지 못한 지도자보다 구성원들의 행동에 더 큰 영향력을 행사할 수 있다.

2) 지위권력: 구성원들의 임용, 해고, 승급, 승진 등의 결정에 행사할 수 있는 지도자의 권력은 상황의 유리성을 규정짓는 하나의 중요한 요인이다. 구성원들에게 상벌을 줄 수 있는 지위권력을 많이 가진 지도자는 그렇지 못한 지도자보다 구성원들의 행동에 더 큰 영향력을 행사할 수 있다.

3) 과업구조: 과업의 구조화수준은 상황의 유리성을 규정짓는 또 하나의 중요한 요인이다. 과업수행에 필요한 구체적인 업무지침이 있고, 과업의 성공적인 완수를 보장하는 명백한 표준운영절차가 마련되어 있으며, 과업의 성과측정이 용이한 경우에, 과업은 고도로 구조화되어 있는 것이다. 고도로 구조화된 과업은 비구조화된 과업보다 지도자로 하여금 구성원들의 행동에 더 많은 영향력을 행사할 수 있도록 한다.

Fiedler는 이들 세 가지 상황변인들 각각에 대하여 좋음/나쁨, 강함/약함, 높음/낮음으로 등급을 매기도록 한 다음, 이들 세 가지 상황변인들을 조합하여 여덟 가지 상황들을 도출한다. 이들 여덟 가지 상황들은 지도자의 상황통제력 수준에따라 크게 '유리한 상황군', '중간적 상황군', '불리한 상황군'으로 나뉘어진다.

여덟 가지 상황들 가운데 가장 유리한 상황의 사례로 구성원들과 좋은 관계를 유지하고, 작업자들을 재량껏 쓸 수 있는 권한을 갖고, 설계도와 공정계획에 따라 다리를 건설하는 현장감독이 처한 상황을 들 수 있다. 이 상황에서 현장감독은 구성원들의 행동에 상당한 영향력을 행사할 수 있는 매우 유리한 입장에 놓여 있다.

여덟 가지 상황들 가운데 가장 불리한 상황의 사례로 소풍에 대한 안건을 처리하는 사친회의 의장이 처한 상황을 들 수 있다. 구성원들과의 관계가 별로 좋지 못하고, 지위권력도 거의 없으며, 고도로 비구조화된 과업(모든 사친회 회원들을 즐겁게 해 주는 일)을 수행해야 하는 사친회 의장은 상황통제력이 거의 없는 매우 불리한 상황에 놓여 있다.

중간적 상황의 사례로는 제한된 지위권력을 갖고, 구성원들로부터 호감을 얻고 있는 연구팀의 지도자를 들 수 있다.

3. 연구가설과 경험적 분석의 결과

Fiedler는 지도자의 유형과 상황의 유리성 수준을 통해 리더십 효과성을 예측하고자 한다.

그는 리더십 효과성을 어떤 특정 시점까지 집단이 이룩한 주요 업무의 수행성과로 간주한다. 예컨대, 생산부서 관리자의 리더십 효과성은 제품의 생산량으로 측정될 수 있으며, 교장의 리더십 효과성은 학생들의 시험성적으로 파악될 수 있다고 본다.

Fiedler는 상황이 매우 유리하거나 또는 매우 불리할 경우에 낮은 LPC 점수의 과업지향형 지도자가 높은 LPC 점수의 대인관계형 지도자보다 더 효과적일 것이며, 상황의 유리성이 중간 수준일 경우에는 대인관계형 지도자가 과업지향형 지도자보다 더 효과적일 것이라는 연구가설을 설정한다.

Fiedler가 설정한 연구가설에 포함된 변인들 사이의 인과관계를 요약하면 다음의 [그림 1]과 같다.

Fiedler가 설정한 연구가설의 타당성을 검증하기 위한 노력은 Fiedler 자신을 포함한 수많은 연구자들에 의해 실험연구나 현장연구를 통해 꾸준히 진행되었다. Fiedler(1984)는 1963년대까지 자신이 수행한 탐색적 연구들의 결과와 이론모형을 확정한 1964년 이후에 수행된 수많은 타당성 검증결과를 [그림 2]와 같이 요약하고 있다. 이 그래프의 횡축은 상황통제력이 가장 높은 〈상황 1〉로부터 상황통제력이 가장 낮은 〈상황 8〉까지의 여덟 가지 상황들을 나타내고 있다. 그리고 종축은 지도자의 LPC점수들과 리더십 효과성 사이의 상관계수를 나타내고 있다. 여기서 정(正)의 상관계수는 높은 LPC점수의 지도자들이 낮은 LPC점수의 지도자들보다 더 효과적인 리더십을 발휘한다는 것을 말하며, 부(負)의 상관계수는 낮은 LPC점수의 지도자들이 높은 LPC점수의 지도자들보다 더 효과적인 리더십을 발휘한다는 것을 보여 주고 있다.

[그림 2]에서 절선(折線)은 1963년 이전에 Fiedler 자신이 수행한 탐색연구들의 중위상관계수들을 나타내고, 실선(實線)은 1964년 이후에 상황적응이론을 검증한 연구들의 중위상관계수들을 나타낸다. 그리고 점선(點線)은 Chemers와 Skrzypek(1972)이 미국 웨스트포인트 육군사관생도들을 대상으로 실험연구한 결과를 나타내고 있다. 이 연구는 Fiedler의 가설을 강력하게 지지하고 있다.

Fiedler(1984, p. 378)는 초기의 탐색연구들의 중위상관계수들과 웨스트포인트연구의 중위상관계수들 사이에 매우 높은 상관관계(r=0.8, p⟨0.01)가 있음을 확인하고 있다.

▌그림 1▌

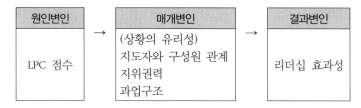

▌그림 2▌ 상황적응이론의 타당성 검증결과

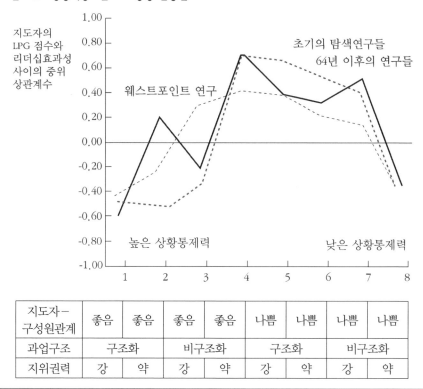

지도자 – 구성원관계	좋음	좋음	좋음	좋음	나쁨	나쁨	나쁨	나쁨
과업구조	구조화		비구조화		구조화		비구조화	
지위권력	강	약	강	약	강	약	강	약

자료: F. Fiedler, "Situational control and a Dynamic Theory of Leadership," D. S. Pugh, ed., *Organization Theory*, 2nd ed., New York: Penguin Books, 1984, p. 377.

Fiedler의 가설을 검증한 기존의 연구들을 분석한 L. H. Peters 등(1985, pp. 274~285)에 의하면, 상황적응이론은 실험연구들의 경우에는 〈상황 2〉를 제외한 나머지 상황들에서 지지되고 있으며, 현장연구들의 경우에는 〈상황 2〉, 〈상황 5〉, 〈상황 7〉, 〈상황 8〉에서 지지되고 있다. 현장연구들과 실험연구들 사이에 다소의 차이를 보이고 있지만, 기존의 주요 연구들은 상황적응이론을 대체로 지지하는 경향이 있다고 볼 수 있다. 요컨대, 과업지향형 지도자는 매우 유리하거나 매우 불리한 상황에서 업무를 효과적으로 수행하는 경향이 있으며, 대인관계 지향형 지도자는 유리하지도 불리하지도 않은 중간 범위의 상황에서 업무를 효과적으로 수행하는 경향이 있다고 하겠다.

4. 리더매치 훈련

Fiedler 등(1976)은 리더십 효과성을 향상시키기 위해서는 지도자유형과 상황을 상응시키는 이른바 리더매치(Leader Match) 훈련이 필요하다고 보아 리더십 훈련교재를 개발하였다. 이 교재는 관리자들이 자신의 지도자유형과 상황을 진단하고, 만일 지도자유형과 상황이 상응하지 않을 경우에 양자를 상응시키는 방법들을 소개하고 있다.

Fiedler는 지도자유형이 성격에서 비롯된 것이기 때문에 지도자 유형을 바꾸려고 노력하는 것은 비현실적이라고 주장한다. Fiedler의 이러한 입장을 견지하는 경우에 리더십 효과성을 향상시키는 두 가지 방법들이 고려될 수 있다. 그하나의 방법은 지도자를 상황에 맞도록 배치하는 것이다. 마치 야구경기에서 타자의 특성에 따라 투수를 왼손잡이나 오른손잡이로 기용하는 것과 마찬가지로 상황에 맞는 지도자를 배치하는 방법이다. 예컨대, 매우 불리한 상황에서 대인관계지향형관리자가 배속되어 있는 경우에 그를 과업지향형 관리자로 대체함으로써 리더십 효과성을 올릴 수 있다.

다른 하나의 방법은 특정의 지도자유형에 상응하도록 상황을 변화시키는 것이다. 말하자면, 이 방법은 상황변인들을 변화시킴으로써 상황을 지도자유형과 일치시키는 방법이다. 예를 들어, 〈상황 4〉에서 일하는 과업지향형 관리자를 상정해 보자. 상황과 지도자유형이 불일치하므로 양자를 일치시키기 위하여 관리자의 지위권력을 신장시키면, 〈상황 4〉는 〈상황 3〉으로 전환된다. 이제 상황과 지도자유형이 일치되므로 리더십 효과성이 향상될 것이다.

경험적 연구들은 이 리더매치 훈련을 받은 관리자들이 그렇지 않은 관리자들보다 훨씬 더 효과적인 리더십을 발휘하는 경향이 있다는 것을 밝히고 있다.

Fiedler의 상황적응이론은 복잡한 리더십 현상을 설명하는 하나의 유력한 이론모형으로 평가되고 있다. 그러나 상황적응이론은 호평과 더불어 비판도 받고 있다. 비판받고 있는 주요 문제점들은 다음과 같다.

첫째, LPC 점수가 과연 지도자유형을 확인하는 기준으로서 적절한지에 대한 의구심이 제기되고 있다. 오늘날 심리학은 인간의 성격이 고도의 질적 복잡성을 띠고 있다는 것을 말하고 있는데, 지도자의 성격에 관한 지식을 일차원적 척도를 통해 단 5분만에 얻을 수 있는 것인지 의심스럽다. 더욱이 응답자의 LPC 점수가 안정적이지 못하다는 비판이 제기되고 있다.

둘째, LPC 점수와 상황 측정치는 서로 독립적이라기보다는 다소 연관성이 있는 것 같다. 특히, LPC 점수와 지도자 — 구성원관계 측정치 사이에는 논리적으로 연관성을 갖고 있다는 지적이 있다.

셋째, 상황적응이론에서 리더십 효과성은 어떤 특정 시점에서의 과업수행성과를 잰 것이다. Fiedler는 리더십 효과성 개념을 조작적으로 정의함으로써 그에 대한 객관적 측정치를 얻는 데에는 성공했지만, 이 개념이 지닌 복잡하고 풍부한 의미를 크게 손상시키는 대가를 치루었다. 가령, 보트경기의 코치는 리더십 효과성을 승패로 평가할지 모르지만, 어떤 구성원은 노젓기의 내재적 가치를 만끽하기 위해 노를 저을 수 있는 것이다.

넷째, Fiedler는 상황변인들로서 지도자 — 구성원관계, 과업구조, 그리고 지위권력의 세 가지를 들고 있지만, 이것들이 상황의 속성을 적절히 묘사하는 변인들인지에 대해서는 논란의 여지가 많다. 더욱이 상황변인들에 대한 응답자들의 판단은 쉽지 않다. 실제로 지도자 — 구성원의 관계가 좋은지 또는 나쁜지, 과업이 구조화되어 있는지 또는 비구조화되어 있는지, 그리고 지위권력이 강한지 또는 약한지를 판정하는 일은 결코 쉽지 않다.

마지막으로, 상황적응이론은 고도로 세련된 리더십 이론임에도 불구하고, 리더십 현상의 경험적 변인들 사이의 변량을 약 25% 가량 설명하는 데 그치고 있다. 더욱이 심리학적 리더십 연구로서의 상황적응이론은 실증주의적 연구경향에 경도됨으로써 리더십 현상의 본질적 구성부분인 가치 및 윤리적 국면을 전적으로 도외시하는 한계를 보이고 있다.

상황적응이론에 대한 비판은 주로 방법론상의 문제점들에 모아져 왔다. 상황적응이론은 분명히 실증주의적 행동과학이 노정하는 한계를 지니고 있다. 그러나 동시에 이 이론은 실증주의적 행동과학이 이룩한, 제한적이지만 소중한 성취로서 평가받고 있다.

📖참|고|문|헌

Chemers, M. & G. Skrzypek, "An Experimental Test of the Contingency Model of Leadership Effectiveness," *J. of Personality and Social Psychology*, Vol. 24, 1972, pp. 172~177.

_____, "A Contingency Model of Leadership Effectiveness" in L. Berkowitz ed., *Advances in Experimental Social Psychology*, New York: Academic Press, 1964.

_____, *A Theory of Leadership Effectiveness*, New York: McGraw-Hill, 1967.

Fiedler, F., M. Chemers & L. Mahar, *Improving Leader Effectiveness: The Leader Match Concept*, New York: Wiley, 1976.

Fiedler, F. & L. Mahar, "The Effectiveness of Contingency Model Training: A Review of the Validation of Leader," *Personnel Psychology*, Vol. 32, 1979, pp. 45~62.

Fiedler, F. & J. Garcia, *New Approaches to Effective Leadership: Cognitive Resources and Organizational Performance*, New York: Wiley, 1987.

Hodgkinson, C., 안성호 역, 리더십철학, 대영문화사, 1990.

Kabanoff, B., "A Critique of Leader Match and Its Implications for Leadership Research," *Personnel Psychology*, Vol. 34, 1981, pp. 749~764.

Kerr, S. & A. Harlan, "Predicting the Effects of Leadership Training and Experience from the Contingency Model: Some Remaining Problems," *J. of Applied Psychology*, Vol. 57, 1973, pp. 114~117.

Peters, L., D. Hartke & J. Pohlmann, "Fiedler's Contingency Theory of Leadership: An Application of the Meta-Analysis Procedures of Schmidt and Hunter," *Psychological Bulletin*, Vol. 97, 1985, pp. 274~285.

Sxhriesgeim, C., et al., "Psychometric Properties of the LPC Scale: An Extension of Rice's Review," *Academy of Management Review*, Vol. 3, 1978, pp. 287~290.

Shiflett, S., "Is There a Problem with the LPC Score in Leader Match," *Personnel Psychology*, Vol. 34, 1981, pp. 765~769.

John R. P. French, Jr.의
권력원(權力源)이론*

Ⅰ. French, Jr.의 학문세계

현대 미국의 사회심리학은 Kurt Lewin의 공로라고 해도 지나치지 않을 만큼 그의 영향력은 지대하였다. John. R. P. French, Jr.는 Lewin의 이론을 함께 학습하고 연구했던 Dorwin Cartwright, Schachter 그리고 Alvin Zander 등과 더불어 Field Theorists라 불리고 있다. 이들은 당시 MIT의 Research Center for Group Dynamics를 중심으로 활동하다가 그 후 이 연구소가 Michigan으로 옮겨가게 되자 그 곳으로 따라가 활동을 계속해 왔다.

전통적 심리학이 개인과 그 환경을 중심으로 연구를 해 온 반면에 이들은 사회적 상황, 즉 집단이나 하위집단, 조직구성원, 의사전달 통로와 장애물 등이 형성하는 구체적인 장(fields)을 중심으로 사람의 행위를 설명하고 기술하고자 하였다. 그리하여 이들은 특히 인간의 욕구, 개성 등에 관심을 집중시키고 있다.

French 역시 이러한 학문적 배경과 이론, 접근방법 등에 기초하여, 특히 사람 사이의 동태적 관계를 권력개념과 이론을 통하여 설명하였으며 권력원(權力源) 또는 권력의 기초와 그에 근거한 권력에 관하여 많은 경험적 연구업적을 남기고 있다. 1959년에 Bertram H. Raven과 함께 발표한 권력원의 유형분류는 이 분야 연구자들에 의해 가장 많이 인용되고 있는 것 중의 하나이며, 이를 기초로 많은 연구자들이 추가적 업적을 남기고 있다. 이러한 학문적 맥락을 소개하기 위하여 여기서는 권력원과 권력의 분류를 먼저 소개하고 관련된 몇몇 경험적 연구를 소개하고자 한다. 이렇게 함으로써 French가 이 분야에 기여한 학문적 노력을 이해하고 이에 대한 정당한 평가를 할 수 있을 것이다.

---

* 남상화: 전 호서대학교 행정학과 교수.

Ⅱ. 권력원에 관한 이론

1. 보상을 기초로 한 권력

보상(reward)을 기초로 하는 권력은 보상을 주거나 중개할 수 있는 능력으로 부터 나오는 권력이다. 그 강도는 첫째, 권력행사자(O)가 중개할 수 있는 보상의 크기가 권력수용자(P)에게 크게 인지될수록 증대한다. 둘째, 권력행사자의 보상중개 가능성을 수용자가 크게 인지할수록 권력의 강도는 커진다. 셋째, 긍정적 유인(positive valences)을 제공하고, 부정적 유인(negative valences)을 제거할 수 있는 능력이 증대할수록 권력의 강도는 커진다.

이 권력의 경우, 권력수용자의 생활공간(life space)[1]의 특정 부분의 변화가 권력행사자에 의존하는 정도가 매우 크다. 왜냐하면, 권력행사자는 보상을 중개하고 권력수용자가 이를 얻을 수 있는 가능성을 통제하기 때문이다.

그리고 이 권력은 타유형의 권력 특히, 준거적 권력과 관계가 있다. 전자를 실제적으로 사용함으로써 후자의 효과를 증대시킬 수 있다. 보상의 약속이나 이의 시행은 권력수용자의 권력행사자에 대한 호감을 증대시킨다.

그러나 이 권력이 미치는 범위(range)는 보상이 주어지는 행위에 한정된다. 유효한 범위 내에서 이 권력을 실제로 사용하면 미래의 보상 약속에 대한 가능성을 증대시켜 이 권력의 효과를 증대시키지만, 이 범위 밖에서 이를 사용하여 권력행사에 실패하게 되면 그 효과를 감소시키는 경향이 있다. 이를테면, 권력수용자에게 그가 수행하기에 불가능한 행위에 대하여 보상을 줄 경우에는 권력행사자가 약속하는 미래의 보상에 대한 주관적 확률을 감소시켜 그 효과를 떨어뜨린다.

2. 강제력에 기초한 권력

강제력(coercion)에 기초한 권력은 권력수용자(P)가 권력행사자(O)의 영향력 행사에 복종하지 않으면 처벌될 것이라는 기제로부터 나온다.

---

1) 생활공간이란 생활중의 다양한 활동을 의미한다. 권력원이 수용자의 어떠한 행위에까지 영향을 미칠 수 있느냐의 문제인데 이를 영역(range)이라고도 한다.

그 강도는 두 가지 요인에 의해 결정되는데, 그 중 하나는 불복시 동원하게 될 처벌의 부정적 유인(negative valence)이며, 또 다른 하나는 복종을 함으로써 처벌을 피할 수 있는 가능성이다. 이를 간략하게 나타내면 다음과 같다.

권력의 강도=처벌의 부정적 유인×복종시 처벌 회피 가능성

강제적 권력이 다른 권력과 구분되는 측면을 가지고 있는 것은 틀림없으나, 때때로 여타의 권력과 구분이 모호한 경우 또한 없지 않다. 계속되던 보상을 중단하는 것은 처벌과 같은 면이 있고, 반대로 계속되던 처벌을 중단하는 것은 보상과 같은 면이 있다. 이는 권력수용자가 처한 상황에 따라 차이는 있으나, 대체로 그러하다.

이와는 달리, 집단으로부터 인정(acceptance)을 받기 위하여 규범에 복종하는 경우(보상적 권력)와 배척을 회피하기 위하여 규범에 복종하는 경우(강제적 권력)는 구별해야 한다는 주장이 있다.

보상적 권력과 강제적 권력은, 이와 같은 유사성에도 불구하고, 그 동태적 측면에서 상당한 차이를 보이고 있다.

첫째, 보상적 권력은 궁극적으로 독립적 체제를 가져올 것이나, 강제적 권력은 계속하여 의존적인 상태를 유지하게 된다. 의존적이란 어떤 권력원에 의해 권력수용자의 행위, 의견, 태도, 가치관 등의 변화가 일어난 경우에도 계속적인 감시와 통제가 필요한 경우이고, 독립적이란 그렇지 않은 경우를 뜻한다. 둘째, 보상적 권력은 권력행사자에 대한 호감을 증대시킬 것이나, 강제적 권력은 이를 감소시킬 것이다. 권력수용자는 예상되는 처벌로부터 어느 정도 부정적 유인을 획득함에 따라, 그의 행위 범위의 유인은 더욱 부정적으로 된다. 이에 그치지 않고 처벌로부터 오는 부정적 유인은 생활공간의 다른 범위에까지 파급된다. 예를 들면, 권력행사자의 처벌위협 때문에 그가 시키는 일에 대해 저항이 커짐에 따라 그 일에 대한 태도, 의견, 행위뿐만 아니라 다른 명령에도 부정적으로 되어 가는 경우이다.

따라서 권력행사자가 그 수용자로 하여금 지속적으로 복종하도록 하기 위해서는 간헐적인 처벌위협을 통하여 강한 부정적 유인을 부여하고 그로 하여금 강제력의 범위를 벗어나지 못하도록 억지력이나 다른 유형의 강한 유인을 제공해야 한다. 왜냐하면, 처벌이나 그 위협으로부터 생겨난 부정적 유인은 권력수용자로 하여금 지금까지 형성되어온 권력 관계를 벗어나게 하는 힘을 갖고 있기 때문이다.

3. 정당성에 기초한 권력

정당성(legitimacy)에 기초한 권력이 여기서 다루고 있는 권력 유형 중 가장 복잡한 것일 것이다. 이에 대한 연구는 구조주의사회학자, 집단규범과 역할정향을 분석한 심리학자, 그리고 임상심리학자들에 의해 체계화되었다.

정당성이란 어떤 내재화된 규범이나 가치에 의해 유도된 유인(valences)이다. 따라서 정당성에 입각한 권력은 권력수용자의 내재화된 가치체계로부터 나오는 권력이다. 이 가치체계는 권력행사자에게는 수용자에게 영향력을 행사할 수 있는 당연한 권리를, 후자에게는 전자의 영향을 수용해야 하는 의무를 갖게 해 준다.

정당성의 기초를 이루고 있는 요인을 좀더 자세히 살펴보면 다음과 같다.

첫째, 문화적 가치, 즉 문화에 의해 규정되는 권력행사자의 특징, 이를테면 연령, 지능, 신분제도(caste), 신체적 특징 등이다.

둘째, 사회구조의 수용, 즉 소속집단, 조직, 사회, 특히 권위의 계층을 포함하는 사회구조가 적절한 것으로 수긍되는 경우에 권력수용자는 계서제상 상위에 위치한 권력행사자의 '정당한 권위'를 수용하게 된다. 공식조직에 있어 정당성 권력은 개인간의 관계가 아니라 직위간의 관계에 의하여 성립한다. 따라서 어떤 직책이 적절한 것으로 받아들여지게 되면 정당성 권력이 생겨난다. 이를테면, 법관이 벌금을 부과하는 권리, 십장이 작업을 할당하는 권리, 조직관리자가 중요한 의사를 결정하는 권리 등이다.

셋째, 정당성을 부여하는 기관의 구성원에 의해 권력행사자가 임명되고, 권력수용자가 이 기관에 정당성을 부여하는 경우에도 정당성이 생겨난다. 이러한 측면에서의 정당화는 정당성을 부여하는 기관과 정당화 절차에 달려 있다. 조직에서 인식이 용이하면서 중요한 정당화의 근거가 되는 것은 직무기술서이다. 이 경우에는 그 범위(range)가 매우 좁고, 구체적인 한계가 규정된다. 그러나 문화적 가치체계에 의하여 부여된 정당성 권위는 그 범위가 매우 넓다.

정당성 권력은 주어진 범위 밖에서 행사되는 경우 그 효과가 떨어지게 된다. 범위 밖에서 거듭되는 권력행사의 시도는 결국 권력수용자의 행사자에 대한 호감을 감속시키게 된다. 그러나 그 의존성은 관찰 가능성(observability)의 수준과는 관계가 없다. 왜냐하면, 정당성 권력은 그 수용자의 가치체계에 근거하고 있기 때문이다. 처음에 권력행사자에 의존하는 것은 그가 권력수용자의 가치체계를 활성화시키고 이를 영향력 범위 내의 생활공간과 연결시켜 주기 때문이다.

4. 준거에 기초한 권력

준거(reference)에 기초한 권력 또는 준거적 권력은 권력수용자(P)의 권력행사자(O)에 대한 동일시(identification)에 기인하는 권력이다. 전자가 후자에 대해 호감을 가지고 있으면, 그는 서로 긴밀하게 지내기를 원한다. 또한 권력행사자가 매력적인 집단이라면 권력수용자는 여기에 소속감을 갖거나 가입을 원할 것이다. 권력수용자가 이미 권력행사자와 긴밀히 사귀고 있는 경우에 그는 이 관계를 지속하고자 할 것이다. 권력수용자의 권력행사자에 대한 동일시는 전자가 후자처럼 행동하고, 믿고, 인지함으로써 형성된다. 따라서 권력수용자가 준거적 권력을 인식하지 못할지라도, 권력행사자는 영향력을 행사할 수 있는 능력을 갖게 되는 것이다.

이와 유사한 권력은 이미 몇몇 상이한 형태로 연구된 바 있다. Festinger에 의하면, 모호한 상황에서 사람들은 사회적 현실을 밝히고자 하며, 따라서 그가 동일시하는 개인이나 집단의 인지구조를 취하게 된다. 이 경우 분명한 인지체계의 결핍은 그 개인에게는 위협이 될 것이다. 따라서 그의 신념과 준거집단의 그것과의 일치는 그의 체계적 인지욕구를 충족시켜 줄 것이며, 또한 그 집단과의 두터워진 동일시를 통하여 그의 안정감은 더욱 확고해질 것이다.

이 권력은 때때로 강제적 권력 및 보상적 권력과 구분이 어려운 경우가 있다. 예를 들면, 집단압력이나 집단에 의해 주어지는 칭찬 때문에 복종하는 경우가 있다. 그러나 앞에 열거한 양자가 체제와 보상에 의해 영향력이 생기는 반면, 준거적 권력은 권력행사자의 반응에 관계없이 권력수용자가 동일시에 기초하여 복종을 함으로써 불안을 회피하거나 만족을 얻은 경우 생겨난다.

때에 따라서는 어떤 집단의 집약된 지혜를 존중함으로써 이 집단의 다수 의견에 복종하는 경우가 있는데, 이 경우에는 전문적 권력에 해당하는 것이며 준거에 의한 권력은 아니다.

이 권력은 권력수용자가 권력행사자에 대해 느끼는 매력의 정도에 따라 그 강도가 결정된다. 또한 그 영역(domain)은 매력과 위신의 기초에 따라 결정된다. 어떤 경우에는 이것이 특정적이어서 영역이 좁고, 또 다른 경우에는 그것이 보편적이어서 영역이 상당히 넓다. 이를테면, 등산기술이 뛰어난 사람은 등산을 좋아하는 사람에게 호감을 줄 것이나, 유머를 잘하거나 선량한 얼굴을 가진 사람은 많은 사람에게 호감을 줄 것이다. 그러나 그 강도는 물론 차이가 있다.

이 권력에 의해 변화된 행위는 권력행사자에 의존하기도 하고 그렇지 않기도 한다. 그러나 그 의존하는 정도는 관찰가능성(observability)과는 관계가 없다.

5. 전문성에 기초한 권력

전문성(expertness)에 기초한 권력, 즉 전문적 권력은 주어진 분야 내에서 권력수용자가 권력행사자에 대해 귀착시키고 있는 지식의 정도에 의해, 또는 이를 어느 정도의 수준으로 인식하고 있느냐에 따라 그 강도가 결정된다. 이 경우 전자는 자신의 지식이나 절대적 준거에 의거하여 후자의 전문성을 평가할 것이다.

어떠한 경우이든 전문적 권력은 일차적으로 권력수용자의 인지구조를 변화시키고, 이것이 곧 행위의 변화를 가져온다.

이 권력은 특히 권력행사자와 권력수용자간에 교환되는 정보와 관련이 깊다. 후자가 정보를 받아서 행동하는 경우에 순전히 그 정보 자체의 논리에 기초하여 판단하는 경우와 정보전달자에 대한 사전 지식, 즉 그의 전문성에 대한 신뢰에 근거하여 이를 분명한 사실로 받아들이는 경우가 있다. 이 두 가지의 경우 중 전자는 설득(persuasion)에 해당되며, 후자가 전문적 권력에 해당한다. 전자의 경우를 Deutsch와 Gerad는 '정보적 권력'(informational power)으로 지칭하고 있다.

정보적 권력과 전문적 권력을 행위변화의 의존성 측면에서 비교해 보면, 후자는 전자에 비해 특히 처음에는 더 의존적인 현상을 보인다. 왜냐하면, 전문적 권력은 그 행사 초기에 권력수용자가 권력행사자에게 의존적인 인지구조를 형성하기 때문이다. 그러나 양자 모두 그 의존성의 정도는 권력행사자의 관찰가능성에 영향을 받지 않는다.

권력행사자가 어느 정도 전문성과 부정적(-)인 준거를 함께 갖는 경우에, 그가 제시한 '사실'(facts)은 권력수용자에 의해 받아들여지게 되지만 권력수용자의 신념에 저항과 부정적 영향을 초래하게 된다. 그러나 시간이 지남에 따라 권력수용자는 정보의 내용보다 정보전달자의 부정적 이미지를 더 빠른 속도로 잊어버리게 되어 지체된 긍정적 변화가 이들에게 나타나게 된다. 이를 sleeper 효과라 한다.

전문적 권력의 영역(domain)은 준거적 권력에 비해 더 한정적이다. 그것은 이 권력이 인식체계(cognitive systems)에 국한되어 있을 뿐만 아니라, 전문성도 특정 분야에 한정되어 있기 때문이다.

전문적 권력도 한정된 영역을 넘어서 행사가 시도되는 경우 바로 권력의 약화를 초래하게 된다. 이는 권력행사자에 대한 확신을 손상시키기 때문이다.

French와 Raven의 분류는 Richard M. Emerson이 규명한 의존관계의 조건과 함께 권력관계연구에 있어 매우 중요한 위치를 차지하고 있다. 그 후 이들의 분류에 기초한 연구가 계속되면서 서로간에 도움을 주면서 수정을 해 가고 있는 사실이 이를 입증하고 있다.

1958년 Raven과 French는 114명의 Michigan 여대생을 대상으로 실험을 한 결과 정당성은 내면적인 복종에 효과적인 반면, 강제성은 표면적 복종을 얻어내는 데 더 효과적임을 발견했으며, 2년 뒤에 French는 H. W. Morrison, G. Levinger와 함께 강제성이 복종을 얻어내는 데 유효함을 90명의 남자 대학생들을 대상으로 한 실험을 통하여 밝혀냈다.

1966년 Jerald G. Bachman 등은 전국규모의 용역회사 36개 지사에 근무하는 656명의 판매원을 대상으로 가장 능률적인 사무실의 특징을 조사해 본 결과 사무실 관리자가 강제성, 보상, 정당성보다는 전문성과 준거에 더 크게 의존하고 있음을 발견해냈다.

한편, 이로부터 2년 뒤에 Kurt R. Student는 가전제품 생산업체의 시간제 근로자 486명과 일선감독자 40명을 대상으로 조사하여 전문성과 준거가 생산성을 증진시키는 데 효과적임을 밝혀냈다. 이 조사에 의하면 전문성은 사고를 감소시키는 데 효과적이었으며, 준거는 이직과 결근을 줄이는 데 더 효과적인 것으로 나타났다.

같은 해에 Donald I. Warrend는 18개 시의 초등학교 교사 528명을 대상으로 조사를 한 바 있는데 강제성과 보상은 행태적 복종에, 전문성, 정당성, 준거는 태도적 복종에 유효한 것으로 나타났다.

1974년 Robert L. Holzbach, Jr.는 그의 박사학위논문에서 미국에 있는 제조회사 직원 183명을 대상으로 조사하여 보상, 준거, 정당성 3개가 유효한 권력원임을 밝히고, 강제성은 생산직에, 전문성은 마케팅 부서에 더 효과적임을 밝혀냈다. 이와 유사한 연구로 A. D. Sharplin의 박사학위논문을 들 수 있는데 그는 백화점, 화학공업 공장, 스테인레스관 공장 그리고 강철제조업체로부터 171명의 일반직원을 표출하여 조사한 결과 전문성, 정당성, 준거, 보상, 강제성 순으로 효과적임을 밝혀낸 바 있다.

이 외에 French & Raven의 분류에 기초하여, 실제로 유효한 권력원이 무엇이며 그 효과에 있어 어떠한 것이 강력한지 여부에 관한 조사는 많이 있으나, 여기서 다 소개할 수는 없으므로 그 대체적인 경향만을 보면 다음과 같다. 미국의 경우 이종 조직간 또는 동종 조직간의 차이가 매우 심하기 때문에 일치하는 결과는 찾아보기 힘드나, 보상, 전문성, 준거가 효과적인 경향을 보이고 있다. 우리나라의 경우 필자가 조사한 결과를 보면, 정당성, 준거 그리고 보상이 효과적인 권력원으로 나타나고 있으며, 이는 미국에 비해 조직간에 상당한 일관성을 보이고 있다. 강제성과 전문성은 그 단독효과를 찾아볼 수 없었으나, 전자는 간부들간에 약간의 효과를 보이고 있고, 후자는 준거와 강한 상승작용을 하고 있는 것으로 분석결과가 나왔다. 이 의미는 전문성이란, 미국과는 달리, 그 자체로는 효과가 없으나, 준거와 함께 사용하면 효과가 더 커진다는 것이다. 이 외에 많은 상황변수를 넣어 함께 분석해 본 결과 관리자와 부하가 처음 만났을 때는 정당성이 가장 중요하고 접촉하는 시간이 경과할수록 준거가 효과적인 권력원으로 나타났다.

참 | 고 | 문 | 헌

Cartwright, Dorwin & Alvin Zander, ed., *Group Dynamics: Research and Theory*, 3rd ed., New York: Harper & Row Publishers, 1968.

남상화, "조직관리자의 권력원에 관한 연구," 박사학위논문, 서울대학교, 1990.

Raven, B. H. & French, Jr., J. R. P., "Legitimate Power, Coercive Power, and Observability in Social Influence," *Sociometry*, Vol.21, 1958, pp. 83~97.

Michel Crozier의
전략적 권력게임이론*

I. Crozier의 학문세계

Michel Crozier는 1922년에 프랑스의 쌩뜨 맹느홀드(Sainte Mene-hould)에서 태어났다. 그는 릴 대학교(University of Lille) 법과대학에서 박사학위를 받고, 미국 캘리포니아주 스탠포드시에 있는 행동과학연구소의 연구원으로 근무하였다. 그 뒤 그는 고국인 프랑스로 귀국하여 파리에 있는 유럽사회학연구소(Centre de Sociologie Europee enne)의 공동소장과 국립과학연구소(Centre National de la Recherche Scientifique)의 연구원을 거쳐 지금은 국립과학연구소 산하의 조직사회학연구소의 소장으로 재직하고 있다. 파리에 근무하면서 그는 하버드 대학교와 스탠포드 대학교의 교환교수를 역임하기도 하였다.

Crozier의 대표적인 저술은 「관료적 현상: 프랑스 현대조직의 관료제와 그 문화적 맥락의 한 연구」(The Bureaucratic Phenomenon: An Examination of Bureaucracy in Modern Organizations and Its Cultural Setting in France)이며, 이 외에도 단행본으로 「서유럽사회의 통치능력」(The Governability of West European Societies)이 있다. 특히 후자는 서유럽사회의 민주주의 과잉이 낳은 '통치성 위기'문제를 다루어 대표적인 자유주의 위기이론으로 평가되기도 한다. 또한 Friedberg와 함께 「행위자와 체제」(Actors and Systems)를 저술하기도 하였다. 그의 대표적 저서인 「관료적 현상」은 프랑스 출신인 그가 미국에서 오랜 기간 공부와 연구를 하면서 얻은 학문적 경험과 고국에서의 경험의 복합적인 산물로 맺어진 결실이다. 그 자신이 서문에서 밝히듯이 그의 30대 후반인 1959~60년대 사이에 미국의 행동과학연구소에서 그 뒤 미국의 대표적인 조직이론가로 이름을 떨치게 된 Herbert Kaufman, Sigmund Diamond 및 Conrad Arensberg 등과

---

* 김석준: 건국대학교 융합인재학과 초빙교수.

함께 연구·토론하는 과정에서 관료제에 대한 새로운 이론의 아이디어를 얻게 되었다. 조직에 관한 일반이론들이 대부분 영미계통의 시각에서 발전된 것인데 비해 Crozier가 독특한 프랑스적 시각에서 조직이론을 정립할 수 있었던 것은 그가 프랑스와 미국의 이질적인 두 문화를 충분히 경험할 수 있었기 때문이다. 프랑스를 떠나 미국에서 보낸 기간 동안 그는 프랑스 사회에 대한 자신의 시각을 가지게 한 것이었다. 이러한 점은 그의 집필과정에서도 나타나고 있다. 예를 들면 그의 「관료적 현상」의 3장·4장·5장은 당초 그 자신에 의해 영어로 먼저 쓰여지고, 다시 프랑스어로 써져서 1963년에 파리에서 출간되고, 그 이듬해인 1964년에 미국 시카고에서 영문판으로 간행되게 되었다. 비록 이 자체를 단순한 사실로 평가할 수도 있으나, 필자 자신이 영어와 프랑스어라는 서로 다른 언어로 자신의 이론을 정리하는 과정에서 오는 연구대상에 대한 객체화(영어로 집필할 때)와 주체화(프랑스어로 쓸 때)는 이론의 내용에까지 중요한 영향을 미치게 됨을 책이나 연구논문을 써본 사람들은 쉽게 경험할 수 있는 사실인 것이다.

「관료적 현상」을 출판한 이후에도 Crozier는 파리에 주로 있으면서도 스탠포드 대학교와 하버드 대학교에서 여러 차례 연구기회를 가짐으로써 사회과학자들이 쉽게 빠져 있으면서도 스스로 잘 인식하지 못하는 문화적 편견(cultural bias)이나 종족중심주의(ethnocentrism)의 한계를 비교적 잘 극복하고 있는 것으로 평가된다. 이러한 점은 「행위자와 체제」에서도 잘 나타나고 있다.

이렇게 볼 때 Crozier가 조직한 분야에 기여한 가장 큰 공헌은 조직이론의 지배적인 시각이 영미계통의 문화적 세계관 위에 있는 데 반해 그는 그 시각의 범위를 넓혀 대륙계 특히 프랑스적 시각에서 조직을 접근·분석하고 있다는 점이다. 조직이론의 도출에서 이론검증의 기초가 되는 현상과 문제의 소재가 어디냐에 따라 이론의 구체적인 내용이 달라질 수 있다. 이러한 문제를 방법론과 이론 자체의 측면에서 논의하는 것이 학문의 일반성·보편성과 특수성의 문제이고, 이는 학문의 주체성과 토착화 문제로 전개된다. 이런 측면에서 볼 때에 Crozier는 프랑스의 관료조직과 사회에 대한 연구에 자신의 이론적 근거를 두고 있기 때문에 미국사회와 관료조직을 주 대상으로 전개되어 온 기존 조직학 이론에 대해 자극과 경쟁을 동시에 제기하고 있다. 그리고 대륙계 문화권에 있는 한국사회나 관료조직에 대한 설명력을 높임으로서 조직학 이론의 적실성을 높여 주기도 한다.

Crozier는 기본적으로 조직 내의 의사결정과 사회적 행위의 문화적인 맥락

분석에 초점을 두면서 대륙계 문화권의 관료조직의 성격을 권력관계로 설명하고 있다. 그러나 프러시아 관료제의 엄격한 지휘·명령체계와 법적 합리적 측면을 중심으로 관료제의 이념모형을 제시하는 Max Weber의 이론과는 그의 이론이 권력게임을 중시한다는 점에서 크게 구별된다.

II. 전략적 권력게임이론

Crozier는 프랑스의 관료조직에 대한 사례연구를 바탕으로 관료제는 Max Weber가 이념형으로 삼고 있는 단일의 합리적 구조가 아니라고 보고 있다. 수많은 통제를 위한 노력에도 불구하고, 조직체제는 개인들이나 집단들이 그 속에서 재량을 가지고 행동하게 된다는 것이다. 체제와 체제 내의 행위자들 사이에는 지속적인 상호작용이 존재하기 때문에 조직은 권력게임의 연속이라는 것이다. 그는 권력게임의 개념을 가지고 조직을 설명하면서, 조직은 게임의 복합체이지만 직접적인 신중한 게임의 설계결과가 아니라 조직 내 개인들간의 매우 현실적인 권력게임의 결과라고 보고 있다. 이러한 현실적인 게임은 권력관계를 규정하고, 조직구성원들에게 부여되는 제약과 그들의 자유를 타협시켜 상호 협력이 가능케 한다.

Crozier에 따르면 권력게임은 감독자와 피감독자, 부(部)와 과(課), 관리자와 직원 등과 같은 여러 종류의 파트너관계의 집단 사이에서 이루어진다. 게임을 하는 사람들은 서로 다른 전략을 구사할 수 있다. 예를 들면, 감독자가 분할통치(divide and rule)전략을 사용할 때, 피감독자들은 자신의 업무영역을 고유한 방식대로 수행하고 감독자들이 개입하거나 새로운 규제를 하지 못하도록 보호하는 방어전략을 추진한다. 이러한 현상을 Crozier는 조직의 전략적 모형(strategic model of organization)이라 부른다.

여러 게임수행자들이 다양한 전력을 추구하지만 일정한 범위 내에 있게 된다. 권력게임은 생사투쟁(life-and-death struggle)이기보다는 체제 내에서의 지위유지를 위한 것인 만큼 서로 한계를 인정한다. 이점이 지속적인 일상활동으로 게임을 하는 행위자들이 지켜야 할 게임의 규칙이다. 비록 이 규칙들은 공식적으로 명시된 것은 아니지만 행위자들의 전략과 반복적인 형태를 분석하여 밝혀진 것들이다. 이 규칙에 대해 전체적인 합의가 없이 일부가 이를 변경하고자 할 수도 있으나 대부분 참여자들은 신참자들이 기존의 채택가능한 전략을 판단케

하는 합의된 규범이나 가치를 배우고 따르게 해야 함을 충분히 인식하고 있다.

게임에 참여하는 사람들간에 일부가 더 힘이 크거나 게임종류에 따라 그들의 역할이 달라질 수 있어서 게임간에도 동일한 사람이 강할 수도 있다. 그러나 이들 전략은 게임의 법칙하에서 타인의 선택범위를 줄이고 자신의 선택기회를 늘리거나 유지하고자 하는 공통된 기본목표를 지닌다. 이 때 목표는 자신의 행동자유를 보유하면서 타인의 행동을 주어진 직위 속에 유지시키고자 하는 것이다. 모두는 타인을 반대편에 두고 자신의 결정권은 지키거나 늘리고 예속정도는 줄이고자 노력한다.

Crozier가 이러한 활동의 대표적인 사례로 '독점산업'인 프랑스 국영담배공사의 근로자들을 들고 있다. 그가 연구하던 기간인 1950년대 말과 1960년대 초 전국에 걸쳐 많은 유사한 소규모 공장에 이러한 경향이 만연하였다. 이들은 대부분 350~400명 규모의 종업원을 가진 공장들이고 이들의 1/3정도는 직접생산노동자들로 구성되어 있었다. 이들은 여성 노동자들이고 주요 업무는 담배를 만드는 반자동기계를 조작하는 일이었다.

각 소공장은 통제된 환경 속에서 매우 안정적으로 운영되었다. 자금운영, 원료조달, 배분 및 판매 등 모든 것이 파리로부터 중앙집중방식으로 통제되어 각 지방공장은 기계작동 정지의 경우를 제외하고는 아무런 문제 없이 생산을 계속할 수 있었다. 기계가 작동이 정지되는 경우는 기계고장이나 담배잎의 공급차질 때문인데, 이 경우에는 파리로부터의 관료적 행위나 규칙이 적용될 수 없게 된다. 기계가 멈추면 작업이 중단되고 공장이 생산을 중지하게 된다. 이 때 난관을 극복하여 공장을 다시 작동시킬 수 있는 사람은 파리의 관료나 공장장 혹은 기계생산공이 아니라 공장의 기술자 감독하에 있는 소수의 남자기계보수공뿐이다. 이들만이 기계를 고치고 작동시킬 수 있기 때문이다. 때문에 이들은 고의로 기계부품을 조작하여 고장을 일으킬 가능성도 있다. 기계의 고장시에는 생산직노동자들은 직접적으로, 그리고 나머지 모든 사람들은 간접적으로 기계보수노동자들에 의존하게 된다. 모든 사람들이 기계보수노동자들에게 의해 제약받는 대신 보수노동자들은 자신들의 행위의 자유를 지니게 된다.

이 경우에 기계보수노동자들은 권력을 지니고 있기 때문에 그렇게 할 수 있었다. 이들은 완전히 루틴화된 조직체제 내에 남아 있는 불확실성의 마지막 근거에 대한 통제력을 가졌기 때문에 권력이 강력할 수 있었다. 장기적으로 볼 때 권력은 조직 자체의 생존이 달려 있는 불확실성과 밀접히 연관되어 있고, 권력게임에서 집단들의 전략은 불확실성의 궁극적 근원을 통제하는 데 그 목표를 두게 된다. 따라서 불확실성이 권력을 설명한다.

모든 다른 것은 관료통제하에 있지만 기계고장만은 그 통제하에 없기 때문에 기계보수노동자들은 큰 권력을 보유할 수 있다. 담배공장의 경우에는 이처럼 각 공장의 거의 유일한 불확실성의 예가 기계고장이기 때문에 불확실성의 근거가 분명히 보인다. 기계보수공의 경우는 한 예에 불과하다. 다른 조직에서는 자금담당자, 생산통제전문가 및 기타 전문가의 경우에도 똑같이 적용될 수가 있다.

그렇다면 권력이 큰 전문가들이 계속 무한정으로 권력을 보유하지는 못하는가? 이는 불확실성이 지속되면 그들의 노하우(know-how)를 이용해 문제를 해결하지만, 이 자체가 스스로의 유용성을 약화시키게 되기 때문에 계속 권력을 보유할 수는 없게 한다. 조직 내에 존재하는 합리화가 불확실한 영역에까지 공식적인 통제가 가능토록 해 주고, 전문가들은 스스로 자신들의 권력을 약화시키게 하는 합리화에 역군으로 작용하게 된다. 전문가들이 자신의 전문지식을 관료적 절차나 규정으로 제도화해 갈수록 불확실성을 다루게 될 자신의 권력을 약화시키게 된다. 불확실성의 루틴화(제도화)는 권력을 배제시킨다.

이러한 현상은 관료제 내에서 상하관계나 직업집단간에 형성되는 전략에 그대로 적용된다. 감독자와 부하간에 벌어지는 경쟁에서 부하들은 자신들의 재량권을 잠식하는 규칙에는 저항을 하고, 자신들의 감독자가 가질 재량권을 제한시키는 규칙에는 지지를 하는 기본 전략을 취한다.

변화를 막는 일련의 관료제적 악순환(a series of bureaucratic vicious circles)이 반대전략에 의해 이루어지게 된다. 행정가들은 관료적 규제를 확장시키고자 시도하고, 부하들은 이에 반대한다. 담배공장의 공장장은 생산과정의 근대화를 추구하였고, 기술자들은 기계보수노동자의 지위를 변화시킬 이러한 모든 일에 대해 반대하였다. Crozier는 프랑스 사회 전체가 이것의 예라고 보고 있다. 관료제적 중앙집권화경향과 비정의성(impersonality)을 향한 전략은 광범위한 관료화를 가져온다. 행정부의 모든 산하기관 내부에서 계층제의 각 수준은 상위계층과 하위계층간의 상호 이익을 보호하기 위한 계층구분이 명백해진다. 하위계층은 상위계층에 적절한 정보를 제공하지 않아 그들에게 위협적인 변화를 저지하고, 상위계층은 의도한 대로 실천되지 못한 잘못된 정보에 의거한 결정을 내리게 된다. 이는 결국 그들 모두를 변화하지 않게 보호해 주는 결과를 가져온다.

그러나 관료제적 악순환의 고리도 위기와 권위주의적 개혁가에 의해 파괴되고 새로이 형성될 수 있다. 이것은 매우 단기간의 위기와 변화로 장기적 안정을 변화시키는 것이다. 갈등은 폭발할 때까지 억제된다. 폭발적인 위기는 이러한 관료제에게 고유한 것으로 그들에게는 변화를 위한 수단으로 필요한 것이다. 이 때 프랑스 관료제 내에서 de Gaulle 장군과 같은 사람의 개인적 권위가 기존 규칙을 대체하여 위기에서 벗어나기 위한 필요한 변화를 강제로 취하게 한다. 권위주의적 개혁가들은 체제가 그들을 필요로 하는 위기의 순간까지 관료적 루틴 속에서 기다리고 있다.

Crozier는 이처럼 낙관적 태도를 지니고 있다. 그는 만일 프랑스 행정과 계급제도(caste system)에서 훈련이나 충원분야의 개혁이 이루어지면 엘리트의 지위가 개방적이게 된다고 낙관하고 있다. 근대세계의 대조직들은 반드시 적대적인 것이 아니고 도리어 가장 대규모의 조직들을 가지고 있는 사회 속에서 가장 빠른 변화가 일어나고 있다고 주장한다. 그러나 그는 관료구조가 필요한 변화마저 막게 할 권력게임의 형태를 유발할 위험성이 항상 있다는 점을 경시하지는 않는다.

이상은 Crozier가 대규모조직 내에서 일어나고 있는 의사결정의 특성을 프랑스의 사례분석을 중심으로 밝히고 있는 내용의 요약이다. 이러한 내용은 그의 대표적 저서인 「관료적 현상」에서 상세히 기술하고 있다. 이 책에서 그는 관료제기구들은 그 속에서 작동하는 문화적 맥락(cultural context)과의 관련 속에서만 이해될 수 있다고 강조한다. 그의 저서의 독창성은 대조직 내 의사결정이론과 행위의 사회적 유형에 대한 문화적 분석이라는 크게 다른 두 가지 접근을 통합시켜 사용하고 있다는 점이다.

이 책은 일부 사례를 앞에서 요약했듯이 두 형태의 프랑스 공공행정기관들(clerical agency와 industrial monopoly)에 대한 자세한 사례연구분석을 논의의 출발점으로 삼고 있다. 이들 사례연구는 전문직업훈련이나 이의 왜곡 자체만으로 루틴화된 형태나 역기능적 '악순환'(dysfunctional 'vicious circles')의 발생을 설명할 수 없다는 것이다. 다양한 관료체제의 역할이 집단들이나 개인들간의 권력관계의 유형에 따라 나타난다고 보고 있다.

Crozier는 사례분석을 통해 관료제구조가 집단적 행동에 내재하는 위험에 대해 자신들을 보호하게 하는 데 필요한 보호막을 형성하게 한다고 결론짓고 있다.

보호체제는 기본적인 문화의 특성을 중심으로 형성되는 만큼 Crozier는 미국모형, 러시아 모형 및 일본 모형과도 다르고 이들과 도리어 대조적인 측면이 더 큰 프랑스 관료제모형을 제시하고 있다. 이 모형의 특성은 중앙집권화, 계층간 고립성(strata isolation) 및 개인의 다혈질적인 흥분성(individual effervescence)으로 요약된다. 그는 프랑스 사회생활의 각 영역들인 교육, 산업관계, 정치, 기업, 그리고 식민지 정책 등의 분야에도 동일한 유형이 어떻게 적용될 수 있는지를 보여주고 있다.

Crozier는 관료제가 조직의 진보가 낳은 근대적인 병폐가 아니라 발전에 대항하는 보루(bulwark)라고 결론짓고 있다. 그는 근대 프랑스에서의 전통적 관료체제의 붕괴가 새롭고 보다 높은 결실을 낳을 행동의 형태를 가져올 것이라고 낙관적으로 진단하고 있다.

이상과 같은 Crozier의 관료제에 대한 연구는 조직학 이론의 발전에 크게 공헌하였다. 독일 관료제를 모형으로 법적·합리적 측면을 강조하면서 도출된 Max Weber의 관료제 이념모형, 이를 미국 관료제의 경험 가운데 인간관계나 형태적인 측면을 강조한 Peter M. Blau, Herbert A. Simon 및 James March 등에 의한 비판, 그리고 이들이 관료제이론의 패러다임적인 지위를 형성해 온 데 대해 Crozier의 프랑스 관료제에 대한 연구는 그 뒤 일본 관료제나 소련, 중국 등의 관료제연구에 큰 계기를 제공하였다.

앞에서 언급한 바와 같이 Crozier는 조직학이론의 문화적 편견과 종족중심주의적 한계를 극복하는 데 크게 기여하였다. 이는 한국 관료제의 연구에도 보다 넓은 이론적 틀을 제공하고, 미국 일변도의 행정학, 조직학이론의 한계를 벗어나 조직이론의 적실성을 넓히는 데 큰 기여를 한 것으로 생각된다. 특히 한국 사회의 오랜 계층제적 성격과 뿌리 깊은 권력관계의 유지는 프랑스 모형의 적용이 그만큼 가능함을 보여준다.

그러나 Crozier의 관료제이론도 몇 가지 한계가 있다. 먼저 지나치게 프랑스 문화의 특수성을 강조함에 따라 일반이론이라기보다는 프랑스 관료제의 사례분석에 치중하여 일반 이론화에는 그 제약이 크다는 것이다. 다음으로 비교국가 연구를 통한 중점위이론 수준에도 미달되기 때문에 지나치게 개별 특수성이 강조된 점은 그만큼 문화적 특성이 과다하게 이론모형에 잠재하고 있음을 의미한다. 또한, 이론화에 사용된 경험사례의 수가 두 개밖에 되지 못하기 때문에 이론모형의 과학적 수준이 지극히 낮다고 볼 수 있다. 셋째, 프랑스 관료제를 권력게임이라는 시각에서만 보았기 때문에 권력게임 이외의 측면에서 관료제를 이해하는 연구들과의 보완적인 연구가 요청된다. 즉, 관료제를 개인과 집단간의 권력관계로서만 보고 있으나 실제 관료제는 이 외에도 주로 기능, 인간행태, 인간관계, 사회심리적 측면, 조직동학, 체제론 등 다양한 측면에서 접근가능하기 때문이다.

참 | 고 | 문 | 헌

Crozier, Michel, *The Bureaucratic Phenomenon: An Examination of Bureaucracy in Modern Organizations and Its Cultural Setting in France*, Chicago: University of Chicago Press, 1964.

_____, *The Governabilit of West European Societies*, London: University of Essex Press, 1977.

_____, & E. Friendberg, *Actors and Systems*, Chicago: University of Chicago Press, 1980.

Amitai Etzioni의
복종구조이론*

I. Etzioni의 학문세계

Amitai Etzioni는 예루살렘의 히브류 대학, 미국의 캘리포니아 대학, 콜럼비아 대학 등에서 연구하고 교수한 바 있는 미국의 사회학자이다. 그의 주된 학문적 공헌은 조직현상의 연구에서 찾을 수 있다. 그의 관심은 물론 여러 분야에 미치고 있었으나 조직현상의 연구에 중점적인 관심을 보인 바 있다. 그는 사회현상 가운데서 조직현상을 가장 중요한 것으로 보고 중요한 사회 문제의 해결책들을 조직현상의 연구로부터 찾으려 한 것 같다.

조직현상의 연구에 있어서 Etzioni의 탐구는 조직이나 기타 사회적 실체들이 어떻게 지탱되며, 그에 대한 사회적 질서가 어떻게 유지되는가에 관한 의문에서부터 비롯된 것으로 보인다. 그는 사회질서유지의 의식적인 방책, 사회변동의 계획적 유도와 변동과정의 인위적 통제에 관한 문제들을 연구하는 장을 조직현상에서 찾았다.

Etzioni는 Plato시대 이래 많은 사회철학자들의 관심사가 되어온 사회적 통제의 문제에 끌려들었고, 이러한 사회적 통제의 문제를 조직현상 속에서 구명 (究明)하려 한 것이다. 그리하여 조직을 구성하는 사람들은 왜 그들에 대한 명령에 순응하며 그들에게 주어진 행동기준에 따르는가를 묻는 질문에 답을 구하려 하였다. 그 길잡이로 발전시킨 것이 통제의 수단과 복종의 구조에 관한 이론이다.

Etzioni가 사회적 통제의 문제를 조직현상 속에서 구명하려 했던 까닭은 다른 어떤 사회적 집합체에서보다 공식조직에서 통제의 문제가 가장 핵심적인 중요성을 지니는 것이라고 보았기 때문이다. 조직은 분명한 목표를 지녔으며, 조

---

* 오석홍: 서울대학교 행정대학원 명예교수.

직참여자들이 조직목표로부터 도출되는 요청에 부합되는 행동을 하는지 계속 평가하여 시정조치를 취해야 하기 때문에 구성원의 행동통제가 불가결하며 또 그것이 매우 중요한 문제로 될 수밖에 없다고 생각한 것 같다.

Etzioni의 통제수단과 복종구조에 관한 이론은 그의 대표적인 이론으로 간주되어 조직학 문헌에서 널리 인용되어 왔다. 그러나 조직학에 대한 그의 공헌이 거기에만 국한되는 것은 물론 아니다. 그는 1960년대까지 발전된 조직학의 접근방법들을 통합시키는 안목을 형성하는 데 일조를 했다. 그러한 안목을 가지고 조직의 목표, 의사결정, 조직과 환경의 관계 등에 관한 이론들을 정리하고 발전시켰으며, 조직 내의 행정적 권위와 전문적 권위가 지니는 특성을 규명하는 데도 기여하였다. 그가 발전시킨 의사결정의 중복탐색적 접근방법(重複探索的 接近方法: Mixed Scanning Approach)은 아주 유명한 의사결정모형이다.

Etzioni는 그의 조직관을 구조주의자의 관점(Structuralists' View)이라고 이름 붙인 바 있다. 그의 말에 따르면 조직의 사회적 구조에 초점을 맞추는 구조주의적 견해는 고전적 관점과 인간관계론적 관점을 상당부분 통합하고 또 발전시킨 것이라고 한다. 구조주의적 관점은 조직의 사회적 구조가 한번 형성되면 변동의 여지가 없는 것은 아니지만 상당기간 지속되는 성향을 지닌다는 점에 주의를 환기시키고 사회적 구조의 공식적 및 비공식적 관계를 연구하도록 촉구하는 것이라고 하였다.

Ⅱ. 복종구조이론

Etzioni는 조직구조에 대한 복종모형(Compliance Model)을 제시하고, 복종의 구조(compliance structure)를 기준으로 조직을 분류하였다. 그가 말하는 복종 (compliance)이란 부하를 통제하기 위해 상급자가 행사하는 권력과 그에 대한 부하의 태도 사이에 형성되는 관계로 파악된다.

따라서 그의 모형은 구조적이며 동시에 형태적·동기론적이라고 할 수 있다. 조직내의 권력배분과 그 종류에 관련되기 때문에 구조적이며, 다른 한편으로는 조직의 요구에 순응하는 조직참여자들의 반응에 관련되기 때문에 동기론적이라 할 수 있다. 그의 이론은 조직 내에서 동원되는 통제 또는 유인(誘因)의 수단과 그에 기초한 권력의 종류를 구분하는 데서부터 전개되기 때문에 권력의 종류에 기초를 둔 조직 유형론이라고도 말할 수 있다. 아래에서 Etzioni가 제시한 복종의 구조에 관한 이론을 요약하려 한다.

1. 조직 내의 통제와 복종

조직상의 통제과정에서 조직의 필요와 구성원인 개인의 필요 사이에 나타나는 긴장은 아주 분명한 것이다. 그러한 긴장이 더 뚜렷하게 나타나는 곳은 달리 생각할 수 없다. 조직의 필요와 개인의 필요는 부분적으로 상호 지원적일 수도 있다. 예컨대 회사의 수입이 증가되면 직원들의 보수를 올려 줄 수 있다. 그리고 학교의 위신이 올라가면 거기에 종사하는 교사의 위신이 올라간다. 이와 같이 조직의 필요와 개인의 필요가 부합되거나 양립할 수 있는 한 통제는 거의 필요없다. 조직참여자들은 자기 자신의 필요를 충족시키기 위해 조직에 가장 바람직한 일을 하려 할 것이며, 조직 또한 그 필요를 충족시키기 위해 조직참여자들의 필요를 충족시키려 할 것이기 때문이다.

그러나 그와 같은 필요간의 조화 내지 결합이 완전할 수는 없다. 조직의 필요와 개인의 필요는 오히려 양립할 수 없거나 상충되는 것이 보통이다. 따라서 조직은 규칙과 명령에 순응하는 사람에게는 보상을 주고 그것을 어기는 사람에게는 벌을 주는 의식적 노력을 경주하지 않으면 안 된다. 조직의 성공은 그 구성원들에 대한 통제능력에 달려 있다고 해도 과언은 아니다.

조직은 그 통제기능을 수행하기 위해 조직의 규범에 부합되는 업무수행을 한 사람은 보상받고, 그렇지 못한 사람은 벌을 받도록 업무 수행실적에 따라 보상과 제재를 분배해야 한다. 낙후된 부문 또는 후진국에서는 업무수행실적과 무관하게 분배되는 보상이 많다. 따라서 후진국에서는 조직상의 통제가 비효율적이다.

조직이 구성원을 통제할 필요가 있다는 것은 바로 구성원들의 복종을 확보할 필요가 있다는 말이 된다. 조직 내에서의 복종은 두 가지의 국면을 지닌 현상이다. 그 중의 한 국면은 통제의 구조, 즉 복종을 확보하려는 권력의 구조로 구성된다. 이것은 공식적인 조직의 체제와 복종을 확보하기 위해 조직이 동원하는 권력에 관한 것이기 때문에 구조적인 국면이라 할 수 있다. 조직은 구성원의 복종을 확보하기 위해 권력의 계서(階序)를 가지고 있어야 하며, 직무기술서와 구체적인 업무처리 절차를 만들어 놓아야 하고 분업체제를 갖추어야 한다. 이러한 관료적 수단을 통해 조직은 그 권력을 행사한다.

복종의 두번째 국면은 조직참여자들이 조직의 목표에 승복하고 그에 헌신하는 정도에 관한 것이다. 이것은 동기적 국면(motivational aspect)이며 개인의 조직에 대한 헌신의 정도로 표현된다. 개인의 조직에 대한 헌신도가 클수록 조직의 목표달성을 위해 일할 가능성은 커진다. 개인의 헌신도가 큰 만큼 공식적 통제장치의 필요는 줄어든다.

이와 같은 복종의 두 가지 국면이 조직유형론의 기준을 제시할 수 있다.

2. 통제수단 · 권력 · 복종의 유형

세 가지의 기본적인 통제수단을 구별해 볼 수 있다. 세 가지의 통제수단이란 강압적 수단(強壓的 手段: coercion or physical means), 경제적 수단(經濟的 手段: economic rewards or material means) 및 규범적 수단(規範的 手段: moral, normative rewards or symbolic means)을 말한다.

강압적 통제수단은 신체적 위해(危害), 또는 위협을 내용으로 한다. 신체적 고통을 가하거나 생명을 빼앗는 것, 또는 그것을 위협하는 수단이 강압적 수단에 해당한다. 이러한 수단은 물리적 수단이라고 부를 수도 있다. 강압적 수단에 기초를 둔 권력은 강압적 권력(coercive power)이다. 강압적 권력이 통제에 쓰일 때 조직참여자의 반응은 소외 또는 굴종(alienative compliance)으로 나타나는 것이 원칙이다. 굴종이란 심리적으로 소외되고 조직으로부터 이탈하려는 마음을 갖게 되지만 별 수 없이 조직에 남아 복종하지 않을 수 없을 때 나타나는 반응을 지칭한다.

경제적 수단 또는 물질적 수단은 물질적 보상을 그 내용으로 한다. 여기서 물질적 보상이란 재화와 용역이다. 재화 · 용역과 바꿀 수 있는 돈과 같은 상징물들도 물질적 보상에 포함된다. 경제적 수단에 기초를 둔 권력은 공리적 권력(utilitarian power)이다. 공리적 권력에 대한 복종은 원칙적으로 타산적 복종(calculative compliance)이다. 타산적 복종이란 경제적 보상이 적정하다고 생각하는 범위 내에서만 권력에 복종하는 것을 말한다.

애정, 인격존중, 신망, 사명 등 상징적 내지 도덕적 가치를 내용으로 하는 것이 규범적 수단 또는 상징적 수단이다. 순수한 상징(pure symbols)들은 물질적 보상이나 신체적 보상을 내용으로 하는 것이 아니다. 그러한 상징에는 신망, 명예와 같은 규범적 상징, 애정과 같은 사회적 상징이 포함된다. 애정을 표시하기 위해 몸을 만진다든지, 위신을 상징하기 위해 물건이 쓰이는 경우, 그것을 받아들이는 사람에게는 순수한 상징의 효과와 같은 것이 있기 때문에 그러한 접촉 또는 물건도 상징으로 볼 수 있다. 규범적·상징적 수단에 기초를 둔 권력은 규범적 권력(normative, normative-social, or social power)이다. 규범적 권력의 사용은 대개 도덕적 복종(moral compliance)을 가져온다. 도덕적 복종이란 조직의 목표와 자기가 맡은 일을 가치 있는 것이라고 생각하고 충심으로 조직의 요구에 순응하는 태도를 말한다. 경제적 수단은 이기심 때문에 사람들이 복종하게 만들고, 강압적 수단은 사람들이 복종하지 않을 수 없도록 강요하는 반면 규범적·상징적 수단은 사람들을 확신시켜 심리적 승복을 끌어내는 경향이 있다.

위에서는 통제수단과 권력, 그리고 복종의 유형을 각각 세 가지로 분류하였다. 그러나 조직사회의 실제에 있어서 각 유형이 항상 배타적으로 존재하는 것은 아니다. 대부분의 조직들은 한 가지 이상의 권력을 통제에 동원하고 있다. 한 종류의 권력이 주축을 이루고 있는 경우에도 주축을 이루는 정도는 조직마다 모두 다를 수 있다. 그리고 주축을 이루는, 또는 지배적인 통제유형, 즉 권력유형을 하나만 가지고 있다고 보기 어려운 조직유형도 있다. 예컨대 노동조합 가운데는 강압적 권력을 주로 쓰는 것도 있고, 공리적 권력을 주로 쓰는 것도 있으며, 규범적인 권력을 주로 쓰는 것도 있다.

같은 조직 안에서도 피통제자(被統制者)의 계급에 따라 사용되는 권력이 다른 경우가 많다. 높은 계층의 조직참여자들을 통제하는 데는 하급자들에게 사용하는 권력보다 덜 소외적인 수단을 쓰는 것이 보통이다. 하급종사자에게 강압적 권력을 쓰는 경우에도 고급직원에게는 공리적 내지 규범적 권력을 쓸 수 있다.

권력사용에 대한 반응이 사용되는 권력 자체만에 의해 결정되는 것은 아니다. 피통제자의 사회적 및 문화적 특성도 그의 반응형성에 영향을 미친다. 그러나 이와 같은 사회문화적 요인을 통제하고 같은 집단에 대해 상이한 권력을 사용하여 그 반응을 비교한다면 규범적 수단이 쓰일수록 소외적 반응은 줄어들고, 수단이 강압적일수록 소외적 반응은 커진다. 공리적 권력은 강압적 권력만큼 소외적인 반응을 초래하지도 않고 규범적 권력만큼의 헌신을 불러일으키지도 않는다.

3. 권력과 복종의 유형에 따른 조직의 분류

두 가지 국면, 즉 권력의 종류와 복종의 종류에 따라 각각 세 가지씩의 조직유형으로 나누고, 이를 조합하여 다시 9개의 논리적인 유형을 보여주는 분류의 틀을 구성할 수 있다. 9개 유형 가운데서 권력의 성격과 복종의 성격이 부합되는 부합형(符合型: congruent type)은 세 가지밖에 되지 않는다. 나머지 조직유형에 있어서는 두 가지 국면(권력과 복종)이 서로 일관성을 갖고 있지 않다. 권력의 종류와 복종의 성격이 부합되지 않는다는 것은 강압적 권력에 대해 도덕적 반응이 나타난다든지, 규범적 권력에 대해 타산적 반응이 나타난다든지 하는 것을 말한다. 대부분의 조직은 권력의 성격과 복종의 성격이 부합되는 조직유형에 해당하며, 그 두 가지가 부합되지 않는 조직들은 결국 그것이 부합되는 방향으로 변해 간다.

권력과 복종의 유형이 부합되는 세 가지의 부합형 조직들은 다음과 같다.

첫째, 강압적 조직(强壓的 組織: coercive organization)은 강압적인 권력의 사용과 굴종적인 복종이 부합되어 있는 조직이다. 즉, 구성원을 통제할 때에 강압적 수단에 기초를 둔 강압적인 권력이 주로 쓰이고 있으며, 구성원들은 조직에 대하여 강한 소외감을 가지고 있는 조직을 강압적 조직이라고 한다. 이 유형에 해당하는 조직의 예로서 강제수용소와 교도소를 들 수 있다.

둘째, 공리적 조직(功利的 組織: remunerative organization)은 공리적 권력과 타산적 복종이 부합되어 있는 조직이다. 보수, 부수입, 근무조건 등 물질적 보상에 기초를 둔 공리적 권력이 구성원의 통제에 주로 쓰이고, 구성원들은 자기들에게 돌아오는 이익을 타산하여 그만큼 조직에 기여하려고 하는 조건이 성립되어 있는 조직이 공리적 조직이다. 대부분의 사기업조직을 그 예로 들 수 있다.

셋째, 규범적 조직(規範的 組織: normative organization)은 규범적 권력과 도덕적 복종이 부합되어 있는 조직이다. 소속원의 통제에 원칙적으로 규범적 권력이 행사되고, 그에 대응하여 소속원들은 조직에 대해 강한 충성심(high commitment)을 갖게 되는 조직이 규범적 조직에 해당한다. 이러한 조직에서 권력의 행사는 사회적 고립과 같은 비공식적 제재, 신망에 관한 상징의 조작, 지도자의 개인적 영향력 사용 등의 수단에 의존한다. 규범적 조직의 예로는 교회와 같은 종교단체, 이념정당, 대학, 병원 등을 들 수 있다.

복종의 구조에 관한 Etzioni의 이론은 통제수단·권력·복종 등에 관련하여 조직간에 나타나는 유사성과 상이성을 이해하는 데 도움을 주는 것이다. 그의 이론은 조직의 비교분석에 필요한 하나의 관념적 틀을 제공함으로써 비교조직론의 발전에 기여하였다고 말할 수 있다.

그러나, Etzioni의 조직유형론은 단편적이며 그 전제 가운데 온당하지 않은 것이 있을 뿐 아니라, 관련되어 있는 여러 가지 문제에 해답을 주지 못한다는 비판을 받고 있다. Etzioni는 이른바 부합형이 효율적이며 따라서 권력과 복종의 성격이 부합되지 않은 비부합형(非符合型: incongruent type)을 부합형으로 변화시키는 압력이 작용한다고 말하였다. 그러나 부합형이 누구와 무엇을 위해 효율적인가에 대해서는 명쾌한 해답을 주고 있지 않으며, 비부합형을 부합형화하는 압력이 작용한다면 당초에 왜 비부합형이 생겨났는가를 납득할 수 있도록 설명하지 못한다. 그리고 Etzioni가 구분한 조직유형에 실제로 조직을 분류해 넣는 데는 적지 않은 문제가 있다. 두 개 이상의 유형에 해당하는 조직들이 많으며 단일한 조직의 여러 구성 부분들이 서로 다른 유형에 해당하는 경우가 또한 많기 때문이다. 이 문제는 Etzioni 자신도 시인하고 있다.

참│고│문│헌

Etzioni, Amitai, *Comparative Analysis of Complex Organizations*, Free Press, 1961.

_____, *Modern Organizations*, Englewood Cliff, NJ: Prentice-Hall, 1964.

_____, "Toward a Keynesian Theory of Social Processes," in Etzioni, ed., *Readings on Modern Organizations*, Englewood Cliff, NJ: Prentice-Hall, 1969, pp. 190~196.

Gross, Edward & Etzioni, *Organizations in Society*, Englewood Cliff, NJ: Prentice-Hall, 1985.

Burns, Tom, "The Comparative Study of Organizations," in Vroom, Victor H., ed., *Models of Organizational Research*, Pittsburgh: University of Pittsburgh Press, 1967, pp. 113~170.

Pugh, D. S., D. J. Hickson & C. R. Hinings, eds., *Writers on Organizations*, Harmondsworth, Middlesex: Penguin Education, 1973, pp. 30~35.

Stanley Milgram의
권위에 대한 복종이론* **

Ⅰ. Stanley Milgram의 학문세계

Stanley Migram은 1933년에 뉴욕에서 태어난 미국 사회심리학자이다. 그는 미국 뉴욕의 퀸즈대학 정치학과를 졸업하고 1961년에 하버드대학교에서 사회심리학으로 박사학위를 취득했다. 학위 취득 후에는 예일대, 하버드대 조교수를 거쳐 1967년 이후 뉴욕시립대학 정교수로 재직하던 중 1984년 51세에 심장마비로 사망했다. 그는 인간 행동과 심리 실험을 통해 다양한 학문영역에 폭넓게 활용될 수 있는 사회현상의 기초원리들을 개발했다. 권위에 대한 복종(obedience to authority), 작은 세상 현상(small world phenomenon), 낯익은 타인(familiar stranger) 등은 지금까지도 많은 연구에 응용되고 있는 대표적인 실험이자 이론들이다.

특히 권위에 대한 복종은 나치정권의 명령에 복종하여 수백만의 유태인을 살해한 아이히만 사례를 토대로 일반인들의 권위에 대한 복종 행태와 심리를 분석한 유명한 연구이다. 기억과 학습 과정에서 권위자의 체벌 요구에 반응하는 인간 행동과 심리에 대한 실험이었다. 예일대 재직시절인 1962년에 실험을 완료한 후 그 결과가 1963년 The Journal of Abnormal and Social Psychology에 게재됐고, 1974년에 「권위에 대한 복종」(Obedience to Authority)으로 출간됐다. 2015년에는 이를 중심으로 '밀그램 프로젝트'(The Experimenter)라는 제목의 영화가 개봉됐다. 학술지 발표 이후 1964년 미국심리학회에서 실험과정에 대한 연구윤리 문제가 제기되어 사회적 논란을 일으키기도 했다.

그가 남긴 또 다른 중요한 업적은 '작은 세상' 현상이다. 1967년 그가 작은 세상 실험을 통해 밝혀낸 6단계 분리 이론은 서로 모르는 사람끼리라도 평균 6

---

 * 이창길: 세종대학교 행정학과 교수.
 ** 이 글은 Stanley Milgram의 "Obedience to Authority"(1974) 및 한국어판(정태연 옮김)의 내용을 중심으로 요약 정리한 내용임.

명만 거치면 모두 연결될 수 있다는 내용이다. 또한 낯익은 타인은 1972년의 실험으로서 버스정류장이나 거리 등 공공장소를 공유하는 사람들은 직접적인 접촉이 없다하더라도 상대방을 인지할 가능성이 높다는 이론이다. 이들 간의 관계는 다른 장소나 공간에서 만날 경우 전혀 모르는 타인보다는 서로 인사를 나눌 가능성이 크다는 것이다. 이와 같이 Stanley Milgram은 일상적인 사회 현실 속에 다양한 실험을 통해 사회현상의 기초 원리를 도출했다. 이들 이론은 심리학, 사회학, 경제학, 물리학, 생화학, 마케팅, 정보시스템, 경영관리 등에 다양한 학문분야 연구에 크게 공헌했다.

II. 권위에 대한 복종 실험

1. 복종의 딜레마: 실험개요

복종은 사회적 삶의 구조에서 기본적인 요소로서 개인의 행동과 정치적 목적을 연결시켜주는 심리적 메커니즘이다. 1933~1945년 무고한 수백만의 사람들이 상부의 명령에 단순히 복종하는 사람들에 의해 일사분란하게 처형됐다. 상부의 명령에 단순히 복종하는 사람들은 권위자와의 관계를 단호하게 단절하지 못하고 신념을 행동으로 옮기지 못하는 용기 없는 사람들이다. 현대사회에서 이들은 가학적 일탈을 즐기는 괴물이 아니라 대부분 평범한 직장인이거나 전문직에 종사하는 사람들이다. 책상 앞에 앉아 아무런 생각없이 자신이 맡은 일을 수행하는 관료들과 같다. 이와 같이 복종은 심리적인 문제인 동시에 사회적인 문제다.

복종의 행동을 심도 있게 이해하기 위해 1962년 예일대에서 인간 행동을 관찰하고 실험했다. 피실험자들은 인구 3만 명인 뉴헤이번에서 지역신문 공고를 통해 자발적으로 모집됐다. 그들에게는 시간당 4달러와 주차료를 지불했다. 총 296명이 모집되었고 추가로 직접 편지를 보내 실험자를 확보했다. 피실험자들은 집배원, 교사, 회사원, 기술자, 노동자 등으로 연령과 직업을 고려하여 골고루 선정했다.

두 사람이 실험실에 들어온다. 한 사람은 '선생'으로, 다른 사람은 '학습자'로 제비뽑기에 의해 결정된다. 피실험자는 늘 '선생'이 되고 사전에 정해진 실험협조자가 항상 '학습자'가 되도록 조작했다. 그들에게 처벌이 학습에 미치는 영향을 알아보기 위한 실험이라고 설명한다. 실험협조자인 '학습자'를 실험실 방 안의 의자에 앉히고 양팔을 의자에 묶은 다음 전극봉을 그의 손목에 부착한다. 연관된 단어 쌍의 목록을 불러주고 질문한 다음 틀릴 때마다 전기충격의 강도가 높아질 것이라고 설명한다.

피실험자인 '선생'은 '학습자'가 묶여 있는 것을 본 후에 주 실험실로 들어가서 전기충격기 앞에 앉는다. 전기충격기는 15볼트에서 450볼트까지 15볼트씩 증가하는 30개의 스위치가 가로로 늘어서 있다. 피실험자인 '선생'은 '학습자'가 틀린 답을 말할 경우에는 '학습자'에게 전기충격을 가해야 한다. 30볼트의 낮은 단계에서 높은 단계로 순서대로 전기충격을 높여야 한다. 실험의 핵심은 '학습자'에게 점점 더 심한 충격을 가하라는 실험자의 명령에 사람들이 어디까지 복종하느냐 하는 것이다. 어느 시점에서 피험자는 실험자의 권위와 명령을 거부할 것인가? '학습자'가 괴로워하는 모습은 피실험자에게 실험 중단을 요구하도록 압박하는 반면 합법적인 권위자인 실험자는 그에게 실험을 계속하도록 종용한다. 실험을 진행시키기 위해 실험자는 "계속하세요", "실험을 위해 계속해야 합니다", "반드시 계속해야 합니다", "당신은 어떤 선택권도 없습니다. 계속해야 합니다" 등의 자극문구를 이용해 명령했다. 모든 피실험자가 더 이상 하지 않겠다고 실험자의 명령을 거부하기 전까지 그 피실험자가 가한 전기충격 수치를 측정했다.

2. 복종실험의 결과

첫 번째 실험은 피실험자가 학습자의 모습을 볼 수도 없고 목소리도 들을 수도 없게 했다. 학습자가 응답하면 신호상자에 불이 켜지도록 했다. 다만, 300볼트가 넘으면 학습자가 항의하면서 실험실 벽을 쾅쾅 치는 소리가 울리고, 315볼트부터는 더 이상 응답이 없고 쾅쾅치는 소리도 멈추도록 했다. 이러한 실험결과 피실험자 40명 가운데 26명은 실험자의 명령에 끝까지 복종했다. 즉 65%는 복종했고, 35%만 불복종했다. 복종한 피험자들은 전기충격기가 낼 수 있는 최고 전압에 도달할 때까지 희생자들을 처벌했다. 결국 450볼트의 전기충격이 세 번 정도 가해진 후 실험자는 실험을 중단시켰다. 피실험자들은 학습자들의 항의를 받으면 자주 안절부절 못하는 모습을 보였다. 말로 약하게 저항하는가 하면 전기충격기 앞에 있는 자기 의자에서 벌떡벌떡 일어서고 실험실을 떠나고 싶다는 의사를 표현하기도 했다. 그러나 많은 피실험자들이 실험자의 명령에 따랐다.

다음 단계 실험에서는, 피실험자에게 학습자의 음성 반응을 듣게 하고, 그 다음에는 피실험자와 학습자를 같은 방에 배치하고, 그 다음에는 피실험자가 학습자의 손을 잡고 전기충격판 위에 올려놓고 진행했다. 이와 같이 학습자와의 근접성이 증가하면서 피실험자의 불복종 비율은 높아졌다. 최초 실험에서는 35%의 피실험자가 불복종했으나, 음성반응 조건에서 37.5%, 근접 조건에서는 60%, 접촉 조건에서는 70%의 피실험자가 실험자의 명령에 불복종하고 저항했다.

이번에는 실험장소를 바꿔 천장에 난방 파이프가 그대로 있는 열악한 실험실로 이동했다. 그리고 학습자가 실험 전에 심장이 좋지 않다는 언급을 하도록 했다. 하지만, 이런 실험결과 어느 것도 불복종을 증가시키지는 못했다. 그 다음 단계 실험에서는 실험자가 지시를 한 후 실험실에서 나와 전화로 명령했더니 복종은 급격하게 떨어졌다. 그 다음으로, 여성이 남성보다 덜 공격적이고 더 공감적이라는 일반적 사실을 토대로 여성 피실험자들을 대상으로 실험했다. 하지만 복종의 수준은 남성과 실질적으로 동일했다. 아울러 실험장소를 예일대에서 산업도시 브리지포크의 한 사무실용 빌딩으로 옮겨 실험한 결과, 복종의 정도가 예일대에서 얻은 결과보다 다소 낮기는 했지만 두드러진 정도는 아니었다. 다만, 전기충격 단계를 순서대로 하지 않고 자유롭게 선택하도록 한 결과, 대다수 피험자들이 학습자에게 매우 낮은 수준의 충격을 가했다.

학습자가 스스로 전기충격을 요구하고 피실험자가 전기충격을 받지말도록 요구하는 역실험을 했다. 심한 고통을 받고서도 학습자가 계속하고 싶다고 소리치는 것이다. 이 경우 단 한명의 피실험자도 학습자의 요구에 응하지 않고 실험자의 명령에 따랐다. 실험자가 전화를 받고 잠시 나가거나, 피실험자와 비슷한 일반인이 실험자가 되어 명령을 내리도록 한 실험에서도 대다수 피실험자는 명령에 복종하지 않았다. 이 경우 피실험자들은 전기충격을 가하라고 말하는 실험자인 일반인을 오히려 위협했고 그의 요구와 명령을 비판하고 비난했다. 더 나아가, 실험자 즉 권위자가 학습자가 되고 일반인이 실험자가 되어 지시를 내리는 실험에서는 피실험자들은 일반인의 지시를 전적으로 무시했다. 이는 피실험자들은 권위자의 명령에 복종하고 권위자가 아닌 일반인의 명령은 복종하지 않는다는 것을 의미한다.

두 명의 실험자가 상반된 명령으로 충돌할 경우 전기 충격을 계속 하라는 지시를 따른 피실험자는 단 한 명도 없었다. 실험자 두 명 중에 한 명을 학습자로 지정하는 실험에서는 그 학습자는 일반적인 학습자와 동일하게 취급됐다. 학습자가 된 실험자는 명령자로서 신분을 일시적으로 상실했다. 감옥에 갇힌 왕에게는 복종하지 않는 것과 유사하다. 아울러 피실험자가 실험 전체과정에는 참가하지만 직접 전기 충격기의 레버를 누르지 않고 보조적인 역할만 담당하고 다른 사람이 대신하도록 한 실험에서는 대부분 최고의 전기충격을 가할 때까지 명령에 복종했다.

Ⅲ. 권위와 대리자적 상태

1. 대리자적 상태의 의미와 유지

사람들은 권위 체계 안에 편입되면 스스로 개인적 목적을 위해 행동하기보다는 다른 사람이 원하는 것을 실행하는 사람으로 본다. 이를 '대리자적 상태'(agentic state)라고 한다. 즉 특정인이 스스로를 다른 사람들의 소망을 수행하는 대리자로 인식하는 상태이다. 자율적 존재가 위계적인 통제 시스템 하에서 적응하기 위한 내적 심리상태이다. 피실험자는 위 실험과 같이 학습자의 고통신호에 약해지고 심리적으로 멀어지는 반면, 권위자의 명령신호를 최대한으로 수용한다. 이 경우 더 이상 자기 행동에 책임감을 갖지 않으며, 스스로 다른 사람의 소망을 달성하는 도구로 생각한다. 행동은 더 이상 양심의 제약을 받지 않고 복종의 가능성이 높아진다.

무엇이 대리적 상태를 유지하도록 만드는가? 많은 학습자들이 더 이상 전기충격을 가하지 말아야 한다는 지적 결정을 하지만, 때때로 이러한 확신을 행동으로 옮기지 못한다. 이런 피실험자들이 실험자의 권위에서 벗어나기 위해 내적으로 매우 강한 투쟁을 하면서도 불분명하지만 강력한 구속 때문에 저항하지 못한다. 이와 같이 피험자를 강력하게 구속하는 힘은 다음 몇 가지로 설명된다. 첫째, 행동의 순차적 특성이다. 실험과정에서 자신의 첫 번째 결정은 다음 행동에 영향을 준다. 자신의 이전결정을 합리화하기 위해서는 끝까지 가야 한다. 둘째, 상황적 의무이다. 모든 사회적 상황의 밑바닥에는 행동을 규제하는 상황적 불문율이 있다. 전기충격기를 거부하는 것은 피험자에게는 실험자에 대한 의무를 저버리는 것이기 때문이 쉽게 거부할 수 없다. 위계적 관계에 대항하여 그 구조를 바꾸려는 모든 시도들은 일종의 도덕적 일탈을 겪게 된다. 셋째, 불안이다. 사람들은 오랜 사회화 과정을 통해 사회생활의 기본 규칙 중의 하나로 권위자에 대한 존경을 내면화하고 있다. 이런 규칙을 위반하면 불안감 이 증가하고 명령에 대한 불복종은 어렵게 된다.

2. 긴장과 불복종

피실험자들이 불복종하는 이유는 학습자에게 전기충격을 가하는 것이 부도 덕하다고 생각하기 때문인 경우가 많다. 즉 자율적으로 기능하는 존재가 위계 구조 안에서 진입하게 될 때 긴장이 높아진다. 완전하게 복종적이거나 완전하 게 자율적인 경우는 없다. 이러한 긴장과 갈등은 다음 공식에 의해 행동한다.

$$O; B > (s-r)$$
$$D; B < (s-r)$$

여기에서 O는 복종, D는 불복종, B는 구속요인, s는 긴장, r은 긴장해소 메 커니즘이다. 복종은 구속요인이 최종 긴장(해소 메커니즘으로 완화된 이후의 긴장) 보다 클 때 나타나는 결과이고 불복종은 최종 긴장이 구속요인의 힘을 능가할 때 나타나는 결과이다. 모든 긴장은 권위에 대한 진정한 대리자로 바꾸지 못했 기 때문에 발생한다. 이러한 긴장의 원인으로는, 첫째, 학습자의 비명소리, 둘 째, 도덕적, 사회적 가치의 위배 인식, 셋째, 암묵적 보복의 위협, 넷째, 학습자 의 지시, 다섯째, 자아상과의 충돌로 요약된다. 긴장 해소의 메커니즘으로, 첫 째는 불복종이다. 긴장을 끝내는 최후의 수단이다. 그러나 불복종은 모든 사람 들에게 이용가능한 행동이 아니다. 앞에서 언급한 많은 구속요인이 있기 때문 이다. 둘째는 회피다. 피실험자는 자신의 행동에 따른 감각적 결과를 스스로 차단한다. 희생자의 고통을 보지 않기 위해 피실험자들은 어떤 엉뚱한 방법으 로든 고개를 돌린다. 셋째, 부정이다. 자신들이 가한 전기충격이 고통스럽거나 학습자가 고통을 겪고 있다는 사실 자체를 부정하는 것이다. 넷째, 약한 복종 이다. 강압적 체계의 제약 속에서 학습자에 대한 자신의 자비를 최대한 표현한 다. 다섯째, 속임수다. 피실험자들이 스스로 실험자에게 보고한 것보다 더 낮은 전기충격을 가하기도 한다. 여섯째, 이의제기다. 피실험자들은 실험자가 지시한 행동방침에 동의하지 않는다는 의사를 표현한다. 이를 통해 스스로 심리적 위 로를 받을 수 있고, 공개적으로 말함으로써 바람직한 자아상도 어느 정도 유지할 수 있다.

3. 대안적 이론

실험실에서 관찰한 복종은 인간 본능에 기인하는 공격적, 파괴적 성향 때문이 아니다. 학습자에게 전기충격을 가하는 행위는 파괴적 충동에서 유래한 것이 아니라 피실험자들이 사회적 구조 속에 통합됨으로써 발생했다. 사회적 구조가 권위적이지 않으면 피실험자들은 학습자들에게 전기충격을 가할 수 있는 기회가 주어져도 그렇게 하지 않았다. 피실험자들의 행동은 울분이나 공격성이 아니라 그들이 권위자와 맺고 있는 관계의 본질에 달려있다. 피실험자들은 스스로를 권위자에게 위임하고, 권위자의 소망을 실행하기 위한 도구로 생각한다.

Ⅳ. 맺음말: 연구윤리 논란과 에필로그

실험과정과 결과에 대한 논란이 많았다. 실험에 대한 비판은, 첫째, 실험실에서 관찰한 사람들의 대표성이 부족하다. 둘째, 그들은 자신이 학습자에게 전기충격을 가하고 있다고 믿지 않았다. 셋째, 실험실 상황은 더 넓은 세상으로 일반화하는 것은 불가능하다. 넷째, 실험 방법과 과정상 연구윤리를 위반했다. 특히 사전 통고 없이 피험자가 전기충격을 가하도록 함으로써 피실험자들에게 속임수를 썼고, 정신적 피해를 주었으며, 인간의 존엄성을 해쳤다고 비판한다. 이에 대해 저자는 (1) 예비 실험은 예일대 학생들이었지만, 본 실험에는 다양한 계층의 '보통' 사람들이 참가했다. 이 실험들은 프린스턴, 뮌헨, 로마, 남아공, 호주 등에서도 반복되었고 유사한 결과를 보였다. (2) 긴장은 피실험자들이 실제로 실험상의 갈등을 겪고 있었음을 말해준다. 녹취록, 수치자료, 영상 등에서 처음부터 끝까지 긴장이 발생했다. 실험에 대한 믿음의 설문조사에서도 80% 이상의 피실험자들이 실제로 믿고 실험에 참가했다고 응답했다. (3) 권위자에게 복종하는 과정은 그 기본 조건이 존재하는 한 달라지지 않았다. 숲을 태우는 것과 성냥을 태우는 것이 모두 연소과정인 것처럼 그 기본적인 과정은 유사하다. (4) 실험과정에서 피해자들이 해를 입었다는 기미는 없었다. 실험 후 조치도 충분하고 신중하게 처리했다. 보고서 수령 후 피실험자 설문조사에서 84%가 실험에 참여할 수 있어 기뻤다고 응답했다. 외래진료 경험이 있는 의사들이 피실험자들을 인터뷰한 결과, 실험 참가로 손상을 입었다는 징후는 없었다.

양심과 권위 사이의 갈등으로 인한 딜레마는 바로 사회의 본질 속에 내재하며 나치 독일이 결코 존재하지 않았더라도 그러한 딜레마는 있었을 것이다. 권위주의 국가가 아닌 민주주의 국가에 살고 있는 경우에도 예외가 될 수 없다. 권위주의의 문제가 아니라 권위 그 자체가 문제이기 때문이다. 권위주의가 민주주의에 굴복할 수 있지만, 현재와 같은 사회가 계속되는 한 권위 자체를 없앨 수는 없다. 민주주의 국가의 권위에서 나온 가혹한 정책들은 권위에 대한 복종의 결과물이었다. 합법적인 권위자가 명령한다고 지각하는 많은 사람들은 행위의 내용이나 양심의 통제와 무관하게 명령에 따라 행동한다. 라스키(Harold J. Laski)가 「복종의 위험」에서 말했듯이, 모든 국가에서 자유의 조건은 늘 권력이 강요하는 규범을 광범위하고 일관되게 회의(懷疑)하는 것이다.

참 | 고 | 문 | 헌

Milgram, S., Behavioral Study of obedience. *The Journal of Abnormal and Social Psychology*, 67(4), 1963, pp. 371-378.

Milgram, S., *Obedience to authority*, 1974. Harpercollins publishers.

스탠리 밀그램 지음(정태연 옮김), 권위에 대한 복종. 에코리브르, 2009.

Marvin E. Shaw의
집단역학*

I. Marvin E. Shaw에 대하여

Shaw는 미국 Florida에 있는 University of Florida의 심리학과 교수로서 은퇴하였으나 '50년대~'70년대에 걸친 소집단역학(group dynamics)의 독보적인 학자로서, 소집단들의 공통된 특징은 구성원들이 상호작용을 하는 것이라고 주장한다. 따라서 그는 소집단을 "상호작용을 하면서 서로 영향을 미치는 관계에 있는 두 사람 또는 그 이상의 모임"으로 정의한다(Shaw, 1981). Shaw는 소집단역학이 사회심리학에서 꽃을 피운 1950년대부터, 소집단의 구조(group structure)에 대하여 많은 실험연구를 하였다. 소집단의 구조 중에서도 특히 의사소통망에 집중하였다. 의사소통망의 다양한 형태가 소집단에서의 문제해결에 어떤 효과를 가지는가 하는 것이 그의 주요 관심사였다. 50년대 말부터 Shaw는 정보가 소집단에서 어떻게 사용되는가에 대한 연구를 보여주고 있다. 특히 60년대에 와서는 소집단 내에서 구성원이 지니는 정보의 양 및 질적인 내용들이 어떻게 소집단의 행동에 영향을 미치는가 하는 것에 관심을 보여왔다. 60년대 말부터는 이후 10년간을 소집단의 행동에 영향을 미치는 기타 요인들에 대한 연구에 정열을 보였다. 이 글에서 소개하는 그의 저서 Group Dynamics는 그가 1971년에 1판을 낸 것을, 1976년에 2판으로, 1981년에 3판으로 개정해 왔다. 이 책은 조직이론을 공부하는 사회과학도들이 조직 내의 소집단행동을 이해하는 데 성경처럼 참고로 하는 책이다. 이 책의 내용을 소개하는 것이 이 글의 주목적이다.

---

* 이순묵: 성균관대학교 심리학과 명예교수.

Ⅱ. Shaw의 저서 Group Dynamics

세계 제1차 대전 이후 사회의 혼란을 개인적 접근만으로는 이해하기 어렵다는 데서 집단으로서 관점이 부각되게 되었다. 예로서 오락집단, 체육팀, 집단심리치료, 가족치료 등 사회집단을 대상으로 하는 업무들은 집단의 실체를 인정하고 그것이 구성원에 미치는 영향을 연구하는 중요한 배경이 되었다. 지속된 관심과 연구는 1920년대 후반에서 1930년대 초에 이르는 호손연구를 거쳐 1930년대 말 Lewin의 주도에 의해 집단역학이란 이름으로 탄생한 것이다. 집단역학에서 Lewin, Cartwright, Zander 등을 1세대 연구자들이라고 하면 Shaw는 2세대 연구자라고 할 수 있다. Shaw의 연구의 결정판이라고 할 수 있는 이 책은 1981년도에 3판이 출간되었으며 집단역학을 공부하는 대학원생들에게 성경과도 같은 교과서가 된다. 이 책의 구성은 다음과 같이 12장으로 되어 있다: 소집단에 대한 소개, 소집단 연구의 접근법, 개인과 소집단, 소집단의 구성 및 발달, 소집단의 물리적 환경, 소집단 구성원의 개인적 특징, 소집단의 구성, 소집단의 구조, 리더십, 소집단의 과업 및 목표, 소집단의 행동, 문제제기. 이들 중 처음 11개 내용에 대해 각각 간단한 요약을 해 본다.

1. 소집단에 대한 소개

인간은 조직생활 및 사회생활에 있어 많은 소집단에 가입하게 된다. 가족의 구성원으로서, 회사 내 부서의 일원으로서, 조직 내 돌발적인 문제해결을 위한 팀의 일원으로서, 정치집단의 일원으로서, 스포츠클럽의 일원으로서… 등의 많은 소집단활동을 하며 살아간다. 소집단은 공동의 목적을 이루기 위한 구성원들의 모임이다. 따라서 각 소집단의 규범(norm)은 구성원의 행동의 지침이 된다. 그러면 우선 소집단은 어느 정도 수효의 구성원을 가질 때 소집단인지? Shaw는 10명 이하를 소집단, 30명 이상을 대집단으로 정의하고 그 중간적 크기의 경우 구성원의 수효가 아닌 다른 특징에 의해 소집단 또는 대집단으로 구분할 수 있다고 주장한다. 또한 소집단은 단순히 사람들의 모임이 아니라 '서로 영향을 주고 받으며 상호 작용을 하는 2인 이상의 모임'으로 정의된다.

2. 소집단연구의 접근법

소집단의 연구를 위해 두 가지 접근법이 있는데 하나는 이론적 접근 (theorizing)이고 또 하나는 경험적 접근(empirical analysis)이다. 물론 어느 한 쪽만이 필요하다고 할 수는 없고 둘 다 필요하다. 의미 있는 이론구조를 위해서는 경험적 증거가 필요하지만 이론은 알려진 자료를 조직하고 확대해서 앞으로의 경험적 접근을 위한 준거를 마련해 준다.

이론적 접근을 위해 소개될 수 있는 이론으로서는 다음과 같은 것이 있다: 측면종합이론(syntality theory), 교환이론(exchange theory), 개인간 관계이론(FIRO), 대등이론(group congruency theory). 측면종합이론은 여러 가지 상이한 이론적 방향의 측면들을 종합해서 이론을 만들어내는 접근이다. 교환이론은 개인간 행동 및 소집단의 움직임에 대한 접근이다. 개인간 관계이론 즉 FIRO는 'Fundamental Interpersonal Relations Orientation'의 약자인데 개인간 행동을 타인에 대한 관계로서 설명하고자 하는 접근이다. 대등이론은 소집단내에서 각 구성원은 여러 가지 측면(예: 나이, 교육, 수입, 권력,…)에 서로 대등(congruency)한 상태에 있도록 노력한다는 가정에 기반을 둔 접근이다.

경험적 접근은 주로 다음의 세 가지로 요약된다: ① 현장연구, ② 통제실험 (laboratory experiments), ③ 역할연기(role playing).

3. 개인과 소집단

소집단은 개인으로 구성되지만 소집단의 행동을 개인행동의 단순한 집합으로만 볼 수는 없다. 또한 개인의 행동이 소집단 내의 다른 구성원들에 의해 어느 정도 영향받는지도 항상 분명하지는 않다. 그러나 개인이 혼자 있을 때의 행동과 소집단의 일원으로서의 행동이 다를 수 있다는 연구 증거는 많이 있다. 사회심리학의 과제는 개인의 행위가 어떻게 다른 사람에 의해 영향받는가 하는 것이고 사회심리학의 한 분야로서 집단역학의 과제는 개인의 행위가 어떻게 소집단에 의해 영향받는가 하는 것이다.

이 장에서는 사회적 촉진(social facilitation), 개인 및 집단수행(individual versus group performance), 소집단의 극단화(group polarization)에 대해서 알아본다. 사회적 촉진은 사람들이 소집단으로서가 아니라 단순한 집합상태로만 있어도 개인의 행위를 양(plus)의 방향으로 촉진 또는 음(negative)의 방향으로 촉진(음의 방향촉진은 곧 억제를 의미)할 수 있음을 의미한다. 왜 그런가하는 설명으로서 Cottrell의 learned social drive theory, Zajonc의 drive theory등이 있다. 개인 및 소집단의 수행은 판단(judgment), 문제해결, 학습의 세 분야를 중심으로 비교되어 연구되고 있다. 소집단 극단화는, 독립된 개인으로 있을 때의 평균적인 경향이 소집단으로서의 행동을(예: 토론) 하고 나면 더욱 같은 방향으로 극단화되어 간다는 것을 말한다.

4. 소집단의 형성과 발달

사람들이 소집단을 이루어 상호작용을 처음으로 하게 되면서부터, 두 명 이상의 개인들간의 관계의 설정을 곧 소집단형성이라고 할 수 있다. 물론 이 형성은 한 번으로 끝나는 게 아니고 계속과정을 통해 발달한다. 그러면 사람들은 왜 소집단을 형성하는가 하는 것이 첫번째 의문이고, 소집단이 어떻게 발달하는가 하는 것이 두번째 의문이다.

왜 소집단을 이루는가에 대해 여러 가지 설명이 있다. 우선 소집단은 개인의 욕구(need)를 충족시키기 때문에 개인들은 소집단에 가입한다. 즉, 소집단을 통해서만이 달성할 수 있는 개인의 욕구가 있을 것이다. 소집단 내에서 개인의 욕구충족을 이루어줄 수 있는 직접적인 측면을 보자면 다음과 같은 것이 있다: 소집단 구성원들에 대한 개인간 매력, 소집단의 활동에 대한 매력, 소집단의 목표에 대한 매력(즉, 소집단의 목표는 개인에게도 가치 있는 것일 경우), 그 소집단의 회원이 되는 것 자체. 또한 어떤 소집단의 회원이 됨으로써 그 소집단의 밖에서 개인의 욕구충족을 이루어줄 수 있는 도구적 측면으로서는 다음과 같은 것들이 있다: 소집단 밖의 타인들에 대한 매력, 소집단 밖의 목표에 대한 매력.

일단 소집단이 이루어졌다고 해서 그 소집단의 발달과정이 끝난 것은 아니고 꾸준히 변해가면서 새로운 상태에 도달한다. 따라서 발달과정에 어떤 측면(phase)이 있고 어떤 순서로 진행하는가 하는 것은 거의 모든 소집단에 대해서 유사하다. 그러나 그 국면의 내용 및 지속되는 기간과 같은 것은 소집단의 성격 및 그 소집단이 처해 있는 발달과정에서 상황에 따라 다르다. 특히 문제해결(problem solving)의 활동을 하고 있는 소집단과 감수성훈련(sensitivity-training)을 하고 있는 소집단간에는 아주 큰 차이가 있다.

5. 소집단의 물리적 환경

소집단은 구성원의 행위에 영향을 주지만, 소집단 자체는 여러 가지 환경요소로부터 영향을 받는다. 우선 먼저 소집단은 하나의 물리적 환경 속에서 존재한다: 건물, 방, 의자, 테이블, 의사소통망 등의 물리적 환경은 소집단의 기능에 영향을 미친다. 이 외에도 개인적 환경(personal environment), 사회적 환경(social environment), 과업환경(task environment) 등이 있다. 이 장에서는 물리적 또는 물질적 환경에 대해서만 언급한다.

물리적 환경에도 여러 가지 측면이 있는데, 특히 영토성(territoriality), 개인공간(personal space), 공간배치(spatial arrangements) 및 의사소통망 등이 많이 연구되고 있다. 영토성과 개인공간은 물리적 환경이 개인에 대해서 가지는 심리적 의미를 나타낸다. 공간배치 및 의사소통망의 형태는 물리적 환경의 요소들이 어떤 식으로 여러 가지 차원에 있어 소집단에서의 상호작용에 영향을 미치는가를 보여준다.

영토성이란, 공간을 분할해서 몇 명의 사람들이 일정 기간 동안 어울리는 모든 상황에서 그 공간에 대한 재산권을 가지는 것으로 생각하는 것을 말한다(예: 수업시간에 좌석할당이 안 되어 있어도 일정기간이 지나면 각자 앉는 자리가 고정된다). 개인공간은 개인들 사이의 적당한 거리에 대한 개인적인 표준이다. 사람들은 이 표준에 따라서 딴 사람들과의 거리를 두고 자신의 위치를 정한다. 그리고 이 표준이 위반되면 부정적인(negative) 반응을 보인다. 소집단 내의 공간배치는 구성원들의 지위의 인식, 참가형식, 리더십활동, 및 감정적인 반응 등에 중요한 영향을 미친다. 소집단 내에서 의사소통을 위한 통로의 수효 및 배치는 그 집단에 큰 영향을 미친다. 그 집단이 효과적으로 기능하려면 그 성원들이 쉽게, 능률적으로 의사소통을 할 수 있어야 한다.

6. 소집단구성원의 개인적 특징

소집단 자체는 여러 가지 환경으로부터 영향을 받는다고 할 때 구성원들의 개인적 특징들 역시 중요한 환경요소가 된다. 개인적 특징들은 두 가지 방식으로 소집단의 활동과정에 영향을 미친다. 첫째는 각 개인의 특징이 그가 소집단 내에서 어떻게 행동하고 다른 구성원들이 그에게 어떻게 반응할 것인가를 어느 정도는 결정한다고 본다. 둘째로 구성원 개인들의 특징이 결합이 될 경우의 결과이다. 예컨대 소집단 내 두 사람의 관계에서 한 사람은 지배성이 높고 상대방이 지배성이 낮다고 하는 사실은 "독립적으로 행동할 때 각자가 보이는 지배성의 정도가 각각 어느 정도 수준이다"라고 하는 것보다 훨씬 중요한 내용을 나타낸다. 이 장에서는 다음과 같은 4가지 특징에 대해서 논의한다: 소집단 내의 크기(구성원의 수효), 생애자료(biographical data), 능력, 성격.

소집단의 크기가 가지는 중요성은, 소집단 내 몇 사람의 구성원이 존재한다는 자체가, 그 각 개인이 가지는 특징에 앞서 이미 구성원의 행동에 영향을 미친다는 데 있다. 소집단이 클 경우, 수줍어하는 구성원은 익명성을 보장받을 수 있어서 마음 편히 가입할 수가 있다. 반면 구성원간의 상호관계의 수효 내지 빈도가 급격히 증가하므로 그 소집단 내에 보다 작은 하위집단이 생기고 갈등이 생기기 쉽다.

생애자료들은 소집단과정에 아주 광범위한 배경적 영향을 가지고 있다. 생애자료에는 생물학적인 것들(예: 나이, 성)이 있고 사회적인 것들(예: 교육, 사회경제적 수준)이 있다.

구성원들의 능력은 구성원이 소집단 내에서 얼마나 효과적으로 활동을 수행하느냐를 결정하며, 또한 다른 구성원들이 그에게 또는 그녀에게 어떻게 반응할 것인가를 결정한다. 능력이란 지능처럼 일반적인 것을 지칭할 수도 있고 소집단이 처한 상황 또는 과업에만 특수한 것일 수도 있다. 후자의 경우 능력 있는 구성원은 과업완수에 보다 큰 공헌을 하면서 리더로서 부상하게 될 수 있다.

어떤 구성원의 성격을 알 경우 그가 '모든' 상황에서 어떻게 행동할 것이라고 기대할 수는 없으나 어느 정도의 행동과 성격의 일관성이 있을 것으로 볼 수는 있다.

7. 소집단의 구성

여기서는 소집단이 가지는 환경으로서 구성원 각자의 개인적 특성을 넘어서 각자의 특성이 소집단 내에서 가지는 상대적인 역할에 대해서 알아본다. 예컨대 구성원들의 지능이라는 특성이 소집단에 대해 가지는 영향에 대해 논의할 때, 그 집단의 평균적인 지능수준이나 구성원 각자의 지능수준보다는 구성원간의 지능의 차이에 대해서 관심을 가지게 된다. 이런 관점에서의 첫번째 질문은, 과연 특정의 구성(composition)이 소집단의 활동과정에 상이한 효과를 가져오느냐 하는 것이다. 상이한 구성이 전혀 차이를 가져오지 않는다면 주어진 수효의 개인들 가운데 일부를 뽑아서 소집단을 만들고자 할 때 아무나 무작위로 뽑아서 할당하면 될 것이다. 그러나 상이한 구성은 상이한 효과를 가져온다는 것이 이 질문에 대한 답이다. 두번째 질문은, 그렇다면 어떻게 구성할 경우 소집단의 활동과정에 어떤 효과를 가져 오느냐 하는 것인데 이 점에 대해서는 여러 가지 접근법이 있다: 응집성(개인간 매력)과 대응성(유사성 및 보완성의 차원); 동질성-이질성의 차원.

응집성(cohesiveness)은 구성원들이 서로 매력을 느끼는 정도 또는 구성원들이 서로 같이 결속하는(hanging together) 정도를 말한다. 응집성이 높은 소집단의 구성원들은 그 집단활동에 있어서 보다 정열적이고, 모임에 빠지지 않으려고 하며, 그 집단이 성공할 때 즐거워하고 실패할 때 슬퍼한다.

대응성(compatibility)은 구성원들의 특성이 서로 어느 정도 잘 대응되는지의 정도를 나타낸다. 응집성 있는 소집단은 서로 대응성이 있는 구성원들로 구성된다. 대응성은 두 가지로 볼 수 있다: ① 욕구의 대응성, ② 반응의 대응성, 욕구의 대응성(need compatibility)은, 구성원들의 상호간의 활동을 통해 서로의 욕구를 만족시킬 수 있을 때 대응성이 있다고 하며 욕구를 만족시키지 못할 때 대응성이 없다고 한다. 반응의 대응성은 구성원 성격특성에 많이 관계된다. 예컨대 권위주의적인 구성원은 순종적(submissive)인 구성원과 대응이 될 수 있다.

동질성-이질성의 차원은 속성(trait: 능력, 지능, 성(性) 등)에 대해서의 경우와 성격에 대해서의 경우로 나누어 볼 수 있다. 일반적으로 우리는 소집단의 활동에 여러 가지 다른 기능 및 지식을 필요로 한다고 볼 수 있다. 그렇다면 구성원의 속성이 다양하고 성격이 다양한 소집단이 더 유리하다고 볼 수 있다. 그러나 아직은 좀더 자세한 연구가 필요하다.

8. 소집단의 구조

일단 몇몇 사람이 같이 모여 상호작용을 하게 되면 여러 가지 면에서 각 구성원은 서로 다르다는 것이 드러난다. 이러한 구분이 바로 소집단구조의 형성이다. 구분이 생기면서 소집단 내 상이한 부분간에 관계가 설정된다. 이러한 관계의 형태가 바로 소집단의 구조이다.

각 구성원은 소집단 내에서 하나의 위치(position)를 가지게 되고 위치들 간의 관계의 형태가 그 소집단의 구조를 이룬다. 각 위치는 그에 부여된 특권,

중요성, 또는 소집단에서의 가치라는 면에서 평가를 받는데 그 평가가 곧 사회적 지위 또는 지위(social status, status)라고 할 수 있다. 또한 각 위치에 연관되어 기대되는 일련의 행동들을 사회적 역할 또는 역할(social role, role)이라고 한다.

소집단에는 공식집단과 비공식집단이 있다. 공식집단에서는 그 소집단을 포함하는 보다 큰 조직에 의해 위치, 역할, 지위 등에 대한 것이 명시되지만 비공식집단에서는 그러한 구조조차 없을 수 있다. 위치에 주어지는 지위 이외에 소집단에는 규범(norm)이 있는데 이것은 일종의 '행동의 지침'이다. 즉 규범은 그 집단 내에서 허용될 수 있는 행동들의 명세를 제공한다.

구조는 일단 확립이 되면, 대체로 구성원들에 대해서 독립적으로 될 수가 있다. 하나의 위치에는 그 위치를 채우는 사람이 누구냐에 관계없이 지위가 주어진다. 그리고 그 위치에 있는 사람은 어떤 행위를 이행하게 된다. 예컨대 회사의 사장이란 위치에 있는 사람은 포괄적인 정책을 세우게 된다. 그러나 어떤 정책과 목표를 세우느냐 하는 것은 다분히 그 위치에 있는 특정 개인의 특성에 좌우된다. 따라서 역할의 발생(role enactment)은 소집단의 구조는 물론 그 역할 담당자의 개인적 특성의 함수이다.

9. 리더십

리더십은 우선 리더와 구분된다. 리더십은 하나의 과정이라고 할 수 있고 리더는 소집단구조 내의 위치 또는 그 위치에 있는 사람을 가리킨다. 리더십의 연구에는 여러 가지 접근이 있지만 대체로 특성이론, 행동이론, 상호작용이론으로 볼 수 있다. 여기서 특성이론은 리더 자신의 특성을 리더십의 요체로 보는 이론이며, 행동이론은 리더의 행동(style)을 리더십의 요체로 보는 이론인데 이 두 이론은 부하에 대해서는 언급이 없다. 즉 리더는 일방적으로 부하에게 영향을 미치는 입장에 있다는 가정을 하고 있다. 이에 대비해서 상호작용이론에서는 리더십을 정의함에 있어 리더를 포함한 여러 가지 요소가 복합되어 상호작용하여 발생하는 과정으로 본다.

특성이론이 역사적으로 제일 먼저 출발하게 된 데는 서양역사에서 개인의 능력을 존중하는 사고방식에서 유래한다. 예컨대 영국의 Thomas Carlye이 쓴 영웅론(Great Men)은 위대한 개인들이 인류의 위대한 역사를 달성했음을 강조하고 있다. 따라서 어떤 개인들이 위업을 달성하는가를 보자니 위인들의 특성을 연구하게 된 것이다. 특성이론적 입장에서 보면 각 개인의 리더십이 될 만한 자질을 측정해서 그 수준에 맞는 리더십의 위치를 제공하면 된다. 그렇다면 위대한 리더십은 타고나야만 한다는 비관적인 해석이 된다.

특성이론의 비관적 해석에 반기를 들게 되는 것이 행동이론이다. 즉 리더십이란 리더가 발휘하는 하나의 행동 또는 스타일로 볼 수 있고 바람직한 행동은 훈련을 통해 후천적으로 습득할 수 있다는, 따라서 리더는 양성할 수 있다는 낙관적 해석을 가능하게 한다. 이 행동이론의 가장 최초의(1930년대 말, 1940년대 초) 연구결과 중 하나에서는 리더의 행동을(스타일을) 민주적, 독재적, 자유방임형으로 구분한다. 그러나 1950년대~1960년대의 미국 Ohio 주립대학의 리더십 연구팀에서는 리더의 행동에 두 가지 중요한 차원이 있다고 주장하였다: 부하에 대한 고려(consideration), 구조를 중시하는 행동(Initiating Structure).

Shaw는 상호작용이론에 세 가지가 있다고 소개한다. 첫째는 거래이론(transactional approach)으로서 리더와 부하는 주어진 상황에서 서로 필요한 것을 주고 받는 것이라는 견해이다. 두번째는 일대일이론(vertical dyadic approach)으로서 리더는 부하를 전체적으로 보아 그들에게 평균적으로 또는 대략 적당하다고 생각되는 행동을 취하는 것이 아니라, 부하와 일대일로 상대하여 서로의 역할을 설정한다는 견해이다. 끝으로 상황이론(contingency approach)은 개인의 특성과 상황이 잘 맞아야 좋은 리더가 될 수 있다는 상황특성이론(예: Fiedler)과 리더의 행동은 상황에 따라 조절되어야 한다는 상황행동이론(예: path-goal theory, decision-tree model)이 있는데 Shaw는 이 책에서 Fiedler의 상황특성이론에만 주로 지면을 할애하고 있다.

10. 소집단의 과업 및 목표

과업을 논의하기 전에 목표를 보기로 한다. 소집단의 목표란 구성원들 대다수가 소망하는 최종적 상태(end state)를 말한다. 이러한 목표는 구성원들의 행동을 관찰하거나 직접 그들에게 목표를 명시해 보도록 요구함으로써 알아낼 수 있다. 한 가지 유의할 것은 목표는 꼭 하나일 필요는 없다는 것이다. 경우에 따라 여러 개의 목표를 가지는 것이 보통이다. 또 하나 유의할 사항은 본인이 그 집단의 목표를 수용했다고 해도 소집단의 목표에 반영되지 않은 개인의 목표가 있을 경우, 그것 역시 그 구성원의 행동에 영향을 미칠 수 있다는 것이다. 사실상 구성원은 개인의 목표만 추구할 수도 있고, 집단의 목표만 추구할 수도 있고 또는 두 가지 다 추구할 수도 있다.

목표와 과업과의 관계를 보자면, 구성원들은 목표없이 과업을 시도하지는 않을 것이다. 과업을 시도하는 이유는 과업완수가 목표달성을 수월하게 하는 것이기 때문이다. 그러면 과업에는 어떤 종류가 있는가? Steiner(1972)에 의하면 과업은 분업가능과업(divisible task)과 단일과업(unitary task)으로 나눌 수 있다. 분업가능과업은 부분적인 과업으로 나누어지고 각 부분을 다른 사람이 수행할 수 있는 과업이다. 단일작업은 부분으로 나누어 질 수 없는 과업이다. 또한 분업가능과업에는 각 구성원의 수행이 자연스럽게 가산되어 소집단의 수행성과로 나타나는 가산적 과업(additive task), 선두기준작업(discretionary task), 또는 꼴찌기준작업(conjunctive task) 등이 있다.

11. 활동하는 소집단들

자주 볼 수 있는 소집단들인 문제해결집단(problem-solving groups), 교육집단(educational groups) 및 경험집단(experiential groups) 등에서 소집단행위의 원칙이 어떻게 응용되고 있나를 보기로 한다. 우선 문제해결집단을 보자면, 소집단에서 문제해결을 효과적으로 하는 데 몇 가지 단계가 있다: ① 문제의 인식, ② 문제의 진단, ③ 의사결정, 및 ④ 결정의 수용 및 실시. 그런데 이러한 문제해결과정에는 다음과 같은 사항들이 영향을 미친다: 물리적 환경, 소집단의 크기, 구성원들의 특징, 소집단의 구조, 리더십행동, 과업의 특징, 및 소집단의 활동과정변수들.

교육집단의 경우 구성원들의 학습을 증진시키기 위해서 만들어진다. 이들 소집단은 구성원들이 소집단과정에 대해서 배우는 것이 아니라 학문적으로 달성하는 것을 돕도록 설계된다. 그런데 이런 목적으로 만들어진 소집단들이 반드시 소집단행동의 원칙을 이해하고서 만들어 지는 것은 아니라는 데 문제가 있다.

경험집단은 소집단을 이루어서 참가함으로써 달성될 수 있다고 보여지는 몇 가지 공식적인 목표를 위해 통상적으로 구성되는 소집단이다. 이 집단의 가장 중요한 특징은 구성원들이 소집단으로서의 경험 자체로부터 많은 것을 얻기를 희망한다는 것이다. 이러한 소집단은 여러 가지 이유로 발생하고 또 여러 가지 형태가 있어 다양하게 이름 붙여진다: T-groups, sensitivity training groups, therapy groups, encounter groups, authentic encounter groups, personal growth groups, human relations groups, experiential groups.

집단역학은 1970년대부터 사회심리학에서 새로이 강력한 힘으로 떠오른 사회인지(social cognition)와 경쟁하게 된다. 인지심리학에서의 정보처리 모형이 정교화됨에 따라서, 개인이 사회적 관계에서 가지게 되는 인지(귀인, 판단, 의사결정 등)에서도 그러한 모형을 채용하는 매력이 돋보이게 되고, 집단에 대한 연구는 어느 정도 소강상태에 들어가게 된다. 그러나 그것은 집단역학을 사회심리학 내부의 영역으로 보는 관점이고, 집단을 실제로 다루는 응용분야에서 집단역학은 여전히 살아있는 주제이다(차재호, 1995). Forsyth(1990)는 이제 집단역학을 오히려 범학문적으로 본다. 즉 전후 사회과학의 발전과 발맞추어 집단역학도 사회과학의 여러 다른 분야에 충실히 뿌리를 내려왔다는 것이다. 심리학에서만 연구주제가 개발된 것이 아니라 사회학(예: 동맹형성), 인류학(예: 범문화적 맥락에서의 집단), 정치학(예: 정치집단간 관계), 산업과 경영(예: 조직효율성), 교육(예: 학급집단), 또는 스포츠와 오락(예: 승리와 패배의 효과) 등에서도 연구가 뿌리 내리고 있음은 집단역학연구가 진원지인 사회심리학을 넘어서 확산되고 발달함을 의미한다.

참|고|문|헌

차재호, 집단역학의 요약, 집단심리학, 서울대 사회심리연구실, 1995, pp. 505~512.

Forsyth, D. R., *Group Dynamics*, 2nd ed., 1990, 서울대 사회심리연구실 편역, 1996.

Shaw, M. E., *Group Dynamics*, 3rd ed., New York: McGraw-Hill, 1981.

Steiner, I. D., *Group Process and Productivity*, New York: Academic Press, 1972.

04

조/직/학/의/주/요/이/론

조직과 인간행태

Douglas McGregor의
X-Y이론*

Ⅰ. McGregor의 학문세계

조직의 실체는 그 구성원들이라고 할 수 있다. 따라서 조직구성원들의 일반적 속성과 행태에 관한 연구는 조직현상과 연관된 다른 모든 연구에 기초를 제공한다. 조직학에서 인간에 대한 관심이 본격화된 것은 19850년대부터이다. Douglas McGregor(1906~1964)는 이 시기에 활동했던 학자들 가운데의 한 사람으로서 조직연구에서 인간본성(human nature)의 해석문제를 중시하였다.

그는 1935년 하버드 대학에서 박사학위를 취득하였으며, 그후 하버드, MIT 등 미국의 여러 명문대학에서 강의 경력을 쌓았다. 그는 한때 Antioch 대학의 총장(1948~1954)을 역임한 바도 있었는데, 대학 행정의 책임자로 있었던 기간이 조직에 대한 그의 견해가 형성되는 결정적인 계기가 되었다고 한다. 이 밖에 그는 Dewey & Almy Chemical Co.와 같은 기업체에서도 근무한 적이 있었으며, 1954년부터 사망시까지 MIT 경영학과 교수로 재직했었다.

그가 남긴 저서로는 *The Human Side of Enterprise*(1950), *The Leadership and Motivation*(1956), *The Professional Manager*(1967) 등을 들 수 있다.

McGregor의 주된 관심은 인간의 본성에 대한 새로운 인식을 조직의 관리층에 고취시키는 데 있었다. 당시 경영실무에서는 부정적인 인간관이 관습적으로 받아들여졌던 관계로 관리전략도 주로 지시와 통제가 그 중심이 되었다. McGregor는 그의 대표적인 X\Y이론을 통해 이와 같은 부정적인 인간관에 대하여 강한 반론을 제기하고, 조직 내의 인간문제를 보다 긍정적이고 낙관적인 인간관에 따라 분석할 것을 주장하였다. 특히 그의 Y이론에는 당위적 측면과 현실적 측면이 함께 함축되어 있는데, 두 측면 모두 조직이론의 발전에 무시할

---

* 박천오: 명지대학교 행정학과 교수.

수 없는 영향을 미쳤다.

먼저, Y이론에 짙게 깔린 인간과 조직의 공존에 대한 당위성은 당시까지 지배적이었던 조직지향 일변도의 단일 시각에서 크게 벗어난 것으로서 이후의 관리철학에 미친 영향이 컸다. 다음, Y이론에는 그릇된 인간관에 바탕을 둔 전통적 관리체계하에서는 조직구성원들이 그들의 지적 잠재력을 충분히 발휘할 수 없으므로 새로운 관리체계의 구상이 요망된다는 현실적 측면이 강조되어 있다. Y이론의 이러한 현실성이 전술한 당위성과 함께 조직행태론의 설립과 발전에 적지 않은 기여를 하였다고 할 수 있는 것은 조직행태론이 개인목표와 조직목표의 조화를 조직문제에 대한 처방의 기본 전제로 삼고 있기 때문이다. 이렇게 볼 때, 비록 McGregor의 Y이론이 그 스스로도 인정하였듯이, Maslow, Argyris, Herzberg 등과 같은 학자들의 연구에 영향을 받아 수립된 것이라고는 하나, 이들 기존 연구들을 취합하고 이를 당시의 경영실제에 대비시킴으로써 기존 관리체계의 개선 가능성과 방향을 제시한 것은 조직이론 발전에 대한 McGregor의 중대한 공헌이라고 하겠다.

이러한 공헌에도 불구하고 McGregor의 X\Y이론에는 몇 가지 제한점과 불확실성이 내포되어 있는바, 이는 그것이 과학적 방법에 의한 실증적 연구조사의 결과로부터 도출된 것이 아니라는 데에서 연유한다. McGregor가 지지하는 Y이론은 당시 상당한 진척이 이루어지고 있었던 인간행태에 관한 기존 연구들로부터 그 나름대로의 직관적 연역을 통해 추출해 낸 가정들로 구성되어 있다. 따라서 그의 Y이론은 독창성의 정도가 낮을 뿐만 아니라, 이론으로서 마땅히 갖추어야 할 개념의 명료성과 경험적으로 검증 가능한 가설의 형태를 갖추지 못하고 있다. Y이론이 시사하는 바에 근거한 연구의 수는 적지 않은 반면, Y이론 자체의 타당성을 직접적으로 점검하는 후속 연구가 드문 이유도 바로 여기에 있다. 이같은 이론 자체로서의 문제점 외에도 Y이론은 조직사회에서의 구체적 처방이 되기에는 지나치게 비현실적이고, 이상적인 요소들을 많이 포함하고 있다는 비판을 받는다.

이하에서는 McGregor의 대표적인 저서 *The Human Side of Enterprise*에서 다루어진 X-Y이론의 핵심내용을 간략히 살펴보기로 한다.

Ⅱ. X-Y이론

McGregor는 조직의 구조나 관리전략의 수립에 바탕이 되는 것은 인간의 본성과 행위에 관한 기본적인 가정이라고 본다. 따라서 그는 효과적인 관리체계의 구축을 위해서는 인간의 본성과 행위에 대한 올바른 진단과 이해가 요구된다고 주장한다. 이러한 입장에서 그는 당시 미국의 산업조직들이 견지하고 있던 전통적 관리체계를 비판하고 있다. 그에 따르면 권위적 통제, 계층적 구조, 명령통일, 통솔범위 등의 원리에 입각한 전통적 관리체계는 과거와는 판이해진 당시 미국의 사회경제적 여건에 부적절할 뿐 아니라, 무엇보다도 인간의 본성과 행위에 관한 그릇된 가정에 바탕을 두고 있으며, 이 때문에 조직구성원들의 지적 잠재력이 충분히 발휘되지 못하고 있다고 한다.

그는 우선 전통적 관리체계의 주축이 되고 있는 권위적 통제를 비판적 시각으로 검토한다. 권위(authority)에 의한 지시와 통제가 언제나 효율적인 것이 아니며, 상황에 따라서는 설득이나 전문적 도움(professional help)과 같은 여타 방식의 사회적 영향력 행사가 보다 바람직한 결과를 가져올 수 있다는 것이 그의 지적이다. 즉, 통제의 효율성은 그 방식이 상황에 따라 선택적으로 적응(selective adaptation)될 때 확보된다는 것이다. 이러한 관점에서 McGregor는 처벌과 강압이 뒷받침될 경우 권위적 통제의 효용성은 부인할 수 없지만, 지난 반세기 동안 급격히 진행되어 온 산업조직 내외의 상황변화를 감안할 때, 과거 조직에서 가능했던 그와 같은 실력행사는 이제 현실적으로 한계에 부딪쳐 있고, 따라서 권위적 통제의 상대적 효율성도 그만큼 감퇴된 상태라는 것이 그의 지적이다.

McGregor는 이러한 상황변화를 산업조직의 내적인 것과 외적인 것으로 구분하여 설명하고 있다. 전자에는 ① 현대적 업무의 복잡화에 기인된 상관의 부하에 대한 하향적 의존도 심화, ② 상관의 지나친 권위에 대한 부하들의 대응수단(counter-measure) 강화(노조의 등장 등으로) 등과 같은 현상을 들고 있다. 그리고 후자의 예로는 ① 정치발전에 따른 시민들의 민주의식 신장, ② 경제 발전으로 인한 시민들의 전반적 생활수준 향상과 노동의 유동성 증대, ③ 사회발전에 따른 시민들의 교육수준 향상과 사회보장제도의 확대 등의 거시적 사회상황변동을 들고 있다. 요컨대, McGregor는 당시 미국의 산업조직들이 당면하고 있던 인력관리문제의 주된 원인을 그들이 견지하고 있던 권위적 통제의 부적절성에서 찾고 있는 것이다.

다음으로 McGregor는 전통적 관리체계가 안고 있는 보다 근본적인 문제를 논하고 있다. 그에 의하면 전통적 관리체계는 인간의 본성에 관한 그릇된 가정에 바탕을 두고 있다는 것이다. 관리체계를 개선하려 했던 그 동안의 노력들이 소기(所期)의 성과를 거두지 못한 이유도 그것이 조직 내 인간 문제의 근본원인을 파악하기보다는 문제의 증상(symptoms)을 치유하는 데 초점을 맞추었기 때문이라고 하고 있다.

McGregor는 관리체계의 개선에 앞서 진실로 요구되는 것은 경영자들이 새로운 각도에서 인간의 본성과 행위를 이해하는 것이라고 주장한다. 요컨대 사회과학의 연구로 인간의 본성에 관한 새로운 사실이 적지 않게 밝혀졌음에도 경영자들은 이에 별다른 관심을 보이지 않고 있다는 것이다.

McGregor는 당시 산업조직들이 유지하고 있던 전통적 관리체계는 인간의 본성에 관한 다음과 같은 가정들에 기초하고 있다고 하고 이들을 묶어서 X이론이라 칭한다.

1) 보통 사람은 천성적으로 일하기를 싫어하며, 되도록이면 일을 피하려고 한다.

2) 일을 싫어하는 보통 사람의 특성 때문에 강제하고, 통제하고, 지시하고, 처벌의 위협을 가해야만 조직목표를 달성하기 위한 노력을 사람들로부터 끌어 낼 수 있다.

3) 보통 사람은 지시받기를 선호하며 책임을 회피한다. 또한 사람은 야망이 거의 없으며 안전(security)을 무엇보다도 중시한다.

McGregor에 따르면 위와 같은 X이론이 타당하지 않음은 다수의 사회과학적 연구에 의해 이미 밝혀졌다고 한다. 이들 연구는 주로 인간의 동기(motivation)에 관한 것인데, McGregor는 이를 다음과 같이 요약 설명한다.

인간은 끊임없이 스스로의 욕구를 충족시키려고 노력한다. 이러한 인간의 욕구는 다섯 종류로 구분되며, 이들은 하급에서 고급으로 이어지는 계층을 이룬다. 욕구의 발로는 원칙적으로 최하급에서 시작되며, 그것이 충족되면 차상급(次上級) 단계의 욕구가 발로된다. 만족된 욕구는 원칙적으로 동기유발의 원인이 되지 못한다. 이러한 다섯 종류의 인간욕구는 아래 계층에서부터 ① 생리적 욕구(Physiological Needs), ② 안전욕구(Safety Needs), ③ 사회적 욕구(Social Needs), ④ 긍지와 명예에 관한 이기적 욕구(Egoistic Needs), ⑤ 자기성취의 욕구(Needs for Self-fulfillment) 등으로 구성되어 있다.

X이론은 위와 같은 인간욕구와 동기의 역동적 과정에 대한 인식 부족에서 나왔다는 것이 McGregor의 견해이다. 다음은 X이론의 부당성에 대한 그의 설명과 해석이다.

과거와는 달리 미국사회의 생활수준은 이제 매우 높다. 대부분의 사람들은 생리적 욕구나 안전욕구와 같은 하급욕구들을 이미 충족시키고 있으며, 따라서 이기적 욕구, 자기실현의 욕구 등 상급욕구가 강하게 발현되고 있는 상태에 있다. 이러한 상황하에서 인간의 하급욕구에 착안한 '당근과 채찍'(carrot and stick)의 전통적 관리체계와 그것의 바탕을 이루는 X이론은 그 타당성을 상실하고 있다. 그럼에도 X이론의 관리체계를 견지하고 있는 현재의 산업조직들은 조직구성원들에게 상위욕구를 충족시킬 수 있는 기회를 거의 제공하지 않는다. 그 결과 조직구성원들은 계속적으로 좌절감을 느끼게 되며, 이것은 특정한 행태의 표출로 연결된다. 게으름, 변화에 대한 저항, 경제적 편익에 대한 지나친 집착, 소극성(passivity), 적대성(hostility), 책임회피 등이 그 예이다.

확실히 이같은 행태들은 외관상 X이론의 가정에 일치되는 것이기는 하다. 그러나 이와 같은 행태는 X이론의 가정처럼 인간의 본성에서 기인된 것이 아니라 상급욕구의 충족결여에서 초래된 행태적 증상(symptoms)에 지나지 않는다. 즉, X이론은 산업조직들이 채택하고 있는 특정한 관리전략(전통적 관리전략)의 행태적 결과를 설명하고는 있을지언정 인간의 본성에 대한 설명은 될 수 없는 것이다. X이론이 옳다는 주장은 원인(causes)과 결과(effects)에 대한 오인(誤認)에서 나온 것이라고 할 수 있다. 이러한 사실에도 불구하고 경영자들은 과거부터 보편적으로 받아들여 온 X이론을 쉽게 포기하지 못하고 있다. X이론의 지나치게 부정적인 인간관은 경영자들로 하여금 새로운 관리체계의 가능성을 인식하지 못하게 만들고 있다. 조직구성원들의 가치와 욕구가 변하고 있음에도 산업조직들의 관리체계가 거기에 적절히 대처하지 못하고 있는 이유도 바로 경영자들의 이러한 보수적 태도에 있는 것이다. 따라서 산업조직들은 구성원들의 잠재적 능력을 제대로 활용하지 못하고 있다.

한편 McGregor에 의하면 그동안 축적되어 온 행태과학의 지식으로부터 인간의 본성에 관한 새로운 일반론들(generalizations)이 도출될 수 있다고 한다. 그가 Y이론이라고 총칭하는 그러한 일반론들은 다음과 같다.

1) 작업에 신체적·정신적 노력을 기울이는 것은 놀이(play)나 휴식처럼 사람에게 있어서 매우 자연스러운 것이다. 상황 여하에 따라서 일은 만족

의 원천이 될 수도 있고(따라서 자발적으로 수행될 수 있다), 혹은 고통의 근원이 될 수도 있다(따라서 가능한한 회피될 것이다).

2) 외적 통제와 처벌의 위협만이 사람들을 조직목표를 위해서 일하게 만드는 수단은 아니다. 사람들은 스스로 몰입된(committed) 목표의 수행에 있어서는 자율(self-direction)과 자기통제(self-control)를 할 줄 아는 존재이다.

3) 조직목표에 대한 몰입(commitment of objectives)은 목표성취와 결부된 보상에서 나온다. 이러한 보상 가운데 가장 중요한 것은 이기적 욕구와 자기실현적 욕구의 충족이다.

4) 적당한 조건만 갖추어진다면 사람들은 책임을 받아들일 뿐만 아니라 그것을 적극적으로 갈구하게 된다. 책임회피, 야망의 결여, 안정의 모색 등과 같은 행태는 경험의 산물이지 인간의 본성을 반영하는 것은 아니다.

5) 대부분의 사람들은 조직의 문제해결에 요구되는 상상력과 창의력을 갖추고 있다.

6) 현대 산업조직의 조건하에서 사람들의 지적 잠재력은 일부만 활용되고 있다.

McGregor에 따르면 이와 같은 Y이론은 여러 측면에서 X이론과 대조를 이룬다고 한다. 우선 Y이론은 X이론과 달리 인간의 성장과 발전의 가능성을 가정함으로써 조직에 있어서 활성화시킬 수 있는 인적 자원의 잠재력이 크다는 사실을 부각시킨다고 한다. 다음, Y이론은 인간의 본성을 긍정적으로 보는 까닭에 권위에 의한 획일적 통제를 배제하고 상황에 따른 선택적 영향력 행사의 효용성을 강조한다는 것이다. 끝으로, Y이론은 X이론과는 대조적으로 조직구성원들 간의 원활치 못한 협력관계의 근원을 인간의 본성이 아니라 관리전략의 잘못에서 찾고 있다고 한다.

이러한 X-Y이론의 대비에 근거하여 McGregor는 X이론에 입각한 관리의 중심원리가 권위의 행사를 통한 지시와 통제라면 Y이론에서 도출되는 관리의 중심원리는 통합(integration)이라고 해석한다. 여기서 통합이란 조직목표와 개인목표의 통합을 의미하며, 조직목표의 달성을 위한 노력이 곧 바로 조직구성원 자신의 개인목표의 성취로 연결되게끔 조직여건을 마련해야 한다는 것이다. McGregor는 이러한 여건의 조성에는 사람들의 상급욕구를 충족시키기 위한 기회의 제공이 필수적으로 포함되어야 한다고 주장한다. 이와 같은 통합의 원리는 조직 위주의 과거의 고정관념에서 크게 벗어난 것으로서 조직의 목표와 조직구성원의 욕구의 양측면 모두를 고려에 넣은 것이라 할 수 있다. McGregor

에 의하면 통합의 원리가 적용될 경우 조직구성원들은 조직목표에 스스로의 의지를 결부시킴으로써 자신들의 능력과 창의력을 최대한 개발·발휘하게 될 뿐 아니라, 자율과 자기통제의 힘만으로도 조직목표에 적합한 행동을 하게 되는 까닭에 권위에 의한 외부적 통제의 필요성은 그만큼 감소된다고 한다. 결국 통합의 원리가 적용되면 조직구성원들의 욕구가 충족됨은 물론이고, 조직의 효율성도 증대된다는 것이 그의 주장이다.

이렇게 볼 때, McGregor는 결국 Y이론의 소개를 통해 권위적 통제와 지시 위주의 전통적 관리체계로부터 질적으로 구분된 새로운 관리체계의 구상을 관리층에 촉구하고 있는 것이다. 그러면서도 그는 Y이론에서 새로운 관리를 위한 처방이나 구체적 대안을 직접 제시하고 있지는 않다. 이와 관련하여 McGregor는 그의 저서 *The Human Side of Enterprise*에서 X-Y이론에 대한 자신의 입장을 다음과 같이 결론적으로 정리하고 있다.

지금까지 X이론에 젖어 온 산업조직들의 관리층은 Y이론의 수용을 꺼리고 있다. 무조건 조직의 요구에 우선 순위를 두고 조직구성원들을 권위적으로 통제할 것을 강조하는 X이론의 입장에서 본다면, Y이론의 가정은 도저히 받아들일 수 없는 성질의 것으로서, 오히려 조직을 무정부 상태에 빠뜨릴 수 있다는 우려가 클 것이다. 실제로 조직목표와 개인목표의 통합이 제대로 이루어지지 못한다면 그와 같은 혼란은 야기될 수 있다.

따라서 만약 Y이론이 타당하다면 현실적 질문은 그러한 통합의 여건을 조성하는 것이 과연 가능한지, 만약 가능하다면 어느 정도로 그러한지이다. 이에 대한 대답은 더 많은 연구를 필요로 한다. 다만 현재로서는 참여권리나 목표설정에 의한 업적평가 등을 그러한 여건조성의 한 방법으로 생각해 볼 수 있을 따름이다. 통합의 여건조성은 쉽지 않을 것이지만 그것은 문제가 될 수 없으며, 차라리 창조와 발견에 대한 자극으로 간주되어야 할 것이다.

X이론의 가정들은 인간의 노력을 조직화하고 이끌어 나가는 방법들 가운데 단지 몇 가지만을 제시하고 있을 따름이다. X이론에 바탕을 둔 전통적 관리체계가 사람들의 지적 잠재력을 충분히 활용하지 못하고 있다는 증거는 적지 않다. 여기에서 Y이론은 새로운 관리체계의 구축에 대한 가능성을 제시하고 있다고 할 수 있다. 즉, Y이론은 현대 사회과학지식에 의거한 새로운 인간해석으로서 관리체계에 혁신과 변화의 장을 열고 있는 것이다.

기업의 관리층이 Y이론의 가정들을 그대로, 그리고 지금 당장 수용하라는 것은 물론 아니다. 왜냐하면 Y이론은 인간본성에 관한 현재까지의 사회과학지식에 대한 한 사람의 해석에 지나지 않으며, 인간의 본성에 관한 확정적 판단은 결코 아니기 때문이다. 따라서 장차 새로운 연구에 의해 수정될 가능성은 얼마든지 있다. 보다 중요한 것은 그들이 간직해 온 X이론의 편협된 인간관이 포기되어야 한다는 사실이다. 그래야만 기업의 인간적인 측면에 관한 보다 새로운 구상이 시도될 수 있는 까닭이다.

참 | 고 | 문 | 헌

McGregor, D., *The Human Side of Enterprise*, New York: McGraw-Hill, 1950.

_____, *Leadership and Motivation*, Combridge, Mass.: MIT Press, 1966.

_____, *The Professional Manager*, New York: McGraw-Hill, 1967.

Pugh, D. S., D. J. Hickson & C. R. Hinings, *Writers on Organizations*, New York: Penguin Books, 1980.

Frederick W. Taylor의
과학적 관리론*

Ⅰ. Taylor의 학문세계

과학적 관리(Scientific Management)의 아버지라고 일컬어지는 Frederick Winslow Taylor(1856~1915)는 1856년 3월 20일 미국 필라델피아에서 변호사의 아들로 태어났다. 그는 처음에 아버지의 직업인 변호사가 되기 위해서 1872년 뉴햄프셔에 있는 필립 엑스터 아카데미에 들어갔고, 졸업 후에는 하버드 대학의 입학시험에도 합격하였다. 그러나 시력이 악화되었기 때문에 입학을 포기하고 1875년 어느 정도 시력이 회복된 다음, 주형공과 기계공이 될 목적으로 필라델피아에 있는 엔터프라이즈 수력공장에 취직하여 근무하였으나 3년 후인 1878년 미드베일 철강공장으로 옮겨 그 이후로 죽 철강산업에 몸을 담게 된다.

Taylor는 미드베일 철강공장에서 말단인 기계공부터 일을 시작하여 빠른 속도로 승진을 거듭하면서 나중에는 수석기사(chief engineer)가 될 만큼 두각을 나타내었다. 그는 이 철강회사에서 일하면서 선반공의 선반에 대해 개인적으로 관심을 기울이기 시작했는데 그의 주요 관심사는 선반공의 작업의 능률성에 관한 것이었다. 그는 선반공의 하루 표준작업량은 얼마나 되는지를 알아보기 위해 시간연구에 몰두하게 되었고, 그가 25세이던 1881년에는 미드베일 공장에서 시간연구발표를 하였다. 그의 아이디어의 본질은 공장내 작업의 능률을 향상시키기 위해서는 개별작업자들을 근접관찰을 해야 하고 또 작업에 있어서 불필요한 시간과 동작을 제거해야 한다는 데 있었다.

그는 작업이 끝난 후 밤시간에 공부를 계속하여 1883년 스티븐스 공과대학에서 기계공학사의 학위를 따낼 만큼 일과 학업에 열성이 있었다. Taylor는 그가 원했더라면 전문적인 발명가가 될 수도 있었다. 사실 그는 평생 100건 가까

---

* 김성국: 이화여자대학교 경영학과 명예교수.

이 특허를 보유하기도 했었다. 과학적 관리에 관한 그의 개인적인 관심과 열성으로 인해 그는 미드베일 공장을 그만두고 1890년부터 1893년까지 제조투자회사(Manufacturing Investment Company)에 전무로 일하면서 경영인이자 컨설팅 엔지니어라는 독특한 직책을 수행하였다. 그 후 그는 다시 베들레헴 철강공장으로 자리를 옮기게 되는데 이 회사에서 그는 고속철강을 개발해냈고, 삽 작업과 선철(銑鐵) 운반실험 등, 과학적 관리와 관련된 일련의 실험을 하여 그의 이론을 확충하였고 완성시켰다.

45세가 되던 해에 그는 베들레헴 철강회사를 퇴직한 후 더 이상 실무계에 종사하지 않고 이후의 생애를 대학교에서의 강의와 저술, 그리고 전문가협회쪽의 일에 몰두하였다. 1906년 미국 기계기사협회(American Society of Mechanical Engineers:ASME)는 그를 회장으로 선출하였고, 같은 해 그는 펜실바니아 대학에서 명예박사학위를 수여받았다.

Taylor의 주요저서로는 다음과 같은 것들이 있다: 「성과급 제도」(1895), 「공장관리」(1903), 「금속절삭기술」(1906), 「과학적 관리의 원칙」(1911), Taylor의 명성이 높아지게 된 계기는 그가 1912년 미국 연방하원의 특별위원회가 개최한 과학적 관리에 관한 청문회에서 증언을 한 다음부터이다. 그는 그 후 남은 여생을 계속하여 과학적 관리법을 연구하는 데 헌신하다가 1915년 3월 21일 필라델피아에서 폐렴으로 사망하였다.

Ⅱ. 과학적 관리론

Taylor의 과학적 관리론이 성립된 배경에는 당시 미국의 경제적 환경이 작용하였다. 미국은 1860년대의 남북전쟁을 계기로 시장규모가 급격히 커지고 대량생산체제가 가능해지자 기업은 대규모화하고 1880년대에는 공장제도가 본격적으로 보급되게 되었다. 대량생산은 분업화를 철저히 추진하여 인간이 기계에 예속되는 사태에 이르자, 임금제도와 관리방법에 반발하는 노동자들의 조직적 태업(systematic soldiering)이 자주 발생하게 되었다. 이와 같은 문제를 해결하기 위해 1880년에 '미국 기계기사협회'(ASME)가 발족되고 동 협회를 중심으로 능률증진운동(efficiency movement)이 전개되었다.

이와 같은 능률증진운동은 이어서 '관리 과학화'라는 방향으로 전개되어 갔다. 능률의 증진은 오직 생산방법의 합리화에 의해서만 달성되는 것이 아니라,

그것의 효과적인 관리와 결부될 때에 비로소 가능해진다. 이리하여 능률증진운동은 과학적 관리(scientific management)의 발달에 의해 결실을 맺게 된다. 그 중심이 되는 것이 바로 Taylor의 과학적 관리론이다.

Taylor의 과학적 관리는 작업장에서 일하는 개별근로자에 대하여 다음 다섯 가지의 가정을 전제하고 있다:

첫째, 비능률의 문제는 경영의 문제이지 근로자의 문제가 아니다.

둘째, 근로자들은 너무 빠른 속도로 작업을 하게 되면 지속적인 고용이 되지 않으리라는 잘못된 인식을 하고 있다.

셋째, 근로자들은 보통 그들의 능력보다 낮게 일하는 경향이 있다.

넷째, 특정직무를 위해 적합한 작업자를 선발하고 또 이들을 훈련시켜 가장 능률적인 방법으로 작업을 할 수 있도록 하는 것은 관리자의 책임이다.

다섯째, 종업원의 성과는 직접적으로 보수체계나 인센티브, 그리고 성과급제도와 관련을 맺어야 한다.

환언하면, Taylor는 작업을 '단 한 가지 최선의 방법'(a single best method)을 사용하여 수행할 수 있도록 설계하고 근로자들은 성과급을 통해 모티베이션을 시켜 주면 작업능률이 향상될 것이라고 믿었다. 이러한 능률의 향상은 궁극적으로 노사(勞使)의 공존공영을 가져온다고 그는 생각하였다. Taylor의 주된 저술인 「과학적 관리의 원칙」(1911)의 첫 문장은 다음과 같이 시작된다: "관리의 주된 목적은 노사의 최대번영과 함께 종업원의 최대번영을 만들어 내는 데에 있다."

테일러의 과학적 관리이론의 핵심은 그의 "과학적 관리법의 네 가지 원리"에 담겨 있다. 관리자들을 위한 가이드라인이라 할 수 있는 네 가지 원리는 다음과 같다.

첫째, 노동자의 일의 각 요소에 대해서 과학을 발전시키고, 과거의 주먹구구식 관리방법을 지양한다.

둘째, 과거에는 노동자가 스스로 일을 선택하고, 자신의 능력이 미치는 곳까지 스스로 공부를 했으나, 이제부터는 과학적으로 노동자를 선택해서, 이를 훈련시키고 교육시켜서 개발할 수 있도록 해야 한다.

셋째, 발전시킨 과학의 원리에 맞춰서 일을 하게 하도록, 관리자는 노동자와 마음으로부터 협조하는 것이 필요하다.

넷째, 일과 책임이 관리자와 노동자간에 거의 균등하게 배분되어야 한다. 노동자보다 관리자에게 적합한 일은 관리자측에서 떠맡는다(그 때까지 작업에 관련된 대부분의 책임은 노동자에게 지워져 있었다).

이러한 네 가지를 기본원리로 삼고 Taylor는 관리의 과학화를 기하기 위해 구체적으로 과학적인 방법을 동원하여 작업능률을 높이고 관리를 혁신하고자 하였다. Taylor의 과학적 관리법의 핵심적 기법들은 다음과 같다.

(1) 시간 및 동작 연구(time and motion study)

연구하고자 하는 과업에 특히 숙련된 사람을 10~15명 정도 찾아내서 이들에게 작업을 시킨 다음 각각의 기본적인 동작을 행하는 데 요하는 시간을 스톱워치로 측정하는데, 이 때 잘못된 운동, 느린 운동 및 쓸모 없는 운동을 모두 제거하여 가장 빠르고 가장 좋은 작업방법을 골라내어 이를 기준으로 표준시간과 표준동작을 정한다.

(2) 공구의 표준화(standardization of tools)

종래의 주먹구구식으로 만들어진 다양한 공구를 하나하나 상세히 조사하고 그 각 공구를 사용해서 낼 수 있는 스피드에 대해 시간연구를 행하여 그 중에서 좋은 점만을 발췌해서 하나의 표준공구를 만들어 낸다. 이 표준공구를 사용하면 보다 빠르고 편안하게 일을 할 수 있게 된다.

(3) 과업 관리법(task management)

시간과 동작연구를 통해서 각 근로자에 대해 매일의 과업을 정밀하게 계산해서 부여함으로써 제 구실을 다할 수 있는 근로자에 대해서는 하루분의 일을 수행할 것을 요구하고, 이 과업을 실행한 근로자에 대해서는 충분한 할증 또는 보너스를 지급한다.

(4) 차별적 성과급제도(differential-piece-rate system)

일류의 작업자(first-class man)들이 양호한 작업조건하에서 달성할 수 있는 표준작업량을 정해 놓고 그 표준에 도달할 때까지는 낮은 비율의 성과급을 지급하고 그 표준을 넘어서면 보다 높은 비율의 성과급을 지급하는 임금제도를 말한다.

테일러는 이 차별적 성과급제도가 근로자들에게 직접적이고 신속한 동기부여를 한다고 생각하였다.

(5) 기능적 직장(職長)제도(functional foreman system)

기존의 단독직장제(單獨職長制)를 지양하고 8명의 각기 다른 직장을 둔다. 이들 8명은 각기 다른 임무를 지니고 계획부의 대표자로서의 역할을 한다. 그들은 모두 전문적인 교사로서, 항상 공장 안에 있으면서 작업원을 돌보고 지휘를 한다. 이 직장들은 그들의 지식과 그 사람 특유의 숙련으로 인해 선발된 자이므로 작업원에게 지휘를 할 수 있을 뿐만 아니라, 필요에 따라 작업원의 눈앞에서 시범을 보여줌으로써 가장 우수하고 가장 빠른 방법을 제시할 수가 있는 것이다. 이 8명의 직장은 구체적으로 검사담당자·준비담당자·속도담당자·수선담당자·시간담당자·순서담당자·훈련담당자 등이다.

그러나 Taylor의 과학적 관리법은 많은 문제점을 안고 있으며, 또한 비판을 받고 있다. Taylor의 과학적 관리이론, 즉 테일러리즘(Taylorism)의 문제점과 비판에 대해 간략히 정리해 보면 다음과 같다.

과학적 관리법의 채택으로 분업이 확대실시되면 결과적으로 조직의 조정과 통제비용이 증대되고, 더 중요한 것은 종업원들간의 사회적 상호작용이 감소하게 되어 분업의 확대를 통해 얻는 이득보다는 손실이 더 많다. 이 점을 테일러리즘은 간과하고 있다. Taylor는 주로 개인주의(individualism)적인 고용관계를 상정하고 과업관리와 작업설계를 설명하고 있으나 실제로 작업환경에서는 작업동료간의 사회적 유대(social bonds)가 큰 역할을 하고 있다. 이 점에 대해 후일 인간관계론자들로부터 집중적인 비판을 받게 된다(Kelly, 1982, p. 26). 오늘날 직무재설계를 통한 근로생활의 질을 추구하는 것도 따지고 보면 이 테일러리즘의 병폐로부터 조직 속의 인간을 보호하자는 데 있다.

Taylor는 그의 생애 동안에도 작업자를 효율적으로 기능하는 기계수준으로 전락시켰다는, 즉 그의 사상의 몰인간성에 대해 통렬히 비난을 받았다. 이 비판은 후일 인간관계론에 와서 더욱 구체화되었다.

다음으로 Taylor의 종업원 모티베이션에 관한 가정이 문제가 있다. 그는 인간의 모티베이션을 물질적이고 화폐적인 욕구의 충족에 근거한다고 믿었으나 실제로 모티베이션은 화폐 이상의 다양한 욕구들(가령, 안전과 사회적 성취 등)에 의해 유발된다.

과학적 관리법은 조직의 능률을 개선하는 데 너무나 메카니스틱하고 기술적인 접근법을 사용하고 있다는 것이다. 심하게 이야기해서 테일러리즘은 한 다발의 트릭(a bag of tricks)이라고 말할 수 있는데, 과학적 관리법에는 많은 경영기법들이 사용되고 있지만 시각이 너무나 편협하다고 할 수 있다.

또한, Taylor의 이론은 주로 반복적이고, 비교적 단순한 생산작업에 근거하여 개발된 이론이기 때문에 비반복적이고 복잡하고 사고력을 많이 요구하는 작업에는 적용시키기가 곤란하다는 비판이 가능하다.

마지막으로, Taylor의 과학적 관리법은 이미 Taylor의 시대에 노동자는 물론, 노동운동자들로부터 심한 비난과 함께 '노동력 착취의 이론'이라고 혹평을 받았으며, 오늘날에도 '노동자의 교육훈련을 통한 내부노동시장의 육성'이라는 그럴 듯한 주장으로 노동자들의 횡적 유대를 어렵게 만들고 또 지나친 분업의 강조로 노동자들로 하여금 비숙련화의 길을 걷게 해서 결과적으로 자본가들의 입지를 강화시켰으며, 상대적으로 노동자들의 교섭력을 약화시켰다는 비난과 함께 테일러리즘을 혹평하는 시각도 있으나, '합리적 생산관리'의 기초와 인간노동력에 의한 '대량생산기술'의 근간을 제공하여 현대산업사회의 생산력 발전에 공헌한 점은 부인할 수 없다고 할 것이다.

전술한 여러 비판에도 불구하고 Taylor는 경영학사에 뚜렷한 족적을 남겼으며 그의 과학적 관리법은 현대 경영학에까지도 큰 영향을 준 것은 사실이다. 무엇보다도 Taylor의 업적은 경영에 있어서 과학적인 방법을 사용하는 아이디어를 제창했다는 데 있다. 현대적 경영관리학파인 행동적 접근법과 경영과학 접근법은 모두 철학적으로 과학적인 방법에 기초하고 있다.

Taylor의 과학적 관리이론이 조직이론의 발달에 끼친 공헌은 다음과 같이 정리할 수 있다:

무엇보다도 Taylor의 과학적 관리법은 경영조직을 연구하는 연구방법론상에 있어서 과학적인 방법을 사용하는 효시가 되어 이후의 조직연구에 있어서도 과학적 방법을 사용하는 길을 열었다는 점을 공헌으로 꼽을 수 있다.

조직설계의 요체는 분업과 조정이라고 할 수 있는데 Taylor의 과학적 관리에 있어서 특히 분업의 문제가 상세히 다루어져 있어서 조직설계에 관한 훌륭한 사례연구가 되고 있다. 가령, Peter Drucker는 Taylor의 기능적 직장제가 오늘날 매트릭스 조직이라 불리는 조직과 유사한 면이 있다고 평가하였다.

또한 Taylor의 과학적 관리법은 조직이론연구의 대상 가운데 주로 물리적 작업에 치중한 연구라고 할 수 있다. 따라서 이것은 작업자와 작업과의 관계, 인간과 기계와의 관계를 강조하는 조직이론으로서 이 분야의 연구에 큰 기여를 하였다는 점이다.

과학적 관리법은 조직이론의 고전이론(classical theory)에 속하면서 경영관리론이나 관료제론과 비교해서 보다 더 귀납적 · 실증적이고 상세한 연구일 뿐만 아니라 연구방향에 있어서 전술한 두 고전이론과는 반대로 bottom-up 방식의 연구로서 그 가치가 인정되고 있다.

　　Edwin A. Locke가 지적한 것처럼 Taylor의 통찰들은 오랜 세월이 흐른 지금에도 유효하며, 많은 관리자들에게 받아들여지고 있다.

참|고|문|헌

_____Boone, L. E. & D. D. Bowen, *The Great Writing in Management and Organizational Behavior*, PPC Books, 1980.

Drucker, P., *The Practice of Management*, Pan, 1968.

Hicks, H. G. & C. R. Gullett, *Organizations: Theory and Behavior*, New York: McGraw-Hill, 1976.

Kelly, J. E., *Scientific Management, Job Redesign and Work Performance*, Academic Press, 1982.

Knights, D. Willmott, H. & D. Collinson, *Job Redesign: Critical Perspectives on the Labour Process*, Gower, 1985.

Locke, E. A., "The Ideas of Frederick W. Taylor: An Evaluation," *The Academy of Management Review*, Vol. 7, 1982, pp. 14~24.

Pugh, D. S. & D. J. Hickson, eds., *Writers on Organizations*, 4th ed., Sage, 1989.

Safritz, J. M. & P. H. Whitbeck, *Classics of Organization Theory*, Moore Publishing Co., 1978.

Stone, K., "The Origins of Job Structure in the Steel Industry," *The Review of Radical Political Economics*, Vol. 6, 1974, pp. 61~97.

Taylor, F. W., *Principles of Scientific Management*, New York: Harper and Row, 1911.

Elton Mayo의 인간관계론*

I. Mayo의 학문세계

1880년 12월 26일 오스트레일리아에서 법률과 의학분야로 명성이 있던 가문의 장남으로 태어난 George Elton Mayo(1880~1949)는 12세 되던 해에 대학에 입학하였다. 가문의 전통에 따라 영국유학을 하면서까지 의학을 계속하였으나 의학에 흥미를 느끼지 못하였던 그는 그 후 저널리즘, 출판업 등에 종사하는 등 방황을 거듭한다. 그러나 27세 되던 해에 Adelaide 대학에 재입학하면서부터 철학과 심리학에 심취하게 된다. 그 후 모교와 Queensland 대학교에서 논리학, 윤리학, 심리학을 강의하면서 1차대전 참전용사들을 심리요법으로 치료하는 일에 종사한다. 이러한 과정에서 개인의 문제와 사회와의 상관관계에 대하여 깊은 관심을 가지게 되었는데 여기에서 얻은 경험과 아이디어는 향후 Mayo의 학술적 활동에 지대한 영향을 미치게 된다.

1922년에 미국으로 이민을 간 Mayo는 펜실베이니아 대학의 Wharton School에서 연구원으로 일하면서 록펠러 재단의 후원을 받아 산업문제를 연구하게 된다. 그 중 Harper's Magazine에 실렸던 필라델피아의 한 방직공장에 관한 연구결과가 그 가치를 인정받아 하버드 대학의 교수로 초빙되었다. 그 후 Mayo는 정년퇴직 후 고국에 돌아가기 직전까지 대부분의 기간을 하버드에서 보내면서 산업조직의 심리적·사회적·조직적 문제에 관한 광범위한 연구활동을 주도하였다. 사망 직전에는 영국 정부의 산업조직문제에 관한 자문역으로 일하기도 하였다.

Mayo는 학문연구의 첫 단계는 철학적 사고와 지식을 바탕으로 가치관을 정립하고, 다음 단계는 과학적·실증적 연구를 진행하여 현실적 지식을 축적하며,

---

* 김종순: 건국대학교 행정학과 교수.

마지막 단계에서 초반기의 철학적 사고와 중반기의 실증적 지식을 통합하여 종합적인 지식체계를 구축하는 것이 바람직한 순서라고 주장한다. Mayo의 학문적 생애 역시 이러한 신념에 따라 오스트레일리아에서의 철학적 탐구와 미국에서의 현장연구, 말년의 포괄적 이론정립과정으로 나뉜다. 본장에서 주로 논의하게 될 대상은 그의 현장연구와 연구결과에 대한 해석 및 이론구성 단계에 관한 것이다.

Ⅱ. 인간관계론

Mayo가 행한 연구 중에서 시카고에 있는 서부전기주식회사의 호손 공장에 관한 연구(1927~1932)와 1945년의 캘리포니아 남부의 항공기회사에서의 결근과 이직률에 관한 연구, 필라델피아 방직공장에 관한 연구 등이 대표적인 것으로 꼽히고 있다.

Mayo는 산업심리학과 인간관계론의 창시자로 불려지고 있다. 그가 주도한 연구들은 작업현장에서 집단이 개인의 행동에 미치는 영향의 중요성을 입증하였고, 그것을 바탕으로 경영자의 역할을 도출해 내기도 하였다. 동시대의 다른 학자들과 마찬가지로, Mayo의 초창기 학문적 관심은 피로(fatigue), 사고, 노동자 이직률과 이러한 것들에 휴식시간, 작업의 물리적 환경이 미치는 영향을 규명하는 데 있었다. 그의 첫번째 연구대상은 필라델피아에 있는 방직공장이었는데, 이 공장의 다른 부서의 평균 이직률은 6%에 불과한 데 비하여 이직률이 250%에 이르는 부서가 있었다. 이러한 현상을 설명하기 위하여 Mayo가 휴식시간제도를 도입한 결과 생산성과 종업원의 사기가 높아졌다. 휴식시간의 길이와 빈도를 결정하는 데 종업원들을 참여시켰더니 생산성과 사기는 더욱 높아졌고 1년 정도 실험을 계속한 결과 이직률이 공장의 평균 이직률 수준으로까지 떨어졌다. 이러한 결과에 대한 Mayo의 첫번째 설명은 휴식이 작업의 단조로움을 덜어주어 작업자의 정신적·육체적 상태를 개선하였기 때문이라는 것이다. 그러나 이러한 설명은 Mayo의 추후 연구결과를 바탕으로 수정되었다.

이러한 수정을 가져온 것은 1927년과 1932년 사이에 수행된 호손공장 연구이다. Mayo의 연구팀이 개입하기 이전에 공장의 기술자들은 조명이 작업자와 작업결과에 미치는 영향을 여러 차례 연구하였다. 작업자들은 두 집단으로 나뉘어졌고 하나의 집단에는 조명의 변화를 주지 아니하고, 다른 집단의 조명에는 변화를 주었다. 그러나 두 집단 모두 생산성이 향상되었고, 조명에 어떠한 변화를 주어도 집단간에 생산성 차이를 발견할 수 없었다. Mayo는 이러한 조명실험의 당혹스러운 결과를 검토해 달라는 요청을 받고, 연구에 착수하게 된다. 연구의 예비보고서로 1933년에 발표된 *The Human Problems of an Industrial Civilization*은 의외의 반향을 불러일으켰는데 그 주된 내용을 살펴 보면 다음과 같다.

첫번째 연구는 계전기조립실험(relay assembly test room)이었다. 계전기를 조립하는 다섯 명의 여공들이 선발되었는데 그 목적은 작업조건의 변화가 사기와 생산성에 미치는 효과를 관찰하기 위한 것이었다. 호손효과와 관찰(testing)효과를 방지하기 위하여 변화를 주기 전에 연구팀은 연구대상집단들과 실험에 대한 토론과정을 거쳤다. 5년여에 걸친 실험을 통하여 많은 작업조건의 변화(휴식시간의 길이와 빈도, 감독방법, 근무시간 및 주간근무일수)가 시도되었고 변화에 따른 작업성과의 차이가 기록되었다. 그 결과 각각의 변화가 주어질 때마다 생산성은 예외 없이 향상되는 것으로 나타났다.

연구의 다음 단계에서 작업환경을 원래의 조건으로 회복시켰다. 즉, 근로자들에게 제공되던 상여(incentive), 휴식시간, 간식 등이 폐지되고, 주 6일 48시간의 노동이 요구되었다. 그럼에도 불구하고 생산성은 최고수준으로 높아졌다. 이리하여, (Mayo의 표현을 빌리면) 실험적으로 실시된 각종의 변화(itemized change)를 생산성 향상의 원인으로 볼 수 없다는 것이다. 이에 대한 최종적인 결론은 작업환경과 작업속도를 결정함에 있어 보다 많은 재량과 자유를 가지게 되었기 때문에 여공들의 직무만족수준이 엄청나게 높아졌고, 직무만족 수준의 향상이 생산성 제고를 가져왔다는 것이다. 다섯 명의 여공들은 하나의 사회집단화되어 스스로의 기준과 작업목표를 가지게 되었다. 통상적인 환경이 아닌 상호협조와 교류의 정도를 강화하였기 때문에 비공식적 관습, 가치, 규범, 사회적 관계가 생겨나게 되고 집단응집력이 커지게 된 것이다. 또한 연구팀과 여공들간의 의사소통은 극히 효율적이었는데, 이에 따라 여공들의 작업기준은 연구팀들의 기대에 근접하는 수준에서 결정되었다. 감독자들은 직공 개인의 신상에 대하여 관심을 갖게 되고, 집단의 작업실적에 대하여 긍지를 갖게 되었으며 그 결과 직공들과 감독자들 사이에는 참여의식과 상호신뢰가 생겨나게 되었다. Mayo는 이러한 결과를 직무만족은 대부분 작업집단의 비공식적인 사회적 pattern에 의해 결정된다고 일반화하였다. 자신의 역할이 중시되고 있다는 자각(feeling of importance) 때문에 생겨난 협동의식과 직무만족으로 인하여 생산성이 높아지는 것이지, 물리적 작업환경이 생산성을 결정하는 것이 아니라는 결론에 도달하였다.

그러나, 이러한 결론에 도달하기 이전인 실험기간 중에 나타난 지속적인 생산성의 증가는 의문으로 남아, 공장전체의 작업조건을 재검토하게 되었다. 이 실험은 일련의 면접조사에 의해 행해졌다. 면접조사는 연구팀에게 많은 정보를 제공하여 주었는데, 특히 작업자와 관리자 사이에 존재하는 문제점들의 상당부분이 근로자들의 감정에 기초한 작업태도 때문에 생겨난 것이지 객관적인 작업조건의 어려움 때문이 아니라는 것이 밝혀졌다. 관리자들은 비용과 능률의 원리(logic of cost and efficiency)를 중시하는 데 반하여 근로자들은 감정의 원리(logic of sentiment)에 따라 행동한다고 Mayo는 생각하기에 이르렀다. 따라서 이러한 차이에 대한 이해가 다르고 해결방안이 모색되지 않는 한 갈등은 불가피하게 존재할 수밖에 없다는 것이다.

연구의 세번째 단계는 비실험적 상황, 즉 자연스러운 상황에서 연구를 진행하는 것이었다. Bank Wiring Observation Room의 많은 직공들에 대한 계속적인 관찰과 생산성 기록이 이루어졌다. 그 결과 그들은 나름대로의 생산기준을 가지고 있었으며 어느 누구도 정해진 기준을 초과하지 않았다. 이러한 비공식적 작업기준을 어기는 경우 보이지 않는 사회적 제재가 가해졌다. 즉, 작업목표를 초과달성하는 경우에는 규칙위반(rate busting)으로, 작업실적이 너무 나쁘면 잔꾀부리는 행위(chiseling)로 간주되어 비공식적 제재의 대상이 되었다. 그런데 비공식적으로 설정된 작업목표와 조직이 공식적으로 규정한 역할기대 사이의 불일치 현상이 발견되었다. 집단을 중심으로 결정된 행동규범이 공식적 경영방침과 일치하지 않는 경우 조직이 공식적으로 부여한 역할은 중시되지 않았다. 뿐만 아니라 생산성 향상을 위해 마련된 회사의 상여보상제도에 대하여 종업원들은 상당히 무관심한 태도를 보였다. 이렇게 비공식적 행동규범이 공식적 경영방침에 우선되는 사실은 생산수준을 결정함에 있어 비공식적 사회관계의 중요성을 보여 주는 것으로 해석되었다.

Mayo의 세번째 연구는 캘리포니아 남부의 항공기회사의 종업원의 결근과 이직률에 관한 것이었는데 연구결과는 서부전기주식회사의 그것과 유사하였다. 연구결과를 집약하여 1945년에 발간한 *The Social Problems of an Industrial Civilization*은 그의 대표적 연구이자 가장 많은 논란을 불러일으킨 작품이기도 하다.

이러한 일련의 연구를 통하여 Mayo가 일관되게 주장한 것은 작업상황에서의 인간적 요인(human factor)의 중요성을 이해하고, 인식하여야 한다는 것이다.

개개인의 행태를 연구하는 것이 조직연구의 핵심이고, 노동자들의 협력을 확보하는 것이 조직의 중심적 과제라는 것을 제시하고 있다. 그 이유는 첫째, 노동자의 작업성적이나 근로의욕을 결정하는 것은 물리적 작업조건이라기보다는 참여의식, 가치인정감, 귀속감, 만족감과 같은 사회적, 정서적 조건이기 때문이다. 따라서 비경제적 보상이나 제재를 통한 동기부여, 즉 만족감의 부여가 중요시되어야 한다. 둘째, 생산성을 결정짓는 또 하나의 중요한 요인은 생리적 능력(physiological capacity)이 아니고 사회적 규범(social norms)이다.

셋째, 이러한 사회적 요소(사회적 보상, 행동규범)를 결정하는 데는 공식조직의 보상체계보다 집단적 행동규범이 중요한 역할을 한다. 그것은 대부분의 조직구성원들이 개인보다는 집단으로서 행동하며, 비합리적(nonrational), 감정적 요소에 반응을 보이는 경향이 있기 때문이다. 인간의 행동을 지배하는 것은 비용과 효율의 논리(logic of cost and efficiency)라기보다는 감정의 논리(logic of sentiment)라고 주장하면서 비공식 조직의 존재와 이에 따른 사회적 집단관계가 작업환경에서 개인에게 미치는 중요성을 설명하고 있다. 비공식적 조직은 스스로의 목표를 설정하고 이것을 조직구성원들이 준수하도록 영향력을 행사하고 있고 조직구성원은 이를 공식목표와 규정에 우선하여 따른다는 것이다. 모든 인간은 스스로의 합리적 이기심만을 추구한다는 과학적 인간관이 잘못되었다는 것을 보다 폭넓은 관점에서 확인해 주고 있다.

따라서 경영자의 주된 역할은 하급노동자들에게 보다 관심을 기울이고, 그들이 조직생활에 만족할 수 있는 여건을 조성하는 데 있다. 그것은 근로자의 만족이 확보되어야만 생산성의 향상이 가능하고, 근로자의 만족여부는 조직이 제공하는 물리적 작업조건이나 환경보다 비공식적 집단관계에 의해 결정되기 때문이다. 여기서 주목할 만한 사실은 실제적 상황과 상황에 대한 지각 사이에 괴리가 존재할 수 있다는 것이다. 그러나 실제로 직무만족이나 행동에 영향을 미치는 것은 실제적 여건보다 지각된 상황이라는 결론에 도달하게 된다. 따라서 원활한 의사소통의 중요성, 특히 하의상달의 중요성을 강조하게 된다. 이러한 연구결과는 경영의 성패는 관리자들이 집단에 의해 권위(authority)를 지닌 지도자로 수용되는 정도에 비례하여 결정되는 것이지 공식조직이 부여한 공식적 권한(power)이 중요한 요인이 아니라는 사실을 암시하고 있다.

Mayo는 사회에서의 전통적 가치의 붕괴는 자발적 협력에 공헌하는 산업환경을 창조함으로써 해결할 수 있다는 견해를 보이고 있다. Mayo의 입장에서 보면 경영의 가장 중요한 과업은 자발적 협력을 조직화하고, 그리하여 사회의 추가적 붕괴를 방지하는 데 있다는 것이다. 사회적 공동체와 가정에 대한 전통적 애착이 사라지고 직장의 중요성이 증대되면서 전통적 제도(institution)에 의해 제공되던 지지기반에 조직은 더 이상 기대할 수 없다는 것이다. 따라서 관리자가 집단소속감(group affiliation)의 기반을 제공하는 것을 그들의 중요한 역할로 이해할 때 개인간의 갈등, 경쟁, 불화와 같은 조직적 문제가 해소될 수 있다. 호손실험 이후 사망 직전까지 Mayo의 주된 관심은 근로자의 자발적 협력을 어떻게 하면 확보할 수 있는가에 있었다.

Mayo의 인간관계론이 조직의 인간화 현상, 의사소통의 중요성, 민주적 리더십, 자생집단의 중요성을 인식하였다는 측면에서 긍정적인 기여를 하였다는 평가와 함께 Mayo의 연구, 특히 연구결과에 대한 그의 해석은 엄청난 비판을 야기하였다. 대부분의 비판은 Mayo의 철학적 가치관과 방법론에 관한 것이었는데 특히 그의 대표적 업적이라 할 수 있는 서부전기주식회사 연구에 집중되었다.

먼저 Mayo의 연구에 대한 이념적인 비판을 살펴보면 첫째, Mayo의 연구가 조직갈등(conflict in organizations)을 간과하고 일방적으로 친경영자적(promanagement) 관점에서 이루어졌다는 것이다. 직장에서의 협동관계를 통한 조화가 가능하다는 Mayo의 주장은 가정상의 오류에 기인한다는 것이다. 따라서 자발적 협력추구의 중요성이 지나치게 강조되고 사회적 갈등관계의 불가피성과 당위성을 부정하는 결과를 초래하고 있다. 비판자들에 따르면 근로자와 관리자는 본질적으로 갈등관계에 있으며 이들 사이에 자발적 협력을 통한 공동의 목표추구는 불가능한 과제라는 것이다. 따라서 산업조직에 관한 연구의 옳은 방향은 갈등을 부정하거나 무시하기보다 갈등을 수용할 수 있는 방안을 모색하는 데 있다는 것이다. 이와 관련하여 노조의 역할이 논의될 수 있는데 Mayo는 노동조합과 단체협상에 대하여 별 관심을 기울이지 않았으며 그의 대부분의 연구는 노조가 없는 조직을 대상으로 이루어졌다. 더 나아가 일부 비판자들은 그의 연구에서 갈등해소라는 중요한 측면이 간과되고 있고 경영자측 입장이 옹호되는 이유는 Mayo가 가지고 있던 철학적 편견에 기인하고 있다고 지적한다. 즉, Mayo는 갈등의 불가피성을 간과하는 데 그치지 않고 갈등의 당위성을 근본적으로 부정하고 있다는 것이다. 조직에서 갈등이 부정적인 영향을 갖고 있는 것은 사실이나 갈등의 존재가 조직의 전체적인 요구에 대항하고 조직으로부터 개인을 보호하는 기능을 수행하는 데 기여하는 긍정적 기능 또한 가지고 있다는 사실 역시 부정할 수 없다면 혐오에 가까운 Mayo의 갈등관은 지나친 것이라 아니할 수 없다.

다음으로 인간의 행복과 안정은 조직의 공동목표에 복종하는 데 있다고 Mayo는 믿고 있는 것처럼 보인다. 따라서 조직의 목표에 흥미를 느끼게 하는 선의적(benign) 지도력에 의해 인간의 행복과 안정이 달성될 수 있다는 것이다. 이러한 견해에 따르면 조직은 이미 주어진 것인 데 반하여 인간은 변화될 대상이라는 논리가 성립한다. 경영 정책상의 오류가 있을 가능성은 부정되고 있는 데 반하여 개인의 잘못의 가능성이 강조되고 있다. 그 결과 Mayo가 제시하는 경영기법이란 조직구성원의 감정적, 정신적 과정을 조작하여 조화로운 조직을 만들 수 있도록 사회적 통제를 강화하는 방법을 모색하는 데 불과한 것이다. 인간관계라는 명분 아래 관리자의 권위(managerial authority)는 감추어지고 있다.

마지막으로 Mayo의 친경영자적 편견은 조직에서의 협조의 필요성을 강조하면서도 협조의 진정한 목표가 무엇인가에 대한 언급이 없다는 점에서도 발견된다. 그 자신은 작업의 능률성에만 관심이 있다고 주장하고 있으나, 사회적 가치가 논의되지 않는 능률성의 강조는 경영자의 의도에 보다 부합하는 수단으로 보인다. 근로자의 협조란 경영목표를 수용하는 것으로 이해되고 있는 것이다.

Mayo의 연구방법론에 대한 비판 역시 상당히 존재하는데 그 중 Carey와 Franke & Paul이 대표적이다. Carey에 따르면 Mayo가 금전적 보상의 중요성을 축소해석하고 있을 뿐만 아니라 감독자의 역할을 왜곡해석하고 있어 서부전기주식회사 연구의 결과는 터무니없는 것이라고 지적한다. 그 외에도 자료의 왜곡해석, 작은 표본의 크기, 비체계적인 통제집단의 활용 등은 도출된 결론의 통계적 신뢰성을 의심하게 하기 때문에 이러한 연구결과를 일반화한다는 것은 용납될 수 없다는 것이다.

Franke & Kaul의 비판은 Carey의 비판보다 비록 덜 신랄하기는 하나 보다 체계적으로 가해지고 있다. 계전기조립실험(relay assembly test room)을 위하여 사용된 주요변수들―휴식, 1일 근무시간, 주당 근무일수, 상여보상제도―과 관찰대상이 되는 직공 2명을 바꾼 부주의(managerial discipline, MD라고 개념화), 대공황의 시작에 따른 문제점을 지적하고 있다. 이러한 변수들을 사용하여 개인적, 집단적 생산의 질과 양을 측정하기 위한 시계열 분석을 시도한 바 97%의 설명력을 가지고 있으며, 그 중 MD가 가장 높은 설명력을 가지고 있는 것으로 나타났다. 따라서 MD, 대공황, 휴식기간이 계전기조립실험의 작업량과 질을 결정하는 가장 중요한 변수들이라고 주장한다. 이러한 실증적 분석을 바탕으로 Franke & Kaul은 서부전기주식회사의 연구에서 강조되고 있는 사회적 조건(social conditions)은 작업성과를 결정함에 있어 중요성을 지니지 못한다고 비판하고 있다.

지금까지의 비판을 요약하면, 서부전기주식회사의 연구는 피상적이고 핵심을 파악하고 있지 못하고 있을 뿐 아니라 연구자의 개인적 편견과 방법론상의 결함으로 인해 중대한 문제점을 내포하고 있다는 것이다. 물론 Carey와 Franke & Kaul 등 많은 학자들이 제기하고 있는 비판들은 나름대로의 타당성을 가지고 있다. 그러나 그러한 비판 역시 문제를 내포하고 있는 것처럼 보인다. 먼저 이념적 비판(ideological critic)을 살펴보면, Mayo가 조직의 이익을 위하여 이해관계의 조화를 추구하였다는 점은 분명하다. 그러나 비판자들 역시 Mayo의 가정이 잘못되었다는 것을 입증하기보다 갈등의 불가피성을 주장하는 데 그치고 있다. 또한 Mayo가 친경영자적 입장에서 연구를 진행하였다는 비판이 있으나, Mayo 자신은 생산성의 증가는 그의 본질적인 관심사가 아니고 오히려 인간행동 전반이 그의 주된 관심이라고 주장해왔다. 생산성은 작업자의 지속적인 관심을 측정하는 지표에 불과하다는 것이다.

다음으로 경험적 비판에 대하여 살펴보면, 금전적 보상의 중요성을 간과하고 있다는 비판이 존재한다. 그러나 Mayo가 금전적 보상의 중요성을 부정한 적이 없을 뿐 아니라 오히려 적정한 사회환경이 조성되어 있는 경우에 한하여 금전적 보상이 중요하다고 지적하였을 뿐이다. 금전적 보상의 효과는 심리적·사회적 여과과정(filtering process)을 거쳐 발생된다는 것을 의미하고, 이러한 Mayo의 주장은 후발연구가들에 의해 입증되고 있다. 이에 반해 Franke & Kaul은 금전적 보상이 생산성을 결정함에 있어 독립적이고 직접적인 영향을 미친다는 사실을 입증하지 못하였다. 다음으로 감독방법에 대한 비판은 더 큰 논란의 대상이 되고 있는데, 계전기실험에서의 감독방법은 Mayo가 생각하는 것처럼 그렇게 선의적이지 않았다는 것이다. 그러나 Mayo의 연구가 감독자의 역할을 왜곡하고 있을지는 몰라도 우호적이고 동정적인 감독방법이 가져올 사회적 여건이 긍정적인 효과를 가진다는 사실은 부정할 수 없을 것이다.

또 하나의 비판은 Mayo의 연구가 진정한 의미의 통제실험의 요건을 충족하지 못했다는 점에 있다. 그러나 이러한 비판은 Mayo의 과학적 탐구의 접근방법과 목표를 보다 광범위한 맥락에서 살펴보면 이해될 수 있을 것이다. Mayo가 지적하고 있는 바와 같이 그의 연구는 탐색적(exploratory) 성격의 연구이고 더구나 실험실연구라기보다는 임상적인 성격의 연구라는 점이다.

결론적으로 Mayo가 행한 연구들에는 많은 연구설계 및 방법론상의 문제점이 존재하고 있고, 추측에 가까운 결론의 도출은 많은 논란의 대상이 되고 있다. 역설적인 사실은 Mayo 자신이 학자들을 군중심리학자(crowd psychologist)라고 비판하였으나 그 역시 동일한 비판에 직면했다는 점이다. 인간에 대한 시각이 체계적 연구의 결과를 바탕으로 정립된 것이 아니고 연구시작 이전에 이미 결정되어 있다는 것이다. 연구과정은 이러한 사전적 판단을 합리화하거나 보강하는 증거들을 수집하는 과정에 불과하다는 것이다. 위와 같은 여러 가지 비판에도 불구하고 Mayo의 연구가 조직연구에 지대한 영향을 미쳤다는 사실은 부정할 수 없을 것이다. 인간행동의 동기에 관한 기초적인 가정을 조작화하고 그것을 입증하려는 그의 노력은 선도적인 것이며, 조직연구의 관점에 근본적인 변화를 가져왔다고 볼 수 있기 때문이다. 근로자의 감정과 태도, 개인의 행동을 결정함에 있어 사회집단의 중요성, 직접관찰을 통한 지식의 습득 등은 다음 세대의 연구자들에게 새로운 통찰력을 제공하고 있다.

Mayo가 조직연구의 새로운 시각을 제시하였다는 이러한 사실은 그의 학문적 연구활동을 도왔던 Roethlisberger의 회상에서 더욱 분명해진다. "Mayo는 줄담배를 피워대는, 안경을 쓴 왜소한 체격의 소유자였지만, 그칠 줄 모르는 에너지의 소유자였다. 체계적인 사상가라기보다는 끊임없이 새로운 아이디어를 내놓고, 지적인 자극을 주는 밝은 정신(blithe spirit)의 소유자라고 볼 수 있다."

참 | 고 | 문 | 헌

Mayo, G. I., *The Human Problems of an Industrial Civilization*, London: Macmillan, 1933.

_____, *The Social Problems of an Industrial Civilization*, Routledge & Kegan Paul, 1949.

Roethlisberger, F. J. & W. J. Dickson, *Management and the Worket*, Cambridge: Harvard University Press, 1939.

Roethlisberger, F. J., *Management and Morale*, Cambridge: Harvard University Press, n.d.

Harry Braverman의 노동의 탈숙련화에 관한 이론*

I. Braverman의 학문세계

현대 자본주의사회의 관료제적 조직에 관한 고전적 조직원리의 부적절성, 그리고 그러한 원리의 엄격한 적용에서 야기되는 업무의 비인간화와 단편화에 의한 조직구성원의 직무불만족이나 소외 등에 대해서는 소위 '주류'의 조직이론이나 산업사회학(Sociology of Industry)에서 널리 연구되어 왔다.

그러나 현대의 자본주의경제가 노동의 성격에 미친 영향을 갈등론적인 시각에서 설명한 이론은 흔치 않다. 미국의 마르크스주의 이론가인 Harry Braverman (1920~1976)의 저서 *Labor and Monopoly Capital*(1974)은 그와 같은 시각의 다소 색다른 접근방법을 보여준 대표적인 예라 할 수 있다.

Braverman은 아카데미의 학자는 아니었으며 숙련노동자로서 또 사무직으로서의 그의 실무 경험을 토대로 노동과정을 분석하였다. 그가 서론에서 밝힌 바에 의하면 구리가공업의 도제로 4년을 보낸 후 해군조선소에서 7년 동안을 이 직업에 종사하고 다음에 철도수리공장 및 박판금속공장 등에서 다시 7년을 보냈다. 이 기간 동안에 산업공정의 변형뿐 아니라 이 공정들이 재조직되는 방식, 즉 노동자들이 아무런 대가도 없이 직능적 유산을 체계적으로 박탈당하는 것을 볼 기회를 가졌다고 한다.

후에 그는 당시 급격한 변화를 겪고 있던 몇 가지 사무직을 경험한 후 미국의 영향력 있는 마르크스주의 저널인 *Monthly Review*에서 편집업무에 종사하였는데 이 기간 중에 P. M. Baran 및 P. A. Sweezy 등과 함께 일한 것으로 알려져 있다. 이러한 경험으로 사무직의 노동과정이 조직되는 원리를 어느 정도 상세하게 이해할 수 있게 되었다고 한다.

---

* 김완식: 숭실대학교 행정학과 명예교수.

이러한 그의 경험을 살려서 Marx의 자본론에 입각하여 현대자본주의사회의 노동과 노동과정이 어떻게 변화되어 왔는가를 분석한 것이 그의 저서이다. 이 책에서 그의 기본적인 주제는 자본주의 사회에서의 생산관계는 필연적으로 관리자와 관리를 받는 사람의 적대적인 두 집단으로 구분되는데, 자본가 또는 이들을 대변하는 관리자들은 필연적으로 노동에 대한 통제를 시도하게 되고 이를 위해서 노동과정을 세분화하고 '과학적 관리'에 의해서 숙련노동자 또는 장인(匠人)들이 갖고 있던 작업에 대한 구상과 계획의 기능을 분리시켜 관리자만이 갖도록 한다. 그리고 기계화 · 자동화에 의해서 노동은 점차 탈숙련화(脫熟練化: deskilled)되고 저임금노동화되어 노동은 점차적으로 격하(degraded)된다는 것이다. 그리고 화이트칼라(white-collar)계급도 통제를 위한 컴퓨터의 보급과 사무자동화로 인하여 같은 과정을 겪게 되고 따라서 화이트칼라의 노동계급화(proletarianization)를 가져왔다는 것이다.

그의 이런 명제들은 이 책의 출판 직후부터 마르크스주의자 및 비마르크스주의자들로부터 격렬한 논쟁을 불러일으켰고 그의 계급의 개념이나 명제 등에 관하여 많은 비판을 받아 왔다. 많은 비판에도 불구하고 그의 공헌은 노동과정에 대한 결정적인(conclusive) 이론으로서보다는 노동과정에 관한 논의를 재생시켜 마르크스주의자들은 물론 비마르크스주의자들에게도 이에 대한 관심을 불러일으킨 점에 있다고 할 수 있으며, 사실 차후의 논쟁에서 그의 명제들은 중추적인 역할을 하고 있다고 하여도 과언이 아니다.

Ⅱ. 노동의 탈숙련화에 관한 이론

1. 기본 명제: 노동의 격하

Braverman은 Marx의 노동과정론을 재진술하여(1~3장) 논의를 전개한다. 먼저 그는 생산양식, 즉 노동과정의 조직 및 수행양식은 자본주의의 사회적 관계의 '산물'이라고 전제하고, 노동계급(working class)을 '생산수단에 대한 관계'에 기초하여 "노동수단을 소유(또는 소유적 접근)하지 못하고 이의 소유자에게 노동력을 팔아야만 하는 계급"이라는 정의를 따르고(p. 25), 계급을 대자적(for itself)이 아닌, 즉자적(in itself)으로 다루어 '주관적'인 것을 생략하고 '객관적'인 것으로 한정하여 사용한다.

Marx에 있어서 노동과정은 노동력이 원료와 기계에 적용되어 상품(commo-dities)을 생산하는 과정을 의미한다. 그리고 인간의 노동(labor)은 인간의 의식적이고 목적을 가진 활동으로서 노동을 수행하는 인간의 능력(capacity)인 노동력(labor power)과 구별된다. 그러나 인간의 노동력은 인격적이기 때문에 분리되거나 다른 비인간적인 생산력과 바꿀 수 없다. 오직 타인의 노동의 지배자만이 다른 생산요소의 작업능력과 동일하게 취급한다. 그에게는 기계나 동물의 에너지와 인간의 힘이 동일하게 취급되기 때문이다. 자본주의 생산의 특징은 노동력의 매매인데, 주목할 점은 노동은 개인의 양도할 수 없는 속성이기 때문에 노동자가 판매하고 자본가가 구매하는 것은 노동의 일정 양이 아니라 일정 기간의 노동력이다.

이러한 개념적인 틀에서 Braverman이 강조하는 것은 첫째, 자본가(또는 그를 대표하는 관리자)는 자신이 구매한 노동력을 자신의 통제하에 둠으로써 그 잠재력을 극대화하려 하는데 이러한 변형은 노동자로부터 생산과정이 점차 소외되는 형태로 나타난다. 둘째, 관리의 중심개념은 통제인데, 그것은 새로운 생산의 사회적 관계에 의해서, 그리고 소유자(또는 관리자)와 노동자간의 적대적인 관계에 의해서 형성된 것이다. 셋째, 사회 전반에 걸친 업무·직능(crafts)의 배분 또는 생산의 전문성 등과 같은 사회적 분업과는 달리 각 전문적인 생산의 일을 제한된 조각들로 체계적으로 세분하는 작업장 내의 분업은, 자본주의 생산양식 내에서만 고유한 것으로 사회적 분업으로서의 직업(occupations)을 파괴하였고, 노동자가 어떤 하나의 완전한 생산과정을 통해서 일하기 어렵게 만든다. 그리고 이 분업은 계획과 통제에 의해서 이루어진다. 또 이것은 노동자의 통제하의 하나의 과정으로서의 기능(技能: craft)을 파괴하고 자본가의 통제하의 과정으로 재구성한다. 이 과정은 노동력의 매매에 바탕을 둔 사회에서는 임금비용의 절약에 기여하게 된다.

즉, 노동의 각 단계는 가능한 한 특수한 지식과 훈련으로부터 분리되어 단순노동으로 저하된다. 한편, 비교적 소수의 특수한 지식과 훈련을 가진 사람들은 단순노동으로부터 해방된다. 이런 식으로 어떤 사람의 시간은 극히 가치 있게 되고 어떤 사람의 시간은 극히 가치 없게 되는 양극화된 구조가 모든 노동과정에서 나타난다. 이것은 자본주의 분업의 일반적인 법칙이다. 이것은 장기적으로 대량의 단순노동을 창출해내기 때문에 인구의 형태도 결정하게 된다.

2. 과학적 관리와 통제

Braverman은 F. W. Taylor의 '과학적 관리'를 조직이론 일반에서와는 다른 각도에서 본다. 과학적인 관심에서 인간의 능력에 관한 정보를 수집하려는 생리학자나 심리학자들과는 관계없이 그리고 '일반적'인 작업을 행하는 최선의 방법을 발견하려는 작업의 과학(science of work)이 아니고 자본주의적인 조건에서 '타인의 작업에 대한 관리의 과학'으로서 소외된 노동을 가장 잘 통제하려는 구체적인 문제에 대한 해답일 뿐이라고 한다.

그는 Taylor의 통제의 개념은 이전의 것과 전혀 다르다고 주장한다. 이전의 통제는 노동자의 업무수행 방식에 대해서는 직접적인 간섭이 없이 일반적인 상황에 대한 것만을 의미하였다. 이전에는 노동시간의 지시, 열심히 일하도록 감독하는 것, 작업에 방해가 되는 것들-잡담·흡연·작업장 이탈 등에 대한 규제, 최저 생산량의 설정 등-에 관한 것이었으나 Taylor는 작업이 수행되는 세밀한 방식을 지시하는 적절한 관리를 강조하여 통제의 개념을 바꾸었다. 즉,

> "Taylor는 결론적으로 … 일반적인 명령이나 지시에 의해서만 통제되는 노동자는 그들이 실제 노동과정을 장악하고 있기 때문에 충분히 통제되는 것이 아니다. 그들이 노동과정 자체를 통제하는 한 그들의 노동력 본래의 잠재력을 충분히 실현하는 것을 막으려 하게 된다. 이런 상황의 변화를 위해서는 공식적인 의미에서뿐만 아니라 작업 수행양식을 포함한 모든 공정의 각 단계를 통제하고 지시하는 식의 노동과정의 통제가 관리자의 손에 넘어가야 된다."

그는 '과학적 관리'의 원리들을 다음과 같이 요약한다. 제1원리는 노동자의 숙련기능들로부터 노동과정을 분리시키는 것, 즉 노동자가 가졌던 지식을 수집하고 발전하는 일을 관리자가 맡게 되는 것이다. 따라서 노동과정은 기능(技能), 전통 및 노동자의 지식으로부터 독립적이 되고, 노동자의 능력과는 전연 관계없이 관리자의 실천에만 의존하게 된다.

제2원리는 실행으로부터 구상(conception)의 분리로서 모든 두뇌작업은 공장으로부터 기획이나 설계부로 이관, 즉 관리에 배타적으로 집중 — 역으로 노동자들로부터 이런 지식의 제거 — 하는 것이다. 제3원리는 노동과정의 각 단계의 통제에 지식을 독점적으로 사용하는 것이다. 즉, 사전에 해야 할 일과 수행방식 시간 등이 구체적으로 지시되어야 한다는 것이다. 이러한 '과학적 관리'는

숙련기술을 감소시키고 노동자를 광범한 단순 업무에 적합한 일반적이고 무분별한 노동력의 수준으로 떨어뜨리는 것이다.

3. 과학과 기계화

과학기술혁명으로 보다 효율적인 기계가 제작되기에 이르렀는데 이렇게 발달된 새로운 생산방식과 새로운 기계는 노동자에 의해서 주도적으로 수행되던 노동과정을 해체하고 관리자에 의해서 주도되는 과정으로 재구성하려는 관리자의 노력과 결합되게 된다. 즉, 과학기술혁명기에 와서는 관리자측이 전 노동과정도 장악하고 그 모든 요소들을 예외 없이 통제하게 된 것이다. 그러나 노동자를 생산과정의 도구의 수준으로 전락시키는 것은 기계에만 관련된 것이 아니고 노동자들을 기계와 같이 취급하려는 시도가 중요하다.

따라서 기계는 이전에 노동자에게 속해 있던 육체적 숙련기술과 지식을 구현하도록 설계되고 노동자는 그들을 지배하게 되는 기계에 예속되게 된다. 이런 경향은 작업을 비인간화, 즉 업무의 수행은 인격적인 능력을 거의 요구하지 않고 노동자는 부속물이 되며 기계에 의해서 지배되고 긍극적으로는 기계가 노동자를 대체하고 그들의 일할 권리까지를 부정하게 된다. 특히 포드주의(Fordism)로 대표되는 조립생산은 탈숙련화 및 직무의 단편화를 심화시킨 대표적인 것이다. 즉, 미숙련 조립노동자의 증가는 기계화 촉진이 가져온 중요한 결과라 할 수 있다. 그는 수치제어체계(numeric control system)의 도입으로 노동자는 이제 더 이상 기계를 정교하게 다룰 필요가 없게 되고 노동은 더욱 단편화되는 과정을 겪고 있다. 즉, 컴퓨터기술의 발달로 기계의 조작법이 컴퓨터에 수록됨에 따라 탈숙련화는 더욱 확대되었다고 한다. 또 자동화에 의해서 노동자가 거의 육체적인 일을 할 필요가 없게 된 경우에도 이것은 이상(理想)이며 상당한 양의 직접적인 노동이 여러 부분에서 요구된다고 한다. 즉, 화학공업의 경우 이러한 이상에 접근하여 화학기계 조작공의 업무는 거의 없으며 이들은 일반적으로 청결한 '계기 판독'과 '도표 정리'에 불과할 뿐이다. "이것을 숙련 또는 기술적 지식과 쉽게 혼동하는 중산계급 과학자들은 좋아하게 된다. 그러나 계기판독과 시계보는 일 중 어느 것이 더 어려운 일인지 생각해 보는 사람은 없다." 즉, 모든 기술혁신의 수단이 다양함에도 불구하고 공통적인 특징은 "노동자의 작업에 대한 통제기능을 가능한 한 점차적으로 제거시키고 이것을 직접적인 과정의 외부로부터의 관리에 의해서 통제되는 장치로 이관하는 것이다."라고 한다.

4. 노동자계급의 증가

직업(occupation)을 기준으로 사회계급을 나눈 학자들간에는 계급간의 중요한 구분이 정신노동자/육체노동자(white-collar/blue-collar)인가, 상위직 육체노동자의 중산층화(embourgeoisement)인가 또는 하위직 정신노동자의 노동계급화(white-collar proletarianization)인가에 대해서 논쟁이 있어 왔다. Braverman은 여기에 대해서 세번째의 입장을 취하는데, 이를 현대 자본주의 노동과정 발전의 독특한 양상으로 노동 본질의 변화에 기초를 두고 있는 것으로 본다.

그는 서기직(clericals)의 노동과정의 변화는 육체노동과정의 변화와 유사한 결과를 가져왔다고 한다. 초기의 서기직은 숙련직에 유사한 성격을 갖고 있었다. 그러나 생산과정 등에 대한 통제기능이 증가하고 독립적인 노동과정으로 변함에 따라 이 새로운 노동과정을 공장에 적용하는 것과 동일한 원리들에 의해서 통제할 필요가 생기게 되었다. 따라서 과학적 관리의 초기 실천가들은 Taylor 시스템의 기본 개념을 여기에도 적용하기 시작하였는데 이것은 재량, 판단 또는 가벼운 감독하에 행해지던 임무의 수행방법의 파괴로부터 시작되었다. 그리고 나아가서는 일상적이고 반복적인 사무뿐만 아니라 모든 형태의 서기적 업무를 표준화하려고 하였다. 그 결과 관리자는 노동과정에 대한 통제권을 사무실에서도 주장하게 된다.

이러한 관리는 공장노동과 사무실의 노동의 차이를 없애 버렸으며, 정신적인 노동과정은 반복적·일상적인 것으로 되거나 아주 작은 요소로 축소되어 작업 중의 육체적인 작업이 수행되는 속도와 솜씨가 전체 노동과정을 지배하게 된다. 이러한 형태의 노동은 단순한 형태의 육체노동과 동일한 위치에 있게 되고, 육체노동과 정신노동의 구별은 실질적 의미를 갖지 못하게 된다. 그리고 사무실의 기계화나 사무자동화는 공장노동과 같은 통제의 목적에서 이루어지고 같은 결과를 가져오게 된다.

이와 같은 사무노동의 양극화는 방대한 양의 임금노동자의 증가를 가져오고, 비프롤레타리아적 중간계급의 거대화라는 뚜렷한 경향은 새로운 형태의 거대한 프롤레타리아의 창출이라는 결과로 나타난다.

5. 비 판

Braverman에 대한 비판은 크게 그의 명제들 자체에 관한 것과 계급 개념(즉 자적 개념)에 관한 것으로 나누어 볼 수 있는데 전자에 관한 것만 소개하기로 하겠다.

첫째는 너무 단선적이고 결정론적(deterministic)이다. 즉, 이론적으로 요구되는 변수와 관계들이 어떻게 실제로 관련되는가에 관한 연결이 불충분하고 주장에 맞는 사례나 증거들을 맞추었다고 볼 수 있다. 노동과정의 변화의 필연성을 주장(관리자도 노동자도 주도적인 역할을 하지 못함)하면서도 관리자의 통제의 의지를 과장하고 있다. 그리고 단순한 2계급 모형(관리자의 노동자)을 상정하고 있는데, 관리자의 역할은 자본의 대변자로서 통제의 역할과 자신이 집단적 노동자로서의 역할을 동시에 수행하는데 이 둘간의 비중은 관리층에 따라 다르게 된다(Crompton and Gubbay, 1977). 또 노동자집단 안에서도 직업의 종류·성별·인종 등에 따라 다양하게 된다.

둘째, 관리자는 능률을 높이기 위해서는 필연적으로 언제나 통제을 원하고 상세한 분업과 테일러주의나 포드주의적 통제와 기계화의 방법을 사용하는 것은 아니다. 즉, 기계적 능률과 질적 능률 어느 것을 추구하느냐에 따라 다를 수 있고, 통제를 시도하는 경우에도 다양한 방법[예를 들면 Edwards(1979)의 단순통제·기술적 통제 및 관료제적 통제 등]을 사용하고 통제 대신 다른 유인체제를 사용하기도 한다.

셋째, 장인(crafts)노동을 과도하게 이상화하고 장인노동의 파괴는 바로 탈숙련화를 의미하는 것으로 과장하고 있다. 그리고 신기술의 도입이나 자동화는 직무의 내용이나 직업구조의 변화를 가져오나 전체적인 노동자의 탈숙련화가 필연적이라 할 수는 없다. 실제로 숙련도의 변화에 관한 경험적 연구들은 아직도 일치된 결과를 얻지 못하고 있다.

넷째, 통제와 이에 따른 노동과정의 변화에 대한 노동자들의 저항이나 노동조합의 활동의 영향을 간과하고 있다.

다섯째, 사무직의 노동계급화에 관해서는 특히 그들의 주관적인 계급소속감의 문제를 간과하고 있다. 경험적인 연구의 결과는 하위직의 사무직노동자들의 대부분은 자신을 노동자계급보다 중산층으로 대답한다.

끝으로, 전체 피고용자의 1/5 이상을 차지하는 공무원들의 문제, 독점자본과

비독점자본의 차이, 자본주의와 비자본주의의 차이 등에 관해서는 다루지 못하
고 있다는 등이다.

　　Braverman의 논의는 노동과정의 본질의 한 측면을 이해하는 데 공헌한 반
면 다른 측면을 고려하지 못하고 현실을 이해하는 데는 불충분하다고 하겠다.

참ㅣ고ㅣ문ㅣ헌

Aronowitz, Stanley, "Marx, Braverman, and the Logic of Capital," *Insurgent Sociologist*, Vol. 8, 1978, pp. 126~146.

Braverman, Harry, *Labor and Monopoly Capital: The Degradation of Work in Twentieth Century*, Monthly Review Press, 1974, 이한주 · 강남훈 역, 노동과 독점자본: 20세기에서의 노동의 쇠퇴, 서울: 까치, 1987.

Crompton, Rosemary & Jon Gubbay, *Economy and Class Structure*, London: Macmillan, 1977.

Edwards, Richard C., "The Social Relations of Production at the Point of Production," *Insurgent sociologist*, Vol. 8, 1978, pp. 109~125.

_____, *Contested Terrain: The Transformation of the Work place in the Twentieth Century*, New York: Basic Books, 1979.

Form, William, "On the Degradation of Skills," *Annual Review of Sociology*, Vol. 13, 1987, pp. 29~47.

Hill, Stephen, *Competition and Control at Work*, London: Heineman, 1981.

Lee, D. J., "Skill, Craft and Class: A Theoretical Critique and a Critical Case," *Sociology*, Vol. 15, 1981, pp. 56~78.

Littler, Craig & Graeme Salaman, "Bravermania and Beyond: Recent Theories of the Labour Process," *Sociology*, Vol. 16, 1982, pp. 251~269.

Thompson, Paul, *The Nature of Work: An Introduction to Debates on the Labour Process*, Macmillan, 1983, 심윤종 · 김문조 역, 노동사회학: 노동에 관한 제 논쟁, 서울: 경문사, 1987.

Szimanski, Al, "Braverman as a Leo-Luddite?" *Insurgent Sociologist*, Vol. 8, 1978, pp. 45~50.

Frederick Herzberg의 이요인(二要因)이론*

I. Herzberg의 학문세계

직무동기(work motivation)는 조직구성원으로 하여금 스스로의 직무를 수행하도록 만드는 개인의 내적 힘(energetic force)을 말한다. 조직구성원이 그의 직무수행에 기울이는 노력의 정도는 이러한 직무동기에 의해 영향받는 경우가 많다. 직무동기의 형성에 심리적 기초가 되는 것은 직무와 관련지어 충족시키고자 하는 조직구성원 자신의 욕구이다. 이렇게 볼 때, 조직구성원들의 이같은 욕구의 내용이 파악되고 이를 충족시킬 수 있는 조직여건이 갖추어진다면, 조직은 보다 효율적으로 그 기능을 발휘하게 될 것이라는 추론이 가능해진다.

현실에서 조직구성원들이 자신들의 잠재력을 충분히 발휘하지 못하는 경우가 적지 않은데, 그 주된 이유 가운데 하나는 조직의 관리체계가 그들의 욕구에 부합되지 못하기 때문일 것이다. Frederick Herzberg(1923~)는 바로 이 문제의 해결에 지대한 관심을 보여 왔던 사람이다.

그는 1950년 미국 피츠버그 대학에서 박사학위를 취득하였으며, 그후 피츠버그 대학 강사, Case Western Reserve 대학 심리학과장 등을 역임한 바 있는 심리학자이다. Herzberg는 1972년 이래 현재까지 Utah 대학 경영학과 교수로 재직하면서 연구활동을 계속해 오고 있다.

Herzberg는 직장에서의 인간동기와 그것이 개인의 심리적 성장 및 정신건강에 미치는 영향 등을 주로 연구하였으며, 그러한 연구를 기초로 인간의 욕구와 조화를 이루는 조직구조와 관리체계를 개발·제시하고자 노력해 왔다. 그가 발표한 주요 저서로는 *The Motivation to Work*(1959), *Work and the Nature of Man*(1966), *Managerial Choice: To Be Efficient and To Be Human*(1982) 등을

---

* 박천오: 명지대학교 행정학과 교수.

꼽을 수 있다.

이들 가운데 The Motivation to Work(1959)는 당시까지의 직무동기나 직무태도에 관한 어떤 연구보다도 체계적으로 이루어진 실증적 연구조사의 결과를 담고 있다. Herzberg의 대표적인 이요인(二要因)이론(Two-Factor Theory)이 바로 그것이다. 이 연구에서 Herzberg는 그때까지의 단편적인 접근방법을 지양하고, 직무동기의 실체를 그것과 깊은 관련을 갖는 다른 변인들과의 상호관계 속에서 파악하는 독특하고도 체계적인 접근방법을 취하고 있다. 즉, 여기에서 그는 ① 직무태도를 결정짓는 요인들(factors), ② 그들 요인들로부터 발생되는 직무태도(attitudes), ③ 그리고 그러한 직무태도가 초래하는 직무효과(effects) 등의 각각의 연계관계를 개별적으로 분석하지 않고 하나의 통합된 전체로 접목시키는 방식으로 직무동기를 분석하고 있다.

Herzberg는 이같은 연구에서 도출해 낸 이요인(二要因)이론을 통해 한편으로는 직무동기와 일차적 관련을 갖고 있는 직무만족의 결정인자가 그 이전까지 통념으로 되어 있던 임금의 인상이나 작업환경의 개선이 아니라는 사실을 밝혀내고, 다른 한편으로는 동기화전략에 있어서 정신적 성장과 자기실현 등 작업자의 내적 보상을 중심으로 하는 새로운 접근방법이 요구된다는 논점을 피력함으로써 직무동기의 연구와 이론 발전에 획기적인 공헌을 하고 있다. Herzberg의 이러한 이요인(二要因)이론은 내용면에서 Maslow의 욕구계층이론에 영향받은 바 크다. 그러나 Maslow의 이론이 보편적인 인간의 동기와 행위에 관한 것인 반면, 이요인(二要因)이론은 조직생활과 작업장에서 당면하는 동기문제에 주안점을 두고 있다는 점에서 양자는 구별된다.

이요인(二要因)이론은 그 저변에 깔려 있는 인간중심적 성향 탓으로 후기 인간관계론자들(Organizational Humanists)의 지지를 받고 있다. 따라서 그 동안 적지 않은 수의 실증적인 후속연구들이 이루어졌고 그 결과 또한 대체로 이요인(二要因)이론을 지지하거나 확인하는 것으로 나타나 있다. 그럼에도 불구하고 이들 연구의 대부분이 미국 내에서 수행되었던 만큼 아직도 이요인(二要因)이론의 타당성이 미국 문화권에만 국한될 수 있다는 가능성이 완전히 배제된 것은 아니라고 할 수 있다.

한편 상당수의 학자들은 Herzberg의 이요인(二要因)이론을 그의 연구방법에서 기인된 인위적 결과(an artifact of the method)에 지나지 않는 것으로 보고 있다. 이들의 주장에 의하면 Herzberg의 연구방법을 그대로 따른 후속 연구들은 이요인(二要因)이론을 지지하는 결과를 보이지만 그와 상이한 연구방법을 사용한 연구들은 그렇지 못하다는 것이다. 학자들 사이의 이같은 공방(攻防)은 한때 'Herzberg Controversy'라 불릴 정도로 치열한 적도 있었다.

아래에서는 Herzberg의 대표적인 저서 *The Motivation to Work*에 제시된 이 요인(二要因)이론을 간략하게 정리해 보기로 한다.

Ⅱ. 이요인이론

1959년 Herzberg와 그의 공동 연구자들이 함께 발표한 The Motivation to Work는 그들이 그동안 수행했던 연구조사의 결과를 담고 있다. 그들의 연구조 사는 미국 Pittsburgh 지역의 산업체들(industrial organizations)에 종사하고 있던 기술자(engineers)와 회계사들(accountants) 가운데 203명을 대상으로 하여 이루어 졌다. 그들이 택했던 연구방법은 중요사건 연구법(critical incidents method), 반체 계화된 면접조사(semistructured interview), 자료의 내용분석(content analysis) 등으 로 특징지울 수 있다. 이러한 연구방법은 구체적으로 설명하면 다음과 같다.

첫째, Herzberg 등은 면접조사를 통해 응답자들로부터 자신들에게 특별히 만족감을 주었거나 특별히 불만감을 느끼게 했던 사건들(incidents)이 어떤 것들 이었나를 알아내었고 둘째, 그러한 면접조사를 실시함에 있어서 면접자는 응답 자들로 하여금 당해 사건을 상기하게끔 만드는 몇몇 핵심적 질문을 하는 외에 는 응답자가 어떠한 내용의 진술도 자유롭게 하도록 허용하는 면접기법을 사용 하였으며 끝으로, 그렇게 수집된 수백 개의 관련사건들의 내용을 분석·분류· 정리하는 방법으로 직무동기를 연구하였다.

이러한 연구과정을 통해 Herzberg는 ① 응답자들에게 만족을 주는 요인들 (factors)과 불만을 주는 요인들이 상호 구분되는 별개의 군(群)을 구성하고 있고, ② 직무만족은 긍정적 직무수행 효과로, 그리고 직무불만은 부정적 직무수행 효과로 각각 연결된다는 사실을 확인하였다. 그는 이들 요인들 가운데 사람들 에게 만족을 준다고 여겨지는 것들을 동기요인(motivators) 혹은 만족요인 (satisfiers)이라 부르고, 사람들의 불만을 결정짓는다고 보여지는 것들을 위생요 인(hygiene factors) 혹은 불만족요인(dissatisfiers)이라 불렀다.

Herzberg의 이요인(二要因)이론은 이와 같은 그의 발견을 토대로 하여 수립된 것이다. 이요인(二要因)이론은 직무동기를 직무요인(factors) — 직무태도(attitudes) — 직무효과(effects)로 이어지는 연계관계의 복합체(F-A-E complex)로 설명한다.

다음은 이요인(二要因)이론의 간추린 내용이다.

먼저, 직무에 대한 만족을 결정짓는 주요 동기요인은 성취(achievement), 인정(recognition), 작업 자체(work itself), 책임(responsibility), 승진(advancement)의 다섯 가지이다. 이들 요인은 모두가 실제 직무(actual job)나 직무내용(job content)과 연관된 것들로서 ① 직무를 수행하거나(doing the job), ② 직무를 좋아하거나(liking the job), ③ 직무를 성공적으로 완수하거나(success in doing the job), ④ 직무수행에 대한 인정을 받거나(recognition for doing the job), ⑤ 전문직업적인 성장의 징표로서 승진이 되거나(moving upward as indicator of professional growth)하는 경우에 초점이 맞추어져 있다. 이들 동기요인에 내포된 공통적인 특징으로 미루어 볼 때, 직무에 대한 만족은 Maslow의 욕구계층 가운데 자기실현과 같은 정신적인 고급욕구의 충족에서 비롯된다는 사실을 알 수 있다.

한편, 직무만족의 경험은 곧 직무에 대한 긍정적인 태도(positive job attitudes)의 유발을 의미하며, 이러한 직무태도는 직무수행(performance)에 긍정적 영향을 미치게 된다. 따라서 동기요인은 직무만족을 통해 직무수행 효과의 증진으로 연결되는 것이다. 동기요인으로부터 초래된 이러한 직무만족의 영향은 대체로 오랜 기간 동안 지속되는 경향이 있다.

이처럼 동기요인은 직무동기를 유발시키지만 그것의 부재(absence)가 직무불만족을 초래하는 것은 아니다. 예를 들어 한 사람의 작업자가 스스로의 직무에 대해 긍정적·부정적 어느 쪽의 태도도 아닌 중립점에서 직무를 수행하고 있다고 가정한다면, 동기요인의 발생은 그의 직무태도를 그 중립점을 상회하는 긍정적 위치로 높이게 된다. 그러나 그러한 동기요인의 소멸은 그를 다시 중립점으로 되돌려 놓을 뿐 그에게 불만을 형성시키지는 않는다는 것이다.

요컨대, 직무만족과 직무불만의 두 감정은 상호 반대되는 것이 아니어서, 직무만족의 반대는 직무불만이 아니라 단순히 직무만족의 부재(absence)가 되며, 직무불만의 반대는 직무만족이 아니라 직무불만의 부재(不在)가 된다는 것이다.

다음, 직무불만을 초래하는 위생요인에 속하는 대표적인 것으로는 회사의 정책과 관리(company policy and administration), 기술적 감독(supervision technical), 보수(salary), 상관과의 대인관계(interpersonal relationa-superior), 작업조건(working conditions), 동료와의 대인관계(interpersonal relations-peers) 등이 있다. 동기요인의 경우와 달리 이들 위생요인은 모두가 직무 자체보다는 작업자가 직무를 수행하는 상황(job situation)이나 환경(context of work)과 연관된 것들이다. 위생요인들의 이와 같은 성격으로 미루어 볼 때 직무불만은 Maslow의 욕구계층 가운데 하급욕구가 제대로 충족되지 않을 때 발생된다는 해석이 가능하다.

이러한 위생요인들은 직무에 대한 부정적 태도(negaive job attitudes)를 형성시키며, 그 결과 작업자의 직무수행은 평균수준(standard level)에도 미치지 못하는 부실한 것이 되기 쉽다. 이 경우 위생요인들을 개선하면 직무불만은 감소하게 되고, 그것이 직무수행에 미치는 부정적인 영향도 그만큼 감소될 것이다. 그러나 위생요인의 개선은 직무만족을 가져오거나 동기부여된 직무행위(motivated behavior)를 유발시키지는 못한다. 이는 위생요인이 동기요인의 경우와 달리 인간의 정신적 성장과는 무관하기 때문이라 할 수 있다. 위생요인의 개선이 직무수행 등에 미치는 효과가 동기요인에 비해 단기적인 것도 이러한 이유와 관련되어 있다.

그러나 비록 위생요인의 개선이 그 자체로서는 동기부여의 효과를 일으키지 못하지만 적어도 긍정적 직무태도의 발생을 저해하는 장애물(impediments)을 사전에 제거한다는 효과는 지니고 있다. 즉, 위생요인의 개선은 사람에게 동기를 부여하기 위한 충분조건은 될 수 없으나 필요조건은 되는 것이다. 따라서 불만족을 해소시키기 위한 위생요인의 개선은 간접적이기는 하지만 동기유발을 위해서도 요구된다고 할 수 있다.

이상의 논의에서 본 것처럼 The Motivation to Work에 소개된 Herzberg의 연구결과는 주로 위생요인들(보수, 대인관계, 작업조건 등)의 개선을 통해 조직구성원들의 직무동기를 높이고자 했던 종래의 동기화 전략이 문제의 핵심에 대한 처방이 되지 못함을 밝히고 있다.

Herzberg는 이요인(二要因)이론을 통해 조직의 인적 자원을 효과적으로 활용하려면 단순히 위생요인을 개선하는 것만으로는 불충분하고 거기에 추가하여 보다 중요한 동기요인의 제공이 필수적으로 요구된다는 점을 명백히 하고 있다. 위생요인의 개선은 불유쾌한 상황을 회피하려는 인간의 하급욕구(생리적 욕구, 안전욕구 등)를 충족시키고, 동기요인은 인간의 상급욕구(자기실현 등)를 충족시키기 때문에 양자(兩者) 모두가 조직구성원들에게 필요하다는 것이 그의 주장이다.

그러면서도 Herzberg는 오직 동기요인만이 조직구성원들의 만족을 유도하고, 따라서 동기부여를 한다는 점을 특히 강조한다. 이러한 점에서 이요인(二要因)이론은 Maslow의 욕구계층이론과 확연한 차이가 있다. Maslow의 이론에 의하면 충족되지 않은 어떠한 욕구도 동기부여를 할 수 있게 된다. 이렇게 볼 때 결국 Herzberg는 내적인 보상의 제공을 주축으로 하는 새로운 동기화 전략이 모색되어야 한다는 점을 부각시키고 있는 것이다.

실제로 Herzberg는 *The Motivation to Work*의 결론부분에서 동기문제를 극복하기 위한 새로운 실천적 방안을 몇 가지 제시하고 있다. 그 대표적인 것이 직무풍요화(job enrichment)이다. 직무풍요화는 동기요인들을 항상 제공할 수 있도록 직무 자체를 재구성(restructuring)함을 말한다. 따라서 직무확충 등을 통해 구성되는 직무는 성취감과 인정, 책임, 발전과 성장, 활동상의 재량 등을 조직 구성원들에게 부여할 수 있는 특성을 띠어야 할 것이다. 개인의 자발적 노력이 특히 요구되는 현대 산업사회의 조직현실에서 이같은 직무풍요화는 앞으로 보다 적극적으로 연구해 볼 가치를 지닌 것으로 여겨진다. 어떻든 이요인(二要因)이론은 이제 동기연구에서 빼놓을 수 없는 중요한 이론으로서의 위치를 굳히고 있다. 다만 이를 도출해 낸 연구방법에 대해서는 아직도 학자들간에 의견이 분분하다. 특히 귀인이론(歸因理論, Attribution Theory)에 의하면, 사람들은 보통 좋았던 일은 자기 자신과 관련시키고, 바람직하지 못했던 일은 환경 탓으로 돌리는 경향이 있다고 한다. 그렇다면 Herzberg 연구에서 동기요인과 위생요인이 구분되는 것처럼 나타난 것은 이들 양(兩)요인의 본래적 차이 때문이 아니라 응답가들의 사후 추론에 기인된 것이라 할 수 있게 된다. 이 문제에 대해서는 명쾌한 해명이 아직도 이루어지지 못하고 있다.

참 | 고 | 문 | 헌

Herzberg, F., *The Motivation to Work*, New York: Wiley, 1959.

_____, *Work and the Nature fo Man*, Cleveland: World Publishing Co., 1966.

_____, *Managerial choice: To Be Efficient and To Be Human*, Olympus, 1982.

Pugh, D. S., D. J. Hickson & C. R. Hinings, *Writers on Organizations*, New York: Penguin Books, 1980.

Chris Argyris의
미성숙-성숙이론*

I. Argyris의 학문세계

Chris Argyris는 1923년 미국 태생의 심리학자이며 조직학자이다. 그는 Clark 대학교에서 학사학위를 받고 Kansas 대학교에서 석사학위를 받았다. 그의 조직행태에 관한 심리학박사학위는 1951년 Cornell 대학교에서 수여받았다. 그는 1951년부터 1971년까지 Yale 대학교에 조직학분야의 강의를 담당하는 교수로 재직하였다. 1971년에 Harvard 대학교로 옮긴 후 교육 및 조직행태분야의 강의를 담당하는 교수(James Bryant Conant Professor of Education and Organizational Behavior)로 재직해 왔다. Argyris는 많은 저서와 논문을 발표하였고 그의 직업에 연관된 사회활동에도 적극적이었으며 영국 Cambridge 대학교를 포함한 여러 대학의 방문교수도 역임하였다.

Argyris가 발표한 여러 가지 주제의 저서와 논문들에서 살필 수 있듯이 그의 학문적 관심이 결코 편협한 것은 아니다. 그러나 그가 지녀온 관심의 주축은 조직 내의 인간행태에 있었다. Argyris의 학문활동에 나타난 초기적 관심사는 조직의 피라밋형 구조, 생산기술, 통제체제 등을 입안하고 시행하는 데 적용해 온 조직이론들의 의도하지 않았던 부작용을 분석하는 것이었다.

그 다음에는 조직의 문제들을 해소 또는 완화하기 위한 개입(介入: intervention)에 대하여 많은 관심을 보였다. Argyris는 개입활동에 의한 행태변화가 조직의 최상층으로부터 일어나 이것이 아래로 차례차례 이어져 내려가야만 진정한 의미의 변화가 이루어질 수 있다고 믿었다. 조직상층부의 사람들이 스스로의 행태를 바꿀 뿐만 아니라 하급자들을 위한 개혁추진자로서의 역할을 다할 때 조직에 진정한 변화가 일어난다고 전제한 위에서 개입이론을 발전시킨

---

* **오석홍**: 서울대학교 행정대학원 명예교수.

것이다.

Argyris는 행태변화를 위한 개입의 문제를 연구하면서 처음에는 경험적 학습 (經驗的 學習: experiential learning)에 초점을 맞추었다. 그 이후 Argyris의 연구노력은 개인적 차원과 조직의 차원에서 이루어지는 추론(推論: reasoning)과 학습의 과정을 분석하는 데 집중되었다.

Argyris의 연구역점은 변천되어 왔지만 그의 오랜 연구생애에 걸쳐 변함없는 관심사는 인간의 작업상황이 인간의 개인적 발전에 미치는 영향이 무엇인가 하는 문제였다. 이 문제의 연구에 있어서 Argyris는 인간이 자기실현과 성장·성숙의 잠재력을 지니고 있는 존재라고 믿었다. 그리고 개인의 자기실현은 그 자신에게뿐만 아니라 그가 소속된 집단과 조직에도 이득이 된다고 생각하였다. 그러나 불행하게도 기업이나 기타의 조직들은 그러한 이득을 가로막는 방식으로 운영되고 있다고 주장하였다.

미성숙의 상태에서 성숙의 상태로 발전해 가는 인간, 여기에 부정적으로 작용하는 조직의 특성, 지도자·감독자 등의 부적절한 대인관계 관리능력 (interpersonal competence), 그리고 이런 문제들의 개선방안에 대한 Argyris의 이론을 '미성숙-성숙이론'(未成熟-成熟理論: Immaturity-Maturity Theory)이라는 제목 아래 요약해 보려 한다.

Ⅱ. 미성숙-성숙이론

조직이 그 구성원들에게 미치는 영향을 논의하려면 심리적으로 성숙해 가는 개인의 특성 그리고 조직의 특성을 먼저 분명하게 이해하여야 한다.

1. 성숙으로 향한 개인의 발전

우리 문화권에서 개인은 다음과 같은 국면에 걸쳐 성숙의 방향으로 발전해 간다고 가정할 수 있다.

첫째, 유아기의 수동적인 상태로부터 성인이 되어 가면서 적극활동상태로 점차 발전해 가는 경향이 있다. 즉, 유아의 수동성은 성인의 적극성으로 바뀌어 간다.

둘째, 유아는 타인에 의존하는 상태에 있는데 성인이 되어 가면서 상대적인 독자성을 갖게 되는 경향이 있다. 상대적인 독자성을 갖는다는 것은 '자기의 두 다리를 딛고' 홀로서는 능력을 가진다는 뜻일 뿐만 아니라 건전한 의존관계를 또한 인정하게 된다는 뜻도 된다. 달리 말하면 어린 시절의 행동결정요인들로 부터 벗어나 자기 스스로의 행동결정요인을 발전시키는 것이라 할 수 있다.

셋째, 유아는 소수의 행동대안밖에 선택할 줄 모르는 상태에 있으나 성인이 되어 가면서 다양하고 많은 행동을 할 능력을 갖추게 되는 경향이 있다.

넷째, 유아는 산만하고, 피상적이고, 우연적이고, 변덕스러운 관심을 갖는 데 불과하지만 성인이 되어 가면서 보다 깊은 관심을 갖게 되는 경향이 있다. 성인이 되어 가면서 점차 사물의 복잡성을 전체적으로 깊이 있게 분석·연구하 게 된다.

다섯째, 유아가 갖는 단기적인 안목(현재가 개인의 행태를 대체로 지배한다)으 로부터 성인으로서의 장기적인 안목(행동결정에 과거와 미래가 더 많은 영향을 미 친다)을 발전시켜 가는 경향이 있다.

여섯째, 유아는 다른 사람들(가족과 사회)에 대하여 종속적인 위치에 있지만 사람이 성장함에 따라 다른 사람들과 대등하거나 그보다 높은 지위을 차지하려 하는 경향이 있다.

일곱째, 유아는 자아의식(自我意識: awareness of self)을 결여하지만 성인이 되면 자아를 의식할 뿐만 아니라 자아를 통제할 수도 있게 되는 경향이 있다.

이상 일곱 가지 국면에 걸친 성격발전은 연속적인 것이며 건강한 사람은 변화의 연속선을 따라 미성숙상태에서 성숙상태로 발전하여 간다. 여기서 미성 숙과 성숙이라는 개념은 흑과 백처럼 뚜렷하게 둘로 나뉘는 것이 아니다. 성숙 이란 수준 또는 과정의 문제이다. 성숙의 정도는 사람마다 다르고 때에 따라 다를 수 있다. 그리고 완전성숙에 이르는 사람은 매우 드물 것이다. 그러나 사 람이 나이가 들어감에 따라 다소간에 성숙의 방향으로 나아가는 것은 일반적인 경향이라 할 수 있다. 미성숙-성숙의 연속선상에서 비교적 성숙에 접근해 있고 다른 사람들을 성숙의 방향으로 유도할 수 있는 사람은 성숙한 사람이라 할 수 있다.

이러한 성숙의 관념은 개인적 성숙의 고립적 성취를 시사하는 것이 결코 아님을 분명히 해 둘 필요가 있다. 모든 인간은 혼자서는 불완전한 것이다. 사 람들은 다른 사람들과의 교호작용을 통해 온전한 인격을 키워간다. 인간은 본 원적으로 상호의존적인 유기체이다. 성숙한 사람은 자기 자신의 독자성이 극대 화되고 자아통제가 완벽하게 되리라고 생각하지 않는다. 성숙한 사람은 다른 사람들과 지속적으로 교호작용하는 존재라고 스스로를 이해한다. 모든 것이 자기 방식대로만 돌아가는 '긴장 없는 상태'를 '행복'이라고 규정하는 경우, 행복이라는 말은 자기실현이라는 말과 같은 것이 될 수 없다. 긴장 그 자체는 아주 건강한 것일 수 있으며 성장으로 향한 동기를 유발시킬 수 있기 때문이다.

인격이 성숙되면 심리적인 힘이 보다 온전하고 건설적으로 방출될 가능성이 높아진다. 성숙한 사람은 일련의 욕구를 지니고 있으며, 그러한 욕구의 충족가능성이 있고 충족의 과정에 도전이 있는 경우, 그러한 도전에 대응하기 위해 온갖 심리적인 힘을 동원하게 된다.

그러나 조직관리의 전형적인 방식과 관리과정에서의 대인관계적 능력결여는 사람들의 성숙을 가로막고 그들의 심리적인 힘이 최대한으로 발휘되는 것을 방해한다. 사람들은 흔히 일에 임하여 근시안적이며 현재의 이익에 집착하고 장래의 결과를 예상하지 못한다. 그들은 책임을 회피하고 새로운 기회에 대해 무관심하다. 그들은 일에 대해 무신경한 태도를 보인다. 그러나 이러한 잘못들은 개인 탓이라기보다 조직탓이라고 보아야 한다.

2. 조직의 특성

조직은 일정한 목적의 성취를 위해 설계된 '복잡한 인간적 전략'(intricate human strategies)이다. 조직은 목적성취를 추구하고 대내적으로 스스로를 유지하며 외부환경에 적응한다. 조직, 즉 공식조직의 가장 중요한 요건 또는 전략적 특성은 합리성의 추구이다. 조직은 스스로 합리적이기를 바라고 그 구성원들에게 합리적인 요구를 하려는 의도를 가진다. 따라서 당초의 공식적 구조는 조직이 의도하는 합리화 전략을 반영한다. 조직구성원의 개인적 성격이나 다른 비공식적 요인들에 의해 공식적 구조가 변형될 수도 있지만 조직은 가능한 한 주의 깊은 사전계획에 의하여 그러한 변형을 최소화하려 한다.

공식조직은 합리성을 강조할 뿐만 아니라 업무의 전문화를 강조하고 권력의 중요성을 강조하며 조직목표에 대한 순응과 충성을 강조한다. 이러한 강조점들은 전문화의 원리, 명령계통의 원리, 명령통일의 원리, 통솔범위의 원리 등 네 가지 원리에 의해 체현된다.

공식조직은 그 합리적 질서추구에도 불구하고 여러 가지 내장된 모순을 지니고 있다. 예컨대, 조직은 안정과 변화라는 두 가지 역설적 요청을 동시에 만족시키려 한다. 조직은 조직구성원들에게 모순된 요구들을 많이 하게 된다. 솔선적이고 창의적으로 일할 것을 요구하면서 동시에 규칙과 절차를 어기지 말도록 요구한다. 현재를 넘어선 긴 안목을 갖도록 요구하면서 보상과 처벌은 현재의 업무수행을 기준으로 결정한다. 조직 전체를 생각하도록 요구하면서 다른 사람들의 영역에 간여하지는 못하게 한다. 다른 사람들과 협력하도록 요구하면서 필요할 때에는 경쟁하도록 요구한다.

공식조직의 관리행태는 대개 네 가지의 규칙을 따른다. 첫째, 목표는 일방적으로 정하고 추구한다. 둘째, 다른 사람들에 대한 의존을 최소화하는 방식으로 자기 일을 통제함으로써 승리를 극대화하고 패배는 극소화한다. 셋째, 좋지 않은 감정을 공개적으로 표현하는 일은 극소화하고 자기 생각과 감정을 비밀로 해 둔다. 넷째, 합리적이고 '객관적인' 입장을 취하고 다른 사람들의 감정표출을 억압한다.

이러한 규칙에 따르는 관리자들은 아주 일방통행적인 사고방식을 가지고 자기 자신을 보호하며 남에게 군림하려 한다. 그리하여 조직운영을 경직되게 하고 불신을 조장한다.

3. 조직이 개인에게 미치는 영향

공식조직이 그 구성원인 개인에게 미치는 영향은 상황에 따라 달라질 수 있다. 즉, 개인과 조직과 그 여건이 다르면 조직이 구성원에게 미치는 영향도 달라질 수 있다. 그러나 일반적인 논의가 불가능한 것은 아니다. 일정한 준거를 정하여 조직이 개인에게 미치는 영향을 일반적으로 논의할 수 있다.

비교적 성숙한 개인, 그리고 앞서 본 합리적 관리의 원리에 충실한 공식조직을 준거로 조직이 개인에게 미치는 영향을 일반적으로 논의해 보려 한다. 합리적 관리의 원리에 충실한 공식조직은 구성원들에 의한 작업상황통제를 최소화한다. 그들은 수동적·의존적·복종적일 것이 기대된다. 그들의 능력활용은 단순하고 제한적이다. 그들은 심리적 좌절을 초래하게 되는 상황에서 일하게 된다. 이러한 특성들은 비교적 성숙한 사람들이 바라는 바에 부합되는 것이 아니다.

위의 준거에 따라 조직이 개인에게 미치는 영향을 다음과 같이 가설적으로 정리해 볼 수 있다.

첫째, 건강한 사람들의 요구와 공식조직의 요청은 부합되지 않는다. 심리적 발달의 성숙상태에 접근해 가는 개인은 상대적 독자성, 능동성, 작업상황의 통제 등을 추구하는 반면 공식조직은 개인의 의존성과 수동성을 요구하고 능력 활용의 범위를 제한한다. 따라서 개인의 요청과 조직의 요청은 부조화를 일으킨다.

둘째, 개인적 요청과 조직의 요청이 부합되지 않으면 사람들의 좌절, 업무실패, 단기적 안목, 그리고 갈등을 결과한다. 사람들은 자기표현이 봉쇄되기 때문에 좌절한다. 자기 목표를 스스로 결정하여 추구하는 것이 허용되지 않기 때문에 더 많은 실패를 경험한다. 앞날의 안정성과 확실성에 대한 통제력이 없기 때문에 단기적인 안목으로 일을 하게 된다. 건강한 사람들은 그러한 부정적 결과들을 싫어하기 때문에 갈등을 경험한다.

셋째, 개인의 성숙도가 높아질 때, 개인의 의존성·수동성·복종성에 대한 요구가 커질 때, 일의 전문화가 심화될 때, 그리고 전통적인 공식적 원리들이 더욱 엄격하게 적용될 때, 좌절·실패·단기적 안목 그리고 갈등은 증가된다.

넷째, 조직의 공식적 원리들이 지니는 특성은 각 계층의 부하들로 하여금 서로 경쟁·대항하며 적대감을 갖게 하고 전체보다는 부분에 집착하게 한다. 부하들은 상관에게 복종하고 의존해야 하기 때문에, 그리고 상위직은 제한되어 있기 때문에 효율적으로 일하고 승진하려는 욕망을 가진 부하들은 서로 경쟁하고 적대행동을 하게 된다. 부하들은 자기 임무를 잘 수행하도록 지휘되고 또 그러한 임무수행에 대하여 보상을 받기 때문에 전체보다는 자기가 맡은 부분에 집착하는 지향성을 키우게 된다. 이러한 '부분지향성'(part-orientation)은 리더들이 부분적 활동간의 조정에 더 많은 노력을 기울이지 않을 수 없게 한다. 리더에 의한 조정이 증대되면 부하들의 의존성과 복종성은 더욱 커지며 복종·의존의 악순환이 초래된다.

다섯째, 조직구성원들은 비공식적인 활동으로써 공식조직에 대응 또는 대항한다. 공식조직에 의하여 갈등·좌절·실패·단기적 안목 등이 조장되는 상황하에서 조직구성원들은 여러 가지 적응적(비공식적) 행태를 보이게 된다. 예컨대, 조직을 떠날 수 있다. 조직계층에 따라 승진해 올라갈 수도 있다. 공상(daydreaming), 공격, 모호한 행동 등 방어적 저항을 보일 수도 있다. 조직의 목표나 일에 대해 냉담하거나 무관심해질 수도 있다. 인간적 또는 비물질적 요인을 경시하고 물질적인 요인만을 중시하는 심리상태를 조성할 수도 있다.

여섯째, 조직구성원들의 적응적 행태는 누적적 효과를 가지며, 공식조직에 환류되고, 스스로 강화된다. 모든 적응적 반응들은 서로를 강화하기 때문에 개별적 영향뿐만 아니라 누적적인 영향을 조직에 미친다. 그러한 영향의 총체적 효과는 복종성, 의존성 등의 수준을 높이며, 그 결과 이직(離職), 무관심 등의 행태를 증가시킨다. 이러한 적응기제(適應機制: adaptive mechanism)가 계속 유지되면 그것이 규범화되어 다시 적응적 행태를 유발하고 또 정당화한다. 방어적 기제의 개별적 및 누적적 효과는 투입·산출의 비율에 영향을 미친다. 즉, 산출을 일정하게 유지하려면 점점 더 많은 투입이 필요하게 된다. 다시 말하면 조직구성원들의 적응적 내지 방어적 행태는 조직에 낭비를 초래한다는 것이다.

일곱째, 공식적 조직의 원리에 입각한 관리층의 대응은 적응적 행태의 저변에 깔린 반항심 내지 적개심을 악화시키는 경향이 있다. 공식조직의 논리를 판단의 기초로 삼는 관리자들은 조직구성원들의 적응적 행태를 싫어한다. 따라서 공식조직의 논리에 부합되는 시정행동을 취하려 한다. 이러한 시정행동은 리더십의 지시적 내지 지배적 성격을 강화하고 관리통제(management control)의 수준을 높인다. 그리고 '거짓' 또는 '모조품적인' 인간관계론적 활동을 증가시킨다.

리더십의 지배성향 강화와 관리통제의 강화는 건강한 사람의 개인적 필요와 조직의 필요 사이에 생기는 괴리를 고착시키거나 확대시킨다. 하급직원들 사이의 경쟁과 적대행동을 조장하고 방어적 행태를 또한 조장한다. 인간관계론적 활동의 허구성은 직원과 관리층 사이의 거리감과 불신감을 크게 한다.

개인의 성장 또는 성숙화를 방해하는 공식조직의 원리와 관리전략을 수정하기 위해서는 다양한 접근방법이 동원되어야 하겠지만 그 가운데서 가장 중요한 것은 학습을 강조하는 인간중심적 접근방법이다.

관리자들이 사람들의 학습을 통한 성장·성숙과 조직의 발전을 촉진하려면 타당한 정보에 입각하여 행동해야 하며, 그러한 정보의 획득에 개방적인 자세를 취해야 한다. 문제를 해결할 능력이 있는 모든 관련자들과 함께 자유스러운 논의를 거쳐 정통한 해결방안을 선택하여야 한다. 해결방안 추진의 내재적 동기를 유발하여야만 하며 집행과정을 계속적으로 검색하고 필요한 시정조치를 해야 한다. 관리자들은 쌍방적이고 상호적인 학습에 참여할 수 있어야 하며 다른 유능한 사람들의 협조를 구해야 한다. 관리자들은 자기들의 관점이나 가정을 직시하여 공개적으로 검토하고 변동의 필요가 있으면 그것을 겸허하게 받아들여야 한다.

참ㅣ고ㅣ문ㅣ헌

Argyris, Chris, Personality and Organization, New York: Harper & Row, 1957.
_____, Understanding Organizational Behavior, London: Tavistock, 1960.
_____, & Donald A. Schon, Organizational Learning: A Theory of Action Perspective, Reading, Mass.: Addison-Wesley, 1978.

Abraham Maslow의
자아실현에 관한 이론*

I. Maslow의 학문세계

Abraham Maslow는 1930년대 초 대학원 시절에 Alfred Adler의 이론에 심취하였고, 그의 이론을 검증하기 위해 원숭이의 성행동과 지배행동을 다룬 박사학위논문을 썼다. 학위를 받은 후 한동안 Maslow는 Adler가 몸소 주재하던 세미나에 열심히 참석하여 그의 학문적 폭과 깊이에 큰 감명을 받았다. 이 때 Maslow는 특히 '공동체의식'(Gemeinschaftsgefühl) — 이타심, 사랑, 우정, 동정심 등의 사회적 관심 — 을 인간의 본성으로 파악하는 Adler의 견해에 크게 감화받은 것으로 알려지고 있다.

Maslow는 일찍이 Adler의 독특한 이론에 남다른 관심을 가졌지만, 1940년대 말까지는 대체로 유능한 실험심리학자로 활동하였다. 그러나 그 후 기존의 주류 심리학자들이 좀처럼 다루지 않던 이색적인 주제를 본격적으로 연구하기 시작하면서, Maslow는 심리학계로부터 소외당하기 시작했다. 그는 브루클린 대학(Brooklyn College)에서 봉직하는 동안 학생들로부터는 큰 인기를 얻었지만, 학과의 동료 교수들로부터는 백안시당했다. 1952년 그가 브랜다이스 대학교(Brandeis University)의 심리학과 과장으로 초빙되면서, 이런 사정은 다소 호전되었으나, 심리학계 일반의 냉담한 반응은 여전하였다. 이 당시 Maslow는 학회에서 논문을 발표할 기회마저 얻지 못하는 어려움을 겪었다.

1954년 Maslow는 그와 비슷한 처지에서 주류 행동주의 심리학계로부터 소외당하고 있던 학자 125명의 뜻을 모아 서로 논문을 교환해볼 수 있도록 통신망을 결성하였다. 이 통신망을 모태로 1961년 「인간주의 심리학회지」(The Journal of Humanistic Psychology)가 창간되었다. 1970년에는 Maslow를 기념하여 인간주의

* 안성호: 한국행정연구원장.

심리학의 교육연구 전담기관으로 인간주의 심리학연구소(The Humanistic Psycholgy Institute)가 설립되었다. 1982년에 이 연구소는 세이브룩 연구소(The Saybrook Institute)로 개칭되어 오늘에 이르고 있다. 아직 인간주의 심리학파는 심리학계의 아류학파(亞流學派)로 남아 있지만, 점차 그 세력이 신장되고 있다. 인간주의 심리학을 대학원의 정규 교과과정에 개설하는 미국의 대학들이 늘어나고 있다.

Maslow의 자아실현이론(self-actualization theory)은 심리학계에서보다 오히려 조직학계, 교육학계 등 응용과학분야에서 더 적극적으로 수용·발전되어 왔다. 인간주의 심리학자들의 노력에도 불구하고, 적지 않은 주류 심리학자들은 Maslow의 이론을 단지 이론가의 신념과 가치인식에서 비롯된 일종의 철학적·윤리적 주장에 불과하다고 보고 있다. 그러나 응용과학계와 실무계에서는 그의 이론이 지닌 실천적·교시적 가치와 상식적 호소력에 힘입어 자아실현이론과 이 이론이 표방하는 인간주의이념에 각별한 관심을 기울여왔다.

Maslow의 자아실현이론은 가장 유명한 동기이론으로서 이후에 등장한 여러 동기이론들의 이론적 기반을 제공해왔다. 그리고 그의 자아실현이론이 표방하는 인간주의이념은 여러 조직이론가들의 저술을 통해 하나의 강력한 조직이념으로 발전해왔다. 오늘날 인간주의이념은 조직이론가들과 실무자들을 인도하는 가장 유력한 조직이념으로 작용하고 있다.

인간의 본성은 욕구들의 계층으로 이루어져 있고, 최소한의 여건만 허락되면, 모든 인간은 자아를 실현하는 '건강한 심리상태'(eupsychia)에 도달할 수 있으며, 따라서 조직의 존재이유는 구성원들에게 자아실현의 기회를 제공하는 최소한의 여건을 조성하는 데 있다고 본다. 이러한 Maslow의 견해는 고전적·신고전적 조직이론에 대항하는 반명제(反命題)로서 현대적 조직이론의 인간주의적 경향을 주도해왔다. 그러나 그의 욕구계층이론에 대한 경험적 지지가 약하며, 인간 본성의 성선성(性善性)에 대한 그의 철저한 생물학적 해석은 조직현실에서 개인의 잠재력이 악(惡)으로 향할 수 있는 가능성을 오직 조직여건의 탓으로 돌려 버림으로써 개인의 자유의지와 도덕적 책임을 부정하고 있다는 비판을 면치 못하고 있다.

Ⅱ. 자아실현에 관한 이론

1. 욕구계층이론

(1) 욕구의 종류

Maslow는 인간의 욕구를 생리적 욕구, 안전에 대한 욕구, 애정적 욕구, 긍지와 존경에 대한 욕구, 그리고 자아실현의 욕구로 구분한다.

1) 생리적 욕구(physiological needs): 이 욕구는 의식주에 대한 욕구, 성적 욕구, 수면욕구 등 생리적 균형을 유지하는 데 요구되는 기본적 욕구이다. 조직구성원들의 생리적 욕구는 주로 경제적 보상에 대한 관심으로 나타난다.

2) 안전에 대한 욕구(safety needs): 이 욕구는 육체적 안전과 심리적 안정에 대한 욕구이다. 조직구성원들의 안전에 욕구는 산업재해로부터의 보호, 직업의 안정성, 생계보장 등에 대한 관심으로 나타난다.

3) 애정적 욕구(love needs): 이 욕구는 대인관계를 통해 서로 정을 교환하고 소속되기를 바라는 사회적 욕구이다. 조직구성원들의 애정적 욕구는 친분, 우정, 소속감 등에 대한 관심으로 나타난다.

4) 긍지와 존경에 대한 욕구(esteem needs): 이 욕구는 자존심을 유지하고, 다른 사람들로부터 인정과 존경을 받고 싶어하는 욕구이다. 조직에서 긍지와 존경에 대한 욕구는 인정, 신분, 지위에 대한 관심으로 나타난다.

5) 자아실현욕구(self-actualizaion needs): 이 욕구는 자신의 잠재력을 표출·성장하고 싶어하는 욕구이다. 조직에서 구성원들의 자아실현욕구는 보람, 성취, 능력발전 등에 대한 관심으로 나타난다.

(2) 욕구발로의 순차성

Maslow는 이들 다섯 가지 욕구들이 유기적 연관성을 맺으면서 욕구발로의 우선순위에 따라 계층을 이루고 있다고 본다. 일단 하급의 욕구가 어느 정도 충족되면, 충족된 욕구의 동기유발력은 현저히 약화되거나 잠재화되고, 차상급의 욕구가 지배적인 동기요인으로 부각된다. 말하자면, 가장 기본적인 생리적 욕구가 어느 정도 충족되면, 안전에 대한 욕구가 발로된다. 다시 안전에 대한 욕구가 어느 정도 충족되면, 애정적 욕구가 유발된다. 그 다음 애정적 욕구가 어느 정도 충족되면, 긍지와 존경에 대한 욕구가 부각된다. 마지막으로 긍지와 존경에 대한 욕구가 어느 정도 충족되면, 최정상의 자아실현욕구가 발현된다.

(3) 보완적 설명

욕구들 사이의 관계를 설명한 이러한 기본적 논리는 실제생활에서 일어나는 복잡다기한 욕구현상을 설명하기 위해 다소 보완되어야 한다. 이를테면, 욕구계층의 고정성에 대한 예외, 욕구충족의 상대성, 그리고 동기유발의 복합성 등에 대한 보완적 설명이 요구된다.

1) 욕구계층의 고정성에 대한 예외: 일반적으로 욕구계층에 따라 하급욕구로부터 고급욕구로 이행하면서 순차적으로 욕구가 발로되지만, 예외도 있다. 예컨대, 선천적으로나 의도적으로 애정적 욕구를 중시하는 사람에게는 애정적 욕구가 긍지와 존경에 대한 욕구보다 상위의 욕구로 나타날 수 있다. 또 사랑을 받지 못한 어린 시절의 경험 때문에 병적 성격을 지닌 사람은 애정적 욕구를 거의 상실할 수 있다.

2) 욕구충족의 상대성: 정상적인 사람의 경우에 다섯 가지 욕구들이 모두 부분적으로 충족되어 있는 것이 보통이다. 그리고 상위욕구계층으로 올라갈수록 욕구충족의 수준이 낮아지는 것이 일반적이다. 예컨대, 생리적 욕구는 85%, 안전에 대한 욕구는 70%, 애정적 욕구는 50%, 존경과 긍지에 대한 욕구는 40%, 그리고 자아실현욕구는 10%가 충족되어 있는 사람을 볼 수 있다. 또, 하위욕구의 충족에 의하여 상위욕구가 발로되는 방식은 점진적이다. 예컨대, 안전의 욕구가 10%밖에 충족되어 있지 않으면, 애정적 욕구는 거의 나타나지 않을 것이다. 그러나 안전의 욕구가 25% 충족되면, 애정적 욕구는 5%쯤 나타날 것이다. 더 나아가 안전의 욕구가 75% 충족되면, 애정적 욕구는 50%로 나타날 것이다.

3) 동기유발요인의 복합성: 일반적으로 욕구들은 서로 배타적인 행동결정요인이 아니라, 상호보완적으로 복합작용하여 행동을 결정한다. 예컨대, 열심히 일하는 것은 경제적 보상을 얻기 위한 것일 뿐만 아니라, 사람들로부터 인정을 받고 자존심을 지키기 위한 것일 수 있다.

2. 결핍욕구와 메타욕구 · 극복행동과 표출행동

(1) 결핍욕구와 메타욕구

Maslow는 욕구연속체의 최고 부분을 이루는 자아실현욕구가 하급욕구들의 충족 여하에 따라서 영향을 받지만, 양자 사이에는 근본적인 차이가 있다고 본다. 그는 양자 사이의 근본적인 차이를 표현하기 위하여 자아실현욕구를 메타욕구(metaneeds) — 또는 존재욕구(being needs), 가치욕구(value needs) — 라고 부르고, 하급의 욕구들을 결핍욕구(deficiency needs)라고 부른다. 결핍욕구가 외부세계로부터 욕구충족물을 얻으며, 일단 욕구가 충족되고 나면, 한동안 욕구충족물의 유인기능이 크게 감소하거나 거의 소멸되어 버린다. 반면에 메타욕구는 유기체 내부로부터 욕구충족물을 얻으며, 욕구충족이 이루어진 후에도 계속적으로 스스로 동기유발이 이루어진다. 예컨대, 결핍욕구인 식욕은 욕구충족물인 음식물을 외부세계에서 얻으며, 일단 배를 채우고 나면, 한동안 음식물을 보아도 식욕이 돋지 않는다. 그러나 자아실현욕구는 자신 속에 내재하는 잠재능력을 발휘함으로써 충족되며, 충족이 이루어진 후에도 지속적으로 샘물이 솟듯 자아실현욕구가 발현된다.

(2) 극복행동과 표출행동

Maslow는 인간의 행동을 극복행동(coping behavior)과 표출행동(expres-sive behavior)으로 나눈다. 극복행동은 결핍욕구를 충족시키기 위한 행동인 데 반해, 표출행동은 메타욕구를 충족시키기 위한 행동이다. 극복행동은 환경으로부터 욕구충족물을 얻어 결핍욕구를 충족시키는 행동이기 때문에 외부세계(조직 또는 환경)와 심리(개인)의 상호작용으로 이해되는 데 비해, 표출행동은 개인의 성격구조로부터 표출되는 것이기 때문에 외부세계와는 독립된 개인의 성격에 의해 규정된다. 극복행동은 주로 의도적으로 동기 유발된 행동이지만, 표출행동은 주로 유기체 내부에 잠재된 능력이 발현되도록 허용함으로써 표출되는 비의도적 행동이다. 극복행동은 문제해결을 위한 행동이라는 의미에 있어서 수단적 · 적응적 · 기능적 · 목적지향적인 데 비해, 표출행동은 그 자체 목적적 행동으로서 '유기체의 어떤 상태를 단순히 반영하거나 의미하거나 표현하는' 행동이다. 극복행동은 학습될 수 있으며, 보상이 없어지면, 쉽게 소멸되는 경향이 있지만, 표출행동은 거의 학습되지 않으며, 보상이 주어지지 않더라도 지속되는 경향이 있다.

┃그림 1┃ 욕구 및 행동에 대한 Maslow의 관점

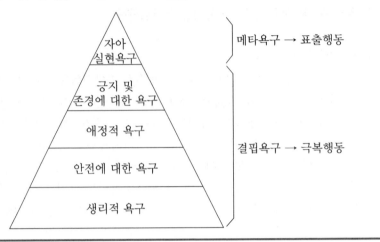

표출행동은 즐거움, 경이감, 환희, 신비감 등의 자아실현상태를 수반한다. Maslow는 표출행동이 수반되는 이러한 주관적·목적적 자아실현경험을 종국경험(end experience), 또는 정점경험(peak experience)이라고 부른다.

3. 자아실현인 · 정점경험 · 자아실현 성장과정

자아실현을 논의하는 문맥에서 자주 거론되는 세 가지 중요 개념들, 즉 자아실현인, 정점경험, 자아실현 성장과정을 살펴보자.

(1) 자아실현인

Maslow는 '성장첨단통계'(growing-ip statistics) ― 식물의 성장은 씨앗의 첨단부분에서 가장 왕성하다는 사실로부터 유추해 붙여진 이름 ― 를 이용한 연구방법론을 제안한다. 그는 인간의 잠재능력을 연구하기 위해서는 심리적으로 건강한 사람들과 병든 사람들의 평균치를 통해 연구하는 종래의 방법과는 달리, 우수표본, 즉 심리적으로 건강한 자아실현인들만을 연구대상으로 삼아야 한다고 주장한다.

Maslow는 역사적 인물들이나 동시대인들 중에서 심리적 건강을 유지했다고 판단되는 사람들로 구성된 표본으로부터 자아실현인의 특성을 추출해낸 결과를 다음과 같이 요약하고 있다.

뛰어난 현실감각; 신과 타인, 그리고 자연에 대한 높은 수용력; 고도의 자발성; 문제중심적 사고; 초연한 자세와 높은 사생활욕구; 독자성 유지, 환경과 문화의 영향을 적게 받음; 천진스런 감정표출; 풍부한 감정적 반응; 빈번한 정점경험; 고도의 인류공동체의식; 대인관계의 변화(향상); 민주적 성품; 고도의 창의성; 가치관의 변화경험(1968, p. 26).

Maslow가 제시한 자아실현인의 이러한 특성들은 성숙한 인간의 비범한 성취들이다.

(2) 정검경험

Maslow는 자아실현인이 항상 내재적 가치를 지닌 초월적 신비의 경험, 곧 정점경험을 유지하는 것은 아니지만, 빈번하게 정점경험을 하며, 자아실현인의 범주에 들지 못하는 일반인도 가끔 존재의 초월적 순간을 맛볼 수 있다고 본다. 인간은 자아실현의 순간에 자아(自我)와 타아(他我)의 경계를 넘나드는 초월적 신비를 경험한다. 말하자면, 자아실현의 순간은 자아를 초월하는 순간이다.

Maslow는 이 자아추월적 정점경험을 연구하는 제4의 심리학 — 정신분석학, 행동주의심리학, 인간주의심리학 다음에 올 제4의 심리학 — 으로 초월심리학 (transpersonal psychology)을 제창한다.

(3) 자아실현 성장과정

자아실현은 유기체 내에 존재하는 그 무엇의 지속적 성장과정으로 이해된다. 자아실현은 삶의 성취상태일 뿐만 아니라, 결핍욕구의 충족에 이어 나타나는 메타욕구의 표출과정이다. 다시 말하면, 자아실현은 결과상태일 뿐만 아니라, 일정한 시간 동안에 일정량의 잠재력을 발현하는 심리적 성장과정이다. 따라서 Maslow는 자아실현인을 self-ctualized people이 아니라 self-ctualizing people로 표현할 것을 권장한다. 그는 자아실현을 자아실현 성장과정으로 간주한다.

4. 물학적 성선론과 성선심리적 관리론

(1) 생물학적 성선론

Maslow는 자아의 주관적 판단이 기본적으로 자아가 느끼는 쾌락의 수준에

달려 있으며, 그 판단은 최소한의 여건하에서 언제나 옳고 건강하다는 성선론
(性善論)을 견지한다. 그는 자아의 성선적 판단능력에 대해 다음과 같이 쓰고
있다.

우리가 무엇이 옳은가를 알 수 있는 유일한 방법은 '한 대안이 다른 어느
대안들보다 더 낫다'고 주관적으로 느끼는 것뿐이다. … 이것이 우리가 자아를
발견하고, '내가 누구인가?', 또 '나는 무엇인가'라는 궁극적인 질문들에 답하는
방법이다. … 물론, '쾌락을 통한 성장'이라는 방식(the formulation of 'growth-
through-delight')은 우리로 하여금 '좋다'(good)고 느끼는 것을 성장이라는 의미에
서 '더 낫다'(better)고 느끼는 것으로 가정하도록 요구한다. 우리는 여기서 선택
자가 선택의 자유를 누리고 있으며, 선택이 어려울 정도로 심하게 병들었거나
두려워하지 않는다면, 그는 거의 건강하고 성장하는 쪽으로 현명한 선택에 이
를 것이라는 믿음에 근거하고 있다(1971, pp. 45~48).

더 나아가 Maslow는 자아가 선한 방향으로 표출되도록 생래적으로 정향지
어졌다는 인간본성에 대한 생물학적 해석을 가한다.

인간은 그 본성에서 더 충만한 존재, 더 완전한 인간성의 실현을 향한 성향을
지닌다. 이것은 도토리가 오오크나무가 되려는 성향을 갖는 것, 호랑이가 호랑이
워지려는 성향을 갖는 것, 그리고 말이 말다워지려는 성향을 갖는 것과 마찬가지이
다. … 환경은 인간에게 잠재력을 부여하지 못한다. 즉, 인간은 태아상태의 팔과
다리를 갖는 것과 똑같이 태아상태의 잠재력을 갖는다(1968, pp. 160).

Maslow는 일군의 사회생물학자들과 견해를 같이하여 언어능력, 상징화능력,
그리고 상호의존성향과 공격성향 등의 사회성이 오랜 세월에 걸친 자연도태의
진화과정을 통해 형성된 것으로 볼 뿐만 아니라, 평상시에 드러나 있지 않는
자아의 잠재능력도 오랜 진화과정의 결과로서 '더 충만한 존재'로 발현되도록
생물학적으로 정향된 것으로 이해한다. 그는 인간의 유전인자의 어느 부분에
자아의 성선적 표출방향이 새겨져 있다고 믿는다.

(2) 성선심리적 관리론(性善心理學的 管理論)

인간본성의 생물학적 성선성을 믿는 Maslow는 성선심리적 관리(eupsy-chian
management)를 주장한다. 그는 조직(관리)의 존재이유를 구성원들에게 자아실현
의 기회, 즉 개인의 잠재력을 최대로 발휘할 수 있는 기회를 마련해 주는 데
있다고 본다.

인간은 욕구들을 충족시키기 위해 어느 정도 조직에 의존한다. 좋은 조직이란 다름 아니라 결핍욕구를 충분히 만족시키는 조직을 말한다. 반면에 나쁜 조직이란 열악한 조건 때문에 결핍욕구를 충족시키지 못함으로써 잠재력의 표출을 저해하는 조직이다.

Maslow는 자아실현을 위해 조직이 수행하는 역할의 필요성을 인정하지만, 그 중요성을 특별히 강조하지는 않는다. 왜냐하면 그는 자아실현인들을 조직이 부여하는 명예, 지위, 보상, 인기, 특권, 애정 등에 대해 초연할 수 있을 만큼 심리적으로 건강한 사람들이라고 보기 때문이다. 자아실현인들은 다소의 열악한 조직여건 속에서도 자아를 실현할 수 있는 사람들로 간주된다. 자아실현인들은 기본적으로 조직의 문화정형화(enculturation)에 저항하며, 그들이 속한 조직으로부터 어느 정도 심리적으로 초연할 수 있는 것으로 간주된다. 따라서 Maslow에게서 조직의 역할은 구성원들의 결핍욕구를 충족시키기 위한 최소한의 여건을 마련하는 데 그친다.

참 | 고 | 문 | 헌

오석홍, 조직이론, 전정판, 박영사, 1990, pp. 292~303.

Ansbacher, H. L., "Alfred Adler's Influence on the Three Leading Confounders of Humanistic Psychology," *J. of Humanistic Psychology*, Vol. 30, Fall, 1990, pp. 45~53.

Hodgkinson, 안성호 역, 리더십 철학, 대영문화사, 1990, pp. 135~141.

Maslow, A., *New Knowledge in Human Values*, Harper, 1959.

_____, *Religion, Values and Peak-experiences*, Ohio State Univ. Press, 1964.

_____, *Eupsychian Management*, Irwin-Dorsey, 1965.

_____, *Toward a Psychology of Being*, 2nd ed., Van Nostrand Reingole, 1968.

_____, *Motivation and Personality*, New York: Harper & Row, 1970.

_____, *Farther Reaches of Human Nature*, Viking, 1971.

Smith, B., "On Self-actualization: A Transamvivalent Examination of a Forcal Theme in Maslow's Psychology," *J. of Humanistic Psychology*, Vol. 13, 1973, pp. 12~32.

Wahba, M. A. & L. G. Bridwell, "Maslow Reconsidered: A Review of Research on the Need Hierarchy Theory," *Organizational Behavior and Human Performance*, Vol. 11, April, 1976, pp. 212~240.

Edgar H. Schein의
복잡한 인간모형*

I. Schein의 학문세계

Edgar H. Schein은 매사추세츠 공과대학교(MIT)의 슬로안(Sloan) 경영대학에서 오랫동안 교수생활을 해 왔다. 그가 MIT 햇병아리 심리학자였을 때 선배교수였던 Douglas McGregor와 함께 연구하였는데, McGregor의 개성과 연구업적 등이 그의 학문세계에 많은 영향을 미쳤다. Schein은 연구자로서, 상담자로서, 그리고 저술가로서 조직행태, 특히 동기부여, 경력 역학과 조직문화 등에 관련된 주제들에 대하여 괄목할 만한 업적을 남겼다.

Schein의 대표적인 저술은 Organizational Psychology인데 1965년에 초판을 출간하였으며, 1970년에 제2판을 출간하였고, 1979년에 제3판을 출간하였다. 제1판에서 제3판에 이르는 과정에서도 ① 인간성에 대한 관리자의 가설, ② 심리적 제약, ③ 동태적이며 개방적이고, 적응적이며 발전하는 체제로서의 조직 등과 같은 내용이 주제를 이루고 있다.

Schein의 연구 중 조직연구에 가장 많은 영향을 준 것은 관리자의 인간관에 대한 것이다. 그는 Organizational Psyshology의 '동기부여와 인간성에 대한 가정'에서 '관리자의 인간관'을, ① 합리적 경제적 인간, ② 사회적 인간, ③ 자기 실현적 인간, 그리고 ④ 복잡한 인간으로 유형을 구분하고 있는데, 앞의 세 가지의 인간유형은 Schein이 인간에 대한 연구 역사를 조감하면서 분류한 것이며, 마지막의 '복잡한 인간'은 Schein 자신의 입장을 피력한 것이다. Schein의 인간관에 대한 네 가지 유형 분류는 조직인에 대한 이해, 설명 그리고 예측을 하는데에 가장 많이 언급되는 이론모형 중의 하나로 손꼽힌다.

한편 Schein은 '복잡한 인간관'을 제시하고 있는데, 동기부여를 인간의 발달

---

* 민 진: 국방대학교 국방관리대학원 명예교수.

적 관점과 상황적 관점에서 고찰하면서 인간의 복잡성을 주장한다. 그의 '복잡한 인간관'은 조직이론상의 상황적응적 이론(contingency approach)과 매우 밀접한 관계를 갖고 있는 것 같다. 이 접근이론은 조직의 다변수적 성격을 중요시하고, 조직들이 구체적인 상황의 다양하고 가변적인 조건하에서 어떻게 작동하는가를 이해하려 하며, 궁극적으로는 구체적인 상황에 가장 적합한 조직 설계와 관리방법을 제시하려고 한 것이다.

Schein의 복잡한 인간에 대한 가정, 리더십에 있어서의 문화적 맥락, 집단에서의 문제해결, 복잡하고 개방된 시스템으로서의 조직관 등은 그가 상황적응적으로 접근하고 있다는 것을 보여주며, 조직연구자로서 조직문제를 해결하는 데 실천적 지향을 보다 강하게 지니고 있음을 나타내 준다.

Schein은 조직심리의 문제를 다루면서 그 외연을 확대했다는 점이 조금은 색다르다. 조직인의 심리적 문제를 다루면서 사회학적 관점을 포함한 것이 다소 의아하게 생각되지만 그의 문제 해결적 입장에 비추어 본다면 어쩌면 당연한 귀결인지도 모른다. 하여튼 그는 「조직심리학」이라는 제목으로 구조와 조직의 동태, 조직의 효과성 등을 다룸으로써 조직연구의 다양한 시각을 제시하고 있다.

Ⅱ. 복잡한 인간모형

*Organizational Psychology*는 크게 5부로 나뉘어져 있다. 제1부에서는 개인과 조직의 기본적인 관계에 대하여 기술하고, 분석에 필요한 몇 개의 개념을 제시하고 있다.

제2부에서는 지금까지 관리자나 심리학자 모두를 괴롭혀 온 문제, 즉 인간성과 동기부여를 다루고 있다. 왜 사람은 일을 하는가? 어떻게 하면 조직은 가장 적절한 동기부여 수준을 끌어낼 수 있을까? 사람은 일이나 직장경력에서 무엇을 구하고 있는 것일까? 인간성에 대한 일반화는 가능한 것일까? 동기나 욕구는 연령이나 발전단계에 따라서 변화하는 것인가? 등의 문제가 다루어지고 있다.

제3부에서는 조직심리학의 영역에서 놀랄 만한 주목을 받아 온 또 하나의 문제인 리더십에 관한 문제가 다루어지고 있다. 관리자나 리더가 어떠한 행동을 통해서 개인과 집단으로서의 부하의 유효한 성과와 높은 동기를 이끌어내

고, 개인적 성장을 도모할 수 있을까?

제4부에서는 집단의 문제를 다룬다. 집단이란 무엇인가? 집단은 그 구성원을 위해 어떠한 기능을 수행하고 있으며, 왜 조직 내에는 여러 가지 집단이 존재하고 있는가? 어떻게 하면 집단을 그 구성원에게 필요한 것으로 만들 수 있으며, 또한 집단간의 유효한 관계를 만들 수 있을까? 조직의 유효성과 개인욕구의 충족을 극대화시키기 위해서 조직간의 관계를 어떻게 설정해야 할 것인가?

제5부에서는 통합시스템(total system)으로서의 조직으로 그 관점을 이동한다. 여기서 그는 우선 조직과 그 환경의 관계를 명확히 하는 몇 가지의 분류법과 이론을 검토하고, 이어서 조직이 보다 유효하게 기능하기 위해서는 어떻게 설계되어야 할 것인가 하는 보편적인 문제에 대해 고찰한다. 또한 유효성과 건강이라는 개념을 개인 및 조직의 변화라는 측면에서 논의한다. 마지막으로 끊임없이 변화하는 환경에의 '대응'과정을 어떻게 개념화할 수 있을 것인가 하는, 일반적으로 조직심리학에서나 사회학에서나 많은 의미를 함축하고 있는 문제를 제기하면서 이 책을 마무리짓는다. 여기에 대한 하나의 해답으로서 계획적 변화와 조직개발 및 조직개발의 근저에 깔려 있는 행동조사모형을 들 수 있다. 이 책은 이 변화과정에 대한 하나의 모형을 제시하면서 끝을 맺고 있다.

Schein은 관리층에서 사람들에 관해 어떠한 가정을 가져왔는가에 관련하여 인간모형을 네 가지로 분류하였는데, ① 합리적·경제적 인간, ② 사회적 인간, ③ 자기 실현적 인간, ④ 복잡한 인간이 그것이다. 그는 조직 내의 인간에 대한 가정을 역사적으로 볼 때 인간 본질에 대한 각 시대의 철학적 관점을 대체로 반영하는 것이며, 그러한 가정은 각 시대의 조직 또는 정치체제를 정당화시키는 데 기여해 왔다고 전제하면서 역사적인 등장 순서에 따라서 인간모형을 분류하였다. 그러면서 그는 학자들의 인간관이 역사적으로 냉소적인 것으로부터 이상적인 것으로, 단순한 것으로부터 복잡한 것으로 바뀌어져 왔다고 한다. 그리고 특히 그는 복잡한 인간관을 지지하며, 그에 뒷받침되는 증거의 수집과 해석에 남다른 노력을 기울이고 있다.

다음에서는 Schein의 인간에 대한 가정과 그에 따른 관리전략을 소개하기로 한다.

첫째, 합리적·경제적 인간관이다. 인간성이 '합리적·경제적이다'라는 견해는 인간은 자기이익을 극대화하기 위해 행동한다고 하는 쾌락주의철학에서 비롯된 것이다. 이와 유사하게 국가의 통제보다는 경제 주체의 자유로운 경제행위를 강조하였던 Adam Smith의 경제학설, 그리고 자유방임을 주장한 초창기의 자유민주주의 이론도 이런 부류에 속한다. 한편 조직심리론 분야에서는 McGregor의 X이론, Chris Argyris의 미성숙인 등이 여기에 해당하며, 조직관리분야에서는 Max Weber의 고전적 관료제 이론에서의 기계적 인간관, 과학적 관리론, Amitai Etzioni의 계산적 참여 등이 합리적 · 경제적 인간관을 나타내 준다.

합리적 · 경제적 인간관의 내용을 이루고 있는 중요한 가정을 보면 다음과 같다.

1) 조직성원은 본질적으로 경제적 유인에 의해 동기가 부여되며, 소득을 극대화하기 위해 행동한다.
2) 경제적 유인은 조직의 통제하에 있으므로, 조직성원은 본질적으로 조직에 의해 조종되며, 동기부여되고, 통제받는 수동적인 존재이다.
3) 인간의 감정은 원래 비합리적인 것이므로 그것이 자기이익을 합리적으로 계산하려는 것을 방해해서는 안 된다.
4) 조직은 인간의 감정과 예측할 수 없는 특성을 중화시키며 통제할 수 있도록 설계되어야 한다.
5) 인간은 원래 게으르므로 외적 유인에 의해 동기가 부여되어야 한다.
6) 인간의 기본적인 목표와 조직의 그것과는 상반되므로 그들이 조직의 목표를 달성할 수 있도록 외적인 압력을 가해야 한다.

관리자가 인간성에 대해 합리적 · 경제적 인간관을 갖고 있는 경우, 부하들을 관리하는 데 취하게 될 관리전략은 조직구조와 직무설계는 적합한가에 관심을 집중하고, 동기를 부여하는 데 업적이나 근무결과에 따른 경제적 보상체제를 채택할 것이다. 생산성이 낮거나 근무가 태만한 자에 대해서는 엄격한 통제조치를 취하고 과업수행상의 애로사항을 확인하여 시정한다. 대인통제에 대한 수단으로는 주로 물질적 불이익이나 제재를 들 수 있다.

둘째, 사회적 인간관이다.

인간성이 '사회적이다'라는 견해는 주로 인간관계론자들의 연구로부터 시작되었는데, 호손(Hawthorne) 연구(1939), 타비스톡 연구소의 석탄광산 연구(1951)가 그것이다. 노동자는 비공식 집단의 형성에 의해서만 표현될 수 있는 사회적 욕구를 일과 함께 가지고 있으며, 또한 이런 집단화가 작업의 방법, 생산성, 작업의 질에 영향을 미치는 감정과 규범을 창출한다는 인식으로부터 사회적 인간이라는 가설이 제시되었는데, Elton Mayo와 그 동료들에 의해 제시된 사회적 인간관에 대한 가정은 다음과 같다.

1) 인간은 기본적으로 사회적 욕구에 의해 동기가 부여되며, 대인관계는 일체감을 형성하는 가장 중요한 것이다.

2) 산업혁명 과정에서 기계화로 인해 일은 내재적 의미를 잃어가고 있으므로, 업무와 관련된 사회적 환경 속에서 그 의미를 찾아야 한다.

3) 조직성원은 관리층의 유인이나 통제보다는 동료집단의 사회적 압력에 더 민감하다.

4) 조직성원들은 감독자가 그들의 소속, 수용 및 일체감이라는 욕구를 충족시킬 수 있는 범위 내에서 반응한다.

이러한 사회적 인간관에 따르면 합리적·경제적 인간에 대한 관리 전략과는 매우 상이한 관리전략을 갖게 된다. 이런 관리전략으로는 관리자는 부하들의 일 못지않게 부하들의 욕구와 필요에 더 많은 관심을 기울여야 하며, 부하를 물적 자극에 의해 동기를 부여하거나 통제하는 것보다도 부하의 감정 특히 수용, 귀속감 내지 일체감과 같은 감정에 관심을 가져야 한다. 관리자는 작업집단의 중요성을 인정하고, 개인적 자극보다는 오히려 집단적 자극에 대하여 더 생각해야 한다. 그리고 가장 중요한 것으로 관리자의 역할은 계획하고, 조직하며, 통제하는 것으로부터 조직성원과 상위 관리층 사이를 중개하는 것으로 바뀌어야 한다. 따라서 이 가설에 의하면 일의 주도권(동기부여의 원천)은 관리자로부터 근로자에게로 이전되며 관리자는 일의 제공자, 동기부여자, 통제자의 입장이라기보다는 일의 촉진자, 부하에 대한 공감적 지지자가 된다.

셋째, 자기 실현적 인간관이다.

사회적 인간관은 종업원들의 사기를 올려 주었지만 생산성은 높여 주지 못했다. 또한 근로자들은 일의 대부분이 단편적이고 전문적이기 때문에 일을 통해서 그들의 능력이나 기술을 성숙시키고 이를 생산적인 방법으로 사용할 수 없었기 때문에 소외를 당하였고, 그들의 일과 조직 전체의 사명과의 관계도 이해할 수 없었다. 따라서 인간성에 대한 새로운 가설이 형성되기 시작하였다. McGregor의 Y이론이 대표적이며, Maslow의 자기실현인, Argyris의 성숙인, Herzberg의 동기요인 등이 대체로 자기 실현적인 인간관에 관련되는데, 자기 실현적 인간관의 내용을 이루는 주요한 가정은 다음과 같다.

1) 인간의 욕구는 계층을 이루고 있다. 즉, 생리적 욕구, 안전의 욕구, 귀속의 욕구, 존경의 욕구, 자기실현의 욕구가 그것인데, 그 중 자기 실현의 욕구가 최상의 욕구이다. 인간은 일을 통해서 자기의 능력을 최대한으로 발휘하려고 한다.

2) 일하는 것은 인간에게 매우 자연스런 현상이며 자기동기화적이고, 자기 통제적이며, 자기책임적이다. 따라서 외부로부터 부과된 자극이나 유인은 오히려 사람들을 위협하며, 적응을 어렵게 한다.

3) 인간은 조직의 문제를 해결하기 위한 능력도 갖추고 있으며, 그와 같은 능력을 갖기 위해 노력한다. 그러나 전통적 조직 내에서 그들의 능력은 일부밖에 활용되지 않는다.

4) 인간의 자기실현과 조직의 효과적인 운영은 본래 모순되지 않는다. 적절한 기회가 부여된 조직성원들은 자발적으로 자기의 목표와 조직의 목표를 통합할 것이다.

자기실현적 인간관에 따르면 관리자는 부하에 대한 배려라는 점보다는 어떻게 하면 부하의 일을 보다 보람 있고 의미 있게 할 수 있을까 하는 데 더 많은 신경을 써야 한다. 관리자는 보다 많이 위임해서 부하들이 할 수 있는 일을 확장시켜 주어야 한다. 종업원의 업적에 대하여 경제적·사회적 보상 등 외적 보상보다는 완성의 기쁨과 능력발휘와 같은 내재적(intrinsic) 보상을 얻도록 고무시켜야 한다. 또한 관리자는 조직성원들로 하여금 그들에게 직접 영향을 미치는 사항들에 대해서는 의사결정에 참여하도록 한다. 따라서 권력평등화(power equalization)와 같이 광범위하게 권력이 분산되도록 한다. 관리자는 조직성원을 지시하고 통제하는 역할보다는 면담자 또는 촉매자의 역할을 하도록 한다.

넷째, 복잡한 인간관이다.

조직론과 관리론은 인간의 동기를 단순화·일반화하여 생각하는 경향이 있었다. 실증적인 연구는 이러한 생각의 일부를 지지하여 왔지만 결코 그 전부를 지지한 것은 아니었다. 따라서 수많은 경험적 연구는 인간, 조직, 관리전략에 대한 우리의 모형을 극히 복잡한 것으로 만들어 버렸다. 인간은 많은 욕구나 잠재적 가능성을 갖고 있을 뿐만 아니라 이들 욕구의 유형은 연령이나 발달단계, 역할의 변경, 상황, 대인관계의 변화와 함께 변화한다. 그래서 나온 것이 복잡한 인간관인데, 그 가정을 이루는 주요 내용을 보면 다음과 같다.

1) 인간의 욕구는 많은 범주로 나뉘어지며, 욕구의 발전단계와 전체적인 생활의 상황에 따라서 달라진다. 이들 욕구는 개인에 따라서 중요성의 정도에 차이가 있으며, 일종의 계층을 이루고 있으나, 그 계층 자체도 개인별·상황별, 또는 시간별로 달라진다.

2) 욕구나 동기는 상호작용하며, 서로 결합하여 복잡한 동기유형, 가치, 목표를 나타내기 때문에 관리자는 부하가 어느 수준에서 동기부여를 받기

를 원하는지를 판단하여야 한다.

3) 조직성원은 조직생활의 경험을 통해서 새로운 욕구를 배울 수 있다. 이 것은 주어진 경력이나 삶의 단계에서 동기나 목표의 유형은 초기의 욕구 와 조직생활이 끊임없이 작용하는 결과들의 연속이라는 것이다.

4) 조직성원은 그가 소속된 조직이 다르거나 같은 조직이라도 조직 내의 근 무부서가 다르면 다른 욕구를 나타낼 수 있다. 소외당하고 있는 조직성 원이나 다양한 역할을 하는 조직성원의 역할은 다르게 될 것이다.

5) 조직성원은 여러 가지 욕구를 바탕으로 조직에 관여한다. 개인의 궁극적 인 만족과 조직의 궁극적인 효율성은 개인적 동기유발에만 달려 있는 것 이 아니다. 수행할 직무의 성질, 조직성원의 능력과 경험, 근무 분위기 등이 모두 일의 완수와 개인적 느낌에 복합적으로 영향을 미친다.

6) 조직성원들은 자신의 욕구나 능력, 그리고 업무의 성질에 따라 서로 다 른 관리전략에 반응할 수 있다. 즉, 모든 사람에게 언제나 적용될 수 있 는 하나의 관리전략은 없다.

복잡한 인간관에 따르면 다음과 같은 관리전략이 모색될 것이다. 즉, 관리 자는 조직 내외의 여러 상황조건을 판단하여 구성원을 조직화하고 관리하는 상 황조건 적응적(contingent) 관리를 하여야 한다. 또한 관리자는 뛰어난 진단가 (diagnostician)로서 조사하는 정신을 높이 평가하는 사람이 되어야 한다. 즉, 부 하들의 욕구와 능력 등 개인적인 차이를 인정하고, 그 차이를 드러나게 하여야 한다. 또한 관리자는 인간적 융통성과 폭넓은 대인관계 능력을 가져야 한다. 즉, 부하의 욕구나 동기에 차이가 있으면 각 부하를 다르게 취급하여야 한다.

Schein의 주된 관심사는 복잡한 인간관에 있었다. 앞에서 복잡한 인간관의 의미와 가정, 그리고 관리전략에 대해 개략적으로 살펴보았기 때문에, 여기서는 복잡한 인간관과 관련된 그의 논의를 소개하려 한다.

Schein은 조직에서의 인간행동을 설명하려는 동기이론이나 모형은 여러 가 지가 있다고 전제하면서도 그들이 조직 내의 문제를 해결하는 데 부분적으로밖 에 옳지 않으며, 일반화하기가 매우 어렵다고 한다. 그것은 인간행동이 매우 다양하기 때문이다.

인간행동의 다양성은 어디에서 기원하는가? 생물학적으로 동일한 인간이라 고 해서 동기나 욕구가 같지는 않다. 인간의 행동이나 동기는 사회학적·상황 적 관점과 발달적 관점 없이는 이해될 수 없다는 것이다. 또한 그는 Etzioni의 조직유형분류(1961)를 원용하여 조직에서 사용되는 권력과 권한이 다르면 조직

형태도 달라지며, 이것이 조직 성원으로 하여금 조직에 참여하는 방식을 결정하게 한다고 강조한다. 그리고 권한의 행사는 역사적인 진화, 즉 강제적인 것으로부터 합리적·합법적 또는 규범적인 것으로 변화되어 가고 있다는 것이다. 이러한 인간성의 다양성에 비추어 Schein은 상황조건적 적응이론(contingency theory)을 제시한다. 즉, 조직 내의 인간적 행위에 대해서는 어떤 단순화된 일반화는 없으며, 다만 주변상황, 상황 속에서의 인간의 행위, 일과 환경의 성질 등이 충분히 규명된다면 비로소 가설이나 제안을 만들 수 있다는 것이다.

Schein은 인간의 욕구나 동기에 관한 초기의 연구들인 경제적·합리적 인간관, 사회적 인간관, 그리고 자기실현적 인간관 등에서 결여된 것은 인간의 '발달성'이라는 것이다. 즉 인간의 사고방식, 동기, 욕구, 능력, 태도 및 가치관은 생애를 통해 변화하고 발전한다는 것이다. 그는 인간의 발달에 관한 몇 가지 이론들을 소개하고 있다. 즉, 인간성의 생물학적 기원, 사회화와 유년기의 충격, 직업선택과 경력개발(Holland의 경력이론과 Super와 Bohn의 발달이론, 경력자) 등 발달적 관점의 몇 가지 이론을 소개하고 있다.

Schein의 상황조건 적응론적 관심은 그의 저서 여러 부문에서 나타난다. 리더십의 문화적 맥락을 강조하면서, 리더십이란 리더의 개성, 부하의 개성, 일의 성질, 일의 주변상황간에 조화를 꾀하는 것인데, 이들은 모두 시간에 의해 제약을 받으며 역사적 상황과 관계가 있으므로, 어떤 상황에서의 리더십을 분석할 수 있다 하더라도 시간의 경과에 따라 그 상황이 어떻게 변화하는가를 고려해야 하며, 그렇게 되면 결국 다시 리더의 상황 진단능력과 유연성에 의존할 수밖에 없다는 것이다.

이러한 리더십의 상황이론적 전제하에 리더에 초점을 둔 이론인 Fiedler(1961, 1971)의 리더 적합이론, 과업상황에 초점을 둔 Broom(1973)의 조건적응이론, 부하에 초점을 맞춘 Hersey와 Blanchard(1977)의 상황적 리더십이론, 그리고 리더의 행동에 초점을 맞춘 Argyris의 모형(1974, 1976)을 소개한다. 이들은 리더십 스타일이나 리더에 초점을 두고 있다. 그러나 Schein은 리더십을 기능의 분포로서 보고자 한다. 기능에는 기본적인 가치관, 목표, 조직화, 계획, 지원, 결정, 상벌 등이 포함되는데, 이런 기능에 따라서 리더의 기능이 결정된다는 것이다. 리더십의 지향성(과업 대 관계성) 및 리더십 스타일(전제적·참가적·위임적)은 그 자체, 작업의 상황, 그리고 조직의 정책에 따라서 달라진다.

Schein은 인간의 복잡성을 강조했던 것처럼 조직을 복잡하고 개방된 체제로 보고 있어, 조직과 조직인에 대한 일관적인 견해를 유지하고 있다. 조직을 둘러싼 환경은 매우 급속하게 변화하고 있으며, 복잡하고 불확실성은 높다. 그리고 조직과 조직환경의 교호작용으로 그들간의 경계가 애매할 때도 많다. 따라서 조직을 개방적·동태적 체계로 보아야 한다는 것이다. 조직을 크기, 모양기능과 같은 구조적인 특징보다는 오히려 투입, 전환, 산출이라는 과정으로 정의하고, 유효성을 생존, 적응, 유지하고 성장하는 능력으로 정의하면서 조직이환경변화에 대응하는 적응적 대처의 사이클 5단계를 제시하고 있다. 그의 문제해결적인 사고의 일단을 느낄 수 있는 부분임에 틀림없다.

참ㅣ고ㅣ문ㅣ헌

Schein, E. H., *Organizatinal Psychology*, 3rd ed., Englewood Cliffs, NJ: Prentice-Hall, 1980.

_____, *Organizational Culture and Leadership*, San Francisco, Cal.: Jossey-Bass, 1985.

오석홍, 조직이론, 전정판, 박영사, 1990.

Edwin Locke와 Gary Latham의
목표설정이론*

Ⅰ. Locke와 Latham의 학문세계

조직학에는 실로 다양한 이론이 있지만, 목표설정이론은 관련된 경험적 연구의 양과 질에서 독보적이다. 대단히 많은 경험적 연구가 이루어졌고 또 대부분의 연구결과가 이론을 지지하고 있다. 1990년에 Edwin Locke와 Gary Latham이 공동으로 저술한 "A Theory of Goal Setting and Task Performance"는 1960년대 중반 이후 25년간의 목표설정연구의 성과를 정리한 책이었는데 이 책이 출판되었을 때 이미 500편이 넘는 실증연구가 나와 있었다.

1964년 Locke는 자신의 박사논문을 위한 연구에서 구체적이고 어려운 목표가 쉽거나 모호한 목표에 비해 더 나은 업무성과를 이끌어내는 이른바 '목표효과(goal effects)'를 발견하였다. 몇 년 후 Latham은 벌목공과 트럭운전사를 대상으로 수행한 현장연구에서 Locke가 발견한 것과 똑같은 목표효과를 확인하였다. Locke가 실험연구에만 의존하였던 반면 Latham은 실제 업무현장에서 목표효과를 입증하였다. 이후 Locke와 Latham은 목표설정이론을 공동으로 개발하고 실증연구를 함께 수행하는 등 현재에 이르기까지 평생에 걸친 학문적 동반자관계를 지속하고 있다. Locke는 1964년 코넬대학에서 심리학 박사학위를 받았고 지금은 미국 매릴랜드대학 스미스경영대학원의 산업/조직심리학 교수이다. 한편 Latham은 애크론대학에서 심리학 박사학위를 받았고 현재 캐나다 토론토대학 로트맨경영대학원의 조직행위론 교수이다.

목표설정이론의 발전은 1960년대 후반부터 행동주의(behaviorism)가 인지적 접근(cognitive approach)으로 전환하는 심리학의 역사적 발달과정의 맥락에서 이해할 수 있다. 목표설정이론은 인간의 행동이 의식(consciousness)과는 상관없이

* 전영한: 서울대학교 행정대학원 교수.

이해될 수 있다는 행동주의적 관점을 거부하며 의식적인 목적, 계획, 의도 등이 인간의 행동에 중요한 영향을 미친다고 본다. 특히 자기효능감(self-efficacy)의 중요성을 인식한다는 점에서 목표설정이론과 사회인지이론(social-cognitive theory)은 매우 유사하다. 목표설정이론은 업무성과와 동기유발에 영향을 주는 목표의 속성에 주된 관심을 갖는 반면 사회인지이론은 자기효능감 그 자체에 초점을 둔다는 점이 다를 뿐이다. 앞서 언급한 Locke와 Latham의 1990년 저서와 이후 쓰여진 몇 편의 논문을 중심으로 이들의 목표설정이론을 다음에 소개하려 한다.

Ⅱ. 목표설정이론(goal-setting theory)

1. 목표설정과 성과

구체적이고 어려운 목표는 업무성과를 향상시킨다. 어떤 과제에 대하여 구체적이고 어려운 목표를 설정하면 쉬운 목표나 "최선을 다하라(do your best)"식의 추상적 목표를 설정하는 경우 혹은 아예 아무 목표도 설정하지 않는 경우에 비하여 훨씬 우수한 과제수행 성과를 낳는다. 사람들은 최선을 다하라는 주문을 받았을 때 실제로는 최선을 다하지 않는다. 왜냐하면 최선을 다한다는 목표는 수용가능한 성과수준이 어느 정도인지 알려주지 않기 때문이다. 어느 정도의 업무성과를 올려야 잘하는 것인지 아무런 기준이 없기 때문에 결과적으로 좋은 성과를 올리기 어렵다. 구체적인 목표가 없으면 사람들은 자신들이 잘하고 있다고 쉽게 생각해버리는 경향이 있다. 최선을 다하라는 얘기만을 들었을 때 사람들은 자신들이 할 수 있는 최대한의 노력을 기울이지 않는다.

그러나, 목표수준이 구체적으로 정해지면 이러한 일은 일어나지 않는다. 목표설정이론에서 목표구체성(goal specificity)이란 목표의 수준이 계량적으로 표현되고 달성시한이 명시되는 정도를 의미한다. 예컨대 공장의 안전사고를 줄이기 위해 최선을 다하라는 목표는 안전사고를 20% 줄인다는 목표에 비해 덜 구체적이며 이 목표는 다시 1년 내에 20% 줄인다는 목표에 비해 덜 구체적이다. 목표구체성은 그 자체가 반드시 높은 업무성과를 유발하지는 않는다. 목표가 구체적이라 해도 목표난이도(goal difficulty)의 수준에 따라 목표효과가 나타나지 않을 수도 있다. 반면에 목표난이도는 그 자체만으로도 업무성과에 영향을 준다. 목표가 어려울수록 사람들은 더 많은 노력을 기울여서 더 좋은 성과를 올리는 경향이 있다. 그 사람의 능력이 한계에 도달했거나 아니면 그 목표에 더 이상 몰입(commitment)하지 않는 경우를 제외하면 어려운 목표는 쉬운 목표에 비해 언제나 더 나은 성과를 가져온다. 목표수준이 비현실적으로 높아서 도저히 달성불가능하거나 사람들이 그 목표를 달성하려고 진심으로 노력하지 않는다면 당연히 그러한 목표는 성과를 개선시킬 수 없다.

그렇다면 목표설정이 업무성과를 향상시키는 동기유발적 혹은 인지적 기제 (motivational or cognitive mechanisms)들은 무엇인가. 첫째, 목표가 가진 지도적 (directive) 기능이 성과를 향상시킨다. 목표는 개인의 선택에 지침을 제공한다. 구체적 목표는 그 목표의 달성에 적실한 활동들에 관심을 갖게 하는 반면 적실하지 않은 활동들에는 주의를 기울이지 않도록 한다. 예를 들어 전과목 A학점이 목표인 학생은 높은 학점을 받는데 도움이 되지 않는 활동에 많은 시간을 쓰지 않으려 한다. 둘째, 목표는 노력을 이끌어내는(energizing) 기능을 갖고 있다. 사람들은 쉬운 목표보다 어려운 목표를 가졌을 때 더 많은 노력을 한다. 구체적이며 도전적인 목표는 사람들이 목표가 요구하는 수준에 맞추어 노력의 수준을 변경하도록 이끈다. 셋째, 목표는 노력의 지속성(persistence)에 영향을 미친다. 목표를 가진 사람들은 목표가 달성될 때까지 노력을 계속하는 경향이 있다. 어려운 목표가 주어진 실험에서 피험자들은 시간을 더 써서라도 목표를 달성하려고 노력하였다. 목표에 몰입하고 있는 개인들은 목표달성에 장애물이 등장해도 좀처럼 노력을 중단하지 않는다.

이러한 세 가지 동기유발적 기제 이외에도 목표설정은 과제수행에 필요한 지식과 전략을 개발하고 활용하는 인지적 기제를 통해 간접적으로 성과를 향상시킨다. 어떤 업무과제가 주어졌을 때 사람들은 우선 자신들이 이미 알고 있는 지식과 기술을 사용한다. 하지만, 그 과제가 새롭거나 복잡한 것이면 사람들은 어떻게 목표를 달성해야 할 지 궁리하기 시작하고 새로운 전략을 창안해 낸다. 벌목현장에서 진행된 한 연구에서 원목을 운반하는 트럭운전사들은 그들에게 부여된 새롭고 어려운 목표를 달성하기 위해 무선연락을 활용한 새로운 업무방식을 고안해 내었고 그 결과 목표를 달성할 수 있었다. 업무과제가 복잡할 경우 때로는 최선을 다하라는 식의 모호한 목표가 더 나은 전략의 개발에 도움을 줄 수도 있다. 구체적인 목표는 사람들을 조급하게 하여 여러 전략을 손에 잡히는 대로 시도하다가 결국에는 목표달성에 실패하게 만들 수도 있기 때문이다. 이러한 성과불안(performance anxiety)으로 인한 실패가 우려될 때에는 목표설정의 대상을 성과목표(performance goals)가 아니라 학습목표(learning goals)로 전환할 필요가 있다. 예컨대, 과제수행 그 자체가 아니라 과제수행을 위한 10 개의 새로운 전략 찾기를 목표로 하는 것이 궁극적인 성과목표 달성을 위해 더 효과적일 수 있다.

2. 목표효과에 영향을 주는 요인들

목표몰입(goal commitment), 환류(feedback), 과제복잡성(task complexity) 등 다양한 요인들이 앞서 설명한 목표-성과 관계에 영향을 미친다. 우선, 목표효과는 사람들이 그들의 목표에 몰입할 때 가장 강하게 나타난다. 또 목표몰입은 목표가 어려울수록 중요하다. 어려운 목표는 쉬운 목표보다 더 많은 노력을 요하고 목표달성 가능성이 더 낮기 때문이다. 개인들이 목표에 몰입하는 정도는 목표 달성이 갖는 중요성과 목표를 달성할 수 있다는 내적 믿음, 즉 자기효능감 (self-efficacy)에 달려있다. 목표달성이 갖는 개인적 중요성을 높이기 위해 공개적 몰입, 참여적 목표설정 등 여러 가지 방법을 사용할 수 있지만, 가장 실용적인 방법은 목표달성에 대해 금전적 유인(monetary incentives)을 제공하는 것이다. 한편 자기효능감의 수준이 높으면 목표에 대한 몰입도도 증가한다. 자기효능감이란 어떤 사람이 자신의 능력에 대해 갖는 자신감을 말한다. 상사가 적절한 역할모델을 보여주거나 전환적 리더쉽(transformational leadership)을 발휘하면 부하들의 자기효능감을 높일 수 있다.

환류의 제공여부도 목표효과에 영향을 준다. 자신이 현재 어느 정도 목표를 달성하고 있는가를 알고 있는 사람은 자신이 지금 투입하고 있는 노력의 양을 조절할 수 있고 전략을 바꿀 수도 있다. 예컨대 A학점이 목표임에도 중간고사에서 B학점을 받은 학생은 기말고사에서 훨씬 더 많은 노력을 기울일 것이다. 그러나, 만약 그 학생이 자신의 중간고사 점수를 알지 못한다면 그 학생이 기말고사에서 훨씬 더 많은 노력을 할 것이라고 기대하기 어렵다. 한편 과제복잡성도 목표-성과관계에 영향을 미치는 조절변수(moderators)의 하나이다. 복잡한 과제는 새롭고 창조적인 전략을 요구한다. 이러한 전략을 찾아내는 개인의 능력에는 차이가 있다. 따라서 과제의 복잡성이 증가할수록 목표설정이 성과에 미치는 효과는 감소하거나 혹은 더 복잡한 양상을 보인다. 실제로 항공관제와 같이 복잡한 업무의 경우에는 최선을 다하라는 모호한 목표가 구체적인 목표에 비하여 더 나은 업무성과를 가져왔다는 연구결과도 있었다.

3. 목표설정과 만족

사람들에게 목표는 성취해야 할 대상이기도 하지만 동시에 만족·불만족을 판단하는 기준이기도 하다. 우리는 목표를 이루지 못하였을 때 만족하지 않는다. 자신의 목표수준을 달성하면 만족하고 목표에 미달하면 불만을 갖는다. 이러한 목표-만족 관계는 하나의 역설(paradox)을 제시한다. 어떻게 가장 생산적인 사람들, 즉 가장 어려운 목표를 가진 사람들이 가장 덜 만족하는 사람들일 수 있을까? 이 역설에 대한 해답은 사실 질문 속에 이미 암시되어 있다. 더 어려운 목표를 가진 사람들은 작은 성취에 만족하지 않기 때문에 더 많이 성취한다. 다시 말해서 그들이 만족을 판단하는 기준은 보다 높은 수준에 설정되어 있다.

일반적으로 사람들은 어려운 목표를 설정하고 달성했을 때 더 많은 심리적 혹은 실제적인 가치를 얻는다. 한 연구에 참여한 대학생들은 더 좋은 학점을 받을수록 자부심, 장학금, 더 좋은 대학원으로의 진학, 더 좋은 취업기회, 미래의 소득증가 등 더 많은 편익을 기대한다고 응답하였다. 하지만, 자신의 학업성과에 대해서 어느 정도의 만족을 예상하고 있는가에 대한 응답에서 이 대학생들은 정반대의 패턴을 보였다. 가장 높은 만족수준을 예상한 학생들은 C학점을 목표로 가진 학생들이었으며 A학점이 목표라고 응답한 학생들은 가장 낮은 만족수준을 예상하였다. 요컨대, 어려운 목표는 동기를 유발한다. 목표는 성과에 대해 사람들이 스스로 느끼는 만족도의 기준이 되며 높은 수준의 목표를 가진 사람들은 만족하기 위해 더 많은 것을 성취해야 한다.

Ⅲ. 목표설정이론의 평가

많은 동기유발이론(motivation theories) 중에서 목표설정이론은 내적, 외적 타당성(validity) 면에서 매우 성공적인 이론이다. 이 이론의 핵심 명제인 구체적이고 어려운 목표가 업무성과를 향상시킨다는 목표효과(goal effects)는 지난 40년 동안 100여개의 상이한 업무과제, 4만명이 넘는 연구대상 집단, 전세계를 포괄하는 연구대상 지역에서 검증되었다. 목표효과는 실험연구와 현장연구 모두에서 확인되었고 개인수준, 집단수준, 조직수준을 막론하고 관찰되었으며 목표가 주어진 것이거나 스스로 설정하였거나 아니면 참여설정이거나에 상관없이 나타났다. 실용적인 가치도 인정을 받아서 실제로 목표설정이 조직의 성과를 증진시킨 사례가 다수 있으며 스포츠나 건강관리와 같은 사적인 영역에서도 실질적인 도움을 주고 있다.

하지만, 목표설정이론의 성공은 실제보다 과장되었을 수 있다. 1960년대 중반 Locke와 Latham이 주도한 목표설정연구가 이후 수많은 후속연구를 낳을 수 있었던 한 가지 중요한 이유는 여타의 동기이론에 비해 실증연구의 수행이 더 쉬웠기 때문일 수도 있다. 목표효과와 관련된 목표구체성과 목표난이도 등의 변수들은 비교적 손쉽게 조작화와 측정이 가능하고 실험연구에 적합하다. 이러한 방법론적 강점이 연구자들에게 주는 직간접의 편익은 가깝게는 연구비 절감으로부터 멀게는 정년보장(tenure)에 이르기까지 다양하다. 어떤 이론에 대하여 더 많은 경험적 연구가 이루어졌고 대다수 연구결과가 그 이론을 지지한다고 해서 자동적으로 그 이론이 경쟁이론에 비해 우월하다고 간주하는 것은 성급한 결론일 수 있다.

이 밖에도 목표설정이론은 여러 가지 한계점을 갖고 있지만 한 가지 기억해야 할 점은 지난 40년 동안 Locke와 Latham을 위시한 목표설정 연구자들은 이러한 비판을 적극적으로 수용하여 새로운 실증연구를 수행하고 그 결과에 기초하여 이론의 수정을 가하는 노력을 계속해 왔다는 것이다. 목표설정연구의 한계를 지적하는 연구자들도 이 점을 인정하고 있으며(예컨대 Pinder, 1998: pp. 377~384 참조), 목표설정이론의 이러한 '개방적이며' '귀납적인' 특징은(Locke and Latham, 2006) 아마도 목표설정이론의 진정한 강점일 것이다.

참│고│문│헌

Locke, E. A. & G. P. Latham, *A Theory of Goal Setting and Task Performance*, Englewood Cliffs, NJ: Prentice-Hall, 1990.

_____, "Building a Practically Useful Theory of Goal Setting and Task Motivation: a 35-year Odyssey" *American Psychologist*, 57: 9, 2002, pp. 705~17.

_____, "New Directions in Goal-Setting Theory" *Current Directions in Psychological Science*, 15: 5, 2006, pp. 265~68.

Pinder, C. C, *Work Motivation in Organizational Behvaior*, Upper Saddle River, NJ: Prentice-Hall, 1998.

Barry M. Staw의
개인-상황 논쟁에 대한 기질적 접근*

Ⅰ. Staw의 학문세계

Barry M. Staw는 노스웨스턴 대학(Northwestern University)에서 사회심리학으로 박사학위를 받고, 일리노이 대학(University of Illinois at Urbana-Champaign)과 노스웨스턴 대학의 심리학과에서 개인과 조직행동에 대한 연구를 해오다 1980년부터 캘리포니아대학(UC Berkeley) 경영대학에서 미시조직행동에 대한 다양한 연구를 수행하고 있다. 그의 연구 초점은 초기에는 조직 내 의사결정에서 일어나는 몰입 증폭(escalation of commitment) 현상에 대한 이해에 맞추어졌으나(Staw, 1977), 1985년 *Journal of Applied Psychology*에 실린 직무 태도에 대한 기질적 접근(dispositional approach) 연구가 그 동안 진행되어 오던 개인 상황 논쟁(person-situation debate)에 새로운 전기를 마련함으로써 그 이후 그의 연구는 직무 동기와 그에 대한 기질적 원인을 밝혀내는데 초점이 맞추어졌다(Staw & Ross, 1985). 특히, 개인의 기질적 성격 중 정서적 측면(affectivity)을 통해 직무 만족의 일관성을 설명하려 하였다. 이러한 그의 연구는 개인 상황 논쟁에서 상황을 우선시 하려는 80년대의 연구 흐름을 개인과 상황의 균형적인 시각을 통해 조직행동을 바라볼 필요가 있음을 역설한 것으로 주목 받고 있다.

조직행동 분야에서 Staw의 또 하나의 공헌으로 볼 수 있는 것은 *Research in Organizational Behavior*을 창간하여 현재까지 공동 편집인으로 매년 조직행동 분야에서 이슈화되고 있는 주제를 모아 발간하고 있다는 것이다.

---

* 김민수: 한양대학교 경영학부 교수.

Ⅱ. 개인-상황 논쟁에 대한 기질적 접근

개인-상황 논쟁에서 가장 중요한 개념은 "강한 상황 대 약한 상황(strong versus weak situation)"의 개념이다(Mischel 1977). 강한 상황은 (1) 모든 사람이 같은 방법으로 상황을 분석하도록 이끌고 (2) 적절한 반응 패턴에 대하여 동일한 기대를 유도하고 (3) 특정반응을 유도하기 위해 유인가를 제공하고 (4) 모두가 공통으로 가지는 기술을 요구한다(Mischel 1977:347). 대조적으로 약한 상황은 좀 더 모호하고 덜 구조적이다. 즉, 약한 상황은 준거에 대한 동조 압력이 없으며 그 상황 하에 일치된 행동을 이끌어내기 위한 분명한 단서도 제공하지 못한다.

Staw는 다수의 연구에서 상대적인 강도에 따라 상황을 정의하였지만, 상황적이고 맥락적 요인과 비교하여 개인의 성격이나 특질이 조직 내 행동을 잘 예측하지 못함을 지적하였다. 그러나 이러한 상황주의자들이 주장하는 맥락적 효과는 대부분 실험실 연구에서 나온 것임으로, 실험실에서 '실험 통제'와 같은 고의적인 강한 상황으로 인해 그 결과가 편향될 수 있음을 지적하였다. 실제로, 실험을 위한 조작은 종종 실험대상자가 위에 언급된 강한 상황의 4가지 특징을 인지하는 것과 상관없이 개인차에 의한 변화를 단순 오류변산(error variance)으로 처리하며, 집단 내 개인차를 최소화하기 위한 연구설계로 인해 개인 변수의 효과는 약하게 나타날 수밖에 없음 또한 지적하였다.

실험 상황과 달리 일반적으로 조직 내 구성원들은 개인의 기질적 특성에 따라 다양한 개인차를 나타낼 수 있다. 또한 조직 내 개인들은 사회화를 통해 가치와 규범을 공유하게 되고 강한 유사성을 보이게 된다(Van Maanen and Schein 1979). 이러한 상황에서 조직은 그 자체로서 행동을 통제하는 메커니즘으로 작용하게 되고 개인은 이러한 신호를 통해 각각의 역할을 수행하게 된다. Staw의 연구 초점은 이러한 조직에 소속된 개인이 기존 개인차에도 불구하고 조직의 강한 상황을 통해 동질화된 행동이 가능한 것인가, 또한 만약 개인차가 나타난다면 개인의 기질적 차이는 어떻게 발현될 것인가에 맞추어졌다.

이 질문에 답하기 위해 Staw가 우선 주목한 것은 상황의 강한 압력과 효과를 증명한 Asch(1956)의 동조 실험에서도 실제로 3분의 1정도의 피실험자들만이 동조 행동을 보였다는 점이었다. 이러한 사실은 대부분의 사람들은 강한 상황에도 불구하고 모든 사람들이 공유하는 규범을 위반하면서도 종종 그들이 "맞다"고 믿는 대로 행동할 것이라는 사실을 제공한다는 것이다. 또한 Staw는 일반적으로 조직이 보여지는 것만큼 강한 상황을 제공하는 것은 아니라고 주장하였다. 예를 들어 Thompson(1967)은 조직은 생산기술과 같은 비교적 명료한 요소도 있지만, 고객과의 상호작용, 재무회계 제도의 변화, 법률상의 애매성 등 수많은 불확실성에 직면해 있다고 강조하였다. 이러한 불확실성에 대처하기 위해 관리자들은 정해진 역할을 수행하기보다는 개별적인 알고리즘을 개발하고 독특한 관리 스타일을 사용하게 된다. 따라서 성공적인 관리자들은 조직 상황에서 주어지는 역할만을 수행하기 보다는 불확실한 상황에 대해 개별적으로 대처한 결과로 볼 수 있다. Miner와 Estler(1985)은 이러한 맥락에서 조직에서는 조직 구성원에게 특정한 역할을 부여하고 일정 수준의 기술을 요구하기보다는 성공한 관리자들과 기질적으로 닮은 개인을 선발 투입하려고 할 것이라 주장하였다. 따라서 조직은 사회화나 동조현상에서 볼 수 있듯이 강한 상황으로 존재하지만, 개인의 기질적 영향이 발현될 수 없을 만큼 강한 상황이라고도 볼 수는 없을 것이다.

또한 조직에서 개인의 기질적 특성이나 성격을 연구한 기존의 연구들도 있었지만, 이들 연구들은 대부분은 횡단적 자료를 사용하여 개인의 성격과 결과 변수들간의 관계를 밝히려고 하였다. 그러나 Staw는 이러한 횡단적 연구는 대상 조직에 따라 일반화가 어려우며, 따라서 개인의 기질적 특성보다는 상황의 영향에 대한 증거가 될 수 있다는 점을 지적하였으며, 종단적 연구가 필요함을 주장하였다(Staw, et al, 1986).

Staw와 Ross(1985)는 종단적 연구를 통해 개인의 직무태도는 개인이 직무를 바꾸더라도 변하지 않는다는 점을 발견하였다. 특히, Staw는 이 연구를 통해 고용주나 직업의 변화에 관계없이 개인의 직무만족 수준이 시간에 걸쳐 지속된다는 것을 발견했고, 초기 직무만족의 수준이 직급이나 봉급의 변화와 상관없이 이후 직무태도에 더 많은 영향을 미친다는 점을 밝혀 내었다. 이러한 직무만족의 안정성(stability)에 대한 결과를 통해 Staw는 직무태도가 상황보다는 상황에 따라 변하지 않는 개인의 기질적 특성에 의해 결정됨을 주장하였다. 즉, 개인의 기질적 특성의 가장 큰 요소로 시간에 따른 일관성(consistency)을 강조하였다.

Staw의 이러한 주장과 맥을 같이하여, 개인 성격 연구에서는 개인의 기질적 차이가 개인의 전반적인 복지(well-being)에 영향을 준다는 점이 밝혀졌다. 4,900명의 남녀에 대한 종단적 연구에서 Costa, McCrae, 그리고 Zonderman(1987)은 개인의 일반적 복지와 그 구성 요소인 긍정적/부정적 정서 등은 시간에 따라 안정적임을 발견하였다. 이러한 안정성은 삶의 여러 변화, 즉 결혼상태, 주거지, 고용의 변화에서 상대적으로 작은 변화를 겪은 사람이나 큰 변화를 겪었던 개인에게서 모두 비슷하게 나타났다. 바꾸어 말하면 이러한 안정적인 개인차는 개인이 처한 상황의 변화보다도 개인의 복지에 대해 더 잘 예측한다는 것이다.

Ⅲ. 조직 상황에서 개인 통제에 대한 모형

Staw는 개인-상황 논쟁에서 상황의 역할에 대립되어 개인의 역할을 정립하기 위하여 노력하였다. 그는 동조 현상이 존재하지 않는다고 주장한 것은 아니지만, 그 정도와 빈도에 있어서 개인차가 존재함을 강조하였다. 그가 주장하는 개인 성격의 영향은 조직상황에서 개인의 지배적인 역할만을 강조하는 것은 아니다. 다시 말해서 조직 내 개인의 영향을 올바른 방법으로 측정한다면 사회화에 의한 조직 내 동질화(homogenization)보다는 구성원들의 개별화(individualization)에 대한 인식이 가능해질 것이라는 점이다. 즉, 상황의 역할을 중시하는 사회화 과정, 역할의 습득, 조직 내 사회적 영향 등의 설명은 개인의 기질적 특성을 고려하지 않는다면 구성원들의 조직 행동에 대한 완전한 설명이 될 수 없다는 점이다. 특히, 개인의 특질(traits)이나 기질적 특성이 강한 경우 이들을 고려하지 않는 상황적 설명은 불완전할 수밖에 없다. 또한 조직 내 부여된 개인의 역할은 우리들이 인식하고 있는 것보다 훨씬 모호하고 이러한 모호성에 의해 만들어진 환경에서 개인은 자신만의 개성을 충분히 표현할 수 있을 것이다. 그러므로 Staw는 조직 내 개인은 조직에서 부여된 역할을 수행하는데 있어서 능동적이며 적극적인 영향력을 행사할 수 있는 존재라고 주장하였다.

더 나아가 Staw는 조직 내 개인의 역할을 조직에 의해 만들어진 조각품(Sculpture)이 아니라 환경을 만들어가는 능동적인 조작가(Sculptor)로 인식하고, [그림 1]과 같이 조직 내 개인 성격과 통제에 관한 모델을 제시하였다(Staw, 1986).

Staw가 주장하는 개인통제(personal control)는 「업무 환경에 대한 적극적인 통제행위(proactive regulation of their work lives)」를 의미하며, 「한 시점에서 바라는 방향으로 변화에 영향을 줄 수 있는 개인의 능력에 대한 믿음(an individual」s beliefs, at a given point in time, in his or her ability to affect a change, in a desired

┃그림 1┃ 조직 내 개인 성격과 개인 통제에 관한 모형

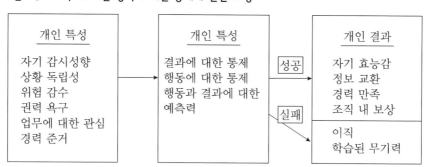

direction)」을 개인통제로 정의한 Greenberg와 Strasser(1986)의 주장과 맥을 같이 한다. Staw는 개인 통제가 단순히 개인차를 나타내는 것이 아니라 개인 상황에 대한 변화를 관리하는 적극적인 의미를 강조하였으며 따라서 기존연구에서 상황에 의해 결정되던 결과변수들이 적극적인 개인통제 과정을 통해 개인의 기질적 특성의 영향을 받을 것이라고 주장하였다.

[그림 1]에서 보듯이 개인이 조직 맥락에서 개인 통제를 시도하는 여부와 관계없이 개인 특성은 조직 내 개인 수준의 결과 변수에 영향을 미친다. 성격 특성에 대한 연구는 조직 상황에 소극적으로 반응하기보다는 행위자로서 활발한 영향력을 행사하는 개인을 가정하고 있다. 여기에서 논의되고 있는 성격 특성들은 개인 통제에 영향을 미치는 모든 성격 특성을 포함한 것은 아니며, 향후 연구에서 이러한 특질 집합이 확장될 수 있을 것이다.

또한 개인 특성이 개인 통제에 영향을 미칠 수 있지만 어떤 형태가 선택될 것인지는 명확하지 않다. [그림 1]에서 언급한 세 가지 형태의 개인 통제 중 결과 분배에 대한 통제가 가장 바람직한 통제 유형이며, 이러한 결과에 대한 즉각적인 통제는 구성원의 개인 복지에 영향을 미칠 것이다.

결과 통제의 시도는 여러 가지 형태를 띨 수 있다. 조직의 구성원이 합법적인 권력을 가지고 있을 때 통제 시도는 결과에 대한 직접적인 조절의 형태를 띨 것이다. 예를 들어 교대 근무의 일정을 조정하는 관리자는 종종 그들 자신의 일정도 통제할 수 있으며 이 경우에 개인이 결과를 조정할 수 있기 때문에 자신의 근무휴일을 주말과 같은 좋은 날로 결정할 것이다. 개인이 그들의 결과를 직접적으로 조작할 수 있는 힘을 가지고 있지 않을 때는 보다 간접적인 설득 전략을 시도할 것이다. 위의 예를 다시 한번 사용하면, 개인은 자신이 원하는 근무 일정을 조정하기 위하여 관리자에게 자신이 선호하는 일정이 높은 효율성을 보장할 것이라 설득할 것이다.

종종 결과에 대한 통제가 불가능한 다음과 같은 경우가 있다. 종업원은 자신의 임금이 오르기를 원하지만 봉급은 동결되어 있거나, 초과 근무를 원하지만 생산 공정은 느리거나, 승진을 원하지만 회사는 성장하지 않는 등의 경우에 가장 바람직한 통제방법은 행동을 통제하는 것이다. 행동 통제는 실제 근무 방법, 속도, 노력의 양, 외형 그리고 심지어 작업환경에서 보여지는 언어나 처신 등을 포함한다. 이러한 행동통제의 형태들은 자기 결정(self-determination)에 대한 욕구를 만족시킬 것이다. 또한 이런 형태의 통제는 간접적으로 결과 통제에도 영향을 미칠 것이다.

세 번째 개인 통제의 형태는 성과와 행동을 예측할 수 있는 능력이다. 만약 실제 결과 통제가 불가능하다면 그리고 사람들은 만약 그 일에 있어서 개인이 스스로의 행동을 통제할 수 있는 여지가 제한되어 있다면 그들의 행동과 성과의 예측하는 법을 배움으로써 자기 통제감을 얻을 것이다. 개인의 행동을 예측할 수 있다는 것은 그 개인에 대한 요구 사항을 파악할 수 있다는 것을 의미하며, 결과를 예측할 수 있다는 것은 그 역할과 관련된 보상과 처벌이 무엇인지 알고 있다는 것이다.

모호성을 줄이고 환경에서의 우발사건을 명확하게 함으로써 사람들은 통제감을 얻게 된다. 미래 환경을 예측할 수 있는 능력은 개인 효능감에 있어서 중요할 뿐 아니라 그것이 행동통제인지 결과통제인지에 관계 없이 그 사람의 개인통제를 향상시킬 수 있는 변화의 기회를 증가시킨다. 예를 들어 구조화된 직업에 종사하는 사람의 경우 자신의 직업과 관련된 지식을 통해 그의 목적을 달성하는데 있어서 훨씬 더 효과적인 방법을 제안할 수 있을 것이다. 더 나아가 Staw는 [그림 1]에서 보여준 세 가지 형태의 통제 방법이 계층적임을 주장하였다. 조직 내 개인이 그 통제의 단계를 향상시킬 수 있을 것뿐만 아니라 각각의 단계에서 영향을 미치는 것은 전 단계에서 영향을 미쳤던 형태를 포함할 것이다.

개인 통제에 시도한 사람들이 얻는 결과는 무엇일까? 첫째, 세가지 통제의 종류에 상관없이 자기 효능감을 향상시킬 것이다. 자기통제의 실패로 무력감을 얻게 되는 사람들과는 대조적으로 성공적으로 개인통제를 한 사람들은 조직적 맥락에서 영향력 있는 구성원이 될 수 있을 것이다. 또한 결과통제의 경우와 마찬가지로 성공적인 개인통제에 의해 발현된 자기 효능감으로 인해 개인은 경력관리와 이와 연관된 일에 더 큰 만족을 느낄 것을 기대할 수 있다.

조직 맥락에서 개인의 기질적 특성이 가지는 영향력에 대한 Staw의 주장들은 조직 내 구성원들이 상황에 의해 영향을 받는 것과 마찬가지로 개인 구성원이 조직 환경을 만들 수 있음을 시사하고 있다. 그의 연구는 조직 상황에 대한 개인의 영향력과 구성원들의 개별화에 대한 이해를 도왔으며, 조직에서 개인 통제와 관련된 동기 모델을 완성하였다는 그 의의를 찾아 볼 수 있을 것이다.

✎ 참|고|문|헌

Asch, S. E., Studies of independence and conformity. *Psychological Monographs*, 70 (whole no. 416), 1956.

Miner, A. S., and S. E. Estler, Accrual mobility: job mobility in higher education through responsibility accrual. *Journal of Higher Education*, 56, 1985, pp. 121~143.

Mischel, W., The interaction of person and situation. In D. Magnusson and N. S. Endler (eds.), *Personality at the Crossroads: Current Issues in International Psychology*. Hillsdale, NJ: Erlbaum, 1977.

Staw, B. M. Motivation in organizations: toward synthesis and redirection. In B. M. Staw and G. R. Salancik (eds.), *New Directions in Organizational Behavior*. Chicago: St. Clair, 1977.

_____, Beyond the control graph: steps toward a model of perceived control in organizations. In R. N. Stern and S. McCarthy (eds.), *The Organizational Practice of Democracy*. Chichester: Wiley, 1986.

_____, N. E., Bell, and J. A. Claussen, The dispositional approach to job attitudes: a lifetime longitudinal test. *Administrative Science Quarterly*, 31, 1986, pp. 56~77.

_____ and J. Ross, Stability in the midst of change: a dispositional approach to job attitudes. *Journal of Applied Psychology*, 70, 1985, pp. 469~480.

_____Thompson, J. D., *Organizations in Action*. New York: McGraw-Hill, 1967.

_____Van Maanen, J., and E. H. Schein, Toward a theory of organizational socialization. In B. M. Staw and L. L. Cummings (eds.), *Research in Organizational Behavior*, Vol. 1. Greenwich, CT: JAI, 1979.

Amy Kristof-Brown의
개인-조직 적합성 이론*

I. Kristof-Brown[1]의 학문세계

Amy Kristof-Brown은 1992년 리치몬드 대학(University of Richmond)에서 심리학 학사 박위를 받고 1997년 메릴랜드 대학(University of Maryland)에서 조직행동학 및 인사관리학 박사 학위를 수여 받았다. Kristof-Brown은 1998년부터 현재까지 아이오와 대학(University of Iowa) 경영대에서 교수로 재직하고 있다. 그는 2005년부터 2008년까지 *Journal of Applied Psychology*에서 부편집장을 맡았으며, 현재 다수의 주요 경영학 학술지에서 편집위원으로 활동하고 있다. Kristof-Brown의 주된 연구 관심사는 해외 주재원의 적응, 면접 장면에서의 인상관리 및 개인-환경 적합성 등이다. Kristof-Brown은 지난 20년간 개인-환경 적합성 분야에서 수많은 논문을 집필하였는데 1996년 *Personnel Psychology*에 게재된 'Person-organization fit: An integrative review of its conceptualizations, measurement, and implications'은 그의 대표적인 논문 중의 하나로서 개인-조직 적합성의 개념을 정립하고 적합성에 관한 연구 결과를 집대성한 논문으로 평가받고 있다.

Kristof-Brown의 초기 연구들은 조직 장면에서의 개인-조직 적합성 및 개인-직무 적합성이 직무 결과들에 미치는 영향을 고찰하였다. 이러한 연구들은 주로 채용 장면에서 채용 담당자가 지원자의 개인-조직 적합성과 개인-직무 적합성을 구별하여 지각하는지를 규명하였는데, 연구 결과들은 대체로 채용 담당자는 지원자의 조직에 대한 적합성과 직무에 대한 적합성의 차이를 구별하며, 이러한 적합성 지각은 채용 결정에 영향을 미친다는 사실을 보여주었다. 또한 채용 장면에서 지원자의 특성이 인상 관리 및 직무 적합성에 미치는 영향에 대한

---

* 신유형: 한양대학교 경영대학 교수.
1) 원래의 성이 Kristof이었으나 결혼 후 Kristof-Brown으로 변경됨.

연구도 이 시기에 수행되었다.

Kristof-Brown의 보다 최근 연구는 크게 두 영역으로 분류된다. 첫 번째 연구 영역은 팀 내의 적합성이 팀 또는 팀원의 직무 결과에 미치는 영향이다. 이러한 연구들의 결과는 주로 팀에 대한 적합성 또는 매력을 느끼는 정도가 그 개인의 직무 성과와 태도에 긍정적인 영향을 미친다는 사실을 시사하였다. 팀 내 적합성에 대한 Kristof-Brown의 연구는 최근 최고 경영자팀에 대해서도 수행되었는데, 응집성이 높고 의사소통이 활발한 최고 경영자팀의 경우 상호의존성이 높을수록 성과가 높게 나타난다는 연구 결과를 제시하였다.

Kristof-Brown의 또 다른 최근 연구 주제는 해외 주재원들의 적응이다. 이러한 주제에 대한 Kristof-Brown의 연구 결과들은 해외 주재원들의 성격 특성, 다른 주재원들과의 관계 및 고국과 주재국간의 문화 차이가 그들의 적응에 유의미한 영향을 미친다는 사실을 나타내었다. Kristof-Brown은 이러한 다양한 장면에서의 적합성을 연구함으로써 적합성에 대한 학문적인 연구를 진일보시켰을 뿐 아니라 적합성의 개념이 인사 및 조직 관리 실무에서 어떻게 적용될 수 있는지에 대한 아이디어를 제공하였다.

Ⅱ. 개인-조직 적합성의 개념

개인-조직 적합성(person-organization fit)은 개인이 조직에 얼마나 잘 맞느냐의 개념으로 정의된다. 개인-조직 적합성은 주로 유사 적합성(supplementary fit)과 보완 적합성(complementary fit)으로 구분되는 데 전자는 개인이 조직의 다른 구성원들과 유사한 특성을 보유할 때 발생하는 데 비해, 후자는 개인의 특성이 조직에서 결여된 것을 보상해 줄 때 발생하는 유형의 적합성이다(Muchinsky & Monahan, 1987). 보완 적합성은 개인의 욕구 및 열망이 조직에 의해 충족되는 정도를 의미하는 욕구-공급 적합성(needs-supplies fit)과 개인이 가진 능력이 조직이 요구하는 바를 충족시키는 정도를 뜻하는 수요-능력 적합성(demands-abilities fit)으로 구분될 수 있다(Kristof, 1996).

Kristof-Brown은 이러한 적합성의 개념을 통합하여 개인-조직 적합성을 4가지로 조작적으로 정의하였다. 개인-조직 적합성의 첫 번째 개념은 개인의 가치와 조직 가치간의 유사성이다. 학자들은 이를 개인-문화 적합성이라고도 칭하는데 그 본질은 개인이 추구하는 가치가 조직의 가치와 얼마나 일치하는가를 뜻한다. 개인-조직 적합성의 두 번째 개념은 개인의 목표와 조직의 목표간의 부합 정도를 의미하며, 세 번째 개념은 개인의 욕구와 조직의 제도 및 구조 간의 합치성으로 정의된다. 개인-조직 적합성의 마지막 개념은 개인의 성격과 조직 풍토 또는 조직 성격간의 일치성이다.

Kristof-Brown은 이러한 개인-조직 적합성의 개념들과 구분되는 다른 유형의 적합성을 소개하였는데, 조직 내의 어떤 요소들에 대한 적합성이냐에 따라 개인-직업 적합성(person-vocation fit), 개인-집단 적합성(person-group fit), 그리고 개인-직무 적합성(person-job fit)으로 구분된다. 개인-직업 적합성은 개인이 특정 직업에 얼마나 잘 맞느냐를 의미하는데 일반적으로 개인의 성격과 직업의 특성과의 적합성으로 개념화 되어 왔다(Holand, 1977). Holand(1977)는 서로 다른 사람들과 직업들은 고유의 성격을 갖는다고 주장하였으며, 개인 및 직업의 성격을 RIASEC(realistic, investigative, artistic, social, enterprising, conventional)의 6개 유형으로 분류하여 자신의 성격에 상응하는 직업을 선택하는 것이 바람직하다고 제시하였다.

개인-집단 적합성은 팀제의 도입과 함께 활발하게 사용되는 개념인데 개인과 개인이 속한 작업 집단과의 적합성으로 정의된다. 여기서의 작업 집단은 개인의 동료들 뿐만 아니라 조직 내 부서 또는 부문과 같이 기능 및 지리적으로 분화된 단위들을 의미한다. 개인-집단 적합성은 인구통계학적 특성과 같은 외현적인 특성들 뿐만 아니라 목표, 가치, 성격과 같은 내재적인 특성들에서 한 개인이 부서(작업 집단) 내의 다른 구성원들과 얼마나 일치하는가를 뜻한다.

끝으로, 개인-직무 적합성은 앞서 언급한 수요-능력 적합성과 욕구-공급 적합성으로 분류될 수 있는데(Edwards, 1991), 수요-능력 적합성은 개인의 능력과 직무 요건 간의 적합성을, 욕구-공급 적합성은 개인 욕구와 직무 특성 간의 적합성을 의미한다.

Ⅲ. Kristof-Brown의 개인-조직 적합성 모형

Kristof-Brown은 기존의 적합성 연구가 개인-조직 적합성에 대한 통합적이고 체계적인 개념을 제시하지 못하였다고 비판하며 개인-조직 적합성의 여러 개념들을 하나의 모형을 통해 제시하였다.

┃그림 1┃ 개인-조직 적합성 모형

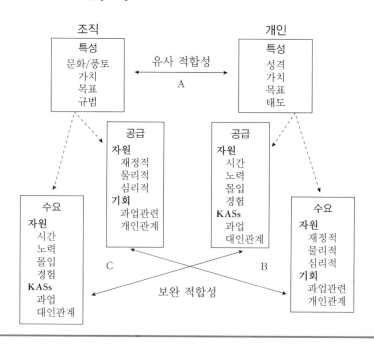

[그림 1]에 따르면, A는 유사 적합성을 나타내는 것으로 개인의 성격, 가치, 목표 및 태도와 같은 특성들이 조직의 문화/풍토, 가치, 목표 및 규범에 부합하는가의 개념으로 정의된다. [그림 1]에서 점선으로 표시된 부분은 개인과 조직이 갖고 있는 근본적인 특성들을 의미한다. 즉, 조직은 재정적, 물리적, 심리적 자원을 공급할 뿐 아니라 과업 관련 및 대인관계의 기회를 제공한다. 이에 비해 개인이 조직에 공급하는 자원은 개인의 시간, 노력, 몰입, 경험 등이며, 이 이외에도 과업 및 대인관계의 지식, 기술, 능력을 조직에 제공한다. 수요의 측면에서 살펴보면, 조직이 요구하는 것은 개인의 시간, 노력, 몰입, 경험 및 개인이 보유한 과업 및 대인관계의 지식, 기술, 능력이다. 이에 비해 개인이 요구하는 것은 재정적, 물리적, 심리적 자원과 과업 관련 및 대인관계의 기회이다.

[그림 1]에서 B는 욕구-공급 적합성을 나타낸다. 앞서 언급된 바와 같이, 욕구-공급 적합성은 개인이 원하는 재정적, 물리적, 심리적 자원 및 과업 및 대인관계의 기회들을 조직이 얼마나 제공해 주느냐를 의미한다. 반면, C는 수요-능력 적합성을 나타내는데 이는 개인이 조직에서 필요로 하는 자원과 지식, 기술,

능력을 얼마나 보유하고 있는가의 정도를 반영한다. 욕구-공급 적합성과 수요-능력 적합성은 개인과 조직이 서로 필요로 하거나 요구하는 것을 얼마나 잘 채워줄 수 있느냐의 개념이기 때문에 보완 적합성으로 분류될 수 있다.

Ⅳ. 개인-조직 적합성의 측정

개인-조직 적합성을 측정하는 방법은 크게 직접 측정과 간접 측정으로 나뉜다. 직접 측정은 해당 개인에게 적합성의 정도를 직접 물어보는 방법인데 Posner, Kouzes와 Schmidt(1985)의 연구에서 대표적으로 사용되었다. Posner와 그의 동료들은 관리자들에게 그들의 가치가 조직 가치와 부합하는 정보를 보고하도록 요청하였다. 이렇게 직접 측정을 통해 평가된 적합성은 해당 개인이 조직에 적합한 정도의 주관적 판단이 개입되었기 때문에 주관적(subjective) 또는 지각된(perceived) 적합성으로 불리운다.

이에 비해, 간접 측정은 개인 특성과 조직 특성을 개별적으로 측정한 후 두 개체의 적합성을 비교하는 방법이다. 개인 특성과 조직 특성이 별도로 측정되기 때문에 이 방법을 통해 평가된 적합성은 실제적(actual) 또는 객관적(objective) 적합성에 해당한다. 간접 측정은 조직 특성에 대한 응답이 조직 수준 또는 개인 수준에 의해 측정되느냐에 따라 교차 수준(cross-level) 간접 측정과 개인 수준 간접 측정으로 분류된다. 교차 수준 간접 측정은 대체로 개인 특성은 해당 개인에게 응답하게 하고 조직 특성은 조직이나 조직 구성원들을 통하여 측정한 후 그들의 응답을 병합하는 방법이다. 이에 비해, 개인 수준 간접 측정은 개인 특성과 조직 특성을 개별적으로 측정하지만 주로 해당 개인이 자신의 특성과 조직 특성에 대한 응답을 모두 제공한다는 데서 교차 수준 간접 측정과 차별화된다. 예를 들면, 응답자들에게 자신의 가치와 조직의 가치를 각각 보고하게 하는 방법이 이에 해당한다.

간접 측정을 통해 확보된 적합성의 지표는 여러 가지 통계 방법을 통해 평가된다. 개인 특성을 X, 조직 특성을 Y라 할 때, X-Y, |X-Y|, $(X-Y)^2$, 또는 X와 Y의 상관계수 등이 적합성의 지표로 사용되어 왔다. 그러나 Edwards(1993)는 이러한 방법에서는 X와 Y의 절대 점수가 반영되지 않으며 전체 점수에 대한 X와 Y의 기여도가 제대로 나타나지 않기 때문에 다차항 회귀 분석(polynomial regression analysis)을 사용하여야 한다고 주장하였다. 다차항 회귀 분석에서는

X, Y, X², Y², X×Y가 독립변수로 회귀방정식에 포함된다. 따라서 최근 적합성의 연구에서는 이러한 다차항 회귀 분석이 자주 사용되는 추세이다.

V. 개인-조직 적합성이 조직구성원의 행태에 미치는 영향

개인-조직 적합성이 조직 및 그 구성원들에게 미치는 영향에 관해서 수많은 연구들이 진행되어 왔다. 연구 결과들은 대체로 여러 유형의 개인-조직 적합성이 개인의 조직에 대한 선호도에 긍정적인 관계를 맺는다는 것을 시사하였다. 즉, 입사 지원자들은 자신들의 특성과 부합하는 조직을 선호하는 것으로 나타났다(e.g., Tom, 1971). 이와 유사하게, 조직의 입장에서도 조직의 특성과 일치하거나 부합하는 특성을 지닌 지원자들을 선발하는 것으로 발견되었다(e.g., Adkins, Russell, & Werbel, 1994; Rynes & Gerhart, 1990). 또한, 조직에서의 근속연수와 사회화 활동은 유사 적합성을 강화하는 것으로 나타났다(e.g., Ostroff & Rothausen, 1995). 즉, 근속연수가 증가하고 사회화 활동에 많이 노출될수록 조직 구성원들은 조직과 유사한 특성을 더 많이 보유하게 된다.

개인-조직 적합성은 선발이나 면접 장면 이외에도 조직에 근무하는 기존 구성원의 직무 관련 태도와 결과들에 긍정적인 영향을 미치는 것으로 발견되었다. 개인-조직 적합성은 조직 구성원의 직무 만족, 조직 몰입 및 역할 외 행동과는 정적 관계를, 이직 의도와는 부적 관계를 맺는 것으로 나타났다(Kristof, 1996; Kristof-Brown, Zimmerman, & Johnson, 2005). 이러한 조직 관련 결과들과는 달리, 직무 성과와 개인-조직 적합성 관계는 분명하게 규명되지 않았다. 종합해 볼 때, 개인-조직 적합성은 선발 및 면접 관련 결과들과 조직 구성원의 직무 태도 및 조직 관련 결과들(e.g., 조직 몰입, 이직 의도)과는 유의미한 관계를 지니는 것으로 결론지을 수 있다.

VI. 개인-조직 적합성 이론의 평가

개인-조직 적합성 이론이 조직에 갖는 실무적인 시사점은 다음과 같다. 첫째, 조직에서 신입사원을 채용할 때 조직이 고려해야 하는 중요한 요소들 중 하나가 개인-조직 적합성이라는 사실이다. 조직의 인사 담당자들은 신입 구성원들을 채용할 때 그들의 특성(능력, 가치관, 성격)들을 면밀히 파악하여 조직의 특성에 적합한 지원자를 채용하여야 할 필요가 있다. 따라서 최근 국내 대기업들이 신입사원 채용시에 많이 사용하는 적성 검사나 적합도 검사는 개인-조직 적합성이 높은 지원자들을 선발하는 데 도움이 될 것으로 판단된다. 또한, 개인-조직 적합성 이론은 이미 조직에 입사한 사람들에게도 시사점을 갖는다. 조직은 그 구성원들에게 개인-조직 적합성을 극대화하기 위한 여러 인사 제도를 실시할 필요가 있다. 예를 들면, 구성원들에게 조직의 가치나 문화를 이해하는 데 필요한 교육을 실시하거나 사회화 프로그램을 개발하는 것은 기존 구성원들의 조직 적합성을 향상시키는 데 일조할 수 있을 것이다. 특히, 욕구-공급 적합성을 증대하기 위해서는 조직 구성원들이 조직에 기대하는 바와 그들의 개인적인 욕구를 수시로 파악하여 구성원들의 변화하는 욕구에 부응하는 경영관리 및 인사관리 시스템을 마련하는 것이 필요할 것이다.

　개인-조직 적합성은 조직의 효과성과 구성원 만족에 필수적인 요소이지만 개인-조직 적합성 관련한 몇 가지 논의들이 전개될 수 있다. 첫째, 다양한 유형의 개인-조직 적합성 중 유사 적합성이 중요한 것인지 아니면 보완 적합성이 더 중요한 것인지에 대한 논의이다. 유사 적합성과 보완 적합성 중에 조직에 더 좋은 결과를 초래하는 것이 무엇인지에 대한 결론은 아직 내려지지 않았다. 그러나, 적합성을 연구하는 학자들은 대체로 가치, 목표, 성격 등에 있어서의 유사 적합성은 태도 관련 변수들에 긍정적인 효과를 가지는 반면에, 능력, 기술, 지식적 측면에서의 보완 적합성은 직무 성과에 긍정적 관계를 갖는다는 사실을 보여주었다(Kristof, 1996). 이는 가치나 목표에 있어서의 유사성은 조직 및 집단 내의 응집성과 정체성을 강화시키고 갈등과 역할 혼란을 감소시키기 때문인 것으로 설명할 수 있다. 그러나, 집단이 좋은 성과를 내기 위해서는 상호보완적인 지식, 능력, 기술을 가진 구성원들로 집단을 구성하는 것이 바람직하다고 볼 수 있다. 적합성 연구자들은 또한 유사 적합성과 보완 적합성의 효과는 조직 내의 위계적 위치에 따라 차별적으로 나타난다고 주장한다. 즉, 조직 내에서 낮은 직급의 구성원들에게는 유사 적합성이 좋은 결과를 가져오지만, 최고 경영자들에게는 보완 적합성이 더 좋은 조직 성과를 초래하는 것으로 나타나고 있다.

　유사 적합성에 대한 또 다른 논의는 어느 정도의 유사성이나 동질성이 적정 수준인가에 관한 것이다. 즉, 조직이나 집단 내의 유사성이 지극히 높은 정도로 나타나면 이는 조직의 유연성을 감소시키고 집단사고와 같은 부작용을 초래할 수 있다. 그러나, 조직 구성원들이 과도하게 이질적이면 많은 갈등과 오해가 나타나며 신속한 의사결정이 어려워지기 때문에 적정 수준의 유사 적합성이 요구된다고 결론지을 수 있다. Kristof(1996)는 가치에 있어서의 유사 적합성은 조직의 유연성과 역U의 관계를 가질 것이라 추정하였다. 즉, 지나치게 높거나 낮은 유사 적합성은 조직의 유연성을 저해할 수 있으므로 조직 내 원활한 의사소통을 가능하게 하며, 동시에 집단사고나 조직 정체를 방지할 수 있을 정도의 적정 수준의 유사 적합성이 바람직하다고 볼 수 있다.

요약해 볼 때, Kristof-Brown의 개인-조직 적합성 이론은 개인-조직 적합성이 구성원 개개인의 직무 태도와 직무 관련 결과에 긍정적인 영향을 미칠 뿐만 아니라 조직 성과 및 효과성에 긍정적으로 기여한다는 사실을 조명함으로써 조직학의 이해의 폭을 확장하였다는 데 그 의의가 있다. 또한, 개인-조직 적합성 이론이 조직에서 구성원 선발, 교육 및 사회화 등의 인사 제도에 어떻게 활용될 수 있는지에 대한 통찰을 제시함으로써 인사 및 조직 전문가의 실무에도 다양하게 활용될 수 있는 실용적인 이론이라고 평가할 수 있다.

📖 참 | 고 | 문 | 헌

Adkins, C. L., Russell, C. J., & Werbel, J. D., "Judgments of fit in the selection process: The role of work-value congruence," *Personnel Psychology, 47*, 1994, pp. 605~623.

Edwards, J. R., "Person-job fit: A conceptual integration, literature review and methodological critique," *International Review of Industrial/Organizational Psychology*, Vol. 6, London: Wiley, 1991, pp. 283~357.

_____, "Problems with the use of profile similarity indices in the study of congruence in organizational research," *Personnel Psychology*, 46, 1993, pp. 641~665.

Holland, J. L., *The vocational preference inventory*. Palo Alto, CA: Consulting Psychologists Press, 1977.

Kristof-Brown, A. L., Person-organization fit: An integrative review of its conceptualizations, measurement, and implications. *Personnel Psychology, 49*, 1996, pp. 1~49.

_____, Zimmerman, R. D., & Johnson, E. C., Consequences of individuals' fit at work: A meta-analysis of person-job, person-organization, person-group, and person-supervisor fit. *Personnel Psychology, 58*, 2005, pp. 281~342.

Muchinsky, P. M., & Monahan, C. J., What is person-environment congruence? Supplementary versus complementary models of fit. *Journal of Vocational Behavior, 31*, 1987, pp. 268~277.

Ostroff, C., & Rothausen, T. J., "Tenure's role in fit: An individual and organizational level analysis," *Paper presented at the 10th Annual Conference of the Society for Industrial and Organizational Psychology, Orlando, FL*, 1995, May.

Posner, B. Z., Kouzes, J. M., & Schmidt, W. H., "Shared values make a difference: An empirical test of corporate culture," *Human Resource Management, 24*, 1985, pp. 293~309.

Rynes, S. L., & Gerhart, B., "Interviewer assessments of applicant "fit": An exploratory investigation," *Personnel Psychology, 43*, 1990, pp. 13~35.

Tom, V. R., "The role of personality and organizational images in the recruiting process," *Organizational Behavior and Human Performance*, 6, 1971, pp. 573~592.

05

Joan Woodward의
상황이론*

I. Woodward의 학문세계

Joan Woodward(1916~1971)는 조직이 사용하는 기술에 따라 적합한 조직구조 형태가 달라져야 한다는 상황이론(Contingency Theory)을 처음으로 제창한 학자로 유명하다. 즉, 조직이 채택하고 있는 생산 기술의 유형(type of production technology)이 조직구조 및 관리형태에 상당한 영향을 미칠 뿐 아니라, 생산기술의 유형과 조직구조의 적합성(fit) 여부에 따라 조직의 성과가 달라진다고 하는 기술과 조직구조의 상황적 관계를 실증적으로 규명하였다. 그녀의 이러한 연구결과는 모든 상황에서 가장 좋은 성과를 나타낼 수 있는 관리원칙이 존재한다고 하는 고전적 경영이론(Classical Management Theory)이 지배하던 당시의 경영학 패러다임(paradigm)에 상당한 논쟁과 파문을 일으켰으며, 상황에 따라 서로 다른 조직구조와 관리형태가 필요하다는 새로운 상황이론 패러다임을 제시하였다.

영국의 Imperial 과학기술대학의 산업사회학(Industrial Sociology) 교수였던 Woodward는 Oxford 대학(BA)과 Durham 대학(MA)에서 수학하였고, 1948년부터 Liverpool 대학의 사회과학부 강사로 학계에 입문하였다. 그 후 1953년에 South East Essex 공과대학으로 자리를 옮긴 그녀는 1957년까지 인간관계 연구부(Human Relations Research Unit)의 책임자로서 그녀의 이름을 빛나게 한 기술에 대한 일련의 연구들을 주도하였다. 1957년부터 1962년까지 Oxford 대학에서, 그 후 1962년에는 Imperial 과학기술대학의 산업사회학 교수로서 기술과 조직구조의 상황적 관계에 관한 그녀의 이론을 계속 발전시켜 나갔으며, 인사관리(personnel management)분야를 개척한 공로도 인정을 받고 있다.

---

* 김영배: KAIST 테크노경영대학원 교수.

1953년부터 Woodward의 주도로 South East Essex 공과대학에서 시행한 제조업체에 대한 실증 조사연구의 원래 의도는 역설적이지만 모든 상황에 적용될 수 있는 최선의 관리원칙들을 체계적으로 검증하려는 것이었다. 당시를 풍미하고 있던 경영학적 사고의 흐름은, 앞서 말한 것처럼 F. Taylor가 주장한 과학적 관리론(Scientific Management)이나 H. Fayol, M. F. Follet 등이 주장한 관리학파(Administrative Management)의 영향을 받고, 다른 한편으로는 E. Mayo와 그의 동료들이 제시한 인간관계학파(Human Relations)의 영향을 받아 모든 상황에서 적용될 수 있는 최선의 관리원칙(management principles)을 규명하는 것이었다. 즉, 어떠한 상황에 처한 조직이건 간에 조직을 관리하고 조직화하는 데에는 '최선의 도(道)'(one best way to organize)가 존재하며, 과연 그 '최선의 도(道)', 혹은 '보편적인 법칙'(universal law)이 무엇인지를 규명하려는 것이 초미의 관심사였다.

그러나 이러한 규범적 입장에서 제시된 관리원칙들은 충분한 실증적 검증을 거치지 못했고, 따라서 Woodward와 그의 동료들은 관리의 일반적인 원칙들이 실제 기업에 적용되고 있는지, 또 적용되고 있다면 기업의 성과와 어떠한 상관관계를 가질 것인지를 실증적으로 확인하는 데 관심을 두게 되었다. 더구나 당시 산업계에서는 라인과 스탭간의 관계와 갈등이 큰 문제로 등장하고 있어 이를 해결하고자 하는 것도 연구목적 중의 하나였다.

II. 상황이론

Woodward는 2단계의 연구 접근방법을 사용하였는데, 먼저 South East Essex 지역에 있는 100개의 제조업체를 대상으로 광범위한 자료수집을 하였고, 그 자료분석에서 도출된 결과들을 좀더 깊이 탐색하기 위해 2단계로서 그 중 일부 기업들에 대한 심층적 사례연구를 시행하였다. 이들 연구대상에는 종업원 100명 규모에서부터 8,000명 이상까지의 기업들이 포함되어 있고, 업종 및 소유형태 등에서도 다양한 분포를 보이고 있다.

1단계의 연구조사 항목은,
· 기업의 연혁, 배경, 목적
· 생산과정과 방법에 대한 기술
· 기업이 조직화되고 운영되는 형태와 절차
· 기업의 상업적 성과를 측정할 수 있는 사실과 수치 등을 포함하고 있다.

그러나 이렇게 해서 수집된 자료를 분석한 결과 보편적인 관리원칙이 존재함을 지지하는 어떠한 증거도 찾아 낼 수 없었다. 많은 기업들이 아주 다양한 형태의 조직구조 특성을 갖고 있을 뿐 아니라, 설사 비슷한 형태의 조직특성을 보이는 기업들의 성과조차 천차만별로 나타났던 것이다. 조직성과에 따라 분류(평균 이상, 평균, 평균 이하)된 기업들의 여러 가지 특성들이 일관된 모습을 보이고 있지 않으며, 조직구조의 다양성이 너무 크게 나타나서 "어떠한 조직구조를 갖는 기업이 어떠한 성과를 나타낸다"라는 의미 있는 결론을 이끌어낼 수가 없었다.

이는 조직을 관리하고 조직화하는 가장 효과적인 관리원칙이 보편적으로 존재하리라고 하는 당시 고전적 경영이론을 부정하는 실증적 결과이며, 조직이론이 설명해야만 하는 새로운 연구과제를 던지게 되었다. 즉, 왜 이처럼 다양한 조직구조 형태들이 존재하고 기업간의 차이가 나는 이유는 무엇이며, 왜 같은 조직 특성을 갖는 기업들간에도 성과의 차이가 나는가?

이에 대한 해답을 찾기 위해 Woodward와 그녀의 연구진들은 서로 다른 규모와 연혁을 가진 기업들을 비교 분석하였으나 어떠한 관계도 찾을 수 없었다. 그후 연구대상 기업들이 채택하고 있는 전형적인 생산기술의 형태에 따라 기업을 분류한 후에야 비로소 기업간에 의미 있는 차이들을 발견할 수 있었다. 그녀는 기업이 채택하고 있는 생산체계를 기업이 수행하고 있는 작업의 기술적 복잡성, 즉 생산과정이 통제되고 예측될 수 있는 정도에 따라 가장 단순한 단위소량생산(small batch and unit production)부터 대량생산(large batch and mass production), 그리고 가장 복잡한 연속공정생산(continuous process production)의 세 가지 유형으로 분류하였다(자세한 내용은 〈표 1〉 참조).

단위소량생산체계는 고객의 주문에 맞는 소량의 단위 주문생산을 하는 것으로 이러한 조직의 산출물은 고객의 주문에 따라 각기 다르기 때문에 제품마다 생산과정의 근본적인 차이가 존재한다. 이처럼 제품의 규격, 주문량, 주문횟수, 발주 요구사항 등이 다르므로 생산공정의 통제와 일정계획이 어렵게 된다. 따라서 전문화된 생산절차와 정교한 일정계획보다는 경험에 입각한 노하우를 지닌 숙련된 기능인의 생산방법과 일정계획이 중요하게 된다. 그 예는 소규모 기계상, 의원, 치과에서부터 항공기 생산기술에 이르기까지 다양하다.

대량생산체계는 동일하고 표준화된 제품을 보다 효율적으로 대량생산하기 위해 전문화된 생산방법과 장치, 그리고 정교하게 공식화된 일정계획 등이 필요하게 된다. 전문화된 조업, 규격화된 생산물을 생산하기 위해 개인의 직무

┃표 1┃ South Essex 연구대상 기업들의 생산체계 분류

주요 분류기준	기술적 복잡성 척도	생산체계	기업수
유형 Ⅰ 단위소량생산	1	┌ 주문제품의 단위생산	5
	2	├ 표본제품(prototype)의 생산	10
	3	├ 대형설비의 단계별 조립생산	2
	4	└ 주문제품의 단위소량생산	7
유형 Ⅱ 대량생산	5	┌ 대규모 일괄생산	14
	6	├ 조립공정에 의한 대규모 일괄생산	11
	7	└ 대량생산	6
유형 Ⅲ 연속공정생산	8	┌ 다목적 공장을 이용한 다양한 화학제품 생산	13
	9	└ 액체, 가스, 결정체의 연속공정생산	12
기타 복합생산체계	10	┌ 표준화된 다용도 부품의 대량 일괄단위 생산	3
	11	└ 표준화된 생산방법에 의한 판매용 결정 물질의 연속공정생산	9
분류불가		분류불가	8
총 조사기업수			100

자료: J. Woodward, *Industrial Organization: Theory and Practice*, London: Oxford Press, 1980, 2nd ed., p. 39.

는 일상적이며 표준화되고 반복적인 업무성격을 나타낸 것이다. 생산일정계획과 통제가 용이하고, 따라서 생산인력의 숙련도가 단위소량생산의 생산인력보다는 떨어지고, 또한 그들 스스로의 의사결정보다는 공장라인의 진척상황에 의하여 업무처리가 규제된다. 자동차, 가전제품의 대량생산기술이 대표적인 예가된다.

연속공정체제는 기술적 복잡도가 가장 크며 이 생산기술에서는 연속적으로 연결된 변환공정을 거쳐서 표준화정도가 매우 높은 제품이 생산된다. 표준화된 제품과 반복공정의 측면은 대단위 대량생산과 유사한 특성을 갖지만 연속공정 생산이 자동화와 프로그래밍의 정도가 훨씬 앞서며, 개수(個數)로 측정되기보다는 부피나 무게로 측정되는 제품을 생산하는 것이 대량생산체계와의 차이점이다. 정유, 화학처리 공정기술이 그 실례이다. 이러한 조직에서는 종업원당 자본설비의 투자가 급증하고 반면에 중간 숙련 기술인력의 수가 줄어들게 되고 기술적 숙련도가 높은 인력이 증가하게 된다. 이들 숙련 기술인력은 기술 공정의 유지, 서비스에 많은 시간을 투여하게 되고, 따라서 주로 개념적인 문제해결

기법을 활용하게 된다. 그러므로 대단위 대량생산에서의 숙련 기술인력보다는 많은 업무의 재량권을 갖게 되며 업무수행과정에 대한 규제의 정도도 적게 된다.

Woodward는 이러한 생산기술유형과 조직구조특성간의 직접적인 관계를 비교 분석하였다. 그 결과 단위소량생산에서 연속공정생산으로 기술적 복잡성이 높아질수록 일련의 조직구조적 특성인 조직 내의 계층수(階層數), 경영자의 관리폭(管理幅), 비감독자에 대한 관리, 감독자의 비율, 관리업무부문의 규모, 직접노동자에 대한 간접노동자의 비율 등이 증가함을 발견하였다. 〈표 2〉는 이러한 연구결과들을 보여주고 있다.

또한 기술과 구조간의 직접적인 관계 외에도 Woodward는 기술의 연속선상의 양극에 있는 단위소량생산과 연속공정생산 조직이 대량생산 조직과는 매우 다른 구조적인 일면들을 보이고 있다는 것을 지적하고 있다. 우선 단위소량생산 및 연속공정생산의 경우 노동인력이 소규모 작업집단으로 분할되어 있어 일선 감독자의 관리폭이 대량생산의 경우에 비해 매우 좁으며, 이에 따라 노동인력의 통제도 규칙이나 표준화된 절차와 같은 공식적 규제보다는 노사간의 인간관계에 의한 경우가 많게 나타났다. 또 단위소량생산 및 연속공정에서 숙련노동자를 보다 많이 고용하고 있고, 이러한 숙련 노동자들은 자기의 기술적 능력을 바탕으로 조직관리에 보다 많은 영향력을 행사할 수 있게 된다. 이에 따라 의사소통형태도 문서로 통하기보다는 직접 대면에 의한 구두의사소통 빈도가 높게 나타나고 있다.

즉, 대량생산의 경우 정교한 생산통제체계를 구축하기 위해 라인과 스탭의 관계를 명확히 하고, 주로 공식적인 절차나 규칙에 의한 관리를 하며, 문서에 의한 의사소통이 주를 이루는 반면, 단위소량생산이나 연속공정의 경우는 생산통제를 숙련노동자의 노하우에 의존하거나 생산공정 자체가 자동적으로 통제하게 되며, 이에 따라 라인과 스탭의 관계가 모호해지고 공식적인 절차보다는 구두에 의한 의사소통이나 유기적인 관리체계를 갖게 된다.

Woodward의 연구 결과는 생산기술과 조직구조의 직접적인 관계에서 한걸음 더 나아가 생산기술과 조직구조와의 관계, 그 자체가 기업의 상업적 성과에도 영향을 미치고 있음을 보여주고 있다. 기업의 성가(聲價)나 시장 및 재무 성과에 대한 자료의 분석을 통해 좀더 성과가 높은 기업조직들은 각자 자기가 속한 기술 유형이 갖는 조직구조의 특성들에 대해 평균값 혹은 중앙값을 갖는 반면, 성과가 낮은 기업조직은 조직구조의 특성이 각기 속한 기술유형의 중앙값

┃표 2┃ Woodward의 기술유형과 조직구조

	단위소량생산 (n=24)	대량생산 (n=31)	연속공정생산 (n=25)
기술적 특성			
- 기술적 복잡성	낮음	중간	높음
- 기계에 의한 통제	낮음	높음	매우높음
- 결과의 예측정도	낮음	높음	매우높음
구조적 특성			
- 계층수	3	4	6
- 경영자의 관리폭	4	7	10
- 관리요원의 비율	낮음	중간	높음
- 직접-간접 노동비율	9:1	4:1	1:1
- 일선감독자의 관리폭	23	48	15
- 공식도	낮음	중간	높음
- 집권도	낮음	중간	높음
- 숙련공의 수	많음	적음	많음
- 문서화된 의사소통	낮음	높음	낮음
- 구두의사소통	높음	낮음	높음

자료: Woodward, *op. cit.*

으로부터 큰 편차를 보이고 있음이 발견되었다.

이러한 자료분석 결과를 확인하고 좀더 심층적으로 탐색하기 위한 2단계 접근방법으로 일련의 사례연구를 통해 Woodward는 앞서의 결과를 뒷받침하는 여러 가지 새로운 사실들을 규명하게 되었다.

단위소량생산체계의 기업이 생산량을 늘려 대량생산체계로 변하거나 혹은 양(量)으로 판매하던 연속생산체계가 소분(小分)포장 판매의 대량생산체계로 바뀌는 조직의 경우, 중간관리자나 일선감독자의 역할이 점점 줄어들고 새로이 생긴 관리부서와 생산에 대한 책임 문제로 빈번한 갈등이 빚어짐을 발견하였다.

특히 생산기술의 변화에 의해 기능별 부서의 기존 위상이 바뀌게 되었는데 이는 기술유형에 따라 제품 개발과 생산, 그리고 판매의 순서와 비중이 모두 다르기 때문이다. 예를 들어 단위소량생산체계의 경우, 마케팅에 의한 수주가 제품개발에 선행되며, 생산은 맨 나중인 데 반해 대량생산의 경우, 제품개발과 생산체계의 구축이 대량판매에 앞서 이루어지게 된다. 한편 연속공정생산의 경우는 많은 자본이 투입된 생산시설의 안정적인 조업률이 보장될 수 있는 제품개발과 시장확보가 필수적이다. 이에 따라 단위소량생산체계에서는 제품개발부서가, 대량생산체계에서는 생산부서가, 연속공정생산체계에서는 마케팅부서가 기업성패에 가장 중요한 역할을 하게 되며, 따라서 그 위상이 높아지게 된다.

결론적으로 생산기술의 변화는 조직과 구성원에게 서로 다른 역할과 기능을 요구하게 되며, 이러한 요구는 각기 서로 다른 조직구조 형태에 의해 만족되어져야 한다는 것이다. Woodward는 이를 "상업적 성과가 높은 기업들은 대개 기능(function)과 형태(form)가 상호보완적(complementary)인 기업들이다"라고 해석하고 있다.

1958년 South East Essex 공과대학의 연구팀은 연구인력의 부족과 자원난으로 인해 해체되고, 그 당시 Imperial 과학기술대학의 생산공학 및 관리학부에 산업사회학 과목이 개설되면서 그녀의 후속 연구는 비록 제한된 규모이지만 이곳에서 이루어지게 되었다.

Woodward와 그녀의 동료들에 의한 후속 연구는 앞서의 연구에서 상대적으로 결과가 분명치 않던 대량생산체계 기술과 조직구조와의 적합성 관계를 좀더 규명하고 기술과 조직구조간의 상황적 관계가 어떠한 조직과정을 거쳐 일어나는지에 집중되었다. 그들은 생산기술과 조직구조, 그리고 관리형태의 상호관계를 연결하는 고리로서 조직의 관리통제(managerial control)에 초점을 맞추고 자세한 사례연구를 집중적으로 시행하였다.

그 결과는 Woodward(1970)가 편집한 *Industrial Organization, Behavior and Control*에 자세히 서술되어 있는데 이를 간략하게 정리하면 다음과 같다.

조직의 관리통제체계는 두 가지 차원으로 나눌 수 있는데 첫째, 직접적인 지휘나 계층을 통한 개인 통제(personal control)인가, 혹은 생산계획이나 비용관리 같은 관리체계에 의한 통제(administrative control)인가, 혹은 기계나 생산설비에 의해 자동제어되는 기계적 통제(mechanical control)인가에 대한 것이다. 둘째는 모든 부서가 서로 조정해가며 하나의 통합된(integrated) 통제체계를 이루는가, 혹은 여러 부서들이 각기 다른 단편적인(fragment) 통제체계에 의해 지배를 받는 것인가에 대한 것이다.

Woodward는 이 두 가지 통제체계의 차원을 이용하여 자신이 앞서 제시한 3가지 기술유형을 수정하고 보완한 새로운 기업 유형의 분류를 시도하였다. 즉, 통제과정의 두 가지 차원에 따라 4가지 유형의 통제체계가 도출되는데 그 발전 순서에 따라 서술하면 다음과 같다.

1) 신규 창업기업같이 모든 통제가 주로 한 개인에 의해 통합되고 직접적으

로 이루어지는 조직이다. 이 조직은 조직의 소유자가 일정 및 품질, 비용 등을 모두 통제하며, 단위소량생산 기술을 갖는 기업들에서 잘 나타나는 통제유형이다.

2) 주로 개인적인 통제이나 여러 사람이 일정 및 품질, 비용 등을 단편적으로 나누어 통제기준을 정하는 조직이다.

3) 단편적인 통제체계를 갖고 있으나 주로 관리체계나 생산기계 설비에 통제체계가 구체화되어 있는 조직이다. 예를 들어 통제기준이 개인에 의해 정해지는 것이 아니고 각 기능별 부서에 의해 책정되는 기업이며, 대개의 대량생산체계 조직은 이 유형이나 혹은 두번째 유형에 속한다.

4) 통제 과정이 하나로 통합되고 주로 관리체계나 생산기계설비에 구체화되어 있는 조직이다. 컴퓨터를 이용하여 정보처리와 생산공정을 자동적으로 제어하는 기업의 경우가 그 예이며 연속생산체계 조직에서 잘 나타나는 통제유형이다.

통제체계에 의해 새로이 분류된 네 가지 기업유형이 과거 세 가지 생산기술유형과 조직구조간의 상황적 관계에 대한 설명이 부족한 부분을 좀더 보완해주고 있음을 발견한 Woodward는 기업이 사용하고 있는 생산기술 특성과 이에 관련된 통제체계의 유형에 따라 조직구조와 관리형태가 체계적으로 변한다고 결론을 내리고 있다.

Woodward의 이러한 연구는 당시 경영학계에 큰 파문과 많은 논쟁을 일으켰다. 조직구조의 특성과 관리형태가 기업이 처한 작업상황, 즉 생산 기술체계에 따라 상당히 차이가 나며 기업 성과에도 영향을 미친다는 상황적 관계를 규명함으로써, 상황에 관계없이 보편적으로 모든 조직에 적용될 수 있는 최선의 관리원칙이 존재하리라고 주장한 고전적 경영이론을 정면으로 부정하고 대신 같은 관리원칙도 적용되는 상황에 따라 서로 다른 결과를 가져올 수 있다는 새로운 사고방식을 제기하기에 이르렀다. 이러한 Woodward의 연구결과와 더불어 비슷한 시기에 발표된 Burns와 Stalker(1961), Thompson(1967), Lawrence와 Lorsch(1967), Perrow(1967) 등에 의한 연구들은 모두 기업이 처한 상황, 예를 들어 기업이 당면한 환경의 특성이라든가, 기업이 사용하고 있는 기술유형 등에 따라 기업의 조직구조나 관리방식이 달라져야 하며, 상황요인과 조직구조의 특성이 적합한가의 여부에 따라 성과가 결정된다고 하는 상황이론을 경영학의 새로운 패러다임으로 등장시키게 된다.

Woodward의 연구는 상황이론을 제기한 선구적 역할을 했을 뿐만 아니라, 연구의 방법론에서도 많은 기업을 대상으로 한 실증분석을 시도함으로써 과거에 비해 진일보한 공로를 인정받고 있다. 즉, 몇몇 소수의 기업에 대한 사례분석을 토대로 한 이론의 개발이나, 개인의 경험이나 관찰을 통해 발견한 효과적인 관리원칙을 그대로 모든 조직에 일반화시키는 오류에서 벗어나 실제 상황에서 일어나는 현상을 측정하고 많은 조직을 실증적으로 비교 분석함으로써 과학적인 연구방법론을 제시하였다.

그러나 Woodward에 대한 논쟁과 비판도 적지 않다. Woodward 연구에 대한 비판은 대개 두 가지로 요약되는데, 첫번째는 여러 상황 요인들 중에서 기술이 차지하는 비중에 관한 것이고, 두번째는 다른 상황이론도 똑같이 적용하고 있는 상황적 관계에 대한 결정론적 가정(Deterministic Assumption)에 대한 비판이다.

먼저, Woodward의 연구 이후 여러 학자들이 같은 연구를 반복 시행하였는데 Harvey(1968), Zwerman(1970)의 연구는 Woodward를 지지하는 것으로 나타났으나, Hage와 Aiken(1969), Mohr(1971), Hickson, et. al.(1969) 등 많은 연구들이 아주 제한된 범주 내에서 기술과 조직구조와의 관계를 발견하거나, 혹은 같은 결과를 얻어내는 데 실패하였고, 대신 기업규모가 조직구조의 다양성의 차이를 훨씬 잘 설명하는 상황요인임을 밝혀냈다. 더구나 기업이 처한 환경의 불확실성도 조직구조를 제한하는 중요한 상황요인임이 밝혀짐으로써 기업이 채택하고 있는 기술유형이 조직구조의 여러 가지 특성을 결정하는 가장 중요한 상황요인(technological imperative)인가 하는 데 많은 논쟁을 불러일으켰다. 결과적으로 이러한 논쟁은 기술에 대한 개념의 보완과 합당한 분석수준의 결정, 측정치 등 연구방법론의 개선과 함께 상황이론의 발전이 이루어지게 되는 데 큰 공헌을 하였다.

두번째, 기술(혹은 다른 상황요인)에 따라 조직구조 및 특성이 결정되어 버린다는 가정에 대해 Silverman(1968), Child(1972) 등은 의문을 제기하고, 기술 특성이나 유형(혹은 다른 상황요인)을 인지하고 해석하며, 이에 대해 대응하기 위한 수단으로 조직구조 및 관리형태를 선택함에 있어서 최고경영자 혹은 전략적 의사결정자의 신념(belief)이나 가치체계(value system), 혹은 이해집단간의 권력(權力: power) 문제가 고려되어야 한다고 비판하고 있다. 다시 말하면, 조직은 처한 환경이나 기술 특성에 따라 단순히 기계적으로 반응하는 것이 아니고 전략을 결정하는 여러 이해집단이 상황요인이 제기하는 여러 가지 제한과 요구들을 파악하여 각기 자기의 가치기준에 따라 가장 합리적인 방향으로 조직구조 및 관리형태에 대한 전략적 선택(strategic choice)을 할 수 있다는 것이다.

이러한 비판에도 불구하고 Woodward의 연구는 과거 최선의 관리원칙의 도출에만 관심이 있던 규범적 관점의 조직이론을 실증분석을 통해 생산기술과 이에 관련된 통제체계에 따라 조직구조 및 관리형태가 체계적으로 변한다는 상황론적 관점으로 변환시켰으며, 후속연구들을 자극함으로써 조직이론의 발전에 큰 업적을 남겼음을 아무도 부인할 수 없겠다.

참 | 고 | 문 | 헌

Burns, T. & G. Stalke, *The Management of Innovation*, London: Tavistock, 1961.

Child, J., "Organizational Structure: The Role of Strategic Choice," *Sociology*, Vol. 6, 1972, pp. 1~22.

Hage, J. & M. Aiken, "Routine Technology, Social Structure and Organizational Structure Goals," *Administrative Science Quarterly,* Vol. 14, 1969, pp. 336~376.

Harey, E., "Technology and the Structure of Organizations," *American Sociology Review*, Vol. 33, 1968, pp. 241~259.

Hickson, D., H. S. Pugh, & D. Pheysey, "Operations Technology and Organizational Structure: An Empirical Reappraisal," *Administrative Science Quarterly*, Vol. 14, 1969, pp. 378~397.

Lawrence, P. & J. W., Lorsch, *Organization and Environment*, Boston, Mass.: Harvard Business School, 1967.

Mohr, L. B., "Organizational Technology and Organizational Structure," *Administrative Science Quarterly*, Vol. 16, 1971, pp. 444~459.

Perrow, C., "A Framework for the Comparative Analysis of Organizations," *American Sociological Review*, Vol. 32, 1967, pp. 194~208.

Silverman, D., "Formal Organizations or Industrial Sociology: Towards a Social Action Analysis of Organizations," *Sociology*, Vol. 2, 1968, pp. 221~238.

Thompson, J. D., *Organizations in Action*, New York: McGraw Hill, 1967.

Zwerman, W. L., *New Perspectives on Organizational Theory*, Greenwood Publishing Co., 1970.

Woodward, J., *Industrial Organization: Theory and Practice*, Oxford University Press, 1965, 2nd ed., 1980.

_____, ed., *Industrial Organization: Behavior and Control*, Oxford University Press, 1970.

Paul Lawrence와 Jay Lorsch의
조직과 환경에 관한 이론*

Ⅰ. Lawrence와 Lorsch의 학문세계

Paul Lawrence와 Jay Lorsch는 둘 다 Harvard 대학교 경영대학에서 석사, 박사 과정을 마치고, Lawrence는 1947년부터, 그의 제자인 Lorsch는 1965년부터 Harvard 대학교에서 조직론을 강의하고 있는 조직학자들이다. 이들이 1967년에 공저로 발간한 Organization and Environment는 뒤에 Lawrence(1981)가 회고했듯이 자신들도 예상치 못할 정도로 많은 후속 연구들과 이론적 방법론적 논쟁을 불러일으켰으며, 그들의 주장은 조직과 환경에 관한 대표적인 이론으로 자리를 잡게 되었다. 이 두 학자는 자신들의 주장에 쏟아진 조직론자들의 관심에 고무되어서 조직-환경에 대한 그들의 주장이 발표된 이후 20년이 넘는 현재까지 여러 동료 교수들(예를 들어, S. Allen, S. Davis, H. Lane, J. Morse 등)의 도움을 받아 자신들의 주장을 한편으로 방어하면서 다른 한편으로는 정교화시켜 가고 있다. Lawrence는 현재 Harvard 대학교의 조직행동 프로그램의 책임자로서 자신들의 주장 이후에 나타난 현대 조직이론들(예를 들어 population ecology 이론이나, 자원의존이론 등)을 한데 묶을 수 있는 이론적 모형틀을 개발하는 일에 몰두하고 있다.

이 두 조직학자의 조직론에 대한 공헌은 한마디로 말해서 조직 구조와 외적 환경의 관계를 실증적 연구를 통해서 밝혀냈다는 데 있을 것이다. 물론 이들의 연구보다 먼저 조직구조와 환경의 관련성에 대한 실증적 연구가 없었던 것은 아니었으나(예컨대, Burns와 Stalker가 1961년에 행한 연구 등), 이들의 연구가 실질적으로 기폭제가 되어서 비로소 조직을 환경의 영향력을 받는 개방시스템으로 파악하는 관점이 조직론의 기본적인 사고틀로 인식되기 시작하였던 것이

* 김주엽: 충북대학교 경영학과 명예교수.

다. 그 결과 그때까지 조직론 최대의 관심거리였던 유일 최선의 조직구조의 발견이라는 생각은 이들의 주장에 의해서 포기될 수밖에 없었으며, 조직의 유효성은 조직의 구조가 그 조직의 환경에 적합할 때에야 비로소 확보될 수 있다는 상황적합적 사고(contingency perspective)가 조직론의 기본적인 성격으로 자리를 잡게 되었다. 이러한 측면에서 볼 때, Lawrence와 Lorsch의 1967년의 저서 Organization and Environment는 조직을 연구대상으로 하는 사람에는 그들의 주장의 진위나 방법론상의 문제를 떠나서 꼭 한 번은 읽어두어야 할 고전임에는 이론의 여지가 없다고 하겠다.

Ⅱ. 조직과 환경에 관한 이론

Lawrence와 Lorsch는 먼저 그 당시 조직학자들의 주장들이 서로 달라 조직을 실제로 경영하고 있는 실무자들에게 혼란만을 가중시키고 있다고 비난하면서, 그 이유를 조직학자들이 어떠한 상황에서든지 적용될 수 있는 최선의 조직이론을, 그것도 조직의 일부분만 연구한 결과만을 가지고 주장하고 있기 때문이라고 했다. 그리고 이러한 혼란의 감소는 조직 전체와 그것을 둘러싸고 있는 조직의 외적 환경과의 상호 관련성이 파악되어야만 비로소 가능할 것이라고 주장했다.

이들의 주장과 연구 결과를 잘 이해하기 위해서는 이들이 사용하고 있는 개념의 정확한 파악이 무엇보다도 필요하다. 우선 이들은 조직을 개방시스템으로 파악하고 있는데, 이 개념은 조직이 외부 환경과 영향력을 주고 받는다는 것뿐만 아니라, 조직을 이루고 있는 구성 요소끼리도 서로 밀접한 상호 관련성을 맺고 있으면서 영향력을 주고받는다는 사실을 포함하고 있다. 예를 들면, 조직의 한 부서에서 일하고 있는 조직원의 태도나 행동은 그 사람의 성격뿐만 아니라, 그 사람이 소속한 부서의 기술이나 조직 구조, 다른 사람들의 그에 대한 기대 등에 의해서 영향을 받을 것이라는 것이다.

이들은 또한 분화(differentiation)라는 개념을 사용하고 있는데, 이 개념은 생물학에서 빌려 온 용어로, 조직 시스템이 여러 개의 하부 시스템으로 분할이 되는 상태를 말하며, 각 하부 시스템은 그것과 관련을 맺고 있는 외부 환경이 요구하는 바에 따라 그 나름대로의 독특한 속성을 발달시키는 경향이 있다는 것이다. 특히 이들은 자신들의 주장에서 사용하고 있는 분화라는 개념을 "다른 기능부서에 속한 관리자들 사이에서 나타나는 인지적·감정적 지향성의 차이 (p. 11)"라고 정의함으로써 조직의 하부 시스템을 구성하고 있는 조직원들의 행동적 속성까지를 포함하고 있는데, 바로 이 점이 그들의 분화라는 개념과 그들 이전의 다른 조직학자들에 의해서 사용되었던 과업분화(또는 분업)를 구별 짓는 점이라고 지적하고 있다.

구체적으로 이들의 주장에 따르면, 조직이란 복잡한 주위 환경에 보다 효과적으로 대응하기 위해서 주위 환경을 정리하고 자신을 몇 개의 하부 시스템으로 분화시킨 다음, 그 각각의 하부 시스템이 그와 직접적으로 관련된 하부 환경에 적응하도록 도모하는 존재라는 것이다. 그리고 이렇게 분화된 하부 시스템들은 각자가 보다 긴밀한 관련을 맺고 있는 하부 환경의 요구에 적응하는 과정에서 ① 자체의 구조화 정도(degree of structure), ② 구성원이 다른 구성원에게 보이는 행동 경향(orientation of members toward others), ③ 구성원들의 시간 감각(time orientation), 그리고 ④ 그들의 목표 지향성(goal orientation of members) 등에서 자기 나름대로의 독특한 속성을 발달시키게 된다는 것이다.

이들이 사용한 또 하나의 중요한 개념은 통합(integration)인데 이들은 통합을 "환경의 요청으로 인하여(조직 전체의) 통일된 노력이 요구될 때 하부 시스템들 사이에서 나타나는 협조 상태의 성질(p. 11)"을 일컫는 것이며, 이 개념에는 편의상 이러한 협조 상태가 달성되는 과정 및 조직 속에 마련된 장치들(organizational devices)까지도 포함한다고 정의하고 있다.

이 분화와 통합이라는 두 개의 개념이 Lawrence와 Lorsch가 주장하는 이론의 핵을 이루는데, 그 이유는 이 두 개념이 그들의 이론에서 조직의 성과와 밀접한 관계를 맺고 있는 것으로 주장되고 있기 때문이다. 즉, Lawrence와 Lorsch는 어느 조직이든지 환경에 잘 적응하기 위해서는 그에 상응하는 만큼 조직의 분화가 이루어져야 하고, 조직에 분화가 이루어진다는 것은 하부 시스템 구성원들 사이에 인지적·감정적 지향성의 차이가 존재한다는 것을 의미하는 것이므로 하부 시스템간의 갈등은 피할 수 없는 것이며, 따라서 이를 해결하려는 조직의 통합 노력이 필요한 만큼 이루어지지 않으면 그 조직의 성과는 낮아질 수밖에 없다고 주장함으로써, 조직의 분화와 통합의 중요성을 강조하고 있다. 다시 말하여, 조직의 분화가 필요한 정도로 잘 이루어진 조직, 그리고 그에 따라 통합 또한 잘 이루어지는 조직이 성과가 높을 것이라는 것이 이들의 상황적합적 접근 방식(contingency approach)의 골자라 하겠다.

그렇다면, 조직의 분화의 정도를 결정하는 환경 요인은 무엇인가? 다시 말하면, 환경이 어떠할 때에 조직의 분화 정도가 결정된다는 것일까?

Lawrence와 Lorsch는 외부 환경의 불확실성의 정도가 조직분화의 정도를 결정짓는다고 주장한다. 즉, 어떤 조직의 외부 환경이 불확실할수록 그 조직은 그 환경에 적응하기 위해서 더 높은 정도의 분화를 필요로 한다는 것이다. 여기서 우리는 또 하나의 개념, 환경의 불확실성의 정의를 필요로 한다. 이들에 따르면, 환경의 불확실성을 결정하는 것은 환경의 불예측성(unpredictability)과 복잡성(complexity)인데, 환경의 불예측성은 환경 변화의 심한 정도와 자료 및 그것들 사이의 인과관계에 대한 인식 정도에 따라 결정되고, 환경의 복잡성은 환경 변수의 수와 그 변수들간의 상호의존성에 의해서 결정된다는 것이다. 예를 들어 어느 조직의 환경이 많은 변수로 구성되어 있고 또 서로 밀접하게 관련되어 있으며(높은 복잡성), 동시에 환경의 변화 정도가 심하고 인지하고 있는 환경 자료도 많지 않으면(높은 불예측성), 그 환경은 불확실성이 높다고 볼 수 있다는 것이다. Lawrence와 Lorsch는 이러한 환경하에서는 조직은 높은 분화 현상을 경험하게 되는 경향이 있다고 주장한다.

Lawrence와 Lorsch는 그 이유를 이렇게 설명한다. 조직은 자신의 목표를 효과적으로 달성하기 위해서 각 기능 부서에 업무 분담을 시키게 되는데, 산업 조직의 예를 들면 생산부서, 판매부서, 연구개발 부서 등을 들 수 있다. 그런데, 이 각각의 기능부서가 직접적으로 관련을 맺고 있는 하부 환경은 그 불확실성의 정도에서 차이가 난다는 것이다. 즉, 생산부서는 전체 조직의 환경과는 상관없이 상대적으로 타 부서에 비해서 확실성이 높은 하부 환경에 처해 있는 반면에, 판매부서나 연구개발부서는 대개 그보다는 전체 조직의 환경의 영향력을 더 크게 받을 가능성이 높다는 것이다. 생산부서는 대개 어느 산업 조직에서든지 비교적 정보가 확실하고 생산 기술의 변화율도 적으며, 피드백을 받아보는 시간도 대개 하루에 그치는 까닭이다. 거기에 비해서 판매부서나 연구개발부서는 환경 변화율이나 정보의 확실성, 피드백을 받아보는 시간폭의 면에서 볼 때, 일반적으로 생산부서보다 전체 조직 환경에 보다 의존적이라고 볼 수 있다는 것이다. 따라서, 전체 조직의 환경이 그 확실성의 정도에서 높은 수준에 있다면 상대적으로 판매부서나 연구개발부서까지도 확실한 하부 환경에 처하게 되어 세 기능부서의 하부 환경은 큰 차이가 나지 않을 것이나, 반면에 전체 조직환경의 불확실성의 정도가 높다면, 기능부서와 직접적인 관련을 맺고 있는 하부 환경들간의 불확실성의 차이는 커질 수밖에 없다는 추론이 가능하다.

그런데, Burns와 Stalker(1961)의 연구에서 밝혀졌듯이 환경의 안정성이 높으면 그 환경에 속해 있는 조직의 구조는 공식화가 높은, 즉 '기계적'인 조직 구조를 가지는 반면, 안정성이 낮은 환경과 관련을 맺고 있는 조직은 공식화가 낮은, 즉 '유기적'인 조직 구조를 가지는 경향이 있다. 이러한 논리를 좀더 확대 해석해보면, 전체 조직의 환경이 확실할수록 생산부서나 연구개발부서, 판매부서 공히 기계적 구조에 가까울 것이고, 환경의 불확실성이 증가함에 따라 연구부서나 판매부서는 유기적 조직 구조에 보다 더 접근하게 될 것이라는 것이다.

또한 Lawrence와 Lorsch는 환경의 확실성의 정도가 구성원들의 인지적·감정적 지향성에 미치는 영향력에 대해서도 비슷한 논리를 전개하고 있다. 즉, 전체 조직 환경의 확실성의 정도에 따라 구성원들 사이에 나타나는 행동 지향성(관계 지향적-과업 지향적), 시간 감각(장기적-단기적), 목표 지향성 등에서 차이가 발생할 것이라고 본다. 예를 든다면, 확실성이 아주 높거나 아주 낮은 하부 환경에 처해 있는 기능부서에서는 그 구성원들이 보다 과업 지향적인 인간 관계를 선호할 것이고, 하부 환경의 확실성이 중간 정도인 기능부서에서는 사회적 인간 관계를 선호할 것이므로, 전체 조직 환경이 불확실할수록 그 조직은 기능부서 구성원들 사이의 행동지향성에서 차이가 크게 나타날 것이라는 것이다. 또한, 하부 시스템의 구성원들이 보이는 시간 감각을 유관한 하부 환경에서 보내어지는 피드백을 받아 보는 데 걸리는 시간에 따라 결정될 것인바, 전체 조직 환경이 불확실할수록 하부 시스템 구성원들 사이의 시간 감각은 차이가 날 것이라는 점이다.

따라서, 전체 조직 환경의 불확실성이 커지면 커질수록 조직 분화의 필요성은 커지게 되는데, 문제는 조직 분화가 심화될수록 그만큼 하부 시스템간의 의사 소통이나 의견 조정은 어렵게 된다는 것을 의미한다. 그러나, 전체 조직의 입장에서는 조직의 목표를 효과적으로 달성하기 위해서 이들 부서간의 원활한 의사소통이나 의견 조정이 절대적으로 필요하게 되는데, 바로 이러한 이유 때문에 Lawrence와 Lorsch는 조직의 분화가 심화되어 있을수록 통합의 중요성이 커진다고 주장한다. 따라서 이들에 의하면, 조직의 환경이 불확실할수록 조직은 보다 심한 분화를 경험하게 되고, 그에 따라 보다 강력한 통합 기능이 요구될 것이라고 가정한다. 그리고, 이렇듯 조직의 환경과 분화현상 및 통합기능 사이에 적합한 관계가 유지되지 못하면 그 조직의 성과는 낮아질 수밖에 없을 것이라고 주장하고 있다.

Lawrence와 Lorsch는 이같은 주장을 실증적으로 연구하기 위해서 환경의 불확실성이 서로 다른 세 개의 산업을 고른 다음, 이들 각 산업으로부터 성과가 높은 산업 조직과 낮은 산업 조직을 선별적으로 골라 이들이 분화의 정도와 통합 노력의 면에서 어떠한 차이점을 보이고 있는지를 밝혀주고 있다.

이들은 우선 환경의 불확실성이 가장 높은 산업으로 플라스틱업계를, 가장 낮은 업계로는 컨테이너업계를, 그 중간의 환경 불확실성을 가진 업계로 식품업계(packaged food)를 선정하였다. 이들은 우선 여러 경제 지표와 신제품이 생산된 정도, 그리고 고객의 욕구 수준이 변화된 정도 등을 종합적으로 판단, 이 세 산업을 임의적으로 선정하였다. 플라스틱업계는 그 당시 판매량이 몇 년 사이에 급증하고 있었고, 기술 혁신도 급격하게 이루어지고 있었으며, 특정한 과학 연구가 피드백을 받기 위해서는 오랜 시간을 필요로 하고 있었다. 그에 비하여, 컨테이너업계는 판매 증가율이 인구 성장률을 약간 상회하는 증가 추세에 있었고, 지난 20년 동안에 눈에 띌 만한 신제품도 시장에 나오지 않고 있었다. 뿐만 아니라 고객들도 이미 규격이 확정된 컨테이너를 적기에 공급받기를 원할 뿐, 신제품을 사용함으로써 야기되는 문제를 피하고 싶어했기 때문에, 상대적으로 산업환경은 매우 안정적이었다. 식품업계는 판매 증가율이나 신제품 소개면에서 컨테이너업계와 플라스틱업계의 중간에 위치하고 있었기 때문에 선정되었다고 Lawrence와 Lorsch는 밝히고 있다. 이렇게 세 산업을 신중하게 임의적으로 선택한 다음, 이들 산업계에 속한 조직의 관리자들을 면접하여 이들 산업이 환경의 불확실성에서 차이가 나고 있음을 확정지었다.

그런 다음, 이들은 자신들이 고안해 낸 질문지와 측정 도구를 통해서 각 산업체의 하부 환경의 불확실성의 정도를 측정하였다. 하부환경은 연구대상인 각 산업 조직체의 개발부서가 관련을 맺고 있는 과학 환경, 판매부서가 관련을 맺고 있는 시장 환경, 그리고 생산 부서가 맺고 있는 기술 경제적 환경의 세 부분으로 구성되었는데, 다음 〈표 1〉(p. 91)은 각 산업체의 하부 환경의 불확실성 정도를 보여주고 있다.

| 표 1 | 하부 환경의 불확실성 정도

하부환경 산업	기술·경제적	시장	과학	
플라스틱 업계	8.4	9.1	13.9	
식품 업계	7.8	11.0	12.1	최고 점수: 4.0
컨테이너 업계	7.8	5.8	7.4	최고 점수: 14.0

* 높은 숫자는 불확실성을 나타냄.

위의 표에서 알 수 있듯이 컨테이너 산업의 하부 환경간에는 그 불확실성의 정도에서 별 차이를 보이지 않고 있지만, 식품업계나 플라스틱업계의 하부 환경 사이에는 보다 뚜렷한 차이가 존재하고 있음을 알 수가 있다. 따라서 Lawrence와 Lorsch의 주장에 따르면, 플라스틱업계에서는 분화가 잘 발달되어 있을 것이고, 컨테이너업계에서는 상대적으로 분화가 잘 발달되어 있지 않을 것이며, 식품업계에서는 그 분화의 정도가 두 산업의 중간에 위치할 것이라는 가설을 도출해낼 수가 있다. 이에 더하여, 동종의 산업에 속한 산업 조직들 중에서 성과가 높은 산업 조직은 그렇지 않은 조직보다 분화의 정도나 통합의 정도에서 높은 수준을 보이게 될 것이라는 가설도 이끌어낼 수 있다.

이 가설들을 증명하기 위해서 Lawrence와 Lorsch는 플라스틱업계에서 성과가 높은 조직 세 개, 성과가 낮은 조직 세 개로 도합 여섯 업체, 식품업계와 컨테이너업계에서는 성과가 높고 낮은 업체 각각 한 업체씩 도합 네 업체를 선정, 모두 열 개 업체를 샘플로 선정하였다. 다음 〈표 2〉(p. 103)는 이렇게 뽑힌 산업조직체들의 평균 분화지수와 통합지수를 보여주고 있다.

┃표 2┃ 분화지수와 통합지수

산 업	조직체	평균 분화지수	평균 통합지수
플라스틱업계	높은 성과업체	10.7	5.6
	낮은 성과업체	9.0	5.1
식품업계	높은 성과업체	8.0	5.3
	낮은 성과업체	6.5	5.0
컨테이너업계	높은 성과업체	5.7	5.7
	낮은 성과업체	5.7	4.8

* 높은 숫자일수록 정도가 높음.

위 표에서 알 수 있듯이 플라스틱업계에 속한 조직은 그 성과가 높고 낮음에도 불구하고 분화의 정도에서 다른 산업계에 속한 조직체들보다 높음이 확인되었다. 또한 식품업계에 속한 조직체는 성과와 관계없이 컨테이너업계에 속한 조직체보다 분화의 정도에서 높은 수준을 보여 주었다. 모든 산업계에서 높은 성과업계는 낮은 성과업계보다 분화의 정도나 통합의 정도에서 모두 높았다. 이로써, 우리는 Lawrence와 Lorsch가 주장하고 있듯이 환경의 불확실성이 높을수록 그러한 환경에 속한 조직체는 더 높은 정도의 분화를 필요로 하며, 같은 업계에서는 보다 높은 수준의 분화와 통합을 달성할수록 성과가 높아짐을 확인할 수 있다. 평균 통합지수에서는 세 산업체에서 뚜렷한 차이를 보이지 않고 있는데, 그 이유는 평균 통합지수라는 것이 조직체에서 요구되고 있는 통합의 강도(intensity)만을 나타내 주고 있을 뿐으로, 통합의 성격 차이는 반영을 하고 있지 않기 때문이다.

실제의 기록에서는 산업체에 따라, 그리고 조직체에 따라 통합의 성격 차이에 많은 차이가 발견되었다. 즉, 플라스틱업계에서 대표적으로 나타나는 통합 장치는 특별부서의 존재로, 이 특별부서는 상당한 지위와 권한을 위임받고 있었으며, 이 산업계에서 성과가 높은 조직체가 주로 사용하는 갈등 해소 유형은 대면 방식(confrontation), 문제 해결 등이었다. 그에 비해서, 식품업계에서는 높은 성과 업체의 그것이 상당한 권한을 위임받은 개인들이었으며, 낮은 성과업체는 권한이 비교적 낮은 특별부서를 운용하고 있었다. 두 조직체 모두 부서간의 갈등해소 방식으로는 대면과 문제 해결 방식을 선호하고 있었다. 컨테이너 업계에서는 성과가 높은 조직이 통합 장치로 주로 위계(hierarchy)를 이용하고 있었으며, 권한은 집중이 되어 있었고, 갈등 해소 방식으로는 역시 대면이나 문제 해결 방식을 선호하고 있었다. 그 반면, 성과가 낮은 조직은 비용상 부담이 크면서도 혼란만 일으키는 특별부서를 통합 장치로 운용하고 있었으며, 그나마 그 특별부서의 권한도 그리 크지 않았고, 갈등 해소 방식으로 대면 방식을 성과가 높은 조직보다는 덜 사용하고 있었다.

결론적으로, Lawrence와 Lorsch가 행한 1967년의 조직과 환경에 관한 연구는 방법론상, 그리고 내용상 여러 비판이 제기될 수 있지만(Lawrence, 1981), 그들이 밝혔듯이 이들의 주장을 하나의 시론으로 보아 준다면 그들의 공헌은 요지부동의 것이라 할 수 있을 것이다. 그들의 주장을 한마디로 요약한다면, 조직은 자신의 환경을 이해하고 그에 맞추어 구조를 짜야 된다는 사실을 강조한 것이라고 할 수 있을 것이다. 그들이 발견해 낸 사실들이 Burns와 Stalker가 발견한 것들보다 내용적으로 보다 풍부하고 포괄적인 것이기는 하지만, 본질적인 면에서는 같다. 즉, 환경은 조직의 구조와 조직의 성공 사이의 관계에서 중요한 역할을 수행하고 있다는 사실이다.

참 | 고 | 문 | 헌

Burns, T. & G. M. Stalker, *The Management of Innovation*, London: Tovistock Press, 1961.

Lawrence, P. & J. Lorsck, *Organization and Environment*, Harvard University Press, 1967.

Lawrence, P., "Organization and Enviroment Perspective," In A. Van de Van & W. F. Joyce, eds., *Perspectives on Organization Design and Behavior*, New York: John Wiley & Sons, 1981, pp. 311~337.

Fremont E. Kast와 James E. Rosenzweig의 체계 및 상황적응적 조직관리*

Ⅰ. Kast와 Rosenzweig의 학문세계

Fremont E. Kast와 James E. Rosenzweig는 미국 워싱턴 대학교의 조직관리 학과의 교수들이다. 두 사람은 1963년에 「과학·기술 그리고 관리」라는 저서를 공동편집한 이래 "병원행정과 체계개념"(1960), "일반체계이론의 조직 및 관리에의 적용"(1972) 등의 논문과 「관리에 있어서 경험적 훈련과 사례」(1976)라는 저서도 함께 저술하는 등 협동적 연구를 계속하고 있다. 그들은 조직과 관리에 대한 실천지향적 성향을 보이고 있으며, 체계접근과 상황적응적 접근을 통해 이론과 실제를 연결하려는 노력을 기울임으로써 현대조직이론의 구축에 기여한 바 크다. 특히 두 사람은 체계적 접근에 관한 연구자로서, 그리고 비교조직에 관한 연구자로서 괄목할 만한 업적을 남겼다.

Kast와 Rosenzweig는 그들의 대표적인 저서인 *Organization and Management*(3rd ed.)에서 부제를 '체계적 그리고 상황적응적 접근'(a system and contingency approach)으로 하고 현대조직이론에서 커다란 비중을 차지하고 있는 두 접근법을 통합하려 하였다. 조직의 문제를 체계적 관점에서 접근한 사람들로는 D. Katz와 R. L. Kahn(1966), Richard A. Johnson(1973) 등을 들 수 있는데 Kast와 Rosenzweig도 이 유파에 포함되는 대표적 연구자들이다. 이들은 조직을 개방체계라고 규정함으로써 조직연구인들로 하여금 조직과 환경과의 관계에 관심을 기울이게 한다. 또한, 그들은 조직문제에 상황적응적으로 접근한다.

상황적응적 접근방법은 조직 및 관리에 관한 최선의 유일한 방법이 없으며 구체적인 '상황의 조건'에 따라 달라져야 한다는 것으로 J. W. Lorsh와 P. R. Lawrence(1969), T. Burns와 G. M. Stalker(1961), R. H. Hall(1962) 등이 이러한

---

* 민　진: 국방대학교 국방관리대학원 명예교수.

관점의 초기적 제창자로 지목되고 있다. 특히 Kast와 Rosenzweig는 체계적 접근을 상황적응적 접근에까지 연결시켰다는 점이 강조될 수 있겠다.

Kast와 Rosenzweig는 조직 및 관리이론을 실천에 옮길 수 있는 지식으로 만들려고 노력하였으며 이러한 노력은 그들의 저서 곳곳에서 발견된다. 그들의 견해와 지식은 인간의 노력을 효율적으로 관리하려는 데 도움을 주고 있다.

저자들이 서문에서 밝힌 것처럼 이 책은 조직이 작동되고 안 되는 이유가 무엇인가를 이해하게 하며 궁극적으로 효과적인 조직구성원이 될 수 있도록 준비시켜 주고, 더 나아가 미래의 관리자나 지도자로서의 잠재역량을 키워 주려는 데 있다.

그들은 조직을 목표달성을 위한 체계로 본다. 현대사회가 복잡해짐에 따라 현대조직의 과정과 구조도 복잡해졌다고 하면서 중범위 수준의 조직이론을 제시하고 있는데 이것은 어느 정도 타당성이 있어 보인다. 그들은 실천지향적인 지식의 보급 및 활용을 위해서 조직 및 관리에 관한 이론과 용어들을 적절히 원용하고 분석한다.

조직의 복잡성, 변화하는 가치관, 관리에 대한 상황적응적 견해, 복잡하고 불확실한 환경, 직무설계, 전략적 선택과 관리, 행렬조직, 조직구조의 동태성, 개인차, 효과적인 리더십, 융통성, 개방체계의 의사결정, 계획의 상황적응성, 사이버네틱스, 조직의 비교와 조직의 유형, 조직의 변화 등이 그런 개념들이다.

그들은 자신들이 제시한 분석틀과 개념을 가지고 병원, 대학, 도시, 정부 등의 구체적인 조직을 비교분석하고 있다. 대부분의 조직연구가 조직의 일반화에 치중하였으나 그들은 구체적인 대상조직유형을 선정한 후 분석했다는 점에 특색이 있다. 그들은 조직의 비교분석에서 조직의 분석수준 및 대상을 중범위수준의 정부조직, 기업조직, 병원조직, 군대조직, 경찰조직, 대학조직, 연구소조직, 국제조직 등에서 찾는 것이 바람직하다는 점을 시사하고 있다.

Ⅱ. 체계 및 상황적응적 조직관리

Kast와 Rosenzweig의 *Organization and Management*는 8개부(part)로 구성되어 있는데, 먼저 각 부별 주제를 간략하게 소개하고 이어서 그들이 채택하고 있는 체계접근법과 상황적응적 접근법을 설명하려 한다.

제1부는 조직과 관리를 연구하는 데 필요한 개념적 기초들을 다루고 있으며

2개장으로 구성되어 있다. 제1장에서는 조직과 관리가 중요하다는 것을 강조하고 있다. 조직관리의 연구에서는 여러 학문분야에서 쏟아져 나오는 조직이론들을 절충하거나 취사 선택하는 것이 요구된다고 하였다. 그리고 저서를 전개하는 데 필요한 개념이 소개된다. 제2장은 시간에 따른 가치체계의 변천과 그것이 관리사고(management thinking)에 미치는 영향을 다루고 있다. 산업혁명 이후의 발전과 20세기의 가속적인 변화, 그리고 다양한 가치들이 공존하는 현대사회의 제 특성들은 조직관리자들에게 매우 복잡하고 동태적인 환경을 제공하고 있다는 점을 지적하고 있다.

제2부에서는 조직과 관리의 개념을 전통적인 관점, 행태적이고 관리과학적인 혁명, 그리고 현대의 체계 및 상황적응적 개념의 발전이라는 세 단계로 나누어 고찰하고 있다. 제3장에서는 전통적인 조직 및 관리이론들―과학적 관리, 관료제, 그리고 행정관리 등―을 연구자, 사상, 그리고 한계를 중심으로 검토하고 있다. 제4장에서는 행태이론과 관리과학의 혁명 그리고 그것들이 조직이론에 미치는 영향을 고찰한다. 제5장에서는 현대적 조직이론과 관리관행의 발전의 기초를 이루는 개념인 '체계'(system)와 '상황적응'(contingency)을 분석한다.

제3부에서는 조직의 환경적 상위체계―일반체계나 특수체계―문제를 다룬다. 여기에서는 환경적 상위체계, 조직과 환경간의 경계문제, 그리고 하위체계인 목표와 가치체계를 다룬다. 제6장에서는 환경체계의 본질을 상세하게 고찰하고 이것이 조직에 어떻게 영향을 미치는지를 분석한다. 제7장에서는 조직의 목표에 관심을 돌린다. 목표는 환경의 제약, 체계의 목표, 그리고 개인참여자들의 목표라는 세 가지 관점에서 다루어지며 목표를 설정할 때의 관리의 역할도 함께 고려된다.

제4부에서는 조직의 기술체계와 구조체계를 검토한다. 조직에서 기술은 조직으로의 투입과 조직으로부터 나오는 산출의 유형에 영향을 미친다. 제8장에서는 기술체계가 조직의 구조체계, 사회심리체계 그리고 관리체계에 미치는 영향이라는 관점에서 '기술과 조직'문제가 다루어진다. 제9장 '조직의 구조와 설계'에서는 공식적 조직에 영향을 미치는 힘을 고찰하고, 구조(structure)에 대한 전통적인 개념과 구조의 세련된 의미를 검토·조사하며 조직설계에 대한 여러 가지 대안을 고려한다.

제5부에서는 조직 내의 심리사회적 체계가 다루어진다. 조직 내에서의 개인의 행태와 동기부여에 영향을 미치는 다양한 요인들에 관심을 기울인다. 사회적 집단 내에서 피할 수 없는 현상인 지위(status)나 역할(role)체계가 제시된다. 그

리고 나서 집단역학(group dynamics)이 조직개선에 미치는 역할을 논의한다. 영향력체계(influence system)라는 개념이 제시되고 이것이 권력이나 권위라는 개념과 연결된다. 끝으로 리더십 스타일이 사회심리체계에 미치는 영향이 논의된다.

제6부는 복잡한 조직 내에서의 관리체계(managerial system)를 의사결정에 초점을 맞추어 다루고 있다. 정보결정체계가 계획기능과 통제기능에서 차지하는 역할이라는 관점에서 언급된다. 결정 작성과정과 특수한 관리업무를 고찰하기 위한 배경적 지식으로서, 개방체계(open system)와 폐쇄체계(closed system)라는 개념이 상세하게 소개된다. 전형적인 관리기법들이 상대적으로 폐쇄된 체계나 계량적 의사결정에 유용하다는 관점에서 논의된다. 의사결정의 행태적 측면(예컨대, 가치와 윤리적 고려 등)은 조직의 개방체계모형과 관련하여 다루어진다. 계획기능과 통제기능은 조직의 활동을 조정시키는 수단으로서 검토된다.

제7부에서는 체계의 개념이 재강조되고, 조직이론 및 관리실천에 있어서 상황 접근적 관점을 강조하고 제도나 문화에 따라서 조직을 비교분석할 수 있는 모형을 세워 본다. 그러한 틀은 사회의 다양한 기초적 조직들 — 병원, 대학, 공공정부기관, 그리고 기업들 — 을 분석하는 수단을 제시해 줄 것이다. 끝으로 제24장에서는 미래의 조직과 관리가 예시된다. 그들은 조직이론의 진화적 성질을 염두에 두고 조직에서의 경향과 발전 그리고 미래의 관리의 역할에 관한 저자들의 생각을 피력하면서 끝을 맺는다.

여기서는 Kast와 Rosenzweig의 연구 중 체계접근법(systems approach)과 상황적응적 접근법(contingency approach)을 보다 자세하게 살펴보기로 한다.

조직과 조직의 관리에 대한 체계적 관점은 Kast와 Rosenzweig가 저술한 「조직과 관리」의 기본적인 개념적 틀을 제공하고 있다. 하나의 체계란 둘 이상의 상호의존적인 부분, 구성체 그리고 하위체계로 구성되어 있으며 조직화된, 독특한 전체로서, 체계는 명백한 경계에 의해서 그것의 상위환경체계와 구분지어진다.

우리는 모든 유형 — 크고 작은, 공식적이고 비공식적인, 간단하고 복잡한, 그리고 다양한 활동과 기능과 관련된 — 에 적합한 조직의 일반적 개념과 개념적 모형을 필요로 한다. 그들은 일반체계이론에서 사용되고 있는 핵심개념들로서, ① 하위체계(subsystem)나 구성요소, ② 신비주의(holism), 시너지즘(synergism), 유기체론, ③ 개방체계관, ④ 투입-전환-산출모형, ⑤ 체계의 경계, ⑥ 부의 엔트로피(negative entropy), ⑦ 안정상태, 동태적 균형, 자동조절장치(homeostasis), ⑧ 환류, ⑨ 계층제, ⑩ 개방체계의 등종국성(equifinality) 등을 소개하고 있다.

체계이론의 역사를 살펴보면서 멀리 M. P. Follet 여사로부터 C. Barnard, G. Homans 그리고 Katz와 Kahn에 이르기까지의 이론을 소개하고 있다.

Kast와 Rosenzweig는 조직에 대한 통합적인 체계라는 견해를 제시한다. 조직은 경계를 중심으로 조직환경과 구분된다. 조직은 개방적이고 사회기술적인 체계로서 여러 개의 하위체계, 즉, 목표와 가치하위체계, 기술하위체계, 심리사회적 하위체계, 구조적 하위체계 그리고 관리적 하위체계로 구성되어 있다. 조직은 환경으로부터 에너지, 정보 그리고 물질 등의 투입을 받아서 이들을 전환시켜 환경에 산출로서 보낸다. 조직은 단순한 기술이나 사회체계가 아니라 인간들의 제 활동과 노력들을 구조화시키고 통합시킨다.

조직 내부는 몇 개의 하위체계로 구성될 수 있다. 조직의 목표와 가치는 이들 하위체계 중 가장 중요한 것 중 하나이다. 조직은 광범위한 사회문화적 환경으로부터 많은 가치를 찾아낸다. 특정사회의 하위체계로서 조직이 광범위한 체계에 의해 결정된 어떤 목표를 달성해야 한다는 것은 기본적 전제이다. 그 조직은 사회를 위해 기능을 수행하며, 만약 조직이 투입을 받아서 성공적으로 목표를 수행하려면 사회적 요구에 따라 행동해야 한다.

기술적(technical) 하위체계는 과업수행에 필요한 지식을 가리키는 것으로, 이 것은 투입을 산출로 전환시키는 데 사용되는 기법들을 포함한다. 그것은 조직에 필요한 업무의 조건에 따라서 결정되며, 특정한 행위에 따라 달라진다. 자동차 공장에 필요한 기술은 석유회사, 전기회사, 대학교, 병원 등에 필요한 지식과는 다르다. 기술적 하위체계는 필요한 지식과 기술의 전문화, 포함되는 장비의 유형 등에 따라 모양이 결정된다. 기술은 조직의 심리사회적 체계는 물론 구조에도 영향을 미친다.

모든 조직은 심리사회적(psychosocial) 하위체계를 가지고 있는데 그것은 상호작용하는 개인들과 집단들로 이루어져 있다. 심리사회적 하위체계는 개인의 행태와 동기, 지위와 역할 관계, 집단역학, 그리고 영향력체계로 이루어진다. 그것은 역시 조직구성원들의 감정, 가치, 태도, 그리고 희망에 의해 영향을 받는다. 확실히 그것은 조직 내부의 과업, 기술 그리고 구조에 의해서뿐만 아니라 외부환경에 의해서도 영향을 받는다. 이런 외부 영향요인들은 조직구성원들이 역할과 활동을 하는 범위 안에서 '조직문화'를 만들어내기도 한다. 따라서 여러 가지 다양한 조직들간에는 매우 상이한 심리사회체계가 있을 수 있다는 것을 기대하게 된다. 제조업의 생산근로자들에게 적합한 조직문화는 연구소의 연구자들이나 병원의 의사들에게 적합한 조직문화와는 다르다는 것이다.

구조(structure)는 조직의 업무가 분업화되고 통합되는 방법을 포함한다. 공식적인 의미의 구조는 조직기구 도표에 의해, 지위나 직무기술에 의해 그리고 규칙이나 절차에 의해 표현된다. 구조는 권위, 의사소통 그리고 업무흐름의 양식(pattern)에 관한 것을 포함한다. 조직구조는 기술 하위체계와 사회심리적 하위체계를 공식적으로 연결시켜 준다. 그러나 조직구조는 그들을 완전하게 연결시켜 주지는 못한다.

관리적(managerial) 하위체계는 전 조직에 걸쳐 있는데, 조직과 조직의 환경을 연결시키고 목표를 설정하며, 포괄적이며 전략적이고 운영적인 계획을 작성하고, 통제를 하는 것이다. 즉, 관리적 하위체계는 기술을 유도하고, 사람과 다른 자원을 조직화한다. 관리체계는 관리의 수준에 따라서 운영적 하위체계, 조정적 하위체계 그리고 전략적 하위체계로 나누어질 수 있으며 이들은 각각 하위관리자, 중간관리자 그리고 최고관리자의 기능에 부합한다.

체계개념은 조직을 연구하는 데 있어서 거시적 패러다임(paradigm)을 제공해 주지만 그것은 상대적으로 일반화 수준이 높다. 그러나 상황적응적 관점은 보다 구체적이며, 하위체계간에 나타난 관계의 보다 세부적인 특성이나 유형들을 강조하는 경향이 있다. 이론은 관리 실천을 촉진시키고 개선시키려는 데서 매우 긴요하다.

조직과 관리에 관한 연구에 있어서 상황적응적 관점이란 하나의 조직은 여러 개의 하위체계로 구성되며 경계에 의해서 조직환경과 구분된다는 것을 함축하고 있다. 그 관점은 하위체계간의 상호의존성을 이해하려 할 뿐만 아니라 조직과 환경과의 관계도 이해하려 하며, 변수들간의 관계의 유형이나 형상을 정의하려고 노력한다. 그것은 조직의 다변수적 성질을 강조하며, 조직이 변화하는 조건 아래서 그리고 구체적 상황에서 어떻게 작용하는가를 이해하려 한다. 상황적응적 관점이란 궁극적으로 특정한 상황에 가장 적합한 조직의 설계와 관리행위를 제시하려는 것이다.

상황적응적 견해는 개별조직의 환경과 내부의 하위체계들은 어느 정도 독특하다는 것을 인정하며 구체적인 조직들을 설계하고 관리하기 위한 기초를 제시해 준다. 상황적응적 관점은, ① 조직과 관리에는 보편적 원리가 있다는 견해와 ② 개별조직은 독특하며 각각의 상황은 별도로 분석되어야 한다는 견해의 중간 정도에 놓여 있는 것이다.

상황적응적 견해에 있어서 중요한 가정 중의 하나는 조직과 조직환경 그리고 다양한 조직의 하위체계들이 서로 조화를 이루어야 한다는 것이다. 가장 우선적인 관리의 역할은 이런 조화를 극대화시키는 것이다. 조직과 조직환경간의 적합성 그리고 적절한 내적 조직설계는 효과성, 능률성 그리고 참여자의 만족을 더욱 크게 할 것이다.

상황적응적 견해는 상이한 유형의 조직들에는 적합한 관계유형이 있으며, 이런 관련변수들이 어떻게 상호작용하는지를 이해하는 데 도움을 줄 수 있을 것이라고 주장한다. 따라서 상황적응적 분석은 관계의 유형에 관하여 일반적인 결론에 도달하게 한다.

즉, 안정적이고 기계적인(stable-mechanistic) 조직형태는, ① 환경이 비교적 안정적이고 확실할 때, ② 목표가 잘 정의되고 계속적일 때, ③ 기술은 상대적으로 일정하고 안정적일 때, ④ 일상적인 활동들로 이어지며, 생산성이 주요한 목표일 때, 그리고 ⑤ 의사결정이 프로그램화되어 있으며, 조정과 통제체계가 매우 엄격하게 구조화되어 있고 계층적인 체계로 운영될 수 있을 때 더욱 적합하다.

한편, 적응적이고 유기적인(adaptive-organic) 조직형태는, ① 환경이 상대적으로 불확실하고 소용돌이칠 때, ② 목표가 다양하고 변동할 때, ③ 기술이 복잡하고 동태적일 때, ④ 창조성과 혁신이 강조되는 비일상적인 업무가 많을 때, ⑤ 발견적(heuristic) 의사결정과정이 활용되며 상호조절과정을 거쳐 조정과 통제가 이루어지고 체계는 보다 덜 계서적이며 융통성이 많을 때 더욱 적합하다.

조직의 다변수적 속성을 주시한다면 관리자들이 "그 이론은 일반적으로 적합하지만 우리 조직에서는 적용되지 않는다"고 말하는 것은 하나도 이상하지 않다. 관리에 대한 상황적응적 접근의 도입은 행동을 위한 적절한 지침을 제공한다. 상황적응적 접근은 조직간의 유사함과 상이함을 둘 다 인정한다.

체계개념과 상황적응개념은 복잡한 상황을 보다 확실하게 이해하게 하며 적합한 관리행동의 유사성을 증대시킨다. 일부 관리자들은 직관적으로 이들 개념을 활용하지만 대부분은 그렇지 못하다.

체계개념 그리고 상황적응개념과 관련된 조사연구들은 관리자들이 실제로 활용할 수 있는 일련의 지식을 제공하고 있다. 예컨대, 그것은 관리자로 하여금 일정한 환경적 맥락과 기술적 맥락에서 적합한 조직을 설계할 수 있도록 도와줄 수 있다. 또한 그것은 상이한 상황 속에서 실제적인 기획과 통제를 위한 지침을 제공할 수 있다. 그리고 그것은 적절한 리더십 스타일을 결정하는 데 도움을 줄 수 있으며, 조직변화나 조직개선을 위한 가장 적절한 수단을 결정하는 데 기여할 수 있다. 체계개념과 상황적응개념은 모든 조직을 관리하는 데

필요한 일반적인 원칙을 제공할 수는 없지만 구체적인 상황에 있어서 조직을
진단하고 관리적 행동을 하는 데에 중요한 지침을 제시할 수는 있다.

참 | 고 | 문 | 헌

Kast, Fremont E. & James E. Rosenzweig, *Organization and Management: A System
  and Contingency Approach*, 3rd ed., New York: McGraw-Hill Book Company,
  1979.

_____, *Experimental Exercises and Cases in Management*, New York: McGraw-Hill
  Book Company, 1976.

James D. Thompson의
행동하는 조직*

I. Thompson의 학문세계

어느 학문분야에서든 하나의 전문서적이 발간된 후 20여 년이 흐른 후에도 그 책이 그 분야의 사람들에 의해 여전히 활발하게 인용되고 있고, 또한 연구의 대상이 되어 많은 논문들을 이끌어 내고 있다면 그 책은 명백히 그 분야의 고전이라 일컬을 수 있을 것이다. James Thompson의 「행동하는 조직」 (Organizations in Action, 1967)은 그러한 면에서 조직론의 고전이라고 칭해도 전혀 무리가 없다.

1920년에 태어나 다른 미국 청년들처럼 제2차 세계대전에 미 육군으로 참전했던 Thompson은 종전 후 Indiana University에서 대학 생활을 시작, 1949년에 당초 전공하려고 했던 저널리즘 대신 사회학을 전공하기로 마음먹고 University of North Carolina의 사회학 박사과정에 입학했다. 그 곳에서 그는 군에서의 경험을 살려 3년에 걸친 '공군기지 프로젝트'에 참여하기도 했으며, 그 과정에서 많은 사회학자들과 교류를 갖게 되었다.

박사학위를 받은 후에 그는 Cornell Universty에서 교수로서의 첫발을 내딛게 되는데, 그 대학교에 재직하는 동안 줄곧 그의 재능을 아끼던 경영행정대학원장 Edward Litchfield와 우호적인 관계를 맺게 된다. 그러한 호의적인 상황에서 Thompson은 자신의 학문에 깊숙이 침잠하면서 동시에 조직을 연구대상으로 삼고 있는 다른 학문 분야(예를 들어 경영학 또는 행정학 등)에도 깊은 관심을 기울이기 시작하였으며, 또한 학문과 현실과의 괴리를 줄이려는 시도도 하게 되었다. 그러는 동안 점차로 Thompson은 조직에 대한 보다 완전한 이해를 위해서는 조직을 연구하고 있는 여러 학문분야들의 통합이 절대적으로 필요하다는

---

* 김주엽: 충북대학교 경영학과 명예교수.

생각을 하게 되었고, 그러한 그의 생각의 결과가 마침내는 현재 조직이론에 관한 학술지로 최고의 권위를 인정받고 있는 Administrative Science Quarterly의 창간으로 나타나게 되었다. Thompson은 또한 스스로 이 학술지의 초대 편집장을 맡아 심혈을 경주함으로써 이 학술지의 성격형성과 성공에 커다란 공헌을 하였다.

그 뒤에 Litchfield를 따라 University of Pittsburgh로 옮겼던 Thompson은 Litchfield가 행정업무에 매달려 그와의 관계가 소원해지자 Indiana University로 다시 돌아갔다. 그 곳에서도 조직을 연구대상으로 하는 학문들간의 통합 및 이론과 현실 사이의 괴리를 줄이려는 Thompson의 노력은 계속되었고, 그러한 그의 노력은 드디어 *Organizations in Action*이라는 명저로 결실을 보았던 것이다. 1968년 Indiana University를 떠나 Vanderbilt University에 정착한 Thompson은 그 뒤 5년 동안 학교 행정업무와 자신의 학문적 성숙에 마지막 정열을 바치다가 1973년에 53세라는 아까운 나이로 많은 동료 조직학자들의 아쉬움 속에 눈을 감았다.

Thompson이 조직이론의 발전에 공헌한 바를 한마디로 요약한다면, 앞에서도 언급하였듯이 여러 학문분야에서 이루어지는 조직에 대한 연구들을 한데 엮는 일에 힘을 쏟았다는 것일 것이다. 1950년대와 1960년대에 걸쳐 조직학계는 그 연구대상인 조직 자체가 거대화, 복잡화함에 따라 심각한 학문적 분화를 겪고 있었는데, Thompson은 이러한 추세를 학문이 성숙하는 과정에서 필연적으로 나타나는 현상으로 받아들이면서도, 조직에 대한 보다 나은 이해를 위해서는 이들 학문들간의 교류 증진과 통합 노력 또한 절대적으로 필요한 것으로 인식하고 있었다. Thompson은 자신이 고안해 낸 독창적인 typology나 추상적인 개념들을 매개수단으로 하여 조직이론의 통합에 접근하고자 했으며, 이렇게 마련된 통합이론들로 현실을 설명해 낼 수 있는지를 계속적으로 검토하였다. 그러한 그의 노력을 우리는 그의 저서 Organizations in Action에서 뚜렷하게 찾아볼 수 있다.

II. 행동하는 조직

Thompson은 서문에서 이 책의 목적이 복합조직(Complex Organizations)을 연구대상으로 삼고 있는 여러 학문들을 몇 가지 중요한 측면에서 한데 묶을 수 있는 어떤 사고틀을 식별해 내고자 함에 있다고 밝히면서 그러한 자신의 의도를 책머리부터 철저하게 반영하고 있다.

먼저 Thompson은 조직을 연구하는 두 가지 중요한 전략, 즉 개방시스템 전략과 폐쇄시스템 전략을 한 틀 속에 엮으려고 시도한다. 폐쇄시스템 전략은 조직이 환경으로부터 완벽하게 폐쇄되어 있거나, 그 조직에 끼치는 외부의 영향력이 충분히 예상 가능하다는 가정에서부터 출발한다. Thompson에 의하면, 이러한 가정하에서는 조직은 외부환경에 의해 야기되는 불확실성이 제거된 확실한 상황 아래에 놓이게 되고, 따라서 조직은 자신의 목적을 가장 능률적으로 달성하는 합리적인 조직의 설계에 초점을 맞추게 된다는 것이다. 그와는 대조적으로 개방시스템 전략은 조직이 환경으로부터 완전히 격리될 수 없을 뿐만 아니라, 환경을 구성하는 변수들을 우리가 전부 알 수도, 통제할 수도 없기 때문에 조직은 어쩔 수 없이 환경의 변화에 영향을 받게 되며, 따라서 조직의 목적은 이러한 불확실한 환경의 변화에 잘 적응하여 생존해 나가는 데 있다고 보는 입장이다. 결론적으로 폐쇄시스템전략의 행동규범은 능률이고, 개방시스템 전략의 행동규범은 환경 적응력이라고 할 수 있다.

전통적으로 이 두 전략은 조직의 목적에 대해 완전히 다른 입장을 취하기 때문에 한 틀 속에서 결합될 수 없는 것으로 인식되어 왔으나, Thompson은 이 두 전략이 조직의 서로 다른 실상을 보여주고 있으므로 결합이 가능하다고 주장한다. Thompson은 조직을 어떤 결과를 산출해야 하는 유목적적(有目的的) 실체로 정의하고, 조직은 목적달성을 위해 이치에 맞거나 합리적인 행동을 할 것으로 기대된다면서, 이러한 조직의 측면은 폐쇄시스템의 전략에서 파악되는 조직 측면이라고 하였다. 그러나, 조직은 또한 자신이 처한 외부 환경이나 조직 내부에서 사용하고 있는 기술의 불완전성으로부터 야기되는 불확실성에 직면하고 있기 때문에 이에 대한 적응이 중요한 것인데, 이는 조직을 개방시스템 전략으로 본 측면이라고 한다.

얼핏 보기에 패러독스처럼 보이는 이 두 입장의 결합을 Thompson은 제한된 합리성하에서의 의사결정모형(Simon, 1957)의 생각을 빌려 풀어내고 있다. 즉, 그는 조직에서 가장 합리적인 행동이 일어나는 부분은 기술적 하부조직인데, 이 하부조직은 대체로 조직의 내부를 구성하는 반면, 조직의 적응행동이 주로 나타나는 제도적 하부조직은 조직의 바깥 쪽을 구성한다는 것이다. Thompson에 따르면, 이 두 전략을 한데 묶기 위해서는 또 하나의 하부조직이 필요하게 되는데, 이것이 바로 관리적 하부조직이다. 이 하부조직은 한편으로는 조직으로 하여금 환경의 변화에 적응하도록 제도적 하부조직을 돕고, 다른 한 편으로는 불완전하지만 기술적 하부조직이 만족할 만한 합리성을 확보할 수 있 도록 하기 위하여, 예기치 못한 환경의 변화로 인해 발생되는 불확실성으로부 터 기술적 하부 조직을 구성하는 기술 핵심(technical core)을 가능한 한 보호하 려는 여러 가지 행동 수단을 강구한다는 것이다. 그는 조직이 이러한 '합리성 규범'(norm of rationality)을 좇아 공통적으로 나타내는 행동유형을 기준으로 다 양한 조직을 한 틀 속에 묶어 구분할 수 있으며, 그러한 구분방법이 조직을 연 구하는 여러 학문을 하나로 엮는 사고틀을 제공할 수 있을 것으로 기대했다.

　　Thompson이 설명하고 있는 복합조직(complex organization)의 행동을 보다 잘 이해하기 위해서는 우선 기술이라는 개념을 분명하게 해둘 필요가 있는데, "사람들이 원하는 결과를 가져올 것으로 믿고 행한 어떤 행위들이 바라던 결과 를 가져오는 한 우리는 기술(technology) 또는 기술적 합리성(technical rationality) 이 나타난 것으로 말할 수 있다."라는 Thompson의 말에서 보듯 그는 기술을 대단히 포괄적인 개념으로 정의하고 있다. Thompson은 이렇게 정의된 기술을 다음의 세 가지 형태로 구분했다.

1) 장치형 기술(裝置型 技術, long-linked technology): 이 기술은 각 생산 행위 들이 연쇄적으로 상호 관련성을 맺고 있는 형태로, 행위 C는 행위 B가 성공적으로 완전히 끝난 후에, 또 행위 B는 행위 A가 성공적으로 완료 된 뒤에야 수행될 수 있음을 그 조건으로 한다. 이의 좋은 예로서는 대 개의 제조업에서 기본적으로 활용하고 있는 대단위 생산의 조립공정을 들 수 있을 것이다. 이 장치형 기술이 표준화된 한 제품을 일정한 시간 간격으로 반복 생산하고 있을 때에는 기술의 비합리적 측면을 완전히 배 제하는 수단적 완벽성(instrumental perfection)을 추구한다. 과학적 관리운 동이 이 방면에서 커다란 공헌을 했다고 할 수 있다.

2) 중개형 기술(the mediating technology): 이 기술은 상호관계를 맺고자 하는 고객들을 연결해 주는 기술을 말한다. 예를 들면 은행은 예금주와 대출 자를 연결해 주고, 보험회사는 공통적으로 직면하고 있는 위험에 합심하 여 대처하고자 하는 사람들을 연결하여 준다. 또한 우체국은 실질적으로 현사회의 모든 구성원들 사이를 연결하여 주고 있고, 인력회사는 인적 자원의 공급과 수요를 중개하여 주고 있다.

3) 집약형 기술(the intensive technology): 어떤 조직들은 어느 특정한 대상에

변화를 초래하기 위해서 몇 가지의 다양한 기법들을 함께 사용하게 되는
데, 이러한 다양한 기법들의 선택이나 조합, 적용 등은 대상 그 자체로
부터 얻어지는 환류에 의해서 결정이 된다. Thompson은 이 기술형태를
집약형 기술이라고 명명하였다. 그 대상이 인간일 때에 우리는 이 기술
을 일컬어 '요법'이라는 말을 쓰는데, 전형적인 예로 종합병원에서 쓰고
있는 기술을 들 수 있을 것이다. (그러나 대상이 꼭 인간일 필요는 없는데,
그 좋은 예를 연구활동에서 찾을 수 있다.)

Thompson은 조직이 합리적이기 위해서는 이러한 기술을 사용하여 생산활
동을 하고 있는 기술 핵심(technical core)을 환경의 영향력으로부터 보호해 낼
수 있어야 한다고 주장한다. 그는 그 방어수단으로서 조직의 투입 또는 산출
측면에서의 완충전략(buffering), 평준화전략(smoothing), 환경변화의 예측과 그
변화에 대한 대비책 마련(forecasting), 할당전략(rationing) 등을 들고 있다.
Thompson은 합리적 규범을 따르는 조직은 이러한 전략들을 통하여, 환경의 변
화에 완전히 내맡겨져 있는 것이 아니라, 환경이 주는 영향력을 어느 정도까지
는 통제할 수 있다고 주장했다.

조직은 위와 같은 방법으로 환경(보다 구체적으로는 과업환경)에 대한 의존도
를 줄일 수 있지만, Thompson은 이와 함께 조직의 설계(organizational design)를
통해서 조직환경이 초래하는 상황 변화의 충격을 어느 정도까지는 흡수할 수
있다고 했다. Thompson은 조직의 설계방식은 조직이 채택하고 있는 기술의 형
태에 따라 다르다고 주장하였다. 즉, 장치형 기술을 채용하고 있는 조직은 수
직적 통합(vertical integration)을 통해서, 중개적 기술을 채용하고 있는 조직은 서
비스를 제공받는 고객의 수를 증가시킴으로써, 또 집약형 기술을 채용하고 있
는 조직은 종합병원이 환자를 입원 조치하듯이 서비스 제공 대상을 자신의 영
향권역 속으로 집어 넣음으로써 활동영역(domain)을 넓힐 수 있고, 이를 통해
환경으로부터 받는 영향력을 줄일 수 있다고 주장하고 있다.

또한 Thompson은 기술과 조직구조의 관계에 대해서도 언급하고 있다. 그에
의하면, 합리성 규범을 따르는 조직은 목적을 제한적이나마 합리적으로 달성하
기 위해서는 부문화(部門化: departmentation)를 수행하고 이들 사이의 관계를 엮
는 과정이 필요한데, 이러한 조직의 내적 분화과정과 분화된 부문 사이의 관계
정립 유형이 조직구조로 나타난다고 했다. 그러면서 Thompson은 조직이 채용
하고 있는 기술형태가 조직구조의 형성에 영향을 준다고 주장함으로써 기술을

구조의 원인변수로 보았다(그러나 그는 조직의 환경이나 권력구조 등도 조직구조의 형성에 영향을 미친다고 주장함으로써 기술결정론자의 입장에 서지는 않고 있다). 그는 조직이 장치형 기술을 채용하고 있을 때에는 수행되는 과업이 연쇄적 상호관련성(sequential interdependence)을 가지게 되기 때문에 이들간의 조정은 사전계획에 의해 이루어지는 것이 바람직하다고 보며, 조직이 중개형 기술을 채용하고 있을 때에는 조직의 과업이 연합적 상호관련성(pooled interdependence), 즉 과업끼리는 직접적인 의존관계를 가지지 않으나 중개자를 통해서 연결되어 있기 때문에 이들은 표준화에 의해서 조정이 가능하다고 본다. 예를 들어 은행은 양쪽의 고객에 제공하는 서비스를 표준화(standardization)함으로써 이 두 가지를 효과적으로 연결할 수 있다는 것이다. 조직이 집약형 기술을 채용하고 있을 때에는 조직의 과업이 환류의 형태로 서로에게 직접적인 영향력을 행사하고 있으므로 이들 과업들은 왕래적 상호관련성(reciprocal interdependence)을 가지게 되고, 이러한 경우에는 상호적응에 의한 조정(mutual adjustment)이 효과적일 것이라는 것이다. 그런데, 왕래적 상호관련성을 가진 과업들을 조정하는 것이 가장 비용이 많이 들기 때문에 합리성 규범을 따르는 조직은 이 과업들을 한 부문(department)으로 묶어서 상호적응에 의한 조정을 쉽게 하고, 각 부문들 사이의 관련성은 연쇄적이거나 연합적인 것으로 가져가려 한다고 Thompson은 주장한다.

그는 또한 계층(hierarchy)에 대해서도 언급하고 있는데, 계층이라는 것은 상하관계라기보다는 왕래적 상호관련성을 가진 과업들이 너무 많아서 그들을 한 부서로 묶기가 어려울 때에는 그들 과업들 중 가장 관련성이 높은 과업들을 우선 묶어 집단화하고, 이 집단들을 다시 묶는 제2차 집단이 필요해지는데, 이 과정에서 계층이 생겨난다고 설명하고 있다.

Thompson은 환경과 조직구조의 관계에 대해서도 언급하고 있다. 그에 따르면 조직의 환경은 두 개의 차원으로 분석할 수 있다고 하였다. 한 차원은 환경이 안정적이냐 또는 변화가 심하냐 하는 차원이고, 다른 한 차원은 환경이 동질적이냐 또는 이질적이냐 하는 차원이다. Thompson은 환경이 안정적이고 동질적인 경우에는 조직이 기능적으로 분화될 필요가 없으며, 분화가 되더라도 매우 성질이 비슷한 부서들로 이루어질 것이라고 하면서, 이러한 조직은 규칙이나 일의 절차가 매우 발달된, 즉 공식화가 고도로 진행된 구조를 지니게 될 것이라고 했다. 조직의 환경이 안정적이긴 하나 이질적일 때에는 조직은 환경을 동질적인 여러 개의 하위환경으로 쪼개어서 각각을 책임지는 부서들로 하여금 관리하게 할 것이므로 결과적으로 조직은 기능적으로 분화가 되어 있고, 각 기능부서는 규칙이나 절차에 따라 일을 처리하는 구조를 발달시킬 것이라고 Thompson은 보았다. 조직의 환경이 동질적이긴 하나 변화가 심한 경우에는 조직의 분화는 주로 환경의 변화를 감지하는 능력을 강화하기 위한 경우에 한하여 이루어지는 반면에, 과업의 수행은 규칙이나 절차보다는 각 부서의 신축적인 적응력에 의존하게 될 것이므로 그 결과 조직의 구조는 각 부서가 상당한 권한을 부여받는 분권화 조직의 형태를 보이게 되며, 각 부서의 공식화 수준은 낮은 경향을 띨 것이라고 본다. 마지막으로 조직의 환경이 변화도 심하고 이질적일 경우 조직의 기능적 분화가 심화될 것이고, 동시에 각 부서들의 과업은 규칙이나 절차보다는 해당 하위환경의 변화에 대한 적응에 의해서 수행될 것이라고 주장하고 있다.

　　Thompson은 조직이 목표를 지향하는 합리적인 실체이기 때문에 평가가 이루어져야 한다고 보고, 조직의 기준을 제시하고 있다. Thompson에 의하면, 조직을 평가하기 위해서는 두 가지의 질문에 대한 대답이 필요한데, 그 하나는 바람직하다는 기준(standard of desirability)이 무엇이냐에 대한 대답이고, 다른 하나는 그러한 바람직한 기준에 관한 인과관계(cause-effect relations)에 대한 믿음이 확실한가에 대한 대답이다. 우리가 바람직한 기준이 무엇인가에 대해서 잘 알고 있고, 또 그런 기준에 관계된 인과관계에 대한 믿음도 확실하다면 평가기준은 능률의 극대화가 될 것이다. 그러나 바람직한 기준이 무엇인지는 잘 알고 있지만, 그에 관련된 인과관계에 대해서는 불완전한 믿음밖에 가지지 못하고 있다면 조직평가는 수단성(instrumentality), 즉 조직이 원하는 바를 성취하였느냐의 여부에 의해 판단될 것이다. 종종 바람직한 것의 기준이 애매할 때도 있는데, 그럴 때에는 준거집단이라는 개념이 필요하게 된다. 즉, 바람직한 것의 기준이 사회적으로 결정된다는 것이다. 바람직한 것의 기준이 애매하고 인과관계에 대한 믿음도 불완전한 경우를 우리는 조직의 제도적 수준에서 발견할 수가 있는데, 이 때에는 우리는 조직의 현재 성과를 과거의 성과와 비교하거나 또는 다른 조직의 성과와의 비교를 통해서 그 조직을 평가하게 된다.

　　Thompson은 조직을 구성하는 개인에 대해서도 중요한 언급을 하고 있다. 그는 개인은 다양하지만 조직을 구성하는 구성원들은 그러나 다행히도 어느 정도의 동질성 또한 갖추고 있다고 주장한다. 그는 만약 개개인들이 모두가 각양각색이라면, 이 또한 조직이 과업의 효과적인 수행을 위해 해결해야만 하는 중요한 불확실성의 한 요인일 것이기 때문에 구성원들의 동질성을 어느 정도 확보하는 것이 필수불가결하다고 주장하면서, 필요한 동질성은 문화(culture)에 의해서 확보되어진다고 보아 어떤 일정한 사회의 문화가 수행하는 역할을 강조하고 있다. 즉, 어떤 사회체계든지 그 구성원들에게 일정한 직업에 대한 경력경로나 기대감, 기준 등에 대해서 정하여 놓고 있기 때문에 사람들은 어떤 조직에 참여하면서 자신의 선택을 통해서 이미 상당한 동질성을 가지게 된다는 것이고, 이러한 구성원들의 동질성이 조직에게는 대단히 중요하다는 것이다.

개인과 조직의 결합은 양자가 지닌 교섭력에 따라 이루어지는데, Thompson에 따르면 대개의 장치형 기술처럼 일상적인 기술을 필요로 하는 직무에 대한 계약은 보통 단체교섭에 의해서 이루어지고, 집약형 기술을 내용으로 하는 직무인 경우에는 경력 초기에는 단체교섭에 의존하나, 경력이 쌓여 갈수록 개인 자신의 능력에 따라 계약이 이루어진다고 주장한다. 또한 그는 관리자의 경우에는 그 관리자가 조직의 합리성 확보에 따르는 문제를 해결하는 능력을 얼마나 지니고 있느냐 하는 명성에 따라서 그 관리자의 가치가 결정된다고 본다.

Thompson은 조직구성원이 행사하는 재량권(descretion)에 대해서도 언급을 하고 있는데, 그에 따르면 재량권의 행사는 조직의 합리성을 달성함에 있어 위협이 될 수도 있으나, 개인이 조직의 입장에서 행사하는 재량권은 조직의 성공을 위해서 대단히 중요한 것이라고 한다. 특히 조직환경이 불안정하고 이질적인 경우에는 계속적으로 환경을 평가하고, 지배연합(dominant coalition)이 선택한 목표를 수행할 적절한 기술을 선택하며, 그에 맞추어 조직을 설계하고 구조를 짜고 통제하며 조정하여야 하는데, 이를 위해서는 재량권의 행사가 대단히 중요하다는 것이다. Thompson은 재량권의 행사가 바로 관리(administration)의 본질을 이루는 것이라고 갈파하고 있다.

결론적으로 이 책에서 Thompson은 조직을 이해하기 위한 하나의 포괄적인 개념틀을 제시하기 위해서 다양한 측면에서 조직을 분석하고 있다. 그리고 그가 이 책에서 제시하고 있는 개념틀은 조직학자들에게는 오늘날까지 매우 중요한 길잡이 역할을 해 오고 있다. 즉, Thompson의 저서 「행동하는 조직」은 한 뛰어난 조직학자가 기존의 문헌과 자신의 생각을 바탕으로 하여 조직의 기술과 구조, 환경, 조직의 평가, 개인 및 관리자들의 재량권 등에 관한 사려 깊은 명제(propositions)들을 실어 놓은 책으로서, 이 책이 발간된 지 20년이 넘은 지금까지도 많은 후세 학자들로 하여금 수많은 연구들을 쏟아 내게 하고 있는, 조직학자에게는 대단히 귀중한, 그래서 꼭 한 번은 접해야만 하는 고전인 것이다.

참 | 고 | 문 | 헌

Thompson, J. D., *Organizations in Action*, New York: McGraw Hill Book Co., 1967.
Simon, H. A., *Administrative Behavior*, 2nd ed., London: The Macmillan Co., 1957.

Jeffry Pfeffer와 Gerald R. Salancik의 자원의존이론*

I. Pfeffer와 Salancik의 학문세계

예일 대학(Yale University)에서 사회심리학으로 박사학위를 받고 일리노이대학(University of Illinois at Urbana-Champaign)과 카네기 멜론 대학(Carnegie Mellon University) 등에서 조직론과 조직행태를 연구한 Salancik의 일관된 학문적 관심은 인간과 조직의 행태를 사회적 맥락(social context)에서 이해하는 것이었다(Weick, 1996). 그는 조직 내부변수만으로는 설명이 어려운 조직행태를 사회적 요구(social demands) 또는 사회적 활용(social uses) 등의 사회적 개념으로 이해하고 설명하였다. 따라서 환경의 불확실성, 조직의 상호 의존성, 그리고 희소한 자원을 둘러싼 조직간 갈등 등은 그의 여러 저작을 관통하는 기본적인 연구주제라고 할 수 있다.

Salancik이 동부에서 교육받은 반면, Pfeffer는 1969년 스탠포드 대학(Stanford University)에서 조직행태에 관한 논문으로 박사학위를 받았다. 그 후 그는 일리노이 대학(University of Illinois at Urbana-Champaign)과 버클리 대학(University of California, Berkeley)을 거쳐 1979년 이후 현재까지 모교인 스탠포드 대학에서 근무하고 있다. 9권의 책과 100여 개의 학술논문을 발표하는 등 왕성한 연구활동을 해온 Pfeffer의 초기 학문적 관심은 조직구조, 조직간 관계, 조직과 환경의 관계 등 거시적인 차원에서 조직을 연구하는 것이었다. 하지만 그의 최근 저작은 조직 내 인간의 중요성 특히 조직 내 권력관계와 관리자의 역할 등에 관하여 집중적인 논의를 하고 있다.

조직 환경과 조직 내 행위자의 중요성의 일견 상반되어 보이는 두 관점을 강조하는 *The External Control of Organizations: A Resource Dependence*

---

* 이근주: 이화여자대학교 행정학과 교수.

Perspective(Pfeffer & Salancik, 1978)는 조직행태를 새로운 시각으로 설명하고 있다. 자원의존이론은 관리자의 적극적인 역할과 환경에 대한 조작가능성을 인정함으로써 환경결정론의 한계를 극복하려는 이론적 논의인 것이다.

Ⅱ. 자원의존이론

조직이론은 크게 두 가지 접근법으로 나누어 볼 수 있다. 하나는 조직 내적인 변수에만 초점을 두고 조직의 행태를 분석하고 설명하는 것이며 다른 하나는 환경의 조직에 대한 영향을 인정하고 조직과 환경의 관계를 중심으로 조직을 이해하려는 관점이다. Pfeffer와 Salancik은 기존의 조직이론들은 내적 변수에만 관심을 가져왔다고 평가하고 있다. 그 결과 조직문제는 내적 변수들을 통제함으로써 가장 잘 해결될 수 있다는 개념적 편견이 형성되었다고 비판하고 있다. 자원의존이론은 조직의 올바른 이해를 위하여 조직행태를 결정하는 많은 요인들 중 환경의 중요성을 인식하고 특히 조직의 생존과 직결되는 자원의 공급자로서의 환경과 조직간의 관계에 관심을 두어야 한다고 주장하고 있다.

자원의존이론은 조직과 환경과의 상호관계에 초점을 두고 조직의 행태를 이해하고 있지만 환경이 조직의 운명을 결정한다는 환경결정론을 따르고 있지는 않다. 그와는 반대로 조직의 생존과 발전에 대한 환경의 영향력을 인정함과 동시에 조직도 스스로의 생존확률을 높이기 위하여 환경을 조작할 수 있는 점을 강조한다.

1. 조직의 효과성, 환경 그리고 제약

Pfeffer와 Salancik은 조직을 분석하는 데 있어서 조직의 효과성(effectiveness), 환경(environment) 그리고 제약(constraints)을 세 가지의 주요한 기본 개념으로 보고 있다. 조직의 효과성은 외부의 이해관계집단이 받아들일 만한 수준의 결과나 행동을 만들어 내는 능력으로 정의되고 있다. 조직의 효율성이 조직 내적인 관점에서 조직성과를 평가하는 기준이라면 조직의 효과성은 조직 외적인 관점에서 조직과 관련이 있는 이해관계집단의 요구를 충족시키는 정도와 관련이 있다. 충족도는 조직이 스스로 판단하는 것이 아니라 환경의 이해관계집단들이 각자의 기준을 가지고 평가한다. 따라서 조직이 효과성을 높이기 위해서는 누가 주요한 이해관계집단이며 그들의 평가기준은 어떤 것인가에 대한 명확한 이해가 있어야 한다.

조직의 효과성에 대한 이해는 조직이 직면하고 있는 환경의 중요성으로 이어진다. 자원의존이론은 환경을 조직에게 주어지는 것이 아니라 조직이 자신의 정보시스템을 이용하여 찾아내고 조직과의 관련성을 파악하는 과정에서 조직이 인지하는 것으로 본다. 조직을 둘러싸고 있는 모든 것들이 조직에 중요한 영향력을 행사하지는 않는다. 조직의 생존과 성장에 결정적인 영향을 미치는 것이 있는 반면에 그렇지 않은 것도 있기 때문이다. 또한 조직에 중요한 영향력을 행사하는 모든 이해관계집단을 조직이 쉽게 파악할 수 있는 것도 아니다. 어떤 집단이 어떤 경로를 거쳐 조직의 어느 부문에 어느 정도의 영향을 미치는가는 면밀한 검토를 거쳐야만 파악되는 경우가 많이 있다.

마지막으로, 조직과 환경의 관계의 올바른 이해를 위하여 모든 행동은 제약조건하에서 이루어진다는 점을 인식해야 한다. 제약조건은 법적·제도적 제약만을 의미하지는 않는다. 물리적 제약, 사회적 영향, 정보나 인지적 한계 그리고 개인적인 선호도 중요한 제약조건으로 작용한다. 상황을 정의하는 제약조건은 합리성을 가진 인간이나 조직이 어느 정도 상황에 맞는 규칙적인 행동을 하도록 하여 어느 정도 예측을 가능하게 한다. 조직의 의사결정과 행태는 주어진 상황에 맞게 이루어지는 것이지 무작위적으로 아무런 이유 없이 이루어지는 것이 아니라는 것이다.

2. 조직의 이해

Pfeffer와 Salancik은 조직을 하나의 연합(coalition)으로 보고 있다. 따라서 자원의존이론을 따르면 조직의 행태를 이해하는 데 조직의 공식적 목표나 임무 등은 도움이 되지 않는다. 이해관계의 연합으로서의 조직의 행태는 조직 내적인 요인에 의하여 결정되는 것이 아니라 환경으로부터의 압력에 대한 대응의 일환으로 형성되기 때문이다. 조직은 새로운 이해관계를 수용하거나 특정의 이해관계에서 벗어나기 위하여 활동목적과 영역을 바꾸기도 하고, 조직의 일부를 잘라내기도 하며, 명시적인 목표와는 관계가 없는 활동을 하기도 한다. 따라서 조직의 행태를 올바르게 설명하려면 조직의 연합적 특성에 관심을 두어야 하며 동시에 조직이 환경으로부터 받는 영향에 어떻게 대응하는가를 살펴보아야 한다.

자원의존이론의 이러한 거시적 차원에서의 조직에 대한 이해와 설명은 조직과 환경과의 구분을 보다 명확하게 해주는 이점이 있다. 미시적 혹은 개인적인 차원에서 조직을 분석할 경우 조직과 환경의 구분은 어려운 문제가 된다. 하지만 조직을 상호 연관되고 조정되는 활동으로 이해한다면 조직과 환경의 구분은 좀더 명확해진다. 조직은 조직 내부의 활동과 관련된 재량은 갖고 있지만 조직 밖의 활동에 대하여는 재량이 거의 없다. 조직과 환경의 경계 근처에서는 조직과 환경이 특정 활동에 대한 재량권을 공유한다. 따라서 하나의 행동을 통제하는 재량이 그 조직보다는 환경에 더 많이 있게 되는 점이 조직의 경계가 된다.

3. 조직의 자원의존성

자원의존이론은 어떠한 조직도 자급자족할 수 없으며 환경으로부터 필요한 자원(resources)을 교환하지 못한다면 살아남을 수 없다는 가정에서 출발한다. 환경은 조직의 생존과 성장에 필요한 중요한 자원(resources)을 제공하는 원천이다. 정보, 재원, 물리적 자원 및 사회적 합법성(social legitimacy) 등은 모두 조직의 생존과 번영에 직결되는 자원들로 조직이 환경으로부터 획득해야만 하는 것이다. 조직은 이러한 자원을 획득하기 위하여 그것들을 통제하고 있는 다른 집단과 상호작용을 하여야 한다. 이러한 의미에서 조직은 그 생존과 성장을 환경에 의존하고 있는 것이다.

조직은 필요로 하는 자원을 환경으로부터 획득해야 하기 때문에 생존과 성장에 필수적인 자원을 안정적으로 공급받기 위하여 환경의 요구(demand)를 잘 관리하여야 한다. 성공적인 관리는 조직이 효과적으로 환경의 요구에 대응하는 것을 말한다. 조직의 생존과 성장에 필수적인 자원을 통제하고 있는 환경집단을 확인하고 그들이 갖고 있는 평가기능을 충족시키는 조직이 효과성이 높은 조직이다.

4. 환경의 영향력

이미 지적했듯이, 환경의 모든 활동이 조직에 동일한 영향을 미치는 것은 아니다. 환경의 변화가 고립되어 일어나거나 다른 요소에 의하여 완충된다면 조직에 미치는 영향은 매우 미미할 것이다. 조직도 환경의 모든 변화를 감지할 수 없으며 감지된 변화의 영향력도 상대적인 차이가 있을 것이다. 때문에 조직이 모든 환경변화에 동일한 수준으로 대응할 수 있는 것은 아니다. 조직은 감지된 환경 변화들 중에서 중요하다고 판단되는 것에 대하여만 반응하게 된다.

Pfeffer와 Salancik은 환경의 구조적 특성을 집중도(concentration), 충분성(munificence), 그리고 상호 연관성(interconnectedness)의 세 차원으로 설명하고 있다. 환경의 이러한 구조적 특성은 참여자간의 갈등과 의존관계를 결정하며 갈등과 상호의존성은 다시 조직이 직면하는 환경의 불확실성 혹은 환경의 조직에 대한 영향력의 정도를 결정한다(그림 1) 참조).

┃ 그림 1 ┃ 조직환경의 제 차원간의 관계

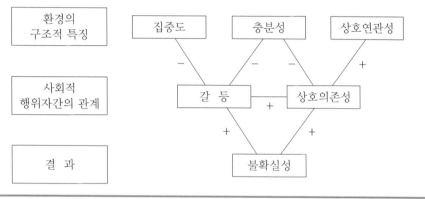

자료: Pfeffer & Salancik, 1978, p. 68.

환경의 상호연관성은 특별히 강조할 필요가 있다. 상호연관성이 큰 경우 체제 내 요소간에 상호의존성이 높아지며 조직은 더 높은 수준의 환경 불확실성과 불안정성을 경험하게 된다. 하나의 요소의 변화는 연결된 다른 모든 부분의 변화로 이어지기 때문이다. 더 문제가 되는 것은 이러한 변화의 발생시기와 결과를 예측할 수 없다는 것이다. 따라서 느슨하게 연결된(loosely coupled) 상황이야말로 조직의 생존 가능성을 높이는 중요한 안전장치인 것이다.

조직이 환경으로부터 획득해야 하는 자원이 조직의 생존에 결정적인 영향을 미칠 경우(criticality of resources) 조직은 환경에 더 의존적이 된다. 예를 들어 자원의 양은 한정된 반면, 조직은 많은 양의 자원을 환경으로부터 획득해야만 한다면 적은 양의 자원을 필요로 하는 경우보다 조직은 더 의존적이 된다. 특정 자원이 없이는 조직이 고유의 기능을 수행할 수 없는 경우에도 조직의 환경의존도는 매우 높아지게 된다.

자원의 분포 또한 환경의존도를 결정하는 중요한 기준이 된다. 자원이 소수의 집단에 의하여 통제된다면 조직은 그 자원을 획득하기 위하여 그것을 통제하는 집단에 더 높은 의존도를 보일 것이다. 하지만 소수의 집단이 자원을 통제하고 있다고 조직의 의존성이 반드시 높아지는 것은 아니다. 조직이 그 자원을 필요로 하지만, 다른 경로를 통해서 그 자원을 구할 수 있거나 대체재가 있을 경우 의존도는 낮아지게 된다.

조직의 환경의존도를 결정하는 또 다른 요인은 자원의 배분과 활용에 있어서 조직이 갖는 재량의 정도이다. 자원을 소유하고 있거나, 자원에 쉽게 접근할 수 있는 경우 또는 자원을 활용할 수 있는 권리가 있는 경우에 조직은 그 자원에 대한 재량권을 행사할 수 있다. 이 경우 조직의 환경의존도는 현격히 낮아지게 된다. 또한 자원의 배분과 활용에 대한 규칙을 정할 수 있는 권한도 중요한 요인이다. 그러한 권한은 조직의 자원 의존도를 결정할 수 있기 때문이다.

조직이 그 생존과 성장에 결정적인 영향을 미치는 환경에 적절하게 대응하기 위해서는 환경에 대한 정확한 이해가 우선되어야 한다. 하지만 다음과 같은 이유로 올바른 환경인식이 어려운 경우가 있다. 첫번째로는 상호의존성을 잘못 이해하는 경우이다. 새로운 조직이나 이슈의 등장은 그 중요성이나 다른 것과의 연관성이 쉽게 파악되기 힘든 경우가 많다. 두번째는 환경의 조직에 대한 요구(demand)를 올바르게 파악하지 못하는 경우이다. 환경은 조직 산출물의 사회적 중요성을 문제삼고 있는데 조직은 그 운영의 효율성에 초점을 두고 있는 경우가 그 예이다. 세번째로는 조직이 과거의 경험에 집착하고 있을 경우를 들수 있다. 과거의 성공은 조직의 구조나 과정에 투영되어 있으며 그 정도가 높으면 높을수록 조직은 새로운 환경변화를 정확하게 평가하지 못하게 된다. 마지막으로 다양한 환경의 요구를 균형 있게 받아들이기가 어렵다는 점을 지적할수 있다. 다른 이해관계집단은 서로 상충되는 입장을 갖는 것이 보통이며 이는 조직이 모든 이해관계집단을 만족시키는 방안을 만들어 내기 어렵게 한다.

이러한 실수를 범하기 않기 위해서 조직은 환경의 요구를 올바르게 평가하여야 한다. Pfeffer와 Salancik은 다음과 같은 기준을 제시하고 있다. 누가 무엇을 원하는가? 그것이 충족되는 것이 얼마나 중요한가? 마지막으로 하나의 요구를 충족시키는 것이 다른 요구의 충족에는 어떠한 의미가 있는가? 이 세 가지 기준을 활용하여 조직은 비교적 정확하게 다양한 이해관계를 구별해 내고 중요성을 비교할 수 있다.

5. 조직의 환경에 대한 대응

지금까지의 논의가 자원의존이론의 기술적 측면이라면 조직의 환경에 대한 대응은 처방적인 부분에 해당된다. Pfeffer와 Salancik은 조직은 스스로 찾아낸 환경에 단순히 반응(react)하는 것이 아니라 환경을 만들어 간다(enact)고 설명하고 있다. 기존의 환경을 자신에게 유리하도록 만들어 놓고 조직은 다시 새로운 환경에 적응하는 것이다. 이러한 활동은 조직관리자의 적극적인 전략적 역할이 없이는 불가능하다. 자원의존이론에서 관리자의 역할과 환경관리 전략을 강조하고 있는 것은 바로 이런 맥락에서 이해할 수 있다.

조직이 환경을 만들어 간다(enact)는 설명은 당시로서는 새로운 접근이었다 (McGowan, 1980). 당시로서는 조직의 환경은 외생변수로서 주어지는 것이지 조직이 영향력을 행사하여 변화시킬 수 있는 것으로 인식되지 않았다. 환경의 변화에 피동적으로 반응을 보이는 것을 넘어서 능동적으로 조직이 환경을 변화시킨다는 것은 새로운 발상이었다.

자원의존이론의 처방적인 부분은 조직관리자들이 환경으로부터 조직의 생존에 결정적인 영향을 미치는 자원들(재원, 인력, 및 기술적 지식 등)을 어떻게 획득하는가에 대한 분석에 그 초점을 맞추고 있다. 조직은 환경에 적응하기 위하여 조직의 구조를 변경할 수 있으며 동시에 조직의 생존에 가장 좋은 환경을 찾아 움직일 수 있다. 조직은 또한 환경을 변화시키기도 한다. 조직에 대한 새로운 수요를 창조하거나 조직에 도움이 되는 정부의 활동을 추구하는 것은 환경을 조직에 바람직한 방향으로 변화시키려는 노력이다. 또한 조직 내외에 있는 사람들이 환경과 조직을 어떻게 인식하는가에 대하여서도 조작하려 한다. 이러한 방법들을 통하여 조직은 조직의 생존에 필수적인 자원을 안정적으로 획득하려 한다.

(1) 조직 관리자의 역할

조직이 환경에 대한 전략적 행동을 구상하고 실현하는 데는 관리자의 역할이 필수적이다. 조직의 관리자는 다양한 역할을 수행한다. 우선 조직의 관리자는 상징적인 역할을 한다. 조직의 상징으로 조직의 성공과 실패가 관리자의 그것과 동일시된다. 관리자의 통제 밖에 있는 이유로 조직이 실패한 경우에도 실패를 이유로 조직의 관리자가 해고를 당하는 등의 일은 조직관리자의 상징적인 기능 때문이다.

조직의 관리자를 상징적인 인물로만 파악하는 것은 관리자의 실질적인 역할을 과소 평가하는 것이다. 관리자는 여러 가지 환경의 제약 속에서 의미 있는 관리기능을 수행한다. 첫번째로 관리자는 환경과의 관계에서 환경에 대응하는 역할(responsive role of management)을 할 수 있다. 관리자는 환경의 요구와 제약을 이해하고 그에 상응하는 조치를 취할 수 있다. 상황을 평가하고 상황적 제약에 어떻게 적용할 수 있을 것인가를 판단하고 적응과정을 고안하고 집행하는 것이다.

관리자의 또 다른 역할은 재량적 역할(discretionary role)이라고 할 수 있다. 조직이 가장 적응하기 좋은 환경을 만들기 위한 활동은 관리자의 중요한 역할 중의 하나이다. 따라서 조직이 처해 있는 제약조건의 내용과 상호의존성의 양태를 바꾸는 것이 관리의 중요한 임무가 된다. 조직이 환경으로부터 받는 제약은 진공 속에서 생기는 것이 아니다. 모든 제약은 그것으로부터 편익을 받는 집단의 지지가 있기 때문에 존재한다. 따라서 기존의 제약을 제거할 수 있을 만한 사회적인 지지와 자원을 동원할 수 있다면 조직은 기존의 환경제약을 바꿀 수 있게 된다. 관리자의 적극적인 개입과 활동은 바로 이러한 부문에 있어서 가장 큰 중요성을 갖는다.

(2) 의존성 완화 전략

조직은 환경으로부터 획득하는 자원에 그 생존과 성장을 의존하며 이러한 의존성은 환경의 불확실성을 높여 조직을 취약하게 만든다. 따라서 조직은 가능한 한 환경의존성과 불확실성을 최소화하려고 한다. 이러한 목적을 달성하기 위한 전략은 소극적으로는 조직이 환경에 적응하려는 노력이 될 것이며 적극적으로는 조직이 원하는 환경을 만들어 내는 활동을 포함한다.

소극적인 전략으로는 조직이 환경에 적응하기 위하여 조직의 목표, 구조 및 운영방식 등을 환경의 기준과 기대에 맞추는 피동적인 전략이다. 적극적인 것으로 조직이 환경에 대한 의존성의 본질을 변화시키기 위하여 환경을 조작하는 경우로 공격적인 전략이라고 할 수 있다. 조직의 합병, 다원화, 규제완화를 위한 정부에 대한 로비 등은 공격적 전략의 하나라고 할 수 있다.

Pfeffer와 Salancik은 조직의 환경의존성을 변화시키는 몇 가지 구체적인 전략들을 제시하고 있다. 첫번째로 논의하고 있는 것은 조직구조를 차별화(differentiation)시키는 전략이다. 차별화 전략은 조직 내의 하위단위간의 업무를 차별

화하여 상호의존성을 낮추는 것을 말한다. 조직의 각 하위단위간의 업무연관성
이 낮아지면 하나의 하위단위가 직면하는 환경에 대한 전략적 대응이 다른 하
위단위의 환경대응활동에 미치는 영향은 줄어들 것이다. 이 경우 조직 전반의
환경의존성은 줄어들지 않으나 의존성의 양태와 조직의 의존구조가 관리가 가
능한 형태로 바뀌기 때문에 전제 조직은 안정되게 된다.

　또 다른 전략은 조직활동을 다원화(diversification)시키는 것이다. 조직이 다양
한 활동에 개입하게 되면 조직은 그에 상응하는 다양한 환경의 요구에 직면하
게 된다. 하지만 각각의 요구는 조직 전체의 입장에서 보면 그 비중이 작기 때
문에 조직이 모든 요구에 대하여 반응을 보일 필요성이 줄어들게 된다. 조직은
필요에 따라 선별적으로 환경의 요구에 대응할 수 있게 되어 보다 효과적으로
환경의 요구를 충족시키고 그 결과로 안정적인 자원의 확보가 가능해진다.

　Pfeffer와 Salancik의 전략에 관한 논의에서 한 가지 아쉬운 점이 있다면 각
전략들이 상대적으로 어떠한 장점과 단점이 있으며 어떠한 상황에서 어떠한 전
략을 선택해야 하는가에 대한 논의가 충분히 되어 있지 않다는 점이다. 조직이
다양한 전략적 가능성 중에서 하나의 선택을 해야만 한다면 선택의 기준 및 준
거를 제시하는 것이 필요할 것이다.

📖 참 | 고 | 문 | 헌

McGowan, R. P., "Enacting the Environment: Organization Persistence and Change,"
　　Public Administration Review, Jan/Feb. 1980, pp. 86~91.
Pfeffer, J. & G. R. Salancik, *The External Control of Organizations: A Resource
　　Dependence Perspective*, New York: Harper & Row Publishers, 1978.
Weick, K. E., "An Appreciation of Social Context: One Legacy of Gerald Salancik,"
　　Administrative Science Quarterly, 41, 1996, pp. 563~573.

Thomas A. Kochan, Harry C. Katz 그리고 Robert B. McKersie의 전략적 선택이론*

Ⅰ. Kochan, Katz 그리고 McKersie의 학문세계

   Thomas A. Kochan, Harry C. Katz 그리고 Robert B. McKersie(이하 KKM)는 노사관계학, 경제학, 경영학에서 학문적 훈련을 달리 받았으나 공통적으로 기존 이론에서 피동적인 대상으로 간주되었던 노사관계 당사자의 역할을 재해석하면서 이들 주체의 입장에서 노사관계시스템을 설명하고자 노력하였다. KKM이 그들의 지적 인생 경로에서 찾은 최고의 팀 작업은 세 명 공저로 출간된 The Transformation of American Industrial Relations(이하 Transformation)이다. 여기에서 그들은 미국 노사관계 변화를 분석하여 결정론에 경도되었던 기존 노사관계 시스템 이론을 동태적으로 재구성하였고 이를 전략적 선택 이론으로 구체화하였다(Kaufman 2004).

   Kochan은 제도학파의 입장에서 미국 노사관계학 이론을 정립한 위스콘신대학교 노사관계학과에서 1973년 박사학위를 취득하였다. 취득 직후 코넬대학교 노사관계학과에서 7년 동안 교수로 재직한 후 1980년 MIT대학교로 이직하여 현재까지 Sloan School of Management를 대표하는 교수로 재직하고 있다. 그는 세 가지 영역에서 자신의 지적 인생경로를 개척하고 있는데 우선 이론가로서 그는 기존 이론적 틀에 머물지 않고 현실 속에서 이론을 적용하고 재해석하면서 이론적 지평을 확대하고 있다. 그는 연구 대상을 단체교섭에 국한하지 않고 무노조 작업장의 혁신과 인적자원개발을 위한 노사파트너십으로 넓혔고 노사관계학의 고용관계학으로의 확장을 주장하였다. 30여권의 저작활동을 통해 이론가로서 지위를 확고히 하는 동시에 학자간 공동 연구를 활성화하고 학계 네트워크를 강화하는데도 앞장서서 그는 1996년 미국경영학회의 인사 분야 최고상

---

* 임상훈: 한양대학교 경영학부 교수.

인 Heneman Career Achievement 상을 수상하였다. 한편, 그는 이론가로서뿐만 아니라 제도학파가 강조하였던 실천가의 길을 가고 있다. 특히 노사정 주체가 현실의 노사관계 문제를 해결하는데 도움을 주기 위해 법제도개선에 적극적으로 나섰다. 예로 클린턴 정부가 들어선 1993년 미국의 노사관계법·제도 개선을 위한 국회산하 '미래노사관계위원회(Dunlop 위원회)' 위원으로 위촉되어 2년간 위원회 활동을 주도하였다. 마지막으로 그는 노사간 갈등을 해소하고 상호 건설적인 관계를 형성하기 위해 노사분쟁조정자로 활동하고 있다. 그는 노사교섭에서 발생하는 노사갈등을 제3자의 입장에서 조정하는 사적조정인 및 중재인으로 활동하고 있다. 이러한 분쟁조정인으로서의 활동은 그의 전략적 선택 이론을 실제 단체교섭에 적용하는데 큰 도움을 주었다. 이러한 실제 적용을 통해 Kochan은 노사공동이익 실현을 위한 win-win 전략의 중요성을 제기하였다(Kochan 1994).

Katz는 캘리포니아 버클리 대학에서 1977년 경제학 박사학위를 받았고 곧장 MIT대학교에서 교편생활을 시작하였다. 8년의 MIT 생활을 마치고 그는 1985년 코넬대학교 노사관계학과로 옮겨 지금까지 근무하고 있다. 그도 Kochan과 마찬가지로 노사관계 이론가로서 그리고 동시에 실천가로서 역할을 수행하고 있다. 그의 대표적인 이론적 공헌은 비교노사관계 분야에서 나타났다. 그는 단체교섭 분권화의 경향성이 세계적으로 나타나는 동시에 국가간 제도와 주체의 전략적 선택의 상호작용으로 인해 상이성 역시 유지되고 있다는 점을 들어 Converging divergence 개념을 주창하였다(Katz, 1993). 그의 실천가로서 역할은 Kochan과 달리 GM, AT&T, UAW, CWA 등 자동차산업과 통신산업의 노사에 대한 활발한 자문의 모습을 띠고 있다.

하바드대학교 경영학과에서 박사학위를 받은 McKersie는 시카고대학교 경영대학 교수와 코넬대학교 노사관계학과 교수를 거쳐 1980년 MIT대학교에서 교수생활을 지속하고 있다. 그는 Transformation의 제삼저자이지만 그의 이론적, 실천가적 업적은 Kochan이나 Katz에 비해 결코 뒤지지 않는다. 그는 노사관계학의 고전이라 일컫는 'A Behavioral Theory of Labor Negotiation(1965)'를 저술하면서 Transformation이 주목한 노사관계학의 행태적 측면을 처음으로 이론화하였다. 또한 실천가로서 McKersie가 맡아온 역할은 Kochan이 스스로 밝혔듯이 그의 모범이 되기도 하였다. McKersie는 Transformation의 모태인 MIT의 '전환기 미노사관계 프로젝트'가 진행되었던 1981~1986년 기간 중에 후배교수인 Kochan과 Katz의 든든한 버팀목 역할을 하였다.

Transformation은 출간과 동시에 큰 반향을 일으켰다. 급기야 노동조합 간부가 미국노총(AFL-CIO) 공식 홈페이지에서 현직 노총 위원장의 위기 극복을 위한 제안이 포함된 책 대신 읽기를 추천하기도 하였다. Transformation은 노사관계 주체인 노사정이 현실의 문제를 분석하고 해결책을 찾는데 도움을 주는 것을 넘어 미국 노사관계 학계와 세계 노사관계 학계의 기존 논의를 한 단계 발전시키는 이론서로서 역할을 수행하였다. 책이 출판된 직후인 1988년 미국 경영학회(The Academy of Management)는 그해의 가장 훌륭한 학술저서로 Transformation을 선정하였다. 20여년이 지난 오늘 날까지 노사관계학도라면 반드시 읽어야할 고전이 되었고 제일저자인 Kochan은 세계적인 노사관계 연구자로 자리를 인정받으며 지적 리더십을 발휘하게 되었다.

아래 글에서는 Transformation의 내용을 요약하면서 KKM이 제기한 전략적 선택이론을 서술하고자 한다. 그리고 마지막 부분에서 전략적 선택이론이 한국 노사관계학에 주는 함의와 전략적 선택이론의 한계에 대해 간략하게 언급하도록 하겠다.

Ⅱ. Transformation과 전략적 선택 이론

1. KKM의 이론화 방식과 책의 구성

미국 학계는 1980년대 초반 나타난 단체교섭과 노사관계시스템의 변화를 두고 이를 어떻게 접근하여야 하는지 큰 논쟁에 휩싸였다. 변화는 대체로 세 가지 모습을 뜻하였는데 먼저 단체교섭이 관행대로 노사가 임금인상이나 고용안정을 둘러싸고 힘겨루기 방식으로 진행되기보다 이외의 사안에 대해 노조가 일방적으로 양보하는 방식으로 진행되는 모습을 보였다. 두 번째로 작업장에서 대립적 노사관계가 퇴조하고 협력적 노사관계가 발호하는 모습을 보였다. 마지막으로 지속적으로 노동조합 조직률이 하락하였다. 미국 노총(AFL-CIO)이 자기 반성과 재기를 위한 전략 구상에 들어간 것과 별개로 미국 학계는 이러한 변화가 일시적 조정을 의미하는지 혹은 노사관계시스템의 근본적 전환을 의미하는지 논쟁에 들어간 것이다.

KKM은 이 논쟁을 정면으로 다루기 위해 변화 현상을 논쟁적 이슈로 재구성하였다. 즉, 역사적 발전 과정에서 미국 노사관계 본질적인 모습을 드러내고 이 속에서 최근의 현상을 어떻게 바라볼 것인가 하는 질문을 제기한 것이다.

그들에 따르면 미국의 노사관계는 유노조와 무노조 고용시스템간의 역동적 상호작용 속에 형성되었으며 외형적으로는 노사관계가 안정적인 모습을 지니는 것처럼 보이지만 장기적으로 보면 근본적 특성이 시기별로 변화하였다. 예로 미국의 노사관계는 1930년대 이전과 이후가 근본적으로 다르며 1980년 이전과 이후는 근본적으로 다르다. 1930년대 이전 시기 노사관계는 법률적 지원의 부재 속에 무노조 고용 관행이 지배적이지만 1930년대 이후 노사관계는 노동법과 제도적 지원 속에 노사가 단체교섭을 중심으로 고용 관행을 정착시켰다. 그러나 1960년대 이후 1980년대까지 노조 조직률이 지속적으로 감소하는 속에서 사용자들은 세계화 진전으로 인해 새로운 시장 기회가 증가하는 기회를 맞이하여 단체교섭을 무노조 인적자원관리로 대체하였고 이는 근본적인 변화를 초래하였다.

KKM은 위와 같이 변화된 현상을 논쟁 이슈화하여 미국 노사관계가 근본적으로 전환되고 있다고 주장하였고 그 근거로 두 가지를 들었다. 하나는 미국 노사관계시스템을 둘러싼 환경이 근본적으로 변화하였다는 점이고 또 다른 하나는 환경변화에 대응하기 위한 노사정 등 노사관계 당사자의 전략적 선택과 가치가 근본적으로 변화하였다는 점이었다.

KKM은 그들의 주장과 근거를 체계적으로 서술하기 위해 Transformation을 9장으로 구성하였다. 1장은 전략적 선택이론에 대한 개괄 설명이며, 2장은 미국 단체교섭시스템의 역사적 전개과정을 다루며, 3장은 무노조 노사관계시스템의 출현, 4장은 작업장의 여러 노사관계시스템의 등장, 5장은 교섭 과정과 결과의 변화, 6장은 유노조 작업장 노사관계 변화, 7장은 기업의 전략적 결정에 대한 노동조합의 새로운 개입, 8장은 미국 노동자 계층과 노사관계 주요 제도 변화, 그리고 마지막 9장은 미래 노사관계를 위한 전략적 선택을 기술하였다.

2. 기존 노사관계 이론 비판과 새로운 모델로서의 전략적 선택 이론

KKM은 Dunlop(1958)에 의해 하나의 완성된 이론적 틀로 제시된 노사관계시스템 이론을 주요 비판 대상으로 삼았다. 그들은 노사관계시스템 이론이 노사관계에 영향을 주는 경제적, 기술적, 정치적 환경을 구분하고 노사관계 주요 행위자인 노사정의 특성과 상호작용을 설명할 수 있었다는 점을 긍정적으로 받아들였다. 그러나 노사관계 시스템 이론이 예상하였던 것과 달리 1960년대 후반부터 노조조직률 하락과 단체교섭력 약화, 그리고 노조의 경영참여 억제현상이 나타났다는 점에 주목하고 시대적 변화를 이해하기 위해 노사관계시스템 이론에서 간과하고 있는 경영전략, 조직구조, 정책을 개념화할 필요가 있다는 점을 지적하였다.

특히 이들은 기존 이론에서 상정하고 있는 두 가지 가정에 대해 의문을 제기하였다. 먼저, KKM은 미국 사용자들이 자발적으로 노동조합과 단체교섭을 수용하고 있다는 노사관계시스템 이론의 가정과 달리 합법적인 노조와 단체교섭이라 할지라도 이를 수용하는데 부정적이며 일부에서만 높은 노동조합 회피 비용을 고려하여 실용적인 입장에서 받아들이고 있을 뿐이라는 점을 밝혔다. 또한 경영자 내부에서도 고용관계에 있어서 서로 다른 이해를 가지고 있다는 점도 지적하였다. 따라서 그들은 안이한 통일적 가정 대신 노사관계에 대한 사용자와 경영자의 가치, 전략, 행동에 대한 보다 엄격한 접근방식이 필요하다고 보았다.

다음으로 KKM은 기존 노사관계시스템 이론은 사용자가 단체교섭에서 노조요구나 압력, 주도권 행사에 대해 수동적으로 대응하고 있다고 가정하고 있으나 이는 사실과 다르다는 점을 지적하였다. 그들에 따르면 무노조 기업의 사용자가 인적자원관리 제도의 혁신을 유도하고 있으며 많은 기업의 최고경영자는 전통적인 노사관계 관리자가 수행했던 것보다 종업원 관리에 있어서 보다 적극적이고 조직적 관리 혁신을 추구하였다.

KKM은 위와 같이 기존 노사관계시스템이론을 비판하면서 새로운 이론적 모델([그림 1])을 제시하였다. 새로운 모델은 외부환경의 역할이 중요하다는 점은 인식하지만 환경에 대해 기존과 다른 접근방식을 취하였다. 또한 경영가치와 전략의 주도성을 부각시켰고 환경과 전략의 상호작용의 결과가 노사관계 당사자와 노사관계 관행에 영향을 미친다는 인과관계를 제시하고 있다.

먼저 외부 환경에 대한 접근방식을 보면, 기존 노사관계시스템 이론에서는 환경은 노사관계의 과정과 성과를 직접 규정하는 역할을 수행하며 규정하는 내용 또한 획일적이라고 주장하였다. 그러나 전략적 선택 이론 모델에서 환경은 노사관계의 과정과 성과에 영향을 미치기는 하지만 결정하지는 않는다. 대신 노사관계의 과정과 성과는 환경과 조직적 대응(노사정의 전략적 선택)의 지속적 상호작용에 의해 만들어진다. 노사정은 환경변화에 대해 지속적으로 전략과 정책을 조정하지 않기 때문에 노사관계시스템이 상대적으로 장기간에 걸쳐 안정적으로 지속할 가능성도 존재한다. 그러나 이러한 상대적 안정성이 전략과 정

│그림 1│ 전략적 선택 이론 모델

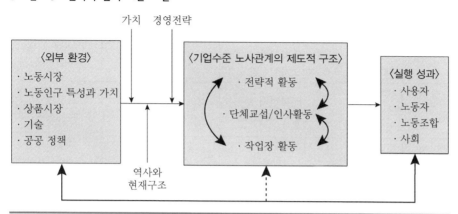

자료: Thomas A. Kochan, Harry C. Katz, and Robert B. McKersie, The Transformation of American Industrial Relations, Basic Books, 1986, p. 11.

책의 수정을 배제하는 것은 아니며 또한 전략과 정책의 수정이 노사정 주체 모두에게서 동시에 일어나지도 않는다. 예를 들어 1960년대 후반부터 사용자들은 노조와 정부가 뉴딜시대에 형성된 단체교섭 전략과 정책을 고수하는 동안 노동시장과 상품시장 변화에 대응하여 기존 유노조 단체교섭 노사관계시스템을 약화시키는 전략을 선택하였다.

KKM에 따르면 노사정 주체의 전략적 선택은 노사관계 과정과 성과에 영향을 미치며 따라서 전체 노사관계시스템 형성에 주요한 변수가 된다. 전략적 선택은 역사적이고 제도적 구조와 연계되어 있기 때문에 선택할 수 있는 전략의 범위는 과거 노사정의 선택 결과와 현재 노사정간 그리고 노사정 내부의 권력배분 양상에 의해 제한된다. 한편, 노사정 주체의 전략적 선택에 미치는 영향 요인은 가치, 믿음 그리고 철학 등인데 경영자의 선택에 가장 강력한 영향을 미치는 요인은 노조에 대한 경영자의 가치이다. 예로 1960년대 이래 발생한 노사관계 변화는 미국 사용자의 신념체계에 자리한 고질적인 노조에 대한 반감에서 출발한다. 많은 미국 사용자들의 노조에 대한 반감은 자기 기업의 노조 조직화를 적대시하며 많은 경영인으로 하여금 노조 조직화 시도에 반대하였다. 한편, 사용자 일부는 노조를 민주사회에서 필수적 요소로 인정하지만 자기 소유 기업에서는 필요하지 않다는 입장을 보이기도 하였다. 따라서 사용자 내부에 획일적 가치가 존재하지 않으며 동일 기업내 경영자 사이에서도 가치시스템의 불일치가 나타나기도 하였다.

┃표 1┃ 노사관계의 세 수준과 노사정의 전략과 정책

수준과 주요 활동	사용자	노 조	정 부
거시, 전략적 수준 장기전략과 정책결정	경영전략 투자전략 인적자원전략	정치적 전략 대표권 전략 조직 전략	거시경제 및 사회정책
중위, 기능적 수준 단체교섭 및 인사정책	인사정책 협상전략	단체교섭 전략	노동법과 노동행정
미시, 작업장 수준 작업현장 및 개인·조직관계	관리감독방식 근로자 참가 직무설계 및 작업조직	단체협약관리 근로자 참가 직무설계 및 작업조직	근로기준 근로자 참가 개인의 권리보장

자료: Thomas A. Kochan, Harry C. Katz, and Robert B. McKersie, The Transformation of American Industrial Relations, Basic Books, 1986, p. 17.

KKM은 전략적 선택을 보다 자세히 설명하기 위해 다음 표와 같이 세 가지 수준에서 노사관계 활동이 이루어지고 있다는 점을 지적하고 각 수준마다 노사정이 선택할 수 있는 전략을 세분화하였다. 그들에 따르면 거시의 전략적 수준, 중위의 기능적 수준, 미시의 작업장 수준에 따라 노사관계의 주요 활동은 달리 나타나며 노사정은 이들 활동을 위해 다양한 전략과 정책을 선택하게 된다.

KKM은 세 수준에서의 전략에 대한 분석을 통해 전략적 선택 이론의 타당성을 강조하였다. 미국의 기존 뉴딜식 노사관계에서는 가장 상위인 거시 국가정책이나 기업 전략적 수준에서 노사정의 전략적 선택이나 이들간 상호작용은 거의 존재하지 못하였다. 미국 노동운동에서 중요한 전략적 결정이 만들어진 경우는 발견되지 않으며 노동자나 노조의 참여를 촉진하는 공공정책도 부재하였다. 대신 중위의 기능적 수준에서 미국 뉴딜식 노사관계가 형성되었다. 즉, 사업장 단위에서 단체교섭과 인적자원관리가 실행되었고 정부의 공공정책은 이 수준에 집중되었다. 또한 가장 낮은 작업장 수준에서 노사는 직무설계나 작업조직, 동기부여, 작업장 환경, 그리고 고충처리와 같은 사안을 두고 대립하였다.

그러나 1970년대 이래로 각 수준에서 노사정의 전략적 선택의 변화가 발생하기 시작하였고 이는 미국 노사관계의 근본적 변화를 가져왔다. 즉, 사용자는 변화된 환경을 계기로 경직된 산별교섭의 적용 대신 기업별 분권화된 합의를 종용하였고 노동조합은 양보교섭의 대가로 기업 전략 수준에서 사용자에 의해 배타적으로 이루어지던 투자 등 경영 의사결정에 참여하기 시작하였다. 또한 작업장 수준에서 노사협력과 종업원 참여의 새로운 형태에 대한 광범위한 실험의 증가하면서 작업조직의 유연성이 제고되었고 인적자원에 대한 사용자의 노력이 증가하게 되었다.

한편, KKM은 미국 노사관계 미래와 관련하여 세계화와 같은 환경 변화에 대한 노사정 주체의 전략적 선택의 중요성을 강조하였다. 즉, 경쟁의 강화와 제품 주기 단축에 따른 조직 유연성 강화와 인적자원 활용 요구에 대해 노사정이 비용절감 전략이나 대립 전략을 사용하느냐 혹은 틈새시장 전략이나 협력 전략을 선택하느냐에 따라 미국 노사관계는 다른 모습으로 발전되어 갈 것이라는 점을 지적하였다.

위에서 Transformation을 요약한 것을 토대로 서술한 전략적 선택 이론은 두 가지 측면에서 역사적 의의를 가진다. 먼저, 전략적 선택 이론은 1930년대 이후 1970년대까지 교조적 지위에 있던 기존 노사관계시스템이론의 결정론적 한계를 극복하고 노사관계학이 변화와 다양성을 수용할 수 있도록 하였다. 두 번째로 전략적 선택 이론은 1980년대 이후 가시화된 세계적 노사관계 변화를 기본 연구 대상으로 삼아 노사관계학이 동시대성을 유지할 수 있도록 하였다. 무노조 사업장 고용관계 등 역사적 변화를 주요한 연구 대상으로 삼았고 이러한 연구 과정에서 전략적 선택 이론은 비교노사관계 영역에서 Converging Divergence(수렴화된 다양성) 개념화와 단체교섭 분야에서 Mutual-Gains(윈윈)교섭 체계화, 그리고 기업과 작업수준 노사관계 분석에서 작업장 혁신과 종업원 참여, 무노조종업원대변조직 주장을 구체화하는 이론적 성과를 축적하였다.

전략적 선택 이론이 한국 노사관계학에 주어진 의미도 간략하게 언급할 필요가 있다. 전략적 선택 이론은 세계 각국에서 노사정 주체가 자신의 고유한 환경과 제도에 맞추어 독특한 노사관계를 형성할 수 있다는 입장을 가지고 있다. 이는 세계적으로 다양한 노사관계 모델이 존재하는 동시에 노사정 사회주체가 기존의 틀에서 벗어나 새로운 모델로 노사관계를 발전시킬 수 있음을 뜻한다. 이러한 전략적 선택 이론을 한국에 적용하면서 한국적 노사관계 이론화 연구나 일본식 기업별노사관계에서 유연하고 조정된 노사관계로 전환을 모색하는 연구가 나타났고 이는 한국 노사관계 연구의 발전 계기로 작용하였다.

KKM의 전략적 선택 이론이 가진 획기적인 이론적 성과에도 불구하고 몇 몇 한계를 가지고 있다. 우선 저자 스스로 밝혔듯이 전략적 선택 이론은 미래의 구체적인 노사관계 변화를 예측하는데 크게 유효하지 못하다. 이는 구제도학파의 노사관계시스템 이론이 구조적 경직성으로 인해 변화 자체를 설명하지 못한다는 비판과 다르다. 전략적 선택 이론은 노사관계 주체들이 환경 변화에 어떤 방식으로 대응하여 구체적으로 어떠한 제도적 변화와 성과를 만들어나갈지 예측하지 않는다. 저자들 관심사도 아니지만 전략적 선택 이론이 선택을 둘러싸고 벌어지는 노사정 주체 내부 혹은 주체간 서로 다른 이해를 둘러싼 정치적 행위를 간과하고 사후적으로 결정된 행위를 통해 선택을 해석하기 때문이다.

또한 전략적 선택 이론은 노사관계 분석 수준을 기업과 작업장수준에 집중하여 기업 이상의 수준, 즉 산업과 지역, 그리고 국가 수준에서 벌어지는 환경과 제도, 그리고 주체간 상호작용을 등한시하는 한계를 가지고 있다. 예로, 전략적 선택 이론은 유럽을 비롯한 많은 나라에서 활용되고 있는 사회적 협의를 경시하는 경향성을 보인다. 이러한 한계는 전략적 선택 이론의 극복 대상이 되었던 결정론적 노사관계시스템 이론이 사회 전체를 주요한 분석대상으로 하고 있었다는 점을 고려하면 역설적이라고 할 수 있다. 최근 전략적 선택 이론의 보완을 위해 정치경제학적 접근방식이 추천되고 이에 따른 연구가 시도되고 있어 그 성과가 기대되고 있다.

참|고|문|헌

Dunlop, John T., *Industrial Relations Systems*, rev.ed., Boston: Harvard Business School Press, 1958.

Katz, Harry C., "The Decentralization of Collective Bargaining: A Literature Review and Comparative Analysis," *Industrial and Labor Relations Review*, Vol. 47, 1993, pp. 3~22.

Kaufman, Bruce E. ed., *Theoretical Perspectives on Work and the Employment Relationship*, Champaign, NJ: IRRA, 2004.

Kochan, Thomas A., *Mutual gains enterprise: forging a wining partnership among labor, management, and government*, Boston: Harvard Business School Press.

Walton, Richard E, and Robert B. McKersie, *A Behavioral Theory of Labor Negotiations: An Analysis of a Social Interacton System*, New York: McGraw-Hill.

Philip Selznick의
조직의 환경적응전략에 관한 이론*

I. Selznick의 학문세계

Philip Selznick은 Columbia 대학교에서 박사학위를 취득하였으며, 현재는 California 대학교 Berkeley 분교의 사회학 교수로 재직하고 있다. 조직에 대한 그의 대표적인 저서인 TVA and the Grassroots(1949)는 TVA(Tennessee Valley Authority)에 대한 사회학적 연구이다. 이 연구에서 Selznick은 조직행동에 영향을 미치는 구조적 조건들을 구조-기능주의에 입각하여 분석하고 있다. TVA에 대한 사례연구를 통하여 Selznick은 조직이 안전을 도모하고 리더십을 강화하기 위하여 그 조직에 영향을 미치는 외부단체들을 조직 내부로 흡수한다는 사실을 발견했다. 그는 TVA의 '지역주민 우선주의'(Grassroots doctrine)가 비록 조직의 리더십을 제약하고 본래의 정책을 변화시키기는 하였지만 TVA의 주요정책을 실천가능케 하였다고 주장한다. 이 연구에서 Selznick은 환경에 대한 조직의 적응장치를 체계적으로 분석하고 있으며, 그로 인하여 초기상황이론가(early contingency theorist)로 평가되기도 한다.

조직에 대한 Selznick의 또 다른 주요 저서로는 조직의 리더십에 관한 *Leadership in Administration*(1957)과 Freud의 정신분석학적 방법을 이용하여 볼세비키 조직을 분석한 *The Organizational Weapon: A Study of Bolshevik Strategy and Tactics*(1952) 등이 있다.

---

* 하태권: 전 시울과학기술대학교 행정학과 교수.

Ⅱ. TVA의 환경적응전략

Selznick의 TVA(Tennessee Valley Authority)에 대한 연구는 테네시 계곡의 종합개발을 위하여 TVA가 설립된 지 9년이 경과한 1942년부터 그 이듬해인 1943년까지 TVA 관계인사들과의 면접과 관련서류의 검토를 통하여 경험적으로 수행되었다.

TVA는 미국 연방정부의 기능을 분권화시키는 데 있어서 실험적 사례로서 설립되었다. 따라서 TVA는 기존의 연방기관에 예속되지 아니하고 상당한 독립성과 자율성이 부여되었으며, 오직 대통령과 의회의 감독만을 받았다. 관리적 자율성을 토대로 TVA는 '지역주민 우선주의'(grassroots doctrine)를 채택하고 테네시 계곡 유역에 이미 존재하고 있던 단체들과의 협력을 추구하였다. 지역주민 우선주의와 정당성에 대한 근거는 민주주의에서 찾을 수 있다.

지역주민 우선주의로 인하여 TVA는 관할지역에 존재하던 기존의 단체들과 강력한 협력관계를 구축하게 되었다. 협력관계는 그 지역에서 영향력 있는 단체들을 TVA의 정책결정과정에 공식적으로 혹은 비공식적으로 참여시킴으로써 확립되었다. 이와 같이 기존의 단체들을 공식적, 혹은 비공식적으로 포용(cooptation)함으로써 TVA는 주민들로부터 존재의 필요성을 인정받고 정책에 대한 지지를 획득하게 되었다. 그러나 지역주민 우선주의는 외부단체(지역단체)와의 협력에 지나치게 집착함으로써 TVA와 여타의 유관 연방기관과의 갈등을 초래하고, 포용된 단체들에 의하여 TVA의 정책이 변화되거나 지도력이 제약되는 등의 예기치 못한 부작용을 초래하기도 하였다.

Selznick은 위에서 검토한 경험적 연구를 토대로 조직의 바람직한 형태에 영향을 미치는 조직구조적 조건과 환경적 여건에 대한 분석을 시도하였다. Selznick에 의하면 모든 조직은 일정한 욕구(needs)를 가지고 있으며, 이들 욕구를 충족시키기 위하여 합리적인 조직구조를 형성하고, 명시적으로 공표되는 목표를 설정하며, 설정된 목표를 달성하기 위하여 인적·기술적 자원을 동원한다. 조직이 충족시키고자 하는 기본적인 욕구는 다음과 같다: 환경과의 관계 속에서의 조직의 전반적인 안전성(security), 권위 및 의사전달 통로의 안정성(stability), 조직 내부에서의 비공식적 관계의 안정성, 정책의 일관성(continuity) 및 조직의 의미와 역할에 대한 견해의 동질성(homogeneity).

　조직은 이러한 욕구들을 충족시키고 환경에 적응할 수 있어야만 지속적으로 존재할 수 있다. 그러나 조직구성원들은 그 자신의 특수한 욕구와 이해관계를 지닌 존재이며, 조직의 욕구충족을 위한 수단으로 취급되는 데 대하여 저항하는 경향이 있다. 한편 조직은 환경으로부터의 압력에도 직면하게 되며, 환경에 적응하여야만 한다. 따라서 Selznick은 조직을 '적응적 사회구조'(an adaptive social structure)라 정의하고, 조직행동(organizational behavior)을 가장 잘 이해하기 위해서는 우선 조직을 제도적 행렬(an institutional matrix) 속에서 활동하는 하나의 사회제도(a social institution)로 인식하고, 조직의 욕구와 구조를 파악하여야 한다고 주장한다.

　Selznick은 모든 조직에는 비공식 조직(informal organization)이 존재한다고 주장한다. 비공식 조직은 비공식적인 의사전달 및 통제의 통로를 발전시킴으로써 그들의 존재조건(conditions of existence)을 스스로 통제하고자 하는 개인이나 소집단(subgroups)의 자발적인 노력에 의하여 생성, 발달된다. 이와 같이 형성된 비공식 조직은 의사전달과 설득을 위한 유용한 수단이 될 수도 있으나, 권력을 분산시키거나 정책을 변화시킴으로써 조직에 부담을 주기도 한다.

　조직이 활동하고 있는 환경에 속해 있는 다른 조직들도 그 조직의 특성에 영향을 미친다. 외부조직이나 집단들은 때때로 그 조직과 특수한 관계를 맺게 된다. 이 경우 그 조직과 외부집단은 어떤 방식으로든 서로 협력할 필요가 있으며, 경우에 따라서 그 조직은 고객이나 지역주민 등의 외부집단에 대하여 어느 정도 책임을 지기도 한다. 이와 같이 외부집단의 특성은 그 조직의 특성을 정의하고 형성하는 경향이 있다. 따라서 조직은 어떠한 형태로든 외부집단(환경)에 적응하고 그들과 협력관계를 유지하여야 한다. 조직이 환경과의 관계 속에서 안전을 추구하기 위하여 이용하는 주요한 적응장치로는 포용(cooptation)과 이념(ideology)이 있다.

　Selznick은 포용을 "(조직의) 안정이나 존속에 대한 위협을 피하기 위한 수단으로 새로운 요소를 그 조직의 리더십이나 정책결정구조 속으로 흡수하는 과정"(p. 13)으로 정의하고 있다. 포용은 환경에 대한 적응장치이며, 조직의 생존가능성을 향상시켜 준다.

　포용은 공식적 포용과 비공식적 포용으로 분류된다. 공식적 포용(formal cooptation)은 환경에 대하여 권위의 정당성이나 행정적 접근 가능성(administrative accessibility)을 확립할 필요가 있을 때 이용된다. 이 경우 조직은 새로운 환경적 요소를 공공연하게 조직 속으로 흡수한다. 조직에 새로 흡수된 요소는 행정에 대한 부담과 권위에 대한 공적인 책임을 그 조직과 공유하게 된다. 그러나 조직이 새로 흡수된 환경적 요소와 권력(power)을 실질적으로 공유할 필요는 없다. 즉, 새로 흡수된 요소와 그것을 흡수한 조직은 표면상으로는 권위를 공유하게 되나, 실질적인 권력의 재배분은 일어나지 않는다.

비공식적 포용(informal cooptation)은 공식적인 권위가 환경 내부의 실질적인 권력관계를 제대로 반영하지 못하고 있으며, 따라서 공식적인 권위구조가 위협받고 있는 경우에 발생한다. 비공식적 포용은 환경 내부에서 그 조직의 공식적 권위에 도전할 수 있는 위치에 있는 특정한 권력중추(specific power centers)에 대한 조직 내부적인 적응(internal adaptation)이라 할 수 있다. 외부집단 중 가장 큰 영향력을 행사하는 핵심적인 집단이 다른 외부집단의 반대를 무마하거나 약화시키기 위하여 조직 속으로 흡수된 경우, 이 경우에 새로 포용된 집단은 포용한 조직과 권력을 실제로 공유한다. 그러나 이러한 유형의 포용은 비공식적으로 이루어진다. 왜냐하면 조직이 특정한 이익집단과 권력을 실질적으로 공유하고 있다는 것이 공개적으로 알려지게 되면, 그 조직의 공식적 권위에 대한 정당성이 훼손되기 때문이다. 이와 같이 비공식적 포용은 비공개적으로 이루어지며, 따라서 포용된 집단은 포용한 조직과 공적인 책임을 공유할 필요는 없다.

이상에서 논의한 바와 같이, 포용은 리더십이 발휘될 수 있는 범위를 넓혀주고 권위의 정당성을 높여줌으로써 조직이 안전에 대한 불안감을 극복하도록 하여 준다. 그러나 포용은 동시에 조직의 리더십을 제한하기도 한다. 즉, 조직은 정책결정과정에서 포용된 집단의 요구를 고려하지 않을 수 없으며, 따라서 조직이 선택할 수 있는 대안의 범위는 제한될 수밖에 없다. 결국 조직의 리더십은 그 속성상 상호 모순되는 두 개의 목표 — 참여(포용의 결과)와 리더십의 영속성(포용의 목적) — 를 추구한다고 볼 수 있다. 만일 리더십이 외부단체의 참여를 무시한다면, 안전성은 유지될 수 있으나 포용수준(참여수준)은 저하될 것이다. 반면에 만일 외부집단의 참여를 장려한다면, 포용된 집단의 다양한 이념이나 이해관계를 수용하여야 한다. 이 경우 포용된 집단의 이념이나 이해관계가 포용한 조직의 그것과 다르거나 상호 대립된 때에는 조직의 리더십은 위협을 받게 된다. 따라서 조직은 포용된 집단 및 환경과 균형상태를 유지하여야 한다.

조직이 환경으로부터의 위협에 대응하는 데 이용하는 또 다른 적응장치는 조직이념이다. 조직이 환경으로부터 위협을 받게 되면, 조직은 위협을 극복하기 위하여 이념을 발전시키게 된다. 이념 혹은 공식적으로 채택된 주의(official doctrine)는 조직의 의사결정을 위한 척도(parameter)로서 작용한다. 따라서 이념은 일반적으로 수용되고 있는 정치적 가치와 도덕적 가치에 기초하여야 한다. 이념은 ① 환경의 영향이나 ② 조직의 안정성과 균일성(homogeneity)을 높이기 위한 내적 의사전달(internal communication)의 필요성에 의하여 발달하게 된다.

조직이념은 조직에 대한 조직구성원들의 충성심을 함양시킬 뿐만 아니라 신규 회원들에 대한 사회화기능도 수행한다. 따라서 조직이념은 조직의 내적 욕구를 충족시켜 줄 뿐만 아니라 환경에 대한 적응장치도 제공하여 준다. 또한 이념은 권한의 하부 위임도 용이하게 하여 준다.

조직의 정책은 주로 관리층에 의하여 결정된다. 이때 명시적으로 공표된 목표와 수단간의 인과관계에 대한 분석을 통하여 각각의 행동대안의 결과에 대한 예측이 이루어진다. 그러나 조직의 정책이 예측하지 못한 결과를 초래하는 경우도 종종 있다. 조직의 의도적인 행동에서 예측하지 못한 결과를 야기시키는 원인들을 체계적으로 분석하고 발견하는 것이 조직에 대한 사회학적 연구의 주요 기능이다.

사회적 행동(social action)에 있어서의 예기치 못한 결과는 논리적으로 볼 때 이념과 조직구성원의 충성(commitment)이라는 두 가지 요인에 기인한다고 볼 수 있다. 조직의 의사결정은 이념과 일치되는 범위 내에서 이루어져야 한다. 그런데 이념은 대체로 추상적인 용어로 모호하게 표현되는 경향이 있다. 따라서 추상적으로 표현된 이념이나 조직목표는 그것을 달성하기 위한 구체적인 행동대안으로 발전되어야 한다. 그러나 이념이나 조직목표는 그것의 추상성으로 인하여 조직구성원간에 서로 다른 의미를 지닌 것으로 해석되기도 한다. 조직구성원들은 조직의 이념이나 목표를 특정한 행동대안으로 구체화시키는 과정에서 행정적 재량(administrative discretion)을 행사하게 되며, 이 과정에서 그들 자신의 가치나 규범 혹은 이해관계에 따라 추상적인 이념이나 목표를 서로 달리 해석하기도 한다. 이와 같이 결정된 정책이나 행동대안은 조직의 목표와 일치하지 않게 되며, 조직이 의도하지 않은 결과를 야기시키게 된다.

조직구성원이나 하위집단들이 그들이 속해 있는 조직의 이념과 대립되는 이념을 추구하는 외부집단에 대하여 우선적으로 충성을 하는 경우에도 의도하지 않은 결과가 나타난다. 이러한 현상은 조직구성원의 규범이 서로 다르게 분산되어 있을 때 주로 발생한다.

한편 조직구성원이나 하위집단들이 그들 자신의 이익을 우선적으로 추구하는 경우에도 예기치 못한 결과를 초래하게 되는데, 이러한 현상은 주로 조직에서 추구하는 정책이 조직구성원이나 하위집단의 이해관계와 일치하지 않는 경우에 나타난다. 이와 같이 조직구성원이나 하위집단이 외부집단에 대하여 우선적으로 충성하거나 개인적인 이익에 집착하는 경향은 사회적 환경과 제도화(social environment and institutionalization)에 의하여 강화되며, 외부환경에 대한 조직의 적응력을 약화시킨다.

예기치 못한 부작용을 극복하기 위하여 조직은 조직구성원들의 단일화된 반응유형(a unified pattern of responses)을 확립하려고 노력한다. 그런데 단일화된 반응유형은 조직구성원들의 견해의 통일성이나 동질성을 요구한다. 따라서 단일화된 반응유형을 확립하기 위해서는 조직은 그 조직이 처해 있는 사회적 환경 속에서 가능한 가치나 철학을 선택하고 그것을 추구하여야 한다. 일단 어떠한 가치나 철학을 선택한 다음에는, 그 조직은 조직의 특성이 선택된 가치나 철학과 연계되도록 하여야 한다.

조직에 필수적인 생존전략인 포용도 서로 다른 견해를 지닌 집단들을 하나의 조직에 참여시킴으로써 예기치 못한 결과를 초래한다. 즉, 이들 집단들은 그들이 지니고 있는 가치나 철학을 조직의 지배적인 가치나 철학으로 만들려고 노력하게 되며, 이 과정에서 집단적 경쟁을 야기시킨다. 집단간의 경쟁은 조직의 특성이나 리더십을 강화시키거나 변화를 초래하기도 한다.

이상에서 살펴본 바와 같이 Selznick은 외부집단이 조직의 특성과 본질을 결정하는 과정과 조직이 환경에 적응하는 전략을 분석하는 데 연구의 초점을 두고 있다. 따라서 이 연구는 조직과 환경과의 관계를 분석한 고전적인 사례연구로 평가되고 있으며, Selznick은 조직이론의 연구에서 초기상황이론가로 인식되고 있다.

상황론적 관점에서 볼 때, Selznick의 주요한 공헌은 환경에 대한 조직의 적응전략으로서의 포용에 대한 체계적인 분석이다. 그러나 그는 포용이 동일하거나 혹은 유사한 목표를 추구하는 집단에 한하여 적용될 수 있다는 점을 소홀히하고 있다. 포용은 한정된 자원이나 고객에 대하여 서로 경쟁하는 조직(예: 예산확보를 위한 정부부처간의 경쟁)에 대하여는 적용될 수 없다. 또한 대등한 권력을 지닌 조직들의 연합(coalition)도 포용과는 다르다. 예컨대, 정당간의 연합은 두 가지 유형의 포용의 특성을 모두 갖는다. 연합에 참여하는 조직들은 실질적인 정책결정 권한뿐만 아니라 책임도 공유한다. 따라서 연합에 참여하는 각각의 조직의 관리적 자율성은 상당한 제약을 받게 된다.

Selznick은 또한 예기치 못한 결과를 초래하는 조직행태적 요인과 구조적 요인들을 분석하고 이를 해결하기 위한 방법으로 조직이 그 자신과 조직구성원 및 환경 모두에게 수용될 수 있는 이념이나 가치를 선택할 것을 제안하고 있다. 그러나 그는 조직의 사회화기능을 간과하고 있다. 즉, 조직은 신규 회원이나 포용된 집단에 대하여 그 조직의 이념이나 규범을 주입시키려 노력하며, 이러한 사회화과정을 통하여 그들의 태도나 형태변화를 유도하기도 한다.

참 | 고 | 문 | 헌

Selznick, Philip, *TVA and the Grassroots*, Berkeley, Cal.: University of California Press, 1949.

Karl E. Weick의 조직화 이론*

I. Weick의 학문세계

Karl E. Weick은 조직이론이라는 방대한 학문 세계에서 누구보다도 독창성이 넘치는 이론을 제시한 학자다. 그는 다른 학자들이 모두 조직(organization)이라는 개념을 사용할 때 조직화(organizing)라는 용어를 만들어 사용했으며, 이론(theory)의 세계가 아니라 이론화(theorizing)의 세계를 만들고 싶어 했다. 존재(being)의 상황보다 되어감(becoming)의 상황을 평생의 화두로 삼은 그의 학문세계의 출발점이 된 것은 심리학이다. 1936년 미국에서 태어난 그는 미국 인디애나 주의 비텐버그 대학 심리학과를 졸업한 후 1958년부터 1962년 사이에 오하이오 주립대학교에서 심리학 석사와 박사 학위를 받았다. 그리고 미네소타 대학, 코넬 대학, 오스틴의 텍사스 주립대학에 근무하다가 1988년부터 미시간 대학의 로스경영대학원에서 조직행동 및 심리학을 가르치고 있다.

Weick의 창조성은 그의 다양한 관심과 경력에서 비롯된다. 학문의 출발점이 된 실험심리학 및 사회심리학뿐 아니라 국립정신병연구소, 회계학, 교육학, 경영학, 커뮤니케이션 분야에서 자신의 전공과 관련된 분과위원회 활동을 적극적으로 수행하였다. 그는 Journal of Personality and Social Psychology, Administrative Science Quarterly, Journal of Behavior and Human Performance, Organization Science, Communication Research, Academy of Management Review 등의 저명한 학술지에 통찰력이 넘치는 논문들을 게재했으며, 그런 학술지의 편집위원으로도 활동하였다. 주류에서 상당히 벗어난 학문적 성향을 갖고 있음에도 불구하고 주류에 속한 학자들과 함께 주류 못지않게 왕성한 활동을 했다는 사실은 그의 이론체계가 그만큼 설득력이 있다는 것을 뜻한다.

---

* 윤견수: 고려대학교 행정학과 교수.

Weick의 학문세계를 요약한 책은 「조직화의 사회심리학」(The Social Psychology of Organizing, 1979)이다. 1969년에 발간된 초판의 내용을 대폭적으로 보강하여 1979년에 개정판으로 펴낸 이 책은 그가 지닌 모든 아이디어의 원형질을 담고 있다. Sensemaking in Organizations(1995), Making Sense of the Organization (2001), Managing the Unexpected(2001; 2007, 2nd.) 등의 책이 이후에 나왔지만 그 내용은 「조직화의 사회심리학」에서 제시했던 아이디어를 약간 확대한 것이다. 이 책의 초판은 여러 가지 의미에서 1966년에 초판을 내고 1978년에 개정판을 펴낸 Katz와 Kahn의 「The Social Psychology of Organizations」과 대비된다. 두 책 모두 개인의 상호작용에 대한 이해를 바탕으로 사회를 이해하려는 사회심리학적 지식을 토대로 했지만, 당시에는 가장 과학적 분석틀이라고 하는 시스템 이론을 새롭게 받아들였다. 하지만 Katz와 Kahn의 책이 객관성과 합리성이라는 가치를 조직에 대한 다양한 개념들을 통해 표현하려고 했던 것과 달리, Weick은 다양한 실례와 비유들을 들어가면서 그러한 가치들이 오히려 현실의 조직을 이해하는데 방해가 된다고 주장하였다. 또한 Katz와 Kahn이 개방체계로서의 조직관을 강조한 반면 Weick은 진화체계로서의 조직관을 강조하였다. 다의성(equivocality)을 수용하고 양가성(ambivalence)이 지닌 가치를 존중하면서 이질적 요소들이 시간적으로 상호결합해 가는 과정을 진화의 과정으로 보았다. 그리고 조직은 바로 그러한 특징을 갖기 때문에 조직이라는 개념보다는 조직화라는 개념을 사용해야 한다고 하였다.

Weick은 현실이라는 것이 정태적이지 않고 끊임없이 지속되는 과정이라는 것을 강조했다. 조직활동에 참여하는 행위자의 해석, 행위자들의 상호작용, 상호작용을 거쳐 형성된 해석체계, 그 어느 것도 고정적인 것은 없다. 학자들은 실제의 모습이 과정이라는 것을 알고 있으면서도 단지 연구와 서술의 편의를 위해 '정태적인 상황'을 가정한다. 합리성은 그러한 가정의 극단적인 형태다. Weick이 비판하는 것은 바로 이 점이다. 모순과 혼돈 그리고 무질서가 조직의 본질이며, 그것을 이해하기 위한 분석 도구가 '조직화'인 것이다. 그래서 그의 책과 저술들은 그가 스스로 말한 것처럼 조직이론에 관한 것은 아니며 조직의 이론화에 대한 것들이다(Weick, 1979: 26).

Ⅱ. 조직화(organizing) 이론

1. 조직화 이론의 지적 전통

'조직화'라는 개념과 유사한 이론들은 여러 가지가 있다. 상태가 아니라 과정의 관점에서 조직을 관찰하면 모두 조직화라는 개념을 사용할 수 있을 것이다. Weick의 조직화 개념 안에서 크게 네 가지 지적 전통을 발견할 수 있다.

첫째는 Mead와 Blumer가 중심이 된 상징적 상호작용론이다. Weick이 심리학회와 사회학회의 회원일 뿐 아니라 상징적 상호작용 학회의 회원으로도 활동한다는 점을 보면 그가 얼마나 이 이론을 강조하는 지 알 수 있다. 이 이론은 인간의 행동은 독립적으로 이루어지는 것이 아니라 상대방과의 상호작용을 통해, 혹은 상호작용을 염두에 둔 역할의 이해 속에서 이루어지며, 이때 언어나 상징 등이 상호작용의 매개로 작용한다고 본다. 따라서 특정 사회나 조직을 이해하기 위해서는 상징의 의미를 해석해야 하며, 개인이 사회에 적응하기 위해서는 상호작용의 매개물인 상징을 수용해야 한다고 본다. 조직화는 어떻게 보면 개인들이 갖고 있는 서로 다른 해석체계들 간의 공유된 문법을 만들어가는 과정인 것이다. 그래서 그는 조직을 일종의 해석체계로 비유한다(Daf&Weick, 1984).

둘째는 인지심리학적 아이디어다. 해석체계 안에는 인지라는 개념이 바탕이 된다. 행동주의 심리학은 자극-반응(S-R: stimulus-response)의 틀 안에서 인간의 행동을 설명한다. 인간의 행동은 동물의 행동과 마찬가지로 주어진 자극에 대한 반응의 결과다. 따라서 자극을 통제할 수 있으면 원하는 행동을 유도해낼 수 있다. 하지만 인지심리학에서는 자극과 반응 사이에 어떤 블랙박스가 있다고 본다. 자극에 무조건적으로 반응하는 것이 아니라 자극을 한번 여과시키는 장치를 거쳐 반응이 발생한다. 이러한 여과장치를 인지의 과정 혹은 두뇌의 활동이라고 부른다. 이것은 생명이 존재하는 한 활발히 살아 움직이는 유기체와 같다. 그래서 인지심리학은 자극-유기체-반응(S-O-R: stimulus-organism-response)의 틀을 가지고 인간의 행동을 설명한다. 우리가 받아들이는 자극은 시시때때로 그 모습과 크기 및 발생빈도가 다르다. 유사한 자극도 있지만 서로 모순되는 자극도 존재한다. 그만큼 인지 과정, 즉 자극을 해석하는 기제도 단순하지 않다. 조직화란 혼란스럽게 들어오는 자극의 조각들을 일관성 있는 패턴으로 만들어 이해하기 쉽게 만드는 과정이다.

셋째는 구성주의(constructionism) 관점이다. Weick의 책 1페이지에는 볼과 스트라이크 사이에서 서로 다투고 있는 세 명의 심판에 대한 얘기가 나와 있다. 첫째 심판은 '보이는 대로 부른다'고 한다. 둘째 심판은 '내가 보는 대로 부른다'고 한다. 그리고 가장 영리한 셋째 심판은 '내가 부르기 전까지 그것들은 아무 것도 아니다'라고 한다. 이들 각각을 보면 첫째 심판은 객관주의자, 둘째 심판은 주관주의자, 그리고 셋째 심판이 구성주의자인데 바로 Weick의 관점이다. 구성주의는 '보는 대로 믿는다'(To see is to believe)가 아니고, '믿기 때문에 본다'(To believe is to see)도 아니며, '맥락 속에서 보거나 믿는 것'(To see or to believe in context)이다. 구성주의는 위에서 말한 두 가지 지적 전통, 즉 상징적 상호작용 및 인지심리학과 여러 면에서 유사한 점이 많지만, 환경과 끊임없이 상호작용하면서 이해의 과정이 능동적으로 전개된다는 점을 특히 강조한다.

넷째는 시스템의 진화론적 속성, 즉 자연도태 모형이다. 시스템 이론이 조직을 설명하는 틀로 사용되는 경우는 개체와 유기체와의 상호작용을 강조하는 개방체계적 관점이 대부분이지만, Weick은 그에 덧붙여 「설정(selection)-선택(selection)-보유(retention)」의 과정을 분석의 틀로 도입하였다. 환경에서 갑자기 이질적인 요소들이 출현하면(변이), 치열한 경쟁을 거쳐 하나의 요소만 살아남고(선택), 또 다른 변이가 나타나기 전까지 그것이 그대로 존속한다(보유)는 것이 진화론의 아이디어다. 마찬가지로 조직화 과정이란 기존의 해석체계와는 다른 새로운 해석들에 주목하고(설정), 불확실성을 해소해 나가면서 가장 그럴듯한 해석을 만들어 내면(선택), 그것이 기존의 해석체계와 더불어 새로운 해석체계로 저장되는(보존) 과정이다. 생물학적인 메타포를 끌어들여왔지만 그의 이론에 의하면 진화의 결과가 반드시 이전의 모습보다 개선된 것이라고 볼 수는 없다. 개인의 인지과정은 타인과의 상호작용을 거치면서 무수히 많은 시행착오를 거치게 되는데, 종료된 상황이 아니기 때문에 과거의 상태보다 나빠질 수도 있는 것이다.

2. 조직학의 전략

조직화라는 개념을 사용할 때 주의해야 할 점이 하나 있다. Weick이 조직화라는 개념을 만든 목적이 현실의 조직에 대한 내용을 설명하기 위해서가 아니라, 조직의 이론화에 내한 것 혹은 조직에 대한 사고의 방식을 말하기 위해서라는 사실이다. 그래서 조직화의 전략도 조직화에 대한 사고방식을 어떻게 만들어나갈 것인가의 관점에서 바라보아야 한다. Weick이 분명한 제목으로 항을 나누어 설명한 것은 아니지만 그는 약 3가지 측면을 강조하고 있다. 명사가 아니라 동사의 관점을 가지라는 것, 인과관계나 선형관계가 아니라 순환관계로 바라보라는 것, 그리고 모든 행동은 상호의존적이라는 것을 기억하라는 것 등이다.

첫째, 조직화에 대해 사고한다는 것은 이미 개념에도 나와 있듯 모든 현상을 과정 중심으로 보라는 것이다. 그러기 위해서는 '조직'이라는 명사가 가지고 있는 한정된 특성, 즉 경직성과 고착성을 속성을 버려야 한다. 조직 현상을 명사로 바라보는 사람은 조직을 정확히 읽을 수 있고, 측정할 수 있는 기계처럼 취급한다. 하지만 관점에 따라 독해의 내용은 다르며, 측정의 대상과 방법도 달라진다. 중요한 점은 다양한 관점과 그것들 간의 상호작용이 전개되는 시공간적 맥락이 계속 변한다는 사실이다. 그는 Simon이 예시로 든 상태서술과 과정서술을 소개하면서 조직화의 비법을 설명한다. 상태서술 혹은 청사진은 예컨대 '원은 한 점에서 같은 거리에 있는 점들의 궤적'으로 정의하는 것이다. 과정서술 혹은 비법은 "콤파스의 한 쪽 다리를 고정시키고 다른 쪽 다리를 제자리에 올 때가지 돌린다"는 의미다. 여기서 조직화라는 것은 마음 속으로 청사진을 떠올리면서 비법을 결합시키는 노력들이다. 물질세계에서 마주치는 다양한 원재료들을 가공하고 단순화하고 유형화하면서 특정 흐름을 포착해 내는 과정이 바로 조직화의 의미다.

과정을 중심으로 바라보기 위해서는 우리에게 익숙한 비유를 바꾸어보고, 상식적으로 받아들여지고 있는 개념들을 반대로 생각해 볼 필요가 있다. 예컨대 조직을 군대로 비유하면 군대 이외의 특징들을 무시하게 된다. 군대라는 낡아빠진 비유에 집착하기 때문에 사고의 폭이 좁아지고 상상력을 잃어버리는 것은 조직화에 실패한 것이다. 마찬가지로 상식적으로 알고 있는 관계들을 반대로 생각해 보고 그 증거들을 찾는 것은 과정적 사고를 수용하는데 도움이 된다. 예컨대 탈선이 나쁜 별명을 갖게 만드는 것이 아니라 나쁜 별명이 붙었기 때문에 탈선을 하게 된다는 식으로 인과관계를 바꾸어 볼 수 있다. 사회운동의 지향점이 서로 다르기 때문에 다른 사람들로 인식되었지만 모두 진리를 맹목적으로 숭배한다는 점에서는 같은 부류의 사람들일 수도 있다. 외관상 성공적인 기능을 한다고 평가받았던 기구들이 오히려 역기능을 초래할 수도 있는 것이며, 동질적인 요소들로 구성되어 있다고 평가받았던 것들이 사실은 이질적인 요소들일 수 있다. 이와 같이 우리가 진리라고 알고 있는 것이 진리가 아닐 수 있다는 사실과 공존하는 상황을 다양성이라고 하며, 그것은 과정을 설명하는 핵심 개념이다.

둘째, 조직화에 대한 사고를 향상시킬 수 있는 또 다른 방법은 변수들 간의 관계를 인과관계나 선형관계로 보지 말고 순환관계로 보는 것이다. 관리자처럼 통제에 관심이 있는 사람들은 일방의 인과관계에 관심을 갖고 또 믿는 경향이 있다. 예컨대 X가 원인이 되어 Y가 발생했다고 해야 X를 통제하고 관리할 수 있는 정당성이 부여된다. X가 출발점이 되어 Y라는 종착지를 확보했다면 두 지점 간의 과정에 대한 지식을 얻었다고 만족해 한다. 그런데 Weick에 의하면 이런 주장은 모두 잘못된 것이다. 수단이 목적에 영향을 줄 수 있으며, 행동이 욕구에 영향을 주기도 한다. 더 중요한 것은 애초에 결과였다고 생각되는 것이 사실은 나중의 원인으로 작용한다. 예컨대 다음과 같은 그림을 보자.

두 그림 모두 토론과정에서 생각할 수 있는 변수들 간의 관계를 설명하고 있다. 왼쪽 그림은 토론이 지루해질수록 이해의 정도가 낮아지며(음의 관계), 이해의 정도가 낮아지면 지루함은 더 높아진다는(음의 관계) 그림이다. 이런 관계가 되풀이 되는 상황을 일탈증폭 또는 악순환이라고 하며 장기적으로 시스템은 파국을 맞이할 것이다. 물론 선순환에 의해 만들어지는 일탈증폭 상황도 존재한다. 오른쪽 그림은 이야기하는 사람의 숫자가 늘어나면 제시되는 아이디어의 숫자가 늘어나고(양의 관계), 제시되는 아이디어의 숫자가 늘어나면 이야기하는 사람의 숫자는 줄어든다는(음의 관계) 그림이다. 이 관계가 되풀이 되는 상황을 일탈 안정 상황이라고 한다.

여기서 중요한 것은 변수들 간의 관계가 단선적이지 않다는 것이다. 그리고 양방향적이라고 말하지도 않는다. 양방향이기는 하지만 이전의 상태가 이후의 상태에 영향을 미치는 관계로 엮여있다는 사실이 중요하다. 이런 관계를 순환적 관계라고 하는데 이것은 종래의 인과관계를 강조하는 관점과 완전히 다르다. 예컨대 두개의 그림을 서로 연결하여 하나의 시스템으로 만든 다음의 그림을 보자. 토론이 지루할수록 이야기하는 사람의 숫자는 줄어들며(음의 관계), 제시되는 아이디어의 수가 늘어날수록 이해의 정도가 늘어난다는(양의 관계) 새로운 관계가 추가되어 있다. 서로 독립적으로 여겨졌던 두개의 시스템이 사실은 한개의 시스템으로 연결된 것이다. 바로 이것이 순환관계의 본래 개념이다. 이럴 경우 전체 시스템의 운명은 어떻게 될 것인가? 시스템의 운명을 좌우하는 회로의 중요도에 의해 결정될 것이다. 왼쪽 그림의 일탈증폭은 가속화되고, 오른쪽 그림의 일탈 안정화 경향은 더 커질 것이다. 만약 연구자가 제시하는 아이디어의 숫자에 관심이 있다고 하자. 기존의 회로에서는 아이디어의 숫자가 늘어났다 줄어들었다 하면서 안정 관계를 유지한다. 하지만 연결을 통해 새로 만들어진 회로에서는 아이디어의 숫자가 계속 늘어나는 선순환 관계가 만들어진다. 이런 식으로 변수를 추가하거나 삭제하고 그것을 순환관계로 연결시켜 봄으로써 연구자는 시스템 전체의 운명에 대한 통찰력을 갖게 된다.

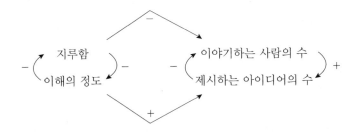

셋째, 조직화 사고의 촉진과 관련된 세번째 전략은 모든 행동이 상호결합된 구조를 갖고 있다는 점을 깨닫는 것이다. 상호결합된 구조는 조직화의 최소단위를 구성한다. 상호작용은 단순히 A라는 사람의 행동이 B에게 특정 반응을 만들어 내는 상황이다. 그런데 B의 반응을 보고 A가 다시 반응을 하면, 즉 A → B → A로의 순환관계가 형성되면 그것은 이중적 상호작용이다. 이중적 상호작용을 Weick은 상호결합된 행태 또는 상호결합된 구조로 이해했다. 구조라는 표현을 사용한 이유는 이러한 행태들이 서로 연결되면서 집합적 구조로 발전한 상태가 조직구조이기 때문이다. 조직의 목표를 얘기할 때 보통은 목표가 존재하고 조직원들은 그 목표를 달성하기 위해 행동한다고 하지만 Weick은 그 관계를 반대로 보았다. 사람들은 미래의 상호작용을 염두에 두고 상대방과 교류하기 때문에 이중적 상호작용이 존재하며, 그것이 사후에 조직의 목표로 구성된다는 것이다. 인간의 행동은 목표를 달성하기 위해 사전적인(prospective) 측면에서 정당화되는 것이 아니라, 행동을 통해 목표라는 것이 나중에 회고적으로(retrospective) 구성된다. 즉, 나중에 이러한 것이 목표였다고 정당화하는 것이다.

이러한 이중적 상호작용 또는 집합적 구조는 Simon이 말한 안정적인 중간 구조와 같은 의미이며 조직은 그것들로 구성된다. Weick은 Simon이 제시한 시계조립공의 예를 설명하면서 집합적 구조의 특성을 설명한다. 시계 조립공은 수백 개나 되는 시계의 부품을 일일이 떼어서 조립하지 않고 그것을 몇 개의 덩어리로 나누어 조립한다. 한개의 덩어리는 수십개 이상의 부품으로 구성되어 있기 때문에 먼저 덩어리 안의 부품들을 조립하고 나중에 그 덩어리들을 연결시키면 시계가 완성되는 것이다. 덩어리 안의 부품들은 긴밀하게 결합되어 (tightly coupled) 있고, 각 부품과 덩어리 및 덩어리와 덩어리는 그것들 보다는 느슨하게 결합되어(loosely coupled) 있다. 안정적인 중간구조는 느슨한 결합의 장점을 집합적 구조의 설계에 반영하는 것이다. Weick(1976)에 의하면 교육조직은 느슨한 결합구조의 특징을 대변하는 조직구조다.

3. 조직화의 과정

조직화의 과정들을 결합하면 자연도태의 과정과 비슷하다. 조직화의 과정은 생태적 변화, 설정, 선택, 보유의 네가지다. 생태적 변화(ecological change)는 경험의 흐름 속에 나타나는 불연속성, 즉 변화나 상이성을 뜻한다. 설정 (enactment)은 이와 같은 불연속성을 다른 것들로부터 분리하여 괄호를 치는 과정, 즉 주의를 기울이는 과정이다. 본래 설정은 자연도태의 과정에서 첫단계인 변이(variation)와 흡사하다. 그런데 Weick은 조직원들이 외부의 자극을 수동적으로 받아들일 때 그 외부의 자극을 환경이라고 하지 않고, 적극적인 해석 활동을 거쳐 유의미한 자극이라고 규정할 때 비로소 비로소 환경이 된다는 점을 강조하기 위해 설정이라는 개념을 사용하였다. 선택(selection)은 대개는 양면적으로 설정된 환경의 모호성을 감소하기 위해 자기가 갖고 있던 해석도식이나 반응의 레퍼토리를 선택하는 것으로, 보통은 경험을 통해 형성된 인과도식을 정하는 것이다. 보유(retention)는 성공적으로 만들어진 해석의 결과들을 저장하는 것이다. 이상 네 가지 과정은 다음 그림처럼 배열된다.

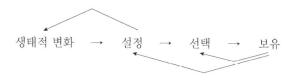

생태적 변화 → 설정 → 선택 → 보유

생태적 변화와 설정은 일탈-증폭의 회로로 구성되어 있다. 그리고 설정은 선택에 비례적으로 영향을 주고 선택은 보유에 비례적으로 영향을 준다. 그리고 보유는 선택과 설정에 영향을 준다. Weick은 문화인류학자인 Geertz의 유명한 문장, "인간은 의미들의 거미줄에 매달린 동물이다. 그런데 인간이라는 동물은 스스로 거미줄을 자아낸다"를 앞 그림에 맞추어 설명하고 있다. 설정이란 의미들의 거미줄을 자아내는 것이고, 선택은 의미들을 부여하는 것이며, 보유는 의미들의 거미줄이다. 예컨대 설정은 말하는 행위이며, 선택은 그 말을 회고적으로 검토하여 의미를 부여하는 행위이며, 보유는 그렇게 해서 부여된 의미를 지식으로 저장하는 행위다. 그런데 설정-선택-보유의 과정이 선형적으로 설명되어 있지만 실제의 조직화 과정을 이렇게 직선적으로 이해하면 안된다. 위 그림에서 보유가 설정과 선택에 영향을 준 것처럼 다양한 투입물들은 서로에게 영향을 주면서 여러 단계에 걸쳐 존재한다. 조직화의 각 부분들의 의미는 그것들이 작용하는 상황에 따라 달라진다. 조직화의 각 단계별로 그것을 보면 다음과 같다.

첫째, 설정이란 Weick의 이론체계에서 다른 어떤 개념보다 강조되고 있는 개념이다. 설정은 우리가 보는 것을 '발견'하는 것이 아니라, 우리가 보고 싶은 것을 '발명'한다는 의미와 더 밀접한 관련이 있다. 김춘수 시인이 말한 것처럼 꽃은 객관적으로 존재하는 것도 아니고, 주관적으로 존재하는 것도 아니며, "내가 이름을 불러주었을 때 비로소 어떤 의미를 갖게 된다"는 것이다. Weick은 그래서 조직과 환경은 분리할 수 없다고 한다. 조직은 조직과 환경을 가르는 경계가 어떻게 존재하고 환경을 정밀하게 관찰하기 위해 어떤 노력을 할 것인가에 관심을 가져서는 안된다. 반대로 현실에 대한 자신의 간섭효과를 없애는 방법을 찾아야 한다. 그래서 사실을 사실 그대로 관찰했는가, 우리가 옳은가 하는 질문이 중요한 것이 아니다. 우리가 어떤 행동을 했는가, 이 행동으로부터 어떤 의미를 도출할 수 있는가 등의 질문이 더 중요하다. 진실인가 거짓인가의 주제보다는 어느 정도 타당한가라는 주제가 더 현실적이다. 한마디로 설정이란 이런 것이다. "우리 조직은 동남아를 중요한 고객으로 생각한다. 왜? 우리 조직이 그런 환경을 만들어 왔으니까!" "맹자 어머니는 이번에 또 학군 좋은 곳으로 이사갔다. 왜? 지금까지 공부하기 좋은 환경을 만들어 왔으니까!"

설정에 영향을 주는 것으로 여러 가지가 있을 수 있지만 Weick은 그것 가운데 가장 중요한 것으로 결합의 정도를 꼽고 있다. 결합의 긴밀도가 강할수록 설정의 가능성이 더 커진다. 이것은 설정의 주체로서의 성격이 분명히 드러나

기 때문에 그럴 것이다. 조직과 환경의 관계에서 조직은 환경보다 내부적으로 더 긴밀하게 연결되어 있다. 그러므로 환경이 조직을 재배열하는 것보다는 조직이 환경을 재배열하는 것이 더 쉬울 것이다. 예컨대 학생회와 교수회 그리고 노동조합을 비교해 보자. 학생회는 교수회보다는 긴밀하게 연결되어 있지만 노동조합보다는 느슨한 연결체다. 따라서 학생회가 교수회라는 환경에 대해서는 쉽게 환경을 설정할 수 있지만, 노동조합과의 관계에 있어서는 환경 설정이 쉽지 않은 것이다.

둘째, 선택이란 설정의 다음 단계인데 양의적(ambivalent) 상황 또는 양면성의 관리와 밀접한 관련이 있다. 양의성이란 하나의 자극이나 행동이 두개의 서로 다른 의미를 갖는 상황이며, 환경이란 양의성으로 가득 차 있다. 임진왜란 있기 전 조선은 일본이 침략할 것이라는 정보와 침략하지 않을 것이라는 정보를 동시에 받았다. 군인은 명령에 복종해야 한다는 지시와 자율적으로 솔선수범하라는 지시를 동시에 받는다. 마술쇼에서 마술사에게 가장 쉬운 동작은 관객에게 가장 어려운 동작이다. 어떠한 조직이건 모든 상황에서 양의성이 존재하며 조직에서 이를 관리할 수 있는 유일한 방법은 한 의미를 억제하고 무시하거나, 여러 의미를 교대로 선택하여 사용하는 것이다. 양면성이 조직의 본질이고 또 없앨 수 없다면 관리할 수밖에 없다.

양면성을 관리하는 방법을 설명하기 위해 Weick이 끌어들인 개념이 바로 필요다양성(requisite variety)의 원칙이다. 필요다양성은 "한 시스템이 환경 안에서 적응하려고 할 때 시스템 내부의 다양성이 적어도 환경의 다양성만큼은 되어야 한다"는 뜻이다. 예컨대 단순한 마음을 가진 사람들은 변덕쟁이들의 심리상태를 알지 못한다. 20개의 서로 다른 거리에 있는 물체에 대해 똑같은 농도와 선명도를 지닌 사진을 찍어야 하는 사진사는 20개의 인화장치를 가져야 한다. 조직이 외부의 다양성을 관리하기 위해서는 조직 내부에 다양성에 대응할 수 있는 결합규칙들을 갖고 있어야 한다. 논리적으로 다양성을 관리할 수 있는 방법은 외부의 다양성과 내부의 다양성이 일대일 구조를 갖고 있거나, 권력을 이용해 외부의 다양성을 감소시키거나(예, 독점, 협약, 카르텔 등), 내부 관리자를 복잡하게 만드는 방법이 있는데 Weick이 가장 선호하는 것은 마지막 방법이다. 관리자를 단순하게 해야 한다는 전통적인 조직이론과 달리 그는 관리자의 사고를 의도적으로 복잡하게 함으로써 통찰력을 키울 수 있다고 본다. 복잡하다는 것은 다양하게 흐르는 경험의 일부를 포착하여(즉 회고적 상황에서) 다양한 방식으로 의미를 부여할 수 있다는 것을 뜻한다.

셋째, 조직화 단계의 마지막은 보유 단계다. 보유는 저장된 지식이며 회상 능력을 의미한다. 보유는 마지막 단계이지만 설정과 선택에 동시에 영향을 미친다. 그것은 보유를 떼어놓고는 의미부여를 말할 수 없기 때문이다. 예컨대 의미부여를 하기 위해서는 기억하고 회상할 수 있어야 하는데 보유는 그런 활동의 기초를 된다. 사실 조직화 모형의 가장 큰 특징 가운데 하나는 환경을 투입으로 보지 않고 산출로 본다는 점이다. 환경이란 왜 그런 행동이 나타났는지 그리고 왜 그런 이름들을 붙였는지를 사후에 설명하는 수단으로 등장한다. 즉, 투입을 결정짓는 독립변수가 아니라 의미부여와 해석활동을 통해 설정된 것이다. 설정된 환경은 이런 의미에서 일종의 기록문서이고 통상 인과지도의 형태를 띠고 보유과정 속에 저장된다. 그리고 이것들을 통해 사건들의 이미지를 재생할 수 있다.

보유과정에서 가장 중요한 것은 신뢰를 유보하고 의심해 보는 것이다. Weick은 기억을 잘못했기 때문에 조직이 실패하는 경우는 거의 없다고 본다. 오히려 너무 많은 것을 너무 오랫동안 기억하고 있기 때문에 조직이 실패한다고 본다. 설정된 환경의 정확성과 신뢰성에 대해 문제를 제기하고 자신의 세계관을 의심해 보고 하는 노력들이 조직의 생존을 보장한다. 그는 야누스적 사고과정을 통해 이것을 설명한다. 야누스는 두 얼굴을 가진 로마의 신으로 집의 안팎을 동시에 볼 수 있고, 건물의 입구와 출구를 동시에 지킬 수 있었다. 야누스적 사고방식이란 "대립되거나 상반되는 두 개 또는 그 이상의 아이디어나 개념 이미지들을 동시에 적극적으로 고려하는 것"이다. 필요다양성의 원칙에서 설명했던 것처럼 조직이 양면적인 세계에 적응하기 위해서는 조직 자체도 양면적이어야 한다. 다양한 상황이 전개되는 환경에서는 특정 시점에서 유용했던 반응들이 다른 시점에서는 치명적일 수 있으며, 특정 시점에서 적합한 인과지도가 시점이 달라지면 타당하지 않을 수도 있다. 그러므로 상반된 반응을 보유할 때 오히려 환경변화에 대응하여 신축성을 확보할 수 있는 것이다.

4. 조직화 이론의 함의

조직화 이론은 앞에서 지적한 것처럼 주류에서 많이 비껴가 있다. 하지만 그의 이론에 대해 대다수의 학자들은 창조적이라는 평가를 내리고 있다. Wicker(1980)는 그의 연구가 연구진이나 실무진 혹은 일반 독자 모두에게 뭔가를 '만들어내는 능력(generative capacity)'을 제공한다고 하였다. 사람들에게 자신이 품고 있는 근본 가정에 대해 의문을 제기하게 하며, 대안적인 개념과 모형을 사용하게 한다는 것이다. Czarniawska(2005)는 그의 이론이 이미 수많은 추종자를 만들어 냈으며 변화와 과정을 설명할 그 어떤 이론보다도 많은 통찰력을 주었다고 말했다. 특히 의미라는 것이 부여하거나(giving) 포착해내는(taking) 것이 아니라 만들어내는(making) 것이라는 그의 관점이 변화 과정의 핵심을 설명한다고 보았다. 의미부여나 의미포착이라는 개념은 사전에 어떤 의미체계가 있다는 것을 전제로 한 것이지만, 의미형성(sense making)은 상호작용에 참여하는 행위자들이 능동적이며 적극적으로 서로 다른 해석을 만들어 내는 상황을 표현하는 것이다.

그의 이론이 조직이론가들에게 주는 메시지는 분명하다. 자신이 가진 사고체계와 방법론에 너무 매달리지 말라는 것이다. 그는 과학과 예술의 경계를 없애는 창조적 연구가 필요하다고 본다. 주류 조직이론은 실재론에 바탕을 둔 실증주의 노선을 취한다. 그리고 실증주의는 정해진 언어와 정해진 방법론이 존재한다. 그런데 Weick이 볼 때 실증주의는 추상화와 일반화의 정도가 심하기 때문에 오히려 현실을 설명하지 못한다고 본다. 생선가시를 세느라고 고기를 이해하지 못하는 연구인 것이다. 그가 볼 때 예술이란 우리가 다루는 것보다 더 많은 현실을 다루면서 어떤 의미를 끌어내려는 영역이다. 그래서 창조적 사고를 만들어 내고 그것을 유지하려면 시, 소설, 그림, 음악 등의 영역에서 만들어낸 창조성들을 자유롭게 즐겨야 한다. Weick 자신도 그런 영역에서 얻은 영감과 자료들을 적절한 비유와 함께 조직화를 설명하는 도구로 활용하고 있다.

그의 연구가 조직의 실무진들에게 던지는 메시지도 유사하다. 당연하다고 생각되었던 것들이 사실은 당연한 것이 아니라 실재의 한 단면에 불과하다는 것, 그리고 그러한 것들이 서로 모순을 일으킬 수 있다는 것을 알아야 한다는 것이다. Weick은 실무진들에게 해주고 싶은 10가지 정도의 조언을 책의 끝부분에 제시하고 있다. 무질서를 두려워 하지 말라. 당신은 단 한번에 모든 일을 처리할 수 없다. 혼돈스러운 행동은 질서있는 침묵보다 낫다. 종종 가장 중요한 결정이 가장 분명하지 않다. 해결책은 존재하지 않는다. 효용을 무시하라. 지도는 곧 실재 세계다. 조직도표를 재구성하라. 조직을 진화체계로 상상하라. 당신 자신을 복잡하게 만들어라. 이러한 조언들은 모두 조직이라는 정태적 모습에서 벗어나 조직화라는 동태적 과정을 강조하기 위한 것들이다.

참 | 고 | 문 | 헌

Cazrniawska, Barbara, Karl Weick: Concepts, style and reflection. *The Editorial Board of Soriological Review*, 2006, pp. 267~278.

Katz, Daniel and Robert L. Katz, *The Social Psychology of Organizations*. New York: Wiley, 1968.

Weick, Karl E., *The Social Psychology of Organizing*(2nd ed.), New York: Addison-Wesley, 1979.

_____, 배병룡 · 김동환(공역), 조직화이론. 서울: 율곡, 1990.

_____, Educational organizations as loosely coupled systems. *Administrative Science Quarterly*, 21, 1976, pp. 1~19.

_____, *Sensemaking in Organizations*. Thousands Oaks, CA: Sage, 1995.

_____, *Making Sense of the Organization*. Malden, MA: Blackwell Publishers Ltd, 2001.

Wicker, Allan W., Book review on 'The Social Psychology of Organizing(2nd.)' *Administrative Science Quarterly*, 25-4, 1980, pp. 713~719.

Nils Brunsson의
위선조직*

I. Brunsson의 학문세계

Nils Brunsson은 1986년부터 스웨덴 스톡홀름 경제대학(Stocholm School of Economics)의 스톡홀름시 관리학 전공 석좌(the City of Stockholm Chair in Management)교수이다. 주된 연구대상은 기업, 정부 등 조직현상이고 경제학자 (economist)라고 하나 실제로는 사회학적 시각에서 연구를 진행하고 있다.

이미 20여권의 의미있는 저서를 출판하였고, 1,500명 정도가 참여하는 유럽 조직학회(European Group for Organizational Studies) 연차 학술대회에서 기조강연을 할 정도의 비중 있는 인물이다. 그가 지금까지 연구해온 주제는 의사결정 (decision-making), 행정관리개혁(administrative reforms), 표준화(standardization)이고, 최근에는 규칙제정과 규제(issues of rule-setting and regulation) 등에 관심을 기울이고 있다.

그의 대표 저서는 다음과 같다.

The Consequences of Decision-Making, 2007
Mechanisms of Hope: Maintaining the Dream of the Rational Organization, 2006
A World of Standards(with Bengt Jacobsson), 2002
Organizing Organizations(James G. March and Johan P. Olsen), 1998
The Reforming Organization(with Johan P. Olsen), 1993
The Organization of Hypocrisy: Talk, Decisions and Actions in Organizations, 1991
The Irrational Organization: Irrationality as a Basis for Organizational, 1985
Propensity to change: an empirical study of decisions on reorientations, 1976

Brunsson의 연구는 경제학적 시각이라고 하지만, Wiliamsom의 조직경제학

---

* 임도빈: 서울대학교 행정대학원 교수.

적 접근과는 완전히 다르다. 우선 조직을 인적 구성원을 가진 실체라고 보기보다는 사회적으로 구성된 현상(socially constructed phenomena)이라고 본다(Starbucks, 2004). 그러므로 조직학자들의 주된 임무는 실체로서 조직의 효율성을 높이는 등 기계적 합리성을 탐구하기보다는 '왜(why), 그리고 어떻게(how) 사람들이 조직을 구성하느냐'에 설명을 제공하는 것이라고 본다.

예컨대 그의 공공부문 개혁에 관한 연구는 한국에서와는 달리 시장원리를 도입하여 효율성이 개선되었는지 여부를 다루지 않는다. 오히려 그는 개혁작업들을 '조직을 구성하려는 시도(attempts at constructing organizations)'라고 본다. 즉, 종전에 분산되고 서로 조정이 덜 되었던 기관, 행위자, 또는 장(arenas)으로서 공공부문(public sector)이 각 단위별로 국지적 정체성(local identity), 계서제(hierarchy), 합리성(rationality)을 강화함으로써 좀더 완벽(complete)하고 짜임새있는 조직화하는 과정이 바로 행정개혁이라는 것이다. 개혁을 한다고 내세우면서 바로 조직을 강화하는 과정(process)에 불과하다는 것이다.

특히 OECD국가에서 지난 20여년간 추진해온 많은 행정개혁들은 의료서비스나 교육과 같은 공공부문의 산출물 자체를 개혁하는 것을 목표로 하지 않았다는 것이다. 오히려 그 서비스(생산)를 어떻게 관리하고, 통제하고, 책임을 강화하느냐라는 방식(the modes of managing, controlling and accounting for the actual production of such services)을 바꾸는 것을 지향했다. 그러니 개혁에 대한 저항도 놀라울 정도로 적었고, 외부의 힘을 빌리기보다는 행정이 스스로 개혁을 한다고 자처한 것이다. 행정개혁이란 작업자체가 국민들이 행정에 기대하는 바나 불만을 스스로 개선하려고 하는 메시지를 국민들에게 줌으로써 정당성을 강화하는 기능을 한 것이다.

여기서는 1991년 초판이 나왔고 2002년 개정판이 나온 위선조직(The Organization of Hypocrisy: Talk, Decisions and Actions in Organizations)의 내용을 중심으로 Brunsson의 조직이론을 소개하기로 한다.

Ⅱ. 위선조직이론

1. 연구문제: 정통성

현대 사회에서 공식적 조직(formal organization)은 중요한 역할을 담당한다.

조직은 개인보다 훨씬 영향력이 큰 것이 사실이다. Brunsson이 제기하는 연구문제는 어떻게 하여 조직들이 외부로부터 정통성(legitimacy)을 부여받으며, 어떤 조직이 다른 조직에 비하여 좀더 강력한 정통성을 얻느냐이다. 흔히 (기업)조직은 외부에게 자원이나 서비스를 생산하고 제공하며, 어떤 조직은 다른 경쟁조직에 비하여 좀더 효율적으로 이를 수행하기 때문이라고 답을 한다.

조직이론들은 조직내 조정(coordination)에 초점을 두는데, 효율적 조정 유형으로는 다음 3가지를 제시한다. 첫째 어떤 사람은 의사결정을 하고 어떤 사람은 복종하는 계서제(hierarchy)이고, 두 번째는 서로 이해를 공유하는 이해집단 혹은 신뢰집단이고, 셋째는 서로 공통의 목표를 향해 노력하는 일치(coherence)의 조직이라는 것이다. 그러나 대규모 조직을 경험한 사람들은 위의 세 가지 유형이 실제와 잘 맞지 않음을 안다. 계서제 조직도 깊이 들여다보면 경영진과 일반직원 사이에 거의 접촉자체가 없으니 명령-복종관계라고 보기 어렵다. 친구들로 구성된 신뢰집단 혹은 이해집단 조직도 오히려 갈등이 더 많고, 각종 결정이 서로 모순적임을 알 수 있다. 그러므로 조직을 동질적인 단일체로서 환경을 대상을 목표를 달성하는 도구라고 보기는 어렵다. 그렇다면 그럼에도 불구하고 왜 조직이 사멸하지 않는가에 의문을 제기할 수 있다.

이와 같이 조직이란 왜 부조화와 모순투성이인가에 대한 설명을 찾는 것이 Brunsson이 천착한 독창적인 이론이다. 그는 조직의 내부와 외부에서 작동되도록 하는 규범(norms)들이 무엇인가에 관심을 갖는다. 조직이란 그것의 산출물(product)에 의해서만 '평가'받는 것이 아니라, '어떻게' 상품을 생산하느냐에 의해서도 평가받는데, 이것은 조직이 속해 있는 사회의 가치체계(value system)에 관련된다. 이 가치체계를 규범이라고 한다.

규범은 조직구조(structure)에 관한 것, 조직의 절차(process)에 관한 것, 조직의 이데올로기(ideologies)에 관한 것 등 세 가지로 나눌 수 있다. 구조에 관한 것은 예컨대 이사회 등 일하는 방식에 대한 것, 어떤 때에는 집권적인 것이 좋다고 보고 어떤 때에는 분권적인 것이 바람직하다고 한다. 10년 전에는 매트릭스 조직이 유행이었는데 최근에는 기능적 구조(divisional)를 좋다고 한다. 조직절차는 인사에 대한 중요결정을 할 때 직원들의 의견을 묻는 것이라든지, 예산을 점점 정교하게 짜야 한다는 것 등이 이에 해당한다. 이데올로기는 정당성을 획득하기 위한 관점이나 논리에 해당한다. 이와 같이 구조(structure), 절차(process), 이념(ideologies)은 조직이 정당성을 획득하는 중요한 수단이다. 어떤 조직은 산출물 때문에 정당성을 획득하지만 어떤 조직은 뚜렷한 산출물이 없기 때문에 이상의 3가지가 정당성을 획득하는데 결정적으로 중요하다.

2. 분리의 법칙

구조, 절차, 이데올로기와 관련된 규범들은 조직을 좀더 효율적(efficient)으로 보이기 위해 작동한다. 조직을 분화시키고, 예산을 설정하고, 목표를 설정하고, 계산하는 것이 이에 해당한다. 그러나 이런 것들이 모두 조직현실로서 실현되는 것은 아니다. 규범들은 일반성(generality)을 갖는 말로 정의되는 반면, 조직이 실제로 효율적인가 여부는 그 조직이 속한 특수한 상황이나 특정 산출물에 달려있는 경우가 많기 때문이다.

정당과 같이 산출물(product)이 뚜렷하지 않은 조직들도 많다. 산출물 등으로 가시적으로 효율적임을 보여주지 못하는 조직일수록 절차(process)와 이데올로기(ideologies)를 발전시킨다. 전자는 조직 내부 구성원간의 행위(action)를 조정하기 위한 것이고, 후자는 외부환경으로부터 이미지를 만들어 내기 위한 것이다. 더구나 이 양자는 서로 연결되어 있는 것이 아니고 독립적이거나 분리되어 작동하는 것이 특징이다. Brunsson은 여러 중요 요소간 따로 따로 작동하는 것에 주목하여 분리의 법칙(principle of separation)을 주장한다.

분리의 원칙(principle of separation)은 구조, 절차, 이데올로기 측면 모두에서 일어난다. 구조면에서는 마치 외부에 보여주는 용도이지만 빈번하게 바뀌는 조직도표가 보여주는 것과 같은 공식조직(formal organization)과 실제 행동이 일어나는 비공식조직(informal organization)의 분리가 그 예이다. 절차면에서는 실제 조직운영에는 도움이 되지 않지만 외부에 보여주는 의식(ritual)이 실제 운영되는 절차와 다르게 이원화된다. 이데올로기 측면에서도 외부용으로 사용되는 가치들이 조직 내부운용에 사용되는 것과 완전히 다른 경우도 많다. 예컨대, 많은 조직구성원들은 자신의 조직의 장(長)이 매스컴에서 하는 말과 실제 조직을 운영하는 것과 천양지차인 경우를 보고 실망한다. 이것이 조직이 가진 위선(hypocricy) 또는 모순이라는 것이다. 중요한 것은 이러한 분리 혹은 위선이 관리자들이 의도해서 나오는 것이 아니라는 것이다. 관리자는 잘 관리를 하려고 하는데, 이런 것들이 자연적(?)으로 발생된다는 것이다.

분리의 법칙은 이 책의 부제인 말(talk), 의사결정(decisions), 행위(action)사이에도 존재한다. Brunsson의 위선은 (환경이) 조직에 요구하는 것 자체가 다양하고 모순적이기 때문에 생긴다고 본다. 조직은 이들 모순된 요구에 대해 때로는 말(talk)을 통해 만족시키고, 때로는 의사결정을 통해 만족시키고, 또 때로는 행위(action)로 만족시킨다. 결국 위선의 규범(the norm)되는 것이다. 말, 의사결정, 행위 간 서로 연결되지 않는 것이 위선인데 모순이 오히려 더 중요하다는 것이다. 만약 말과 의사결정이 서로 연계된다면, 정반대로 행위해야 하는 경우가 많기 때문이다. 같은 맥락에서 행위로 옮기기를 요구한다면, 상관에게 정반대로 말하고 의사결정을 하도록 해야 한다는 것이다. 여기에 역설(paradoxes)이 존재하게 된다. 위선은 이슬람 근본주의들이 맹목적으로 인간폭탄이 되듯 미친조직(fanaticism)이 되는 것을 방지한다. 즉, 조직이 위선적이기 때문에 오히려 사회에서 요구하는 고급의 가치를 지킬 수 있기도 하다는 것이다.

3. 위선조직

경영이 잘된다고 하는 조직은 경영진이 효율성을 최우선 기준으로 하는 것이 보통이다. 그러나 이런 조직도 깊이 들여다보면 위선이 존재한다. 이것은 조직이 처한 환경이 단순히 효율성만 높이라는 요구가 있는 것이 아닌 복잡한 것이고 이들을 만족시키는 것이 불가능하기 때문이다. 환경의 이런 요구가 논리적 철학적으로 그럴 때도 있고, 기술(technical)상 그럴 때도 있고, 의존하는 자원 때문에 그럴 때도 있다.

이런 모순된 환경을 다룬다는 것이 쉽지 않거나 불가능하기도 하다. 물론 이런 모순을 다루는데 좀더 전문화된 조직도 있다. 의회조직이 예인데 의회는 서로 충돌되는 가치를 만족시키는 특성을 가진 조직이다. 그러나 대부분의 조직도 어느 정도는 의회와 같이 서로 모순되는 요구를 만족시켜야 하는 입장에 있다. 즉, 문제에 대한 해결책 모색보다는 문제의 정의에 시간을 쓰면서 혹은 실제행위와 담론을 분리시키면서 위선을 산출해 내는 것이다.

이런 위선조직은 조직구조자체가 갈등적이다. 여러 가지 면에서 일관성을 결여한 조직이 되는 것이다. 예컨대 중앙행정기관, 지방행정기관은 자신의 정책과 완전히 다른 반대 그룹의 대표를 자문위원, 위원회, 아니면 고위간부 등의 자격으로 의사결정 집단에 포함시킨다. 이것을 Selznick이 TVA 사례에서 주장하였듯이 흡수(co-optation)라고 한다.

절차면에서는 문제해결을 어떻게 하면 효율적으로 하는가의 기준에 따라 리엔지니어링이 되는 것이 아니라, 문제를 정의히는 것 자체를 주 기능으로 하는 '자문', '공청회' 등의 절차가 더 생긴다. 기업이 어떤 문제가 있을 때 기자회견

을 하는 것도 문제를 정의하고 세련화하는 과정에 불과한 경우가 많다. 이를
통해 끊임없이 담론을 창출해내는 그 자체로 조직이 존재하게 되는 것이다. 물
론 의사결정과정에는 대안의 장단점을 체계적으로 평가하는 기존 발견된 각종
합리적인 기법이 적용될 수 있다. 즉, 해결할 수 없는 문제 혹은 모순된 다양
한 문제상황과 과학적 정책분석기법과 교묘히 결합될 수 있는 것이다.

조직은 블랙박스와 같이 의사결정을 내부적으로 조용히 하고 이의 집행에
중점을 주는 효율적 도구가 아니다. 위와 같은 방식으로 의사결정을 하고, 끊
임없이 외부에 발표하게 된다. 마치 여자들이 수다를 떨듯이 다양한(즉, 모순적)
이야기들이 다양한 기회에 외부에 노출된다. 매년 영업목표 발표, 사건이 있을
때 기자회견, 축제의 축사 등이 그 예이다. 효율성을 창출하는 행위중심의 조
직이 있는가하면, 실제 산출물이 있기보다는 이데올로기(즉, 담론)을 창출하는
담론중심의 조직이 있다.

조직에서 방출하는 담론이 모순적이기 때문에 환경인 청중이나 이해관계자
가 누구냐에 따라 다르게 해석될 수 있다. 조직구성원조차도 자기 조직에 대해
각각 다르게 해석한다. 시간에 따라 달라지기도 한다. 이와 같이 조직이 산출
하는 담론(talk), 의사결정(decision), 행위(action) 사이에 서로 연결관계가 없는
끊임없는 모순을 만들어 내면서 조직이 생존하는 것이다. 스웨덴에서 한쪽으로
는 원자력 발전소의 전기생산능력을 늘리면서, 환경보호를 위해 원자력발전소
한 개를 폐지한다는 결정을 한다는 등의 모순이 얼마든지 발견된다.

정당성을 얻기 위해 외부환경을 대상으로 하는 위선과 조직구성원에게 정당
성을 얻기 위해 하는 것이 서로 다르게 하는 위선 외에 발견되는 제3의 위선은
비현실적인 조직의 이미지를 창출해 내는 것이다. 대규모 조직에서 이런 현상
이 더 잘 발견된다.

4. 행위조직과 정치조직

Brunsson은 어떤 실제 기능을 중심으로 행동(혹은 실적)을 내는 행위조직
(action organizations)과 실제보다는 담론을 풍부하게 하는 정치조직(political
organizations)이라는 두 가지 형태의 조직으로 구분한다. 1991년에 출판된 이 책
의 초판에서 Brunsson은 갈등을 극복되거나 방지해야하는 부정적인 것으로 보
았다. 즉, 정치조직보다는 행위조직을 선호했다. 2002년의 개정판에서는 그의
입장이 변한다. 모든 조직은 환경으로부터 전개되는 비일관적 규범(inconsistent

norms)을 점점 더 많이 다루게 되어 있다는 것이다. 갈등은 오히려 장려하고 외부에 보여주어(demonstrate)야 하는 경우도 있다는 것이다.

다시 말하면 개정판에서는 정치조직에 대해서 자세한 설명을 하고 있을 뿐만 아니라 긍정적으로 보고 있다. 조직이란 존재는 단지 여기저기에서 제기되는 문제들을 해결하는 수단(instrument)이 아니라, 문제(problem)를 회피하거나 새로이 창출한다. 즉, 해결책(solutions)을 찾아 구현해내는 것을 조직으로 보는 전통적 방식에서 벗어나, 문제(problems)들을 창출하는 것을 중요한 기능이라고 본다. 문제창출을 잘하느냐 여부가 경우에 따라서는 조직생존의 치명적 조건이다. 노조, NGO, 정당 등이 그 예이다.

그렇다면 그가 왜 '문제'에 대해 그리 큰 비중을 두는가를 질문할 필요가 있다. 바로 문제란 아이디어(ideas)를 창출하고 가치(values)를 반영하는 훌륭한 장치(a splendid vehicle)라는 것이다. 문제란 어떤 결론에 도달하지 않고 여러 각도에서 끊임없이 토론하게 해주는 반면, 해결책(Solutions)은 아이디어의 다양성을 담고 있는 경우가 드물다.

행위조직이란 어떤 행위를 실현시키는 것을 정당성을 얻는 주요 근거를 삼기 때문에 거기에 가담하는 사람들을 이전보다 더욱 단순하게 만들고 심지어 바보(stupid)같이 만든다고 본다. 아이디어의 풍부함을 추구하지 않을 뿐만 아니라, 비판의식보다는 성취열망을 요구하기 때문이다. 이에 비하여 정치조직은 구성원들로 하여금 불확실한 환경에 직면하여 해결되지 못할 문제들을 붙잡고 씨름하면서 더욱 스트레스를 쌓이게 하는 존재이다. 이런 고민들을 통하여 아이디어와 담론이 풍성하게 된다.

정치조직의 장점은 외부의 다양한 이해관계를 가진 집단과 연대함으로써 자원을 획득할 수 있다는데 있다. 조직 내 의사결정이 구성원 간에 충분한 합의가 이뤄지지 않은 채 이뤄지기도 하고, 조직의 관리층보다는 직원에 의해 이뤄지기도 한다. 이렇게 하여 Brunsson의 개념대로 말(talk)과 행동(action)이 관련되는 것이다. 많은 의사결정에서 결정권이 있는 사람들은 방어적이고, 조직에 해(害)가 될 것에 대해 거부감을 갖는데, 이것이 바로 어떤 의사결정에 이르도록 작용한다는 것이다.

이러한 논의는 Brunsson의 위선(hypocrisy)개념으로 연결된다. 그가 사용하는 위선은 반드시 말(Talk), 의사결정(decisions), 그리고 행위(actions)와 논리적으로 완벽하게 연결되지는 않는다. Brunsson은 구체적인 사례를 가지고 입증하면서 조직내 위선이 양산되는 것은 개인들이 사악하거나 무능해서가 아니고, 거꾸로 조직에게 위선이 필요하고 때로는 이롭기 때문이라고 주장한다. 조직이 때로는 행위를 하지 않기로(즉, 무의사결정) 결정하는데, 그것은 사람들이 행위를 통해 얻을 수 있는 부담을 지지 않게 하기 때문이기도 하고, 때로는 의사결정이 행위를 방해하는 경우도 있기 때문이다.

Ⅲ. 위선조직론의 평가

Brunsson은 유럽적 조직이론의 진수를 보여준다(유럽과 미국의 차이는 Hickson, 1996 참조). 미국에서는 목표의 모호성이라는 개념을 마치 새로운 것처럼 이를 통계적으로 증명하는데 시간을 보내는데 비하여, Brunson이 이미 80년 대말부터 사용한 '위선'이란 개념은 목표모호성은 당연한 사실로 받아들인다. 나아가서 위선조직이란 개념으로 현대 조직현상에 대한 일반적 설명모델을 제시한다.

위선조직은 현대 조직에 대해 이해하는 데 많은 도움을 준다. 흔히 노무현 정부시 위원회가 남설되고, 기존 논의보다 반대되는 논의들이 많이 나왔음을 지적한다. 의문사진상 등도 이전 정부에서 한 것을 뒤집는 행위들이다. 이런 것은 표명한 것과 같이 문제해결보다는 Brunsson의 말대로 담론을 창출하는 문제제시형이다. 그럼에도 불구하고 정부 '혁신'이나 FTA에 추진 등을 보면 전형적인 우파정부의 특성을 갖는 정책이다. 실제로 효율성이 증진되었다고 하는데, 경제의 성과 등을 보면 꼭 그런 것은 아니다. 역시 위선조직이론이 잘 설명해 주는 것이다.[1]

이와 같이 Brunsson이론의 가치는 최근 유행하는 포스트모더니즘적 시각을 조직의 실증(?)연구에 적용하면 어떤 모습이 될 것인가에 대한 좋은 연구 사례가 된다. 탈근대성과 같은 포스트모더니즘이 무엇인가의 파악이 어렵다면, 이런 연구사례를 통해 근대성(modernity)에 근거한 실증적 조직연구와 프스토모더니즘적 연구가 어떻게 다른가를 알 수 있다. 담론분석과의 연계해서 생각해도 큰 도움이 된다.

위선은 도덕적으로 나쁘다는 것을 의미한다. 그렇다면 현대 사회에서 모든 조직이 위선조직의 특성을 띤다는 점에서 도덕적으로 적절치 않다고 비판할 수

---

1) 임도빈(2007)은 위선적 조직으로서 정부개혁이 말과 행위를 직접 연결시키려고 함으로써 관료제의 사망을 가져왔다고 본다.

있을 것이다. 그런데 초판에서는 부정적으로 보던 이 시각이 개정판에서 바뀐 것은 흥미로운 측면이다. 즉 사회나 조직의 내재적 특성에서 나오는 위선적 특성을 가진 정치적 조직을 오히려 긍정적으로 본다. 그러나 적어도 담론과 실제의 분리를 축소하거나 없애는 것이 바람직하다는 가치판단에는 이론을 제기하기 어려울 것이다.

Brunsson은 환경과의 관계에서 환경을 만들거나(enacted environment) 큰 영향을 미치기보다는, 거꾸로 조직이 환경에 책임을 지는 측면을 강조한다. 조직의 장들이 자주 마음을 바꾸지만, 적어도 환경으로부터 과거의 행위나 의사결정에 대해 책임을 지는 것이 기대된다는 점은 동일하다는 것이다. 환경에 수동적이라고 본다는 점에서 그의 이론은 한계를 가지고 있다.

또한 Brunsson의 이 책은 기존 조직이론들과 연계시키기보다는 자기 나름대로의 생각을 서술했다는 점에서 흠을 가지고 있다. 그의 저서 본문에 참고한 문헌의 인용숫자가 적은 편이고, 책말미의 참고문헌목록도 4페이지에 불과하다. 즉, 기존 조직이론들이 다양함에도 불구하고 이들의 예상되는 반박 등에 대한 정당화부분이 약하다. 따라서 여러 이론을 섭렵하고 있는 독자들은 지나치게 '독창적'이라는 인상을 받을 수 있다.

그러나 개인의 주관적인 수필 정도의 책이 아니라는 점에서 가치를 인정해야 한다. 그는 자신이 수행한 많은 사례연구에 기초하여 이 책을 저술한 것이다. 물론 책 서두에 방법론에 대한 언급도 없고, 이 책이 기반으로 하는 각 개별사례도 그리 미국적 시각의 체계적 사례연구가 아니다. 예컨대, 통계적 유의성 검증을 좋아하는 계량주의자들은 그 타탕성에 의문을 제기할 가능성이 크다. 그러나 Brunsson은 이런 자신의 주장을 입증하기 위해 많은 예와 반례(counter examples)를 제시한다. 학자의 양심을 갖고 진지한 자세로 장기간에 걸쳐 수행한 사례연구들을 농축한 것이라는 점에서 비양심적인 사변에 불과한 것과는 구분해야 한다.

📖 참│고│문│헌

임도빈, "관료제, 민주주의 그리고 시장주의: 행정개혁 20년의 비판과 과제," 한국행정
   학보, 2007.

William H. Starbuck, "Why I Stopped Trying to Understand the Real World,"
   Organization Studies, N. 25, Vol. 7, 2004.

Hickson, David J., "The ASQ Years Then and Now through the Eyes of a Euro-Brit,"
   Administrative Science Quarterly, N. 41, 1996.

Jean Daniel Reynaud의
사회조절의 조직이론*

Ⅰ. Reynaud의 학문세계

장 다니엘 레노(Jean-Daniel Reynaud, 1926년생)는 프랑스에서 가장 높은 수준의 엘리트 학교인 고등사범학교를 졸업했다. 국립 장인콘서버토리(Conservatoir National des Arts et Metiers)의 사회학 명예교수이다. 프랑스의 고등교육은 직업과 밀접히 연결되는 것이 많은데 음악가나 미술가를 기르는 콘서버토리가 있듯이 국립 장인콘서버토리는 고급의 상품을 생산하는 장인을 기르는 학교이다.

레노의 기본문제의식은 노동자나 장인의 작업(work) 자체도 하나의 산출물(product)이라고 본다. 이러한 산출물의 성공여부는 판매가능성 아니면 적어도 최종수요자가 받아들일 수 있는 상품이냐에 의해 좌우된다. 즉, 장인과 수요자와의 '사회적 거래관계'의 성립이 가장 큰 불확실성(uncertainty)이라는 것이다. 조직사회학은 갑자기 혁명적인 패러다임을 내놓은 것이 아니고, 이런 행위자들 사이에 존재하는 자체의 행위규칙(즉, 사회조절이론)을 추출해내고 분석하는 것이라고 본다.

레노는 초기에는 George Friedmann, Anselm Strauss와 같은 미국학자의 영향을 받았지만 점차 독창적 이론을 만든 사람이다. 그는 한때 Michel Crozier가 창설한 조직학연구소(Centre Sociologie des Organisations)에 소속되기도 하였다. 그러나 관료조직에 연구를 집중한 Crozier와는 달리 주로 직업, 노동에 관련된 사회현상에 연구를 집중한 학자이다.[1] 구체적으로는 협상(negotiation)이란 현상 자체와 협상이 사회 전체에 갖는 역할을 심오하게 분석하는데 집중했다. 특히 프랑스에는 파업과 같은 노조활동이 활발하므로 여러 가지 사례에 대한 실증적

---

* 임도빈: 서울대학교 행정대학원 교수.

[1] 프랑스에서 직업사회학(sociology of work)은 대체로 연구내용상 우리나라의 '조직학'과 일치한다.

연구조사를 통해 견고한 증거를 가지고 자신의 이론을 발전시켰다.

그의 문제의식은 노조대표와 경영주간 협상은 본격적 협상이 시작되기 이전 단계부터 일종의 게임이 시작되며, 전 과정을 통해 어떤 규칙이나 규범이 형성 된다는 것이다. 협상 양자(혹은 제3자)는 주어진 규범을 중심으로 끊임없이 다른 (비공식적) 규칙을 산출해 내면서 상호적응한다는 것이다. 이러한 갈등, 협상, 상호교환을 통해 일시적 혹은 잠정적으로 안정을 찾아가는 '사회조절(social regulation)'이 이뤄진다고 본다.[2] 이를 행위체제(action system)라고 본다.

끊임없는 상호적응을 통해 스스로 산출되는 규칙들을 연구한 결과를 집대성 한 책이 '게임의 규칙: 집합행동과 사회조절'(Les Règles du jeu: L'action collective et la règulation sociale, Armand Colin, 1997)이다. 그가 사용하는 체제 (system)은 Niklas Luhmann의 개념에서 나온 것이고 맑시스트인 Anthony Giddens의 구성론(structuration)과 일맥 상통하는 개념이다. 여기에서는 이 책을 중심으로 그의 이론을 소개한다.

II. 사회조절 조직이론

레노는 행정조직과 같은 공식적 조직뿐만 아니고 협회, 동호회 등 다양한 형태의 조직을 포함하는 개념으로서 조직을 상정한다. 조직은 구성원간, 그리고 정부당국과 같은 환경과 끊임없이 상호작용하면서 생존하고 변화한다고 본다. 그의 이론은 구체적인 설명을 통해 매우 논리적으로 전개된다. 이하에서는 그 가 사용하는 주요 개념들을 중심으로 소개하기로 한다.

1. 노동시장

레노 이론의 기본 출발점은 노동시장 혹은 직업세계는 하나의 동질적인 단 일체가 아니라 각각 성격이 다른 작은 단위들로 구성된 혼합체라는 것이다. 한 사회는 상이한 논리가 지배하는 하위세계로 구분되어 있다고 본 이유는 단지 이들 사이에 지리적 거리(geographical distance)가 있다는 것뿐만이 아니고 문화

---

2) 여기서 regulation을 '규제'라고 번역하지 않는 이유는 이미 한국에서는 정부가 주체가 되어 사회에 부과하는 각종 계약을 규제라고 보기 때문이다. 조절이 규칙의 자생성을 강조하 는 레노의 개념에 더욱 근접한다고 본다.

적 거리(cultural distance), 그리고 제도적 거리(institutional distance)가 있기 때문이
다. 예컨대 대학교수의 세계와 외국이 노동자 세계와는 다르다. 그런데 이런
사회현상을 연구하는 경제학자나 사회학자들은 '실업률이 얼마이다', '임금상승
률이 얼마이다'라는 식을 통계(statistics)의 마술에 사로잡혀 단일체로 이해함으로
써 실체를 보지 못한다는 것이다.

분리되고 독립적인 사회적 실체라는 것은 이들 내부에는 경쟁원리가 적용되
지 않고, 대부분 진입규제가 있다는데 있다. 즉 노동에서 완전경쟁시장이란 존
재하기 힘들고 어느 정도 규제된 조직현상이다. 소단위 노동시장이든 단일기업
이든 그 내부에는 임금, 승진, 보직 등에 나름대로의 규칙이 있는데, 이것이 완
전히 외부에 개방적이고 상호교환적인 형태는 아니다. 고용조건들은 각 하위직
업 집단에서 고용안정 및 임금인상의 방향으로 설정되어 있다. 보통 고용계약
서를 보면 그 윤곽을 알 수 있는 것이기는 하지만, 이 조건이라는 것은 고용주
와 노동자간 보통 죄수의 딜레마 원리에 의한 상호작용의 결과이다.

2. 기술과 기술자

레노는 물리법칙을 활용하여 발전하는 기술(technology)이 노동에 어떤 영향
을 미치는가에 주목한다. 그는 지난 50여년부터 본격적으로 발전한 각종 기술
들이 생산현장에서는 노동에 제약점으로 작용했다고 본다. 가장 단적인 변화는
이런 기술발전이 기획(planning)과 집행(implementation)의 분리를 가져왔다는 점
이다. 과거에는, 대장장이의 예와 같이, 물품의 기획(디자인)부터 생산판매까지
한 사람이 담당했다. 이제는 이런 기획기능을 이제 고급 엔지니어, 과학자 등
조직외부의 전문가가 담당하게 되었다. 마찬가지로 자동화가 진행되면서 작업
현장을 명령하고 감시하던 업무가 줄어들어 결국 집행감독기능도 줄어들었다.

결과적으로 일반 노동자(worker)의 전문기술가적 자질(qualification)의 중요성
이 자본 앞에 점점 축소되었다. 좀더 정확하게 표현하면 고급기술자는 점점 더
전문성이 심화되는 반면, 단순 노동자는 점점 비전문화 정도가 심하게 되었다.
기술적 자질면에서 양극화현상이 나타난다. 이와 같이 기술(technology)은 조직
에 결정적 영향력을 갖게 되었다. A. Touraine이 말하듯 기계와 그 기계를 사
용하는 사람(조직)과 분리될 수 없다. Joan Woodward의 연구대로 기술은 조직
구조에 영향을 미치는 것이다.

따라서 조직은 단기적 시각에서의 효율성(즉, 어떻게 비용을 줄여 생산을 많이

하느냐)과 사회기술적(socio-technique)인 면에서 선택(choice)의 결과물이다. 그렇다면 이 양자를 어떻게 최적화하겠는가가 문제이다.

첫째, 조직은 모든 것을 다 예측가능하게 짜겠다고 하는 야심을 버려야 한다. 그러므로 조직의 문제를 해결하려고 의사결정을 집권화하는 것이 불가능하다고 봐야 한다. 집행부서에 권한 위임을 통한 일정한 자율권을 줘야 한다.

둘째, 조직에 새로운 기술이 도입되면 될수록 그만큼 실제 집행하는 층의 참여가 필요하다. 참여정도는 조건에 따라 다양하지만, 적어도 의사결정권을 적절히 공유해야 한다.

셋째, 새로운 기술의 도입은 다른 것과 분리된 단독행위가 아니라는 점이다. 도입은 점진적인 것이고, 장기간(지속적) 걸리는 과정이다. 전문기술자, 단순노동자 등 이들이 서로 집합적으로 학습이 되어야 하는 것이다.

3. 조직과 합리성

조직에서 완전한 결정론적인 것은 없다. 모든 것이 불확정적이어서 실제 현실에서는 상호적응을 하게 되는 것이다. 예컨대, 법적, 합리적 권위에 근거한 막스 베버의 관료제가 정말 효율적인 것인가? 베버의 조직원리를 바탕으로 한 테일러의 최적 조직모형(즉, One best way)이론이 정말 합리적인가에는 의문이 많다. 레노는 베버의 효율성이라는 것은 다른 조직과 비교(경쟁)해서 그렇다는 것이라기보다는 근거하고 있는 정통성(legitimacy)이라는 측면에서 그렇다고 본다.

그렇다면 관료제란 한 가지인가 아니면 여러 가지 종류가 있는가라는 질문을 할 수 있다. 레노는 관료제란 각종 문제에 대해 의사를 결정하는 거대한 메커니즘으로서 조직구조(structure)의 규칙과 조직운영(operation)의 규칙의 총합이라고 정의한다. 이 규칙들은 합리성이라는 측면에서 각 개별 관료제에게는 유일한(unique)한 것이고 또한 필요한 것이다. 따라서 관료제는 여러 가지 종류가 있다. 결과적으로 관료제는 그 자체로 합리적이라기 보다는 오히려, Crozier 관료제론에 의한다면, 조직 내 행위자들간 (부분적으로는 의도하지 않은) 상호작용의 결과이고, 전략이고, 구성물(construction)이다.

구성물은 각각 독특한 성격을 띤다. 왜냐하면 서로 협력을 얻어내는 협력게임에서는, 의사결정이란 합리성을 기준으로 하는 수학적 계산의 결과가 아니라서로 이해하고 합의한 결과이기 때문이다. 이때 문화(culture)가 이들간 상호이해를 증진시키는 해결수단 중의 하나로 작용한다. 국가수준의 문화, 전문가 집단의 하위문화, 기업문화는 각각 해당되는 수준에서 의사결정에 도움이 된다. 문화가 의사결정을 하는 주체가 되는 것이 아니고, 의사결정이 되도록 하는 수단이 되는 것이다. 문화는 협상의 과정에서는, 상술한 기술(technology)과 마찬가지로, 상호작용을 하면서, 비공식, 비공식적 관계가 행위자로 하여금 받아들여질 만한 대안으로 가도록 도와주는 역할을 한다.

4. 집합행동

생산현장이나 시장에서 계급, 직업군, 산업별 인력 등 집합적 행위자가 출현한다. 이들 중 일부는 협회나 조합과 같은 조직으로 구성되어 있고, 어떤 것은 추상적인 공동체(community)의 성격을 띠면서 일종의 집단의식을 갖는 실체로 되어 있다. 양자의 경우 모두 집합행동이란 이들간 미리 계획에 의해 이뤄지는 것이 아니고 행위의 결과에 의해 비로소 형성되는 것이다. 즉, 노사협상과 같이 영속적인 것이 아니라 간헐적, 불규칙적, 일시적으로 행위가 일어난다는 점에서 협의의 '조직'과는 다른 제약점을 갖는다.

이러한 관점의 치명적인 결함은, Mancur Olsen의 주장대로, 개인을 산술적, 기계적으로 자신의 이익만을 극대화하는 존재로 본다면 집합행동은 일어나지 않는다는 점이다. 행위자 누구나 게임에 직접 참여하기보다는 무임승차하기를 선호하기 때문이다. 그렇다면 왜 집합행동이 일어나는가에 대해 설명이 궁해진다. 레노는 일단 개인이 집합행동에 참여하도록 하기 위해서 열정(passion), 선민의식, 다른 제약점 등이 필요한 것이라고 지적한다. 구체적으로 이를 설명하기 위해 다음과 같은 패러다임의 전환을 제시한다.

첫째로 Olsen이 기초로 하고 있는, 그리고 경제학자들에게는 당연하게 받아들여지는 것이지만, 방법론적 개체주의(methodological individualism)는 개인을 전제로 이들이 어떻게 행위하는가만을 보게 한다. 레노의 연구대상은 집단, 계급과 같이 (개인단위가 아니라) 집합이다. 즉, 집합행동이 왜 일어나느냐라는 원인을 찾는 것이 목적이 아니고, 집합행동이 갖는 의미를 찾아내는 것이 그의 연구과제라는 것이다.

둘째, 집합행동은 사회적 제약(social constraint)을 만들어 내면서 이뤄진다. 사회적 제약이란 회사앞에서 피켓을 들고 출근하는 비노조원에게 파업에 참여하도록 강제하는 물리적 제약(physical constraints), 비노조원에게도 노조비를 갹출하는 법적 제약(legal constraints), 그리고 연대감과 집단의식을 강조하는 정신적 제약(moral constraints) 등이 있다.

셋째 사회적 제약은 진화한다. 만약 집합행동이 이기심에만 좌우된다면, 그리고 사회적 제약이 고정되어 있다면, 노조가 약속한 혜택을 노동자에게 가져오지 못하는 경우 노조가 사멸해야 한다. 그런데, 어떤 경우든 노조는 계속해서 존재할 뿐만 아니라 협상결과가 만족스럽지 못할 때 더 활성화되기도 한다. 레노의 주장은 집합행동을 통하여 어떤 결과에 이르든지, 이들 당사자들은 그들의 이해관계가 무엇인지, 다음 투쟁의 목표가 무엇인지가 계속 재정의 (redefine)된다는 것이다. 즉, 집합행위는 1회성이고 단절적인 것은 아니다. 오히려 점진적이고 차별성을 심화하는 과정인 것이다.

넷째, 집합행동의 행위자들이 동질적인 것이 아니다. 핵심세력이 있고, 중간세력, 주변세력이 있다. 집합행동의 핵심세력은 주도적으로 문제를 정의하고, 참여비용을 더 많이 지불하는데, 그에 대한 혜택도 더 많이 받는다. 반대로 주변세력은 참여비용도 적게 투입하지만 혜택도 그만큼 적게 받는다. 이와 같이 집합행동은 핵심세력으로부터 시작하여 주변으로 원심력같이 확산되는 과정을 겪는다.

5. 규칙과 조절

선진국에는 근무조건과 임금, 고용형태, 고용보장 등이 법적으로 규정되어 있다. 그런데 이 법규정의 내용은 여러 이해관계자들간 협상의 결과인 경우가 많다. 레노는 그 사회가 갖고 있는 법적, 관습적 제도가 이런 협상의 전과정에 영향을 미친다는 점을 강조한다. 이런 제도와 규범들의 총체들은 결국 관련 행위자들간의 상호작용의 결과이다. 이렇게 본다면, 규칙들은 그를 만들어낸 주체 (author)가 있다. 그러므로 이들 집합적 행위자는 자율적인 것이다.

레노는 개인의 개별적 행동에 대비하여 사회적 행위(social action)라는 개념을 사용한다. 사회적 행위란 어떤 규칙성을 가진 것으로, 그리고 행위의 목적을 여러 사람이 공동으로 형성하는 상호작용(interaction)이라고 정의할 수 있다. 사회적 행위의 총체를 '체제(system)'라고 한다. 이 행위체제는 환경과 경계가 불분명하고, 변화하고, 해체되기도 하고, 재건되기도 한다는 점에서 항상 불완전(imperfect)하다.[3]

---

3) 이것은 Crozier의 조직에 대한 정의와 일맥상통한다. 즉, 흔히 정부관료제, 군대와 같이 고정되고 확연히 들어나는 것을 전형적인 '조직'이라고 본다. 그러나 이들의 경우에도 각 구

현대조직은 어떤 제약의 단순 결과물이 아니다. 즉, 어떤 기업이든 시장도 기술적 합리성의 단순합이나 수요-공급의 단순균형점은 아니다. 거기에는 항상 (예컨대 수요자와 공급자의 거래를 하고자 하는 의사결정을 존중하는) 관습이 내재되어 있는 것이다. 따라서 '행위체제(action system)'라는 개념의 위력은 수요자-공급자간 기계적(또는 합리적)으로 찾아질 것으로 추산되는 균형점과 실제 관습 (convention)이 개입되어 결정되는 균형점과 차이가 많이 생길수록 커지는 것이다.

개인들은 행위체제를 고려하여(즉 다른 사람이 어떻게 행위할까) 의사결정을 한다. 죄수들의 딜레마와 같이 직접적 이해를 단기적으로 계산하는 것에 그치는 것이 아니고, 게임이 반복될 것이라는 점을 고려하는 것이다. 이렇게 다른 사람의 상호작용을 전제로 한 것이 사회적 규칙(social rules)이다. 사회적 규칙은 구체적 내용까지 담고 있는 계약서(contract)가 아니라, 협력게임을 계속하기 위해 개인행위자들이 행동하는 '기준(criteria)'이 됨을 의미한다.

그러므로 변하지 않고 안정적인 사회적 규칙이란 존재하지 않는다. 사회조절(social regulation)의 과정에 대한 규칙이 존재할 뿐이다. 즉, 규칙은 '과정 (process)'이기 때문에 효율적 과정이 무엇인지 가려내기도 쉽지 않다. 예컨대, 운전자를 규율하는 '진정한 의미의 제한속도'는 얼마인가에 대해 답이 나오지 않는다. 경찰이 단속하는 것은 도로에 표시되어 있는 제한속도(즉, 법적 속도제한)가 아니고 약간의 여유를 둔다. 운전자들은 도로상태, 주변상황, 시기, 시간대 등을 고려하여 단속당하지 않을 정도의 속도초과를 하는 것이 보통이다. 진정한 제한속도는 이들간 게임결과 비로소 생성된다. 대부분의 사람이 이렇게 하기 때문에 사회조절에서 (속도)위반도 개인적인 차원이 아니라 집합적 의미가 더 강하다.

환언하면 사회조절은 법적인 제재권이 있는 사람과 법규를 집행하는 사람들 간의 비공식적이고, 때로는 은밀한 타협이 있게 마련이다. 따라서 정부가 일방적으로 그리고 공권력으로 '사회질서'를 유지한다는 것은 불가능하다. 이것이 가능하다고 생각하는 것은 유치원생과 같이 현실을 모르는 견해인 것이다.

사회에서, 그리고 전문집단으로 구성된 하위사회에서, 끊임없이 (세부)규칙들을 만들어내고, 이를 수용하도록 하는 과정이 바로 '사회조절'이다. 이런 조절과정은 대부분의 경우 과거의 것이 누적되어 나타나는 것이다. 즉, 문화, 관습,

---

성원들의 행위를 기준으로 보고, 이 상호작용의 결과를 총체적으로 보면 고정되어 있지 않고 항상 다이나믹하게 변함을 알 수 있다. 모든 조직은 행위체제가 되려는 경향이 있다. 자세한 것은 임도빈(2004) 참조.

선례 등이 없이 그냥 만들어지는 제로베이스적인 것은 아니다. 일부 조직론자들이 이를 무시하고 '문화를 바꾼다', '조직의 DNA를 바꾼다'라고 선전하는 것은 단견이다.

그러므로 개혁의 내용이 단절적이서는 안 된다. 새로운 조절이나 규율은 기존의 규칙과 완전히 반대이어서는 안 된다. 사회조절체제의 개혁은 곧 집합적 숙련(collective apprentice)이 필수적으로 동반된다. '집합적'이란 의미는 개인수준이 아니고 관련 여러 행위자가 모두 관여되어야 된다는 의미이고, 숙련이란 서로 협력하는 방식을 터득해야 한다는 뜻이다.

Ⅲ. 사회조절이론의 평가

흔히 조직론은 환경과의 관계에서 폐쇄형에서 개방형으로 바뀌었다고 하고, 심지어 조직과 환경간에 존재하는 경계가 없어졌다고 한다. 그러나 대부분의 연구들은 아직도 공식적 경계를 전제로 하고 관료제 내부에 초점이 맞춰지는 경향이 있다. 레노의 이론은 사회전체가 조직론의 연구대상임을 보여주면서 조직학자들이 어떻게 연구대상을 구성(혹은 정의)하는가에 대해 스스로 예를 보여주고 있다. 즉, '행위체제'로서 조직현상을 연구하는 것이다.

행정활동은 사회를 대상으로 한다. 최근까지 조직론에서 관료제 내부에 관심을 제한하다가 최근 이를 환경으로 넓히기 위해 거버넌스, 네트워크 조직, 등의 개념이 등장하였다. 그러나 이것은 관념적 수준에 머물렀고 실제로 임금협상, 갈등관리, 정책수용 등에서 크게 유용하지는 못했다. 협상론도 합의에 이르기 위한 도구적 수준의 지식을 주는 것으로 제한되었다고 볼 수 있다. 이 점에서 레노의 이론은 행정조직론의 연구대상을 실질적으로 넓히는 데 도움이 될 것이다.

레노가 조직을 보는 관점은 미국식 경영학적 시각과 상당히 다르다. 미국의 이론들은 대부분 조직을 목표달성을 위한 단순한 도구로 보기 때문이다. (조직)경제학과 같은 조직에 대한 피상적인 이해를 하는데 비하여 조직에 대한 이해의 폭을 넓히고 심화시킨다는 데 의미가 있다. 테일러식으로 단순히 효율성 올리기를 위한 조직이론과도 상당한 차이가 있다. 실제 조직이 어떻게 운용되는가에 대해 깊은 통찰력이 우선되어야 하는데, 레노의 이론이 이에 도움이 된다.

행정이 목적을 달성하기 위해 동원되는 수단에 대한 의미에 대해 다시 생각해볼 필요가 있다. 흔히 법규를 강화하고 구체화하면서 동시에 경찰이나 단속원을 통해 철저히 집행하는 것이면 충분하다고 생각한다. 그러나 세무조사나 교통경찰의 단속을 하는 실제 집행현장에서는 일정한 수준의 타협이 있다. 단순히 법조문(강화)으로 사회를 개혁한다는 것은 어불성설이다.

레노의 이론은 프랑스식(나아가서 유럽식) 사회과학 방법론이 무엇인가를 보여준다. 전술한 내용들이 개인의 단순한 통찰력에 지나지 않는 것 같지만, 실제로는 이를 위한 많은 사례연구를 진행하였다는 점을 주목해야 한다. 그 결과 레노는 프랑스 노조에 대해 전문가로 통한다. 그러므로 그가 의존하고 있는 연구방법론은 튼실한 경험적 정보를 기반으로 하는 실증적 방법론이다. 또한 그의 저서는 많은 선행이론들을 언급하면서 정교한 설명을 하고 있다. 그러나 명시적으로 가설을 제시하거나 통계적 유의도를 통한 검증을 하지 않는다는 점에서 미국식 방법론과 다른 것이다.[4]

레노는 조직학 연구방법론에서 통계사용뿐만 아니라, 실무계에서 통계사용에 대한 엄격한 경계를 하는 것도 주목할 필요가 있다. 정부에서 통계치를 사용하는 것은 통계의 대상이 되는 하위 사회의 동질성(homogeneity) 조건을 충족시켜야 한다는 것이다. 즉, 레노의 개념을 빌리자면, 그 통계치가 대상으로 하는 사회행위체제를 고려해야 한다는 것이다. 그렇지 않으면 과잉단순화의 위험이 있다. 레노는 통계전문가들은 통계가 어떤 현상을 설명(explication)하기보다는 '문제제기'용도로 쓰이는 것임을 이해해야 한다는 것이다. 그 행위체제 내부에 작용하는 각종 조절, 중재, 간섭 등의 내용을 잘 분석해야 겨우 사회현상에 대한 설명이 가능하다는 것이다.

📖 참 | 고 | 문 | 헌

임도빈. 2004. 한국지방조직론, 서울: 박영사.

Crozier, M., *Le Phénomènon Bureaucratique*(관료현상론), Paris: Seuil, 1968.

_____, *On ne change pas la societe par décrée*(법국만으로 사회를 개혁할 수 없다), Paris: Grasset, 1979.

Olsen, Macur, The Logic of Collective Action. Cambridge Massachusetts: Harvard

---

4) 그 이론의 전개방식에서 Crozier의 행위체제론에서 사용하는 전략, 불확실성, 제약점 등의 기본적 개념도구를 그대로 이용한다(자세한 개념은 임도빈(2004)을 참조). 따라서 크게 보면 Crozier 학파에 속한다고 할 수 있다.

University Press, 1965.

Reynaud, Jean-Daniel, *Les syndicats en France*(프랑스의 노조), Paris: Seuil, 1975.

_____, *Sociologie des conflits du travail*(노동갈등의 사회학), Paris: PUF, 1982.

_____, *Les Règles du jeu: L' action collective et la régulation sociale*(게임의 규칙: 집합행동과 사회조절), Paris: Armand Colin, 1997.

Eric L. Trist의
사회기술시스템론*

Ⅰ. Trist의 학문세계

　　Eric L. Trist는 현재 캐나다 온타리오에 있는 요크(York) 대학의 환경연구를 담당하는 교수이며, 펜실베니아 대학 경영대학원(Wharton School)의 조직행위 및 생태학의 명예교수이자 경영 및 행동과학연구소의 소장이기도 하다. 그는 1933년 영국의 캠브리지 대학에서 심리학 박사학위를 취득하였다.

　　제2차 세계대전 후에 Trist는 런던에서 타비스톡 인간관계연구소(Tavistock Institut of Human Relations)를 창설하여 이 연구소에서 20여 년이 넘게 일을 했고 8년간 연구소 소장직을 역임하기도 하였다. 그는 여기서 F. E. Emery나 K. Bamforth 등과의 공동연구를 통하여 많은 업적을 내었고 사회기술시스템론의 기초를 마련하였다.

　　1960년부터 1961년까지 Trist는 '행동과학에 있어서의 발전연구 센터'의 연구원으로 있으면서 몇 사람들과 공저로 가장 유명한 저서인 「조직의 선택」(Organizational Choice)을 집필하였다. 1966년에는 UCLA경영대학원의 교수가 되어 여기서 사회기술시스템에 대한 최초의 대학원 과정을 개설하였다. 1969년에 Trist는 UCLA를 떠나 와튼 스쿨로 옮겼고, 그곳에서 정년을 맞은 후에 현재 재직하고 있는 요크 대학으로 갔다. 그는 여러 논문과 저서를 집필한 이외에도 학술지 *Human Relations*의 편집장이기도 하다.

　　조직이론에서 사회기술시스템론을 설명한 저술들은 많지만 여기서는 이 이론의 기본입장과 역사 그리고 연구내용이 체계적으로 기술된 Eric L. Trist(1981)의 "The Sociotechnical Perspective: the Evolution of Sociotechnical Systmes as a Conceptual Framework and as an Action Research Program"을 중심으로 사회

---

* 한인수: 충남대학교 경영학과 명예교수.

기술시스템론의 성격과 주요 내용에 대해 살펴보기로 한다.

II. 사회기술시스템론

1. 조직학에서의 위치와 공헌

Hawthorne 연구 이래 경영이나 조직에 대한 연구들은 Hawthorne 연구에서 했던 식의 작업환경에 대한 분석이 주종을 이루고 있었다. 즉, 대부분의 조직 연구들이 작업환경을 사회적 구조의 측면에서만 파악하여 직무만족, 리더십, 집 단역학 등에 대한 연구에 지나치게 경사되어 있었다. 이러한 상황하에서 사회 기술시스템론은 조직이 사회적 시스템 외에 기술시스템에 의해서도 구성된다는 통찰력을 바탕으로 기술과 사회구조 사이의 관련성에 대해 관심을 기울이기 시 작했다.

사회기술시스템이란 말은 타비스톡 인간관계연구소(Tavistock Institute of Human Relations)의 구성원들에 의해 처음 사용되기 시작했는데 그 의미는 생산 시스템에서의 기술적 요인과 사회적 요인의 상호작용의 특징을 표현하는 것이 었다. 이러한 개념의 정립은 Trist와 K. W. Bamforth의 연구(1951)가 출발점이 되고 있다. 그들은 영국탄광에서의 기술변화 즉, 채탄기술의 변화가 광부들에 미치는 사회적·심리적 영향력에 대해 연구하였다. 전통적인 채탄방식(handgot method)을 대체하여 기계화되고 대량생산적 특징을 갖는 새로운 장벽방식 (longwall method)을 도입하였을 때 이는 기술변화에만 그치는 것이 아니라 직무 역할의 분화, 의사소통의 장애 등 종래의 작업조직이 갖고 있던 사회적 결합이 파괴되는 결과를 초래했다. 즉, 새로운 기술은 갱내에 완전히 새로운 작업과 사회적 관계의 재조직을 필요로 했다. 이러한 결과들은 연구자들로 하여금 기 술요인과 사회적 요인의 관련성의 관점에서 작업상황을 파악하는 시야를 갖게 해 주었다. 따라서 작업집단은 기술시스템만이나 사회시스템만으로 볼 수 없었 고 상호의존적인 사회기술시스템으로 간주되게 되었다.

조직을 사회와 기술의 복합시스템으로 보았다는 점 외에도 사회기술시스템 론은 조직을 보다 큰 환경(環境) 맥락 속에 존재하는 개방시스템으로 파악하고 있다는 점에 특징이 있다. 이러한 입장은 A. K. Rice(1958)가 인도의 직물회사 에서 행한 작업집단의 재편성의 효과에 관한 연구가 토대가 되고 있다. 그는 조직에서 일차적 과업이 효율적으로 수행될 수 있게 형성되지 않으면 안 되는데, 이 일차적 과업은 시장의 환경에 의해서도 결정된다는 것을 발견하였다. 따라서 사회기술시스템은 환경에 의존하므로 생존과 발전을 이룩하기 위해서는 효과적인 대환경관계를 창출하고 유지해야 한다는 과제를 갖게 된다.

이상에서 살펴본 것처럼 사회기술시스템론은 환경의 중요성을 강조함과 아울러 조직을 사회기술시스템으로 파악했다는 점에서 우리가 조직을 어떻게 파악하고 연구해야 할 것인가 하는 방향을 제시해 주고 있다. 뿐만 아니라 이러한 이론적 기여 외에도 행동조사의 연구(action research)의 실천적 경험적 체계 내에서 조직을 어떻게 변화시키고 개선해 가야 할 것인가의 방향도 정립해 주고 있다. 즉, 기술적 요구와 인간적 요구의 합동(동시) 최적화(joint optimization)를 추구하면서 환경적 조건에도 부합되는 직무나 작업집단의 설계방안도 제시하고자 했다. 이러한 점들이 조직이론에 대한 이 이론의 가장 큰 공헌으로 평가될 수 있을 것이다. 이 이론의 관심 영역에는 거시적 조직도 포함되고 있지만 그 중에서도 가장 값진 기여는 1960년대 중반 이래 직무설계분야의 발전과정에서 발견된다. 또한 인간적 요소를 고려한 직무설계와 관련하여 근로생활의 질 향상운동(quality of working life: QWL)에도 많은 영향을 미쳤다.

그러나 이러한 공헌에도 불구하고 이 이론에 대해서는 여러 측면에서 많은 비판도 가해지고 있다. 우선 사회기술시스템론의 개념적 명료성과 이론화의 부족이 지적되고 있다. 개념의 이해가 어려우며 정돈된 이론구조를 지니지 못했다는 것이다. J. R. Hackman(1981)은 "1950년대에 사회기술시스템론의 존재를 알았고 1960년대에(연구업적을) 읽었지만 1980년대가 된 이제야 알 것 같다"는 표현을 통해 이 이론의 난해함을 지적하고 있다.

둘째로는 이 이론도 시스템의 균형을 가정하고 있는 기능주의적 패러다임(functionalist paradigm)의 범주에 속한다는 점이다(Burrel and Morgan, 1979). 즉, 기술변화는 종래의 시스템의 균형의 혼란을 의미하며 광부들의 반응은 이 혼란에 대한 반동으로 해석할 수 있다. 이러한 균형론의 기본가정은 조직이론의 주류를 형성하고 있는 것이지만 갈등을 전제로 한 사회학자나 조직론자들의 비판의 대상이 되기도 한다. 즉, 그들에 따르면 기술과 인간의 합동 최적화 즉, 양쪽의 만족은 적어도 자본가가 자신의 이익추구를 위해 기술을 이용하려 하는 자본주의제도의 속성을 감안할 때 하나의 환상에 불과하다는 것이다. Paul Thompson(1983)은 한 가지 기술이 노동력의 다양한 사회적 관계의 배열과 양립할 수 있다는 전제 위에서 조직이 노동력의 사회적 배열을 스스로 택할 수 있음을 주장하는 사회기술시스템론의 기본 가정에 회의를 보내고 있다. 그에 따르면 이 이론은 소유나 통제에 대한 사회체제가 기술에 미치는 효과를 전혀 고려하고 있지 않다는 것이다. 즉, 기술은 자본주의제도하에서는 자본을 지닌 사람들의 목적에 봉사하는 쪽으로 이용될 수밖에 없다는 것이다.

그러나 기업조직에서 최근에 급격히 발전되고 있는 신생산기술(advanced manufacturing technology: AMT)이나 유연자동화(programmable automation) 기술의 발전과 관련하여 인간적 측면에 대한 고려를 포함하는 직무설계나 기술관리의 중요성이 고조됨에 따라 사회기술시스템론은 조직이론에서 이제까지보다도 훨씬 더 중요한 역할을 수행할 것이 기대되고 있다.

2. 사회기술시스템론의 주요 연구내용

사회기술시스템론의 주요 연구들의 역사적인 발전과정은 흔히 연구대별로 특징을 이룬다. 1950년대의 연구는 Trist와 Bamforth의 광산에서의 효시적인 연구(1947~1954)와 Durnham 지역에서의 광산에 대한 계속 연구, 그리고 Rice의 인도(India) Ahmedabad 지역이라는 새로운 문화에서의 연구(1954~1959)로 구성된다.

1960년대는 국가수준에서 대규모 행동조사연구 프로젝트가 수행된다. 즉, 노르웨이에서 이루어진 산업민주주의 프로젝트나 새로운 경영철학을 모색한 영국 셸(Shell)사의 철학프로젝트 등이 이 시기에 수행되었다. 1970년대에는 유럽, 북미 등 서구의 대부분 국가에서 근로생활의 질 향상운동과 연계, 사회기술론적 프로젝트가 수행되었다.

이러한 일련의 연구들을 통해 확립된 사회기술시스템론의 주요연구업적은 ① 일차적 작업시스템, ② 전체조직 시스템, ③ 거시사회시스템 등의 3수준에서 살펴볼 수 있다.

(1) 일차적 작업시스템

일차적 작업시스템(primary work system) 수준에서의 사회기술시스템론의 대표적인 기여는 작업설계의 원리를 제시했다는 점과 자율적 작업집단의 효과에 대한 주장에서 찾을 수 있다.

1) 작업설계의 원리

F. E. Emery(1976)는 직무의 내재적 보상의 중요성을 지적하면서 다음과 같은 6가지 특성을 직무가 구비해야 한다는 점을 지적하였다.

① 직무의 내용이 무엇인가를 요구하는 것이어야 하며, 다양성을 제공할 수 있어야 한다.
② 직무에서 배울 수 있고 배움을 계속해야 한다.
③ 개인의 의사결정 영역이 필요하다.
④ 작업자가 수행하는 일에 대한 어느 정도의 사회적 후원과 인정이 필요하다.
⑤ 일이 작업자의 사회적 삶과 연결될 수 있어서 일이 의미를 지니고 존엄성을 지닐 수 있어야 한다.
⑥ 직무를 통해 반드시 승진은 아니더라도 바람직한 미래를 얻을 수 있다는 느낌을 가질 수 있어야 한다.

물론 직무 충실화와 유사한 이러한 원리들이 모든 사람들에게 통용되는 것이 아니고 여기에는 개인적 차이가 있을 수 있으며 또 사회적 가치의 변화도 고려되어져야 한다.

2) 자율적 작업집단의 중요성

사회기술시스템론에서는 자율적 작업집단(autonomous work group)의 중요성을 강조한다. 자율적 작업집단이란 직무의 충실화가 집단 단위에서 이룩된 것으로서 작업과 관련된 상당한 권한이 작업집단에 부여되는 직무설계의 방식이다. 이 집단의 효과성은 자기규제(self regulation)에 대한 사이버네틱(cybernetic) 개념에 기초를 두고 있다. 중요한 편차(variance)가 집단에 의해 통제될 때 그 결과가 좋고 구성원의 만족이 높아진다는 것이다.

또한, 자율적 작업집단은 학습시스템이기도 하다. 집단의 능력이 증대될수록 의사결정의 여지가 확장된다. 생산단위에서 그 집단은 보전이나 통제기능까지 흡수하게 된다. 따라서 구성원들은 유연성을 획득하게 되고 이것들이 성과를 올릴 뿐만 아니라 개인들의 욕구충족에도 기여하게 된다.

물론 이 자율적 작업집단이 항상 기능을 발휘하는 것은 아니다. 자율적 작업집단은 조직의 환경으로부터 지원이 없을 때는 실패할 수밖에 없으며, 기술의 복잡성과 상호의존성이 크다는 조건하에서, 그리고 환경적 동태성이 크며 구성원의 성장욕구나 사회적 욕구가 모두 높다는 조건하에서 가장 효과적인 것으로 분석된다(Susman, 1986).

(2) 전체조직 시스템

Emery와 Trist는 환경의 변화에 따라 조직이 생존을 도모하기 위해서는 전통적인 관료적 조직과는 다른 새로운 원리에 입각하는 조직형태가 제시되어야 한다고 주장하고 있다. 그들은 우선 조직을 설계하는 데에는 중복성(redundancy)의 확립 종류에 따라 두 가지의 기본원리가 있음을 언급하고 있다.

그 하나는 중복성이 부분(parts)에 대해서 있는 것으로 기계적(mechanistic)인 형태이다. 부분들은 분할을 거듭해서 최종적 구성요소는 가능한 한 간단하고 싸게 만드는 것이다. 이렇게 되면 분할된 일을 하는 미숙련 근로자는 값도 싸고 대체가 용이하며 훈련에도 시간이 많이 들지 않는다. 테크노크라트적인 관료제는 이런 유형의 설계에 기초를 두고 있는 것이다. 두번째 설계 원리는 중복성이 기능(function)에 대해 있는 것으로 유기적(organic)인 것이다. 어떤 구성요소도 여러 용도로 쓰일 수 있는 레퍼토리를 지니고 있어 적응적 유연성이 확보된다. 이러한 속성은 신체의 특징에 고유한 것이지만 조직의 경우도 가능하다. 예컨대, 신체는 내적 통제가 이루어지는 자기규제의 능력을 지니고 있다. 이러한 기능의 중복성에 기초를 둔 조직만이 급격한 변화율, 복잡성과 환경적 불확실성의 증대에 대해 적응하는 데 필요한 유연성과 혁신 잠재력을 지닐 수 있다.

이 두 원리 중 어느 하나를 선택할 때에는 환경의 특성에 대한 분석이 병행되어야 한다. Trist는 네 가지 유형의 맥락적 환경을 제시하고 있다. 그 중 둘은 평온 무작위적(random placid) 환경과 평온 집락적(placid clustered) 환경이다. 이 두 환경은 여기서 논의할 필요가 없으나 중요한 세번째 환경유형은 혼란-반응적(disturbed-reactive) 환경이다. 이 환경은 산업혁명 후에 과학에 기초한 산업이 발전하면서 조성이 된 변화율이 심한 환경이다. 이 세계에서의 생존 전략이란 경쟁력을 갖출 수 있게 대규모화를 모색하는 것이다. 따라서 이러한 환경하에서는 M. Weber나 F. Taylor의 아이디어를 살릴 수 있는 테크노크라트적인 관료제가 적합한 유형일 수 있다. 그러나 네번째 환경유형인 격변의 장(turbulent field)에 도달하게 되면 관료제는 더 이상 적합한 조직이 못 된다. 혼란반응적 환경과는 달리 격변의 장이라는 환경은 하위시스템간의 상호의존성이 높고 이질성 때문에 복잡성의 수준이 높다. 또 이러한 요인은 불확실성을 증대시킨다.

┃표 1 ┃ 구 패러다임과 신 패러다임의 특징

구 패러다임	신 패러다임
기술결정론	공동 최적화(기술+인간)
기계의 연장선으로서의 인간	기계의 보안체로서의 인간
소모부품으로서의 인간	발전되어야 할 자원으로서의 인간
최대한의 과업분할, 간단하고 협소한 스킬	적정한 과업의 그룹핑, 다기능적이며 폭넓은 스킬
외적 통제(감독, 전문스탭, 절차)	내적 통제(자율적 하위 시스템)
고층조직도, 전체적 스타일	평탄조직도, 참여적 스타일
경쟁, 게임맨 기질	협조, 친화력
조직 목적만이 유일	구성원 및 사회적 목적 포함
소외	몰입
적은 위험 부담	혁신

사회시스템론에서는 새롭게 형성된 복잡성, 상호의존성, 불확실성 등에 대처하기 위해서는 관료제를 대체할 새로운 조직형태가 필요하다는 주장을 하고 있다. 그리고 이러한 새로운 조직형태는 앞서 설명한 기능의 중복성에 기초한 유연한 조직임을 제시하고 있다. Trist 등은 이러한 개념을 행동조사연구의 과정에서 실제 신공장 건설시 도입해 본 결과 생산성과 종업원의 만족이라는 면에서 성과를 거둘 수 있었다. 따라서 이러한 연구결과를 바탕으로 테크로크라트적인 관료제라는 구 패러다임을 대신할 조직설계의 새로운 패러다임을 제시하고 있다. 그러한 새로운 패러다임이 위의 〈표 1〉에 나와 있다.

(3) 거시사회시스템

거시사회시스템(macrosocial system) 수준에서의 사회시스템론의 기여는 앞서 살펴본 두 수준에 비교한다면 크게 두드러진 것은 없다. 이 수준에서는 대개 미래와 관련된 문제 제기가 중심을 이룬다. 다만 사회시스템론에서는 미래와 관련하여 향후 마이크로프로세서 혁명이 가속화함에 따라 이것이 노동의 의미에 많은 영향을 마친다는 점을 지적하고 있다. 그 외에 임금노동 외에 다른 개인을 위한 노동이 증대되는 경향과 분권화 현상을 예견하고 있다. 그리고 적정한 기술의 선택(technological choice)의 문제에도 주목하고 있다. 끝으로, 환경적 혼란이 조성되는 상황하에서는 제반 문제들을 단일 조직이 혼자 대처하기는 어렵고 지역사회나 산업레벨에서의 사회기술론적 프로젝트의 수행이 바람직하다는 견해를 보이고 있다.

참 | 고 | 문 | 헌

Burrell, Gibson & Morgan, Gareth, *Sociological Paradigms and Organizational Analysis*, Heinemann, 1979, p. 147.

Emery, F. E., *Futures We Are In*, Martinus Nijhoff, 1976.

_____, *The Emergence of a New Paradigm of Work*, Centre for Continuing Education, A. N. U., 1978.

Hackman, J. R., "Sociotechnical Systems Theory: A Commentary" in A. H. Van de Van & W. F. Joyce, eds., *Perpectives on Organization Design and Behavior*, John Wiley & Sons, 1981.

Rice, A. K., *Productivity & Social Organization: The Ahmedabad Experiment*, Tavistock, 1958.

Susman, G. I. & R. B. Chase, "Sociotechnical Analysis of the Integrated Factory," *The Journal of Applied Behavioral Science*, Vol. 22, No. 3, 1986, p. 266.

Thompson, Paul, *The Nature of Work: An Introduction to Debates on the Labor Process*, Macmillan, 1983.

Trist, Eric L., "The Sociotechnical Perspective: the Evolution of Sociotechnical Systems as a Conceptual Framework and as an Action Research Program," in A. H. Van de Van & W. F. Joyce, eds., *Perspectives on Organization Design and Behavior*, John Wiley & Sons, 1981.

_____, E. L. & Bamforth, K. W., "Some Social and Psychological Consequences of the Longwall Method of Coal Getting," *Human Relations*, Vol. 4, No. 1, 1951, pp. 3~38.

_____Trist, E. L., G. W. Higgin, H. Murray & A. B. Pollock, *Organizational Choice*, Tavistock Publications, 1963.

Michael T. Hannan과 John H. Freeman의 조직군 생태이론*

I. Hannan과 Freeman의 학문세계

Michael T. Hannan과 John H. Freeman은 둘 다 노스 캐롤라이나 대학에서 박사학위를 받고 현재 코넬 대학의 사회학과와 경영학과에 각각 재직하고 있다. 이들이 저술한 논문 "The Population Ecology of Organizations"(조직군 생태학, 1977)은 지난 십여 년 동안 조직론 분야에서 가장 많이 인용되는 논문의 하나이다.[1] 이들이 조직군 생태학에 관심을 갖게 된 것은 1970년대 중반이다. 이 당시 조직론의 주된 관심사항은 환경과 조직구조간의 관계였다. 이 때 많은 조직이론가, 특히 상황이론가들은 환경을 조직이 통제할 수 없는 여건으로 보는 한편, 조직은 환경의 변화에 대해 합리적이고 신축적으로 그리고 신속하게 대응할 수 있는 것으로 이해하였다. 그리고 이러한 개별조직들은 성공하기 위해서 환경변화에 적응하려고 노력하게 되며, 그 결과 조직구조에 변화가 생긴다고 환경과 조직구조와의 관계를 설명하였다.

그런데, Hannan과 Freeman은 이러한 상황적 접근법의 유용성에 의문을 가졌다. 즉 조직이 환경에 적응하는 능력에는 분명한 한계가 있다는 것을 인지했다. 다시 말해서 조직은 내·외부의 여러 가지 요인으로 말미암아 환경에 적응하기 보다 변화에 둔감하여 기존의 조직구조를 그대로 유지하려는 '구조의 타성'(structural ineria)에 빠지게 된다는 것이다. Hannan과 Freeman이 제시하고 있는 요인들을 살펴보면, 내부적으로는 매몰비용, 정보의 한계, 내부의 정치적 제약, 조직 자체의 역사 등이 있으며, 외부적으로는 법적·경제적 제약, 외부 정보의 한계, 정당성의 한계, 그리고 합리성의 한계가 있다. 물론 이러한 요인들

---

* 김병섭: 서울대학교 행정대학원 명예교수.
　1) "The Population ecology of organizations"는 인구생태학 또는 개체군 생태학이론으로 번역되고 있으나 개체가 조직임을 감안, 조직군 생태학으로 번역하고자 한다.

의 영향이 크면 클수록 조직이 환경에 대한 적응능력은 떨어지게 마련이다.

게다가 어떤 한 조직이 환경변화에 대하여 신속하게 적응할 수 있다고 하더라도 이 적응이 바로 성공을 의미한다고 볼 수는 없다. 어떤 환경변화에 대처하는 전략이나 전술의 성공여부는 같은 환경에 직면해 있는 다른 관련 조직들의 전략에도 달려 있기 때문이다. 따라서, 조직과 환경간의 관계를 연구할 때 '하나의 조직'을 단위로 하는 것보다 일정한 경계 내의 '모든 조직'들을 분석단위로 하는 것이 더 낫다. 그럼에도 불구하고 상황적 접근방법에서는 하나의 조직을 대상으로 하여 환경과의 관계를 분석하고 있는데 이러한 대상조직(對象組織) 중심의 시각(focal organization perspective)은 문제가 있다.

조직과 환경과의 관계를 설명하는 데 있어 상황적 접근방법의 이러한 문제점을 극복할 수 있는 대안으로 Hannan과 Freeman은 두 가지—즉, 시장이론(market theories)과 생태학(ecology)—를 고려하였다. 먼저 시장이론은 경쟁적인 시장에서 기업들이 어떻게 행위하는가를 설명하는 이론으로 수많은 기업과 소비자의 행위를 동시에 고려하기 때문에 분석수준과 관련하여 볼 때 일단 좋은 대안이라고 하겠다. 하지만 Hannan과 Freeman은 이 이론 역시 기업들을 합리적이고 또 환경변화에 대한 광범위한 적응능력을 보유하고 있는 것으로 가정함으로써 비현실적인 면을 보이고 있다고 비판한다.

한편 생태학은 가령 한 마리의 토끼가 주어진 환경에 어떻게 적응하는가에 관심을 가지는 것이 아니라 토끼라는 종(種)의 환경에 대한 적응에 관심을 보인다. 따라서 분석단위가 확장되어 있다. 아울러 한 마리의 토끼의 환경에 대한 적응능력에는 분명한 한계가 있음을 생태학은 인정하고 있다.

그러므로 생태학은 위에서 설명한 상황적 접근방법의 두 가지 문제를 동시에 해결해 주는 유용한 접근방법으로 제시된다. 따라서 Hannan과 Freeman은 자연 세계에 대한 이해가 생태계에 대한 연구로서 증대될 수 있는 것처럼, 조직 생태에 대한 연구로 조직 세계에 대한 이해가 증대될 수 있다고 생각하였다. 이와 같이 조직현상을 설명하는 데 사용되는 생태학, 이것이 바로 조직군 생태학이다.

Ⅱ. 조직군 생태학의 내용

그러면 생태학적으로 조직을 바라본다는 것은 무엇을 의미하는가? Hannan

과 Freeman에 의하면 생태학의 관심은 크게 두 가지로 나누어 볼 수 있다고 한다. 먼저 앞에서도 언급했듯이 분석수준과 관련하여 볼 때 개체보다는 개체들의 집합체인 개체군에 초점을 맞춘다. 다음 개체 또는 개체군의 분포와 수 그리고 이것들의 변화에 관심을 갖는다. 따라서 Hannan과 Freeman의 조직군 생태학도 이 두 가지가 주요관심사이다.

첫째, 분석수준과 관련한 설명이다. 다소 지나치게 단순화한 감은 없지 않지만 생태론적 분석은 크게 세 가지 수준 — 즉, 개체(individual), 개체군(population), 공동체(community) — 에서 이루어진다. 하나의 수준에서 일어난 일은 언제나 다른 수준에도 영향을 미친다. 하지만 이런 상호관련성에도 불구하고 개체군 수준에서 일어나는 일이 개체수준의 일로 환원되지는 않는다. 그래서 생태학자들은 생태학의 주된 관심사항인 개체 또는 개체군의 분포와 수에 관한 문제는 개체수준에서는 제대로 분석되지 않는다고 생각한다. 적어도 개체군 수준 이상에서 분석되어야 한다고 주장한다.

마찬가지 논리로 조직군 생태학은 개별조직 수준의 분석으로는 조직간의 관계 또는 조직과 환경간의 관계를 제대로 분석할 수 없다고 한다. 가령 어떤 개별조직의 운명은 이 조직 자체의 적응능력이나 의지보다 조직이 속한 조직군의 운명에 달려 있다고 이해한다. 그래서 조직군 생태학에서는 조직을 개별적으로 이해하려고 하지 않는다. 대신 여러 가지 다른 조직군과 공존 또는 경쟁하는 조직군의 구성요소로서의 조직에 대해서 관심을 갖는다.

따라서 조직군 생태학에서는 조직군을 어떻게 정의하느냐 하는 문제가 중요하다. 물론 일반적으로 조직군은 개별조직들의 집합체로 정의된다. 그러나 그렇다고 하더라도 구체적으로 조직군의 경계를 획정하는 문제는 여전히 남는다. 다시 말해서 어떤 곤충이 벌인지 아니면 개미인지 구별할 수 있는 것처럼 어떤 조직이 어떤 조직군에 속하는지를 구별할 수 있어야 한다. 그러나 이 문제에 관한 한, Young(1988)이 지적하고 있는 것처럼, Hannan과 Freeman은 명쾌한 설명을 하지 못하고 있다.

먼저 1977년의 논문에서 이들은 조직군을 공통된 조직의 형태(organizational form)를 가진 조직들의 집합이라 정의하여 조직의 형태를 경계의 기준으로 삼았다. 그런데 이 논문에서 조직의 형태는 주로 조직의 목표, 전략, 공식적 구조로서 파악되었으나 이들의 1986년도 논문에서는 조작적 정의가 달라지고 있다. 즉, 기술의 변화, 정당화 과정, 조직간 사람들의 이동성으로 파악하고 있다. 그리고 또 다른 연구를 보면 소형컴퓨터산업, 통신산업, 시멘트산업, 신문산업 등으로 구별하여 주로 하나의 산업을 조직군으로 보는 것 같은 인상을 주고 있다. 결국 아직까지도 조직형태에 관한 조작적 정의가 제대로 이루어지지 않고 있는 느낌이다. 그래서 이들은 지금도 여전히 조직군의 구체적 기준을 찾는 작업을 계속하고 있다고 한다.

둘째, 조직군의 분포에 관한 설명이다. 이 세상에 수많은 종의 동물이 있는 것처럼, 수많은 종류의 조직들이 존재한다. 왜 이렇게 많은 조직이 존재하고, 또 이들은 어떻게 변화하는가? 이 질문에 대하여 조직군 생태학은 다양한 형태의 조직이 존재하는 것은 동형화의 원리(principle of isomorphism) 때문이라고 한다. 즉, 환경이 다양하기 때문에 다양한 형태의 조직이 필요하다는 것이다.

그런데 이러한 동형화는 조직이 환경의 변화에 적절히(optimally) 적응하기 때문에 결과될 수도 있고 또 적자생존의 원리에 따라 환경에 부적합한(nonopitmal) 조직이 도태되기 때문에 초래될 수도 있다. 전자는 상황적 접근방법의 설명으로 적응(adaptation)을 강조하고, 후자는 조직군 생태학의 입장으로 환경의 선택(selection)을 강조한다. 동형화가 적응의 결과냐 아니면 선택의 결과냐 하는 논쟁은 결국 누가 최적화(optimization)의 주체인가에 달려 있다. 조직군 생태학에서는 당연히 최적화하는 것은 개별 조직이 아니라 환경이라고 한다. 환경은 어떤 조직이 환경에 의식적으로 적응하든 하지 않든 관계없이 부적합한 조직 또는 조직군을 도태시킨다고 한다.

Hannan과 Freeman은 이러한 주장을 생태학에서 사용되고 있는 경쟁과 적소(適所: niche)라는 개념으로 보다 구체적으로 설명하고 있다. 적소는 특정한 개체군이 생존하고 또 재생산할 수 있게 해 주는 자원들의 조합으로 정의되는데, 이 적소의 넓이(niche width)와 적소 안에 얼마나 많은 개체가 있는가에 따라 개체의 운명이 달려있다고 할 수 있다. 마찬가지 논리로 Hannan과 Freeman은 각 조직군의 밀집도(density)가 개별조직의 운명을 결정한다고 보았다. 다시 말해서, 어떤 특정한 조직군에 무수히 많은 조직이 존재할 수는 없다. 이 조직군의 밀집도의 한계를 결정하는 것이 바로 그 조직군의 적소(niche)이다. 즉, 어떤 적소가 제공해 줄 수 있는 자원에는 한계가 있게 마련인데, 이 한계 이상으로 개별조직의 수가 늘어나게 되면 자연적으로 어떤 조직들은 도태되게 마련이다. 가령, 자금이나 부품 또는 고객 등 그것이 무엇이든간에 조직군의 적소에는 한계가 있으며, 밀집도가 높아 경쟁이 치열하게 되면 어떤 조직은 살아남지 못하고 도태되어 사라지게 된다. 이와 같이 조직의 성장과 소멸은 적소의 넓이와 조직의 수에 달려 있는데, 이것은 둘 다 개별조직의 통제 바깥에 있다. 따라서 최적화의 주체는 개별조직 아닌 환경이라고 할 수 있다.

그런데 조직의 수는 새로운 조직의 유입과 기존 조직의 해체로 결정된다. 그래서, Hannan과 Freeman은 어떤 특정 조직군 안에서 새로운 기업이 얼마나 빨리 설립(founding)되고 그리고 얼마나 빨리 해체(disbanding)되는가 하는 문제에 관심을 가졌다.

먼저 조직의 설립과 관련하여 볼 때, 환경적 적소에 비해 상대적으로 많은 조직이 있음에도 불구하고 처음에는 이러한 밀집도가 새로운 조직의 설립을 막지 않는다는 것을 발견했다. Hannan과 Freeman은 처음에는 예상과 반대로 오히려 밀집도가 늘어감에 따라 점점 더 많은 새로운 조직이 생기게 된다고 주장한다. 밀집도가 높다는 것은 그만큼 그 조직군 안에 있는 조직의 수가 많다는 것이고, 이것은 다시 사람들로 하여금 그 조직의 존재이유에 대한 의문을 불식시키게 되어 더 많은 정당성을 갖게 하기 때문이다. 또한 조직의 수가 많아질수록 조직을 설립하는 데 필요한 지식이나 경험을 한 사람이 많아지기 때문이다. 이 점이 생물학에서 사용하는 개체군 생태학과 다른 점이다. 다시 말해서 생태계의 개체군에서는 생물의 수의 증가는 출생률을 낮추고 대신 사망률을 높이나, 조직세계에서는 생물세계에는 찾아보기 어려운 이유들 때문에 경쟁의 영향이 부분적으로 상쇄된다. 그래서 이들은 밀집도가 생존율에 미치는 효과가 비단선적이라고 생각한다.

그러나 일단 일정한 수준의 밀접도에 이르러 환경적 적소가 더 이상 필요한 자원을 제공해 주지 못하게 되면, 몇몇 조직들은 도태되어 사라지게 되고, 새로운 조직을 설립할 매력도 점차 사라지게 된다. 따라서, Hannan과 Freeman은 어떤 특정한 조직군 내에 조직의 총수가 증가함에 따라, 처음에는 많은 새로운 신참조직이 생기게 되지만 그 뒤에는 점차 줄어들게 된다고 한다. 왜냐하면 밀집도가 조직의 정당성을 점감하는 비율을 높이는 반면 경쟁은 점증하는 비율을 증가시키게 되기 때문이다. 따라서 설립률와 밀집도는 U자 모양의 곡선으로 관계성이 표시된다고 할 수 있다.

이러한 가설을 검증하기 위해서 이들은 몇 개의 사업 예를 들어, 노동조합, 언론사, 반도체 산업에 대하여 실제 조사를 실시하였다. 결과는 산업에 따라 차이가 있었는데, 노동조합이나 언론사의 경우 설립률은 올라갔다 내려갔다 했지만 총업체수는 계속 증가하고 있었다. 반면 반도체 산업의 경우 기업들의 참여로 밀집도가 급속하게 증가하게 되고, 따라서 경쟁이 치열해짐에 따라 신규로 참여하는 업체의 비율이 노동조합이나 언론사의 경우보다 훨씬 빠른 속도로 떨어지고 있었다.

이것은 기업이 해체되는 경우에도 적용된다. 즉, 특정 조직군 내의 참여 조직수가 증가하게 됨에 따라 처음에는 해체되는 것이 얼마되지 않지만 나중에는 점차 많아지게 되는 것이다.

그런데 해체율은 밀집도 이외에 조직의 연령과 규모에 의해서도 영향을 받는다. Hannan과 Freeman은 조직이 변화와 쇄신을 언제나 지속하여야 한다는 주장을 반박한다. 오히려 안정이 필요하다고 생각한다. 그래야만 그들이 생산하는 상품과 서비스에 대한 소비자의 믿음이 유지될 것이고, 또 자원을 규칙적으로 확보할 수 있기 때문이다. 그런데 이러한 안정은 조직의 연령과 함께 증가하게 된다. 따라서 조직이 설립된지 오래되어 안정성이 높으면, 생존의 가능성이 그만큼 높아지는 것이다. 따라서 조직의 노령화가 가져다 주는 '구조의 타성'에도 불구하고 오래된 조직이 해체되는 경우는 상대적으로 적다. 가령 오래된 노조 또는 기업은 역사가 얼마 되지 않은 노조나 기업보다 해체될 가능성이 적은 것이다.

규모도 또한 이런 가능성을 높인다. 비록 대규모 조직이 더 많은 구조의 타성을 보이는 것은 사실이지만, 그들은 환경으로부터 제기되는 여러 가지 충격을 견딜 수 있는 자원을 가지고 있는 것이다. 다시 말해서 작은 조직은 대규모 조직보다 변화에 적응하기는 쉬우나, 그 과정에서 사라지기도 쉬운 것이다.

그런데 조직의 연령이나 규모가 조직의 해체에 중요한 영향을 미친다는 이러한 발견은 조직군 생태학의 유용성에 문제가 있음을 보여준다. 즉, 환경적 요인이 아니라 조직 내의 요인들이 조직의 운명에 결정적으로 작용할 수 있고 따라서 조직은 규모를 전략적으로 선택하여 환경에 능동적으로 적응할 수 있는 것을 보여주고 있기 때문이다.

그러나 조직군 생태학은 이러한 변화는 부분적 단기적이고, 장기적 변화는 여전히 자연도태 과정을 통하여 초래된 결과로 이해한다. 그리고 변화의 기본적인 근원은 여전히 개별조직의 통제 바깥에 있는 적소의 넓이와 새로운 조직형태의 도입에 달려 있다고 주장한다. 그 예로 개인용 컴퓨터로 보급확대와 이에 따른 타자기 산업의 퇴조나 VTR의 보급과 이에 따른 비디오가게의 번성 등을 들 수 있다.

그래서 Hannan과 Freeman은 현존하는 조직을 개선하기 위하여 일반적으로 취해지고 있는 대상조직 중심의 노력의 유용성에 대해 의문을 제기하면서 변화를 가져오게 하기 위해서는 조직군 중심으로 조직군의 분포와 특성을 변화시킬 것을 주장한다.

Ⅲ. 조직군 생태학의 평가

이상에서 설명한 조직군 생태학은 생태학에서 다루는 동식물과 기본적으로 다른 인간으로 조직이 구성되어 있다는 점을 무시하고 있는 점이 문제다. 다시 말해서 환경이라는 것이 객관적으로 존재하는 것이 아니고 인간이 주관적으로 구성하는 것일 수 있다는 점과 인간의 의지적인 전략적 선택의 가능성을 무시하고 있다.

그럼에도 불구하고 조직군 생태학은 기존의 조직이론에 비해 다음 몇 가지 기여를 하고 있다고 할 수 있다. 첫째, 조직에서 일어나고 있는 변화 중 관리자의 능동적 대응으로 일어난 것이 아닌 우연적인 변화를 설명하게 해 준다. 다시 말해서 비합리적으로 보이지만, 우연한 사건, 착오, 행운 등이 변화의 원천이 되고 있는 조직의 현실을 잘 설명해 주고 있다고 하겠다.

다음, 조직의 분석수준을 확장하였다. 즉, 조직과 환경과의 관계를 연구할 때 하나의 조직을 단위로 하지 않고 조직군 수준으로 분석단위를 바꾸었다. 전통적인 이론에서는 주요한 연구대상이 조직 내의 인간, 조직, 그리고 환경이나, 조직군 생태학에서는 여기에 조직군이 추가된다. 상황적 이론이 개별조직 자체를 중심으로 미시적 수준에 의해 조직을 분석하면서 점진적인 적응을 제시하는 반면에, 조직군 생태학은 개별조직들의 집합체를 중심으로 거시적 수준에 의해 조직을 분석하면서 환경에 의한 선택을 설명한다. 그리고 모든 조직들은 독특하므로 어떤 특정한 외생적 충격에 의해 동일하게 영향을 받지 않음에도 불구하고 상대적으로 환경변화에 관한 공동적 운명을 가진다고 이해하고 조직군 내의 조직들을 동일하게 다룬다. 그래서 조직군 생태학에서는 조직군 내(組織群內) 경쟁보다 조직군간(組織群間)의 경쟁에 더 많은 관심을 보이게 된다. 그 결과 지금까지 소홀히 다루어졌던 조직분류학, 진화론, 분류법 등의 이론적 모형의 발전에 상당히 기여할 것으로 보인다.

끝으로 기존의 조직이론은 하나의 조직을 대상으로 삼고 있기 때문에 대규모의 사회변화, 사회운동 또는 사회적 불평등과 같은 문제를 설명하는 데 조직이론이 사용될 수 있는 가능성을 배제하고 있다. 그런데, 조직군 생태학은 이러한 문제에도 조직이론을 적용할 수 있는 가능성을 열어 놓고 있다.

참ㅣ고ㅣ문ㅣ헌

Hannan, M. T., & J. H. Freeman, "The Population Ecology of Organizations," *American Journal of Sociology*, 88, 1977, pp. 929~964.

_____, "Structural Inertia and Organizational Change," *American Sociolocal Review*, 1984, pp. 149~64.

_____, "Where Do Organizational Forms Come From?" *Sociological Forum*, 1, 1986, pp. 50~72.

_____, *Organizational Ecology*, Cambridge, Mass: Harvard University Press, 1989.

Young, R., "Is Population Ecology a Useful Paradigm for the Study of Organizations?" *American Journal of Sociology*, 94, 1988, pp. 1~24.

Walter W. Powell과 Paul J. DiMaggio의 신제도주의 조직이론*

Ⅰ. Powell과 DiMaggio의 학문세계

Powell과 DiMaggio는 미국의 사회학자들이다. Walter W. Powell은 1978년 뉴욕주립대-스토니브룩에서 사회학으로 박사학위를 받았고 현재 스탠포드대학의 교육학과와 사회학과에서 교수로 재직하고 있다. Paul J. DiMaggio는 1979년 하버드에서 사회학으로 박사학위를 받았고 현재 프린스턴대학의 사회학과에서 교수로 재직하고 있다. 두 사람이 함께 만들어낸 논문은 많지 않다. 아마도 서로의 학문적인 배경도 다르고 관심 영역도 차이가 났기 때문이리라. 하지만 두 사람이 공동 작업하여 만든 한 편의 논문과 한권의 편서는 조직에 대한 이해, 그리고 조직이론의 발전에 지대한 영향을 주었고, 이후 행정학, 경영학, 교육학 등 다양한 학문 영역의 수많은 후학들이 인용하는 문헌이 되었다.

두 사람의 관심영역이 일치하는 부분은 공공부문에서의 신제도주의 이론의 적용이었다. 1983년에 American Sociological Review에 발표된 "The iron case revisited: Institutional Isomorphism and collective rationality in organizational fields"은 그 동안 혼란스럽게 진행되어오던 신제도주의 이론을 매우 명쾌한 논리로 정리하고 있다. 두 사람은 1991년에 위의 논문과 다른 신제도주의 학자들의 논문들을 엮어서 "The New Institutionalism in Organizational Analysis"라는 단행본으로 출간한다. 이 단행본은 스페인어와 이탈리아어로 번역되어 출간되었다. 이런 유형의 책이 번역되는 것은 매우 드문 일인 것을 감안하면 이 책이 조직학에 준 영향을 쉽게 짐작하게 한다.

단행본의 서문에서 DiMaggio & Powell은 조직학에서의 신제도주의와 경제학과 정치학 등 다른 사회과학에서의 신제도의 차이를 설명하고 있어 후학들이

---

* 유규창: 한양대학교 경영학부 교수.

복잡하고 혼란스러운 영역들을 정리할 수 있도록 도와준다. 또한 조직학에서 제도주의로부터 신제도주의가 분리되는 부분들을 상세하게 제시함으로써 신제도주의에 대한 우리의 이해를 넓혀주고 있다. 이 단행본에는 신제도주의 고전이라 할 수 있는 1977년 Meyer & Rowan의 논문을 비롯하여 기존에 출간되었던 4편의 논문을 재개제하는 동시에 신제도주의 이론을 좀더 정제하고 있는 논문 5편, 그리고 신제도주의 이론을 실증적으로 분석한 6개의 새로운 논문들이 실려 있다.

Powell & DiMaggio의 관심 대상 영역이 주로 공공부문이나 비영리조직이기는 하였지만 이들의 이론은 영리조직에도 동일한 비중으로 적용된다. 이들은 왜 조직이 유사한 구조나 또는 특정 제도를 선택하는가에 관심을 보인다. 예를 들어 최근 한국에서 공기업을 포함한 공공부문에서 상위직급의 관리자를 선발하기 위해 평가센터방식(assessment center)이 도입되고 있다. 불과 얼마 전만 하여도 거의 모든 공공부문에서 선발시험 방식을 사용하고 있었다. 과연 평가센터방식이 선발시험보다 타당성이나 신뢰성 측면에서 우월하기 때문일까? 상식적으로 그렇지 않다. 왜냐하면 평가센터방식에 대한 타당성과 신뢰성에 대한 연구가 한국에서 별로 이루어지지 않았기 때문이다. Powell & DiMaggio는 이를 제도적 동형화(Institutional Isomorphism)로 설명한다. 민간 영리부문에서도 이러한 예는 무수하게 많다. 특히 최근에는 TQM, 식스시그마, 연봉제, BSC 등 새로운 기법들이 봇물처럼 쏟아지고 있다. 이들 신제도주의 조직이론은 이러한 현상에 대한 설명력을 높여주고 있다.

Ⅱ. 신제도주의 조직이론

Powell & DiMaggio에 의해 확산의 전기를 마련하게 된 신제도주의는 조직학에서만 다루었던 것은 아니다. 제도(institution)에 대한 현대 사회과학에서의 관심은 위스콘신 학파였던 Veblen과 Commons에게까지 올라가지만 소위 신제도주의(neo-institutionalism)관점에서 새롭게 제도가 조명을 받게 된 것은 1960년대 이후이다. 신제도주의는 이전까지 사회과학을 풍미하였던 행태주의에 대한 반론으로 나타나게 되었다. 행태주의자들에게 제도는 단순히 개개인들이 집단적으로 선택한 결과, 즉 조직행동의 부수적인 현상이었다. 하지만, 제도는 그렇게 단순하게 치부하기에는 현대의 조직생활에서 너무나도 중요한 현상으로 등장하게 되었다. 신제도주의라는 용어는 조직학 이외에 경제학과 정치학에서도 사용하고 있다. 이로 인해 가뜩이나 어렵고 복잡한 신제도주의가 더욱 혼란스럽게 다가온다. 제도주의면 제도주의지 신제도주의는 무엇인가? Powell & DiMaggio가 우리의 혼란을 다음과 같이 명쾌하게 정리해주고 있다.

1. 사회과학에서의 신제도주의

제도적인 현상에 대한 관심은 공통적이었지만 사회과학의 각 영역에 따라 신제도주의 방향은 상이하게 나타난다. Coase에 이어 Williamson, Alchian & Demsetz로 이어지는 신제도주의 경제학은 신고전주의 경제학의 시장원리를 부정하는 것은 아니나 시장원리에만 설명을 맡기기에는 사람들이 합리적으로 선택하는 정보가 불확실하고 인지적으로 너무나 제한적이라고 보았다. 이러한 상황에서 시장에 맡겨두면 거래비용이 발생하는데 이 거래비용을 최소화 하는 것이 제도라고 주장한다.

정치학에서의 신제도이론은 국내정치에서는 긍정이론(positive theory)으로 국제정치에서는 국제제도이론(international regime theory)으로 각각 발전되어왔다. 정치학에서의 신제도이론은 합리적인 의사결정자로서의 정치행위자에 대한 연구에서 벗어나려고 노력한다. 이들은 정치행위자들이 실제로 정치 현장에서 상호작용을 촉진하는 또는 상호작용을 통해 새롭게 만들어 내는 정치제도(그것이 국내이건 국제이건)에 관심을 갖는다.

Powell & DiMaggio는 조직학에서의 신제도이론을 경제학이나 정치학의 신제도이론과 다음과 같이 구분 짓는다. 첫째, 제도 자체의 의미를 다르게 해석한다. 다른 학문 분야에 제도는 의도적이고 합리적인 인간 행위의 산물이다. 반면 조직학에서의 제도는 물론 인간행위의 산물이기는 하지만 이것이 합리적인 인간이 의식적으로 만들어낸 것일 필요는 없다. 둘째, 제도의 역할과 의미에서 차이가 난다. 다른 학문 분야에서의 제도는 합리적인 의사결정의 산물이기 때문에 기회주의, 불완전한 정보, 또는 거래 비용과 같은 조직이 처한 문제를 해결하기 위한 수단이 된다. 즉, 특정 제도를 선택하는 것이 더 효율적이기 때문에 그렇게 한다. 반면 조직학에서는 제도를 합리적으로 선택한 것으로 보기 보다는 행위자들에게 '주어진 것으로'(taken-for-granted) 바라본다. 합리적으로 해석할 수 없는 규범, 문화, 상징체계가 조직학에서는 주요한 제도로 다루어지는 이유이기도 하다. 셋째, 제도의 변화에 대한 해석이 다르다. 다른 학문 분

야에서 제도는 사람들의 선호를 반영하여 변화 한다. 물론 변화를 제약하는 요
인들을 무시하는 것은 아니나 기본적으로 제도를 효율적인 균형 상태에 도달하
기 위한 일시적인 것으로 간주한다. 그러나 조직학에서는 제도화된 행위나 구
조가 변화하는 것은 쉽지 않다고 주장한다. 왜냐하면 사람들의 인식 속에 이미
배태되어 있기 때문이다. 만약 변화해야 한다면 오직 그것은 사회적으로 정당
하다고 인정되기 때문이며 이 경우 변화는 서서히 이루어지는 것이 아니고 급
격하게 이루어진다.

2. 제도주의와 신제도주의

신제도주의 이론은 물론 (구)제도주의 이론과 뿌리를 같이한다. 하지만 Powell
& DiMaggio가 설명하고 있듯이 양자 사이에는 상당한 차이가 존재한다. 신제
도주의 출발점은 Jonh Myer가 1977년에 American Journal of Sociology를 통해
출간한 두 편의 논문에서 시작된다. 그 중 하나는 Brian Rowan과 함께 쓴 것
으로 여기서 소개하고 있는 Powell & DiMaggio이 편저의 2장에 실려 있는
"Institutionalized organizations: formal structure as myth and ceremony"이다.
반면 구제도주의 이론은 1949년에 출간된 Selznick의 TVA에 대한 연구에서 그
연원을 찾을 수 있다.

구제도주의와 신제도주의는 조직학의 연구에서 제도를 중시한다는 공통점을
가지고 있다. 구제도주의가 합리적 의사결정 모델에 대한 비판에서 출발하듯이
신제도주의도 이를 따른다. 조직 내의 제도화(institutionalization) 과정을 중시하
며, 제도화를 통해 합리적으로 의사결정하지 못하는 조직 내의 행위자들이 어
떻게 정당성을 확보하는지 관심을 가지고 있다. 조직과 환경과의 관계는 두 제
도주의가 공히 가지고 있는 관심 영역이다. 조직이 환경에 어떻게 적응을 하는
지 이 적응 과정에서 제도가 어떤 역할을 하는지는 Selznick의 오랜 연구 주제
였으며, 신제도주의도 뒤를 잇는다. 양자 모두 공식적인 제도뿐 아니라 문화나
규범, 관습, 의식 등 비공식적인 제도의 중요성도 강조한다.

그러나 Powell & DiMaggio에 따르면 신제도주의는 구제도주의와 확연하게
구분되는 점을 가지고 있다. 이러한 차이점으로 인해 신제도주의자들은 굳이
자신들을 구제도주의와 구분하고 있는 것이다. 대표적인 차이점을 살펴보면, 우
선 구제도주의는 조직 내 문제해결에 관심을 가지고 있다. 따라서 문제해결에
걸림돌이 되는 조직 내 갈등이 중요한 분석 대상이 된다. 조직의 전략이 수립

되는 과정이나 조직 내의 이해그룹 간 갈등을 분석함에 있어 리더십과 같은 정치적인 관점을 원용하고 있다. 반면, 신제도주의는 조직 내든 조직과 조직 간이든 이해관계의 대립은 부차적인 문제이다. 따라서 양자 모두 제도화가 합리성을 제한하는 것에는 동의하지만, 그 원인을 구제도주의는 구성원들 간의 갈등 해결을 위한 정치적인 과정에서 찾는 반면, 신제도주의는 시급히 확보해야 하는 정당성 문제에서 찾는다. 이로 인해 조직구조에 대해서도 구제도주의는 비공식적인 상호작용에 무게를 두는 반면, 신제도주의는 공식 조직의 상징적인 역할을 중시한다. 제도화된 공식조직의 역할은 신제도주의에게 있어 매우 중요한 분석 대상이 된다.

조직이 활동하는 환경적 공간에 대한 관심에서도 차이가 난다. 구제도주의의 분석 수준은 주로 지역공동체 차원에서 이루어지는 반면, 신제도주의는 조직필드나 섹터 또는 그 조직이 활동하는 사회 전체로 분석 수준이 확대된다. 따라서 제도화의 범위도 구제도주의는 조직 자체에 한정하는 반면, 신제도주의는 조직필드 또는 사회 내에서 조직과 조직 간에 벌어지는 제도화까지 넓히고 있다. 신제도주의는 서로 다른 조직이 닮은꼴이 되는 것에 관심을 가지며 이를 제도적 동형화 이론을 통해 설명하고 있다.

Ⅲ. 제도적 동형화(Institutional Isomorphism)

Powell & DiMaggio의 관심은 서로 다른 조직이 그 구조와 관행에서 왜 유사한 형태를 보이는가 하는 점에 있다. 조직의 성장단계에 비추어 볼 때 처음 조직이 만들어지는 시점에서는 다양한 형태를 보여주나 시간이 흐를수록 하나의 조직필드가 형성이 되고 일단 조직필드가 형성이 되면 그 필드 내에 있는 조직의 구조나 관행은 다양성 보다는 동질성을 보여준다는데 주목한다. 물론 Weber가 주장하듯 너무나 효율적이고 파워풀해서 관료제도 시간이 지나면 마치 쇠창살로 만들어진 감옥(iron cage)과 같이 동질적이 되어버린다. 이는 시장의 압력에 대한 합리적인 선택으로 인한 동질성이다. 그러나 오늘날의 조직을 보면 이미 관료화나 합리성에 의한 조직원리가 일반화되어 있다. 그럼에도 불구하고 조직필드가 만들어지는 초기단계에는 조직의 다양한 형태가 나타난다. Hannan과 Freeman(1977)과 같은 학자들은 조직군 생태이론(population ecology)의 관점에서 바로 이러한 다양성에 관심을 갖고 이를 설명하려고 노력하였다.

그런데 시간이 지나면 조직필드 내의 조직들은 다시 유사한 형태나 관행을 보여준다. 이것은 관료제나 합리화로는 설명이 불가능하다. 저자들은 이를 설명하는 도구로 제도적 동형화를 제시하고 있다.

여기서 조직필드라고 하는 것은 유사한 제품이나 서비스를 제공하는데 각자 맡은 역할을 수행하는 조직들의 집합체를 말한다. 예를 들어 제품이나 서비스를 직접 제공하는 조직 이외에도 주요 공급자, 소비자, 규제와 관련된 조직 등도 여기에 포함된다. Powell & DiMaggio에게는 조직필드가 제도(institution)가 제대로 활동할 수 있는 공간으로서 구실을 한다. 다시 말해 제도적 동형화가 그 힘을 발휘하고 영향을 미칠 수 있는 조직들의 집합체라고 할 수 있다.

동형화(isomorphism)는 조직학 이외에 생물학, 화학, 수학, 언어학, 심리학 등 여러 학문분야에서 사용하고 있는 용어이다. 조직학에서의 의미는 하나의 생태계에 속해 있는 조직들의 특성이 환경의 압력으로 인해 환경의 특성과 닮은 방향으로 수정된다는 것이다. 조직학의 제도이론에서는 두 가지 형태의 동형화를 제시한다. 첫째, 경쟁적 동형화(competitive isomorphism)로서 시장의 경제적 관점에서 바라본 것이다. 이 관점에서는 조직들이 시장의 압력에서 생존하기 위해 경쟁력 있는 조직형태나 조직기법을 합리적으로 선택한다. Weber의 관료화의 과정이나 초기단계의 혁신적인 기법을 선택하게 되는 것을 설명하는데 유효하나 그렇지 않은 경우의 동형화를 설명하는데 한계가 있다. 둘째, 제도적 동형화(institutional isomorphism)로서 신제도이론의 관심이 여기에 있다. 경쟁적 동형화와는 달리 제도적 동형화는 조직들이 유사해지는 이유를 다른 조직이나 정치적인 역학관계, 제도적인 정당성, 사회적인 적합성 등에서 찾는다. 제도적 동형화가 작동하는 데는 강압적 동형화, 모방적 동형화, 규범적 동형화 등 3가지의 원리가 있다.

첫째, 강압적 동형화(coercive isomorphism)는 정치적인 영향력과 정당성의 문제에서 시작한다. 조직은 사회의 일부분이다. 따라서 그 사회 속에 존재하는 문화에 의해 영향을 받는다. 또한 사회 내의 다른 조직에 의존하게 되고, 이들 조직으로부터 공식 또는 비공식적으로 압력을 받게 된다. 조직이 강압적 동형화로 닮아가는 것의 대표적인 예가 정부의 규제에 대한 영향이다.

예를 들어, 제조 공장의 경우 환경과 관련된 규제로부터 자유로울 수 없다. 정부의 환경 규제에 맞추기 위해서는 제조 과정에서 특별한 조치가 필요하다. 이러한 조치들은 이 환경 규제를 받는 기업들에게 동일하게 적용된다. 교육기관은 정부의 교육정책에 의해 영향을 받는다. 대학의 커리큘럼이 유사하게 되는 것은 정부의 압력이 작용하기 때문이다. 동일한 법적인 환경에 놓여있다는 것 또한 그 사회내의 조직들이 어떻게 행동하는가에 커다란 영향을 미친다. 특히 회계 처리와 관련된 법적인 환경은 조직들이 유사하게 행동하는데 영향을 준다.

정부의 정책이나 법적인 환경 이외에도 강압적 동형화를 찾아볼 수 있다. 조직의 규모와 활동영역이 커지게 되면 재벌과 같은 거대조직으로 성장하게 되고, 이 거대조직은 그 산하에 수많은 자회사들을 거느리게 된다. 물론 자회사들의 규모나 산업적인 특성에 따라 서로 다른 성과기준이 있기 때문에 모회사의 모든 정책을 공유하지는 않는다. 그러나 모회사는 자회사를 통제해야 하기 때문에 자회사의 실적을 보고하는 시스템을 통일하게 된다. 동일한 실적 보고 시스템은 자회사들의 조직 구조나 운영에 많은 영향을 미치게 되며, 이로 인해 자회사들은 상당 부분이 유사해지게 된다. 예를 들어 회계 처리 방식, 성과 평가 방법, 예산 기획 등 많은 부분이 모회사의 정책과 일치하게 된다.

둘째, 모방적 동형화(mimetic isomorphism)는 불확실성에 대한 표준화된 반응에서 시작한다. 조직에 불확실성을 가져오는 요소는 다양하다. 환경이 복잡하고 예측이 어려울 때도 불확실성을 초래하지만, 조직을 운영하는 기술체계가 아직 정립이 되지 않았거나, 목표가 불분명할 때도 조직은 불확실성에 부닥친다. 이때 불확실성을 해소하는 방법으로 다른 조직이 어떻게 했는지를 모방하게 된다. 이를 모델링이라고 한다. 경영학적인 용어로 베스트 프랙티스에 대한 벤치마킹 기법이 여기에 해당한다.

모델링의 대상이 되는 조직들은 자신들이 모방의 대상이 되는지도 모르거나 아니면 모방의 대상이 되고 싶지 않을 수 있다. 하지만 대상이 되는 조직의 의지와 관계없이 모델링은 이루어지게 된다. 모방적 동형화는 많은 경우 의도하지 않게 이루어지기도 한다. 다른 조직에서 경력사원을 채용하는 경우가 여기에 해당한다. 또는 컨설팅 회사나 산업협회를 통해서 의도적으로 확산되기도 한다.

모방적 동형화는 국가적인 차원에서도 발생한다. 일본이 명치유신 이후에 프랑스로부터 법원, 군대, 경찰 제도를, 영국으로부터 해군, 우편 제도를, 그리고 미국으로부터는 은행, 교육제도를 모방하였다. 반면 일본이 경제적으로 성공하자 일본의 경영모델이 미국 등 다른 나라의 모방 대상이 되었다.

이러한 모방을 의사결정자가 모든 상황을 고려하여 조직에 가장 적합한 것을 합리적으로 선택한 것으로 해석할 수도 있다. 하지만 Powell & DiMaggio의 신제도주의 입장에서는 이러한 모방이 효율성을 추구하기 위한 것이라기보다 상징적인 측면이 있다. 조직이 정당성을 확보하기 위해서, "우리도 이러한 혁신을 추구했다"라고 하는 정당성을 확보하기 위한 제스처일 수 있다. 특히 새로운 제도에 대한 충분한 정보도 없고 확실한 검증을 거치지 않았음에도 불구하고 도입하려고 하는 것은 합리적인 선택이라기보다 모방적 동형화를 통한 정당성의 확보라는 해석이 더 적합하다는 주장이다.

셋째, 규범적 동형화(normative isomorphism)는 전문화와 관련이 있다. 전문화는 특정 분야의 사람들이 자신들의 작업 조건이나 방법을 정의하거나 작업의 최종 산출물을 통제하기 위한 집단적인 노력이다. 전문화를 통해 전문가 집단이 타 집단으로부터 직업적 자율성을 확보할 수 있는 지식적인 기반과 정당성을 갖게 된다.

전문화가 규범적 동형화에 영향을 주는 요인은 두 가지가 있다. 첫째는 대학과 같은 기관의 공식적인 훈련이나 교육의 결과이다. 두 번째는 이렇게 훈련받은 전문가들이 모여서 이루어지는 네트워크의 형성과 성장을 통해서 확산된다. 대학이나 전문 훈련기관들은 전문가 집단이 공유하는 규범이 만들어지고 제도화 되는데 심대한 영향을 끼친다. 또한 전문가협회나 산업협회 등도 전문가들이 갖추어야 할 규범적인 규칙이나 행동양식을 규율하는데 중요한 역할을 한다.

이렇게 해서 훈련을 받은 전문가들은 어떤 조직에 들어가든지 유사한 지식과 행동패턴을 보이며 이로 인해 서로 다른 조직들이 닮은꼴이 되어 간다. 특히 전문가 집단을 선발하는 기준이 자신들에의 만들어지는 경우 동형화는 더욱 심화된다. 신입직원이 되었건 조직의 상위직급의 관리자가 되었건 선발의 통로가 유사한 기준에 의해 이루어지면, A조직의 전문가나 B조직의 전문가나 차이가 없어지게 된다. 이렇게 되면 최소한 특정 전문 영역에 있어서 A와 B조직의 차이는 사라지게 된다. 이러한 현상에 대해 R. Kanter는 심지어 '경영의 동성애적 재생산'이라고까지 비판하고 있다.

물론 전문화를 통해 조직은 내부 효율성을 증대시킬 수도 있다. 조직 간의 유사성이 가져다주는 거래의 편리성이나 우수한 전문 인재를 영입할 수 있는 기회가 확대되기 때문일 수 있다. 그러나 Powell & DiMaggio의 신제도이론에서는 이것은 합리적이고 의도적인 선택이 아니라 규범적 동형화의 부산물일 뿐이다.

이상으로 Powell & DiMaggio의 신제도주의 이론의 핵심 내용에 대해 알아

보았다. 최근 환경의 급격한 변화, 불확실성의 증대, 그리고 경쟁의 심화 속에서 조직이 보이는 반응을 해석함에 있어 신제도이론은 매우 매력적이다. 수많은 새로운 경영기법들이 나타났다가 사라지는 fad/fashion을 조직이 성과달성을 위해 그리고 효율성을 극대화하기 위해 합리적으로 선택하는 것으로 해석하기에는 무리가 있다. 신제도이론은 이러한 상황에 대해 우리에게 설명력 높은 대안적 가설들을 제공한다.

하지만 Powell & DiMaggio의 신제도이론도 다른 어떤 조직이론과 마찬가지로 한계가 있다. 이들이 주로 공공부문이나 비영리부문의 조직을 대상을 연구하였고, 실증적인 사례들도 주로 여기서 찾고 있다. 아무래도 공공부문은 민간 영리부문에 비해 유사한 형태를 보일 가능성이 높다. 반면 민간 영리부문은 매우 다양한 형태를 가지고 있고, 또한 환경의 압력에 대해서도 다양한 전략으로 대응하고 있다. 심지어 최근에는 다양성 자체가 환경압력에 대응하는 조직의 중요한 전략적 선택이 되고 있다. 신제도이론은 이 부분에서는 침묵하고 있다. 이는 신제도이론의 출발점이 조직의 다양성 보다는 유사성에 있기 때문이다.

또 다른 한계는 이들이 사회학자들이기 때문이기도 하겠지만 조직의 효과성에 대해서는 관심을 보이고 있지 않다. 조직의 효과성은 조직학에서, 특히 경영학과 같은 응용 조직분야에서는 중요한 주제이다. Powell & DiMaggio의 신제도이론은 조직이 환경의 압력 속에서 왜 유사한 형태를 보이는지에 대한 강한 설명력을 가지고 있음에는 틀림이 없지만, 제도적 동형화 속에서도 어떤 조직들은 성공을 하고 어떤 조직들은 실패를 하는지에 대해 설명을 하고 있지는 못하다. 물론 이 역시 신제도이론이 의도한 바는 아니기 때문이리라.

참 | 고 | 문 | 헌

Powell, W. W. & DiMaggio, P.J., eds., The New Institutionalism in Organizational Analysis, Chicago: The University of Chicago Press, 1991.

W. Richard Scott의
합리체계, 자연체계, 개방체계로서의 조직*

I. Scott의 학문세계

　W. Richard Scott 교수는 캔사스 대학에서 학·석사 학위를 취득하였으며 1961년에 시카고 대학에서 박사학위를 받았다. 1969년부터 스탠포드 대학의 사회학과 교수로 재직하였고 현재는 명예교수로 봉사하고 있다. 스탠포드 대학에서 학부, 대학원생들을 대상으로 조직론, 제도주의, 사회정책 등을 40년 이상 가르쳐 왔으며 최근에는 전 세계 학문 후속세대들을 대상으로 다양한 국가에서 세미나, 워크샵 등을 통해 강의하고 있다.

　Scott이 수행하였던 대부분의 연구는 권위적 시스템, 조직 구조에 영향을 미치는 기술(과업) 환경의 효과, 조직 시스템에 광범위하게 영향을 미치는 강압적·규범적·인지적인 제도적 압력 등에 관한 것으로 미시적인 조직 행태에서부터 거시적인 조직 구조에 이르기까지 다양한 영역을 아우르고 있다. 초기에는 주로 집단의 구조와 과정을 중심으로 연구가 이루어졌으나 후반 들어 조직 구조와 관련된 조직 규모, 섹터, 조직장(organizational field)에 대한 연구가 이루어졌다.

　Scott이 수행한 주요 연구 내용은 다음과 같다. 첫째, 조직이 특정 목표를 추구하는 개별 하위 단위의 집합체라고 가정할 때, 효과적인 통제를 위해서는 평가의 과정이 수반되어야 한다는 것을 밝혔다. 즉, 누가 어떤 업무를 평가해야 하는가, 성과를 평가하기 위해 사용되는 기준이 무엇인가, 어떠한 자료 및 지표를 사용할 것인가, 평가를 위해 기준과 지표를 어떻게 활용하여야 하는가에 관한 결정이 이루어져야 함을 설명하였다. 둘째, 스탠포드 대학의 의과 대학을 대상으로 하여 조직 구조의 효과성에 관한 일련의 연구를 진행하였다. 환

---

* **장용석**: 연세대학교 행정학과 교수.

자와 관련된 새로운 의학적 성과 측정 기법 개발에 관심을 가지고 구조적, 과정적, 결과적 지표에 근거하여 의료 서비스의 질을 측정하던 기존의 기법과 비교한 연구를 수행했다. 셋째, John W. Meyer 교수와 함께 후학들을 지도하며 진행해 온 신제도주의 이론은 Scott의 가장 중요한 연구 성과라 평할 수 있다. 이는 Lawrence, Lorsch, Thompson 등에 의해 시작된 상황이론을 기반으로 하여 발전된 것으로 기술적, 조직적 다양성이 존재함에도 불구하고 조직 구조가 동일해지는 원인을 광범위한 환경적 특성에서 찾는 작업이었다. 기술적, 관계적 영향과는 별개로 조직 구조에 가장 강력하게 영향을 미치는 합리화된 규칙과 관련된 제도적 압력에 대한 연구는 1970년대 이후 신제도주의 학파를 형성하는 데 결정적인 기여를 했다.

Scott은 그 동안의 연구를 바탕으로 다양한 저서를 발간하였는데 그 중 대표적인 것으로 Blau와 함께 쓴 *Formal Organizations*(1962), *Organizations: Rational, Natural and Open Systems*(1981), *Institutions and Organizations*(1995)를 들 수 있다. *Formal Organizations*(1962)은 특정 학문 영역으로서의 조직론을 발전시키는데 큰 기여를 하였으며 *Organizations: Rational, Natural and Open Systems* (1981), *Institutions and Organizations*(1995)는 조직이론의 발달 과정을 Scott의 재해석을 통해 분류함으로써 조직론이 한걸음 성장하는 데 크게 공헌하였다. 이 두 저서는 조직에 관한 다양한 이론적 관점을 제시하였을 뿐만 아니라 이러한 관점들이 어떻게, 왜 차이가 나는지도 분석적으로 밝힘으로써 조직에 관한 다양한 개념적 틀을 비교, 평가할 수 있는 기회를 제공하였다.

Ⅱ. 개방체계로서의 조직과 환경의 상호작용

1. 합리체계, 자연체계, 개방체계로서의 조직

Scott은 조직을 합리체계(rational system), 자연체계(natural system), 개방체계(open system)라는 세 가지 관점으로 바라보았다. 합리체계의 관점에서 바라본 조직은 주어진 목표를 달성하기 위해 고도로 공식화된 합리적 집합체다. 조직이론의 발전 초기에는 이의 관점을 바탕으로 대부분의 연구가 진행되었다. Weber나 Michels가 보여준 조직 관료제화의 과정, 공식화된 규칙과 규율의 확대, Taylor가 제시한 조직 생산성 극대화의 메커니즘인 과학적 관리기법 등이 그 예라 할 수 있다. 또한 Fayol은 과업의 특화, 협력을 이끌 수 있는 행정의 기본 원리를 정교화하는 작업을 진행하였다. 이처럼 조직이론의 발전 초기에는 합리체계의 관점을 반영하여 목표의 달성, 효율성의 극대화를 위해 합리적으로 설계된 도구로서의 공식적 조직을 탐구하는 작업이 주를 이루었다(Shafritz, Ott & Jang, 2011). 이에 의하면, 조직은 공식적인 과정을 통해 특정 목표를 향해 나아가므로 비용 절감, 효율성 및 성과 증진을 위해 최적의 구조를 갖추는 것이 중요하다. 이는 March & Simon이나 Etzioni가 조직을 '특정 목적을 수행하기 위해 구조화된 사회적 집합'으로 정의한 것과도 관련 있다.

자연체계의 관점에 따르면 조직은 다양한 이해(interests), 비공식적인 관계, 하위목표를 지닌 구성원들이 참여하는 사회적 시스템이다. 이 관점에서의 조직은 생존을 추구하는 유기체로써 자연스럽게 형성되는 구성원들의 다양한 이해관계와 비공식적인 상호작용을 바탕으로 진화한다. 따라서 자연체계로서의 조직을 연구하는 이론가들은 조직 효율성을 극대화시키기 위한 최선의 한 가지 방법(one best way)만이 존재하는 것은 아님을 주장한다. 과학적 관리 기법처럼 보편적인 효율성 극대화 전략과 공식구조를 찾기 위해 노력하기보다는 오히려 개인 혹은 집단 간에 자연스럽게 형성되는 사회적 관계와 규칙을 포함하는 비공식 구조(informal structure)를 밝히고 조직 구성원들이 공유하는 공통의 가치와 사회적 관습을 발견하는 데 초점을 맞추고 있다. 이는 Mayo의 인관관계론, Barnard의 협력적 시스템의 개념과 직결된다. 또한 조직 목표의 복잡성(goal complexity)과 행위자 간의 인간관계를 포괄하는 비공식 구조가 공식 조직에 미치는 영향에 주목한다(Shafritz, Ott & Jang, 2011).

합리체계, 자연체계론의 차이점은 다음과 같이 정리할 수 있다. 첫째, Lawrence & Lorsch(1967)에 따르면, Fayol, Mooney, Urwick 등은 경영자로서의 경험을 통해 합리체계를 연구한 반면, Mayo, Roethlisberger, Selznick, McGregor, Parsons 등은 연구자로서의 배경 지식을 통해 자연체계로서의 조직을 연구하였다고 설명한다. 둘째, 합리체계의 관점은 주로 기업, 공장, 관료제에 관한 연구를 통해 발전한 반면, 자연체계의 관점은 학교나 병원 같은 전문적인 서비스 조직에 관한 연구를 중심으로 발전하였다. 셋째, 합리체계에 기반을 둔 조직이론은 조직의 기계적 측면을 강조하여 개인의 과업 지향적인 행태와 최적의 구조를 모색하는데 초점을 둔 반면, 자연체계의 관점은 조직의 유기체적 측면을 강조하여 조직 구성원의 동기와 몰입 등에 영향을 미치는 좀 더 광범위한 조직 행태에 초점을 두었다.

합리체계, 자연체계의 관점은 조직을 환경과 분명한 경계를 지닌 폐쇄적 존재로 인식하여 조직 내의 행위자들이나 구조에 주목한 반면, 1970년대부터 지지를 받기 시작한 개방체계의 관점은 이에 영향을 미치는 조직 환경에 주목했다. 기존의 폐쇄적 시스템 관점에 기반한 연구들은 같은 산업 내의 유사한 유형의 조직을 대상으로 조직내부의 구조 및 과정을 주요 연구과제로 삼았다. 이에 반해 사회의 다양한 영역을 대표하는 조직에 대한 연구가 시작된 1970년대 중반부터 기술발전, 자원확보, 경쟁의 각축장인 조직의 과업환경과 더불어 규범, 사회적 기대, 규제 등의 사회·문화적 환경을 강조하는 연구들이 주목을 받기 시작하였다. 특히 조직이 환경으로부터 물질적, 재정적, 인적 자원을 얻는 것에 그치는 것이 아니라, 사회적 지지와 정당성을 획득하며, 환경과 교류하면서 상호의존 관계를 형성한다는 특징을 바탕으로 개방체계로서의 조직에 관한 연구가 활발히 이루어졌다. 여기에는 Hannan & Freeman의 조직군 생태학 이론, Pfeffer & Salancik의 자원의존이론, Meyer & Rowan의 제도주의 이론이 대표적이다.

합리체계, 자연체계, 개방체계의 관점은 각각 다른 경로를 따라 발전되었음에도 불구하고 최근에는 이들을 통합하려는 움직임이 활발하며 그 중에서도 조직과 환경과의 상호작용을 강조하는 연구가 눈에 띄게 증가하고 있다. 초기 조직 이론가들은 목표 달성을 위해 고안된 도구로서 조직 구조와 조직 내부 구성원들의 통제방식을 주목하였기 때문에 조직이 외부 환경과 상호 작용 혹은 연계를 갖는지에 관한 관심은 비교적 적었다. 그 후 1930년대~1950년대에는 복합적 목표(goal complexity)와 행위자들의 다양한 이해관계를 반영하는 좀 더 복잡하면서도 유연한 조직 구조를 연구하기 시작하였으나 갈등과 이해를 효과적으로 조정하기 위한 안정화된 조직 구조를 상정하였기 때문에 연구 방향은 여전히 구조 중심적이고 정적(static)이었다. 하지만 개방체계의 관점에 기반을 둔 연구가 활발해지면서 기술적, 제도적 환경과의 상호작용을 통해 이루어지는 조직의 '구조화(structuration)' 과정에 주목하면서 역동적 관점으로 전환되기 시작하였다. 조직은 하나의 고정된 개체가 아니라 계속해서 진화함은 물론이고 환경에 적극적으로 개입함으로써 창조적 변화를 추구한다. 특히 불확실한 환경에 직면하였을 때 조직은 조직화(organizing)의 과정을 통해 환경에 주어진 제약들을 적절히 관리하여 불확실성을 줄이며, 유연하면서도 신속한 환경과의 역동적인 상호교류를 통해 성공적인 조직으로 변화하기 위해 노력한다(Shafritz, Ott & Jang, 2011). 조직이 하나의 고정된 개체가 아니라는 상황이론은 외부환경의 요구에 조직이 지닌 내부적 특성들이 부합할 때 최고의 적응력을 발휘할 수 있다고 설명함으로써 조직 구조와 환경의 관계를 구체적으로 제시하였다. 이러한 연구 전통에 기반하여 Scott은 조직이 환경의 본질을 정확히 파악할 때 최적화를 이룰 수 있다고 주장한다. 조직은 외부환경의 제약과 조건에 따라 다양한 구조를 갖게 되고, 변화하는 환경에 대응하기 위해 지속적인 변화가 이루어진다는 것이다.

2. 제도적 환경과 조직의 동형화

Scott이 제시한 사회학적 제도주의 이론은 상황이론처럼 조직과 환경 사이의 관계를 강조하였음에도 불구하고 조직과 환경 사이의 복잡한 상호작용에 주목한 점, 환경의 사회·문화적 특성을 중시하였다는 점에서 상황이론과는 다르다. 즉, 전통적으로 지지되어 오던 조직에 대한 합리적 관점에서 벗어나 조직을 둘러싼 과업 환경뿐만 아니라 적절성의 논리(logic of appropriateness)로 설명되는 강압적, 규범적, 문화·인지적 특성을 지니는 제도적 환경을 함께 고려하였다. 조직은 경쟁적 효율성을 바탕으로 하는 과업 환경과 외부의 규범적, 문화적 기준의 준수에 대한 사회적 기대감을 바탕으로 하는 제도적 환경의 영향 하에 있다. 제도적 환경은 조직에게 '합리화된 신화(rationalized myths)'로 작용한다. 다시 말해, 제도적 환경은 조직이 사회적으로 바람직하다 여겨지는 환경의 요구를 구조화하도록 하여 조직의 생존 및 안정성을 유지하게 하는 '합리적' 속성을 가질 뿐 아니라 동시에 조직 구성원들로 하여금 그러한 환경의 요구를 의심 없이 수용하도록 하는 '신화적' 속성을 가지고 있다. 조직은 제도적 환경이 제공하는 규범을 수용하고 그 압력에 순응함으로써 사회적 승인과 정당성, 조직의 지속적 생존에 필요한 자원과 보상을 제공받게 된다(Scott & Meyer, 1983).

이러한 신제도주의 관점에 따르면, 직면한 문제들을 해결하기 위해 조직은 새로운 해결책을 모색하기보다 기존에 광범위하게 사용되고 있는 일반화된 방법들을 활용함으로써 정당성을 획득하게 된다. 조직이 설령 문제 해결에 실패하였더라도 이를 위해 최선의 노력을 기울였다는 것을 대내외적으로 보여줄 수 있기 때문이다. 만약, 조직에 당면한 문제를 해결하기 위해 보편적으로 사용되는 방법과는 다른 방법을 사용하여 문제 해결이 성공적으로 이루어지지 않았다면, 조직은 기존의 일반화된 방법을 사용하지 않은데 대한 비난을 면할 수 없게 된다. 따라서 조직은 제도적 환경에서 제공하는 규범적, 인지적, 강압적 압력에 순응하여 정당성을 획득할 때 외부로부터의 지지와 자원을 얻을 수 있으며 이로부터 조직의 안정과 생존을 담보하게 된다(이항영 외, 2007).

Scott은 제도주의 이론을 발전시키면서 조직장(organizational field)이라는 중범위 체계(mid-level system)를 분석 단위로 이론화하는데 심혈을 기울였다. 조직장이란 조직의 구조, 업무 및 과정의 제도화가 이루어지는 장소로써 이 속에서 "사회적으로 형성된 기대와 관행이 확산되고 재생산된다"(Greenwood, Suddaby & Hinings, 2002). 바람직하다 여겨지는 조직의 형태와 구조는 어떠한 조직이든 상관없이 유효하다 인정되어 확산되기 보다는 동일한 조직장에 속한 조직들에게 좀 더 주목받게 된다. 이와 같은 논리를 따를 때, 비슷한 기능을 수행하고 비슷한 서비스를 제공하거나 비슷한 환경에 처한 조직장 내에서는 이에 속한 모든 조직들의 형태 및 구조가 서로 비슷해지고 하나로 수렴하는 동형화의 현상이 나타난다(하연섭, 2008). DiMaggio & Powell(1983)은 동형화의 과정을 '조직장에서 일어나는 조직들 간 상호작용의 확대, 조직 간 지배구조와 연합유형의 출현, 경쟁 조직에 관한 정보량의 증가, 동종업계에 종사하는 참여자들 간 공동의식의 형성'으로 보다 구체적으로 설명하였다.

3. 제도적 환경에의 순응과 부정합화(decoupling)

개방체계의 관점에서 제도주의 이론을 발전시킨 Scott은 "사회적으로 이루어지는 공통된 의미체계로 행위자의 행동에 직접적으로 영향을 주는 것"이라 제도를 정의했다. 또한 제도를 단일화의 개념으로 파악하던 전통적인 입장과는 달리 복수의 구성요소로 이루어진 것으로 파악함으로써 제도 자체에 대한 개념을 변화시켰다. 제도는 크게 강압적, 규범적, 문화·인지적인 요소로 구성되어 있다. 강압적 요소는 규칙, 인가, 감독 시스템과 관련된 것이며, 규범적 요소는 적절하다고 여겨지는 행태에 대한 전문가적 견해와 업계의 기대를 의미하고, 문화·인지적 요소는 현실 및 수단-목표 간의 관계에 대해 사회적으로 공유된 가치를 의미하는데 모든 제도에는 이들 요소가 복합적으로 포함되어 있다. 따라서 이들 요소는 그 논리나 메커니즘이 다르게 구현되며 하나의 요소만으로 하나의 제도가 형성되는 것이 아니기 때문에 이들 요소를 면밀히 구분하기가 쉽지 않다. 다만 대부분의 경제학자 혹은 합리적 선택론자들은 강압적 요소를 중시하는 반면 신제도주의 초기 연구자들은 규범적 요소를 강조, 최근의 제도주의 조직이론가들은 문화-인지적 요소를 중시하는 모습을 보이고 있어 접근방법에 따라 중시하는 요소들이 다름을 알 수 있다.

이와 같이 다양한 구성요소들로 형성된 제도는 각각의 구성요소마다 독립적인 논리와 기능을 가지고 있어 상호 간에 부조화, 갈등 관계가 발생하기도 하는데 이 때 구성요소들 간의 갈등이나 충돌이 발생하면서 제도가 변화한다. 특히, Scott은 제도의 내적 모순에 초점을 맞추어 제도 변화를 설명한다. 즉, 제도 변화는 완전히 다른 형태의 제도로 전환되는 것이 아니라 제도를 형성하고 있던 기존의 구성요소들이 재결합되는 과정이다.

Scott을 비롯한 제도주의 조직이론가들은 제도적 환경에 순응하는 공식적 조직은 보통 과업적 과정과 괴리되는 경향이 있다고 주장한다. 이러한 괴리 현상은 구조적 요소들 간 혹은 구조와 행태 간의 느슨한 결합(loose coupling)과 조직의 의례적 제도수용을 의미하는 부정합화(decoupling)를 의미한다. 대부분의 조직들은 복잡한 과업 환경에 대해 순응할 뿐만 아니라 합리화된 규범에 해당하는 적절한 구조를 택함으로써 환경의 불확실성을 줄이고 정당성을 획득하려 하기 때문에 실질적은 내용은 실행하지 않고 제도만을 의례적으로 수용하는 부정합화가 발생한다. 이는 제도 도입이 형식적으로 이루어져 제도의 운영 및 관행(practices)이 제도가 바라는 이상적인 상황과는 괴리된 상태를 의미한다(이항영 외, 2007).

참 | 고 | 문 | 헌

이항영·백경민·장용석, "한국기업의 사외이사 선임: 조직이론적 접근". 한국사회학 41(2), 2007, pp. 27~66.

하연섭, 제도분석: 이론과 쟁점. 다산출판사: 서울, 2008.

Blau, P. & W. R. Scott, *Introduction to the Classic Edition: in Formal Organizations: A Comparative Approach*. Stanford CA: Stanford University Press, Stanford Business Classics.

DiMaggio, P. J. & W. W. Powell, "The Iron Cage Revisited: Institutional Isomorphism and Collective Rationality in Organizational Fields". *American Sociological Review* 48, 1983, pp. 147~160.

Greenwood, R., R. Suddaby & C. R. Hinings, "Theorizing Change: The Role of Professional Associations in the Transformation of Institutionalized Fields". *Academy of Management Journal* 45(1), 2002, pp. 58~79.

Lawrence P. R. & J. W. Lorsch, *Organization and Environment: Managing*

Differentiation and Integration. Boston: Harvard Univ, 1967.

Scott, W. R, *Organizations: Rational, Natural, and Open Systems.* Englewood Cliffs, NJ: A Simon & Schuster Company, 1981.

_____, *Institutions and Organizations.* Thousand Oaks, CA: Sage, 1995.

_____, & J. W. Meyer, *The Organization of Societal Sectors in Organizational Environments: Ritual and Rationality.* Beverly Hills, CA: Sage, 1983.

Shafritz, J. M., J. S. Ott., & Y. S. Jang, *Classics of Organization Theory.* 7th ed., Boston: Wadsworth, 2011.

Niklas Luhmann의
자기생산체계(Autopoiesis) 이론*

I. Luhmann의 학문세계

체계이론의 완성자인 Niklas Luhmann(1927~1998)은 1927년 독일 뤼네부르크 (Lüneburg)의 맥주 양조장 주인의 아들로 태어났다. Luhmann은 1946년부터 1949 년까지 Freiburg대학교에서 법학을 전공하고, 1954년에 Lüneburg 고등행정법원 에서 공직생활을 시작하였으며, 1962년까지 니더작센 문화부 의회담당관으로 근무했다. 1960~61년에 그는 하버드(Havard) 대학에 유학하며, Talcott Parsons 에게 사회체계 이론을 수학하였다.

귀국 후 1962년에서 1965년까지 Speyer국립행정대학교에서 연구원으로 근무 하였으며, 이 기간에 자신의 첫 번째 저서를 출간하였다(공식조직의 기능과 그에 대한 결과, Funktionen und Folgen formaler Organisation/1964). 1966년 뮌스터 (Münster)대의 헬무트 셸스키(1912~1984) 교수로부터 박사학위와 Habilitation(독 일의 대학교수 자격)을 취득하고, 1968년부터 1993년까지 독일 빌레펠트(Bielefeld) 대학교에서 사회이론과 체계이론을 연구하였다.

Luhamnn의 학문세계는 기존의 이론에 대한 부가적 연구가 아니라, 사회 (Gesellschaft)에 관한 새로운 개념을 구축하였으며, 그의 학문세계는 다음과 같 이 표현할 수 있다.

첫째, 하버마스(Jürgen Habermas)와의 이론적 차별성이다. Luhamnn은 1970년 대초에 독일 Frankfurt학파의 대표학자인 하버마스(Jürgen Habermas)와 사회에 관한 이론 또는 사회공학에 관한 대논쟁을 통해서 기존 이론에 대한 비판과 인 식의 범위를 확대하였다. 두 학자가 1971년에 공동으로 출간한 저서(「사회이론 인가 또는 사회기술인가?」(*Theories der Gesellschaft oder Sozialtechnologie*))에 따르

---

* 정창화: 단국대학교 행정학과 교수.

면, 사회에 대한 이해와 접근방법은 매우 상이하다.

Habermas에 따르면, 인간의 기본적인 사회활동으로서 소통(Kommunikation)을 언급하며, 이러한 소통이 합리적으로 수행된다면, 사회적 합의가 도출될 수 있다고 주장한다. 즉, 인간의 생활세계(Lebenswelt)에는 소통행위가 상호이해에 맞게 조정되어야 한다는 것이다. 이를 통하여 타자에 의한 지배를 최소화할 수 있다는 것이다. 반면에 Luhmann은 소통은 인간의 상호작용에 의거하여 작동되지 않으며, 소통은 사회(Gesellschaft)에 의하여 작동된다는 것이다. 즉, 개인이 아니라 소통 체계가 소통한다는 것이다. 결국 사회에 대한 이해에 있어서, 규범적인 인간주의적 접근방식의 Habermas와 서술적인 기능주의적 접근방식의 Luhmann 간의 본원적인 차이로 귀결될 수 있다.

둘째, 파슨스(Talcott Parsons)의 이론적 결점을 극복하고 이론 재구축의 시도이다. Luhmann은 Parsons가 제기한 구조기능적 체계이론 또는 구조기능주의(Structural-functionalism)가 지니는 이론적 결점을 극복하려고 하였다. Parsons의 구조기능적 체계이론은 하나의 사회적 체계가 가지는 구조(Structure)를 탐구하는 이론이다. 여기서 구조란 "체계-환경 관계에서 단기간의 영향을 받지 않는 체계요소와 관련"된다. 이때 기능은 변화하는 환경 속에서 체계구조의 안정과 존속을 보장해야 하는 사회적 과정을 의미한다. Parsons가 전제한 사회적 체계는 특정한 구조를 지닌다. 특히, 체계의 존속을 위하여 필요한 기능(AGIL, Adaption(적응), Goal Attainment(목표달성), Integration(통합), Latent Structure Maintenance(구조유지))이 후행된다고 보았다.

그러나 Luhmann은 복잡하고 다양화된 현대사회를 설명하고 관찰하기 위해서 Parsons의 이론은 적합하지 않다고 판단하였다. 즉, Parsons의 구조기능적인 체계이론과 기능적인 도식(AGIL)에 대한 근본적인 문제의 제기였다. 즉, Luhmann은 체계이론에서의 구조 및 기능에 대한 개념 관계의 대전환을 시도하고, Parsons의 체계이론의 기초에 변경을 가했다. 즉, Luhmann은 기능 개념을 구조 개념보다 우위에 두는 기능구조적 체계이론을 제시하였다. 이를 통하여 구조적 관점을 축소하고, 기능적 관점을 확대한 것이다.

Parsons는 사회가 특정한 규범체계와 가치체계로 구조화되어 있다고 주장한 반면에, Luhmann은 사회체계를 지속적으로 구속하거나 사회체계에서 집단적으로 공유되는 규범모델이나 가치모델이 더 이상 전제되지 않는다고 주장한다. 즉, 사회의 체계는 특정한 가치모델과 구조모델로 개념화되거나 정의될 수 없다는 것이다.

또한 Luhmann은 Parsons의 인과기능주의(Kausalfunktionalismus)의 개념을 등가기능주의(Äquivalenzfunktionalismus)의 개념으로 치환하였다. 즉, 사회적 체계가 대체할 수 없는 특정한 기능에 의해 사회를 유지한다는 Parsons의 이론적 가정을 거부하며, 원인과 결과 사이의 인과관계를 발견하기보다는 문제와 문제해결 사이의 연관성에 관심을 두었다.

마지막으로 개인과 사회의 관계에 관한 차별적 문제 제기이다. 개인과 사회에 관한 논제는 적어도 17세기 사회계약론 이후 헤겔, 슈타인, 마르크스 그리고 하버마스까지 독일에서 중요한 이론적 관심이었다. 즉, 개인이 어떻게 세계를 자신의 내면에서 구현할 수 있는가에 대한 문제였다. Luhmann은 기존의 인문적인 전통에서 제기되어 온 논제에 대한 분명한 입장을 보였고, 자신의 체계이론을 통해 새로운 인간상을 제시하였다. Luhmann에 있어서 인간이란 인간종(Menschengattung)의 의미가 아니라, 육체체계와 심리체계의 이원적 체계로 형성된 독립적 실재로서 사회와 본질적으로 상이하다고 보았다.

특히, 개인과 사회체계 간의 관계를 설명하기 위한 개념으로서 상호침투(Interpenetration)의 개념을 도입하여, 개인과 사회체계 간의 관계를 일반적인 조정기제로서 설명하였다. 즉, 개인의 환경으로서 사회가 개인 내 생활방식에 침투해 들어가며, 사회의 환경으로서 개인이 사회체계 내로 침투한다는 것이다. 결국 상호침투(Interpenetration)란 환경에 상호적으로 작용하는 체계 간의 관계를 의미하는 것이다. 이를 통하여 체계 내 자기복잡성을 활성화시키며, 개인과 사회체계들이 상호침투를 통하여 통합된다.

Luhmann은 1968년 독일 빌레펠트(Bielefeld)대학교에 임용된 이후, 1998년 사망할 때까지 사회체계이론에 대한 연구를 수행하였다. Luhmann의 대부분의 저작이 난해하고 자연언어로 이해가 어려우며 전문적인 글쓰기의 전형이라는 비판을 받기도 한다. 그러나 일반체계이론의 패러다임에 대전환을 이루었고, 모든 사회적 관계를 설명하려는 거대이론을 구축하였다.

Luhmann은 1984년 사회이론에 대한 첫 번째 저작인 복수의 의미로서 「사회적 체계」(*Soziale Systeme*)를 출판하고 사회의 "거대이론"에 대한 포문을 열었다. 이후 Luhmann의 1984년의 저서에 대한 모자이크를 맞추듯이 사회내 하부체계의 작용을 구체적으로 서술하는 후속 저작을 쏟아냈다. 1988년 「사회의 경제」(*Die Wirtschaft der Gesellschaft*), 1990년 「사회의 학문」(*Die Wissenschaft der Gesellschaft*), 1993년 「사회의 법」(*Das Recht der Gesellschaft*), 1995년 「사회의 예술」(*Die Kunst der Gesellschaft*), 그리고 1996년 「대중매체의 현실」(*Die Realitat der*

Massenmedien) 등이 그것이다. 여기에 Luhmann 사후에 정치체계, 종교체계 그리고 교육체계 등에 관한 저작이 출판되었다. 사망 1년 전인 1997년 Luhmann은 「사회의 사회」(*Die Gesellschaft der Gesellschaft*)를 출판하여 사회에 관한 이론을 완결하였다.

Ⅱ. Luhmann 체계이론의 기본개념

Luhmann은 사회의 일반이론을 정립하는 것을 목적으로 거대이론(grand theory)을 지향하면서 자신의 체계이론의 핵심개념과 이론을 구축하고 다양한 분야에 적용하였다. Luhmann이 30년간 연구를 진행했던 체계이론을 이해하기 위해서는 체계, 타자생산과 자기생산, 세계, 복잡성 그리고 체계와 환경 등의 기본개념의 이해가 선행되어야 한다.

첫째, 체계(system)의 개념이다. 체계의 개념은 Luhmann 이론에 있어서 가장 추상적일 수 있다. Luhmann 이론에 있어서 체계(System)는 작동(Operation)으로 이해될 수 있다. 체계가 존재한다는 것은 체계가 작동을 하며, 어떠한 형식을 만들어내는 것이다. 그러한 형식은 내부와 외부의 두 가지 형식을 지니며, 내부의 면은 체계이며, 외부의 면은 환경인 것이다. 체계는 이렇게 환경과 체계간 차이를 발생시킨다. 이러한 경우에 환경은 체계를 통해서만 생성되며, 체계(system) 의존적으로 존재하게 된다.

둘째, 자기생산(autopoiesis)은 타자생산(allopoiesis)과 구분되어야 한다. 기존의 체계이론에서는 체계의 투입·산출 과정이 중요하다. 즉, 산출(output)은 투입(put)에 의해서 결정되며, 투입은 산출에 의해 영향을 받는다고 정의될 수 있다. 결국, 투입-전환(처리)-산출의 관계를 의미하는 타자생산(allopoiesis)은 고전적 체계이론의 논리에 근거한다. 반면에 자기생산(autopoiesis) 체계는 여러 구성요소와 관련해서 투입(input)이나 산출(output)과의 관련성이 미약함을 의미한다. 자기생산 체계에서는 체계의 구조가 이미 결정되고, 체계의 상태가 이미 결정된 대로 작동한다. 즉, 체계가 투입·산출 과정 및 환경의 영향을 받아 결정되지 않고, 체계 자체가 스스로 규정되는 것이다. 자기생산(autopoiesis) 체계에서 자기(auto)의 의미는 체계(system) 자체가 바로 자신이 만든 작품이라는 것이다.

셋째, 세계(Welt)에 대한 개념이다. Luhmann은 모든 것이 체계가 아니면 환경에 속한다고 파악했다. 그러나 유일한 예외가 바로 세계이며, Luhmann에 있어서 세계는 자신의 이론 출발점이다. 세계는 경계가 형성되는 외부를 갖지 않기 때문에 체계가 아니며, 환경은 환경에 속하지 않는 내부를 전제하기 때문에 세계는 환경으로 간주될 수가 없다. 세계는 '표식되지 않은 상태'(unmarked state)인 것이다. 그러나 세계는 체계도 아니고 환경도 아니기 때문에, 오히려 모든 체계와 그 각각에 해당하는 환경을 포괄할 수 있다. 따라서 체계존속의 유지와 위협 그리고 중단도 모두 세계 내에서 발생한다. Luhmann에 있어서 이러한 세계의 복잡성은 기능적 분석에 있어 최고 준거문제인 것이다.

넷째, 복잡성(Komplexität)이다. 복잡성은 존재의 상태를 의미하는 것은 아니며, 세계(Welt)와 체계(system) 간의 관계를 나타내는 것이다. 즉, 하나의 체계가 하나 이상의 다른 연결가능성을 지니는 상황을 의미한다. Luhmann은 연결가능한 다수의 요소가 내재적 제한으로 인하여, 다른 각각의 요소와 결합 또는 연결될 수가 없다면, 이것을 복잡성이라고 표현하였다. 결국, Luhmann에 따르면, 복잡성은 세계(Welt)와 체계(system) 간에 발생한다. 즉, 세계(Welt)에서 가능할 수 있는 관계적인 합(合)이 체계요소의 선택과정에서 제한될 때 세계와 체계 사이의 관계를 표현하는 것이다. 하나의 체계가 하나 이상의 상태를 받아들일 수 있는 상황일 때 복잡하다고 표현하며, 복잡성은 가능한 상태들의 총합을 의미한다. 이러한 체계의 복잡성이 안정적인 상태로 되기 위해서는 체계의 형성을 통하여 적당한 규모와 크기로 환원되어야 한다.

마지막으로, 체계와 환경의 문제이다. Luhmann의 이론적 선택의 출발점은 체계와 환경을 구별한다는 것이다. 체계(System)는 환경(Umwelt)과 구분되고 경계를 정의하고 유지하는 질서이다. Luhmann에 의하면, 체계는 자신과 환경 간 차이를 만들고, 이 차이를 창출하고 유지하면서 자신을 구성하고 유지한다고 보았다. 이러한 체계와 환경의 구분을 통하여 복잡한 사회를 파악할 수 있다고 주장한다. 또한 Luhmann은 체계와 환경의 경계가 체계의 고유한 작동에 따라서 차이가 발생될 수 있다고 보았다. 이때 체계는 작동상 폐쇄된 구조이며, 환경으로부터 개방적이라고 한다. 또한, 체계가 환경으로 전환될 수 있으며, 다른 환경이 체계로 전환이 가능하다고 보았다.

Ⅲ. 자기생산체계(Autopoiesis) 이론

1. 자기생산체계(Autopoiesis)의 개념과 유형

자기생산체계는 칠레의 생물학자이자 신경생리학자인 Humberto Maturana와 Francisco J. Varelra가 생명체 조직 속성의 자기생산(autopoiesis) 개념을 사회과학에 도입된 것이다. 자기생산 개념의 기원은 생물학적이며, 그리스어인 autopoiesis은 'autos(자기)'와 'poiesis(생산/제작)'을 조합된 합성어다. Matruana가 제시한 자기생산체계는 자기 자신을 산출하고 유지하는 살아있는 형태로서 체계를 의미한다. 즉, 체계는 스스로 자신을 구성하는 요소와 부분을 생산할 수 있다. 이러한 자기생산체제의 작동을 통해 자신의 조직을 지속적으로 생산하는 것을 체계라고 개념화하였다. 특히, Matruana와 Varelra는 하나의 세포가 세포막의 통하여 환경과 경계를 획정하며 작동하듯이 자기생산체제를 폐쇄적인 '닫힌 체계'로 개념화하였다. 즉, 작동의 측면에서 자기생산체계(autopoiesis)는 폐쇄적이다.

｜그림 1｜ 자자기생산체제(autopoiesis)의 유형

출처: D. Seidl & K.H. Becker(2006), p. 25.

동시에 자기생산체계(autopoiesis) 에너지와 물질의 측면에서 개방적인 체계이다. 물론 자기생산체계가 스스로 환경과 경계를 긋지만, 동시에 환경과 접점을 유지하면서 에너지와 물질을 공급받아야 하기 때문이다.

Luhmann은 이러한 자기생산 개념을 일반화하여 다른 종류의 체계들을 기술하고자 했다. 그는 철저하게 체계 요소들의 생산을 통한 체계의 자기산출과 자기유지라는 의미에서 일반화된 자기생산 개념을 정의했다. Luhmann에 따르면 "체계를 구성하는 요소가 체계를 이루는 요소를 통하여 스스로 생산 또는 재생산하는 체계를 자기생산적이라고 표현한다. 결국 자기생산체계는 자신의 폐쇄성을 근거로 전적으로 자기 자신과 관계를 맺는 '자기 준거적'으로 작동하며, 여기서 자기준거란 체계가 자기구성 요소들 사이의 상호작용을 통하여 자신의 상태를 변형하는 것을 의미한다.

Luhmann은 자기준거적 자기생산체계의 유형을 환경과 체계의 구분을 통하여 세 단계로 분류한다. 1단계 복수의 의미로서 자기생산체계(Autopoietic Systems)는 2단계는 유기체(Livings System), 사회적 체계(Social Systems), 심리적 체계(Psychic Systems) 등 세 가지 유형으로 작동되며 분류된다. 각각의 체계는 고유한 자신의 생산방식을 상이한 방식으로 처리한다. 유기체는 생존하며, 심리적 체계는 인지와 사고와 같은 의식의 처리 형식으로 작동한다. 특히, 사회적 체계이론의 과제는 이러한 3개의 체계를 비교하는 것이다. 사회적 체계는 소통(communication)을 단위로 소통이 소통으로 연결되면서 재생된다고 보았으며, 사회, 상호작용과 조직 등으로 분류된다(그림 1 참조).

2. 자기생산체계(Autopoiesis)와 소통

Luhmann이 제기하는 사회적 체계는 재귀적인 과정 속에서 소통(communication)으로부터 소통을 생산해내는 자기생산체계(autopoiesis)이다. Luhmann의 이론이 혁신적인 것은 체계가 재생산되는 기본단위로서 소통을 설정한 것이다. 즉, 사회체계의 구성요소는 소통이며, 사회적 체계는 바로 소통체계라는 것이다. 따라서 자기생산이라는 것은 하나의 체계가 고유한 소통방식을 통해서 소통에 연계되는 행위인 것이다. 특히, Luhmann은 사회의 구성요소로서 인간을 전제하지 않는다. 왜냐하면 Luhmann에 있어서 인간의 개념은 체계이론적인 개념이 아니며, 소통의 주체로 인정하지 않기 때문이다. Luhmann의 체계이론은 더 이상 인간을 사회의 부분으로 파악하는 기존의 전통과는 단절적이다. 따라서 사회적인 것은 소통 자체로 이루어지기 때문에, 소통의 주체는 사회체계라는 것이다. 결국 사회적 체계 내에서 소통만이 소통을 할 수 있다. 따라서 소통은 인간행위의 성과가 아니라, 사회적 체계의 산물이라고 간주한다.

자기생산적 작동의 기본형식으로서 소통은 정보(Information), 통지(Mitteilung)

그리고 오해를 포함한 이해(Verstehen) 등 세 가지의 형태로 구성된다. 정보는 가능성의 목록으로부터의 선택을 의미한다. 통지는 정보의 전달을 위한 행위선택을 의미하며, 이해는 어떤 연결의 선택을 기대할 수 있는가를 파악하는 것이다. 소통방식은 여러 가지 가능성에서 일정한 소통의 정보가 특정한 형태의 전달방식인 통지를 통해 다음 소통을 통해 이해됨으로써 이루어진다. 결국 소통은 정보, 통지, 이해에 대한 선택의 과정이며, 이러한 세 가지 선택이 통합 또는 합성(Synthese von drei Selektionen)되어야 소통이 작동되는 것이다.

Luhmann에 따르면, 소통은 심리적 체계의 작동에 의해서 생산되지는 않지만, 소통에 대해 심리적 체계(psychic system)가 관여하고 있다고 강조한다. 왜냐하면 소통은 사회적 체계들의 구성물이기 때문이다. Luhmann은 소통이 소통고유의 작동 속에서 지속적으로 의식 체계들에 의해 자극되고 영향을 받을 수 있다고 파악했다. 결국 소통과 의식은 자기 지시적으로 닫힌 체계들로서 분리되어 작동하지만, 동시에 상호간 영향을 주는 관계에 있다는 것이다. Luhmann은 심리적 체계를 사회적 체계와 마찬가지로 자기생산체계로 간주하며, 사회적 체계와 심리적 체계가 구조적으로 접속되어 있다고 보았다. 여기서 '구조적 접속'(strukturelle Kopplung)이란 Maturana가 체계와 환경 사이의 일반적 관계를 특징짓기 위해 사용한 개념이며, 구조적으로 접속된 체계들은 상호 의지한다. 그러나 동시에 각각의 체계들은 자율적으로 작동하며, 서로에 대하여 환경으로 존재하고 있다. Lumann은 이러한 '구조적 접속' 개념을 수정하여 다음과 같이 개념화하였다. 즉, 이 개념은 모든 체계들이 자기 생산적이며 자율적으로 서로 분리하여 작동하고 있는 체계들 사이의 특정한 상호적 관계를 규정하며, 모든 체계-환경 간의 관계를 기술하기 위해 사용된다는 것이다.

3. 자기생산체계(Autopoiesis)와 체계분화

Luhmann이 설정한 자기생산체계(autopoiesis)로서 사회체계는 환경에 둘러싼 고도의 복합성이 나타나고, 특정한 행위가능성으로 축소되며 자기선택의 과정을 통해 존속·유지되는 체계이다. Luhmann에 있어서 조직(Organizations)은 체계(Systems)이며, 조직의 의사결정을 기반으로 하여 사회체계(social system)를 개념화하고 있다.

Luhmann에 따르면 체계분화(Systemdifferenzierung)는 체계존속의 문제와도 관련된다. 체계 내에서 부분체계(Teilsystem) 또는 하위체계(Subsystem)를 형성하는 것처럼, 체계분화는 체계형성의 반복을 의미한다. 물론 체계가 형성되는 것도 자기 선택적으로 이루어진다.

세계의 복잡성이 증가함에 따라 체계분화가 이루어진다. 체계는 세계의 복잡성을 감축시키기 위하여 체계 내부의 복잡성을 증가시킨다. 즉, 체계가 체계분화(Systemdifferenzierung)라는 고유한 복잡성을 형성하여, '체계와 환경'간에 복잡성 감축(Reduktion von Komplexität)을 진행한다. 이러한 과정을 통하여 체계는 변화하는 환경조건에 적응하며 체계의 존속을 유지한다.

복합성의 감축의 방식은 체계 자신의 복잡성을 증대하는 방법을 통해 진행되며, Luhmann은 이것을 합리적인 것으로 간주한다. 여기서 사회체계가 복잡한 양태로 변환된다는 것은 사회적 체계의 부분체계들(경제, 법, 정치, 종교, 교육체계 등)로 분화되어가는 것을 의미한다. 체계는 자신의 고유한 특성으로 주어진 선택을 통해 내적인 복잡성을 증대하며, 조직화된 선택의 방식을 통해 체계의 복잡성을 축소할 수 있다. Luhmann은 이러한 체계의 내적능력을 자기생산(autopoiesis)으로 정의하고, 체계 자체는 스스로 자기조정과 자신을 재생산한다.

이러한 복잡성과 체계분화와 관련하여 Luhmann은 복잡성과 체계분화 사이에는 어떤 단선적 관계도 없다고 보았다. 오히려 복잡성과 체계분화는 매번 전체체계와 그 부분들의 작동으로부터 나오기 때문에 복잡성과 체계분화의 관계는 우연적이라고 할 수 있다.

4. 자기생산체계(Autopoiesis)의 의의와 한계

보편이론으로서 Luhmann의 이론은 기존의 일반체계이론이 지닌 패러다임의 대전환을 시도하고, allopoiesis(타자생산)의 개념을 autopoiesis(자기생산)의 개념으로 대체하였다. 또한 Luhmann은 자기생산체계를 유기체, 심리체계 그리고 사회적 체계로 유형·분류하고 독립적인 실재로서 분리될 수 있도록 체계이론의 새로운 전환을 시도하였다. 동시에 Luhmann은 모든 사회적 관계를 체계-환경의 구별 관점에서 출발하였다. 이것은 체계-환경이 입출력을 교환하면서 균형을 유지한다는 기존 이론과의 단절적인 출발이었다고 평가할 수 있다.

그러나 오늘날 현대사회의 불확실성이 증대되고 있는 시점에서 Luhmann의 이론처럼 체계의 내적인 논리에 따라 작동하는 자기생산체계의 한계를 상정할 수 있다. 즉, 자기생산(autopoiesis)이라는 자체의 고유한 논리와 법칙 이외의 사회구성원의 합리적 판단과 결정에 대하여 어떻게 처리할 것인가에 대한 과제가 남을 수 있다. 또한 Luhmann의 기본 공리이며 체계의 과제로서 복잡성의 감축이 어떠한 방식으로 더욱 구체화될 수 있는지에 대한 논의가 여러 학문단위에서 계속되어야 할 것이다.

✏️ 참|고|문|헌

Bich, Leonardo and Argyris Arnellos, "Autopoiesis, Autonomy, and Organizational Biology: Critical Remarks on 'Life After Ashby'", *Cybernetics and Human Knowing*, Vol. 19, no. 4, 2012, pp. 75-103.

Luhmann, Niklas, *Soziale Systeme*. Frankfurt/Main: Suhrkamp, 1984.

Luhmann, Niklas, "The Autopoiesis of Social Systems," In: Geyer, Felix/Van der Zouwen, Johannes(Eds.), *Sociocybernetic Paradoxes*, London: Sage, 1988, pp. 172-192.

Luhmann, Niklas, *Protest: Systemtheorie und soziale Bewegungen*. Frankfurt/Main: Suhrkamp, 1996.

Luhmann, Niklas, *Recht und Automation in der öffentlichen Verwaltung. Eine verwaltungswissenschaftliche Untersuchung*, Duncker u. Humblot, Berlin, 1997.

Kneer, Georg & Armin Nassehi(정성훈 역), 니클라스 루만으로의 초대, 서울: 갈무리, 2008.

Seidl, David and Kai Helge Becker, *Niklas Luhmann and Organization Studies*, Denmark: CBS Press, 2006.

정창화, "독일의 규제체계 특성분석에 관한 연구: Luhmann의 자기생산체계 이론적 시각에서", 한국행정연구 제28권 제2호, 2019, pp. 31-57.

06

조직과 문화

William Ouchi의
Z이론*

Ⅰ. Ouchi의 학문세계

William G. Ouchi는 일본계 미국인으로서 현재 미국 California 대학교 Los Angeles 분교의 대학원 경영학과 교수로 재직중이다. 그는 Williams College에서 학부를 마치고 Standford 대학교에서 경영학 석사학위를, Chicago 대학교에서 박사학위를 취득했다. Ouchi 교수는 과거 *Administrative Science Quarterly*나 *Academy of Management Journal* 등 명성 있는 학술논문지의 편집위원으로 봉사했다. 그는 학술 및 연구활동이 활발해서 많은 저서와 연구논문을 출간하였다. 그 중에서도 그를 가장 널리 알려지게 만든 것은 Theory Z(이하 Z이론)이다. 여기서는 Ouchi 교수의 Z이론을 중심으로 그의 이론을 소개하고자 한다.

Z이론을 소개하기 전에, Z이론이 조직이론의 큰 맥락에서 볼 때 어떤 흐름(stream)에 속하겠는가를 살펴보는 것도 의미가 있을 것 같다. 첫째, Ouchi교수의 Z이론은 Elton Mayo, Chris Argyris, Douglas McGregor나 Renis Likert 등 일련의 인본주의 조직학자들의 주장과 이론의 맥을 같이 한다. 이들 인본주의 조직론자들은 직장생활에 있어서 조직구성원의 심리적 성공감(psychological success)을 중요시했으며, 기계적 관료제로 대표되는 산업조직은 이같은 심리적 성공감을 저해한다고 보았다. 따라서 위에서 언급된 인본주의 조직론자들의 중심관심은 개인에게는 심리적 성공감을 성취하게 하며 조직에게는 조직의 목표를 달성할 수 있는 방안을 강구해 내는 것이었다. Ouchi의 기본관심 중의 하나도 바로 이런 조직구성원의 심리적 성취감, 성공감을 증진시키는 것임과 동시에 이를 통해서 조직의 목표도 달성하려는 것이다.

Ouchi의 Z이론은 또한 1970년대 후반기부터 각광을 받기 시작한 조직관리

* 박세정: 계명대학교 행정학과 교수.

에 있어서의 'Software'적 측면을 강조한 일단의 학자들이 보여준 연구경향과 맥을 같이한다. 여기서 'Software'적 측면이란 주로 조직의 인간적 측면으로서 (human dimensions in organization) 조직문화, 가치, 목표의 공유도, 신뢰도, 리더십 등이 포함된다. 널리 알려진 바와 같이 Peters와 Waterman의 *In Search of Excellance*, Schein의 *Organizational Culture and Leadership*, Rosa Kanter의 *The Change Masters: Corporate Enterpreneurs at Work* 등은 미국에서 조직관리의 문제점은 너무 조직의 'Hardware'적 측면, 즉 조직구조·기술·전략·마케팅 등에 중점을 두고 조직의 'Soft'한 측면을 등한시 했다고 주장한다. Z이론도 이런 면에서 이들의 연구와 맥을 같이한다고 볼 수 있다.

Ⅱ. Z이론

Z이론이 등장하게 된 배경을 간단히 살펴보기로 한다. Ouchi는 1970년대 후반에 들어서면서 미국 경제의 후퇴와 일본의 경이적인 경제성장이라는 상호 대조적인 현상에 대해 관심을 갖게 되었다. 일련의 연구 끝에 Ouchi가 얻은 결론은 일본 특유의 문화에서 태동된 조직관리방법이 일본의 경제적 성공에 커다란 공헌을 했다고 보았다. 다시 말하면 일본의 사회문화는 서구의 그것에 비해 좀더 생산적인 직업의식을 고취시킨다는 것이다. 이와 같은 주장은 최근 Hofstede(1990)에 의해서도 제기되었다.

여기서 Ouchi가 주로 인용하는 일본의 문화란 일본의 봉건영주시대에 형성된 가부장적 유교주의로서 이런 전통적인 사회문화가 조직의 종업원에 대한 가정, 종업원과 상사의 관계, 종업원 상호간의 관계 및 조직에 대한 종업원의 충성심에 영향을 끼쳤다고 보는 것이다. 〈표 1〉은 이같은 일본 문화에 영향을 받은 조직관리방법을 미국 문화에서 형성된 조직관리방법과 비교해 놓은 것이다.

Ouchi는 위 두 가지 조직관리형태를 비교하면서 결론적으로 일본의 관리방법이 미국의 관리방법에 비해 조직의 생산성을 높이는 데 우월하다고 주장한다. 그의 주장에 따르면 전통적인 미국의 조직관리 패러다임하에서는 극단적인 업무의 세분화로 종업원이 직장에서 보람이나 의미를 찾지 못하며, 단순한 업무수행(종업원의 역할)과 판단기능(관리자의 역할)의 엄격한 분리로 무기력증 (powerlessness)을 초래했으며, 종업원과 조직과의 관계는 단편적이고(segmented) 단순한 계약관계에 있기 때문에 종업원의 귀속심이나 애사심(loyalty)이 미약하다.

┃표 1┃ 미국과 일본의 조직관리모형

구 분	미국의 조직	일본의 조직
고 용	대체로 단기적이며 안정적이지 못하다	평생고용, 비교적 안정적이고 안전하다
경력경로	고도로 전문화된 경로	비전문화된(non-specialized) 경로
의사결정	개별적 권한, 최고관리층에 집중	합의(consensus)에 의한 집합적 의사결정, 종업원 참여 중시
업적평가와 승진	빠르다	느리다
통제방법	구체적·명시적인 룰과 규제	비공식적·묵시적인 룰과 규제
업무에 관한 책임	개별적 책임	집합적 책임, 소속집단에 대한 충성심
급 여	능력급	연공서열형
조직의 종업원에 대한 관심	부분적·단편적	전인격적(경제 및 사회적 요소 고려)

자료: Ouchi & Jaeger, "Type Z Organization: Stability In the Midst of Mobility," *Academy of Management Review*, 3, 1978, pp. 305~314.

또한, 업적평가가 빨리 이루어지고 승진이나 급여가 개인의 능력에 따라 현격히 달라지기 때문에 조직구성원간에 협동을 확보하는 것이 어렵다. Ouchi는 이와 같은 상황하에서는 조직구성원들이 소위 Argyris(1974)가 얘기하는 심리적인 성공감을 얻기 어려우며 이것은 결국 생산성이나 품질의 저하로 나타나게 된다고 주장한다.

위의 표에서도 나타난 것처럼 일본의 관리방법은 미국의 그것과는 중요한 면에서 많은 대조가 된다. 몇 가지 차이점을 지적하면, 일본 기업의 고용형태는 대체로 평생고용으로서, 일단 입사 후에는 퇴직시까지 그 기업과 운명을 같이하게 된다. Ouchi에 따르면, 이러한 상황하에서 종업원은 기업의 성장과 장기적 발전을 위해서 최대한 노력을 하게 되며, 이에 대해 기업은 종업원의 복리후생을 책임지게 된다. 일본에서의 종업원과 기업의 관계는 과거 영주와 백성 혹은 가장과 가족구성원과의 관계에 비유될 수 있어서, 미국에 있어서의 언제라도 해지될 수 있는 단순한 고용 계약관계와는 많은 차이가 있다. 이같은 밀접한 공동운명체적 상황하에서는 기업이 일정수익을 달성했을 경우 매년말에 종업원에게 지급하는 후한 상여금은 충분히 이해할 수 있는 관행이다. 이러한 경제적 측면 이외에도 일본 조직에서는 종업원이 가정이나 사회에서 겪는 개인적인 문제에도 충분한 고려를 하기 때문에 조직과 종업원 사이의 관계가 좀더 전인격적(wholistic)이라 할 수 있다. Ouchi는 미국의 경우 고용자와 피고용자 사이의 관계가 단순히 고용계약상 발생하는 합리성의 측면만 고려되기 때문에 전인격적이지 못하고 단편적이라 주장한다.

위에서 언급된 평생 직장이라는 요소는 또한 조직 내에서 종업원 상호간이나 종업원과 상사간의 인간관계에 지대한 영향을 미친다. 일단 입사하면 정년퇴임시까지 같이 근무해야 할 직장이기 때문에 인간관계가 신중해지지 않을 수 없는 것이다. Ouchi 교수는 이런 상황하에서 이기적이고 정직하지 못한 행위는 상당히 자제된다고 주장한다. 왜냐하면 일단 남에게 잘못 인식될 경우 평생 직장동료나 상사에게 소외시되고 이같은 직장동료로부터의 소외는 일본인에게 가장 견디기 어려운 형벌의 하나이기 때문이다.

또 다른 일본 조직의 관리방법의 특징은 인간 중심의 관리철학이다. 이러한 관리철학을 실천하기 위해서 많은 일본조직들은 그들의 조직구성원이 잠재능력을 최대로 발휘할 수 있고 이를 통해 자기실현을 할 수 있도록 다양한 관리방법을 개발했다. 이 중에서도 참여적인 관리기법(participative management)은 이같은 관리철학을 실현하는 대표적인 관리도구라 볼 수 있다. 일본에 있어서의 참여는 집단중심이다. 업무수행과 관련된 일이나 기타 대부분의 중요한 일 또는 의사결정은 집합적인 노력에 의해서 행해지게 되는데, 집합적인 의사결정은 합의(consensus)에 의존한다. 서구의 기준으로 볼 때 이것은 의사결정을 느리게 할는지 모르나 실행단계에서는 신속하게 이루어질 수 있으며, 대부분의 종업원이 의사결정에 참여하기 때문에 실행시에 저항이 최소화되고 주인의식(ownership)을 제고할 수 있다는 큰 장점이 있다. Ouchi의 주장으로는 이같은 종업원의 조직 내의 중요 의사결정에의 참여는 일반적인 산업조직에서 채워주지 못하는 종업원의 심리적 성취감을 제고시키고 따라서 그들의 근로의욕을 높여 조직의 생산성을 높인다고 보았다.

마지막으로 일본 기업의 관리방법의 특징은 업적평가나 승진결정방법이 미국의 그것에 비해 느리다는 것이다. Ouchi에 따르면 업적평가나 승진을 빨리 또는 자주하지 않는 까닭은 어느 누구이건 그 조직의 문화에 완전한 사회화(socialization)가 이루어지지 않은 상태에서 중요한 책임을 맡길 수 없다는 의도 때문이라고 한다. 이 외에도 업적평가나 승진이 자주 그리고 빨리 이루어지는 경우 직장생활 초기에서부터 비생산적인 경쟁이 유발될 뿐만 아니라 현실적으로 빠른 기간 내에 올바른 업적평가가 어렵다는 그들의 기본전제도 깔려 있는 것이다. 사실 오랜 기간을 두고 관찰한 다음에는 수많은 직원 중에서 누가 더

능력이 있고 없고 하는 것을 결정하는 것이 쉬울 것이다. 이같은 사실은, 즉 완전히 그 조직의 문화에 적응하고 사회화된 사람이 승진된다는 것은 앞에서 언급한 합의에 의한 의사결정을 더욱 쉽게 한다.

Ouchi의 의견을 종합하면, 일본의 문화에서 태동한 조직관리방법은 신뢰를 기반으로 하는 일본의 조직문화를 형성했다는 것이다. 이러한 신뢰를 기반으로 한 조직문화에서는 종업원 상호간 및 상사와 부하간에 협동심이 높고, 기본적으로 조직에 대해 신뢰를 하기 때문에 노사간의 관계가 우호적이며, 조직의 발전이 결국 조직구성원의 발전이라 믿기 때문에 근로의욕이 높게 된다. 또한, 종업원의 의미 있는 의사결정에의 참여가 허락되기 때문에 현대 산업조직에서 좌절되기 쉬운 심리적 성취감을 높인다. 이러한 Ouchi의 주장이 서구의 조직론자들의 견지에서 볼 때 너무 추상적이고, '뜬구름 잡는'얘기로 들릴는지 모르나, 그는 결론적으로 이러한 생산적인 일본의 조직문화가 일본경제의 성공에 결정적인 기여를 했다고 주장한다.

일본 관리기법 및 조직문화는 일본 문화권하에서 형성되었다. 따라서 이와 같은 우수한 일본의 관리방법이 현재 쇠퇴국면을 맞고 있는 미국의 조직에 적용될 수 있겠는가의 문제가 될 수 있다. 이 문제가 제기되지 않았었다면, Z이론은 조직학계에 그렇게 큰 충격을 주지 못했을 것이다. Ouchi는 여기에 대해서 긍정적으로 답한다. 물론 문화의 차이가 현격하기 때문에 일본 문화에서 형성된 관리기법이 미국의 조직에 그대로 적용되기는 어렵다고 시인한다. 그럼에도 불구하고, 일본의 관리기법이 미국의 조직에 분별 있게(sensibly) 적용될 수 있다고 주장한다. 그는 이에 대한 증거로 미국의 초우량기업의 공통점을 분석하고, 놀랍게도 이들 기업이 일본의 조직관리방법과 유사한 관리방법을 사용하고 있다고 주장한다. 여기서 Ouchi는 그의 유명한 Z이론을 도출한다. 즉, 미국의 기업도 일본의 관리방법을 분별력 있게 적용함으로써 생산적인 조직문화를 형성할 수 있고 이를 통해서 기업의 성장을 추구할 수 있다는 것이다.

이와 같이 일본의 관리모형이 미국의 기업에 적용된 경우를 가리켜서 Ouchi는 Z이론이라 불렀다. Z조직이 취하는 관리모형은 〈표 2〉에 나타난 바와 같다. 모형은 일본의 관리모형과 상당히 유사하다.

┃표 2┃ 'Z'조직의 관리모형

> 장기 고용
> 느린 업적 평가 및 승진
> 합의에 의한 의사결정
> 묵시적 · 비공식적 통제
> 전인격적 고려
> 비교적(moderately) 전문화된 경력경로
> 개인 중심의 책임제도

　　Ouchi는 Z이론이 미국 기업에 효과적으로 적용되기 위해서는 최고경영자의 경영이념 및 철학이 매우 중요하다고 지적한다. 경영철학이란 조직구성원이 지향해야 할 방향 및 가치들로서, 이것이 궁극적으로 조직의 문화를 형성하는 데 큰 공헌을 한다고 본다. Ouchi는 이러한 경영철학이 일본에서의 사회문화 역할을 한다는 것이다. 앞에서 논의한 바와 같이 일본의 관리모형은 일본의 사회문화에서 자연스럽게 도출되는데 미국의 사회문화는 일본의 관리모형과 자연스럽게 연계가 되지 못한다. 따라서 일본의 관리모형의 근간인 Z관리기법만이 도입되고 이에 상응하는 경영철학 및 문화의 변혁이 따르지 못하면 최대의 효과를 기대하기는 어렵다고 보아야 할 것이다.

✔ 참│고│문│헌

Kanter, R. M., *The Change Masters: Corporate Enterpreneurs at Work*, Touchstone Broks, 1985.

Ouchi, W. G., *Theory Z: How American Business can meet the Japanese challenge*, Cambridge: The Addison-Wesely Publishing Company, Inc., 1981.

Peters, T. J. & R. H. Waterman, *In Search of Excellence: Lessons from America's best run Companies*, New York: Harper & Row, 1982.

Schein, E. H., *Organizational Culture and Leadership*, San Fransisco, Cal.: Jossey-Bass, 1985.

Terrence E. Deal과 Allen A. Kennedy의 기업문화론*

Ⅰ. Deal과 Kennedy의 학문세계

Terrence E. Deal과 Allen A. Kennedy의 저서 「기업문화: 기업생활의 의례와 의식」(Corporate Culture: The Rites and Rituals of Corporate Life, 1982)은 조직문화 또는 기업문화에 대한 연구에 있어 새로운 전기를 이룩한 연구업적으로서 평가받고 있는 역저이다. 책을 펴낼 당시 저자들 중 Deal은 하버드 대학 교육대학원의 교수로 재직하고 있었으며 Kennedy는 기업 컨설팅 회사인 McKinsey사에 근무하고 있었다.

이들의 공헌이나 연구의 내용을 설명하기에 앞서 우린 조직이론에서의 문화이론, 보다 구체적으로는 기업문화이론의 성립배경과 위치에 대해 살펴보는 것이 바른 순서일 것 같다.

조직연구에서 문화 개념에 대한 관심이 최근 고조되고 있는 것은 여러 각도에서 설명할 수 있으나 이론적 측면에서는 조직현상을 합리적인 현상으로 파악하는 관점, 즉 구조기능주의적 패러다임의 한계에 대한 인식이 그 출발점을 이루고 있다. 즉, 조직에 있어 구조나 기술만이 중요한 것이 아니고 공유된 이해, 규범, 가치 등의 새로운 은유(metaphor) 역시 조직의 중요한 요소라는 인식을 하게 된 것이다. 따라서 근자에는 조직에 대한 문화적 관점에 대한 연구가 활발히 이루어져 경영 자체를 상징적 활동으로 파악하려는 추세가 있는가 하면 조직의 상징성·전설·일화·의식 등이 조직구성원에 미치는 강력한 영향력에 대한 연구도 적지 않게 나오고 있다. L. R. Pondy와 I. I. Mitroff(1979)와 같은 학자들은 조직이론이 종래의 '개방체계모형'(open system model)을 탈피해서 언어나 의미창조와 같은 인간행위의 보다 정신적 기능에 관심을 가지는 '문화모

---

* 한인수: 충남대학교 경영학과 명예교수.

형'(cultural model)으로 이행해 갈 것이라는 주장을 펴고 있기도 하다. 최근에 조직이론에서의 문화연구들의 활발한 전개를 보면 그들의 이러한 주장이 과장된 것만은 아니라는 것을 발견하게 된다.

그러나 조직문화에 대한 활발한 연구에도 불구하고 이에 대한 개념정립이나 연구방향의 설정은 난맥상이라고 부를 정도로 다양다기하게 이루어지고 있다. 조직과 문화의 교차 혹은 조직에 대한 문화적 관점은 연구자들의 학문적 배경과 그들이 조직문화를 어떻게 파악하느냐에 따라 상이한 접근법의 형태로 발전되고 있다.

그러나 조직문화 접근법의 다양한 방향은 크게 두 가지 흐름으로 정리될 수 있다(Smirich, 1983). 그 중 하나는 문화를 조직이 보유하고 있는 것으로 보는 관점이고, 다른 하나는 조직현상을 문화 자체로 보는 관점이다. 전자의 경우는 도구적 관점이 중요시되며 연구자들의 주된 관심은 조직이 성취 대상을 보다 효율적으로 달성하는 데 문화적 요소를 어떻게 이용할 것이냐에 있다. 반면에 후자에서는 조직생활이 가능하게 되는 의미와 과정이라는 보다 근본적인 문제에 관심을 쏟고 조직 자체가 어떻게 이룩되고 그것의 의미가 무엇인가에 연구의 초점을 두고 있다. 즉, 조직 그 자체가 문화인 것이다. 따라서 전자가 실천성, 응용성을 강조하는 경영학에서 흔히 채택되는 접근법인 반면 후자는 보다 인류학적 관점이라고 할 수 있다. 전자에는 비교경영학적 접근법(comparative management), 기업문화(corporative culture) 접근법이 포함되고, 후자에는 인지적 관점(cognitive perspective), 상징적 관점(symbolic perspective), 정신역동적 관점(psychodynamic perspective) 등이 포함된다.

이러한 조직문화에 대한 여러 접근법들 중에서 특히 1980년대에 가장 활발한 연구가 이루어지고 있는 분야가 기업문화 접근법의 영역이다. 기업문화에 대한 연구는 주로 경영학에서 이루어지고 있다. 기업문화를 연구하는 사람들에 따르면 조직은 재화와 서비스를 창출하는 동시에 그 부산물로서 의식, 의례, 전설과 같은 문화적 산물을 만들어낸다. 그리고 이것들은 은연중에 조직구성원의 행동이나 조직성과에 영향을 미친다. 따라서 이러한 관점에서는 조직구성원들이나 조직성과에 긍정적인 영향을 미칠 수 있는 특정한 문화의 형성이라는 것이 가능하게 된다. 즉, 문화는 경영에 의해 특정한 기능적 역할의 수단으로서 채택될 수 있는 것이다. 기업문화가 경영학에서 활발히 논의되는 배경에는 이러한 기업경영상의 전략적 가치에 대한 인식이 깔려 있는 것이다. 기업문화의 연구자들은 기업이 자신들의 전략을 지지해 주는 내부문화를 지니게 되면 기업의 성공이 보장된다는 믿음을 지니고 조직구성원들의 에너지를 동원하고 방향 잡을 수 있는 상징적 도구를 강조한다. 그들에 따르면 기업의 경영자는 자신의 특정목적을 위해서 일화, 전설, 기타 형태의 상징을 이용할 수 있어야 한다. 결국 기업문화를 연구하는 사람들의 기본 연구방향은 경영의 목적에 부합되도록 기업내부 문화를 구축하는 방안과 현재의 기업문화를 그러한 방향으로 바꾸어 나가는 방안을 탐색하는 데 있다.

이러한 관점에 입각한 기업문화의 연구가 현실적으로 활발하게 이루어진 배경은 나라마다 다소 다르지만 미국의 경우는 일본의 일부 기업이 동종의 미국 기업과의 경쟁에서 거둔 인상적인 성공의 원인을 문화에서 찾게 된 것이 직접 적인 계기가 되었다. 그러나 미국기업의 입장에서는 경쟁력 약화에 대한 해결 방안을 일본식 경영의 답습에서 찾을 수는 없었다. 기본적인 문화가 서로 다르기 때문이다. 그렇다고 계량적 기법에 의한 과학적 경영도 더 이상 해결방안이 될 수는 없었다. 이러한 자각 위에서 결국 미국기업을 살릴 수 있는 길은 철저히 미국적인 것일 수밖에 없으며, 따라서 미국의 유수한 기업을 탄생시켰던 원래의 이념과 아이디어가 무엇인가를 다시 발굴하고 그 때와 같은 강한 기업문화를 키우는 것만이 현재의 딜레마를 해결하고 지속적 성장을 보장한다는 주장이 대두되게 되었다. 그리하여 미국의 경영자들이 기존 기업의 기업문화의 장점을 살피고 독자적인 기업문화 구축에 부심하게 되었으며, 그 과정에서 기업문화에 대한 활발한 논의가 이루어지게 된 것이다.

이러한 현실적 요청에 부응하기 위해 조직의 유효성을 향상시키는 데 있어서 문화의 중요성을 거론한 경영관리적 측면에서의 연구들이 1980년대 초반부터 구체적으로 제시되게 되었다(Ouchi, 1981; Pascale and Athos, 1981; Wilkins and Ouchi, 1983). 이러한 일련의 연구들 중에서도 지금 언급하고 있는 Deal과 Kennedy의 연구는 독특한 위치를 차지하고 있다. 그들의 연구는 경영관리적 측면에서 이루어진 기업문화에 대한 최초의 본격적 연구로 평가받고 있다. 그들은 80여개의 기업들에 대한 연구를 토대로 관리적 수단으로서의 기업문화의 중심적 요소를 추출하고 '강한'(strong) 기업문화가 구성원들을 열심히 노력하게 만드는 등의 기업성공을 보장한다는 주장을 펴고 있다. 그리고 나아가서 이러한 강한 기업문화의 형성을 위한 관리자의 구체적인 방안과 역할도 제시하고 있다. 즉, 구체적인 기업문화의 유형을 제시하고 기업문화를 진단하는 방안과 기업문화의 창달을 위한 '상징의 관리자'로서의 관리자 역할도 제시하고 있는 것이다.

물론 그들의 연구에 대한 비판도 많다. 문화를 이해하기 위해서는 그 문화에 대한 몰입과 개입이 선행되어야 하는데 그들의 연구에는 문화에 대한 깊숙한 종단적(longitudinal) 관찰이 결여되어 있다. 또한 연구의 방법론도 제대로 소개하고 있지 않다는 비판도 있다. 그러나 이러한 비판에도 불구하고 이들의 연구는 기업문화에 대한 최초의 본격적인 연구라는 점에서 그 의미를 과소평가할 수 없다.

Ⅱ. Deal과 Kennedy의 기업문화론

1. 강한 기업문화의 중요성

Deal과 Kennedy 역시 기업문화의 정의에 대해서는 지금까지의 기업문화에 대한 연구에서 수렴된 정의에 입각하여 그들의 논리를 전개하고 있다. 즉, 기업문화를 조직구성원의 활동을 가이드하는 공유된 가치와 신념의 체계로 보고 있다(Tichy, 1982). 공유된 가치나 신념(shared values and beliefs)이라는 말 속에는 조직구성원들이 같은 것에 가치를 두고 이러한 가치를 전체 조직에 이익이 되도록 적용한다는 의미가 내포되어 있다. 그리고 가치나 신념은 신화·의례·일화·전설 그리고 특수언어와 같은 상징적 도구들에 의해 표명되게 된다.

Deal과 Kennedy는 이러한 기업문화의 개념을 바탕으로 '강한' 문화의 구축이 기업성공의 첩경이 된다는 주장을 펴고 있다. 강한 문화(strong culture)란 응집력이 있는 문화로서 모든 종업원들이 기업의 목표에 대해서 알고 있고 그것을 위해서 일하는 문화를 말한다. 미국기업의 초기 지도자들, 예컨대 IBM의 Thomas Watson, Procter & Gamble의 Harley Procter 또는 Johnson and Johnson의 General Johnson과 같은 영웅들은 이러한 강한 문화의 구축에 성공한 경영자들이다. 그들은 종업원의 생산성과 삶이 그들이 일하는 곳에 의해서 결정된다고 믿고, 종업원들이 안정감을 갖고 기업의 성공을 위해 일할 수 있는 문화의 창설을 그들의 주임무로 파악하였다.

물론 그들은 그 일을 수행함에 있어 어떤 마술을 지녔던 것은 아니다. 그들은 시행착오를 거듭하면서 나름대로의 문화를 조성하였던 것이다. 그리고 이렇게 형성된 기업문화는 대대로 전수되면서 조직을 유지시켜 왔다. 따라서 이러한 기업들은 지금까지도 강한 문화를 지니고 있고, 시장에서도 리더의 역할을 점하고 있는 것이다.

오늘날 일본이 성공한 배경에는 전국에 걸쳐 매우 강하고 응집력 있는 문화를 유지할 수 있는 능력이 있었다. 일본의 경우는 각 기업이 강한 문화를 지니고 있을 뿐만 아니라 국가 전체적으로 기업과 은행 그리고 정부와의 연계 그 자체가 또 하나의 강한 문화를 형성하고 있었다. 일본주식회사(Japan, Inc.)라는 것이 바로 기업문화의 국가차원에서의 확대판이라고 볼 수 있는 것이다.

기업이 강한 문화를 지닐 때 그것은 어떠한 효용을 지니고 있을까? 우선 강한 문화는 항상 구성원들이 어떻게 행동해야 할 것인가에 대한 지침을 주는 비공식적인 규칙체계의 역할을 한다. 기대되는 바를 알게 될 때 종업원들은 스스로 어떻게 행동해야 할 것인가를 결정할 필요가 없게 된다. 반면 약한 문화에서는 종업원들이 무엇을 어떻게 해야 할 것인가를 결정하는 데 많은 시간을 허비한다. 둘째로, 강한 문화는 종업원들로 하여금 업무수행에 대해 만족감을 얻고 더욱 열심히 일하게 만들어 준다. 종업원들은 강한 문화로부터 자기가 속한 기업에 대해 일체감을 느끼고 더 큰 근로의욕을 갖게 되는 것이다.

그러면 특정기업이 Deal과 Kennedy의 말처럼 강한 문화를 지니려면 경영자들은 어떤 역할을 수행해야 할 것인가? 우선 현재 경영자가 맡고 있는 기업의 문화를 그것이 설혹 약한 것이더라도 정확하게 파악하는 것이 선결과제이다. 그 다음은 시장의 변화하는 요구에 부응하도록 이를 개선하고 재구성해 나가야 한다. 경영자의 궁극적인 성공은 이 두 가지 능력에 달려 있다고 볼 수 있다. 흔히들 기업이 복잡해서 또는 내적·외적 제약 때문에 경영자의 재량권이 제한된다고는 하나, 대부분의 성공적인 경영자들은 주도적 비전을 갖고 기업문화, 즉 공유된 가치를 생성케 할 수 있는 리더십을 발휘하고 있다.

2. 기업문화의 구성요소

기업문화의 바람직한 관리를 위해서는 우선 기업문화를 구성하는 요소들이 무엇인지를 알아야 한다. Deal과 Kennedy에 따르면 기업문화는 다음의 네 가지 구성요소로 이루어진다.

(1) 가　치

기업이 추구하는 가치(values)는 기업문화의 핵심요소이다. 가치란 한 기업이 기지는 철학의 에센스이며 모든 종업원들에게 유대감을 심어 주고 매일매일의 행동에 가이드라인을 설정해 준다. 이러한 가치들은 '진보는 우리의 가장 중요한 상품'처럼 폭넓은 것이 있는가 하면 '기재탁월'(記載卓越)처럼 어느 한 곳에 초점을 맞춘 것도 있다. 또는 '매 분기 15% 매상 및 이익 신장'처럼 충동적인 것들도 있다. 기업의 가치가 어떤 것이든 그것이 구성원들에 의해 공유된다면 이는 기업의 기본적인 성격과 특징적인 태도를 규정해 준다.

(2) 영 웅

가치가 기업문화의 정신이라면 영웅은 이들 가치들을 구현하는 사람들이다. 영웅은 강한 문화에서 축의 역할을 담당하고 종업원들이 따라야 할 역할모델을 제시한다. 미국기업의 전설적인 인물들, 예컨대 IBM의 Thomas Watson, GM의 Will Durant, Standard Oil의 J. D. Rockfeller, Ford의 Henry Ford, Hewlett-Packard의 Dave Packard와 같은 사람들은 모두 '타고난 영웅'들의 대표적 예이다. 영웅들 중에는 이렇게 타고난 사람들 외에 기업 자체가 만들어 내는 '만들어진 영웅'들도 있다.

(3) 의례와 의식

기업문화와 그것이 구현하려는 가치가 번창하기 위해서는 그것이 의식화되어야 한다. 강한 문화를 지닌 기업들은 의례(rituals)와 의식(ceremony)을 창출한다. 예컨대, IBM 사에서는 사원이 아침 커피를 고객과 가짐으로써 축구 이야기나 하면서 일을 시작하지 않고 회사와 사업에 초점을 두며 업무 시작을 한다는 의례를 지니고 있다. 또 어떤 회사에서는 금요일 점심에 전체 스텝이 동등한 자격으로 대화를 나누기도 한다. 의례의 종류에는 사회적 의례, 작업의례, 관리의례, 인정의례 등이 있다.

(4) 비공식적 의사소통

강한 문화에 속한 사람은 누구나 자기의 공식적 직무 외에 비공식적인 역할을 지니고 있다. 스파이·얘기꾼·사제(司祭)·속담꾼·비밀결사 등으로 불리는 이들 역할들은 보이지 않는 위계체계를 형성한다. 이들은 문화의 네트워크라고도 부른다.

이러한 네트워크는 사실상 조직 내에서 주요한 의사소통의 수단이 된다. 즉, 직위에 관계 없이 기업의 모든 부분을 결속시켜 준다. 또 이는 정보전달뿐만 아니라 공유된 가치를 강화시켜 주고, 영웅의 행위와 일화를 유포하여 그들의 상징적 가치를 높여 주며 변화의 분위기를 마련해 주는 역할도 한다.

따라서 경영자는 조직목적의 달성을 위해 이 네트워크를 파악하고 개발해야 할 필요가 있다.

3. 기업문화의 유형

기업문화의 유형을 분류하는 데는 여러 가지 방식이 있겠으나 Deal과 Kennedy는 '기업활동과 관련된 위험의 정도'와 '의사결정 전략의 성공여부에 대한 피드백의 속도'의 두 가지요소에 의해 [그림 1]에서 보는 바와 같이 네 가지 유형으로 구분하고 있다. 강한 문화란 네 가지 요소를 잘 배합하고 또 환경이 변함에 따라 탄력적으로 대처해 나갈 수 있는 문화를 말한다.

(1) 거친 남성문화

이 기업문화는 높은 위험을 부담하고 행동의 성공·실패에 대한 피드백을 곧바로 얻는 개인주의자들의 세계이다. 건설, 화장품, 모험산업, 스포츠, 오락 산업 등이 이러한 문화를 지닌다.

(2) 열심히 놀고 열심히 일하는 문화

이는 백화점, 컴퓨터회사, 방문판매처럼 사원 개개인의 위험이 작고 꾸준한 판매노력이 곧바로 결과로 나타나는 기업문화이다. 여기서는 팀워크가 중요시 되므로 미국의 Tandem사의 맥주잔치처럼 의례와 의식을 통하여 노는 기회를 많이 가지게 된다.

┃그림 1┃ 기업문화의 유형

		피드백 속도	
		빠름	늦음
위험	많음	거친 남성문화	사운을 거는 문화
	적음	열심히 놀고 열심히 일하는 문화	절차문화

(3) 사운(社運)을 거는 문화

이 문화는 투기적 결정을 하고 그 결과는 수년이나 걸려야 아는 기업의 문화이다. 즉, 고도의 위험과 늦은 피드백의 특징을 지니고 있다. 석유탐사회사, 비행기 제조회사 등이 이러한 문화를 지닌다. 이 문화에서는 올바른 결정이 중요하므로 기업 전체에 신중성이 강조된다. 의사결정은 상의하달식으로 엄격한 회의를 통해서 행해진다.

(4) 절차문화

이 문화는 은행, 보험회사, 정부, 공공사업에서 흔히 볼 수 있는 문화로서 종업원들이 자기가 하는 일의 결과를 알기가 곤란하기 때문에 현재 하고 있는 과정이나 절차에 집중하는 문화이다. 흔히 말하는 관료제의 문화인 것이다. 이 문화에서의 가치는 기술적 완벽성에 있다.

4. 강한 기업문화의 구축을 위한 관리자의 역할

강한 기업문화에서는 관리자들은 문화를 후원하고 형성시키는 역할을 주도적으로 담당한다. 이를 '상징의 관리자'라 한다. 왜냐하면 이들은 가치 · 영웅 · 의례 · 의식에 관해 많은 시간을 들여 생각하고 일상에서 발생하는 가치갈등을 관리하는 것을 일차적인 과업으로 생각하기 때문이다.

(1) 상징의 관리자의 합리적 관리자의 차이

상징의 관리자는 다음과 같은 측면들에서 기존의 경영조직에서의 합리적인 관리자와 차이가 있다.

첫째, 인사관리에 있어서 합리적 관리자는 인사관리의 공식적 시스템을 강조하나 상징의 관리자는 문화에 적합하면 인사규칙을 위반할 수도 있다.

둘째, 고용과 해고에 있어서도 차이가 있다. 합리적 관리자와는 달리 상징의 관리자인 사장은 모집을 위해 직접 경영대학(Business School)에 좇아가기도 한다. 고용의 경우 상징의 관리자는 종신고용제를 확립하려 한다.

셋째, 전략적 결정에 있어서 상징의 관리자는 다른 사람들에게 결정을 위양하기도 한다. 결정에 도달하는 과정에서 스스로 독단적인 결정을 했다는 인상을 주지 않기 위해서이다.

넷째, 원가통제에 있어서 합리적 관리자는 새로운 기법을 강조하겠으나 상징의 관리자는 원가의식을 심어 주는 역할만 한다. 실제적인 절감은 일선부서의 작업자들이 맡아서 할 일이다.

(2) 각 문화권별 상징관리자의 역할

문화를 강화시키고자 하는 상징의 관리자는 각 문화권에 따라 상이한 문제해결 접근법을 채택해야 한다.

거친 남성문화의 경우에는 승리를 이룩하는 스타를 후원해 주어야 한다. 결과를 내는 것은 스타이기 때문이다.

열심히 놀고 열심히 일하는 문화에서는 집단의 열정적인 페이스를 이용해야 하기 때문에 전체를 움직이게 만드는 것은 '우리'의 노력이라는 것과 합심이라는 메시지를 전달해야 한다.

사운을 거는 문화에서는 신중성을 강화하고 이 문화의 주체세력인 태스크포스(Task Force) 조직에 적임자가 여러 부문에서 골고루 뽑혔는가를 확인해야 한다. 여기서의 메시지는 "실수란 있을 수 없기 때문에 처음부터 바르게 가야 한다"는 것이다.

절차문화에서는 업무의 잘잘못을 알 수 없기 때문에 관리자는 과정적 평가를 해야 한다. 과정 그 자체가 문제일 때에는 새 과정을 도입해야 한다.

Ⅲ. 기업문화 연구에 대한 종합적 평가

끝으로 Deal과 Kennedy의 연구를 비롯한 전반적인 기업문화의 연구에 대한 평가를 통해 이 연구들의 조직이론에서의 위상과 장래에 대해 살펴보기로 한다.

앞에서도 설명한 바 있지만 기업문화에 대한 최근의 왕성한 관심과 연구는 선진각국이 느끼는 경영활동의 침해와 이에 대처하는 데에서의 합리적 경영도구에 대한 실망이라는 현실적 문제인식이 계기가 되고 있다. 따라서 자연히 기업문화에 대한 연구는 이론적 측면보다는 실무적 측면에 기우는 경향이 있다. 바로 이 점이 기업문화 연구의 약점이면서 동시에 강점일 수 있으며, 기업문화가 이론과 실무의 조화라는 경영학의 딜레마를 해결해 줄 수 있는 주제가 될 수 있는 점인지도 모른다. 그러나 기업문화에 그러한 기대를 걸기에는 이 방면의 연구가 너무나 부족한 상태이다.

기업문화 연구와 관련하여 두 가지의 문제점이 여전히 남아 있다. 첫째는 기업문화가 과연 관리의 대상이 될 수 있느냐 하는 것이다. 기업문화를 다룬 많은 문헌들은 기업 내에 많은 다원적인 하위문화가 존재하고 그들간에 경쟁이 있으며 때로는 심지어 역작용 문화까지 있을 수 있다는 사실을 망각하고 있는 듯하다. 그와 관련하여 기업문화에 대한 논의들은 최고 경영자가 전략적 목적에 맞게 얼마든지 문화를 개조할 수 있다고 낙관적으로 생각하는 경향들이 있다. 따라서 기업문화의 개념은 1970년대 기술적·계량적 경영도구들이 겪었던 것과 마찬가지로 실망스러운 경영도구가 될 위험이 있는 것이다.

기업문화와 관련하여 회의적인 두번째 문제는 이 용어가 통제 활동의 합법화를 위해 경영층이 개발해 낸 또 하나의 이데올로기를 가르치는 것에 불과한 것이 아니냐는 점이다. 이러한 회의를 불식시키기 위해서 장래의 기업문화에 대한 논의는 문화의 자생적 측면에 대해 더 많은 관심을 쏟아야 할 것이다. 그리고 단순한 경영목적을 넘어서 근로자의 생활의 질을 높일 수 있는 규범적 기업문화 형성에 대해서도 연구자들은 보다 많은 관심을 가져야 할 것이다.

그러나 이러한 문제점에도 불구하고 기업문화의 개념은 학자나 실무자들 양편에서 상당한 관심을 불러일으키고 있다. 학자들에게는 기업문화의 연구가 접합이 어렵게 보였던 조직행위론과 전략적 경영론간의 다리 역할을 해 줄 뿐만 아니라 미시적 분석수준과 거시적 분석수준을 연결해 주는 역할도 하고 있는 것이다.

한편 실무자들에게는 조직세계를 이해하는 데 다소 덜 합리적인 시야를 마련해 주기는 하지만 그 개념은 오히려 그들이 경험하는 실제세계에 보다 가까운 현실인식을 가능하게 해 주고 있는 것이다.

참 | 고 | 문 | 헌

Deal, E. Terrence & A. Allen Kennedy, *Corporate Cultrue: The Rites and Rituals of Corporate Life*, Reading, Mass.: Addison-Wesley, 1982.

Ouchi, W. G. *Theory Z, Reading*, Mass.: Addison-Wesley, 1981.

Pascale, R. T. & A. G. Athos, *The Art of Japanese Management*, Simon and Schuster, 1981.

Peters, T. J., "Symbols, Patterns and Settings: An Optimistic Case for Getting Things Done," *Organizational Dynamics*, Vol. 7, 1978, pp. 3~23.

Pondy, L. R. & I. I. Mitroff, "Beyond Open System Models" in L. L. Cummings and B. W. Staw, eds., *Research in Organizational Behavior*, Vol. 1, JAT Press, 1979, pp. 3~39.

Smirich, Linda, "Concepts of Culture and Organizational Analysis," *Administrative Science Quarterly*, Vol. 28, No. 3, 1983, pp. 339~358.

Thchy, N. M., "Managing Change Strategically: The Technical, Political, and Cultural Keys," *Organizational Dynamics*, Vol. 7, 1982, pp. 257~273.

Wilkins, A. L. & W. G. Ouchi, "Efficient Cultures: Exploring the Relationship Between Culture and Organizational Performance," *Administrative Science Quarterly*, Vol. 28, 1983, pp. 468~481.

Geert Hofstede의
문화의 결과에 관한 이론*

I. Hofstede의 학문세계

Geert Hofstede는 네덜란드 태생의 사회심리학자이다. 그가 1980년에 발표한 Culture's Consequences(문화의 결과)라는 저서는 미국에서 개발된 동기부여 이론이나 리더십이론 및 조직이론 등이 미국과 다른 문화권에 속한 나라에서는 제대로 적용되지 않을 수도 있다는 가능성을 실증적으로 내보임으로써, 국가간의 문화적 차이를 조직관리의 중요한 매개변수로 생각하고 있던 학자들에게 커다란 힘이 되어 주었던 책이다. 이 글에서는 최근의 기업의 다국적화에 대비하여 국가간의 문화적 차이가 초래하는 조직관리상의 문제에 주목하고자 하는 사람들을 위해서 Hofstede의 간단한 약력과 그의 저서 *Culture's Consequences* (1980)의 내용을 간략하게 살펴보고자 한다.

현재 네덜란드 마스트리히트 시에 있는 Limburg 대학교에서 조직인류학과 국제경영학을 가르치고 있는 Geert Hofstede 교수는 Delft Institute of Technology 에서 기계공학으로써 석사학위를, 그리고 Groningen University에서 사회심리학으로 박사학위를 받았다. 그는 조직을 연구하고 있는 학자로서는 경력이 상당히 다양한 편으로 일찍이 10여 년 동안 네덜란드에서 직공으로, 공장 일선감독자로, 부서관리 책임자로 일한 바 있고, 그 뒤 6년 동안 한 다국적기업에서 국제부 참모의 일원으로 인간의 행동연구를 수행한 경력도 가지고 있다. 또한 스위스 로잔느에 있는 IMEDE, 프랑스의 INSEAD 등에서 가르치기도 하였다.

그는 현재 그가 재직하고 있는 Limburg 대학교에 본부를 두고 있는 Institute for Research on Intercultural Cooperation의 책임자로 있으면서 국가간의 문화차이가 동기부여를 비롯한 조직관리 및 국가경제발전에 미치는 영향 등에 대해

---

* 김주엽: 충북대학교 경영학과 명예교수.

서 관심을 기울이고 있다. 80년대 후반에는 동양의 네 마리의 용을 비롯, 유교권에 속한 나라들이 급속한 경제성장을 이룩하고 있음에 주목하여, 유교사상의 어떠한 측면이 국가의 경제발전에 긍정적인 공헌을 하고 있는가에 대해서 연구하기도 했다.

Hofstede의 공헌을 한마디로 요약한다면, 그의 1980년 저서 *Culture's Consequences*에서 국가간에는 문화 차이가 있으며, 이러한 문화 차이가 미국에서 개발되고 적용된 조직이론들의 보편성을 크게 제한할 수도 있다는 점을 지적한 것이라고 하겠다. 즉, Hofstede는 수년간에 걸쳐 많은 표본으로부터 얻은 자료의 분석을 통해서 같은 조직문화와 구조를 가진 조직 속에서 일하는 사람이라고 할지라도 나라마다 사람들의 가치관은 차이가 있음을 보여주면서, 이러한 가치관의 차이 때문에 한 나라에서 효과적으로 적용된 이론이라고 할지라도 다른 나라에서는 비효과적일 수 있음을 주장하고 있다. 사회학자를 비롯하여 많은 사람들이 산업화 또는 정보화가 사회의 동질성을 초래한다는 주장을 펴고 있는 요즈음에, 실증적 자료분석을 통해 국가간의 문화의 차이는 산업화 또는 정보화에도 불구하고 엄연히 존재하고 있으며 국가간에 존재하는 문화의 차이는 그에 적합한 조직관리이론들을 요구할 것이기 때문에, 효과적인 조직관리에 있어 국가 문화의 성격 파악이 필수적이라는 사실을 지적하고 있다는 점에서 Hofstede의 공헌을 찾을 수가 있는 것이다.

Ⅱ. 문화의 결과: 작업과 연관된 가치에 있어서의 국제적 차이

Hofstede는 우선 문화를 "어떤 일정한 환경 안에 살고 있는 사람들에 대한 집단적인 정신 프로그래밍"이라고 정의를 내리면서, 따라서 문화란 동일한 교육이나 생애의 경험을 통해서 조건화된 일단의 사람들을 그 안에 포함하고 있다고 설명하고 있다. 그는 이러한 이유 때문에 같은 자극이라고 하더라도 다른 문화권에서 조건화된 사람들은 매우 다르게 그 자극을 해석할지도 모른다고 주장한다. 그는 또한 문화는 그 문화를 공유하고 있는 일단의 사람들의 마음 속에 내재하고 있을 뿐만 아니라, 그 사람들이 다 함께 힘들여 쌓아올린 모든 제도(예를 들어 가족 구조, 교육 시스템, 작업 조직, 정부 형태 등) 속에 구체적으로 형상화되어 있기 때문에, 그 성질상 변화한다는 것이 쉽지가 않고, 또 변한다고 하더라도 그 속도가 매우 느리다고 주장한다. 그러면서 Hofstede는 과학이론에도 이러한 문화의 냄새가 배어 있을 것이라고 추정했다.

Hofstede는 사람의 성격을 의미 있게 기술하고 비교하기 위해서는 어떤 준거치, 예를 들어 외향성-내향성이라든가, 외재적-내재적 성향 등의 차원을 사용하는 것이 필요한 것처럼, 국가문화나 국민성격을 의미 있게 기술하기 위해서나 비교하기 위해서도 그러한 종류의 준거치가 필요하다고 강조했다. 그리고 스스로 6년(1967~1973)에 걸쳐 참여한 국가문화에 관한 프로젝트를 통해 한 다국적기업(IBM)이 진출하여 있는 40개의 국가의 지부(IBM지부)에서 일하고 있는 미숙련 노동자, 관리자, 박사 등 다양한 사람들로부터 얻은 응답자료(총 116,000개)를 통계적으로 처리하여, 도합 4개의 독립적인 준거치(criteria)를 국가 문화를 비교하는 데 유용한 차원으로 밝혀내었다. 그 네 가지 차원들은 ① 권력 거리(power distance), ② 불확실성 회피(uncertainty avoidance), ③ 개인주의-집단주의(individualism-collectivism), ④ 남성다움-여성다움(masculinity-femininity) 등이다.

국가문화의 첫번째 차원으로 Hofstede가 찾아 낸 것은 권력 거리인데, 이것은 사회 구성원들이 자신의 제도나 조직 속에 권력이 불평등하게 배분되어 있음을 어느 정도까지 용인하고 있는지를 알려 주는 준거치이다. 짧은 권력 거리는 사람들이 제도나 조직 내에 권력이 평등하게 배분되어 있는 상태를 선호하고 있음을 나타내는 것이고, 먼 권력 거리는 사람들이 제도나 조직 내에 내재되어 있는 상당한 권력의 차이를 자연스러운 것으로 인정한다는 것을 의미한다. Hofstede의 자료에 따르면, 동양권과 남미의 대부분의 나라, 동구 유럽 등이 상대적으로 먼 권력 거리를 보여주고 있고, 북미권의 나라가 권력 거리가 비교적 작은 문화권에 속하며, 서부 유럽의 대부분의 나라가 가장 짧은 권력 거리를 보여 준다.

Hofstede가 들고 있는 두번째의 국가문화 차원은 불확실성 회피인데, 이는 어느 사회가 불확실하거나 애매한 상황에 두려움을 느껴서, 개인에 대한 보다 확실한 경력의 보장, 보다 공식적인 규칙의 제정, 일탈행동 등에 대한 강력한 제재 조치, 또는 절대진리나 전문성의 강조 등을 통하여 안정성을 확보하고 불확실성에서 오는 두려움을 회피하려고 노력하는 정도를 지칭한다. Hofstede에 따르면, 불확실성 회피 성향이 높은 사회에서는 사람들이 높은 불안감과 공격성을 보이는 경향이 있고, 이러한 경향은 결과적으로 사람들로 하여금 열심히 일하려는 강한 충동을 일으킨다고 한다. Hofstede의 자료에 따르면, 불확실성 회피도가 높은 나라로는 그리스를 필두로 포르투갈, 벨기에, 일본 등을 들 수 있고, 불확실성 회피가 낮은 나라로는 덴마크, 스웨덴 등 북부 유럽과 북미, 그리고 신흥공업국인 싱가포르, 홍콩 등이 있다.

Hofstede가 들고 있는 세번째의 국가문화 차원은 다른 많은 학자들에 의해서도 지적이 되고 있는 개인주의-집단주의 차원이다. 개인주의는 사람들이 그 자신과 기껏해야 자신의 가족만을 돌보고 신경을 쓰는, 상대적으로 느슨하게 인간관계가 짜여진 사회구조망을 지칭하고, 집단주의는 사람들이 자기집단과 타인집단을 명확하게 구분한 다음, 자기집단은 그들을 돌보아 줄 것으로 기대하고, 그 대신 그들은 그들의 집단에 충성해야 할 것으로 믿고 있는, 보다 꽉 짜여진 사회구조망을 함축하고 있다. 따라서, 개인주의 사회에서는 개인의 이익이 집단의 이익 때문에 희생되어서는 안 된다고 생각되어지며, 반대로 집단주의 사회에서는 집단의 이익을 위해서는 언제라도 개인의 이익이 희생될 수 있다고 생각되어진다. Hofstede의 자료에 따르면, 미국이 가장 개인주의가 발달한 사회로 되어 있으며, 그 다음이 호주, 영국 등으로 이어지고, 대부분의 서부 유럽과 북부 유럽 나라들이 개인주의가 발달되어 있는 문화권에 속한다. 반면, 콜롬비아, 베네수엘라, 페루 등 남미 대부분의 나라들과 파키스탄, 대만, 태국, 홍콩 등의 아시아 나라들, 포르투갈, 그리스, 유고슬라비아 등의 유럽 몇 나라가 상대적으로 집단주의가 강한 나라들로 나타나 있다. 아시아권 나라로는 일본과 인도가 비교적 집단주의 성향이 낮은 나라로 40개의 나라들 가운데 중간쯤에 위치하고 있다.

Hofstede의 네번째 차원은 남성다움-여성다움 차원인데, 사회의 지배적인 가치가 얼마나 남성다운지, 즉 사람들이 타인에 대한 애정이나 생활의 질에 대한 관심보다는 공격성, 돈과 재물의 획득 등에 얼마나 더 많은 관심을 기울이는지를 가리키는 차원이다. Hofstede에 따르면, 재미있게도 대개 남성다움을 강조하는 나라는 남성과 여성의 가치 사이에 상당한 차이를 보인다고 한다. 즉, 남성적인 나라에서는 남성과 여성의 역할이 명확하게 구별되며, 적극적이고 모험적인 행위를 찬양하고 강조하는 반면, 여성적인 나라에서는 남성과 여성의 역할이 분명하지 않으며, 사랑, 따뜻함, 환경의 중요성이 강조된다. Hofstede의 자료에 따르면, 일본이 가장 남성적인 나라이고, 오스트리아, 베네수엘라, 멕시코 등이 그 뒤를 잇고 있으며, 대만은 중간, 태국은 오히려 여성적인 나라에 속하고, 스웨덴, 덴마크, 노르웨이 등이 가장 여성적인 나라에 속하는 것으로 나타나 있다.

Hofstede는 이 네 개의 차원을 이용하여 한 다국적 기업(IBM)의 지점에서 일하는 40개국 사람들의 문화가 어떻게 차이가 나는지를 보여 준 다음, 하나의 중요한 질문을 던지고 있다. 그 질문이란 현재 대부분의 동기부여이론이나, 리더십이론, 조직이론 등이 미국에서 개발되어 다른 나라에 '수출'되고 있는데, 과연 그 이론들이 적용되는 나라의 문화와 관계없이 모든 나라에 효과적으로 적용될 수 있는 보편성을 가지고 있는가 하는 것이다. 이 질문에 대한 Hofstede의 대답은 "No"이다. 그에 따르면, 미국의 이론은 미국문화의 산물이기 때문에, 다른 문화적 특성을 가지고 있는 지역에서는 그 적용가능성에 의심이 간다고 주장하고 있다.

Hofstede는 조직이론들이 문화의 산물이라는 주장을 다음과 같은 예를 들어 설명하고 있다. 최근의 동기부여이론의 한 흐름은 작업을 인본주의화하려는 움직임이라고 할 수 있는데, 미국 쪽에서는 그 흐름이 직무 충족화로 나타나고, 스웨덴이나 노르웨이 등에서는 자율작업집단의 형태로 나타나고 있는바, 그 이유는 미국사회가 남성적인 문화를 수용하고 있는 반면에, 스웨덴 등의 나라는 인간간의 사랑이나 교류 등을 강조하는 여성적인 문화를 수용하고 있기 때문이라는 것이다. 다른 예로, 미국에서는 참여적 경영을 강조하고 있는데, 그 이유는 미국사회가 권력 거리가 짧은 문화를 수용하고 있기 때문이며, 따라서 권력거리가 긴 문화를 수용하고 있는 프랑스 같은 곳에서는 참여적 경영이라는 것이 별로 인기가 없다는 것이다. 그 반면, 권력 거리가 아주 짧은 덴마크나 스웨덴 등에서는 이른바 산업민주화(industrial democracy)라는, 오히려 부하직원에 의해서 주도되고 주요 사항이 결정되는 경영형태를 수용하고 있음도 주목할 필요가 있다고 그는 주장한다.

그 밖에 또 다른 좋은 예로, Hofstede는 MBO를 들고 있는데, 그에 의하면, MBO는 그 기법이 지니고 있는 특성상 극히 미국적인 것이라는 것이다. Hofstede는 미국의 문화가 수용하고 있는 ① 그리 멀지 않은 권력 거리(따라서 부하 직원은 상당한 독립심을 가지고 상관과 자신의 목표를 상의한다), ② 약한 불확실성 회피도(따라서 상관 부하 쌍방이 상당한 위험을 부담한다), ③ 남성다움의 강조(따라서 무엇보다 성과를 중요시한다), ④ 높은 개인주의(따라서 조직의 목표를 쪼개어 개인의 목표로 바꾼다) 등의 특성이 MBO의 내용에 딱 들어맞는다고 주장한다. 이렇듯 극히 미국적이라고 할 MBO는 따라서 미국의 문화와 여러 면에서 (특히 권력 거리면이나 불확실성 회피면에서) 대비되는 프랑스에서는 제대로 꽃피울 수 없었노라고 그는 설명하고 있다.

조직을 보는 눈도 나라마다 다른데, Hofstede는 프랑스의 '암묵적'인 조직모형은 피라밋(집권화가 높고 공식화도 높은), 독일의 그것은 기름칠이 잘 된 기계(공식화는 높으나 분권화되어 있는), 영국의 그것은 시골 시장(공식화도, 집권화도 높지 않은)이라고 정의한 동료 O. J. Stevens의 말을 인용, 이 또한 자신이 제시한 국가 문화의 네 차원을 통해서 얻을 결과로 설명될 수 있다고 주장하고 있다. Hofstede는 또한 행렬식 조직구조(matrix organization)도 불확실성 회피도가 낮은 문화권에서는 잘 적용될 수 있을 것이기 때문에 독일과 같은 확실성을 추구하는 문화권에서 잘 이용되지 않을 가능성이 크다고 보고 있다. 그는 자본주의(Capitalism)는 당연히 개인주의 문화의 소산이며, 따라서 개인주의가 잘 발달되어 있는 영국에서 창조될 수밖에 없었다고 본다. 집단주의 문화권에서는 개인주의라는 용어 자체가 혐오의 대상이 된다는 사실을 미국은 알아야 할 것이라고 경고도 하고 있다. 이렇듯 Hofstede는 문화결정론자의 입장에서 동기부여이론, 리더십이론, 조직이론 등을 분석하고 있다.

Hofstede는 결론적으로, 나라 사이의 이러한 문화적 차이 때문에 다국적 기업은 상당한 경영상의 도전을 받게 될 것이라고 주장한다. 즉, 다국적 기업은 점점 더 다양한 문화를 조직 안에 수용해야 할 상황에 놓이게 될 것이고, 그렇게 되면, 조직의 정책을 수행하기에 더욱 어려움이 많으리라는 것이다. 왜냐하면, 같은 정책이라도 문화권에 따라 다르게 해석될 수도 있을 뿐 아니라, 어떤 문화권에서는 선호되는 것이 다른 문화권에서는 기피될 가능성도 있을 것이기 때문이다. Hofstede는 이러한 문제점을 극소화하는 길은 맹목적으로 이미 개발된 조직이론의 보편성을 믿지 말고 문화가 조직관리에 중요한 변수가 될 수 있음을 인지하면서, 국가문화의 차이점 파악에 항상 주목하는 일이라고 주장하고 있다.

또 한 가지 첨부할 것으로, Hofstede는 개인주의_집단주의 차원이 나라의 경제적 부(富)와 밀접한 관련성을 보여주고 있음에 주목했다. 그에 따르면, 조사한 40개 나라 중에서 개인주의가 발달한 나라로 가난한 나라는 없다는 것이며, 또한 집단주의가 발달한 나라 중에는 일본을 예외로 들 수 있을 뿐 대부분의 나라가 경제적으로 가난하다는 것이다. 이 주장은 앞으로 좀더 심층적으로 연구할 만한 가치가 있는 주제라고 보여진다.

참고로, 뒤의 〈표 1〉(Hofstede & Bond, 1988에서 인용)은 Hofstede가 원래의 연구(Hofstede, 1980)에서 표본으로 뽑힌 40개국에다 후속 연구에서 덧붙여진 10개국 및 3개 지역을 추가하여 그들 국가나 지역에서 일하고 있는 현지인들로부터 얻은 자료를 자신이 제시한 네 개의 차원에 따라 각 표본에서 얻은 값을 매기고, 등위를 정한 것을 필자가 중요한 국가를 골라 가나다 순서로 정리하여 놓은 것이다.

┃표 1┃ 다국적기업 IMB사 종업원의 태도 조사(50개 국가 및 3지역 대상)

	나 라	권력 거리	개인주의	남성적 성향	불확실성 회피
유 럽	그 리 스	60(27)	35(30)	57(18)	112(1)
	네 덜 란 드	38(40)	80(4)	14(51)	53(35)
	노 르 웨 이	31(47)	69(13)	8(52)	50(38)
	덴 마 크	18(51)	74(9)	16(50)	23(51)
	서 독	35(42)	67(15)	66(9)	65(29)
	스 웨 덴	31(47)	71(10)	5(52)	29(49)
	스 위 스	34(45)	68(14)	70(4)	58(33)
	스 페 인	57(31)	51(20)	42(37)	86(10)
	영 국	35(42)	89(3)	66(9)	35(47)
	오 스 트 리 아	11(53)	55(18)	79(2)	70(24)
	유 고 슬 라 비 아	76(12)	27(33)	21(48)	88(8)
	이 탈 리 아	50(34)	76(7)	70(4)	75(23)
북 미	미 국	40(38)	91(1)	62(15)	46(43)
	캐 나 다	39(39)	80(4)	54(24)	48(41)
중남미	멕 시 코	81(5)	30(32)	69(6)	82(18)
	베 네 수 엘 라	81(5)	12(50)	73(3)	76(21)
	브 라 질	69(14)	38(26)	49(27)	76(21)
	콜 롬 비 아	67(17)	13(49)	64(11)	80(20)
	페 루	64(21)	16(45)	42(37)	87(9)
아시아	대 만	58(29)	17(44)	45(32)	69(26)
	말 레 이 시 아	104(1)	26(36)	50(26)	36(46)
	싱 가 포 르	74(13)	20(39)	48(28)	8(53)
	이 스 라 엘	13(52)	54(19)	47(29)	81(19)
	인 도	77(10)	48(21)	56(20)	40(45)
	인 도 네 시 아	78(8)	14(47)	46(30)	48(41)
	일 본	54(33)	46(22)	95(1)	92(7)
	태 국	64(21)	20(39)	34(44)	64(30)
	필 리 핀	94(4)	32(31)	64(11)	44(44)
	한 국	60(27)	18(43)	39(41)	85(16)
	홍 콩	68(15)	25(37)	57(18)	29(49)
오세아니아	뉴 질 랜 드	22(50)	79(6)	58(17)	49(39)
	호 주	36(41)	90(2)	61(16)	51(37)

* ( ) 속에 들어 있는 숫자는 53개 국가 및 지역 중에서 해당 국가가 차지한 순위를 나타냄.

참 | 고 | 문 | 헌

Hofstede, G., *Culture's Consequences: International Differences in Work related Values*, Cal.: Sage Publications, 1980.

_____ & M. H. Bond, "The Confucius Connection: From Cultural Roots to Economic Growth," *Organizational Dynamics*, Spring, 1988.

Edgar H. Schein의
조직문화와 리더십*

I. Schein의 학문세계

Edgar Schein은 현재 M.I.T Sloan 경영대학의 행동정책학부(Department of Behavioral Policy Science: BPS)의 명예교수로 재직 중이다. 그는 1947년 Chicago 대학에서 학사학위를 하였고, 1948년 Stanford 대학에서 사회심리학으로 석사학위를 취득하였으며, 1952년에 Harvard 대학에서 사회심리학으로 박사학위를 수여하였다. 그의 학문적 관심분야는 조직문화, 과정참여적 조직진단과 조직학습 및 조직변화 그리고 경력동태론으로서 그는 조직심리 및 조직개발분야의 창시자 가운데 한 사람으로 여겨지고 있다.

Schein은 1985년에 「조직문화와 리더십: 동태적 관점」(Organizational Culture and Leadership: A Dynamic View)이라는 제목으로 조직문화와 리더십의 관련성에 관한 이론적 관련성을 규명한 이래 1992년에 같은 제목으로 2판을 소개하고 있다. 2판의 경우 초판에 비하여 문화와 관련된 개념적 내용이 전반적으로 진전된 모습을 보이고 있다. 특히 2판에서 새롭게 주목하고 있는 부분은 학습문화의 구축을 통한 학습조직의 구현을 주장하고 있다는 점이다. 그리고 조직문화와 리더십의 관련성도 학습문화를 구축하기 위한 학습하는 리더의 역할에 초점을 둠으로써 이론에 대한 현실적 응용가능성의 영역을 구체화하고 있다.

이하에서는 조직문화와 리더십의 동태적 관계에 관한 인식의 틀을 형성함에 있어서 Schein의 초판을 중심으로 논의의 초점을 맞추고자 한다. 이를 토대로 Schein이 그려내고 있는 학문적 깊이와 그 경계를 간략히 더듬어 보고 또 제한적인 평가를 하고자 한다.

---

* 전상길: 한양대학교 경영학부 교수.

Ⅱ. 조직문화와 리더십

Schein은 그의 저서인 *Organizational Culture and Leadership: A Dynamic View*를 쓰게 된 기본적인 목적으로 다음의 네 가지를 제시하고 있다. 첫째는 인류학자, 사회학자 및 심리학자들의 축적된 통찰력을 토대로 조직문화에 대한 보다 분명하고 현실적인 정의를 제공하는 것이다. 둘째, 문화가 어떻게 작용하는지 — 즉 문화는 어떻게 시작되며 어떤 기능을 발휘하는지, 어떤 문제를 해결하며 왜 존속하는지, 왜 그리고 어떻게 문화는 변화하는지, 또한 문화는 관리할 수 있는 것인지, 만일 관리할 수 있다면 그 방법은 무엇인지 — 그 '개념적 모델'을 제공하는 것이다. 셋째, 개념적 도구로서의 문화가 어떻게 개인의 심리적 행동을 밝힐 수 있는지, 소규모 집단과 지역공동체나 직업공동체 내에서는 어떤 현상이 벌어지고 있는지, 대규모 조직이 어떻게 움직이는지, 그리고 어떻게 하면 문화적 통찰력을 증진시켜 사회적 혹은 다국간에 제기되는 문제들을 보다 잘 이해할 수 있는지를 보여주고자 하였다. 끝으로 어떻게 해서 문화와 리더십은 동전의 양면관계에 있는지를 설명하고자 하였다.

이 책은 전체 3부로 구성되어 있다. 구체적으로 Part 1에서는 집단이나 조직생활에서 문화란 무엇이며 그 역할과 기능이 무엇인지를 다루고 있다. Part 2에서는 조직문화가 어떻게 생성되고 어떻게 진화하는지 그 과정을 조망하고 있다. Part 3에서는 조직문화의 진화와 변화에 수반되는 문제점을 다루고 있다.

1. 조직문화의 정의와 수준

먼저 Schein은 조직문화와 리더십의 동태적 관련성을 규명하기 위하여 조직문화에 대한 공식적인 정의를 내리고 있다. 그에 따르면 조직문화란, "외부환경에 적응하고 조직 내부를 통합하는 문제를 해결하는 과정에서 특정집단이 고안, 발견, 개발하는 기본전제들의 패턴(a pattern of basic assumptions)으로서, 오랜 기간 동안 조직구성원이 타당한 것으로 여기며 아무런 의심 없이 당연한 것으로 받아들여지고, 새로운 구성원에게는 조직의 대내외적 문제를 해결하는 올바른 방법으로 학습되어 지는 것"이다.

┃그림 1┃ 조직문화의 계층 및 상호작용

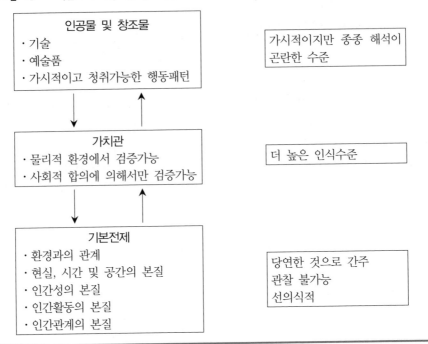

자료: Schein, E. H., *Organizational Culture and Leadership: A Dynamic View*, San Francisco: Jossey-Bass, 1985, p. 14.

Schein은 조직문화에 대한 이상의 정의를 보다 명료화하기 위하여 조직문화를 구성하는 요소들을 세 가지 수준으로 계층화하여 유형화함으로써 조직문화 개념에 대한 서로 다른 관점들을 정리하고 있다. 즉 [그림 1]에서 보는 바와 같이 그는 문화개념을 구성하고 있는 여러 요소들을 그 가시성의 정도에 따라 인공물 및 창조물(Artifacts and Creations)(수준 1), 가치관(Values)(수준 2), 기본전제(Basic Assumptions)(수준 3)의 세 계층으로 구분하고 있다.

1) 인공물 및 창조물: 가장 가시적인 수준의 문화로서 구조화된 물리적·사회적 환경을 의미한다. 이 수준에서는 물리적 공간, 기술적 산출물, 사용되는 문자와 언어, 예술품, 그리고 집단구성원들의 드러나는 외면적 행위 등이 해당된다. 그러나 이러한 인공물을 관찰하기는 쉽지만 그 인공물이 무엇을 의미하며, 인공물들간에는 어떻게 상호관련되어 있으며, 인공물이 반영하고 있는 보다 깊은 패턴이 무엇인지를 파악한다는 것은 오랜 기간 동안 그 문화환경 속에서 생활하지 않는 이상 어렵다.

2) 가치관: 가치관은 '어떻게 되어야 한다'는 당위적인 신념으로서 실제로 존재하는 신념과는 구분된다(참고로 Argyris & Schön(1978)은 이러한 가치관을 신봉되는 가치관(espoused value)이라고 하였다). 또한 여전히 의식의 영역에 남아있다. 그러나 어떤 집단이 쟁점 또는 특정 문제에 직면하였을 때 그에 대한 해결책이 제대로 작용하고 그 집단의 구성원들이 성공적으로 문제를 해결하였다는 사실을 공통적으로 인식하게 되었다면 문제를 해결하는 데 동원되었던 그 가치체계는 신념으로 되고, 종국적으로는 하나의 기본전제가 되는 인식의 변형과정을 점진적으로 밟게 된다.

3) 기본전제: 기본전제는 실제적으로 행동양식을 이끌고, 집단의 구성원들에게 어떤 현상이나 사물에 대해 어떻게 인지하며 사고하고 느껴야 하는지에 대해 말해 주는 묵시적인 가정을 의미한다. 이렇듯 기본전제는 하나의 문제해결책이 반복적으로 유효하게 작용하게 될 때 무의식적으로 당연한 것으로 여겨지게 된다.

2. 문화의 '내용'에 대한 파악

문화는 집단이나 조직생활의 모든 영역에 걸쳐서 존재한다. 집단이나 조직에 내재되어 있는 문화의 내용을 파악하기 위하여 〈표 1〉에서 보는 바와 같이 Schein은 그간의 소집단연구에서 반복적으로 제기되고 있는 외부환경에 대한 적응과제와 내부통합과제를 제시하고 있으며, 이들 과제들은 모든 집단들이 당면하는 문제이면서 동시에 극복하는 방법을 학습해야 하는 과제들이다. 한편 Schein은 문화의 내용을 파악하는 또 다른 접근방법으로 모든 사회가 직면하게 되는 보편적인 문화인류학적 차원들을 제시하고 있다(〈표 1〉 참조). 또한 Schein은 한걸음 더 나아가 〈표 1〉에 제시되었던 다양한 기본전제들을 파악하기 위하여 임상적 시각을 갖는 외부컨설턴트와 핵심적인 내부인이 협력하여 공동으로 행하는 참여-관찰과 반복적 면접에 의한 정성적 문화연구방법론을 제시하였다(Schein, op. cit., pp. 114~119에 구체적으로 소개되어 있다).

3. 문화의 형성과정

Schein은 기본전제(수준 3)를 엄밀한 의미의 문화라고 간주하고, 조직문화발전의 역동성을 이해하기 위해서 집단역학이론 혹은 사회역학이론, 리더십이론

┃표 1┃ 모든 집단이 직면하게 되는 외부적응 과제와 내부통합과제

외부적응과제	내부통합과제
1. 사명과 전략(mission and strategy): 환경에 대한 조직의 핵심사명, 기능 및 기본과업에 대한 합의	1. 공통언어와 개념적 범주(common language and conceptual categories): 구성원간의 의사소통을 위한 공통언어와 시간과 공간과 같은 기본개념에 대한 합의
2. 목표(goals): 핵심사명으로부터 도출된 것으로 조직이 추구해야 할 구체적인 목표에 대한 합의	2. 집단의 경계와 소속 및 배제의 기준(group boundaries and criteria for inclusion and exclusion): 집단 내에 누구를 포함시키고 누구를 배제하는지의 기준에 관한 합의
3. 수단(means): 조직구조, 분업, 보상제도 그리고 권한관계 등 구체적인 목표달성에 사용되는 기본적인 수단에 대한 합의	3. 권력과 지위(power and status):누가 권력을 획득하고 유지하며 상실하는지를 나타내는 위계서열과 그 기준 및 규칙에 대한 합의
4. 평가(measurement): 결과를 측정하기 위하여 사용되는 기준에 대한 합의	4. 친분, 우정 및 사랑(intimacy,friendship and love): 동료관계, 이성관계 그리고 개방성과 친분이 조직의 업무를 관리하는 맥락하에서 어떤 방식으로 다루어지는지에 관한 합의
5. 수정(correction): 목표가 달성되지 않았을 경우의 수정전략에 대한 합의	5. 보상과 처벌(rewards and punishments): 어떤 행동이 영웅적인 것으로 보상받고 어떤 행동이 잘못된 행동으로 처벌이나 징계를 받는지에 관한 합의
	6. 이념과 종교(idealogy and religion): 이념과 종교와 같이 관리가 곤란한 문제에 대한 관리에 있어서의 합의

자료: Schein, *op. cit.*, p. 14 and p. 66.

과 학습이론을 종합할 필요성을 제기하고 있다. 이에 대한 Schein의 핵심적 주장을 다음과 같이 정리하였다. ① 조직의 구성원들은 갈등적인 욕구(예를 들어 조직의 준거집단에 융화하고자 하면 자아정체성을 상실해야 하고 또 자율성을 유지하려고 하면 집단구성원으로서의 소속감을 상실할 위험에 직면하는 등)들로 말미암아 딜레마에 직면한다. ② 세 가지 경쟁적인 인간의 기본욕구가 이같은 딜레마의 핵심에 자리잡고 있다: i) 소속과 정체성, ii) 통제, 권력, 영향력, iii) 수용과 친교 ③ 조직 내의 집단에서는 리더의 욕구, 성격, 감정적인 대처스타일, 구성원과 여건들간의 상호작용 때문에 다양한 문화가 나타난다. ④ 각 딜레마에 대한 개인의 욕구와 해결책이 다양함에도 불구하고 결과적으로 해결책은 집단의 규범과 공유된 이해에 의하여 영향을 받는다. ⑤ 특히 공유된 이해는 공통의 감정, 경험과 활동으로부터 발전하는데 언어와 같은 공통의 의사소통시스템에 의하여 전수되고 융합된다. ⑥ 문화는 "문제를 해결하기 위한 집단의 학습된 레퍼토리이다. 그리고 집단에서 발전하는 공유된 인지이다."(p. 177). 일단 사회적 방어 메커니즘이 학습되고 나면 그것은 매우 안정적으로 되고 끊임없이 반복될 것이다. ⑦ 리더와 구성원 그리고 조직문화간의 상호 작용은 복잡하다. 문화를 창조하고 관리하는 데 있어서 리더의 역할이 중요할지라도 그들은 조직문화 속에서 혹은 조직문화에 의해서 함정에 빠지게 되고 때때로는 그들이 조직을 새로운 방향으로 이끌 수 없다는 사실을 발견하게 된다.

┃표 2┃ 조직문화의 여러 차원들

차 원	질 문
1. 자연과 인간과의 관계에 대한 가정	· 조직은 환경에 대해 지배적 관계인가, 복종적 관계인가 아니면 조화적 관계인가?
2. 실제와 진리의 본질에 대한 가정	· 옳고 그름을 어떻게 정의내리는가? 진실은 어떻게 결정되는가? 한 두사람의 지혜에 의존하는가? 아니면 사회적 합의에 의해 결정되는가?
3. 시간에 대한 가정	· 과거지향적인가, 현재지향적인가 아니면 미래지향적인가? 시간단위는 하루단위인가, 주단위인가, 아니면 월단위인가?
4. 인간본성에 대한 본질	· 인간본성은 기본적으로 선한가, 악한가 아니면 양면적인가?
5. 인간활동의 본질	· 인간이 해야 할 올바른 것은 무엇인가? 적극적인 것인가? 소극적인 것인가 자아발전적인 것인가? 아니면 숙명론적인 것인가?
6. 인간관계의 본질	· 타인과의 관계나 권력과 사랑을 나누는 데 있어서 옳은 방법은 무엇인가? 경쟁적인 것인가 아니면 협동적인 것인가? 개인적인가 아니면 집단적인가?
7. 동질성 vs 다양성	· 집단 내의 다양성이 높을 때 가장 효과적인가? 동질성이 높을 때 가장 효과적인가? 집단 내의 개인들은 혁신하라고 요구받는가 순응하라고 요구받는가?

자료: Schein, *op. cit.*, p. 86.

4. 리더의 문화정착과 전수방법

지금까지 살펴 본 바와 같이 조직문화는 최초로 제시된 문제해결방안이 실제로 효력을 발휘하여 바람직한 방법으로 입증됨에 따라 조직구성원들이 그것을 효과적인 방법으로 받아들이게 되며, 시간이 경과함에 당연시하게 될 때 형성된다. 여기서의 가장 바람직한 해결방안은 리더에 의해 최초로 제시되거나 혹은 다른 구성원에 의하여 제시된 해결방안이 주로 리더에 의해 인정되는 경우이다. 이러한 점에서 볼 때, 리더는 조직문화의 형성과 유지에 매우 중요한 역할을 담당하게 된다.

Schein은 리더의 조직문화형성에 대한 이상과 같은 영향력 과정을 다음과 같이 체계적이며 포괄적으로 제시하고 있다. 그는 "리더십의 독특하고 기본적인 기능은 문화의 조작이다(p. 317)"라고 주장하면서 리더가 문화를 조작하는 데에는 첫째, 문화의 기본정착메커니즘(1차 메커니즘)과 둘째, 문화강화메커니즘(2차 메커니즘)이라는 두 가지 메커니즘이 있다고 하였다.

그가 제시한 문화의 기본정착메커니즘은 ① 리더가 관심을 가지고 평가하고 통제하는 것은 무엇인가, ② 주요 사건과 조직의 위기상황 때의 리더의 반응이 어떠한가, ③ 리더는 어떤 역할모델을 하는가, ④ 보상과 지위를 배분하고 할당하는 리더의 기준은 무엇인가, ⑤ 충원, 선발, 승진, 퇴직, 파면에 대한 기준은 무엇인가 등이다. Schein은 이와 같은 1차 메커니즘을 통한 문화형성에 있어서 리더가 일관되고 지속적인 역할을 해야 함을 강조하고 있다. 그는 리더의 행동이 일관되지 않고 앞서 언급한 다섯 유형의 메커니즘이 때때로 서로 다른 방향으로 힘을 발휘함에 따라 혼돈되고 모순적인 문화를 형성한다는 사실을 인정하였다.

그는 또한 다섯 가지 2차 강화메커니즘을 제시하였는데 이 2차 메커니즘이 1차 메커니즘과 일관성이 있을 때 조직의 이념이 형성되기 시작하며 최초에 비공식적으로 학습된 많은 것들이 공식화하게 된다고 하였다. 이러한 사실은 문화의 정착메커니즘과 강화메커니즘이 일관성을 이룬다면 리더행동의 영향력을 제고할 수 있음을 의미한다. 역으로 Kets de Vries와 Miller(1986)의 견해에 따르면 집단의 리더가 1차 메커니즘을 일관되게 적용하지 못하거나 1·2차 메커니즘을 일관되게 연결시키지 못할 때, 또는 2차 메커니즘이 적절한 강화수단이 되지 못할 경우 조직이나 집단은 리더의 내부갈등을 반영하여 역기능적인 문화를 개발시킬 수 있음을 의미한다.

그가 제시한 2차 메커니즘을 살펴보면 ① 조직의 설계와 구조, ② 조직의 체계와 절차, ③ 물리적 공간, 외관, 구조물의 설계, ④ 중요한 사건이나 사람들에 대한 이야기, 신화, 우화, ⑤ 조직의 철학, 신념, 설립강령 등의 공식적 언명이다. 이들 2차 메커니즘 각각을 통하여 리더는 조직구성원들의 사건을 해석하는 방법에 대하여 영향력을 행사하는 것이다.

5. 조직의 성장단계와 문화변천의 메커니즘

한편 Schein은 조직성장단계별로 문화의 기능이 다르다는 사실과 함께 조직이 각 단계별로 진화해 감에 따라 필수적으로 요구되는 문화변화의 메커니즘을 규명함으로써 조직문화에 대한 동태적 관리의 이론적 기반을 제시하고 있다. 〈표 3〉에서 보는 바와 같이 문화의 기능 및 해결해야 할 문화적 이슈는 조직이 성장해 감에 따라 변함을 알 수 있고 조직이 한 단계에서 다음 단계로 진화할 때의 변화메커니즘을 다음과 같이 정리하고 있다. 즉 조직이 창립 및 초기 성장단계에서 성장중간단계로 진화하는 과정에서는 자연적인 진화에 맡기거나, 치료요법을 통하여 진화를 유도하거나, 조직이 나가고자 하는 방향과는 다른 가정을 지닌 내부인을 요직에 앉혀 진화를 관리하거나, 외부인사를 통하여 혁명적인 관리를 하게 하는 방법들을 사용할 수가 있다. 조직의 성장중간단계에서 성숙기로 진화할 때에는 계획된 변화나 조직개발기법을 이용하거나, 신기술을 도입하여 새로운 문화를 이식하거나, 스캔들이나 신화를 공개하여 문화변화를 촉발시키거나, 작은 변화를 점진적으로 도입하는 방법들이 있다. 끝으로 조직이 성숙기에 다다르면 강압적인 설득을 하거나 총체적인 방향전환을 하거나 재조직화, 파괴 및 재탄생을 통한 방법을 사용하여 문화를 변화시킬 수 있다.

조직이론, 사회심리학, 인류학 분야에서 지금까지의 지적 탐구를 통해서 얻어진 한 가지 결론이 있다면 그것은 리더십과 문화의 관리가 조직을 이해하고 조직의 효과성을 높이는 데 가장 중요하다는 사실이다. 이 점에서 Schein의 *Organizational Culture and Leadership*은 조직의 역동적인 현상을 체계적으로 이해하고 종합적인 처방을 내리는 데 있어서 완성도 높은 기여를 하였다고 판단된다. 특히, 여러 학문분야에서 단편적으로 연구되어 왔던 문화의 내용과 수준의 문제를 통합적으로 규명하려 했던 점이나(Part 1의 4장), 그 어떤 저서에서도 찾아 보기 힘든 부분으로서 문화연구에 있어서의 윤리적 문제를 다루고 있는 점이나(Part 1의 6장) 그리고 Part 3의 전체(어떻게 문화를 변화시킬 것인가)에서 조직의 성장단계와 문화의 역할을 연결지으려 했던 점은 대단히 통찰력있는 시도로 보여진다. 또 Part 3의 마지막 장인 14장에서는 많은 경영학서적에서 나타나는 단순한 충고에서 벗어나 관리자들에게 주는 신선하고 의미 있는 시사점도

┃표 3┃ 성장단계와 문화의 기능

성장단계	문화의 기능 및 주요이슈
1. 창립과 초기성장단계 　창업자지배/가족지배	1. 문화는 독특한 능력과 일체감의 원천이다 2. 문화는 조직을 하나로 묶어주는 접착제의 역할을 한다. 3. 조직은 보다 많은 통합과 명료성을 추구한다. 4. 사회화에 대한 많은 강조를 한다.
계승단계	1. 문화는 보수주의자와 개혁주의자간의 싸움터가 된다. 2. 후계자는 문화요소를 보전할 것인지 변화시킬 것인지에 따라 결정된다.
2. 성장중간단계/중년기 　1. 제품시장확장 　2. 수직적 통합 　3. 지리적 확장	1. 새로운 하위문화가 생성됨에 따라 문화적 통합정도가 약화된다. 2. 주요목표, 가치관, 전제의 상실이 일체감의 위기를 창출한다. 3. 문화변화의 방향을 관리하기 위한 기회가 제공된다.
3. 성숙단계 　1. 시장성숙 또는 쇠퇴 　2. 내부안정/침체의 증가 　3. 변화동기 결여	1. 문화가 혁신의 제약조건으로 작용한다. 2. 문화는 과거의 영광을 보전하며 자부심, 자기방어의 원천이 된다.
4. 변혁기 선택범위	1. 문화변화는 필수적이지만 문화의 모든 요소를 변화시키는 것은 아니다. 2. 문화의 핵심요소를 확인하고 보존해야 한다. 3. 문화변화를 관리하거나 점진적으로 진화해 가게 할 수 있다.
5. 파괴기 선택범위 　1. 도산/재조직 　2. 인수/재조직 　3. 합병/통합	1. 문화는 기본적인 패러다임 수준에서 변한다. 2. 주요인사들에 대한 대규모 교체를 통해 문화를 변화시킨다.

자료: Schein, *op. cit.*, pp. 271~272.

이 책의 기여점에서 간과될 수 없는 부분이라 하겠다.

그러나 Schein의 저서는 이상과 같은 탁월한 장점을 지님과 동시에 다음과 같은 한계점 또한 노정하고 있다. 첫째, 국가문화, 지역문화, 혹은 직업문화에 대한 포괄적인 이론적 고려 없이 조직문화에 대한 접근을 하고 있다는 점이다. 이러한 원인은 Schein의 학문적 성향에서 기인한다고 보여진다. 그의 학문적 성향은 사회학이나 정치학보다는 사회심리학에 뿌리를 두고 있다. 이 경험을 통하여 주로 소집단에서 발생하고 있는 현상에 대한 강한 이론적 실무적 관심을 보이고 있다. 이런 배경하에서는 미국회사인 Action사와 유럽회사인 Multi사에 대한 두 사례를 소개하고 두 회사간의 차이를 설명하는 데 있어서 서로 다른 국가적 상황의 역할을 규명하려는 노력을 찾기 어려운 것은 어쩌면 당연한 것인지도 모르겠다. 따라서 이런 관점에서 보면 Schein의 저서의 가장 큰 약점은 Part 2(어떻게 문화가 시작되고 발전되는가)에서 나타난다고 하겠다. 여기서 그는 집단과정을 제약하는 보다 넓은 환경에서의 다양한 요소들을 무시하면서 지나치게 집단과정에만 집착하고 있는 것이다. 결국, 문화의 개념에 대한 접근은 저자의 개인적 경험과 관심영역에 의해 제한될 수밖에 없으며 따라서 컨설턴트로서의 역할과 경험에 토대를 두고 있는 본 저서도 그러한 한계에서 벗어나지 못하고 있다. 또 여러 거시적인 상황적 요인들을 무시하고 있는 점도 그러한 한계를 더더욱 분명히 하고 있다. 둘째, 소규모집단에 대한 지나친 관심은 문화에 대한 측정을 위한 방법론에도 어느 정도 영향을 미치고 있다. Part 1의 5장(어떻게 조직에서의 문화적 가정을 표출시킬 것인가)에서 Schein은 설문지에 의한 방법으로는 문화에 대한 측정이 어렵다고 강력하게 주장하고 있지만 Schein이 주장하고 있는 것처럼 설문지에 의한 문화측정은 그렇게 비관적인 것만은 아니며 그 모든 것은 어떤 질문을 던지는가에 달려 있는 것이다.

요약하면 Schein의 저서는 임상학적 시각을 지닌 컨설턴트의 입장에서 저술하였다는 점에서 매우 높은 타당성을 지닌 결론을 제공하지만, 그 결론은 보편적으로 적용할 수 있는 일반적인 결론은 아니다. 따라서 그 일반성을 높이기 위해서는 조직문화에 관하여 이 책에서 제시되고 있는 많은 주옥같은 가설들에 대하여 후학자들의 냉철한 검증이 요청된다. 이상의 모든 사실들을 고려해 보면, Organizational Culture and Leadership은 이 분야의 연구에 선구자적인 기여를 하였다고 하겠다.

참 | 고 | 문 | 헌

Argyris, C. & D. A. Schön, *Organizational Learning*, Reading, Cambridge, Mass.: Addison-Wesley, 1978.

Keesing, R. M., "Theories of Culture," *Annual Review of Anthropology*, 3, 1974, pp. 73~79.

Kets de Vries, M. F. R., & D. Miller, *The Neurotic Organization: Diagnosing and Changing Counterproductive Styles of Management*, San Francisco: Jossey-Bass, 1984.

Ott, J. Steven, *The Organizational Culture Perspective*, Chicago: The Dorsey Press, 1989.

Schein, E. H, *Organizational Culture and Leadership*, San Francisco: Jossey-Bass, 1985.

_____, "Organizational Culture," *American Psychologist*, 452, 1990, pp. 109~119.

_____, *Organizational Culture and Leadership*, 2nd ed., San Francisco: Jossey-Bass, 1992.

James C. Collins와 Jerry I. Porras의
비전기업에 관한 이론*

I. Collins와 Porras의 학문세계

James C. Collins는 연구 및 경영자문을 위한 자신의 연구소를 운영하고 있으며 주요 저서로는 기업가 정신을 넘어서(Beyond entrepreneurship)와 중소기업 경영(Managing the small to mid-sized company)이 있다. Jerry I. Porras는 Stanford 경영대학원 교수로서 초우량기업, 조직변화에 관하여 연구를 하고 있다. 주요 저서로는 흐름분석(Stream analysis)이 있다.

Collins & Porras의 *Built to last*는 비전기업(visionary company)에 관한 책이다. 저자들은 비전기업을 해당 업종에서 오랫동안 초우량기업으로 인정받으며 사회에 뚜렷한 영향을 끼친 기업, 즉 최고 중에 최고 기업으로 정의하고 있다. 우량기업의 특성보다 일반적으로는 기업성과의 결정요인은 조직이론 분야에서 끊임없이 연구된 분야이며, 우량기업의 특성에 관한 대표적인 저서로는 Ouchi의 *Theory Z*(1981), Peters & Waterman의 *In Search of Excellence*(1982) 등이 있다.

그러나 많은 기존문헌이 성공적인 기업일수록 급격한 환경변화에 적응하지 못함을 지적하고 있다(Christensen, 1997; Tushman & O'Reilly, 1997; Utterback, 1994). 이들 문헌에 따르면 성공적인 기업일수록 조직시스템, 경영진의 관점 등이 기존 환경에 잘 맞추어져 있고, 따라서 외부환경이 급속하게 변화할 때 이에 효과적으로 적응하지 못한다는 것이다. 즉 현재 성과가 높을수록 환경변화에 대한 적응력이 떨어지는 성공의 역설(paradox of success)이 존재한다는 것이다. 성공의 역설은 현재의 우량기업일수록 미래의 우량기업이 될 가능성은 낮아짐을 암시하고 있다. Ouchi(1981)와 Peters & Waterman(1982)은 특정 시점을

* 김희천: 고려대학교 경영대학 교수.

중심으로 한 정태적 관점에서 우량기업을 정의하고 분석하였기 때문에 이러한 우량기업의 동태적 측면을 다루지는 못했다.

반면에 Collins & Porras는 비전기업을 정의함에 있어서 오랜 기간 동안 기술변화, 시장변화, 리더십 변화에도 무관하게 우량기업의 위치를 고수한 기업으로 한정하였다.[1] 이들 기업은 특정 시점에 초우량기업이었을 뿐만 아니라 환경변화에 따라 자신들을 새로운 형태의 우량기업으로 계속해서 재창출한 기업이다. Collins & Porras는 성공의 역설을 효과적으로 극복하는 영속적인 초우량기업의 비결을 찾고자 하였다. 보다 구체적인 저자의 연구방법론은 다음과 같다.

우선 저자들은 165개 유명기업의 CEO로부터 비전기업을 추천받은 후 이 중 자주 언급되며 1950년 이전에 창업된 18개 회사를 연구대상 비전기업으로 선정하였다. 1950년 이전에 창업된 기업만을 포함시킨 것은 리더십, 시장환경, 기술환경 등의 변화 속에서도 오랜 기간 우량기업의 위치를 고수한 기업만을 포함시키기 위해서였다. 또한 비전기업만의 독특한 특징을 도출하기 위하여 비교기업(comparison company)을 선정하였다. 비교기업은 비전기업과 창업 시기, 창업 시 제품 및 시장이 유사하고, CEO 설문조사에서 언급 빈도는 낮으나, 성과가 아주 나쁘지 않은 회사로 선정하였다.

저자들은 비전기업과 비교기업을 특정 시점에서 단순 비교하기보다는 이들 기업의 전체 역사를 연구함으로써 창업과정, 성장과정, 경영승계 과정, 단속적 환경변화(예: 전쟁, 공황, 혁신적 신기술)에 대한 대응과정 등을 비교하였다. 이러한 역사적 분석을 통하여 저자들은 시공을 초월한 비전기업의 특성을 도출하고자 하였다.

Ⅱ. 조직: 기업성공의 불변의 원천

저자들은 비전기업이 오랫동안 꾸준히 초우량기업의 위치를 유지할 수 있었던 것은 이들 기업이 기술변화, 시장변화, 리더십 변화에도 관계없이 경쟁력을 가질 수 있는 좋은 조직을 설계하고 구축하는 데 경영의 초점을 두었기 때문이라고 주장한다. 어떤 기업이 꾸준히 성공적인 제품과 서비스를 개발하였기 때문에 비전기업이 될 수 있었던 것이 아니라, 비전기업의 뛰어난 조직 그 자체

---

1) de Geus(1997)도 오랜 기간 동안 환경변화에 성공적으로 적응한 기업에 관하여 논의하고 있음.

가 시장에서의 지속적인 성공을 가능하게 했다는 것이다. 마찬가지로, 어떤 기업이 훌륭한 경영자를 지속적으로 가질 수 있었기 때문에 비전기업이 될 수 있었던 것이 아니라 비전기업은 훌륭한 경영자가 지속적으로 내부에서 성장할 수 있도록 조직을 설계하고 구축했다는 것이다. 이와 같이 저자들은 비전기업의 성공요인을 좋은 조직 만들기에 중점을 둔 경영방식에서 찾고 있다.

모든 비전기업이 일류 아이디어를 가지고 창업한 것은 아니다. 심지어 일부 비전기업은 구체적인 제품 아이디어도 없이 창업하였거나 창업 초기에 커다란 실패를 경험하였다. 오히려 창업 초기의 성과를 보면 비교기업이 비전기업보다 앞선 경우가 많았다. 그러나 저자들은 이러한 창업 초기의 성공이 이들 기업이 비전기업으로 발전하는 데 오히려 장애요인이 되었다고 주장하고 있다. 기발한 아이디어를 가지고 창업초기에 성공한 기업은 이익을 올리는 데 급급한 나머지 조직을 설계하고 구축하는 데 소홀하게 되었다. 이로 인해 환경변화에 민첩하게 대응하지 못하고 경쟁력을 급속하게 잃고 말았다. 반면에 비전기업은 초기에 성과가 나쁘더라고 꾸준히 좋은 조직 만들기에 노력했고, 그 결과 초우량기업으로 발전할 수 있었다. 비전기업의 성공비결은 창업 당시의 좋은 아이디어가 아니고 좋은 조직을 설계하고 구축하였다는 점에 있었다.

비전기업의 최고경영자는 카리스마적인 리더십을 가지고 있지 않았다. 저자들은 카리스마적 리더십은 오히려 비전기업을 건설하는 데 방해가 된다고 지적하고 있다. 카리스마적 리더십을 가진 최고경영자는 주요 의사결정을 스스로 하고 전체 기업을 앞장 서서 이끌어 간다. 이러한 강력한 리더십은 기업이 당면한 문제해결에는 도움이 될지 모르나 조직을 설계하고 구축할 필요성을 못 느끼게 할 수 있다. 즉, 카리스마적 리더십은 단기적으로 기업성과에 도움을 줄 수 있으나 장기적으로 기업경쟁력 하락의 원인이 될 수 있다. 비교기업의 역사가 이러한 카리스마적 리더십의 문제점을 잘 보여 주고 있다. 반면에 비전기업의 최고경영자는 카리스마적 리더십과는 거리가 멀었다. 이들은 지도자로서 개인역량을 발휘하기보다는 영원불멸의 조직을 설계하고 구축하는 데 자신들의 노력을 기울였다.

이상의 논의에서 알 수 있듯이, 비전기업을 비전기업으로 만든 것은 뛰어난 아이디어도 리더십도 아니었다. 비전기업은 환경변화에 능동적으로 대응할 수 있는 좋은 조직을 만들었고, 그 결과 변함없이 최고의 아이디어와 리더십을 가진 초우량기업이 될 수 있었다.

Ⅲ. 핵심이념

비전기업이 많은 환경변화 속에서도 초우량기업으로 남을 수 있었다는 사실
은 이들이 끊임없이 성공적인 변화를 시도했음을 의미한다. 저자들에 따르면,
이러한 끊임없는 자기변화 과정에서도 비전기업은 자신의 핵심이념(core
ideology)만큼은 철저히 지켰다. 비전기업의 핵심이념에서 이익 극대화, 주주의
부 극대화와 같은 이윤추구 중심적인 개념은 찾아볼 수 없었다. 그 대신 비전
기업은 단순한 이윤추구를 넘어선 기업의 존재이유와 기업의 근본적이고 영속
적인 가치관을 핵심이념에 담고 있었다. 즉, 비전기업은 이윤추구를 기업이 추
구해야 하는 여러 목표 중 하나로 간주하고 핵심이념과 부합하는 방법으로 이
루어져야 함을 강조했다.

비전기업은 끊임없는 변화를 추구하지만 자신들의 핵심이념 테두리를 벗어
나지 않았다. 따라서 핵심이념은 끊임없는 변화과정 속에서 기업에게 연속성과
안정성을 제공하고 있었다. 결과적으로 비전기업은 안정과 변화를 동시에 추구
하고 있었는데, 이를 저자들은 '핵심은 보호하고 발전을 자극하는' 경영방식으
로 표현하였다.

Ⅳ. 발전을 자극하는 방법

저자들에 따르면, 비전기업은 두 가지 방법을 통하여 발전을 추구했다. 첫
번째 방법은 계획을 통한 발전(planned progress)을 추구하는 것이다. 미래에 대
한 과감하고 명확한 목표-저자들은 이를 Big Hairy Audacious Goal(BHAG)으로
칭함-수립하고 이의 달성을 위하여 기업의 전체 역량을 집중시키는 것이다. 즉,
목표수립과 달성의 과정을 반복함으로써 계획적이고 목표 지향적인 발전을 추
구하는 것이다. 이를 위하여 BHAG은 기업의 발전 방향을 제시할 수 있도록
과감하고 명확해야 한다. 또한 BHAG은 조직 구성원들의 창의적인 재능과 에너
지를 끌어 모을 수 있도록 조직 구성원에게 도전적이지만 실현 가능하며, 의미
있는 목표로 받아들여져야 한다. 물론 이를 위해서는 BHAG이 기업의 핵심이념
과 일치해야 한다.

기업발전의 또 다른 방법은 실험, 우연 등을 토대로 한 비계획적, 진화론적 발전(unplanned and evolutionary progress)을 꾀하는 것이다. 이러한 방법은 Charles Darwin의 진화론과 맥을 같이 한다. 진화론에 따르면, 종(species)의 진화는 계획하지 않은 돌연변이(undirected variation)와 자연선택(natural selection)의 과정을 반복하면서 이루어진다. 돌연변이 자체는 계획된 것도 방향성을 가지고 있는 것도 아니지만 환경에 맞는 강자만을 선택하는 자연선택 메커니즘과 어울려질 때 적자생존이라는 방향성을 가진 진화과정의 핵심요소가 된다. 돌연변이가 수적으로 많을수록, 내용면에서 기존 유전자와 다를수록 선택의 폭이 확대되어 보다 역동적인 진화과정을 가져오게 된다.

저자들은 비전기업도 이러한 진화론적 방법을 통하여 발전한 경우가 많음을 지적하고 있다. 예를 들어, 3M은 누가 보더라도 완벽한 제품구성(product portfolio)을 가지고 있다. 그러나 이러한 제품구성은 정교한 분석과 계획에 의하여 이루어진 것이 아니고 많은 아이디어를 시도하고 이 중에 성공적인 것을 집중적으로 발전시킨 결과이다. 저자들은 이러한 진화론적 발전과정을 '가지내기와 가지치기(branching and pruning)'로 표현하고 있다. 즉, 어떤 나무에 많은 가지를 내게 하고 쓸만한 가지만을 남기고 나머지 가지를 잘라낸다면, 우리는 항상 변화하는 환경에 잘 적응하는 건강한 나무를 가지게 될 것이라는 것이다.

비전기업의 주요한 발전방법이 무엇이든지 간에 이들의 공통점은 발전을 위한 자기개선 노력에 끝이 없다는 것이다. 어떤 의미에서 비전기업은 경쟁업체와 경쟁하기보다는 자기자신과의 경쟁을 통해 끊임없이 자기개선을 해왔다. 그리고 이러한 자기개선 노력은 비전기업이 최고의 자리를 오랫동안 유지할 수 있도록 하는 원동력이 되었다.

V. 핵심을 보호하기 위한 방법

비전기업은 각종 환경변화 속에서도 핵심이념을 고수하여 기업의 연속성과 안정성을 유지함으로써 끊임없는 변화와 발전을 추구할 수 있는 정신적 발판을 마련하였다. 비전기업이 이처럼 핵심이념을 보존할 수 있었던 비결은 기업문화와 경영진 양성 및 승계방법에 있다고 할 수 있다. 먼저 저자들은 비전기업이 그들의 핵심이념을 반영한 강한 기업문화를 가지고 있고, 이러한 기업문화가 중요한 통제수단이라는 점에서 사교집단과 유사하다고 지적하였다. 비전기업은

기업문화를 통하여 자신의 핵심이념은 무엇이고 성취하고자 하는 목표는 무엇
인가를 명확하고도 강력하게 전달할 뿐만 아니라 조직구성원이 이에 따라 행동
할 것을 요구한다. 따라서 비전기업은 핵심이념과 문화에 잘 부합하는 사람에
게는 더할 나위 없이 좋은 직장이지만, 그렇지 않은 사람에게는 매우 힘든 직
장이다. 비전기업은 많은 자율성을 보장하지만 본질적으로 기업문화보다 핵심
이념에 보다 엄격한 기준을 적용하고 있다.

또한 저자들은 비전기업과 비교기업의 역사 비교를 통해 경영자 양성과 승
계과정이 기업문화와 핵심이념의 전수에 매우 중요한 역할을 한다고 주장하였
다. 비전기업은 경영진 양성에 체계적이고 지속적인 노력을 기울였다. 따라서
최고경영자 승계가 이루어질 때, 내부적으로 유능한 최고경영자 후보가 많았고
이 중에서 차기 최고경영자를 선정할 수 있었다. 내부에서 성장한 경영자는 기
업의 핵심이념과 문화에 익숙해 있기 때문에 경영승계와 함께 기업의 핵심이념
과 문화가 승계될 수 있었다. 반면에 비교기업은 경영자 양성과 승계계획이 부
족했고 이로 인하여 유능한 내부 최고경영자 후보가 부족했다. 따라서 이들 기
업은 외부에서 최고경영자를 영입하지 않을 수 없었으며 이러한 외부 경영자는
기업의 핵심이념에 벗어난 경영을 하게 되었다. 그 결과 이들 기업은 자신의
정체성을 잃어버리고 혼란에 빠지게 되는 경우가 많았다.

VI. 결 론

저자들은 비전기업의 성공비결을 핵심은 보존하고 변화를 자극하는 경영방
식에서 찾고 있다. 진정으로 비전기업과 비교기업을 구별짓는 것은 비전기업은
이러한 경영방식을 단순한 구호에 그치지 않게 하기 위해 핵심을 보존하고 변
화를 자극할 수 있는 구체적인 메커니즘을 조직에 제도화시켰다는 점이다. 결
론적으로 비전기업의 역사가 주는 가장 큰 교훈은 최상의 조직이 최상의 성과
를 가져 온다는 것이다.

이와 같이 조직 자체를 기업 경쟁력의 원천으로 보는 시각은 경영자원론
(resource-based view of the firm) 및 학습조직(learning organization)이론과 맥을 같
이 한다. 경영전략 분야의 경영자원론은 기업경쟁력의 결정요인으로 기업환경
보다는 기업의 내부역량에 중점을 두고 있다(Barney, 1997). 따라서 경영자원론
은 경영자의 최고 중요한 임무로 가치 창출적이고 모방하기 힘든 내부역량, 나

아가서 조직 자체를 구축하고 활용하는 것으로 본다. 마찬가지로 학습조직 이론도 경쟁력의 주요 결정요인을 조직학습의 질과 속도로 보고, 조직학습을 촉진할 수 있는 조직설계에 연구의 중심을 두고 있다(Senge, 1990).

그러나 저자들의 연구결과는 〈표 1〉에서 보는 바와 같이 우량기업에 관한 기존의 연구결과와는 상당히 다른 면을 보여주고 있다.

한편 이 책은 조직이론에 많은 시사점을 제공하고 있다. 첫째, 이 책은 횡단적 연구(cross-sectional research)의 한계와 통시적 연구(longitudinal research)의

┃표 1┃ 비전기업에 대한 연구결과

기존연구	Colling & Porras의 연구
· 비전기업은 성공적인 아이디어를 가지고 창업한다.	· 비전기업은 많은 경우 창업기에 어려움을 경험했으나 장기적으로 성공한다.
· 비전기업은 위대하고 카리스마적인 지도자를 가지고 있다.	· 비전기업의 지도자는 개인의 리더십을 발휘하는 것보다는 영속적인 조직을 구축하는 데 노력을 집중했다.
· 비전기업은 이익 극대화를 기업의 최우선 목표로 하고 있다.	· 비전기업은 이익 극대화를 넘어선 핵심이념을 추구한다.
· 비전기업들은 '바람직한' 핵심이념을 공통적으로 가지고 있다.	· 비전기업들간에 공통적인 핵심이념은 없다.
· 비전기업은 끊임없는 변화를 강조한다.	· 비전기업은 절대불변의 핵심이념을 고수한다.
· 비전기업은 신중하고 안전한 경영을 한다.	· 비전기업은 위험하고 대담한 목표에 도전한다.
· 비전기업은 누구에게나 좋은 직장이다.	· 비전기업은 기업의 핵심이념과 높은 기준에 맞는 사람에게만 좋은 직장이다.
· 비전기업은 세련된 전략계획에 의하여 움직인다.	· 비전기업은 실험, 시행착오, 우연 등을 통하여 좋은 아이디어를 얻는다.
· 비전기업은 근본적인 변화를 위하여 외부에서 최고경영자를 영입한다.	· 비전기업은 내부에서 성장한 경영자에 의하여 경영승계가 이루어진다.
· 비전기업은 경쟁에서 승리하는 데 초점을 둔다.	· 비전기업은 경쟁 상태에 관계없이 지속적인 자기발전을 꾀한다.
· 기업은 종종 양자택일의 선택을 해야 한다.	· 비전기업은 양자택일이 필요해 보이는 상황에서 두 가지를 동시에 추구한다.
· 기업은 비전 선언문(visionary statement) 작성을 통하여 비전기업이 될 수 있다.	· 비전기업을 만들기 위해서는 수많은 행동과 노력이 끊임없이 기울어져야 한다.

필요성을 보여주고 있다. 예를 들어, 저자들은 카리스마적 리더십이 비전기업으로 발전하는 데는 부정적인 영향을 준다는 점을 매우 설득력 있게 제시하였다. 카리스마적 지도자는 뛰어난 의사결정 능력과 강한 리더십으로 기업을 당장은 성공적으로 이끌지 모르지만, 이러한 과정에서 조직의 역량을 오히려 퇴보시켜 기업의 장기적 경쟁력을 약화시킬 수 있다는 것이다. 이러한 주장이 사실이라면 카리스마적 리더십의 효과를 횡단적으로 연구하면 긍정적인 결과를, 통시적으로 연구하면 부정적인 결과를 발견하게 될 것이다. 따라서 카리스마적 리더십에 대한 효과를 정확히 이해하기 위해서는 횡단적 연구와 종단적 연구가 병행되어야 한다.

둘째, 이 책은 조직연구에 보다 총합적 접근방법(holistic approach)이 필요함을 제시하고 있다. 예를 들어, 저자들은 사교와 같은 강한 기업문화를 비전기업의 특징으로 지적하였다. 강한 기업문화는 핵심이념을 보존하는 데 매우 유용하지만 자칫 잘못하면 집단사고(group think), 다양성 및 창의성의 부재 등 조직의 경색으로 연결될 수 있다. 비전기업이 이러한 부작용을 억제할 수 있었던 것은 끊임없이 발전을 자극하는 메커니즘을 동시에 가지고 있기 때문이다. 강한 기업문화의 효과를 예측하기 위해서는 조직의 서로 다른 구성요소와 이들이 상호 어떻게 연결되어 있는지를 이해해야 한다. 이러한 기업문화의 속성은 조직을 연구함에 있어서 부분과 전체를 하나의 틀 속에서 분석하는 시스템적, 총합적 접근방법이 필요함을 제시한다.

셋째, 저자들의 연구가 주로 미국기업을 대상으로 하고 있음을 고려할 때, 이들의 연구결과가 얼마나 일반화될 수 있는가에 대한 의문이 향후 연구과제로 남는다. 먼저 이들의 연구결과가 미국과 문화, 제도, 역사 등이 상이한 국가에서도 그대로 적용될 수 있는가? 예를 들어, 책에서 제시된 비전기업의 경영원칙이 한국에서도 그대로 적용될 수 있을까? 그렇지 않다면 한국의 비전기업을 연구할 경우 어떠한 경영원칙을 발견할 수 있을까? 또한 최근 정보기술 및 인터넷의 급속한 발전으로 사회가 정보화, 지식화됨에 따라 경영방식에 근본적인 변혁이 올 것이라는 주장이 있다. 그렇다면 책에 제시된 비전기업의 경영원칙이 정보화, 지식화 시대에서도 적용될 수 있을까? 적용될 수 없다면 정보화, 지식화 시대의 비전기업의 특징은 무엇일까? 물론 이러한 질문에 답을 하기 위해서는 많은 향후 연구가 필요할 것이다.

결론적으로 이 책은 조직에 관심 있는 사람은 적어도 한 번쯤은 읽어 볼 만한 책이다. 이 책은 비전기업을 만드는 방법론을 단순히 나열한 것이 아니고 비전기업의 경영원칙을 곰곰이 생각해 볼 수 있도록 심도 있게 기록하고 있다. 경영자는 자기 기업을 비전기업의 경영원칙에 비추어 봄으로써 많은 시사점을 얻을 수 있을 것이다. 조직을 처음 공부하는 학생에게는 좋은 조직의 특성은 무엇이고 조직설계의 기본요소는 무엇인가를 생각하게 해 줄 것이다. 또한 책에서 제시한 비전기업의 경영원칙은 특정 조직을 진단할 때 좋은 개념적 틀과 방법론으로 사용될 수 있을 것이다. 끝으로 연구자에게도 새로운 시각을 제공할 뿐 아니라 향후 보다 정교하게 연구되어야 할 질문을 많이 남기고 있다.

참 | 고 | 문 | 헌

Barney, J., *Gaining and sustaining competitive advantage*, Cambridge, Mass.: Addison-Wesley, 1997.

Christensen, C. M., *The innovator's dilemma*, Boston, Mass.: Harvard Business School Press, 1997.

Collins, J. C. & J. I. Porras, *Built to last*, New York: Harper Business, 1994.

de Geus, A., *The living company*, Boston, Mass.: Harvard Business School Press, 1997.

Ouchi, W. G., *Theory Z*, Cambridge, Mass.: Addison-Wesley, 1981.

Peters, T. J. & R. H. Waterman, *In search of excellence*, New York: Harper & Row, 1982.

Senge, P., *The fifth discipline,* New York: Doubleday, 1990.

Tushman, M. L. & C. A. O'Reilly, *Winning through innovation*, Boston, Mass.: Harvard Business School Press, 1997.

Utterback, J. M., *Mastering the dynamics of innovation*, Boston, Mass.: Harvard Business School Press, 1994.

Gareth Morgan의
조직의 여덟 가지 이미지*

I. Morgan의 학문세계

현재 조직학 분야에서 이루어지고 있는 연구의 흐름과 조직관리 실제에 심대한 영향을 미치고 있는 뛰어난 조직학자들 중의 하나로 Gareth Morgan을 거명한다고 해서 이의를 달 사람은 별로 없을 것이다. 풍부한 지적 섭렵을 자랑하는 조직사상가이면서 북미와 유럽을 무대로 활발한 활동을 펼치고 있는 조직 컨설턴트이기도 한 Morgan은 지난 30년 가까이 천착해온 은유라는 개념을 화두로 삼아 지금도 열심히 자신의 생각을 전파하고 있다. 조직을 제대로 알고 효과적으로 관리하려면 조직을 여러 각도에서 바라보고 읽어내는 능력이 필수적이라는 생각을 말이다.

영국 Wales 지방 출신인 Gareth Morgan은 1965년에 London대학교 정경대학에서 경제학으로 학사 학위를 받았다. 그 뒤 2여 년에 걸쳐 회계 연수생, Westminster 시 재무부 기술 보조, 지방 대학의 경제학 시간강사 등, 다양한 경험을 한 Morgan은 1968년에 미국으로 건너가 Texas 대학교(Austin)에 입학, 이듬해인 1969년에 행정학으로 석사학위를 취득하였다. 학위 취득 후 2년 가까이 학교에 머물면서 연구 활동을 하던 Morgan은 1971년 귀국하여 Lancaster 대학교 조직행동학과 전임강사로 취직하였다. 1980년에 같은 대학에서 박사학위를 취득한 후, 미국 Pennsylvania 주립대학교 경영대학 조직행동학 부교수로 잠시 동안 재직한 Morgan은 1981년에 캐나다 York 대학교 Schulich 경영대학에 자리를 잡은 이후로 현재까지 같은 대학교 교수로 재직하면서 연구와 컨설팅 업무에 전념하고 있다. 1988년에 International Academy of Management의 종신학술회원으로 선출된 Morgan은 1992년에는 그의 연구 업적을 높이 평가한 York 대

---

* 김주엽: 충북대학교 경영학과 명예교수.

학교로부터 석좌 연구교수로 선출되는 영예를 얻기도 하였다.

Morgan의 학문세계를 이해하는 핵심 개념은 은유(metaphor)다. 그의 말에 따르면 은유란 우리가 경험의 한 요소를 다른 요소를 이용하여 이해하려고 시도할 때 마다 이용하는 것이다. 따라서 은유는 'A는 B이다.' 또는 'A는 B와 같다.'는 식의 암묵적이거나 혹은 명시적인 명제의 형태로 이루어진다. 이런 식으로 은유를 정의하게 되면, 은유가 아닌 이론이란 존재할 수 없으며, 나아가 우리가 주위 환경을 이해하기 위해 이론을 적용하는 순간, 은유를 피할 수 없다는 얘기가 된다. 이론이란 것이 일종의 일반화된 경험으로 구성되어 있기 때문이다.

이처럼 은유의 활용은 우리로 하여금 주변세계를 이해하도록 하는 데 큰 도움을 주지만, 역으로 우리들에게 이해하려는 현상의 일부분만을 보도록 강요하고, 때로는 현실을 왜곡시켜 보여주기도 한다. 은유는 그 속에 그 나름대로 세상을 이해하는 사고방식과 현상을 바라보는 시각을 함축하고 있기 때문이다. 예컨대, 우리가 '그 사람은 사자다.'라는 비유를 사용하는 경우, 우리는 그 사람이 가지고 있는 사자와 같은 용기와 힘을 강조하기 위해 사자의 이미지를 이용하고 있지만, 동시에 그 사람은 돼지처럼 먹성이 좋고, 악마처럼 잔인한 사람일 수 있으며, 인간이기 때문에 사자처럼 네 발로 걷지도 않고 날카로운 이빨이나 꼬리도 가지고 있지 않은 존재인 것이다.

Morgan은 지금까지 개발되고 주장되어온 조직이론들도 일종의 은유이기 때문에 은유의 활용이 지니는 한계를 그대로 지니고 있다고 주장한다. 즉, 조직과 경영관리에 대한 연구를 위해 사용되는 모든 이론과 관점들은 주위 환경을 이해하는 과정에서 우리에게 귀중한 통찰력을 제공해주지만, 동시에 불완전하고 편파적이며 심지어 왜곡된 해석을 제공해주기도 한다는 것이다. 1979년에 Lancaster 대학교 재직시 동료이던 Gibson Burrell과 공동으로 저술한 *Sociological Paradigms and Organizational Analysis*에서 기존의 조직이론들 속에 숨겨져 있는 가정들을 들추어내고 그 가정들을 기준삼아 조직이론들을 분류하는 작업을 통해서 그러한 자신의 생각을 검토해본 Morgan은 1980년에 학술지 *Administrative Science Quarterly*에 게재한 논문 "Paradigms, Metaphors and Puzzle-Solving in Organization Theory"을 통해서 기존의 조직이론들에게 은유의 탈을 덧씌우는 일을 시도하기 시작했다.

그 후로 근 30년 동안 Morgan은 은유라는 렌즈를 통해서 조직을 조명해보는 작업을 지속하는 한편, 바로 이러한 은유의 한계 때문에 조직학자나 컨설틴

트, 경영자들에게는 은유가 가지는 편파성과 왜곡 현상을 극복하는 방편으로 조직을 다양한 은유 렌즈를 통하여 "읽어내고" 그를 통해 얻은 조각 퍼즐들을 하나로 종합해내는 능력이 필수적으로 요구된다고 역설하고 있다. 그에 의하면, 한 은유 렌즈를 통해서는 보이지 않던 조직 현상이나 이슈가 다른 은유를 통해서 보일 수 있고, 기존의 은유로는 해결책이 보이지 않던 문제들도 다른 은유가 깔아놓은 새로운 맥락 속에서 들여다보면 창의적인 해결의 방향을 찾을 수 있기 때문에, 조직을 은유를 통해 이미지화하는 작업은 단순히 조직 현상의 이해를 넘어 이론과 실제를 연결하는 고리가 되고 결과적으로 조직 현장의 문제해결과 변화관리에 실질적인 통찰력을 얻게해준다는 것이다.

이렇게 조직을 은유를 통해서 들여다보고 종합하는 기술이 학계나 컨설턴트, 조직 관리자들에게 필수적으로 요구되는 것임을 풍성한 학술자료와 사례들을 곁들여 차린 지적 만찬과 더불어 탁월하게 보여주고 있는 저서가 바로 1986년에 발간한 *Images of Organization*이다. Morgan은 이 저서에서 조직을 기계장치, 유기체, 두뇌, 문화, 정치체계, 심리적 감옥, 끊임없는 변환과정, 지배도구 등, 여덟 가지의 은유를 통하여 들여다보고 각각의 은유들을 활용함으로써 얻을 수 있는 강점과 단점들을 제시하고 있다. 그런 다음에 실제 사례 하나를 제시하고 그 사례를 여덟 가지 은유를 통해서 분석해 보임으로써, 자신이 제시한 은유들이 실제 조직 상황에서 어떻게 활용될 수 있는지를 설득력 있게 보여주었다. 1997년에 내용을 거의 다시 쓰다시피 한 개정판이 나왔고, 2007년에는 내용은 전혀 손을 대지 않은 채 참고문헌만 보완하고 중수한 제3판이 나왔다. 본문을 손대지 않은 이유로 고칠 필요성을 크게 느끼지 않았기 때문이라고 했지만, 아마도 컨설턴트로서의 바쁜 일정 때문에 개정판을 낼만한 시간을 내기가 힘들었는지도 모르겠다.

II. 조직의 여덟 가지 이미지

1. 기계장치로서의 조직

이 은유는 조직을 효과적으로 작동하는 기계처럼 만들고자 하는 생각이나 이론들을 대변한다. Morgan은 이러한 생각을 실제로 옮긴 역사적 사례로 프러시아의 Frederick 대제(1740-1786)에 의한 군대 양성을 들고 있다. 그는 태엽을 감아서 움직이게 하는 장난감 병정의 모습에서 아이디어를 얻어서 범죄자, 빈민, 외국 용병, 강제 징집병 등으로 구성된 엉성하기 짝이 없는 자신의 군대를 막강한 군대로 변모시키는 데 성공했다. 강력한 위계질서(병졸은 장교를 적보다 더 무서워하도록 훈련을 받음)와 표준화된 제복, 표준화된 장비, 규칙의 제정과 확대, 지휘용어의 정형화와 체계적인 훈련 등을 통하여 막강한 군대를 만들어 낼 수 있었던 것이다.

이러한 Frederick 대제의 조직에 대한 기계적 생각이 조직관리에 그대로 옮겨진 대표적인 예를 Frederick Taylor가 창시한 과학적 관리법, Henri Fayol이 주창한 일반관리원칙, Max Weber가 조직의 이념형으로 제시한 관료제 등과 같은 고전적 조직이론이나 조직관리 실제에서 찾을 수 있다. 세 조직이론들 모두가 분업, 표준화된 작업과 훈련, 위계질서, 규칙과 절차 등을 중시하고 그러한 통제 결과로서 명확성과 신뢰성, 효율성을 얻고자 한다는 점에서 공통점을 가지고 있으며, 이들 이론들의 밑바닥에는 조직을 정치한 기계처럼 만들고자 하는 생각이 깔려있다. 기계장치로서의 조직 은유는 조직을 사전에 설정된 목표를 달성하는 도구로 삼아서 그 목표를 정확하면서도 효율적으로 달성할 수 있도록 설계하고자 할 때, 잘 설계되고 정교하게 작동하는 기계장치를 모범적인 모델로 삼을 것을 제안한다.

조직을 기계장치로 보고자 하는 은유가 기계가 발명되고 이를 이용한 공장생산 시스템이 여러 가지 조직관리 문제들을 제기하고 있던 산업혁명 초기에 발달되어 크게 확산되었다는 사실은 충분히 납득할만하다. 사람의 손보다 더 싸게 더 빨리, 균일한 품질의 생산품을 계획한대로 차질 없이 지속적으로 토해내는 기계를 보면서, 조직도 그렇게 만들어보려는 시도를 하지 않았다면 그게 더 이상한 일일 것이다.

그러나 이러한 기계장치로서의 조직은유가 산업혁명시대의 유물로만 그친 것은 아니다. 아직도 우리 생활환경은 생존에 대한 비관적인 예측에도 성성이 살아있는 관료제로 둘러싸여 있고, 겉으로 보기에는 기계장치 은유의 정반대의 입장에 서있는 듯한 MBO(목표관리)나 MIS도 정해진 조직 목표를 효율적으로 달성하기 위해서 조직과 개인의 역할을 잘 설계된 기계처럼 구조화하려는 접근을 하고 있다는 점에서 기계장치로서의 조직 시각에서 크게 벗어나 있지 않다. 최근에 크게 인기를 끌었던 리엔지니어링 열풍도 기계장치로서의 조직 은유에서 비롯된 것임에 다름이 아니다.

서비스 산업이 지배적으로 등장하고 있는 후기산업화 시대에도 우리는 주위에서 기계장치로서의 조직의 모습을 흔히 목격하게 된다. 그 대표적인 예로 패스트푸드 산업의 원조격인 McDonalds 사를 들 수 있을 것이다. 음식의 제조는 물론이고, 고객이 받게 되는 서비스까지도 정형된 규칙과 절차에 의해서 균질하게 제공되고 있을 뿐만 아니라, 고객에게 정해진 규칙에 따라 음식을 주문하고, 쓰레기를 치우고 식판을 정리하게 하는 등, 고객까지도 거대한 거래 절차과정의 일부로 집어넣음으로써 기계장치로서의 조직이 어디까지 확대될 수 있는지를 보여주고 있다. 고객은 자기도 모르는 새에 어느새 거대한 조직이라는 기계의 부속으로 전락하고 있는 것이다.

기계장치로서의 조직은 기계가 가지는 장점과 한계를 그대로 물려받는다. 기계처럼 설계된 조직은 안정된 일정 조건 하에서라면 기계장치와 마찬가지로 산출물의 품질에 대한 신뢰성과 생산과정의 효율성을 담보할 수 있다. 결과에 대한 예측가능성도 높게 가져갈 수 있다. 균질한 품질의 제품과 서비스의 확보 및 효율성의 제고는 기계장치로서의 조직이 가져다주는 최대의 강점이다.

그러나 이러한 강점은 그에 못지않게 큰 한계 때문에 자칫 조직의 생존이 위협받는 처지가 초래될 수도 있다. 개인의 업무가 명확히 정의될 수 있을 만큼 환경이 안정적이거나 예측가능하여야 하고, 반복되어 산출되는 제품과 서비스는 항상 고객의 입맛에 맞아야 하며, 조직의 구성원들은 위계에 순응적이며 단조로운 일이라도 주어진 일에 성실히 임해야한다는 조건이 성립하여야 한다. 기계장치로서의 조직은 환경 변화에 대한 민첩성과 적응능력이 떨어지고, 위계질서 및 규칙과 절차에 대한 강조로 조직 내에 건설적인 비판의 여지를 사전에 봉쇄함으로써 구성원들의 창의성의 발현을 방해하며, 관료적 제도와 권위적 문화는 비인간화와 인간소외를 부추김으로써 심각한 결과를 초래할 수도 있는 것이다.[1]

2. 유기체로서의 조직

이 은유는 조직을 생명체로 보고자 한다. 이 은유를 통하여 조직을 보면, 조직은 생명체와 마찬가지로 충족시키고자 하는 욕구를 가지고 있으며, 생명체가 환경에 적응해야만 살아남듯이 조직 또한 생존하기 위해 환경에 대한 적응

---

[1] 기계장치로서의 조직에 대해서 조금은 장황하게 설명한 감이 있지만, 그렇게 함으로써 독자로 하여금 앞으로 논의될 다양한 은유를 통한 조직보기를 좀 더 쉽게 이해할 수 있게끔 돕고자 하였다.

력이 필요함을 강조한다. 조직의 유효성(effectiveness)의 기준은 효율성보다는 생존이 되는 것이다.

Maslow가 욕구단계설을 주장하면서 조직이 구성원들의 고차원적 욕구를 충족시키지 못하고 있음을 지적한 이래로, 조직이론의 흐름은 인간관계론을 시작으로 조직의 효율성을 강조하는 틀로부터 구성원들의 욕구와 조직의 목표를 조율하고자 하는 틀로 전환하게 된다. 비공식조직의 발견과 직무충족화 등을 통한 직무만족의 추구는 그러한 생각들을 반영하는 노력들이다.

조직을 유기체로 봄으로써 얻을 수 있는 두 번째 관점은 환경의 발견이다. 기계장치로 조직을 놓고 보면 보이지 않던 환경이 유기체라는 렌즈를 통해 보면 그 모습을 드러낸다는 것이다. 조직은 생존을 위해 끊임없이 밖으로부터 정보와 자원을 획득하여야 하고, 자신이 산출해내는 산출물을 시장에 성공적으로 팔아낼 수 있어야 하는데, 그러한 과정은 조직에게 환경에의 적응을 필연적으로 요구한다. 현재 조직이론의 대중을 형성하고 있는 상황적합이론들이 바로 그러한 사고틀의 결과물이다.

원래 조직을 유기체로 보기는 1950년대 후반에 일반시스템론이 사화과학에까지 적용되면서 자연적으로 발생한 현상이었다. 일반시스템론은 사회시스템을 개방시스템으로 보도록 유도했는데, 그러한 과정에서 조직이 생물학과의 접촉이 이루어졌고, 그 결과 생물학적 용어들도 조직학에 도입되기 시작하였다. 조직의 환경 적응, 적자생존, 상동성(homeostasis), 부정적 엔트로피, 기능분화, 성장, 종족 번식, 이인동과성(equifinality) 등이 그러한 접촉을 반영하고 있다. 이러한 접촉은 동일한 조직군의 흥망성쇠를 적자생존이라는 틀 속에서 설명하고자 하는 조직군생태학(population ecology)이나 조직을 환경에 일방적으로 적응당해야만 살아남는 존재가 아니라 이업종이나 경쟁자들까지도 협조의 틀 안에 끌어들임으로써 자신에게 맞게끔 환경을 변화시키려고 노력한다는 점을 강조하는 조직생태학(organizational ecology)으로까지 이어지고 있다.

유기체로서의 조직은 환경의중요성에 대한 인식과 함께, 환경에 적응하기 위해서 딱딱한 기계적 구조보다는 보다 유연한 유기적 구조가 더 효과적임을 강조함으로써 조직관리에 있어 커다란 공헌을 하고 있다. 또한, 인간의 욕구에 대한 강조를 통해 조직을 단순히 정해진 목표를 효율적으로 달성하고자하는 도구로서만이 아니라, 조직을 관리하는 과정에서 일어날 수 있는 조직과 인간의 갈등문제에도 주목하게 한다. 유기체로서의 조직 은유는 조직을 보는 눈을 일개 조직의 생존문제에서 벗어나 조직군, 또는 조직과 환경과의 쌍방간 거래를 통한 생태계의 조화로움 추구에도 눈길을 주어야한다는 점도 지적하고 있다.

그러나 모든 은유가 그렇듯 유기체적 은유도 주요한 한계점들을 가지고 있다. 여러 가지가 논의될 수 있겠지만, 크게 두 가지로 압축할 수 있을 것이다. 그 하나는 이러한 시각은 환경을 지나치게 실물적인 것으로 다루도록 권유한다는 것이다. 그러나 문화적 은유에서 다시 언급이 되겠지만, 조직이나 환경은 구성원들에 의해서 어느 정도는 사회적으로 재구성(socially constructed)되기도 하는 실체인 것이다. 조직은 비전과 사고, 규범과 신념의 산물인 것이고, 환경 역시 그것을 구성하고 있는 개인, 집단, 조직행위를 통해서 조성되는 것이기 때문이다. 두 번째 한계점으로는 조직의 바람직한 모습을 지나치게 기능들의 조화로운 조합으로 바라봄으로써, 조직을 둘러싸고 발생하는 갈등과 정치적인 활동들에 대한 시각을 놓치고 있는 점과 환경에 대한 조직의 적응을 강조하는 과정에서 조직 구성원들이 스스로의 창의력을 발현하고 학습능력을 개발하는 존재라기보다는 단지 조직에 의해서 다스려지고 개발되는 순응적인 존재로 다루어질 수 있다는 문제점이 지적될 수 있다.[2]

3. 두뇌로서의 조직

조직을 두뇌에 동열에 놓고 보고자 하는 은유는 우리로 하여금 조직을 정보처리 시스템으로, 최근에 큰 흐름을 형성한 학습조직으로, 그리고 마지막으로 부분에 전체를 담아내고 있어 언제든지 부분을 가지고 전체 복제가 가능할 수 있는 홀그래픽적 조직으로 보게끔 유도한다.

정보시스템으로서의 조직 은유는 사이먼의 제한된 합리성에 기초한 의사결정모형에서 그 발단을 찾고 있다. 이 틀을 가지고 조직을 바라보는 사람들은 어떻게 조직을 설계하면 그 많은 정보들을 신속하게, 그리고 합리적으로 처리해낼 수 있을까에 주목한다. 그러한 논의 과정에서 Morgan은 여러 계량경영학 기법, 쓰레기통 모형을 포함한 의사결정 모형들, 그리고 기존의 조립라인의 문제점을 극복하고자 도입된 Just-In-Time(JIT) 생산 시스템까지 언급하고 있다.

또한 조직을 두뇌로 보면, 학습하는 조직의 모습을 찾아볼 수 있다. 이렇게 급변하는 환경 속에서 조직이 살아남으려면 자체적으로 끊임없이 배워나가는 학습능력을 절대적으로 필요로 하는데, 이렇게 조직 내에 새로운 것을 지속적

---

2) 이 은유는 현재 조직이론의 대강을 구성하고 있는 이론들의 바탕을 구성하고 있어서 상대적으로 길게 기술하였다. 다음 은유부터는 간단하게 주 내용만을 기술하기로 한다.

으로 학습해가는 능력을 지닌 '학습조직'을 어떻게 만들어갈 수 있을까? Morgan
은 그 아이디어를 조직을 두뇌 옆에 가져다 대면서 얻고자 한다. 그러한 과정
에서 사이버네틱스, 부정적 피드백, Argyris와 Schon에 의해 제시된 이중순환
학습(double loop learning), 지식창출과 지식경영 등이 언급되고, 이러한 논의를
바탕으로 학습조직을 만들기 위한 지침들로 환경변화에 대한 탐색, 운영규범과
기본가정에 대한 도전, 자아발현적인 조직화 원리 등이 제시되고 있다.

두뇌의 홀로그래픽적 특성을 조직에 심어보고자 하는 노력도 있다. 대뇌피
질의 90% 이상이 파괴된 쥐가 그 이전에 배운 것들을 불완전하게나마 기억해
내고 있다는 사실은 대뇌가 기계장치처럼 특정부분에 특정기억을 저장하지 않
고 부분 속에 전체를 담아내고 있다는 사실을 암시한다. 만약, 조직을 그렇게
만들 수만 있다면, 조직의 한 부분이 제 기능을 하지 못하더라도 그 부분에 대
한 복구가 신속하게 이루어질 수 있을 것이며, 자기와 닮은 조직의 복제도 용
이하게 이루어질 수 있을 것이다. Morgan은 이러한 홀로그래픽적 조직은 조직
문화, 네트워크 지능, 아메바 조직구조 등을 통해서 전체를 부분에 담고, 그 외
에 여유성의 확보, 필요다양성(requisite vqriety),[3] 최소한도의 규정, 학습하는 방
법의 학습 등의 조건을 갖춤으로써 다가갈 수 있을 것으로 제안하고 있다.

두뇌로서의 조직은유가 가지는 강점으로는 무엇보다도 이른바 '학습조직'을
창조할 수 있는 능력과 길을 제시해주고 있다는 점이다. 뿐만 아니라, 두뇌로
서의 은유는 중앙통제적 시스템에 의존하는 기존의 조직관리 사고틀에 심각한
의문을 제시한다. 조직의 두뇌 은유는 두뇌가 부분의 자율성을 최대한 보장한
채 최소한의 규정으로 이들을 효과적으로 통제할 수 있음을 보여줌으로써, 조
직에게 새로운 통제방식 가능성을 제공해준다.

반면, 두뇌로서의 은유는 그것이 종종 자기준거적 딜레마에 빠지게 한다는
한계를 가진다. 두뇌를 설명하면서, 다시 두뇌를 다른 은유를 통해서 들여다보
는, 즉 은유가 은유를 낳는 과정이 심각하게 발생할 수 있다는 것이다. 두 번
째 한계로는 합리적인 과정을 강조하다보니, 기존의 권력구조에 의한 학습조직
에 대한 반발이나 갈등적 측면을 간과하고 있다는 점을 들 수 있겠다. 마지막
으로 Morgan은 끊임없는 학습이 과연 누구를 위한 학습이어야 하는가에 대한
근본적인 의문을 제시할 필요가 있음을 지적하고 있다.

---

3) 어떤 시스템이 환경에 제대로 적응하려면 환경이 가진 다양성을 그 시스템의 내부에노
갖추고 있어야만 가능하다는 원칙.

4. 문화로서의 조직

문화로서의 조직 은유는 조직문화를 조직을 구성하는 부분요소로 보지 말고 조직이 곧 조직문화 자체로 볼 것을 주장한다. 즉 '조직이 조직문화를 가지고 있다.'는 관점이 아니라, '조직이 문화다.'라는 관점으로 보라는 것이다.

1970년 말부터 일본이 국제무대에서 미국의 강력한 경쟁상대로 떠오르자, 미국은 일본의 경쟁우위가 무엇인지를 알아보고자 했고, 그 탐구결과로 얻어진 것이 조직문화의 존재였다. 그러나 조직문화를 둘러싼 초기 연구는 조직문화를 마치 전략이나 구조처럼 쉽게 버리거나 끌어다 쓸 수 있는 구성요소로 생각했고, 연구 초점은 효과적인 조직문화란 어떤 문화인지 밝혀내고, 모든 기업이 그러한 조직문화를 이식해 심으면 된다는 생각이 지배적이었다. 그러나 Edgar Schein 에 의해서 이러한 시각에 의문이 제기되면서, 조직문화란 조직이 생존을 해나가는 과정에서 고안해낸 '(생존을 가능하게 했다는 의미에서) 올바른' 생존 방식이기 때문에, 쉽게 이식하고 폐기될 수 있는 것이 아니라는 생각이 자리를 잡게 되었다.

이 은유는 우리로 하여금 조직이 목표를 달성하고자 고안된 도구적 틀로서만이 아니라, 그 자체가 만만치 않은 문화적 실체임을 자각하도록 이끌고 있다. 조직문화는 그 조직이 속한 더 큰 사회시스템의 문화와 연결되어있고, 조직이 생존해가는 과정에서 성공적인 생존방식으로 옳고 그름의 따짐이 없이 학습되어지는 것이기 때문에, 조직구성원들의 깊숙한 내면에 공유되어 자리하고 있으며, 지속적으로 현실과의 타협을 통해서 새롭게 재해석되고 재구성되는, 끊임없이 '변화'하는 속성을 가지고 있다. 이렇게 조직을 조직문화로 보게 되면, 조직의 안과 밖의 실제가 사실은 조직구성원들에 의해서 지속적으로 재정의되어 가는 '사회적 구축물'이라는 사실을 인식할 수 있게 된다.

문화적 은유는 조직을 보는 우리들에게 문화라는 새로운 차원의 조직 세계가 있음을 보여준다. 대부분의 조직관행이나 구조 등을 포함해서 조직생활의 거의 모든 측면들이 상징적 의미를 지니고 있다는 점을 이해하도록 독려하는 한편, 조직관리라는 것이 단지 구조나 전략과 같은 구체적인 관리수단에 의해서만이 아니라, 조직의 핵심이데올로기나 구성원들에 의해 공유된 가치, 신념들에 의해서도 크게 영향 받을 수밖에 없다는 사실을 알게 해준다. 또한, 조직문화은유는 조직의 변화관리와 관련해서도 매우 중요한 시사점을 제시한다. 조직

변화관리는 조직문화의 호응을 얻어야만 비로소 성공적인 마무리가 가능할 것이라는 점이 그것이다.

5. 그 밖의 은유들

앞의 은유들 외에도 Morgan은 정치체계로서의 조직, 심리적 감옥으로서의 조직, 끊임없는 변환과정으로서의 조직, 그리고 지배도구로서의 조직의 모습을 방대한 학술적 섭렵과 풍부한 사례들을 곁들여 제시해주고 있다.

정치적 시스템으로서의 조직 은유는 조직구성원들이 공통적으로 동의한 잘 발달된 목표가 있고, 그 목표를 달성하기 위해서 구성원들의 조정과 협조가 통제시스템에 의해서 자연스럽게 이루어진다는 전통적인 조직적 시각에 정면으로 대치하는 입장에서 조직을 바라보고자 한다. 조직은 구성원 각자가 다양한 개인 이익을 추구하는 사람들로 구성되어 있고, 이들은 자신의 이익을 극대화하는 쪽으로 편을 갈라 경쟁하고, 갈등을 겪고 타협하는 싸움터라는 것이다.

이 은유에서 조직을 바라보면, 겉으로 보기에 조화로운 협동체계로 보이던 조직이 새로운 모습으로 다가서게 된다. 지배층과 피지배층의 권력을 둘러싼 다양한 정치활동들이 보이고, 왜 그렇게 조직변화가 어려운 것인지, 그 이유도 가늠할 수 있게 되는 것이다. 그러나 물론 이 시각에서만 바라보는 조직의 모습만이 조직의 참모습일 수는 없는 것이다.

심리적 감옥으로서의 조직 은유는 조직을 구성원들이 자신이 만들어 놓고도 스스로 그 속에 갇혀버리고 마는 심리적 감옥으로 보고, 그러한 시각으로부터 드러나는 조직의 모습을 바라볼 수 있도록 해준다. 이 은유는 물고기가 물속에 있을 때에는 물의 존재를 알 수 없는 것과 마찬가지로, 조직구성원들도 자신들이 속해 있는 조직이 사실은 자신들이 만들어놓은 사회적 구축물에 불과하다는 사실을 망각하고 만다는 사실과 함께, 사회적으로 구축된 조직 자체가 종종 독자적인 존재와 힘을 가지게 되어 그 조직을 만든 사람들에게 통제력을 행사할 수도 있다는 사실을 인식하도록 도와준다. 일본차에 대한 미국 자동차업계의 안일한 대응이나 조립라인에서 발생하는 재고비용의 당연시, 케네디 자문단에 의한 집단사고 현상 등의 실례를 들어 이러한 심리적 감옥 현상을 예시해주고 있다.

정신분석학에 크게 의존하고 있는 이 은유는 조직과 무의식의 관계에 대해서도 주목하도록 주의를 환기시키고 있다. Morgan은 조직과 억압된 성, 조직과 가부장적이 가족제도와의 유사성, 죽음을 초월하여 영생을 얻고자 하는 무의식적 본능과 조직과의 연결성, 불안과 조직 정치행위와의 연계성, 조직과 집단 무의식과의 관계 등을 설명하면서, 이러한 은유를 통하여볼 때, 겉으로 보기에 매우 비합리적이고, 때론 비정상적으로 보이는 과거 집착행위나 정치적 활동들이 의미를 얻게 된다는 점을 지적하고 있다.

끊임없는 변화과정으로서의 조직 은유는 왜 그렇게 조직이 끊임없이 변화의 소용돌이 속에 빠져 있는지, 그 근본적인 원동력을 찾아서 살펴보고자 한다. Morgan은 이 은유를 통해서 그러한 원동력으로 네 가지를 소개하고 있다. 첫 째는 자기생산(autopoiesis)이라는 개념인데, 쉽게 말하면 우리는 우리가 행한 행동의 결과가 결국은 우리 자신에게 되돌아와 영향을 미칠 수밖에 없다는 것이다. 예컨대 우리의 탐욕이 바다 생태계를 파괴하고 결국은 바다자원의 고갈로 이어져, 결국 우리에게 굶주림을 안겨주게 될 것이라는 얘기다. 두 째로는 최근의 카오스 이론과 복잡성 이론을 빌어 설명하고 있다. 혼돈이란 질서를 낳는 씨앗을 그 안에 품고 있는, 질서 이전의 상태라는 생각에서 출발하는 카오스 이론과 모든 것들은 서로서로 엉켜 쌍방향으로 영향을 미치고 있다는 복잡성이론을 묶어서, 상당 기간 안정되어보이는 한 상태가 한순간에 완전히 다른 상태로 진행이 될 수 있다는 가능성에 대해 설명한다. 세 째로는 사이버네틱스에 기초한 순환적인 관계들(circular relations)을 설명하면서, 처음에 조그만 사건이 나중에는 커다란 사건으로 증폭되는 '나비효과'로 나타나는 메커니즘을 설명하고 있고, 마지막으로는 유명한 변증법적 논리를 들고 있다.

Morgan은 조직에는 이 네 가지 변화 원동력이 끊임없이 작용하고 있기 때문에 조직이 지속적인 변화의 흐름을 탈 수밖에 없음을 지적하면서, 이 은유에서 조직을 바라보면 변화 메커니즘에 대한 보다 깊숙한 이해와 함께 효과적인 변화관리에 대한 통찰력을 얻을 수 있다고 주장한다.

마지막으로, 지배를 위한 도구로서의 조직 은유는 지배계층이 자신의 이익을 위해서 피지배 계층을 조종하고 착취하는 '추악한 얼굴'로서의 조직의 모습을 조명한다. 후진국에서 펼쳐지는 다국적 기업들의 제국주의적인 행태와 갖가지 인권유린 행태, 항상 사회문제화 되고 있는 열악한 작업 환경과 그로 인한 직업병, 산업재해, 환경오염 등은 조직이 의도하지 않았더라도 그것이 생산과정에서 품어내고 있는 부정적인 산출물들이다. 사회적으로 만연한 스트레스, 일중독증 현상, 도시빈민층의 양산과 그로부터 파생되는 사회계층 사이의 갈등 등도 이 은유에서 발견되는 조직현상들이다. 범세계적인 권력 제도로 다가서고

있는 다국적 기업들은 국가의 권력을 넘어 세계 전역에 막강한 영향력을 행사
하면서 지구의 운명까지도 그들의 손아귀에 넣어가고 있다.

Ⅲ. 맺   음

Morgan은 많은 사람들이 20세기 명저 중의 하나로 꼽기에 주저하지 않은
저서 *Images of Organization*을 통해서 여덟 가지에 달하는 조직의 이미지를 보
여주고 있다. 그러면서 그는 이들 이미지 중에 어느 것도 조직의 참모습이 아
니고, 단지 부분에 불과하거나 심지어 왜곡된 모습을 보여주기도 한다는 점을
강조한다. 따라서 조직을 이해하고 관리하고자 하는 사람들은 가능하면 다양한
조직 은유를 활용하여 좀 더 풍부한 조직의 모습을 찾아내고, 다양한 은유들이
깔아놓은 조직적 맥락 속에서 창의적인 문제해결 방법을 찾아보도록 조언한다.

아마도 경제학, 행정학, 조직행동 등, 다양한 학문적 경험과 회계와 재무관
련 실무 등 다방면에 걸친 실무 경험들이 조직을 다양한 시각에서 바라보아야
한다는 그의 생각에 영향을 주었을 법도 하다. 그의 논문 목록을 보면, 연구
분야가 조직학 분야에 그치지 않고 회계나 재무, 경제학 분야 등에까지 걸쳐
있음을 알 수가 있다. 어쩌면, 그는 우리들에게 조직을 조직학의 틀에서만 보
지 말고, 정치학에서, 경제학에서, 회계학에서도 바라보아야 할 것이라고 충고
하고 있는지도 모르겠다.

📝 참 | 고 | 문 | 헌

Burrell, G. and G. Morgan, *Sociological Paradigms and Organizational Analysis*, Lodon:
　　　Heinemann Educational Books, 1979.

Morgan, G., *Images of Organization*, 2nd Ed., Newbury Park, CA: Saga, 1997.

_____, "Paradigms, Metaphors and Puzzle Solving in Organization Theory",
　　　Administrative Science Quarterly, 25, 1980, pp. 605~622.

07

조직, 변화와 네트워크

Peter M. Senge의
학습조직론-제5의 수련*

I. Senge의 학문세계

Peter Senge(피터 셍게: 1947~)는 시스템 사고에 바탕을 두고 학습조직론의 발전을 주도한 학자이며 리더십과 조직 및 전략분야에서 경영컨설턴트로 활약하고 있는 21세기 경영의 전도사(Management Guru)들 중 한 명이다. Senge는 스텐포드 대학교에서 우주항공공학으로 학사학위를 받은 뒤, MIT의 대학원으로 진학하여 1972년에 사회시스템 모델링으로 석사학위를 취득한다. 이어 1978년에 MIT의 Sloan 경영대학원에서 경영학 박사학위를 취득한 후 같은 대학원의 조직학습센터 소장 직을 맡아 연구와 강의에 매진하며 많은 저서의 출간과 기업 컨설팅을 수행하게 된다. 그는 현재 MIT에서 Senior Lecturer로 강의를 맡고 있고, '조직학습협회(SoL: Society for Organizational Learning)'를 창시하여 회장으로 재임하고 있다.

Senge가 학습조직이론 분야의 명망가로 출현하기까지 그의 학문세계에 영향을 미친 학자들로는 시스템 다이내믹스를 창시한 J. W. Forrester교수, 조직학습이론의 Chris Argyris교수, R. Fritz교수 등 MIT의 석학들이었다. 이들 중 특히 Forrester교수는 1960년대부터 시스템 다이내믹스 그룹을 이끌어 온 원로 학자로서 Senge가 제시하고 있는 시스템 사고(System Thinking)의 방법론과 원형들(archetypes) 그리고 학습조직이론의 핵심적인 기초를 사사하였다.

MIT의 석학들 이외에 Senge에게 지대한 영향을 미친 사람으로 로얄 더치 셸의 전략담당 부사장이었으며 "살아있는 기업(The Living Company, 1997: 손태원역, 세종서적, 1998)"의 저자인 Arie de Geus를 빼 놓을 수 없다. 그의 장수기업들의 학습과 생존에 대한 혜안과 시스템 사고의 실천적 경험은 Senge의 학습조

---

* 손태원: 한양대학교 경영대학 명예교수.

직 이론 구축에 실증적 기반을 제시해 주고 있다.

　　Senge의 대표적인 저서는 1990년에 펴낸 "제5의 수련: 학습조직의 방법과 실제(The Fifth Discipline: The Art & Practice of the Learning Organization)"이며, 그는 이 저서와 아울러 1994년에는 제시한 학습조직의 이론과 방법들을 실천할 수 있도록 "제5의 수련: 현장학습서(The Fifth Discipline: Fieldbook)"를 많은 동료 학자들과 공저로 펴내게 된다. 1999년에는 또 다른 현장학습서로 "The Dance of Change"를 출간하면서 학습조직과 변화관리의 연계를 시도하였으며, 2000년에는 학교교육을 염려하는 학부모, 교사, 학생들을 위한 "Schools That Learn: A Fifth Discipline Fieldbook for Educators, Parents, and Everyone Who Cares About Education)"을 역시 공저로 출판하였다. 그의 저서 "제5의 수련"은 지금까지 100만부 이상 판매되고 있으며 1997년에 Harvard Business Review가 선정한 "지난 75년간 출간된 HBR경영도서 명저목록"에 수록되었다.

　　2004년과 2005년에도 그는 동료들과 공저로 "Presence: Human Purpose and the Field of the Future," "Presence: An Exploration of Profound Change in People, Organizations, and Society" 등 미래창조와 관련된 학습조직관련 저서들을 발표하고 있다. Senge의 제5의 수련에 담겨있는 학습조직의 핵심이론과 실천방안들을 요약해 보고자 한다.

Ⅱ. 학습 조직론

　　BPR(Business Process Reengineering), TQM(Total Quality Management) 등 경영 혁신의 실천적 방법론들과 함께 관심과 주목을 받는 개념으로 학습조직론 (Learning Organization)이 널리 활용되고 있다. Peter Senge(1990)의 베스트셀러인 「제5의 수련」 때문이기도 하겠지만, 이에 관련된 많은 연구와 실무에 대한 적용 예들이 소개되고 있다. 그러나 여기서 학습조직론이라고 명명한 것은 이 개념의 구성과 맥락이 아직 이론적으로나 실증적으로 충분히 연구가 진행되지 못하고, 주로 실무지향적인 논의와 사례분석적 관점에서 활용되고 있기 때문이다. 이와 혼동을 가져올 수 있는 보다 이론적 체계를 갖춘 개념으로 조직학습이론 (Organizational Learning Theory)이 오래전부터 제시되어 왔으며, 이는 조직학습이 개인학습과 구분될 수 있는 하나의 학습유형(Learning Typology)이라는 것을 입증하는데 초점을 두고 있는 이론이다.

그럼에도 불구하고 최근 조직의 변화관리와 혁신에 학습조직의 관점을 이론적 실증적으로 적용시키려는 시도가 활발히 진행되고 있으며, 전략계획의 수립과 이행에도 적용하여 기존의 전략적 계획의 패러다임을 수정하려는 시도를 하고 있다. 즉, 전통적인 전략계획이 지나치게 틀에 박힌 절차와 방법의 선택에 치중해 있으며 다른 요인들과의 연계성을 간과하고 있다는 비판이 제기되면서 조직의 전략계획이 보다 실천적이고 효과적이기 위해서는 전략적 학습(Strategic Learning)의 관점으로 전환되어야 한다고 주장한다. 지속적 내지 계속적인 전략의 검토(Strategic Review)를 통해 전략안의 타당성과 전제들을 끊임없이 수정해 가는 과정을 전략적 학습이라고 정의한다.

Senge(1990)는 학습조직이란 조직의 구성원들이 자신들이 원하는 것을 창조할 수 있는 역량을 끊임없이 확장해 나갈 수 있고, 새로이 열려진 사고의 유형들이 집중되고 배양되며, 집단적 열망이 표출될 수 있는, 그리고 어떤 것이 학습인가를 지속적으로 함께 배워나가는 조직이라고 정의 내리고 있다. 이를 좀더 실천적으로 설명한다면 학습조직이란 선행적으로 지식을 창조하고, 습득하고, 변환시키며 이렇게 얻어진 새로운 지식과 통찰력에 바탕을 두고 조직의 행동을 변화시켜 나가는 조직이라고 할 수 있다. 학습의 본질은 바로 변화에 있음을 의미한다. 따라서 경영혁신이나 조직혁신 추진의 성공은 바로 조직의 변화역량과 전략적 학습능력 제고에 달려 있다는 점을 강조한다.

Senge는 학습조직론의 핵심으로 [그림 1]에 정리된 바와 같이 5가지의 주요 구성요인들을 제시하고 있다. 즉, 공유비전(Shared Vision), 시스템 사고(System Thinking), 사고모형(Mental Model), 자아완성(Personal Mastery), 팀 학습(Team Learning)의 다섯 가지 구성개념이다. 그런데 이 개념들이 새롭게 제시된 것이라기보다 기존의 조직행동론과 조직문화론, 그리고 시스템 다이내믹스 등의 학문적 내용들을 새롭게 재구성하여 조직의 지속적인 생존과 성장을 위한 변화 패러다임으로 제시된 것으로 평가된다. 이들이 의미하는 바와 각각의 이론적 배경들을 간략히 정리해 보면 다음과 같다.

1. 자아완성(Personal Mastery)

자아완성이란 개인이 진정으로 지향하는 근본적이면서도 본질적인 가치의 구현을 위하여 개인적 역량을 지속적으로 넓혀가고 심화시켜 나가는 행위를 의미한다. 조직구성원의 자아완성 역량을 제고시키기 위해서는 자신감 내지 패기

┃그림 1┃ **학습조직의 기본 요소**

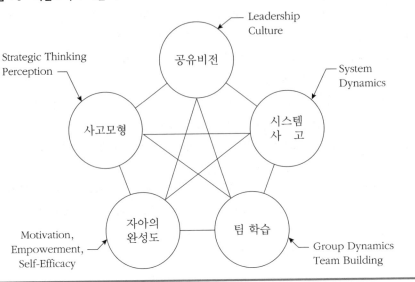

(self-efficacy)에 근거한 개개인의 권능확대(empowerment)가 이루어져야 하며, 일상 업무 속에서 경험하는 시행착오들에 의하여 축적된 지식(know-how)과 사건의 밑바탕에 깔려있는 기본적인 원리(know-why)를 지속적으로 발견하고, 만들어 내고, 개발할 수 있는 동기부여가 되어있어야 한다. 이 구성요인의 이론적 배경은 조직행동론의 미시영역인 동기부여, 권능확대, 자아이론 등이며, 이들을 망라하여 재구성하고 있다.

2. 사고모형(Mental Model)

사고모형이란 주변에서 발생하는 현상들을 이해하는 인식체계로서 학습조직을 위한 철학적 성찰적 기반이다. 인식과 사고의 내면에 놓여있는 준거의 틀이나 전제 또는 마인드 세트(Mind set)를 의미한다. 이는 개인과 조직의 사고체계와 행동양식에 직접적인 영향을 미치며, 이러한 철학적 기반을 바탕으로 부단히 성찰(reflecting)함으로서 새로운 사고의 전환을 기할 수 있게 한다. 근본적으로는 인지심리학에 배경을 둔 지각이론(Perception theories)에 기초하고 있으며, 전략적 계획 및 전략적 사고의 영역과 연계되어 새로운 변화관리를 주도할 수 있는 역량을 지니게 하는데 그 의의가 있다. 특히, 시스템 사고와 연계하여 고정관념이나 선형적 사고의 오류를 방지할 수 있는 열린 사고방식과 아울러 '질문과 주장의 균형'을 통한 대화와 성찰의 중요성을 강조한다.

3. 공유비전(Shared Vision)

비전을 공유한다는 것은 조직이 추구하는 방향이 무엇이며 그것이 왜 중요한 것인지에 대해 조직 구성원들이 공감대를 형성하는 것이다. 조직의 비전은 특정 개인이나 소수 집단에 의하여 제시되는 것이 아니라, 구성원 개개인의 비전과 리더의 비전 간에 끊임없는 대화를 통하여 형성된다. Senge는 이러한 비전의 공유전략으로 두 가지를 제시하고 있다. 첫째, 조직 구성원 개개인의 가치, 관심, 열망 등이 통합된 개인적 비전을 창출할 수 있도록 적극적으로 고무시켜 주어야 한다. 둘째, 창출된 개인의 비전을 토대로 조직 전체가 추구하는 방향을 참고하여 비전을 공유해야 한다(예컨대, "따로 또 같이!"). 비전 제시에 있어 구성원들의 참여를 강조하는 주장이다. 비전의 설정은 통보(telling), 설득(selling), 검증(testing), 자문(consulting), 공동창조(co-creating) 등의 일련의 단계들을 필요로 한다. 이를 위해서는 모든 구성원을 동등하게 대우하며 그들의 의견과 이견을 조율, 수렴할 수 있는 참여적 조직문화의 정착이 필요하며, 동시에 비전적 리더십 또는 변혁적 리더십의 역량이 요구되는 영역이다. 이 구성요인의 이론적 배경으로는 조직행동론의 리더십 영역과 조직문화론 등이 중심이 되고 있다.

4. 팀 학습(Team Learning)

팀 학습이란 팀 구성원들이 구체적으로 그들의 바람직한 결과를 얻기 위하여 의도적으로 그리고 체계적으로 지속하는 학습행위를 의미한다. Bandura의 사회적 학습이론과도 맥을 같이하는 개념이다. 팀 학습을 위해서는 타인의 관점이나 의견을 존중하면서 자신의 의견을 밝히는 가운데 서로의 생각들이 유연하게 교감할 수 있는 대화(dialogue)와 토론(discussion) 문화의 정착이 필요하다. 대화는 독자적으로 이해할 수 없는 영역에 대하여 타인의 관점과 견해를 토대로 새로운 통찰력을 습득하고 타인의 사고과정에 도움을 줌으로써 팀 구성원 사이에 의미가 자연스럽게 전달되는 과정이다. 토론은 특정 문제나 논제에 대해서 시로의 관점을 제기하고 반박하는 가운데 가장 우수한 논점을 채택하는 집단의 다이내믹한 과정이다. 팀 학습개념의 이론적 배경으로는 집단역학(Group dynamics)과 팀 개발(Team Building) 등이 중심이며, 문제해결과정(Problem-solving Process)에서 인지적 갈등을 의도적으로 관리하여 해결에 이르게 하는 창의적 문제해결과정과도 긴밀한 이론적 연계를 맺고 있다고 하겠다.

5. 시스템 사고(System Thinking)

시스템 사고란 부분적인 현상이나 정적인 한 가지 현상을 바라보기보다는 전체를 보고 전체에 포함된 부분들 사이의 순환적 인과관계와 역동적 결과들을 이해하려는 사고체계를 의미한다. 아울러 다양한 상황들에 대해 선행적으로 어떤 결과들이 도출될 것인가에 대한 지속적인 사고를 가능케 하는 시뮬레이션의 틀이기도 하다. 시스템 사고의 기본 철학은 이 세상에 존재하는 모든 것들은 독립적으로 존재하는 것이 아니라 상호 연결되어 있거나 상호 의존되어 있는 하나의 전체라는 점을 강조한다. 세상의 모든 현상이 선형관계이거나 예측 가능한 경험적 현상이라기보다 동태적이며 인과관계적인 시스템의 관점을 강조한다. Senge는 이를 제5의 수련이라고 부를 정도로 그 중요성을 부각시키면서 조직의 학습 능력을 배양하는 가장 중요한 요인이라고 주장한다. 시스템 사고는 위의 다른 네 가지 개념구성들이 따로 작동하는 것이 아니라 상호 연계되어 작동할 때 학습조직의 형태를 갖춘다는 점을 특별히 강조한다. 이 개념의 뿌리가 되는 이론적 배경은 시스템 다이내믹스(System Dynamics)이며, 이해를 위해 이에 대해 간략한 설명이 필요할 것이다.

6. 시스템 다이내믹스의 이론적 배경과 시스템 사고와의 연계

학문세계에서 인간 현상이던 사회 현상이던 어떤 현상을 포괄적으로 이해할 수 있고 설명할 수 있도록 개념화(conceptualizing)하는데 아주 유용하게 쓰이는 대표적 접근방법이 바로 체계이론의 접근방법(systems approach)일 것이다. 시스템 다이내믹스 접근방법(System Dynamics Approach: 이하에서는 SD로 표기함)도 이러한 체계이론 접근방법에 속하는 하나의 방법론이다. SD접근방법은 시스템을 구성하고 있는 변수들 간의 기본적인 순환고리들(feedback loops)을 인과관계의 관점에서 확인하고 시스템의 현상과 구성요인들의 행동을 시간선상에서 분석하는 동태적 접근방법이다.

SD는 MIT의 시스템 다이내믹스 그룹을 이끌어 온 J. W. Forrester를 위시한 산업공학 연구진에 의해 1950년대 말에서 60년대 초에 개발된 시스템 분석기법으로, 복잡한 시스템들(예컨대, 재고관리시스템, 세계자원경제시스템, 생태계시스템 등)의 동태적 행동들과 특성들을 분석하는 연구방법론이다. SD는 생산통제나 재고관리분야에 적용되고 있을 뿐만 아니라 세계경제의 예측에도 사용된 바 있으며(Roman Club의 지원에 의한 World Dynamics 모형), 도시계획, 환경예측, 복잡계 현상 분석, 기업의 전반적인 정책개발(Business Dynamics)에도 활용되고 있다. 이하에서는 SD가 가지고 있는 연구방법론으로서의 의의를 약술하고, 동 방법론의 모형 만들기 단계들(modeling phases)을 소개하고자 한다. 아울러 Senge가 제시하고 있는 시스템 사고의 원형들(archetypes)이 어떠한 과정과 배경을 거쳐서 도출되었는가를 소개하려는 데에도 그 의도가 있다.

SD접근방법은 인간행동을 분석하는데 있어서도 정보환류체계에 입각한 인과고리이론(causal-loop theories)의 형성을 가능하게 해 준다. 정보환류체계는 체계를 구성하는 요인들의 정보와 행동결과들을 순환적 피드백 고리로 연계지어 구성되며 전체 체계 내에서 하위체계들 사이의 원인과 결과를 나타내는 인과고리들로 구성된다. Karl E. Weick에 의하면 한 체계 내의 인과고리들은 체계구성요소들의 상호의존성을 나타낸다고 한다. 그는 인간행동의 연구에 있어서 이와 같은 인과고리이론들을 형성해 내는 것이 매우 중요하다고 강조하고 있다. Weick이 이러한 인과고리이론들을 개념적으로 어떻게 형성해야 하는가에 대해서는 매우 상세하게 설명하고 있지만, 형성된 개념적 인과고리이론들이 논리적으로 타당한가에 대한 분석기법에 대해서는 전혀 언급을 하지 못하고 있다. SD 방법론은 Weick이 설명하고 있는 인과고리모형들을 만드는 보다 구체적인 지침을 제공할 뿐만 아니라, 모형의 행동에 대해 시뮬레이션 분석기법을 통해 타당성을 검증하는 길을 열어놓고 있다. 이하에서는 이러한 SD방법론에 기초한 시뮬레이션 모형화의 과정(또는 단계)을 간략히 소개하고자 한다.

7. 시스템 사고의 원형(Archetypes)과 이의 보완

시스템 다이내믹스 이론을 이해하는 것은 쉽지 않은 일이다. 학습조직론에 대해 독자들이 가장 어려워하는 개념이 시스템 사고다. Senge는 시스템 다이내믹스의 이론적 배경을 바탕으로 보다 쉽게 시스템 사고의 언어를 학습하고 실제에 활용할 수 있는 원형들을 개발하려는 시도를 행하고 있다. 시스템 사고는 소통을 위한 새로운 언어체계라고 할 수 있다. 시스템 사고의 언어는 개념과 개념을 이어주는 연계(links)와 고리(loops)의 방법론을 사용하고 있다. 변수와 변수간의 인과관계를 표시하는 연계들이 순환적인 시스템을 형성할 때 이를 순환고리라고 부른다. 순환고리모형에서는 모든 변수들이 원인이자 결과요인으로 인과적으로 작용하면서 다른 변수들에 영향을 미치고 다른 변수들로부터 영향을 받게 된다. 예컨대, 식당의 서비스가 좋으면 고객의 수가 증가하고, 고객의 수가 증가하면 대기시간이 길어지며 고개의 불편을 높아지고, 고객이 불편하면 고객의 방문기회가 줄어 다시 서비스가 좋아질 수 있다는 순환적 인과고리를 가정할 수 있다.

시스템 다이내믹스에서는 이러한 순환고리의 대표적 유형을 두 가지로 분류하고 있다. 크게 정(+)의 순환고리와 부(-)의 순환고리로 대별되는데, 정의 순환고리는 강화고리(reinforcing loop)에 해당되며 부의 순환고리는 균형고리(balancing loop)라고 부른다. Senge는 강화고리의 속성에 대해 그 자체를 완전한 것이 못된다고 지적하고 있으며, 어느 시점이나 어느 한 부분에서 강화고리의 선순환 또는 악순환에 한계를 지어줄 균형적 구조가 최소한 하나 이상 작동하게 된다고 주장하고 있다.

Senge는 그의 저서 「제5의 수련(The Fifth Discipline)」에서 이 두 가지 고리로부터 다양한 원형(Archetypes)들을 발전시켜 하나의 시스템 계보도(Family Trees)를 제시하고 있다. 원형이라는 말은 그리스어의 '그 유형의 첫 번째(archetypos)'라는 의미에서 유래되었다. 그러나 1980년대 중반까지 이 시스템원형들은 전통적인 시스템 다이내믹스 연구자들로부터 서자 취급을 받아가면서 꾸준히 개발되었다. 그때까지만 해도 SD연구는 변수들 간의 관계를 정의하는데 있어서 복잡한 인과고리모형과 컴퓨터 모형을 만들고 수학적 방정식들을 활용한 시뮬레이션들을 활용하는데 치중해 있었다. Senge와 그의 동료들이 보다 간편하고 이해하기 쉬운 방안들을 만들어 내었는데, 그 결과로 '미봉책(Quick Fix)'의 원형과 더불어 시스템의 행동들을 분류할 수 있는 8가지 원형들을 제시하게 되었다. 그러나 이들 원형들 중 '성장의 한계'와 '부담전가'를 포함한 몇몇 원형들은 1960년대와 70년대에 시스템사고의 개척자들인 Jay Forrester와 그의 동료들이 설정했던 '일반적 구조들'에서 파생되어 변형된 유형들이라고 할 수 있다. 이들 원형들 중에서 가장 널리 사용되는 한 가지 유형을 간략히 소개하고자 한다.

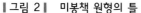

┃그림 2┃ 미봉책 원형의 틀

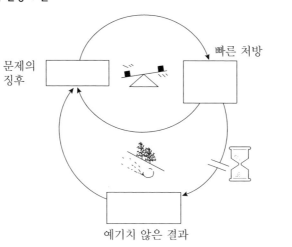

문제의
징후

빠른 처방

예기치 않은 결과

8. 미봉책(Fixes That Backfire)

이 미봉책 원형은 우리 속담에 '언 발에 오줌 누기'와 같은 현상을 의미하는 유형이다. 그 중심 내용은 어떤 결정이던 장기적, 단기적 결과들을 가져오는데, 그 둘은 이따금씩 정반대로 상치되는 결과를 가져오는 경우가 있다는 데에서 출발한다. [그림 2]의 원형(templates)에서 보는 바와 같이 문제의 증상이 있고, 그 증상을 해결하려는 신속한 처방이 이루어진다. 이 과정에서 그 징후가 치유되는 균형고리를 형성하게 된다. 그러나 처방의 예기치 않았던 결과들이 교정하고자 했던 조건이나 성과를 실제로 더욱 악화시키게 되는 강화모형의 악순환이 동시에 발생하게 된다.

이러한 미봉책 원형의 역동적 특성은 무기력한 사람들이 자신의 행동결과에 집착한 나머지 더욱 무기력해지는 결과를 경험하게 되는 경우에서 잘 나타난다. 자신의 행동으로부터 나올 위험을 잘 알면서도 선택의 여지가 없다고 느끼는 경우가 이러한 원형의 대표적인 예이다. 예를 들어, 회사가 원가절감과 수익성 제고를 위해 감원을 하는 경우, 수익성은 즉시 향상될 수 있겠지만, 경험 있는 사람들의 퇴직과 사기저하의 문제가 일의 흥미를 반감시키고 장기적으로 생산성이 낮아지는 예기치 않은 결과를 가져오는 경우가 그 전형적인 예일 것이다.

이상에서 소개한 원형들이 시스템 사고를 보다 쉽게 이해하고 응용하는데 도움을 주고는 있지만, 그 자체로서 많은 한계점들을 내포하고 있다. 예를 들어, M. Goodman은 원형을 논의하는 과정에서는 시스템의 모든 요소들에 대한 충분한 논의가 생략되었고, 다만 그 시스템이 가져올 행동의 유형에 대한 추측만을 시도하고 있다고 반론을 제시하고 있다. 이러한 지적은 SD의 모형 만들기 과정에서 상세한 과정들을 생략한 데에서 연유되는 문제로 매우 타당한 비판이라고 생각된다.

John Sterman 원형이 시스템을 이해하는 첫걸음으로서 아주 값진 것이지만, 원형들의 선택과 활용이 잘못되면 '객관식 선택문제'처럼 되어버릴 가능성이 높다고 지적하고 있다. 즉, 문제의 본질을 각각에 상황에 따라 개별적으로 분석하는 것이 아니라 제시된 원형에 꿰어 맞추어야 하는 강요된 분석방식이 되고 마는 한계점을 지니고 있다고 비판하고 있다. 사람들이 어느 원형을 선택하게 되면 그것으로 자신들이 시스템의 행동을 예측할 수 있다고 믿어버리는 경향을 배제하기가 어려울 것이다. 따라서 스스로의 문제에 대한 순환고리모형을 독창적으로 만들어 낼 수 있는 학습능력을 저해시킬 가능성도 배제할 수 없다.

Sterman은 제시된 원형들이 아주 상이한 시스템들에서도 동일한 구조와 역동성을 반복적으로 가져오는 수많은 SD모형의 연구결과들로부터 귀납적으로 얻어진 결과라고 지적하고 있다. 즉, 원형들은 시스템 운영의 일반 원칙들만 개괄적으로 선별하여 작성한 것이라고 주장한다. 그러나 대부분의 시스템 모형들은 일반화하기까지 아주 엄격한 수학적 모형화의 배경을 필요로 한다. 따라서 수학적 컴퓨터 시스템모형을 다룰 수 있는 지식이 없이 원형들만 선택적으로 활용하는 것은 매우 위험한 발상이라고 논박하고 있다.

이상의 Sterman과 Goodman 등이 주장하는 바와 같이 원형 그 자체에 대해서도 이해와 활용에 있어 내재적으로 안고 있는 한계가 있다. 이들 원형들 중에서 어떤 원형이 올바른 것인지에 대해서도 SD연구자들 사이에 의견의 불일치가 남아있다. 실제로 미봉책 원형 하나만을 컴퓨터 모형화 하는데 있어서도 많은 변수들의 보완이 이루어져야 하고, 추가된 변수들에 대한 가정에 따라서는 미봉책 원형이 예측하고 있는 시스템의 행동들을 그대로 확인할 수 없는 경우도 있다. 따라서 제시된 원형들에 대한 보다 체계적인 학습을 위해서는 컴퓨터 모형화와 시뮬레이션의 이해가 보완되어야 한다.

Senge가 주도하는 학습조직 학파의 핵심적 내용인 시스템 사고는 분명 새로운 이론체계는 아니다. 소위 토마스 쿤이 언급하고 있는 정상과학(Normal Science)에서 가장 널리 사용되어 온 시스템 이론에 그 뿌리를 두고 있다. 시스템 이론에 바탕을 둔 시스템 사고는 현상의 부분이나 부분과 부분간의 단편적 관계를 관심영역으로 두는 것이 아니라, 총체적인 것을 인식하고 열린 세계에서 본질에 보다 가깝게 다가가려는 학문적 고뇌의 산물이다. 더욱이 추상적 개념화의 수준이 높고 수학적으로 공식화된 모형(formal models)들을 보다 쉽게 이해할 수 있도록 도움을 주고 있으며, 보다 널리 경영현상과 조직현상에 응용할 수 있는 길을 열었다는 데에서 Senge의 업적은 높이 평가되어야 할 것이다.

최근에 유행처럼 제시되어 온 수 많은 경영의 기법들(Management Fads)이 단명으로 끝나는 것을 익히 보아왔다. 이러한 경영실천방안들(management practices)이 우리나라에서 짧은 수명을 맞이하게 되는 주된 원인은 그 이론적 배경이 모호하거나 우리의 현실에 대한 검증절차를 거치지 않은데 있다고 하겠다. Senge류의 학습조직은 전혀 새로운 이론이 아닌 기존의 이론에서 파생된 융합이론이며 최근 관심이 대두된 변화관리(Change Management)에 도움을 주는 유용한 분석의 틀이라고 생각된다.

참 | 고 | 문 | 헌

박광량, 손태원(역), 학습조직의 5가지 수련: Fieldbook, 21세기북스, 1996.

손태원, 조직행동과 창의성, 법문사, 2004.

Senge, P. M., *The Fifth Discipline: The Art and Practice of Building Learning Organization*, New York: Doubleday, 1990.

_____, Roberts, R. B. C., Smith, J., & Kleiner, A., *The Fifth Discipline Fieldbook: Strategies and Tools for Building a Learning Organization*, New York: Doubleday, 1994.

Donald F. Kettl의
학습관료제론*

Ⅰ. Kettl의 학문세계

　　Donald F. Kettl은 현재 위스콘신 대학의 공공행정 및 정치학과의 교수로 재직중이다. 그는 1979년 예일 대학에서 정치학 전공으로 박사학위를 받았으며, 정부조직 혁신이론 분야에서 중추적인 활동을 하고 있는 대표적인 학자이다. 그는 에너지, 환경, 과학기술분야에서 연방정부뿐만 아니라 여러 공공조직의 자문위원으로서 정책이나 조직구조 및 운영혁신의 문제해결에 직접 참여해 오고 있다. 정부조직개혁 및 혁신전략에 관한 폭넓은 경험을 바탕으로 한 그의 이론 및 저술들은 미국행정학계에서 매우 큰 반향을 일으키고 있다. 그의 대표적인 저작으로는 정부 이외의 공공기관에 의한 정부서비스 제공이론을 다룬 「대리정부이론」(1988) 외에 「행정과정의 정치학」(1991), 「정부성과와 혁신」(1993), 「권력공유: 공공경영과 사적 시장」(1993) 등이 있다.

　　여기서 소개하는 그의 논문, "Managing on the Frontiers of Knowledge: The Learning Organization"은 시라큐스 대학의 Patricia W. Ingraham교수 등 미국의 중진학자들과 함께 공동집필한 *New Paradigms for Government*(1994)에 소개된 글이다.

　　현재 진행중인 지식정보화의 추세는 국가행정의 역할과 구조에도 커다란 영향을 미치고 있으며, 이에 따라 조직모형도 전통적인 계층제 조직에 많은 변화를 가져오고 있다. 지식사회에서의 행정조직은 국가사회시스템의 생산성을 극대화시키고 고객을 만족시키는 공공서비스를 보다 효율적으로 제공할 수 있는 행정운영체계를 갖출 것이 요구되고 있다. 이러한 관점에서 지식을 창출·획득·확산하는 데 능숙한 조직, 새로운 지식과 통찰력을 반영하여 행동을 수정

---

　* 권기헌: 성균관대학교 행정학과 교수.

하는 데 능숙한 조직, 그리고 잘못된 지식을 폐기하는 데 능숙한 학습조직이론
은 현대 행정조직이론에서도 중요한 연구대상이 되고 있다.

이러한 시대적 상황이나 현대조직이론의 동향으로 볼 때, Wisconsin 대학의
Donald F. Kettl교수의 학습관료제론을 소개하는 것은 많은 의의를 지닐 것으로
보인다. Kettl교수는 소개된 논문에서 학습조직의 개념을 정부관료제에 체계적
으로 도입하려는 시도를 하면서 학습정부를 전략적으로 구축하는 방안을 제시
하고 있다.

Ⅱ. 정부조직의 학습을 방해하는 요인

조직은 생존과 성장을 위해 학습을 해야 한다. 학습을 위해서 조직은 복잡
하면서 급변하는 외부환경에 적응할 수 있어야 한다. 조직이 처해 있는 외부환
경이 복잡하고 불확실성이 높을수록 조직에서 학습의 문제는 중요하고도 어렵
다. Kettl은 정부관료제에서 학습이 왜 잘 일어나고 있지 않은지, 그리고 왜 그
러한 환경이 조성되지 않고 있는지에 대한 근본원인을 다음 네 가지 사실로 정
리하고 있다. 우선, 한 사회 내에서 관료제가 차지하던 독점적 위치가 잠식되
고 있으며, 따라서 정부가 정보에 대해 누리던 독점적 지위가 더 이상 성립되
지 않는다. 둘째, 사회가 복잡해지고 급속히 변화해 감에 따라, 정부가 외부 전
문가에게 의존하는 비율이 증가하고 있다. 셋째, 과학과 지식에 대한 시민들의
신뢰가 떨어지고 있으며, 따라서 이들에 대한 신뢰구축 작업은 그만큼 더 어려
워지고 있다. 마지막으로, 과학적 지식과 정보에 대한 출처가 점점 더 분권화
되고 있다.

1. 계층제의 종말

(1) 관료제적 패러다임의 위기

먼저, 지난 수십 년 동안 행정기능을 분업화하고 전문화하는 데 가장 탁월
한 조직형태였다는 평가를 받았던 관료제적 패러다임이 흔들리고 있다.

관료제적 패러다임은 규칙과 권위에 의한 기술적 합리성(technical rationality)
에 그 존립기반을 두고 있는데, 고전적 행정학자들은 관료제의 이러한 기술적
전문성이야말로 효율성을 담보하는 것이라고 믿었다. 정부는 적어도 '전문성'에

관해 독점적 지위를 누리고 있었으며, 직업관료들의 이러한 전문성은 정부권력이 민간영역으로 누수되는 것을 막을 수 있었다. 모든 관료조직은 자신들만이 전문적으로 보유하고 있는 전문성과 그들이 지니고 있는 정보의 비밀성으로 인해 그들의 우월적 지위를 확장시키는 데 큰 어려움이 없었다. 관료조직은 공공서비스 제공의 독점적 공급자였으며, 관료들은 사실상 그들의 예산권을 가지고 있는 정치인들의 눈치만 살피면 되었다. 따라서, 이 당시에는 국민들이 아니라 정치인들이 실질적으로 독점적 수요자 역할을 한 것이다.

그런데 이제 이러한 쌍무독점(bilateral monopoly)의 시대가 끝나고 있다. 정부는 공공기관이 아닌 민간으로부터 재화와 서비스를 공급받는 경우도 빈번해졌으며, 민간부문과의 계약을 통한 외주(outsourcing)나 민간위탁·민영화의 형태를 통한 공공서비스 제공이 급증하고 있다. 또한, 공공기능을 수행하는 정부와 유사한 형태의 '대리정부'들이 많아지면서, 행정부는 더 이상 공공재를 공급하는 시장의 독점자적 위치를 누릴 수 없게 되었다.

(2) 과학기술의 발달

제2차 세계대전이라는 외생적 행정환경은 정부의 역할과 기능을 변화시켰다. 레이더에서 핵무기, 우주항공에서 해양자원에 이르기까지 다양한 형태의 과학기술이 개발되면서, 그 동안 민간부문에서 개발된 기술을 수용하는 데 안주해 온 정부는 이제 적극적 모습으로 변신하지 않으면 안 되게 되었다. 예컨대, 새로운 프로그램과 기술을 개발하는 창조적인 기능을 수행하기 위해 정부는 민간영역과 적극적인 협력관계를 구축하게 되었다.

이러한 민-관 협력관계는 군사영역이 아닌 도시개발, 사회복지, 환경 등 다른 영역에서도 확대되면서, 전후 미국정부 활동의 전형적인 형태로 자리잡게 되었다. 적어도 연방정부 예산의 30% 이상은 이러한 형태의 민관 합작 프로그램에 지출되고 있다. 정부가 민간영역에서는 찾을 수 없는 특수한 전문성이나 효율성을 지닌 것으로 간주되던 시대는 지나갔으며, 이는 정부계층제의 근간을 이루던 Weber-Wilson 패러다임의 위기로 이어지고 있다.

(3) 복잡계 조직이론과 조직학습

전통적 행정조직인 계층제적 패러다임에 대한 재고는 현대 조직이론의 관점에서도 제기되고 있다. 이는 조직에 관한 두 가지 중요한 관찰에서 기인하는데, 첫째, 조직체계는 상호 긴밀히 연계되어 있다는 점이다. 더 복잡한 문제일수록 상호 결합된(coupled) 형태의 조직들이 문제해결에 나서야 한다. 둘째로, 조직체계는 현대사회의 이러한 상호 연결된 복잡성에 대응하여 개발되어야 한다는 점이다. 조직체계의 한 하위체계의 실수가 즉시 전후방 및 상하 관련된 체계들에게 파급효과를 가져오게 된다. 체르노빌 사건이나 Three Mile Island 핵발전소 사건에서 보듯이, 한 개의 조그마한 실수가 예기치 못한 다차원적 연쇄반응으로 이어지면서 심각한 결과를 초래하기 때문에, 현대조직은 가외성(redundancy)의 형태를 고려한 새로운 형태로 조직되어야 하며, 학습(learning)이 일어날 수 있는 시스템을 조직 내부에 장착시키지 않으면 안 된다. 이런 관점에서 볼 때에도 학습이라는 요소를 고려하지 않은 엄격한 계층제 형태의 관료제는 제고될 필요가 있는 것이다.

2. 외부전문성에 대한 정부의존의 증대

'대리정부'의 형태가 증가하면서, 공공서비스에 대한 정부의 독점시대는 지났다. 정보기술의 발달 등 사회환경의 급격한 변화에 따라 정부가 외부 전문가나 민간영역에게 의존하는 경우가 점점 더 많아지고 있다. 정부가 외부 전문가에게 아이디어나 정보를 의존하는 경우는 다음 두 가지 형태에서 살펴볼 수 있다.

첫째, 정책적 방향을 정하는 데 있어서 정부는 민간계약자의 건의에 의존하는 경우가 늘어나고 있다. 특정한 정책이나 전문적 프로젝트를 수행하는 데 있어서 한정된 정부 인력과 예산으로 복잡한 기술과 전문성을 요구하는 프로그램의 내용을 이해하는 데 많은 한계가 있다. 따라서, 관료들은 어떤 일들이 이루어 져야 하고, 지금까지 수행된 과업은 무엇이며, 어떤 방식으로 프로젝트가 완성되어야 하는지에 대해 외부 계약자나 전문가의 의견에 의존할 수밖에 없게 되었다.

둘째, 감리와 평가에 있어서 이러한 전문성의 부족은 더욱더 여실히 드러난다. 정부의 정보체계나 회계관리, 프로젝트 평가 능력은 민간부분에 비해 현저히 뒤떨어져 있기 때문에, 회계감리나 프로그램 평가에 있어서 외부 전문가 의존도는 거의 결정적이라고 해도 과언이 아니다.

3. 과학과 이론에 대한 신뢰상실

20세기 초반만 하더라도 국민들은 강력한 정부가 공공문제를 앞서서 해결해 줄 수 있을 것이라는 믿음을 가지고 '강한 정부의 신화'를 지지했으며, 이는 강력하고 전문성을 갖춘 Weber식의 관료제로 대변되었다. 그러나 20세기 후반 들어 핵발전소 폭발과 같은 대형사고들을 목격하면서, 그리고 급변하는 과학기술의 불확실성 앞에 정부가 얼마나 무력한가를 실제로 경험하면서, 과학과 지식에 대한 일반국민들의 신뢰가 떨어지고 있다. 정부에 대한 일반국민들의 믿음이 상실되면서 불확실성 대응능력에 대한 정부권위는 실추되고 있는데, 그 근본적 이유는 다음 세 가지로 요약될 수 있다.

첫째, 시민들은 사회문제를 규정하는 데 있어 점점 더 전문가들에게 의존하고 있다. AIDS 문제로부터 환경문제에 이르기까지 전문가들은 그들 분야의 전문용어와 개념을 이용해서 문제를 규정하고 있으며, 이에 따라 정부의 대응능력과 운신의 폭은 더욱더 좁아지고 있다.

둘째, 정부 각 부처 혹은 심지어 한 부처 내에서도 공무원들은 각자 자기분야의 전문가들을 상대로 업무를 수행하게 되면서, 정부의 할거주의는 점점 더 심화되고 부처와 부처간 정보의 공유는 점점 더 어려워지고 있다.

마지막으로, 위의 두 문제점으로 인해 정부의 공공문제 해결능력은 급격히 감소되고 있으며, 시민들은 이를 인지하고 있다는 사실이다. 따라서, 위험문제라든지 불확실성에 대한 정부의 대처능력은 시민들의 기대수준 이하를 맴돌고 있다.

4. 지식의 분권화

불확실성의 증대와 함께 지식에 대한 접근 경로도 분권화되었으며, 정부가 정보에 대해서 독점하던 시대는 지났다. 1960년대만해도 정부는 경제전망에 대해 가장 권위있는 독보적 존재로 군림할 수 있었으나, 1980년대에 접어들면서, 예컨대, 월스트리트저널과 같은 신문들은 권위 있는 경제전문가들의 고정 컬럼을 매주 실어 보내고 있다. 환경문제, 주택문제, 사회복지문제들도 마찬가지로, 정부가 홀로 '가장 전문적인 우월성'을 지니고 있다고 주장할 수가 없게 되었다.

정보와 지식에 대한 접근경로가 다양화되면서 정치권력도 분권화되고 있으며, 정부관료제의 전통적인 계층제 구조도 흔들리고 있다. 내부의 계층제 구조도 그렇지만 정부가 사회의 최상부에 존재한다는 관념에도 변화가 오고 있다. 한때는 정부가 혼자 독주하던 시기가 있었다. 이제는 정부보다 뛰어난, 컴퓨터와 정보기술로 무장된 '무서운' 선수들이 많아진 시대가 되었다.

시대상황이 이렇게 바뀌다보니, 정부의 역할에 대한 근본적 질문이 제기될 수밖에 없게 되었다. 정부는 이러한 시대변화에 어떻게 대처해야 할 것인가? 정부는 이러한 시대환경에서 어떻게 '통치행위'(govern)를 수행할 수 있는가? 이러한 시대변화는 정부 관료들에게 어떤 변화를 요구하고 있는가? 그리고 정부-시민의 바람직한 관계정립은 무엇이며, 효과적이고 책임있는 정부로 다시 태어나기 위해서 정부는 어떤 노력을 해야 하는가?

과거에는 계층제적 정부관료제가 이 모든 문제에 대한 분명한 해답이었다. 전문가적인 식견을 가진 관료들이 명확하게 부여된 기능을 수행하고, 상부에서 제시된 명령체계를 따라 시민들에게 공공서비스를 제공하기만 하면 되었다. 시민들도 정부의 권위를 믿고 따랐으며, 정부의 전문성과 효율성에 대해 열정적인 신뢰와 지지를 보내주었다.

그러나, 이제 이러한 기본적인 도식으로는 사회운영이 어렵게 되었다. 정보와 지식의 패턴도 다양하게 되었으며, 기술과 불확실성의 수준도 고차원이 되었으며, 시민들의 기대수준도 달라지게 되었다. 정부 관료들도 '배우지 않고서는' 통치 자체가 불가능한 세상이 된 것이다.

Ⅲ. 학습관료제의 명제

Kettl은 이상의 분석을 바탕으로 정부조직 학습에 대한 4가지 명제를 도출하고 있다.

1. 학습은 필수적이다

여타 다른 조직과 마찬가지로 정부관료제에 있어서도 학습은 필수적이다. 우주선 챌린저 호의 폭발은 수십억 불의 장비와 인명 피해를 가져왔지만, 더욱 심각한 비용은 미국 정부와 전문가적 관료집단에 대한 국민들의 신뢰가 무너졌다는 점이다. Three Mile Island의 핵 누출사건, 체르노빌 사건도 마찬가지 결과를 초래했다. 이러한 사건들이 주는 공통적 교훈은 정부관료제에 학습시스템이 제대로 구축되지 못한다면 한 가지 작은 실수가 얼마나 커다란 재앙을 초래하는가를 웅변적으로 보여주고 있다는 점이다.

2. 정보가 핵심이다

관료조직에 학습이 일어나려면, 관료조직은 그 조직을 둘러싸고 있는 환경에서 어떠한 변화가 일어나고 있는지를 먼저 알 수 있어야 하고, 그런 다음, 이러한 인지가 얼마나 타당한 것인지를 판단할 수 있어야 하고, 마지막으로, 거기에 대한 대응책을 강구할 수 있어야 한다.

Kettl은 이러한 학습관료제를 이루는 방법으로 조직과 인력 양측면을 모두 고려해야 한다고 주장하고 있다. 먼저, 조직측면에서 학습관료제는 개방체제가 되어야 한다. 학습관료제는 그 경계조직이 늘 외부환경의 변화를 민감하게 인지하고 수용할 수 있는 형태의 개방체제가 되어야 한다. 둘째, 조직 내에서 실제로 일하는 공무원들은 시시각각으로 외부환경이 쏟아내는 엄청난 양의 신호들을 읽고, 걸러내고, 판단할 수 있도록 훈련되어야 한다.

이와 함께, Kettl은 지난 60년대, 70년대, 80년대를 거치면서 미국 정부에서 이루어진 많은 행정개혁의 노력들을 검토하면서, 정부조직의 구조(structure)와 과정(process)들을 이렇게 저렇게 '땜질해 붙이면' 정부기능이 보다 효과적일 것으로 생각한 접근방식에 대해서 신랄하게 비판하고 있다. 이러한 기본적 인식을 토대로 미국 정부개혁가들은, 1960년대에는 많은 정부 프로그램을 양산하였고, 1970년대에는 미국 정부조직도표와 직제 뜯어고치기와 씨름하였고, 1980년대에는 신자유주의의 물결로 인해 정부가 하는 기능은 모두 비효율적이고 민영화나 시장기능에 의존하는 것이 최상책인 것으로 믿었다는 것이다.

그러나 이러한 모든 접근방식의 공통적인 오류는, Kettl에 따르면, 정부개혁과정에서 '학습'이라는 요소가 결여되었다는 점이다. 정보와 정보의 흐름에 기초한 학습에 바탕을 둔 정부조직혁신이 없이는 정부성과가 향상될 수 없다는 점을 간과하고 있다는 것이다.

3. 정보는 아래에서 위로 그리고 밖에서 안으로 흐른다

Kettl은 지금까지의 행정개혁이 초래한 또 하나의 중요한 오류로서 '하향식'(top-down)의 접근방법을 지적하면서 그 근거로서 다음 두 가지 사실을 들고 있다.

첫째, 최고관리자의 권력은 부하직원들의 수용을 전제로 생겨난다는 점을 간과하고 있다는 점이다. 일찍이 Barnard(1968)도 지적한 바와 같이, 상급자의 권위는 소속직원들이 얼마나 자발적으로 조직이 제시한 방향에 따라 주는가 하는 데 달려 있다. 즉, 효과적인 조직이 되려면 ① 부하 직원의 협력을 이끌어 낼 수 있는 상관의 리더쉽, ② 조직의 공동목표에 대한 자발적인 수용성, ③ 그리고 이러한 목표를 향해서 직원들을 상하 좌우로 한데 엮을 수 있는 의사소통체계가 갖추어져 있어야 한다.

조직의 목표를 효과적으로 달성할 수 있으려면 조직 내에 효율적인 의사소통체제가 정비되어 있어야 하며, 이러한 체제 내에는 항상 정보가 원활하게 소통되어야 한다. 조직의 명령에 포함된 정보는 위에서 아래로 흐르는 것이 상례이지만, 그 명령에 포함된 정보는 '아래에서 올라오는 것'이다. '하향식'(top-down) 개혁이 초래한 오류는 바로 이러한 정보채널을 파악하지 못했다는 점이며, 학습조직의 중요성을 파악하지 못했다는 점이며, 또한 '상향식'(bottom-up) 커뮤니케이션 구조를 통해 학습이 자발적으로 축적될 수 있는 여건을 마련하지 못했다는 점이다.

둘째로, 기존의 행정개혁가들은 관료들에 대한 통제를 통해 정부혁신이 달성될 수 있을 것으로 믿었다는 점이다. 정부관료제의 성과 역시도 사업 프로젝트를 관리하듯이 엄격한 방법을 적용하고, 또한 그 과정에서 생겨나는 장애요인을 제거한다면 쉽게 달성될 수 있을 것으로 보았다. 이처럼 정부관료제를 폐쇄형으로 보는 접근방법은 많은 문제점을 지니고 있다. 즉, 정부가 효과적이려면, 정부조직이 '더 잘' 배울 수 있어야 한다. 정부관료제가 효과적으로 학습하려면, 정보를 수집하고 소화해 낼 수 있는 방법이 개발되어야 한다. 정보를 잘 수집하고 분석할 수 있으려면, 정보가 흐르는 소통체계를 잘 파악해 둘 필요가 있는데, 그것이 바로 '아래에서 위로, 밖에서 안으로' 라는 것이다.

조직의 하부체계야말로 관료적 전문성이 기초하는 곳이고, Barnard가 강조했듯이 조직효과성의 시발점인 것이다. 그리고 조직의 '밖'이야말로 급변하는 기술과 환경의 변화의 내용이 담긴 정보의 출처인 것이다. 이러한 '하부'와 '밖'을 잘 엮어서 원활한 조직 커뮤니케이션 체계를 구축하는 것이야말로 정부관료제 전체를 하나의 학습조직으로 만드는 전제조건이 된다.

4. 지식은 힘이다

관료제의 공식적 계층구조와 관계없이, 조직에서 실질적인 권력은 정보의 흐름을 따르고 있다. 정보가 '아래에서 위로' 그리고 '밖에서 안으로' 흐르듯이,

관료들의 권력도 이러한 패턴을 따르고 있으며, 이는 다음 두 가지 시사점을 주고 있다.

첫째, 관료제 내부에서 상급자는 '권위'(authority)에 기초한 통제방식에서 '합의'(consensus)에 기초한 관리방식으로 전환해야 한다는 점이다. 즉, '건의는 위로, 명령은 아래로'와 같은 전통적 방식에서 탈피하여, 직원 전체가 하나의 퍼레이드를 펼치듯이 공동목표를 향해 동일한 방향으로 매진할 수 있어야 한다. 이를 위해서 계층구조의 분권화(decentralization)와 부하 직원들에게 '힘 실어주기'(empowering)는 필수적이다. 정보의 흐름은 바로 조직의 아래에서부터 출발하기 때문이다.

둘째로, 정보가 발생하는 또 하나의 중요한 출발지가 '밖'이라는 사실은 정부권력이 '바깥' 사회와 공유할 수 밖에 없다는 점을 의미한다. 예컨대, 환경정책을 연구해 보면 공해감소정책을 수립하는 데 있어 정부가 얼마나 업계의 목소리에 의존할 수밖에 없었는지를 금방 알 수 있다. 정부 관료들은 그들의 전문성 제고 차원에서도 그들의 정책이 기초하고 있는 바깥의 정보에 의존할 수밖에 없기 때문에, 사회와의 권력 공유는 불가피해진다. 따라서, 이제는 엄격한 권위와 위계질서에 기초한 조직구조가 필요한 것이 아니라, 사회의 각 주요 부문들과 잘 연계될 수 있는 네트워크의 구축이 필수적이다.

Ⅳ. 학습관료제의 구축을 위한 제언

Kettl은 학습관료제의 구축전략 및 이를 위한 제언을 다음 몇 가지로 정리하고 있다.

첫째, 학습관료제는 사회문제의 복잡성에 늘 주의를 기울일 수 있어야 하고, 그들을 해결하는 데 필요한 정보에 쉽게 접근할 수 있어야 하며, 문제해결에 적합한 민-관 협력네트워크를 구축할 수 있어야 한다.

둘째, 정부조직은 학습 시스템을 구축하기 위해 노력해야 하며, 이를 위해 정부 관료들의 학습이 '늘 상시적으로' 일어날 수 있는 장려책을 마련하여야 한다. 학습관료제의 핵심은 관료제의 구성원들인 관료의 학습을 통해 생성되는 것이기 때문이다. 관료들은 평소 직무수행에 있어 어디에 가장 유용한 정보가 존재하는지에 대해서 알아두어야 하고, 자신이 맡은 영역에 존재하는 수많은 정보 가운데 어떤 정보가 정말로 중요한 정보인지 분석하고 해석하는 법을 익

혀두어야 하고, 자신이 속한 조직목표를 달성하기 위해 이러한 정보들을 어떤 방식으로 이용할 수 있는지에 대해 알아두어야 한다.

셋째, 이러한 학습분위기가 조성될 수 있도록 그리고 더욱더 장려될 수 있는 인센티브 체제를 효과적으로 구축하는 일은 최고관리자들의 몫이다. 또한 최고관리자들은 '아래에서 위로' '밖에서 안으로' 늘 학습이 이루어질 수 있도록 ① 교육훈련을 강화하고, ② 구조적 유연성을 유지하고, ③ 관료조직을 수평적 형태로 전환하고, ④ 의사결정의 분권화를 촉진하여야 한다.

마지막으로, 학습관료제는 실패에 너그러운 조직이다. 학습은 늘 위험과 불확실성을 내포하고 있는 정보에 대해 배우려는 자세를 말하는 것이기 때문에 실패를 수반하게 마련이다. 학습관료제는 엄격한 권위와 통제에 기초한 전통적 관료제에 비해 특성상 훨씬 더 복잡하고 불안정하며, 따라서 그 구성원들인 공무원들에게 훨씬 더 많은 위험을 안겨준다. 위험에 대한 관용이 보장되어 있지 않으면 창의적이고 혁신적인 기업가 정신이 살아날 수 없다. 실패에 대해 관대할 수 있어야 하고, 심지어 경우에 따라서 장려하지 않는다면, 학습의 경험이 축적될 수 없다. 따라서, 학습관료제란 정부가 당장 수행하고 있는 프로그램을 효율적으로 관리하기 위해서도 필요하지만, 더 중요하게는 종국적으로 어떤 결과를 가져올 것인가 하는 장기적인 안목으로 접근할 필요가 있다.

21세기는 지식과 문화가 중요한 시민사회로의 진입을 예고하고 있다. 과거처럼 능률성 위주의 관료행정과 상의하향식 국가발전전략이 더 이상 시민들에게 '주입'될 수 있을 것이라는 발상으로부터 벗어나야 하며, 정책의 투명성을 높이고 참여가 자유로운 열린 정부가 되어야 한다.

미래조직에서는 조직구성원의 학습능력, 참여와 창의성 발현을 통한 경쟁력의 향상이 조직에 있어 중요한 관건이 될 것으로 예상된다. 특히 지식정보사회에서 조직의 생존과 경쟁력을 유지하기 위해서는 변화의 흐름을 인식하고, 이에 대한 지속적 학습과 새로운 지식의 습득이 요구된다. 전통적 조직에서는 한번 습득한 기술이나 능력이 오랜 기간 조직의 경쟁력을 보장하였지만, 지식정보사회에서의 환경변화는 조직이 새로운 기술과 관리능력에 대해 지속적으로 습득할 것을 요구하고 있기 때문이다.

창조적 지식정부란 정부의 생산성을 극대화시키고 고객을 만족시키는 공공서비스를 보다 효율적으로 제공하기 위해 새로운 방식으로 자원을 활용하는 행정조직의 관리 및 운영시스템을 의미한다고 볼 수 있다. 여기에서 소개된 Donald F. Kettl교수의 논문은 학습조직의 개념이 전통적인 관료제를 어떤 방식으로 개혁해야 하는지에 대한 모형과 명제를 제공해 주고 있다는 점에서, 그리고 학습관료제가 내포하고 있는 어려움을 어떻게 극복할 수 있는지에 대한 전략과 제언을 제시해 주고 있다는 점에서, 우리 나라의 행정학자나 행정관료들에게 많은 것을 시사해 주고 있다.

참ㅣ고ㅣ문ㅣ헌

Kettl, Donald F., "Managing on the Frontiers of Knowledge: The Learning Organization," in P. W. Ingraham & B. S. Romzek, eds., *New Paradigms for Government*, San Francisco, Cal.: Jossey-Bass Publisher, 1994.

Barnard, C. I., *The Functions of the Executive*, Cambridge, Mass.: Harvard University Press, 1968.

James G. March의
탐색과 심화 학습론*

Ⅰ. March의 학문세계

James G. March는 1928년 미국 오하이오 클리블랜드에서 태어나 2018년 9월 27일 세상을 떴다. March는 스탠퍼드 대학교 경영대학원과 교육대학원에서 재직하며 이 책의 다른 장에 소개된 Richard Cyert와 조직의 행태적 의사결정이론을 개발하고, 조직 생태와 학습 분야의 연구에 기여하였다. March는 한국 행정학계에서는 1963년 Richard Cyert와 함께 출간한 기업조직행태론(*A Behavioral Theory of the Firm*), 그리고 1972년 Michael Cohen 및 Johan Olsen과 출간한 조직 선택의 쓰레기통 모형(*A Garbage Can Model of Organizational Choice*)으로 유명하지만, 이후로 그는 조직생태론적 관점에서 조직의 적응 및 학습에 관하여 다수의 연구를 수행하였다.

특히 이 장에서 소개하는 1991년 *Organization Science* 제2권 제1호에 수록된 논문 "조직 학습에서 탐색과 심화(Exploration and Exploitation in Organizational Learning)"는 조직 학습 연구에서 새롭고 거대한 흐름을 형성한 또 다른 이정표적 논문이다. 1963년 출간된 기업조직행태론이 구글 학술검색에서 2023년 8월 기준 40,000회 인용되고, 1972년 출간된 쓰레기통 모형 논문이 14,000회 인용된 반면, 1991년 출간된 이 논문은 32,000회가 인용되었다. March의 학문적 여정에서 상대적으로 늦은 시기에 나온 이 논문은 March의 대표 논문 중 하나로 인정될 가치가 충분하다.

2008년 미국 캘리포니아 애너하임에서 개최된 미국경영학회(Academy of Management)의 '경영 및 조직인지' 분과(Managerial and Organizational Cognition Division)는 March를 기조 강연자로 초빙하였다. March는 그 강연에서 이 논문

---

* **최태현**: 서울대학교 행정대학원 교수.

이 조직 학습 연구에 끼친 영향을 회고하며, 60세가 조금 넘어 작성한 이 논문이 이렇게까지 많은 후속 연구를 낳으리라고는 자신도 예상치 못했다고 고백하였다.[1] 그런데도 한국과 미국을 불문하고 행정학 연구에서는 March의 이 논문과 후속 연구들이 그다지 잘 알려지지 않았다. 이 장에서는 March의 탐색과 심화의 조직 학습 개념틀을 소개하고, 공공조직 연구에의 적용 가능성을 짚어본다.

자세한 소개 이전에 이 논문의 배경이 되는 조직 학습의 관점에 대해 간략히 설명한다. March의 조직 학습론은 개별 조직의 학습 전략보다는 진화론적 관점의 조직생태론을 배경으로 한다. 그의 관점에서 조직은 폐쇄된 체계로서 내부적 구조를 정교화하는 것에 그치는 것이 아니라 조직 환경에 대한 새로운 정보를 끊임없이 포착하고 이를 내부적으로 처리해야 하는 상황에 놓여 있다. 나아가 조직의 성과는 이러한 정보 처리의 질뿐 아니라, 해당 조직이 놓여 있는 환경에 얼마나 많은 경쟁자가 있는지, 그들이 어떤 선택을 하는지에 따라 영향을 받는다고 보았다. 따라서 한 조직의 학습을 이해하려면 조직이 보유한 지식, 환경(변화와 경쟁자), 그리고 학습 전략을 동시에 고려해야 한다는 것이다.

이러한 맥락에서 March는 이 논문에서 탐색과 심화, 양자 간 균형, 그리고 학습 성과의 환경 의존성에 대해 간단명료한 시뮬레이션을 통해 논의하고 있다.

Ⅱ. 탐색과 심화

1. 개 념

March(1991: 71)는 조직이 활용할 수 있는 학습 전략으로서 우선 탐색(exploration)을 다음과 같은 용어들과 관련된 것으로 보았다: 조사(search), 변이(variation), 모험(risk-taking), 실험(experimentation), 놀이(play), 유연성(flexibility), 발견(discovery), 그리고 혁신(innovation). 반면 심화(exploitation)는 다음과 같은 용어들과 관련된 것으로 보았다: 정교화(refinement), 선택(choice), 생산(production), 효율(efficiency), 선별(selection), 집행(implementation), 그리고 실행(execution). 말하자면 심화는 기존의 경로, 그 경로 위에서 확보한 역량이나 기술로부터 직접

---

1) 이 부분은 필자가 해당 강연에 참석하여 들었던 내용에 대한 기억에 의존하였다.

적인 성과를 가져오는 데에 초점이 있는 반면, 탐색은 장기적으로 보다 나은 성과를 제공할 것으로 기대되는 새로운 경로를 찾으려는 데에 초점이 있다. 기존의 IT 시스템을 계속 운영하는 것이나 새로운 IT 시스템을 도입하는 활동 모두 조직 학습이며, 올바른 선택이라면 모두 조직 성과 개선에 기여할 것이다. 이때 전자가 심화이며 후자가 탐색이다.

학습을 조직의 성과 증진과 연결된 활동으로 이해하는 관점(Argote, 2013)에서 볼 때, 심화는 조직의 성과와 직접 연결되는 활동이므로 학습으로 볼 수 있다. 그리고 이 과정에서 조직이 지닌 지식은 정교화되고, 조직의 매뉴얼이나 관행에 축적되고, 새로운 구성원들이 그 지식을 학습하는 방식으로 강화된다. 심화는 조직 환경의 변화가 크지 않은 상황에서 조직의 경쟁력 강화에 긍정적인 영향을 미친다(Choi, 2015).

탐색을 조직 학습으로 본다는 것은 조직의 성과를 장기적 관점에서 보아야 한다는 것을 의미한다. 왜냐하면, 탐색은 심화에 투입될 자원을 불확실성이 높고 보상이 즉각적이지 않은 모험과 실험 활동에 투입하는 것이기 때문이다. 따라서 그 자체로는 성과 증진이라는 의미의 학습이라 보기 어려울 수도 있다. 결과물이 없을 가능성이 있기 때문이다. 그런데도 환경의 변화가 심한 오늘날 조직 환경에서 탐색은 장기적 전략으로서 상당한 의미가 있다. 그것은 조직이 스스로 변이(variation)를 만들어냄으로써 환경에 적응하거나, 향후 생존할 수 있는 새로운 적소(niche)를 선제적으로 모색하는 활동이기 때문이다.

탐색과 심화 개념에 대해서는 이들이 서로 반대의 개념인지, 스펙트럼의 연속선 상에 있는 개념인지에 대한 논란이 있다(Gupta, Smith & Shalley, 2006). 탐색과 심화 모두 조직의 성과를 증진하려 한다는 점, 기존의 지식을 활용하는 심화라고 해서 '학습'이 일어나지 않는 것이 아니라는 점,[2] 탐색을 통한 지식의 증가가 확실한 것은 아니라는 점 등 학습이 발생했는지가 이들을 구분하는 기준이 되기에는 불충분하다. 심화 역시 미시적인 관점에서 보면 일종의 탐색을 수반한다고 할 수 있다. 노동의 숙련화는 거리를 두고 보면 심화이지만, 숙련화가 이루어지는 시행착오의 과정은 부분적 탐색이 이루어지는 과정이다. 다만 탐색과 심화를 '경로(path)'라는 개념으로 이해하면 양자는 반대되는 측면도 분명 있다. 심화는 현재의 경로를 유지하는 반면, 탐색은 경로 자체의 변경을 시

---

2) 국내 학자들은 심화(exploitation)를 '활용'이라고 번역하기도 한다(권정언·우형록, 2015). 활용이라는 용어는 정교화를 통한 학습의 측면을 포함하기에는 한계가 있다고 판단되어 여기서는 심화로 번역한 것이다.

도하기 때문이다.

2. 탐색과 심화의 내재적 역설

March가 탐색과 심화 개념을 제시할 때 뛰어난 통찰을 보여준 지점은 탐색과 심화 전략 각각에 내재한 역설을 짚어낸 지점이다. 즉 양자의 활동은 조직의 생존에 도움이 되기도 하지만, 자기 파괴적 속성을 지니고 있기도 하다.

우선 심화는 조직의 환경 변화에 대한 적응력에 문제를 발생시킨다. 조직이 심화 전략을 채택했다는 것은 단기적 성과와 장기적 성과 가운데 단기적 성과를 중시했음을 의미한다. 이때 조직 환경이 급격하게 변화한다면 심화를 통한 지식은 환경과의 적합성이 떨어지면서 성과에 도움이 되지 못한다. 아울러 학습의 한계효과, 즉 학습을 위한 추가 투입량에 따른 성과 개선이 체감한다는 경험적 사실도 심화의 성과에 한계를 드리운다. 심화에 치중한 전략은 조직에의 새로운 도전에 취약하다.

그럼에도 불구하고 조직이 탐색 전략 대신 심화 전략을 고수하는 데는 극복하기 어려운 역설적 이유가 있다. 바로 기존의 성공이다. Levitt & March (1988: 332)는 경쟁력의 함정(competency trap) 개념을 제시하면서 다음과 같이 적었다: "열등한 절차가 괜찮은 성과를 내어 조직으로 하여금 그 절차에 기반한 학습에 치중하게 할 때 경쟁력의 함정이 발생하며, 더 나은 절차를 시도하는 것을 쓸모없게 만든다." 혁신의 유인이 부족한 공공조직이나, 한국과 같이 개발연대의 성공이 지나치게 강력하게 각인된 경우, 성공을 가져온 과거의 경로를 벗어나기란 개인적으로, 조직적으로, 사회적으로 어려운 일이다. 심화 전략은 그 안에 자기 강화적 속성으로 인한 자기 파괴적 가능성을 품고 있다.

반면 탐색은 조직의 환경 변화에 대한 적응력을 어느 정도 확보해주지만, 문제는 그것이 확률에 의존한다는 점에 있다. 불확실성, 성과의 장기성, 그리고 심화를 통한 단기 성과를 포기해야 한다는 비용 등은 여유 자원(slack resource)이 부족한 조직에게는 탐색의 한계로 작용한다. 더욱이 설령 탐색이 성공하여 보다 나은 성과를 약속하는 적소에 들어섰다 해도 기존하는 다른 조직들과 경쟁해야 하는 상황인 경우도 많다. 신참의 부담(liability of newness)이라는 개념이 지칭하듯(Stinchcombe, 1965), 기존 경로에서 경쟁력이 있었던 지식을 보유한 조직이 새로운 경로에서도 반드시 경쟁력이 있으리라는 보장은 없다.

아울러 탐색 전략 역시 자기 강화적 속성을 지니고 있다. Levinthal &

March(1993: 105)는 실패의 함정(failure trap)이라는 개념을 제시하면서 다음과 같이 말하였다: "실패는 탐색과 변화를 추동하고, 그것은 다시 실패를 야기하고, 그것이 다시 추가적인 탐색을 야기한다." 즉 초기 탐색에 실패한 조직은 심화 전략을 채택하기보다는 정치적 압력 등 여러 이유로 오히려 추가적인 탐색을 시도할 가능성이 있는 것이다. 하지만 추가적인 탐색 과정에서 학습이 발생할 수도 있지만 갈수록 탐색의 선택이 신중하기보다는 즉흥적이고 무모할 가능성도 있다. 조직이 한 번 이 경로에 들어서면 빠져나가기 어려워진다는 의미에서 실패의 함정이라 명명한 것이다. 치적을 내고자 하는 정치지도자들이 실패가 예정된 혁신들을 추구하는 모습은 공공조직이 처한 실패의 함정의 예라고 할 수 있다(Choi & Chandler, 2015).

3. 양자 간의 균형

탐색과 심화 전략 각각이 지닌 이러한 자기 파괴적 속성 때문에 학자들은 초기부터 두 전략 간의 균형 방안을 모색해 왔다. 특히 Lavie, Stettner & Tushman(2012: 130)은 다양한 논의들을 맥락적 균형(contextual ambidexterity), 조직적 분리(organizational separation), 시차적 분리(temporal separation), 영역 분리(domain separation)의 네 가지 방안으로 요약하였다. 이를 다시 정리하자면 탐색과 심화가 동시에 이루어지기 어렵다는 관점에서는 이들의 분리를 위해 구조적 분리, 시간적 분리, 영역적 분리를 제안했다. 맥락적 균형은 조직이 문화적으로 강력하고 세심한 리더십이 행사되는 경우 양자를 동시에 추구할 수 있다고 본다.

우선 구조적 분리 혹은 균형(structural ambidexterity)은 탐색에 치중하는 단위 조직과 심화에 치중하는 단위 조직을 분리하는 것이다. 현실적으로 중심부의 조직은 안정적 성과를 위해 심화에 치중하도록 하고, 위험부담이 큰 탐색은 위험 관리와 다양성을 위해 상대적으로 소규모의 주변부 조직에 맡길 수 있다. 신기술 혹은 정책을 위한 개발부를 따로 두되, 조직 전체는 심화 전략에 따라 운영하는 것이다.

시간적 분리 혹은 시차적 균형(temporal ambidexterity)은 한 조직이 특정 시점에서는 심화 전략을, 다른 시점에서는 탐색 전략을 번갈아 취하는 것이다. 이 균형 전략은 단속평형모델(punctuated equilibrium)(Baumgartner & Jones, 1993)이 묘사하는 조직이나 정책 변화와 맥이 닿는다. 시차적 균형은 전략적 선택일 수도 있으나 주로 조직의 위기 상황에서 추동되어 혁신의 압력이 상당할 때 불가피하게 선택되기도 한다. 조직 전체가 탐색에 나서는 것은 부담해야 할 위험이 크기 때문이다. 아울러 모든 단위 조직 및 구성원들의 경향이 탐색 혹은 심화를 동시에 수용할 수 있는 것은 아니라는 점에서도 한계가 있다. 많은 경우 구성원들은 전면적 탐색에 강한 심리적 거부감을 갖는다(Choi & Chandler, 2020).

영역 분리는 한 조직이 탐색과 심화를 동시에 수행하되, 하위 조직 단위가 아니라 업무 영역별로 이를 분리함을 의미한다. 대학 조직의 교수가 연구와 교육이라는 영역을 나누어 연구에서는 심화 전략을, 교육에서는 탐색 전략을 채택할 수 있다. 중요한 것은 영역 간에 걸친 전반적인 탐색과 심화 간 균형이다. 실제로 영역 분리 전략은 기업 연합 구조에 관한 연구에서 제시되었다(Lavie & Rosenkopf, 2006). 기업들은 각자의 필요에 따라 밸류 체인, 네트워크 확장, 파트너의 속성 등 영역별로 탐색과 심화의 배분을 달리한다는 것이다.

4. 학습 전략과 조직 성과

March는 자신의 1991년 논문에서 탐색과 심화에 따른 조직의 성과를 평균과 분산의 두 기준으로 나누어 분석하였다. 일련의 시뮬레이션으로부터 끌어낸 함의에 따라 March는 하나의 조직만 놓고 볼 때는 탐색과 심화의 균형 전략이 더 나은 성과를 달성하는 것은 분명하지만 조직간 경쟁의 상황에서 이는 그리 명쾌하지 않다고 보았다. 경쟁의 생태계에서 한 조직이 채택한 학습 전략의 성과는 다른 조직들이 채택한 학습 전략에 영향을 받는다.

March가 제시한 주장의 핵심은 학습 전략의 성과는 기대성과의 개선 정도만이 아니라 그 분산과 경쟁자의 수에도 달려있다는 것이다. 경쟁자의 수가 증가할수록 시장 경쟁에서 평균은 큰 의미가 없어지고 분산의 기여가 증가한다는 것이다. 다만 시장에서 우위를 획득하는 데는 더 큰 분산이 긍정적으로 작용하는 반면, 단순히 열위를 피하기 위해서는 분산이 부정적 영향을 미칠 가능성이 있다고 보았다.

March(1991: 83)는 새로운 IT 시스템의 도입을 예로 든다. 만일 이 시스템이 당장 익숙하지 않음으로 인한 불이익을 뛰어넘는 장점이 있다면 과거의 시스템보다 평균적으로 나은 성과를 낼 것이다. 동시에 익숙하지 않음은 성과의 발현에 있어 분산을 증가시킬 것이다. 조직 다양성의 증가 시도도 마찬가지이다. 낯선 문화, 지식, 기술을 보유한 인력을 충원한다는 것은 만일 그 구성원이 충분히 나은 역량을 지니고 있다면 성과 평균의 상승에 기여함과 동시에, 그가 조직에 가져오는 불확실성은 성과의 분산을 증가시킨다.

March의 지적은 이때 조직이 시장에서 공격적으로 활동하여 우위를 차지하려 한다면 분산을 늘리는 쪽을 선택해야 하며, 시장에서 다소 안정적으로 생존하고 싶다면 분산을 줄이는 쪽을 선택해야 한다는 것이다. March(1991: 84)는 다음과 같이 요약한다: "신뢰성(reliability)의 가격은 경쟁자들 사이에서 우위를 차지할 기회의 상실이다."

마지막으로 March는 이 결론에서 한 걸음 더 나아간다. 만일 모든 조직이 우위를 차지하기 위해 변화를 추구한다면 생태계 차원에서 이는 조직들의 "경주(race)"를 추동하게 될 것이다. 타성(inertia)으로 묘사되는 조직의 본질에도 불구하고 조직들이 혁신의 모방과 유행에 합류하는 데에는 이유가 있다는 것이다.

Ⅲ. 연구의 확장: 공공조직에의 적용

탐색과 심화의 개념틀은 2010년대 중반 이후 공공조직의 연구에도 점차 적용되기 시작하였다. Choi & Chandler(2015)는 탐색과 심화의 개념틀을 공공조직에 적용할 때 발생할 수 있는 여러 논점을 검토하였다.

우선 공공조직은 민간조직보다 시장 경쟁의 압력에 덜 노출되기 때문에 학습의 유인도 적지만 학습의 비용도 적다는 특징이 있다. 학습의 유인이 적기 때문에 공공조직들은 과거에 성공을 이끌었던 선례에 집착하고 변화를 추구하려 하지 않는다. 이는 대부분의 공공조직을 성공의 함정에 빠뜨린다. 반면 학습의 비용이 적은 것, 즉 실패로 인한 비용이 적다는 점에서 공공조직들은 (주로 정무직 공무원들에 의해) 오히려 과도한 탐색 전략을 추구하기도 한다. 이때 공공조직들은 실패의 함정에 빠지게 된다. 지나치게 급변하는 정책 수정은 바로 이런 실패의 함정의 징후라고 볼 수 있다(Choi & Seon, 2021).

다음으로 공공조직은 양자 간 균형 전략을 추구함에 있어서 유리한 위치에 있다. 우선 공공조직은 시장 압력에 직접 직면하지 않고 안정성 등의 가치를 중시하는 반면, 주기적으로 서로 다른 이데올로기를 지닌 정치 리더십의 변화를 겪게 된다. 이는 공공조직 내에 심화 압력과 탐색 압력이 본질적으로 동시에 내재함을 의미한다. 공공조직이 직면하는 주기적인 선거는 제도적으로 시차적 균형 전략이 활용되는 조건을 제공하는 것이다. 특히 대통령 선거 후 임기

초반에는 다양한 영역에서 탐색 전략이 활용되고, 임기 중후반에는 심화 전략이 활용될 가능성이 크다(홍지현·최태현, 2020).

동시에 공공 부문은 중앙정부, 수백 개의 지방정부, 공기업과 공공기관, 그리고 관련된 시민사회단체 등 방대한 네트워크로 구성되어 있다. 이러한 구조는 '국가' 차원에서 앞서 말한 구조적 균형과 영역적 균형을 구현하기에 도움이 된다. 특히 한국의 경우 지방, 그것도 기초자치단체 수준에서 정책 혁신이 발생하고 이것이 중앙정부에 흡수되어 전국으로 전파된 경우들이 존재한다. 청주시 행정정보공개조례, 광주 북구의 주민참여예산제 운영조례 등이 그 예이다.

전체적으로 공공조직이 민간조직보다 탐색과 심화의 학습 압력이 반드시 작은 것은 아니다. 공적 공간에는 어떤 경우는 제도에 따라, 어떤 경우는 공적 가치와 문화에 의해, 그리고 전반적인 거버넌스 구조에 기인하여 탐색과 심화의 추동 에너지들이 공존한다.

참 | 고 | 문 | 헌

March, J. G., Exploration and Exploitation in Organizational Learning, *Organization Science* 2(1): 71-87, 1991.

권정언·우형록, 팀의 양면적 활동이 창의적 성과에 미치는 영향: 탐색, 활용의 균형과 조합을 중심으로, 경영학연구 44(2): 515-542, 2015.

홍지현·최태현, 정책아이디어의 탐색과 심화: 보육료정책 목표와 수단의 변화 분석, 한국정책학회보 29(4): 295-325, 2020.

Argote, L., *Organizational Learning: Creating, Retaining and Transferring Knowledge*, 2nd ed., NY: Springer, 2013.

Baumgartner, F. R. & B. D. Jones, *Agendas and Instability in American Politics*, University of Chicago Press, 1993.

Choi, T., Environmental Turbulence, Density, and Learning Strategies: When Does Organizational Adaptation Matter?, *Computational and Mathematical Organization Theory* 21: 437-460, 2015.

Choi, T. & S. M. Chandler, Exploration, Exploitation, and Public Sector Innovation: An Organizational Learning Perspective for the Public Sector, *Human Service Organizations: Management, Leadership & Governance* 39: 139-151, 2015.

_____, Knowldge Vacuum: An Organizational Learning Dynamic of How E-Government Innovations Fail, *Government Information Quarterly* 37: 101-416, 2020.

Choi, T & S. W. Seon, Target Groups on the Mainline: A Theoretical Framework of Policy Layering and Learning Disparity, *Administration & Society* 53(4): 595-618, 2021.

Cohen, M. D., March, J. G. & J. P. Olsen, A Garbage Can Model of Organizational Choice, *Administrative Science Quarterly* 17(1): 1-25, 1972.

Cyert, R. M. & J. G. March, *A Behavioral Theory of the Firm*, Englewood Cliffs, NJ: Prentice-Hall, 1963.

Gupta, A. K., Smith, K. G. & Shalley, C. E., The Interplay between Exploration and Exploitation, *Academy of Management Journal* 49: 693-706, 2006.

Lavie, D. & Rosenkopf, L., Balancing Exploration and Exploitation in Alliance Formation, *Academy of Management Journal* 49(4): 797-818, 2006.

Lavie, D., Stettner, U. & Tushman, M. L., Exploration and Exploitation within and across Organizations, *Academy of Management Annals* 4: 109-155, 2010.

Levinthal, D. A. & March, J. G., The Myopia of Learning, *Strategic Management Journal* 14(8): 95-112, 1993.

Levitt, B. & J. G. March, Organizational Learning, *Annual Review of Sociology* 14: 319-340, 1988.

Stinchcombe, A. L., Social Structure and Organization, In James G. March. ed., *Handbook of Organizations*, Chicago, IL: Rand McNally, 142-193, 1965.

Larry Greiner의
조직성장 모형*

I. Greiner의 학문세계

Larry Greiner는 캔자스 주립대학교를 졸업한 후 하버드 대학교에서 경영학 석사와 박사과정을 이수하면서 조직의 변화와 발전에 대하여 학문적 관심을 가지게 되었다. 그는 박사학위 논문에서 민간기업 자료를 바탕으로 조직의 가치, 행태, 그리고 성과의 변화를 연구하였다. 하버드 대학교에서 1965년 박사학위를 받은 Greiner는 모교에서 조교수 생활을 시작한지 3년만인 1968년에 부교수로 승진한 후 1973년까지 모교에서 재직하였다. 1973년 남가주 대학교(University of Southern California) 경영대학원에 정교수로 부임하여 25년을 강의한 후 1998년에 은퇴하였다. Greiner는 은퇴한 후에도 현재까지 왕성한 연구와 컨설팅 활동을 벌이고 있다. Greiner의 연구주제는 주로 조직변화와 경영전략이다. 특히 Greiner가 하버드 교수로 재직하고 있었던 1972년에 발표하고 1998년에 다시 재해석한 "조직의 진화와 격변(Evolution and Revolution as Organizations Grow)"은 조직성장모형을 연구한 중요한 논문이다. 이 논문을 통하여 Greiner는 조직성장을 다섯 단계로 정리하면서 각 성장단계마다 발견되는 조직발전과 진화를 촉진하는 성장 동인과 위기 국면을 초래하는 제약요인을 체계적으로 제시하고 있다.

Greiner의 이론은 조직성장을 전략적으로 이해하기 위하여 필요한 조직연령과 조직규모를 연계하면서 성장단계별로 조직이 당면하는 과제를 면밀히 검토하고, 지속적인 성장을 위해 최고관리자가 염두에 두어야 할 점에 대한 시사점을 제공한다. Greiner의 조직성장모형은 조직성장단계를 창의성단계, 지시단계, 위임단계, 조정단계, 그리고 협력단계의 다섯 단계로 구분하고 각 단계별로 당면하게 되는 위기요인을 리더십 위기, 자율성 위기, 통제 위기, 레드테이프(繁文

---

* 문명재: 연세대학교 행정학과 교수.

縟禮: red-tape) 위기로 구분하여 제시한다. Greiner의 조직성장모형은 기본적으로 조직변화, 조직성장주기, 그리고 조직관리전략 부문에 시사하는 바가 크다.

Ⅱ. Greiner의 조직성장이론의 내용과 특징

1. Greiner의 조직성장이론의 기본 개념

생물학자들이 생물의 성장과 진화에 대하여 연구하는 것과 마찬가지로 조직의 성장과 진화에 대하여 많은 사회과학자들이 연구적 관심을 가지게 되었다. 특히 조직학자들이 조직의 나이, 조직의 규모, 조직의 진화 단계, 혁명적 변화, 그리고 조직의 성장률을 중심으로 많은 연구를 하였다. Greiner는 조직성장과 관련된 일련의 연구를 종합적으로 정리하고 조직연령과 규모를 연계하여 조직성장단계를 성장 위주의 진화(evolution)와 위기 중심의 격변(revolution)에 대한 이론적 모델로 제시하였다.

조직연령(Age of the Organization)과 규모(Size of the Organization): 조직성장단계론에서 가장 핵심적인 요소 중의 하나는 조직연령이다. 경험적으로 살펴보면 조직의 관행이나 특성, 그리고 적절한 조직관리 패러다임은 시간의 흐름에 따라 변한다. 예를 들면 분권화라는 관리원칙은 어느 한 시점에서 매우 유용하지만 동일 조직이라도 다른 시점에서는 전혀 작동하지 않는 경우가 발생한다. 또한 특정한 시점에서 매우 효과적인 리더십 유형이 다른 시점에서는 비효과적인 리더십 유형이 되기도 한다. 마찬가지로 통제와 복종과 같은 조직행태가 조직발전의 원동력이 되기도 하지만 이러한 요소가 조직이 성장할수록 조직발전의 걸림돌이 된다. 마찬가지로 조직은 규모에 따라 다양한 문제점을 노정하고 해결책을 요구한다. 예를 들면 조직의 계층구조가 복잡해지고 다양한 직무의 상호연관성이 높아짐에 따라 조직 내의 조정과 소통이 어려워진다. 따라서 조직의 연령과 마찬가지로 조직은 규모의 유사성에 따라서 비슷한 조직의 문제를 공유하는 경우가 많다.

조직의 진화(Stages of Evolution)와 격변(Revolution): 조직이 성장하는 과정을 살펴보면 조직은 성장과 위기를 모두 경험하게 된다. 조직은 성장하는 진화단계와 위기를 맞는 격변의 단계를 거친다. 조직의 성장은 선형적 진화과정을 밟기보다는 대체로 긴 기간 동안 진화하고 짧은 기간 동안 위기를 맞는다. 경험적으로 살펴보면 조직의 진화단계 사이에는 격변기가 존재한다. 조직의 격변기에는 전통적인 조직관리의 원칙이나 방법이 더 이상 효과적이지 못하게 되며 조직성장률이 급격히 둔화된다. 조직의 격변기에 어떠한 대응을 하는가에 따라 그 조직이 쇠퇴하지 않고 다음 단계로 순조롭게 성장할 수 있는지의 여부가 결정된다. 따라서 지속적인 조직성장을 위해 최고관리자는 패러다임 전환과 같은 새로운 조직관리방법을 찾아야 한다.

2. 조직성장 5단계론(The Five Phases of Growth)

Greiner는 조직의 성장을 창의성단계, 지시단계, 위임단계, 조정단계, 협력단계의 다섯 단계로 구분한다. 조직은 다섯 단계의 성장을 거치는 동안 진화적 성장과 격변적 위기를 단계별로 경험하게 된다. 아래 〈그림 1〉에 나타난 바와 같이 지속적인 성장기간에는 각 단계별로 성장을 촉진하는 주요 동인이 있는 반면 격변기간에는 새로운 성장단계로 나아가기까지 해결해야 할 대표적인 조직의 위기요인이 있다. 한편, 각 단계는 인과적 성격을 띤다. 예를 들면 세 번째 단계의 진화적 관리원칙은 '위임(delegation)'이다. 그러나 지나친 위임은 결국 통제 불능의 위기적 상황을 초래하게 된다. 조직의 성장단계마다 제시된 특정한 조직관리 원칙은 유한적 효과성을 가지며 조직이 지속적으로 성장함에 따라 한계를 드러낸다. 예를 들면 두 번째 단계에서 '자율성(autonomy)'의 위기를 경험하는 조직은 과거로 돌아가 다시 '지시적 관리(directive management)'에 의해 조직이 성장하는 단계로 회귀하지 못한다.

창의성(Creativity)을 동인으로 한 첫 번째 조직성장단계: 민간기업의 경우, 조직의 태동기에는 제품생산이나 시장개척이 가장 중요하다. 반면, 공공조직의 경우 새로운 미션이나 비전, 그리고 업무가 가장 중요하다. 새로운 제품을 만들고 새로운 업무를 수행하기 때문에 창의성이 가장 중요한 조직의 성장동인으로 작용한다. 이 단계의 특징은 다음과 같다. 첫째, 새로운 조직을 시작하는 사람은 통상 창의성이 뛰어나며 기술 지향적이거나 기업가 지향적인 특징을 갖는다. 둘째, 조직구성원과의 소통이 원활하며 조직구성원 간에 비공식적 관계가 돈독히 형성된다. 셋째, 보수와 같은 외재적 동기보다는 주인의식이나 조직몰입과 같은 내부적 동기가 높다. 넷째, 시장의 추이와 같은 외부환경의 변화에 민감하다.

▎그림 1▎ **조직의 성장단계와 조직의 성장원리(Greiner, 1998)**

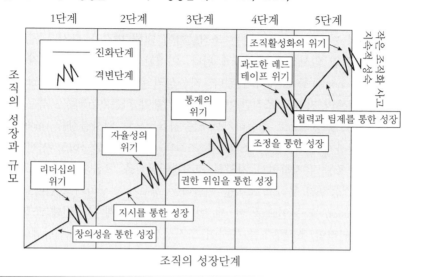

조직의 태동기에는 개인적 특성과 창의성이 조직성장을 촉진하는 주요 동인이 되지만, 조직이 성장함에 따라서 조직관리의 효율성이 중요해지며 비공식적인 소통이 점차 어려워진다. 이에 따라 조직성장의 첫째 단계에서 발생하는 조직위기는 리더십의 위기이다. 필요한 지식을 갖추고 업무를 효과적으로 추진할 수 있는 강력한 리더십이 요구되는데, 이 경우 조직태동기에 주도적 역할을 한 창립멤버들은 새롭게 등장하는 리더십에 대한 반감을 갖기도 한다. 따라서 조직 창립멤버들에게 수용성이 높은 리더십을 구축하는 것이 가장 중요한 관건이 된다.

지시(Direction)를 동인으로 한 두 번째 조직성장단계: 유능한 리더십을 세워 생존한 조직은 강력한 리더십을 기초로 새로운 조직성장단계를 밟게 된다. 조직성장의 제2단계 진화적 기간의 특징은 다음과 같다. 첫째, 기능적 조직구조가 분화되어 각 부문별 전문성을 강화하게 된다. 둘째, 재정시스템이 도입되고 유인제도, 예산, 그리고 업무의 표준화를 시도하게 된다. 셋째, 조직 내에서 공식적인 소통이 더욱 중요해지며 계층적 구조가 정착된다. 넷째, 관리자들이 조직의 목표와 방향에 대하여 책임을 지고 일선 조직구성원들은 각자의 고유한 업무분야에서 전문성을 발휘하는 등 업무분담이 체계화된다. 이와 같은 지시적 조직체계와 리더십이 조직의 성장을 가져오지만 조직이 성장함에 따라 더욱 다양해지는 조직을 단순히 지시적 관리방법으로 운영하기 힘들어진다. 한편 일선 조직구성원들도 자신의 업무에 대해서는 조직관리자보다 한층 높은 전문성을 가지게 되면서 단순히 지시만 받는 조직문화에 대해 반감을 가지게 됨과 동시에 보다 자율적인 의사결정을 원하게 된다. 이러한 조직변화는 결국 '자율성 위기(crisis of autonomy)'를 초래하게 된다. 자율성의 위기를 맞이하는 조직에서 최고관리자는 기존의 지시적 조직관리방식을 포기해야 하는 어려움을 겪는 동시에 조직구성원들도 수동적으로 행동하기보다는 자율적으로 의사결정을 내려야 하는 어려움을 경험하게 된다. 많은 조직들은 조직의 성장에도 불구하고 여전히 중앙집중적 조직구조를 유지하면서 지시적 조직관리방식을 고집하고 일선 조직구성원도 제대로 적응하지 못하고 조직을 이탈하는 경우가 발생하기도 한다.

위임(Delegation)을 동인으로 한 세 번째 조직성장단계: 세 번째 조직성장단계는 보다 분권적인 조직구조를 통하여 조직성장을 지속하는 위임단계이다. 위임단계에서는 단순 지시형태의 조직관리방식을 떠나 일선관리자에게 높은 자율성이 부여되고 조직구성원의 동기부여를 위하여 다양한 보상제도가 도입된다. 최고관리자는 직접 일선에서 지시하기보다는 일선관리자의 보고를 받으며 최소한의 역할을 수행하고 주로 외부활동을 통하여 조직을 지원한다. 최고관리자도 직접적인 방법보다는 간접적인 소통방식을 선호하게 된다. 분권화된 조직구조를 통하여 최고관리자로부터 자율성을 위임받은 일선관리자는 각자 스스로의 조직운영방식을 고집하기 때문에 때때로 타 부처와의 조정이 어려워진다. 한편 위임사항이 많아지고 하부조직의 자율성이 높아질수록 최고관리자는 조직에 대한 통제력을 상실하기 때문에 통제위기(crisis of control)에 직면하게 된다. 최고관리자는 때때로 효율적인 통제를 위하여 기존의 집중화된 조직구조로 회귀하고자 하지만 조직이 이미 거대화된 상황이라 실패로 끝나기 쉽다. 따라서 조직은 성장을 지속하기 위하여 새로운 성장단계인 조정의 단계로 진입하게 된다.

조정(Coordination)을 동인으로 한 네 번째 조직성장단계: 조직이 성장하면서 책임이 부재한 자율과 위임, 그리고 조정이 없는 위임은 갈등과 혼란을 초래한다. 이러한 조직 내의 갈등과 혼란을 효율적으로 조정하기 위하여 조직은 공식적인 제도를 재구축하여 새로운 조직성장의 발판을 마련하게 된다. 특히 조직의 최고관리자의 역할과 책임이 중요해지는데, 그 내용은 다음과 같다.

첫째, 분권화된 조직단위를 기능 또는 업무별로 통합하여야 한다. 둘째, 공식적인 기획절차를 구축하고 이를 체계적으로 검토하여야 한다. 셋째, 조직구성원을 효율적으로 통제하기 위하여 본부 인력을 증원 배치해야 한다. 넷째, 재원을 분배함에 있어서 각 생산단위별 투자자본회수율을 기준으로 삼는다. 다섯째, 데이터 처리와 같은 특정한 기술적 기능은 통합하여 집중화시키고 개별 업무처리는 분권하여 처리하는 이중구조를 가진다. 끝으로, 조직에 대한 충성도를 제고하기 위하여 스톡옵션과 이익분배제와 같은 다양한 제도를 활용한다.

이러한 일련의 노력은 한정된 조직의 재원을 효과적으로 분배함으로써 지속적인 조직성장을 꾀하고자 하는 것이다. 이러한 시스템은 각 분야별 책임자들이 자기분야의 이익을 넘어 보다 넓은 시각을 견지하도록 한다. 즉 각 분야별 책임자가 자율적인 의사결정을 할 수 있지만, 조직 내의 다양한 이해관계와 조직전체의 이익을 고려하여 사안에 대하여 판단할 것을 요구한다.

그러나 조직이 성장할수록 계선조직과 지원조직 간, 그리고 본부와 일선조직 간의 괴리가 점차 벌어지고 상호신뢰와 확신이 저하되기 시작한다. 결국 조직의 조정능력과 지속적인 성장을 위하여 도입된 제도들이 점차 그 실효성을 잃어감에 따라서 레드테이프 위기(red-tape crisis)가 도래하게 된다. 계선관리자들은 점차 일선 현장에 밝지 않은 관리자들의 지시에 점차 반기를 들기 시작한다. 한편 지원조직들은 계선관리자들이 비협조적이고 불충분한 정보를 가지고 있다고 인식하면서 서로의 불신을 더해간다. 즉 공식적인 제도나 경직된 시스템으로 조직을 효과적으로 운영하기에는 조직이 너무 비대해진 것이다.

협력(Collaboration)을 동인으로 한 다섯 번째 조직성장단계: 마지막 단계는 레드테이프(형식주의 또는 관료주의) 위기를 극복하기 위하여 조직구성원들 간의 협력관계를 강조하는 단계이다. 네 번째 단계가 공식적인 제도나 절차를 강조하였다면, 다섯 번째 단계는 팀이나 조직구성원간의 차이를 슬기롭게 조화하고 극복하는 기술과 관계를 강조한다. 즉 이 단계에서는 사회적 통제나 개인적인 자제가 공식적이고 제도적인 통제를 대체하며 다음과 같은 보다 유연하고 행태적인 접근을 시도하게 된다. 첫째, 조직문제가 발생하면 팀 행동을 통하여 문제를 빠르게 해결코자 한다. 둘째, 특정한 업무를 처리하기 위하여 필요한 기능을 연계하여 팀을 구성한다. 셋째, 매트릭스 조직구조를 통하여 적정한 문제를 해결한다. 넷째, 본부의 지원인력을 감축 또는 업무를 재조정하고 일선조직 단위를 지원할 수 있도록 재편한다. 다섯째, 주요 관리자들은 조직의 중요한 문제를 해결하기 위하여 소통 기회를 빈번하게 가진다. 여섯째, 관리자 교육을 위하여 갈등관리, 팀워크 등과 같은 기술을 가르치는 교육훈련 프로그램을 적극적으로 활용한다. 끝으로, 개인별 성과보다는 팀 성과에 대하여 경제적 보상이 주어지도록 하며 새로운 혁신이 지속적으로 시도될 수 있는 혁신문화를 조성한다.

다섯 번째 조직성장단계에서 나타날 격변의 위기는 확실하지 않다. 아마 팀워크에 지친 개인의 심리적 또는 감정적인 피로감과 같은 것일 수 있다. 이러한 위기는 새로운 조직구조나 프로그램을 통하여 조직구성원이 정기적으로 휴식하면서 창의성을 회복하도록 함으로써 극복할 수 있다. 따라서 한편으로는 하루의 일상적인 일을 효과적으로 성공적으로 수행할 수 있도록 하는 일상업무구조(habit structure)와 새로운 시각과 창의성을 고양시키는 숙의구조(reflective structure)를 병행하는 이중적 시스템을 갖추어야 한다.

이를 위해 조직차원의 다양한 실험이 이루어지고 있다. 유럽의 한 회사는 외부에 회사의 핵심 업무를 평가하는 조직을 두어 정기적으로 상위관리자에게 직접 보고토록 한다. 이 조직은 회사의 각 직급과 직능을 대표할 수 있도록 구성되며 매 6개월마다 바뀐다. 또 다른 사례는 안식일 제도이다. 4일 근무하고 하루를 자기계발을 위하여 사용토록 함으로써 개인의 역량을 제고하여 조직에 대한 장기적 공헌에 대한 잠재력을 높이고자 하는 것이다. 중국의 경우 정기적으로 관리자들이 말단 업무를 경험토록 하는 제도도 눈여겨 볼 일이다. 이 제도를 통해 최고관리자가 현장의 경험을 통하여 현장감각을 익히고 새로운 사고를 가질 수 있는 기회를 가질 수 있다는 장점이 있다.

Ⅲ. 다섯 번째 조직성장단계 이후에 대한 논의

Greiner의 원 논문에서는 다섯 번째 단계로 조직성장을 설명하였다. Greiner의 모형대로 조직이 위기를 극복하고 단계별로 성장한다고 볼 때, 조직이 다섯 번째 단계에서 나타나는 격변의 위기를 극복할 경우 그 다음 단계는 무엇이 될 것인가의 문제도 숙제로 남아 있다. 이러한 의문에 대하여 Greiner는 1998년 논문에서 그의 생각과 본인 모형이 가지고 있는 한계에 대하여 밝혔다. 그는 조직성장의 여섯 번째 단계를 논의하면서 네트워크 조직에 관심을 둔다. 조직이 위기를 극복하기 위하여 내부적 해결책을 찾기보다는 외부적인 해결책을 모색할 수 있다고 주장한다. 예를 들면, 창의성을 내부적으로 담보하기 어려울 경우 외부조직으로부터 조달하기 위하여 타조직과의 협력을 강화하는 네트워크 전략을 모색할 수 있다는 것이다. 이러한 네트워크형 조직은 전통적 관료제의 특징인 위계적 구조보다는 수평적 협력관계를 구성하는 것을 특징으로 한다.

위계적 구조에서는 최고관리자에 의하여 모든 의사결정이 일방적으로 이루어지는 상명하달식 커뮤니케이션에 의존하였으나, 수평적 네트워크 체제에서는 조직의 모든 구성원이 모두 커뮤니케이션의 자율적 주체가 되고 많은 정보를 공유함으로써 보다 유연한 조직을 운영할 수 있게 된다. 정보통신기술은 수평적 네트워크(horizontal network)를 이어주는 역할을 하는 한편, 관계형성, 의사소통, 신뢰형성을 통하여 참여자들 사이에서 사회자본(social capital)을 형성할 수 있도록 매개적 통로를 형성한다. 따라서 정보통신기술의 발달로 인하여 노드(node) 중심의 조직기능이 관계(link) 중심의 조직기능으로 대체되고 모든 조직이 커뮤니케이션의 주체가 되어 자율적인 행위자가 되어 관계를 형성한다.

　　이러한 조직성장모형은 조직발전과 혁신에 대하여 많은 시사점을 제공한다. 먼저 모든 조직은 역사적·맥락적 배경에 따라서 다른 성장단계에 속해 있다는 점을 이론적 모형으로 제시한다. 관리자는 자신의 조직이 어떠한 성장단계에 속해 있는지, 그리고 이 모형은 무슨 성장동인을 가지고 있으며 어떠한 위기에 당면하고 있는지를 체계적으로 이해할 수 있는 틀을 제공한다. 만일 관리자가 각 성장단계별 조직특징을 이해하지 못하여 이에 정합한 관리적 유형이나 통제시스템을 갖추지 못한다면 조직은 크게 위축되게 된다. 특히 최고관리자는 각 단계별로 나타나는 조직의 위기가 닥치기 이전에 선제적으로 조직구조를 혁신할 수 있는 통찰력과 실행력을 가지고 있어야 한다. 조직의 진화는 쉽게 이루어지는 것이 아니다. 조직의 성장도 자연계의 생존법칙이 철저하게 적용된다고 할 수 있다. 또한 오늘의 조직문제를 푸는 해결책이 내일의 새로운 문제를 야기하는 두 얼굴을 가지고 있다는 사실도 유의해야 한다는 점을 Greiner는 강조한다.

　　Greiner의 조직성장모형은 조직성장을 매우 단순화시켰다는 점에서 환원주의적 한계가 있다. 또한 조직 소멸에 대한 이론적 논의도 미흡하다. 실제 조직은 Greiner가 제시한 바와 같이 시간이 지날수록 규모가 커지는 선형적 과정을 밟지 않는 경우도 많을 뿐만 아니라, 조직의 특징과 부문에 따라 매우 다른 성장단계를 밟는다. Greiner도 1998년도 논문에서 인정하듯이 그의 모형은 주로 생산조직을 중심으로 구성되어 있다. 따라서 지식산업조직, 서비스조직 그리고 공공조직의 특징을 제대로 반영하고 있지 못하고 있다는 점을 인정하면서 모든 조직을 정형화된 모델로 설명하는 것은 무리라는 점을 인정한다. 이러한 Greiner 모형의 한계에도 불구하고 Greiner의 이론은 조직성장단계에 따라 성장의 동인과 위기를 분석할 이론적 틀을 제공하고 성장단계에 정합한 전략적 접근법을 제시해주고 있다는 점에서 시사하는 바가 크다.

참 | 고 | 문 | 헌

Greiner, Larry E., "Evolution and Revolution as Organizations Grow," *Harvard Business Review*, July-August, 1972.

_____, "Evolution and Revolution as Organizations Grow," *Harvard Business Review*, May-June, 1998.

Kenneth E. Boulding의 조직혁명이론*

Ⅰ. Boulding의 학문 세계

Kenneth E. Boulding은 영국에서 태어나 옥스포드에서 교육을 받았다. 그는 스코틀랜드, 캐나다, 미국 등지에 있는 여러 대학에서 강의한 바 있는 경제학교수이다. 그는 경제학에 관한 많은 저서와 논문을 발표하였다. 그의 저술이나 연구 활동의 주된 관심 대상에 비추어 볼 때 Boulding은 경제학자로 분류되어야 할 사람이다.

그러나 Boulding은 현대 사회에서 나타나는 대규모 조직의 출현에 관심을 가지고 있었으며, 이러한 관심은 그로 하여금 조직 이론의 발전에도 기여하게 만들었다. 그의 저서 「조직의 혁명」(The Organizational Revolution)은 조직과 윤리 체계의 관계에 대한 그의 관심에서 비롯된 것으로서 조직학의 주요 전거(典據)로 되어 있다. 이 책에서 Boulding은 거대한 조직들이 급속히 성장되어 가는 현상을 조직의 혁명이라 이름지었다.

Boulding은 조직의 혁명을 지난 백여 년 동안에 전개된 아주 중요한 사건 또는 사태라고 생각하였다. 그 기간 동안 모든 조직들의 수와 규모 그리고 권력이 엄청나게 팽창되었다는 사실에 주의를 환기시켰다. 점점 더 많은 영역의 조직화가 촉진되어 정부, 기업, 노동 조합, 정당, 농민 단체 등이 고도의 조직화 현상을 시현하게 되었다는 것이다. Boulding은 조직의 혁명이 사람들의 행태와 욕구의 변화 때문에 일어나는 것이기도 하지만 더 중요한 이유는 조직화의 기술 때문에 일어나는 변화라고 하였다.

Boulding은 대규모 조직들의 성장이 심각한 윤리 문제를 제기하는 것으로 보았다. 조직의 성장은 기독교 정신에 바탕을 둔 서구사회(西歐社會)의 기본적

---

* 송근원: 전 경성대학교 행정학과 교수.

가치와 행동규범에 배치되는 현상을 초래하기 때문에 윤리적 마찰이 빚어진다
는 것이다. 조직 내외의 인간 관계에 차별이 생기는 것, 조직 내의 계서화에 의
한 불평등이 고착되는 것, 조직 내에서 가족 관계와 같이 사랑으로 엮어지는 인
간관계가 성립될 수 없다는 것, 특수 이익을 추구하는 조직들이 사회적 책임을
다하는 데 실패할 수 있다는 것 등이 기독교 윤리와 어긋나는 현상의 예이다.

Boulding은 조직의 혁명이 몰고 온 윤리적 문제에 대한 우려로부터 연구를
착상하고 윤리적인 문제를 천착하는 데 몰두하였으나 그 과정에서 조직 혁명
에 관한 다른 문제들도 널리 다루었다. 「조직의 혁명」이라는 그의 저서에서
Boulding은 조직 혁명이 나타난 분야를 몇 가지로 나누고, 조직 혁명이 나타난
원인을 규명하였으며, 조직 혁명의 정치 경제적 영향과 조직 혁명이 제기한 문
제, 특히 윤리적인 문제를 논의하였다. 이 책의 내용을 요약하면 다음과 같다.

Ⅱ. 조직 혁명 이론

조직의 혁명은 다섯 가지의 주요 형태로 나타난다. 첫째가 노동 운동의 발
달로 인한 노동 조합(labor union)의 권력 증대 및 구성원의 확대이다. 노동 조
합은 현대 민주주의 사회에서 아주 중요한 정치·경제적 세력으로 자리를 잡고
있다. 둘째는 농장 조직(farm organizations)의 출현이다. 농장 조직의 수나 정치
적 힘은 크게 신장되었으며, 이들이 미치는 정치적 영향력은 매우 크다. 셋째
는 전문직업 조직(professional organizations)의 수와 정치적 힘의 증대이다. 이들
은 로비 활동을 통해 많은 정치적 압력을 행사한다. 넷째는 민간 부문의 경제
활동 조직(private economic organizations)의 성장이다. 다섯째는 경제적 권력이
증대된 정부(national government)의 출현이다. 경제적 권력을 독점하는 극단적인
형태의 정부는 소련과 같은 공산주의 국가에서 찾아볼 수 있다. 그러나, 자본
주의 국가에서도 국가의 경제적인 책임과 권한은 더욱더 증대되었다. 예컨대,
사회보장제도, 저개발국에 대한 원조, 기업 및 노동에 대한 규제, 국유화 산업
의 증가 등이 이를 잘 설명해 준다.

조직의 혁명을 가져온 원인들을 체계적으로 정리하여 보면 다음과 같다. 첫
째, 지위에 대한 욕구의 증가가 조직의 성장을 초래했다. 왜냐하면, 조직은 지
위에 관한 욕구를 충족시켜 주기 때문이다. 둘째, 기술의 발전은 조직의 성장
을 방해하여 왔던 내부 구조의 한계나, 외부 환경의 압력을 극복하는 데 일익

을 담당함으로써 조직 규모의 확대에 기여하였다. 예컨대, 교통 통신 기술의
발전은 조직 내 의사 전달이나, 조직 활동 공간의 확대에 많은 영향을 미쳤고,
대규모 조직을 가능하게 만든 요인이다. 셋째, 조직 내부의 구조적 변화 역시
조직의 혁명에 영향을 준 요인이다. 전문화나, 다양화는 조직의 확대를 가져
온다. 넷째, 그 이외에 조직의 성장에 영향을 준 요인으로서는 조직 구조 자체
의 불균형성(disproportionality) 및 여가의 증가 등을 들 수 있다. 조직 구조 중
에 쓰이지 않는 부분은 쓰일 수 있도록 확대되면서 쓰이고 있는 부분의 규모와
비슷해져서 균형을 이루게 되는 경향이 있고, 여가의 증가는 여가 조직을 출현
시켰다. 이러한 원인들을 상술하면 다음과 같다.

조직 자체는 개인의 지위에 대한 욕구를 충족시켜 주는데, 금세기에 들어와
개인의 지위에 관한 욕구의 증가는 조직의 혁명을 초래하는 데 작용하였다.

개인은 그가 조직에 속하든 속하지 않든 간에, 일정한 어떤 지위를 가진다.
더 정확하게 말한다면, 개인은 사회라는 대규모 조직의 일부분으로서 존재할
따름이다. 그러나, 불안정한 지위는 그 자체가 그 지위를 가지는 개인에게 고
통스러운 것이다. 따라서, 개인에게는 사회 속에서 안정적인 '위치'를 차지하고
싶어하는 욕구가 있다. 예컨대, 미국의 경우 많은 흑인들이 북부에 비해 낮은
지위를 누리는데도 불구하고 남부에서의 생활을 선택하는 이유는 북부에 비하
여 남부에서 누리는 그들의 지위가 훨씬 안정적이기 때문이다. 곧, 그들이 어
떻게 취급될지 잘 모르는 북부에서보다는 그들이 나쁘게 취급당하더라도 그것
을 알 수 있기 때문에 그들은 남부를 택한다.

지위에 대한 욕구가 증가하는 이유는 의무 교육의 실시에 따른 '민주적 의
식'(democratic consciousness)의 증가와 문맹률의 저하에 따른 것이다. 봉건 사회
에서는 지위에 대한 욕구가 단지 '잠재적 수요'로 남아 있었던 것과 비교해 보
면 이는 뚜렷한 사실이다.

특히 세습적 지위의 중요성이 적고 계급 구조가 유동적인 현대 사회에서는,
지위를 획득하는 데 '직업'이 특별한 의미를 가진다. 따라서, 노동 운동 조직이
나 농장 조직 등과 같은 '직업 중심의 조직'(job-centered organizations)이 가지는
중요성은 매우 크다. 노동 운동이 발생하게 되는 이유는 '기업체들이 그 특성상
노동자들에게 알맞은 적절한 지위를 제공하지 못한다'는 사실에 있다. 예컨대,
노동자들은 기업체 자체의 한 부분으로 인식되기보다는, 기업체의 고객처럼 기
업체의 환경을 구성하는 한 부분으로 인식된다.

이러한 안정적 지위에 대한 욕구를 충족시켜 주는 것이 조직이다. 조직은

개인의 지위를 공식화한다. 따라서 개인으로 하여금 훨씬 더 자신의 지위에 안주하도록 만든다. 다시 말해, 조직이 개인의 지위를 공식화해주는 기능이 있기 때문에, 조직내 개인은 지위의 안정성을 향유하게 된다. 따라서, 지위에 대한 욕구의 증가는 직업중심의 조직들(job-centered organizations)을 출현시키게 된다.

조직화의 기술 발전은 조직 내외의 장애 요인을 제거함으로써 조직의 성장을 지속시켜 왔다. 조직의 성장을 제한하는 데에는 두 가지 원리가 작용하는데, 그 하나는 외부 환경으로부터 나타나는 원리이고, 다른 하나는 성장하는 조직 자체에서 나타나는 원리이다. 즉, 조직 성장에 대한 '외부 환경의 비우호성 증가의 원리'(the principle of increasingly unfavorable external environment)와 '조직 내부 구조의 비우호성 증가의 원리'(the principle of increasingly unfavorable internal structure)이다. 전자는 조직이 성장하여 어느 단계를 지나게 되면, 그 조직은 환경으로부터 훨씬 많은 저항을 받게 된다는 것이며, 후자는 조직이 성장하여 어느 규모를 넘어서면, 그 조직은 스스로 움직여 나갈 수 있는 유기체로서의 균형잡힌 구조를 유지할 수 없게 된다는 것이다. 따라서, 조직이 일정 규모 이상으로 커지게 되면, 환경에 적응하거나 쇠퇴하게 된다. 만약 조직의 규모가 어떤 일정한 점을 넘어서 커지게 되면, 적절한 의사 전달 체계를 유지하기가 매우 곤란해지는 까닭이다. 그렇기 때문에, 일반적으로 볼 때, 대규모 기업이 가장 능률적인 것은 아니다. 조직이 커지면 커질수록 의사 전달 통로는 길어지게 되고, 의사 전달은 더욱더 어려워지기 때문이다.

조직의 성장을 제약하는 요인으로서는, 이와 같이 외부 환경으로부터의 제약과 조직 내부로부터 나오는 한계를 들 수 있는데, 이들은 현대에 들어와서는 더 이상 제약 요인으로 작용하지 못한다. 왜냐하면, 기술의 발전이나 조직 내부의 구조적 변화를 통해서 이들 제약 요인들이 극복되는 까닭이다.

우선, 기술의 변화는 환경의 제약점을 약화시킴으로써 조직의 혁명에 이바지하였다. 예컨대, 교통 혁명은 공간의 개념을 변화시켰으며, 조직이 훨씬 넓은 활동 공간을 가질 수 있도록 해 주었다. 손수레나 우마차를 사용하던 우유 회사의 활동 공간은 제한되어 있었지만 우유 수송에 비행기를 사용하는 현대의 우유 회사는 그 활동 반경이 훨씬 더 확장되었다. 뿐만 아니라, 기술의 발전은 내부 구조로부터 나타나는 제약점도 완화시켰다. 예컨대, 전화, 타자기, 복사기, 컴퓨터, 전자계산기 따위의 발달은 조직 내부의 한계, 예컨대, 의사 전달의 곤란성이나 왜곡을 극복하게 해 주었다.

이러한 제약점을 완화시킴으로써 조직의 혁명을 가져온 또 다른 중요한 요인은 조직 내부의 구조적 변화를 통한 조직의 확장이다. 조직이 확장될 수 있는 어느 한계까지 도달했을 때, 그 조직은 새로운 형태의 구조를 취하거나, 분업 및 전문화(specialization)를 통하여 더 큰 규모로 성장할 수 있다. 곧, 조직의 규모가 커짐으로써 조직의 구조는 복잡하게 되고 조직 내의 적절한 의사 전달은 방해를 받게 되는데, 이는 조직 구조 형태를 변화시킴으로써 어느 정도 극복할 수 있다. 예컨대, 교회는 선교에 관한 전문 조직을 별도로 조직화함으로써, 기업은 외판 조직을 따로 구성하거나 다양화된 생산품을 각각 관리하는 전문 부서의 설치를 통해 조직을 확대할 수 있다.

조직의 성장은 다른 한편으로는 조직 구조의 불균형성(disproportionality)을 교정하기 위한 시도의 결과라고 생각할 수도 있다. 예컨대, 큰 집으로 이사를 간 집안은 가구를 들여 놓는다든지, 아니면, 심지어는 아이들로라도 빈 공간을 채우기 위해 특별히 노력을 하는 경향이 있다. 마찬가지로, 조직 내에 사용되지 않는 부분이 존재하는 경우, 그것은 조직의 규모를 확대시키는 경향이 있다.

이 외에도, 여가의 증가는 여가 조직(freetime organization)의 발전을 가져왔으며, 정치적 보호가 조직의 성장을 촉진시키는 요인으로 작용한 경우도 있다. 예컨대, 동인도회사(East India Company)가 그러하다.

조직이 급속한 성장을 지속해 나가는 경우, 조직 내의 사기는 매우 높다. 그러나, 조직의 성장이 멈추게 되면, 조직 내 사기에는 심각한 위기가 나타나게 된다. 따라서, 급속한 성장 기간이 끝나게 될 때, 조직은 정태적 상황에 자신을 어느 정도 적응시켜 나가야 한다. 만약 그렇게 하지 못한다면, 조직은 쇠퇴의 길로 들어서고 만다. 그 예로서 독일의 국가사회주의가 국제공산주의로 성장하다가 쇠퇴해 버린 경우를 들 수 있다.

이러한 조직의 성장이 경제적·정치적으로 미친 영향 및 파생되는 윤리적 문제들은 다음과 같다.

우선 조직의 혁명이 생산성에 미친 영향을 보자. 그에 의하면, 조직의 성장은 일인당 생산성(per capita productivity)을 높이는 데 기여한다. 왜냐하면, 조직 내에서는 협동(cooperation)과 전문화(specialization)를 통한 노동의 분업(division of labor)이 가능하기 때문이다.

전문화는 시장을 통해 이루어지는 경우와 조직을 통해 이루어지는 경우의 두 가지가 있다. 시장을 통한 전문화는 교환 관계를 전제로 하여 이루어지는 자연스러운 진문화이다. 한편, 사회주의 경제하에서의 중앙 계획 경제는 조직의 규모를 최적의 크기로 제한함으로써 정치적 과정을 통하여 조정되는 전문화이다. 다시 말해서, 사회주의는 전문화와 협동을 의식적으로 이룩하는 것이고, 자본주의는 무의식적으로 이룩하는 것이다.

그러나 규모의 불이익(disadvantage of scale) 때문에 대규모 조직이 항상 '경제적인 체제'(economic system)는 아니다. 비록 대규모 기업에서도 급속한 생산성의 향상을 보여주는 사례들이 있기는 하지만, 조직의 혁명이 전부 다 생산성을 향상시키는 데 긍정적으로 작용하였는지는 의심스럽다. 예컨대, 노동조합의 발전은 근로 기준의 제정이나, 노조원 고용 사업장(closed shop)의 적용 때문에 생산성을 떨어뜨린다. 그러나 노동조합의 발전은 의무 교육의 확장을 통해서 이루어지는데, 의무교육은 생산성을 향상시키는 데 기여하였을 것이다.

조직의 성장이 시장 구조에 미친 영향은 거의 모든 분야에서 과점의 위험성을 증가시킨다는 데 있다. 곧, 조직의 성장은 불완전 시장을 초래한다. 그러나, 조직의 성장이 독점의 문제를 야기시켰는지 여부에 관해서는 대답하기가 쉽지 않다. 왜냐하면, 독점 조직의 특성은 생산물에 대한 대체재의 결핍에 있다고 볼 수 있는데, 적정 수준의 독점(optimum degree of monopoly)은 쇄신(innovation)에 대한 유인(誘因: incentive)이 되기 때문이다. 예컨대, 자연산 장뇌의 높은 가격은 화학자들로 하여금 인공 장뇌의 합성 과정을 발견하도록 자극을 준다. 이와 같은 잠재적 경쟁의 위협은 독점 기업이 독점으로부터 얻는 이익을 샅샅이 훑어가지 못하도록 작용하는 중요한 요인이다.

또 다른 예로서, 노동 조합의 독점적 권력과 기술의 발전을 들 수 있다. 노동 조합이 독점적 권력을 행사하는 정도는 두 가지 조건, 즉, 노동자에 대한 통제능력 및 즉각적인 대체 노동력의 존재 여부에 의해 결정된다. 따라서, 노동 시장의 조직화는 노동력을 대체할 수 있는 기술의 발전에 강력한 유인으로 작용한다. 한편 농장 조직은 시장을 통제할 수 없는 까닭에 공공 규제 쪽으로 운동 방향이 정해진다.

한편, 조직의 성장은 소득 분배에도 영향을 미친다. 그러나 노동 조직과 농장 조직의 성장이 소득의 분배에 미친 영향은 그렇게 크지 않은 것 같다. 왜냐하면, 노동 조직 및 농장 조직의 성장이 소득 분배와 직접적으로 관련되는 것은 아니기 때문이다. 즉, 소득의 분배에 직접적으로 영향을 미치는 것은 누진 소득세와 상속세 및 통화 팽창 등이다. 노동 조직의 성장 등 조직의 혁명이 통화 팽창을 불러일으키는 경향이 있음은 물론이지만, 반면에 통화 팽창에 대응하는 중요한 수단으로서 사용되는 조세 체계의 능률성을 증가시키는 데 기여한 것도 역시 조직의 혁명이기 때문이다. 결론적으로 조직의 혁명은 생산성의 향상에 영향을 미치고, 시장 구조나 쇄신에 영향을 미치며, 소득 분배에도 영향을 미친다.

한편, 조직 혁명의 정치적, 심리적 영향도 크다. 곧, 조직의 혁명은 정치 구조의 변화에도 영향을 미친다. 가장 기본적인 정치적 문제는 권력의 원천, 배분 및 사용에 관한 것이라 할 수 있는데, 조직의 혁명이 권력의 집중을 가져왔는지 자유의 신장을 가져왔는지는 분명하지 않다. 권력 자원을 배분하는 방법에는 주로 시장 기구를 사용하여 사회 내에 재산을 광범위하게 배분하는 방법과 법적 제한이나 정치적 조정에 의해서 배분하는 방법 등 두 가지가 있다. 조직의 성장은 조직구조 안에서의 내부적 민주주의의 필요성을 증가시켰다. 또한, 조직의 성장이 국가의 정책에 미치는 영향 역시 매우 크다. 예컨대, 압력 집단의 성장은 민주적 과정에 영향을 미친다.

조직의 혁명에 따라 조직들은 계층제를 통하여 권한(authority)을 강화하고 더 많은 복종(subordination)을 얻어내는 데 성공하고 있다. 그러나 다른 한편으로는 조직 내의 인간적 관계(personal relationship)를 몰인격성(impersonality)에 의하여 대치시켰다. 조직 내의 몰인격성은 신경증적 인간(neurotic personality)을 양산시키게 되고, 이들은 좌절, 충동, 공격성 및 야망 등을 특징으로 한다. 히틀러의 등장은 그 뚜렷한 하나의 보기이다.

조직을 이끌어 나가는 사람들의 특성과 조직을 둘러싼 환경의 성격은 밀접하게 관련된다. 비타협적인 고용주는 비타협적인 노동 조합에 둘러싸이게 되고, 융통성 있는 고용주는 융통성 있는 노동 조합에 둘러싸이게 된다. 이러한 관계를 '거울의 원리'(mirror principle)라 부른다.

조직은 환경에 대항하여 생존하기 위해서 방어 형태를 취한다. 따라서 모든 조직은 방어의 문제를 안고 있는데, 기업 조직의 규모와 권력의 성장은 이 문제를 더욱더 어렵게 만든다.

방어 장치는 식물보다는 동물에게, 동물보다는 인간에게 더욱 중요하다. 풀은 방어 장치 없이도 생존할 수 있다. 그러나 동물은 두 가지 종류의 방어 장치를 가지는데, 한 가지는 수동적인 방어 장치로서 두꺼운 피부나, 껍질, 집, 구멍 등 다른 것에 대해 해롭지 않은 것이고, 다른 하나는 적극적인 장치로서 스컹크의 방귀나, 벌의 침, 또는 범의 이빨과 발톱처럼 잠재적 공격 가능성을 띤 방어 장치이다.

한편, 인간은 자의식을 가지고 있으며, 언어를 방어 장치로서 사용한다는 점에서 다른 동물과 구별된다. 자의식을 가지고 있는 유기체나 조직은 방어 장치 이외의 또 다른 이유 때문에 생존할 수도 있다. 즉, 이들은 이들이 수행하는 서비스의 필요성 때문에 무장 집단에 의해서 보호되기도 한다. 예컨대, 방어 능력이 없는 — 고전적인 의미에서의 — 여성들의 지위가 그러하다. 이때, 언어라는 상징을 통하여 이루어지는 의사 전달은 좋은 방어 무기로서 사용될 수 있으며 자의식은 신념, 아이디어, 편견, 욕망 따위를 통하여 인간 자신이나, 인간 조직에 많은 영향을 끼친다.

인간 조직들 중에는 어떤 특별한 방어 장치를 갖추지 않아서 방어 능력이 없는 조직들도 많이 있다. 예컨대, 가족, 클럽, 그리고 대부분의 기업 집단들도 그러하다. 반면에 공격 및 방어용 무기를 갖추고 있는 조직들도 많이 있다. 노동 조합은 파업(strike), 태업(sabotage), 불매 동맹(boycott) 등의 무기를, 회사나 기업은 직장 폐쇄(lockout), 요시찰 명부(blacklist), 황견 계약(yellowdog contract: 노동 조합에 가입하지 않는 조건하의 고용 계약), 선전(advertising) 등의 무기를 가지고 있다. 종교 조직은 지옥에 대한 공포감을 이용하거나 사회적 비난을 이용하여 그 종교를 고수하도록 강요하는 '정신적 무기'를 사용한다. 국가라는 조직의 경우, 방어가 가장 중요하다는 것은 말할 나위도 없다.

방어 수단의 사용은 조직의 목표나, 성격 및 문화적 맥락 속에서 이루어진다. 예컨대, 기업은 광고나 선전을 통해서 — 극단적으로는 사기성이 농후한 광고나 선전일지라도 — 방어하는 것이 일반적이지, 공개된 폭력에 의존하는 경우는 거의 없다. 왜냐하면, 폭력의 사용은 문화적으로 용납되지 않기 때문이다. 국가의 진정한 목적은 전쟁을 수행하는 것이 아니라 평화를 제공하는 데 있다. 따라서 보다 방어적인 '전투' 조직이 필요하다.

뿐만 아니라, 조직의 성장은 수많은 윤리적인 문제를 야기시켰다. 다시 말해서, 조직의 혁명은 인간의 경제 생활에 영향을 미쳤을 뿐만 아니라, 개인으로 하여금 윤리적 딜레마에 빠지게 하였다. 그 이유는 인간이 조직의 이름으로 행동한다 하여도 결국 윤리적 책임감을 느끼는 것은 그 개인이며, 조직의 내적·외적 측면의 구분, 조직 내부의 부패, 다양한 윤리 판단 기준의 혼재 등은 개인의 윤리적 딜레마를 가중시키는 까닭이다. 이 때, 윤리적 판단 기준을 명백히 하는 것은 사회과학자의 역할이다. 이를 좀더 구체적으로 알아보자.

서구사회에는 기독교 사상으로부터 배태된 일정한 가치 및 가정들이 존재한다. 십계(The Ten Commandments)나 산상의 수훈(Sermon on the Mount)은 서구인의 행태에 대한 윤리적 분석을 하는 데 아직까지도 기본이 되는 것들이다. 그들은 윤리의 문제를 동료애(fellowship)와 평등(equality)이라는 기독교 이념을 가지고, 개인적 관계의 문제로 규정짓는다. 개인적 행태에 관한 이러한 원칙의 적용은 조직 내에서 윤리적 문제를 야기시키게 된다.

모든 조직들은 조직 구성원들로 구성된 '내부 집단'(in-group)과 비구성원으로 구성된 '외부 집단'(out-group)으로 구분된다. 조직이란 한편에서 볼 때 조직화된 집단 내의 결속의 표현이지만 다른 한편에서 볼 때 조직 외부의 집단과는 결속의 결여를 나타내 준다. 개인이 속해 있는 조직 — 내부집단 — 의 규범은 그 개인에게 영향을 미치며, 외부에 존재하는 조직 — 외부집단 — 의 규범 역시 그에게 영향을 미친다. 내부 집단에 속한 개인은 외부 집단으로부터 배제됨을 느끼면서, 윤리적 딜레마에 빠지게 된다. 다시 말해서, 내부 집단과 외부 집단이 구분된 이러한 상황 속에서 개인이 가지는 윤리적 딜레마는 내부 집단의 동료를 감싸는 것이 보다 넓은 동료애를 파괴하는 것으로 비추어진다는 사실 때문에 나타난다. 결국 개인이 부닥치는 대부분의 윤리적 딜레마는 조직 성장의 결과로 나타나는 조직의 두 가지 측면 때문에 나타나는 것이다. 조직 내 개인은 과연 누구에게 자신의 윤리적 신의를 지켜야 할 것인가?

우리는 윤리 판단에 대한 여러 가지 서로 다른 척도들을 가지고 있으며, 이러한 사실이 우리를 혼란 속에 몰아넣고, 윤리적 딜레마에서 헤어나오지 못하게 한다. 이 때, 사회과학자들은 윤리적 혼란을 명백히 하는 데 이바지할 수 있다. 그리고, 이러한 윤리적 혼란 속에서 윤리적 판단을 단순화시킴으로써 — 예컨대, 목표가 수단을 정당화하는 것처럼 — 개인의 윤리적 딜레마는 해소될 수 있다.

조직들이 더 커지고 힘이 강해짐에 따라, 사람들 사이의 관계를 고정시키고 권력의 배분이 이루어지도록 하기 위해 계층제(hierarchy)의 필요성이 증가하였다. 그러나 이러한 계층제의 존재는 평등이라는 윤리적 이념과 직접적으로 갈등을 일으키게 된다. 그리고 이것은 지위에 기반을 둔, 고도로 층화된 귀족적 사회를 만드는 경향이 있다. 높은 위치에 있는 사람들이 국민들의 의지(the will of the people)에 의존하도록 만드는 정치적 민주주의(poltiical democracy)는 이러한 윤리적 딜레마를 극복하기 위한 하나의 시도이다.

기독교 이념들은 '가족적'(familistic)인 것이다. 사랑과 관심으로 충만한 친밀한 관계가 인간 관계의 이상인 것이다. 사랑은 가장 중요한 덕목이며, 가장 가까운 사랑은 가족에게서 얻어진다. 이러한 이상은 조직 생활의 필요성과는 항상 갈등 상황 속에 놓이게 된다. 경제 조직들 내에서의 관계는 계약에 근거를 두는데, 계약은 덜 중요한 덕목, 곧 통합(integrity)이라는 덕목만을 필요로 한다.

대규모 조직의 경우, 관계(relationships)는 최소한의 수준으로 줄어들고, 결과적으로 활력을 줄 수 있는 그 무엇인가를 잃게 된다. 기업가가 가지는 특별한 윤리적 문제는 사랑과 필요성간의 등식을 어떻게 균형화시키는가에 있다. 기업의 세계에서는 주로 신뢰(faith)와 희망(hope)에 관계의 기초를 둔다. 따라서 만약 자선(charity)이라는 따뜻한 덕목이 결핍된 것처럼 보인다면, 그것은 적어도, 다른 두 가지 덕목을 더 중요시하였음에 틀림없다고 볼 수 있다.

그러나, 조직에서 나타나는 윤리의 문제는 개인적 관계 이외의 수준에서도 나타난다. 조직의 지도자는 사회 전체에 대해서 어느 정도까지 책임감을 느껴야 하는가? 그들 자신의 특수 이익보다도 사회 전체를 위한 정책을 옹호하여야 하는가? 사회에 대한 조직의 의무는 무엇인가? 특수 이익의 추구에 대해 흔히 사용하는 변명으로써 "누구나 다른 이익들에 대항하여 행동한다"고 하는 것을 들 수 있다. 사회에 대한 위협은 어떤 특수 이익이 너무나 강력해져서 특권화된 보호를 요구하거나 받게 된다는 사실에 있다.

윤리적 행위의 핵심은 일반 이익(general interest) 속에서의 행동이다. 문제는 그런 식으로 행동하는 조직이 살아 남고, 사회의 욕구나 목표에 부응하지 않는 조직들은 살아나지 못한다는 사실을 인식시키는 데 있다. 그러나, 이것은 기독교 이념과 배치되는 강제력의 사용 없이 이루어져야만 한다. 실제로, 일반 이익 속에서의 행동은 달성하기 어려운 하나의 이상이며, 따라서 현실을 이상에 맞추어 끊임없이 조정해 나갈 수 있는 기제(mechanism)가 필요하다.

이런 이상을 달성하기 위한 기제(機制)는 수요와 공급의 법칙에 따라 움직이는 시장이다. 시장 경제의 요체인 경쟁(competition)과 전문화(specialization)는 특수 이익과 일반 이익을 둘 다 달성할 수 있도록 해 주는 원동력이다. 그러나, 조직의 혁명은 시장 경제 위에 독점과 대규모 경제 조직을 덧붙여 놓았다. 따라서 개인이 스스로의 행동에 대하여 다른 사람에게 책임을 질 수 있는 시장경제, 곧, 정치적 대표(political representation)의 원리가 내포된 '관리되는'시장 경제 (a governed market economy)에 대한 요구가 나타난다. 따라서 순수한 시장 경제로부터 적응 기제로서의 대표성이 첨가된 시장 경제로의 변화가 이루어져 왔다. 이상과 현실을 최대한으로 일치시킬 수 있는 것은 사회민주주의(social democracy)의 운영을 통해서이다.

참｜고｜문｜헌

Boulding, Kenneth E., *The Organizational Revolution*, Harper & Row, 1953.

Everett M. Rogers의
혁신확산이론*

I. Rogers의 학문 세계

Everett M. Rogers는 언론정보학자, 사회학자, 작가이자 교수이다. 1931년 아이오와주 파인허스트 농장에서 태어났다. 그의 아버지는 전자기계적 농업혁신을 좋아했지만, 생물학적, 화학적 혁신들을 활용하는 데는 매우 주저하였다. 특히 수확량이 25% 이상 더 늘더라도 가뭄이 올지 모른다는 생각에 새로운 하이브리드 옥수수를 생산하는데에도 주저했다. 이런 환경에서 성장했던 로저스는 한 학교 선생님이 아이오와 주립대학을 방문하면서 대학을 가기로 했다. 그는 1952년에 농대에서 학사학위를 취득하였고, 1952년 졸업하면서 한국전쟁에 참전하기도 하였다. 복무를 마치고 귀국 후에 아이오와 주립대학에서 농업 사회학 박사학위를 취득하였다.

31세의 나이에 조교수로 임용된 오하이오 주립대학에서 6년, 미시간 주립대학 7년, 미시간 대학 2년, 스탠퍼드 대학 10년, 남가주대학 8년 동안 교수였으며, 콜롬비아 국립대학, 파리대학, 싱가포르 난양기술대학 등에서 방문 교수를 지냈다. 1993년부터 로저스는 뉴멕시코 대학의 커뮤니케이션과 언론학과의 교수이자 학과장으로서 비교문화와 다문화 연구 분야의 박사학위과정을 설립하였다. 동 대학의 알코올과 마약 남용중독 연구소에서 음주운전 방지를 위한 연구를 수행했고, 동 대학의 질병예방센터에서 공공보건혁신의 지속가능성에 관한 연구도 진행했다. 특히 뉴멕시코 대학에서 디지털 격차를 축소하는 연구과제를 수행했으며, '대담한 사람들과 아름다운 사람들(the bold and the beautiful)'이라는 TV 드라마에서 인디언 시청자들이 건강정보를 어떻게 활용하는지에 대한 연구도 수행했다. 약 40년이 넘게 교수 생활을 한 로저스는 47년간 학문연구에 몸

* 이창길: 세종대학교 행정학과 교수.

을 바쳤고, 30권 이상의 책과 500개 이상의 논문을 저술했다.

그의 주요서적을 보면, 농부의 현대화(1969), 농업계획 커뮤니케이션전략 (1973), 조직 커뮤니케이션(1976), 커뮤니케이션과 발전(1976), 커뮤니케이션 네트워크(1981), 실리콘 밸리의 열병(1984), 미국과 서유럽의 미디어 혁명(1985), 커뮤니케이션 기술(1986), 커뮤니케이션 연구의 역사(1994), 문화간 커뮤니케이션 (1999), 14번째 발: 1930년대 아이오와 농장의 성장(2008) 등이 있고, 그 밖에도 수많은 논문이 있다. 특히 그의 최고 저서인 '혁신의 확산(*diffusion of innovations*)'은 1962년에 처음 출판되었고, 1990년 과학정보연구소는 그의 '혁신의 확산(*diffusion of innovations*)'을 당시 7000회 이상의 인용으로 사회과학 분야의 "인용된 고전(citation classic)"으로 명명하기도 했다. 2000년대 중반에는 사회과학에서 가장 인용이 많은 책 2위를 기록하기도 했다.

본 장은 로저스의 저서 '혁신의 확산'의 내용을 중심으로 살펴보고자 한다. 로저스는 수많은 실제 사례를 중심으로 혁신의 이론화 작업에 큰 공헌을 하였다. 그의 전공인 농업 사회학적 관점이 많긴 하지만, 책에 포함된 내용과 주장, 이론과 실례들은 기술혁신, 조직혁신, 사회혁신 등과 관련하여 사회과학 분야에 기본적인 이론이 되었다. 확산의 개념과 특성, 확산 연구의 역사, 확산 연구의 공헌과 비판, 혁신의 일반화, 혁신 결정의 과정, 혁신요인과 채택률, 혁신과 채택자 범주, 확산 네트워크, 혁신추진가, 조직의 혁신, 혁신의 결과 등 혁신에 관한 종합적인 이론을 실제적인 사례들을 활용하여 정리하고 있다.

Ⅱ. 혁신확산이론

1. 혁신 채택과 확산(diffusion)

지금까지 혁신 확산에 대한 이론적이고 경험적인 연구는 주로 여덟 가지 내용으로 구분될 수 있다. 첫째, 사회 시스템 내 구성원들 사이의 혁신 인지의 신속성(earliness), 둘째, 하나의 사회 시스템 내 서로 다른 혁신들 상호 간의 채택률, 셋째, 사회 시스템의 구성원들의 혁신성(innovativeness). 넷째, 혁신을 확산시키는 여론 주도 리더십, 다섯째, 혁신 확산의 네트워크, 여섯째, 서로 다른 사회 시스템 상호 간의 혁신 채택률, 일곱째, 개인 간 대중 미디어와 같은 커뮤니케이션 채널의 사용, 여덟째, 혁신의 결과나 효과 등이다. 이처럼 혁신 확산에 관한 다양한 이론과 분석 중에서 가장 많이 이루어진 연구는 구성원들의 혁신성에 관한 내용이었다. 1940년대 이후 혁신 확산 연구는 급격히 증가 추세를 보이다가 1980년대 이후까지 지속하였고, 최근까지 혁신 확산의 경험적 분석과 연구는 계속되고 있다. 1990년대 이후에는 커뮤니케이션, 마케팅, 공중보건 등 학문적 연구는 인터넷의 영향으로 지속해서 강화되고 있다.

혁신 확산에 관한 기존 연구는 혁신은 확산하여야 하고 채택되어야 하며, 그것도 빨리 확산하여야 한다는 친 혁신적인 편견을 발견할 수 있었다. 또한, 혁신 확산이 시스템적 요인보다는 개인적 요인인 강하다는 개인-비판적 편견이 있었고, 이미 이루진 혁신에 대한 응답자들의 기억에 의존하는 연구로 정확성이 떨어지는 문제도 발견되었다. 혁신 확산의 결과, 개인들 상호 간의 사회 통계적 격차를 악화시키는 불평등의 문제도 제기되었다. 이러한 편견과 편중의 오류를 극복하기 위한 혁신 확산의 연구가 필요하다. 특히 기존 확산 연구는 S형의 확산 커브의 좌측 끝부분인 혁신의 최초 채택자에 집중되었으나, 이제 혁신의 생산단계부터 모든 과정에 관한 연구로 확대될 필요가 있다. 즉 혁신발전의 과정은 문제 인식-기초 및 응용연구-상품 개발-상업화-확산/채택-결과 등 여섯 단계로 구성된다. 단계별로 모든 결정과 활동과 효과에 관한 연구가 필요하다.

새로운 아이디어의 채택은 아무리 큰 이익이 있더라도 어려운 일이다. 혁신을 광범위하게 확산시키고 혁신 확산의 비율을 어떻게 증가시킬 것인가의 문제는 모든 개인과 조직의 공통된 과제이다. 확산(diffusion)이란 사회 시스템 내 구성원들 사이에서 혁신이 어떤 채널을 통해 소통되는 시간적 과정을 말한다. 커뮤니케이션, 즉 소통이란 참여자들 상호 간의 이해를 위해 서로서로 정보를 생산하고 공유하는 과정이다. 따라서 확산의 과정은 어느 정도의 불확실성과 위험이 뒤따르기 마련이다. 새로운 아이디어 확산의 핵심적인 요소는 (1) 개인이나 조직단위에서 새롭다고 인식되는 아이디어, 물체 또는 관리방식으로서 혁신(innovation)과, (2) 개인 간에 메시지가 전달되는 수단으로서 커뮤니케이션 채널(communication channel), (3) 혁신 확산의 과정, 혁신성의 정도, 혁신의 채택률과 관련된 시간적 과정(time), 그리고 (4) 공통 목표를 달성하기 위하여 문제해결에 동참하는 상호 관계 단위로서의 사회 시스템이다. 이와 같은 네 가지 요인들에 의해 혁신의 채택 또는 거부가 결정된다.

2. 혁신 결정 과정

혁신이 결정되는 과정은 지식-설득-결정-집행-확정의 다섯 단계로 구분될 수 있다. 첫째, 지식은 개인이 혁신의 존재에 노출되어 혁신이 어떻게 작용하는지를 이해하는 단계이다. 정보를 상기하고, 메시지를 이해하며, 혁신을 효과적으로 채택하기 위한 역량과 지식을 갖게 된다. 둘째, 설득은 혁신에 대하여 개인이 긍정적이거나 부정적인 태도를 형성하는 단계이다. 혁신을 좋아하게 되고 새로운 행동에 대해 다른 사람과 논의하며 혁신 메시지를 수용한다. 아울러 혁신 내용과 메시지에 대해 긍정적 이미지를 형성하고, 혁신 행동을 지지하는 것이다. 셋째, 개인이 혁신을 수용하거나 거절을 선택하는 활동을 하는 단계이다. 혁신에 대한 추가적인 정보를 수집하려고 하고, 혁신을 시도하는 것이다. 넷째, 집행은 개인이 혁신을 채택하여 실제 사용하는 단계이다. 혁신에 관한 추가적인 정보를 획득하고, 정상적으로 혁신을 실행하며, 지속해서 활용하는 것이다. 다섯째, 확정은 개인이 혁신 결정을 강화하고, 대립하는 메시지가 노출될 때는 혁신의 채택을 다시 되돌릴 수도 있는 단계이다. 혁신 활용의 효과와 편익을 인지하고, 혁신을 일상생활에 반영하며, 다른 사람들에게 혁신을 홍보하는 것이다.

혁신 채택률은 사회 시스템의 구성원들이 혁신을 채택하는 상대적인 속도를 말한다. 혁신의 채택률을 높이고 혁신을 추동하는 요인으로 다섯 가지가 있다. 혁신에 대한 태도, 혁신 결정의 유형, 커뮤니케이션 채널의 특성, 사회 시스템의 특성, 혁신추진가의 노력 정도이다. 혁신에 대한 태도는 혁신채택률에 미치는 영향은 크다. 혁신의 상대적인 편익이 크면 혁신 채택률이 높게 나타난다. 혁신을 거부할 것으로 예상한 수준 이상으로 과도한 채택이 이루어지거나 원하지 않는 미래의 혁신 발생 가능성을 낮추기 위한 예방적 혁신 채택은 점증적 혁신보다는 더욱더 늦게 확산하는 경향을 보인다. 기존의 가치나 과거 경험 잠재적 채택자들의 욕구에 맞을수록 혁신 채택률이 높을 것이고, 상대적으로 혁신이 내용이 복잡해서 이해하기 어려울수록 혁신 채택률이 낮을 것이다. 제한된 범위라 할지라도 혁신을 실험할 수 있으면 혁신 채택률이 높을 것이고, 혁신의 결과가 관찰할 수 있으면 혁신 채택률이 높을 것이다.

3. 혁신성(innovativeness)의 결정요인

혁신성은 개인이나 조직이 새로운 아이디어를 다른 개인이나 조직과 비교하여 먼저 채택하는 정도를 말한다. 혁신성은 단순히 인지나 태도의 변화가 아니라 명시적 행동의 변화를 의미한다. 확산 과정의 시간적 경향을 채택자들을 범주화하고 확산 그래프를 그릴 수 있다. 혁신의 시간대별 채택 빈도를 보면 통상 정상적인 종 모양 곡선으로 나타난다. 이를 채택자 빈도를 누적분포로 그려 보면 S자형 곡선을 보인다. 처음에는 매우 소수의 채택자가 나타난 후 점진적으로 증가하는 경향을 보인다. 처음에는 많은 사람이 혁신을 채택하지 않지만, 이후 곡선은 조직 내 반 이상의 개인들이 채택할 때까지 급격하게 증가한다. 즉 사회 시스템 내 모든 사람이 혁신을 채택할 때까지 채택률이 많이 증가하는 경향을 보이고, 이후 점차 증가율은 감소하게 된다. 이처럼 혁신성은 정규분포를 보이고, 누적분포도를 보면 S형으로 곡선으로 나타난다. 표에서 보는 바와 같이, 정규분포로 나타난 혁신 채택률을 범주화하면 5가지 유형으로 구분할 수 있다. 즉 사회 시스템의 2.5%를 차지하는 혁신가들(innovators), 13.5%를 차지하는 조기 채택자들(early adopters), 34%를 차지하는 초기 다수집단(early majority), 그리고 34%에 해당하는 후기 다수집단(late majority), 그리고 16%의 느림보들(laggards)로 구분될 수 있다. 이는 혁신을 모험하는 사람, 혁신을 주도하는 사람, 혁신에 신중한 사람, 혁신에 회의적인 사람, 그리고 전통적인 방식을 고수하는 사람으로도 볼 수 있다.

S 커브와 관련하여 일반화할 수 있는 연구결과는 다음과 같다. 상대적으로 일찍 혁신을 채택하는 사람들은 늦게 채택하는 사람들과 나이의 차이는 없었지만, 교육 수준, 문해력, 사회적 위치가 높았다. 특히 조기 혁신 채택자들은 지능과 공감이 높았고, 독단적이지 않고 합리적이며 변화에 호의적인 태도를 보였고, 불확실성과 위험에 대처할 능력도 갖추고 있었다. 또한, 과학에 대한 긍정적인 태도, 교육 열망, 자기효능감이 높았고 사회적 위치가 높은 직업을 가진 사람들이었다. 특히 조기 혁신 채택자들은 사회적 참여에 적극적이고, 개인적 네트워크가 강하고, 국제적인 시각을 가졌으며, 혁신가들과의 만남이 잦았고, 대중매체에 더 많이 노출되었다. 개인 간 커뮤니케이션이 강했고, 혁신에 대한 지식도 좋았으며, 여론 주도성도 강한 것으로 나타났다. 즉 사회경제적 지위, 성격유형, 커뮤니케이션 행동에 있어서 조직혁신 채택자와 후기 혁신 채택자와

는 차이가 있었다.

　혁신성은 변화추진자(change agent)와 관련이 깊다. 변화추진자는 통상 두 가지 문제에 직면한다. 첫째는 변화추진 기관과 변화대상자와의 중간 위치로 인한 사회적 한계성, 둘째는 정보 과잉의 문제이다. 이런 변화추진자는 일곱 가지 역할이 필요하다. 고객의 관점에서 변화 필요성을 개발하는 역할, 정보교환 관계를 설정하는 역할, 문제를 진단하는 역할, 고객들에 변화 의지를 부여하는 역할, 혁신 의도를 혁신 행동으로 전환하는 역할, 고객과 최종적인 관계를 성취하는 역할이다. 이처럼 변화추진가의 성공 여부는 (1) 고객과 접촉하려는 노력 정도, (2) 혁신 대상보다는 고객 중심 성향, (3) 혁신 확산 프로그램이 고객의 수요에 부합 여부, (4) 고객과의 공감, (5) 고객과의 동류의식, (6) 고객의 신뢰, (7) 여론주도자로서 역할 여부, (8) 혁신을 평가하는 고객 역량의 증진 등에 달려있다.

┃그림 1 ┃ 혁신성에 기초한 혁신 채택자의 범주화

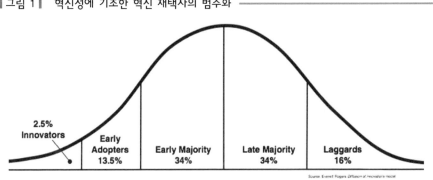

출처: Rogers, 2003, p. 281.

4. 조직혁신의 확산

　혁신 확산과 혁신성은 조직혁신에도 적용될 수 있고, 혁신의 과정도 하나의 조직에 응용될 수 있다. 조직 혁신성은 개인/리더의 특성, 내부 조직구조의 특성, 외부적인 특성으로 구분될 수 있다. 먼저 리더의 특성과 관련하여, 혁신 챔피언이 있으면 혁신의 성공 가능성이 크다. 혁신 챔피언은 뒤에서 혁신을 지지할 수 있는 카리스마적인 리더이다. 이러한 리더들은 새로운 아이디어나 혁신에 대한 무관심이나 저항을 극복할 수 있다. 반드시 고위직이 아니더라도 하위 계층이라 하더라고 다른 사람들의 행동을 조정할 수 있는 역량이 있으면 된다. 그의 성공 여부는 혁신의 특성이나 혁신의 수용을 요구하는 조직의 특성에 따라 달라질 수 있다.

조직구조와 관련하여 조직혁신성과의 관계를 살펴보면, 먼저 집권화된 구조는 통상 혁신성과는 부정적인 관계를 갖는다. 권력이 집중될수록 혁신성은 낮아진다. 새로운 아이디어는 소수의 강한 리더가 시스템을 독점할 때는 제한된다. 중앙집권적 조직에서는 고위층 리더들은 실제 운영단위의 문제를 명확히 확인하지 못하고 수요를 충족시킬 수 있는 혁신을 제안하기는 어려운 일이다. 다만, 혁신이 결정된 이후에는 혁신의 집행에는 도움이 될 수 있다.

조직의 복잡성이 높으면, 즉 조직구성원이 상대적으로 높은 지식과 전문성을 가지고 있으면, 조직구성원들의 혁신 가치가 존중될 수 있지만, 혁신 집행단계에서 합의하기 어려울 수 있다. 공식화가 높은 조직구조에서도 규정과 절차를 강조하기 때문에 혁신을 방해할 수 있지만 결정된 혁신의 집행에는 유리할 수 있다. 하나의 시스템 내에서 개인 상호 간의 연결성이 높으면 혁신은 쉽게 확산할 수 있다. 조직 내부에 사용되지 않는 자원의 여유가 있는 경우에도 조직 혁신성이 높아진다. 특히 높은 비용이 소요되는 혁신의 경우에는 더욱 그렇다.

5. 혁신의 과정과 결과

조직혁신의 과정은 혁신 개시단계와 집행단계의 두 단계로 구분될 수 있다. 첫째, 혁신 개시단계는 의제설정(agenda-setting)과 일치 단계(matching)이다. 의제설정은 혁신의 필요성을 유발하는 조직의 문제가 규정되는 혁신의 과정이고, 일치 단계는 조직의 의제로부터 발생하는 문제들이 혁신과 부합해가는 혁신 과정이다. 둘째, 혁신 집행단계에서는 재규정/재구조화, 명확화, 그리고 일상화로 구분된다. 재규정/재구조화는 조직의 수요와 구조가 일치되도록 조직의 구조를 바꾸고 혁신을 재규정하는 단계이고, 명확화 단계는 조직 내 광범위하게 혁신이 확산하여 조직구성원들에게 새로운 아이디어의 의미가 명확하게 하는 단계이다. 아울러 일상화는 혁신이 조직의 정상적인 활동에 포함되고 완성되는 단계이며, 지속가능성과 관계가 깊은 단계로 과정이다. 지속가능성은 광범위한 혁신 참여가 일어나고 새로운 재창조가 이루어지거나 혁신 챔피언이 적극적으로 활동할 경우 높아진다.

혁신의 결과(consequences)도 중요한 과정이다. 혁신의 결과는 개인이나 조직이 혁신 채택의 결과로서 일어나는 변화를 말한다. 일반적으로 혁신의 결과를 적정하게 연구하기는 어렵다. 변화추진 기관들은 혁신 결과가 긍정적이라고 가정하고 혁신 채택을 지나치게 강조하는 경향이 있다. 설문 조사 등 통상적인 조사연구 방법이 실질적인 결과를 분석하기에 적절하지 않은 때도 있고, 결과 자체가 측정하기 어려울 때도 있다. 혁신 결과는 긍정적 vs. 부정적, 직접적 vs. 간접적, 예측된 vs. 비 예측적 결과로 구분된다. 긍정적 기능과 효과로 볼 수도 있지만, 사회 시스템과 개인에게 역기능적인 효과도 나타날 수 있다. 두 가지 효과를 엄격히 구별하기 어려운 경우가 많다. 직접적인 결과는 혁신의 즉각적인 반응이고, 간접적인 결과는 직접적인 결과로 인한 시스템이나 개인의 변화이며 혁신 결과의 결과이다. 예측된 결과는 조직구성원들이 예측하고 기대했던 혁신의 결과지만, 비 예측적인 결과는 구성원들이 의도하지도 않고 인지하지도 않은 변화를 말한다. 일반적으로 혁신의 부정적이고, 간접적이며, 비 예측적인 결과는 통상 같이 발생하며, 긍정적이고 직접적이며 예측적인 결과도 그렇다. 혁신이나 변화가 일어나지 않고 운영되는 사회 시스템의 구조와 운영을 안정적 균형(stable equilibrium)이라고 하지만, 사회 시스템의 변화율과 대응 역량이 같은 경우에는 동태적 균형(dynamic equilibrium)이라고 한다. 만약 변화율이 지나치게 빠르면 시스템이 적응하기 어려운 상황은 불균형(disequilibrium)이라고 한다. 이 과정에서 혁신 확산의 결과가 초기 채택자와 후기 채택자 간의 사회경제적 격차를 확대할 수도 있고, 사회경제적 지위가 높은 집단과 작은 집단 상호 간의 격차를 확대하기도 한다. 혁신 결과물의 평등과 불평등을 결정하는 것은 시스템의 사회적 구조이다. 사회구조가 불평등하다면 혁신의 결과는 사회경제적 격차를 확대할 것이다. 유리한 위치를 점한 사람들은 혁신 정보에 더 쉽게 접근할 수 있고, 동료들로부터 더 혁신평가 정보에도 더 쉽게 접근할 수 있으며, 혁신을 채택하기 위한 여유 있는 자원을 더 많이 소유하기도 한다. 혁신 확산 기관이 그런 격차를 줄이거나 최소한 확대되지 않도록 보다 높은 관심과 노력이 필요하다.

참 | 고 | 문 | 헌

Everett M. Rogers, *Diffusion of innovations*, Fifth edition, New York: Free Press, 2003.

Ikujiro Nonaka의
지식창조이론*

Ⅰ. Nonaka의 학문세계

1990년대 들어 경영학계와 실무를 막론하고 지식에 대한 관심이 폭발적으로 증가하고 있다. 이렇게 하나의 큰 흐름을 이루고 있는 지식연구와 지식경영 (knowledge management)에 바탕을 제공하고 있는 것이 바로 Nonaka의 지식창조이론이다. Nonaka는 현재 동·서양을 통틀어 가장 영향력 있는 지식이론가라고 할 수 있으며, 수많은 학회와 세미나에 기조연설자로 초청되는 등 활발한 활동을 벌이고 있다.

1935년 동경에서 출생한 Nonaka는 와세다 대학을 졸업하고 후지쓰 전기에서 9년간 근무하였으며, 이후 미국으로 건너가 캘리포니아 대학(버클리)에서 경영학 박사학위를 받았다. 일본으로 돌아온 후로는 최근까지 남산대학, 국립국방대학, 히토츠바시 대학, JAIST, 그리고 모교인 버클리 경영대학에서 가르친 바 있다.

박사학위를 받은 이후 10년 이상을 현장연구에 몰두한 Nonaka는 1985년 몇몇 일본 학자들과 함께 *Strategic vs. Evolutionary management*라는 저서를 발간하였다. 이 책은 미국과 일본 기업의 전략과 조직을 비교연구한 것이었는데, 여기서 Nonaka는 기업을 진화론적 관점에서 바라보는 시각을 드러냈다. 이어서 1986년 일본 기업의 신제품 개발 과정을 주제로 *Havard Business Review* (HBR)에 "The New Product Development Game"이라는 논문을 발표하여 지식과 기업혁신에 관한 문제의식을 심화시켜 나갔다. 1991년에는 이러한 관점을 더욱 발전시켜 HBR에 "The Knowledge-Creating Company"라는 논문을 발표하여 자신의 지식창조이론을 본격적으로 소개하였다. 일본에서도 「기업진화론」

---

* 정명호: 이화여자대학교 경영대학 교수.

(1985), 「지식창조의 경영」(1990) 등의 저서를 발표하여 이론적 토대를 다져나갔다. 이러한 일련의 과정을 거쳐 1995년 H. Takeuchi와 함께 집필한 The *Knowledge-Creating Company*라는 노작(勞作)을 통해 독창적인 지식창조이론을 완성함으로써 세계적인 학자로 부상하게 되었다. 현재도 Nonaka는 바쁜 활동 중에서도 꾸준히 훌륭한 연구들을 생산해내고 있다.

Nonaka의 목표는 한마디로 '지식창조의 일반이론'을 확립하는 것이다. Nonaka는 일본 기업들의 성공과 지속적인 혁신이 다른 요소가 아닌 '조직적인 지식창조 능력'에서 비롯되었다고 본다. 사실 과거에도 지식의 중요성을 강조하는 연구는 많았지만 대부분의 이론들은 이미 존재하는 지식을 어떻게 활용할 것인가에 관심이 있었다. 또, 지식창조를 말하더라도 개인 차원의 지식창조에 국한되었다. 그러나 Nonaka의 지식이론은 기업수준의 조직적 지식창조에 주목함으로써 독자적인 영역을 구축하고 있다. 뿐만 아니라 지식창조의 내용에 있어서도 주관적, 경험적, 암묵적 지식의 중요성을 인식하고, 이것이 전통적인(서구적 의미의) 지식과 지속적으로 전환되며 발전해나가는 과정을 이론화함으로써 독특한 관점을 드러내고 있다. 연구방법에 있어서도 연역적 방법과 귀납적 방법을 통합한 접근방법을 사용하고 있으며, 독창적인 지식창조이론을 혼다, 캐논, 마쓰시다, 3M 등 여러 기업의 풍부한 사례와 예증을 통해 뒷받침하고 있다.

Nonaka의 지식창조이론에서 특히 주목할 점은 이분법적으로 나뉘어져 있는 요소를 통합함으로써 새로운 대안을 만들어 나가는 방식이다. 이러한 관점은 서구의 학문적 전통과는 분명히 다른 동양적 인식론에 기초한 것으로써, 지식 창조의 이론과 실천을 일관되게 관통하고 있는 중요한 주제이다. 궁극적으로 Nonaka는 이러한 방식을 통해 일본식 경영과 서구식 경영을 통합하는 새로운 경영이론의 개발을 시도하고 있다. 요컨대, Nonaka는 지식을 통해서 기업을 보는 새로운 관점을 제시하고 있는 것이다. 새로운 지식을 창조하는 것은 기업을 재창조하는 것이고, 개인과 조직이 자기혁신을 이루는 과정이다. 그러므로 지식 창조이론은 새로운 기업(조직)이론이라고 볼 수 있다.

Ⅱ. 지식창조의 이론과 실제

1. 지식을 보는 새로운 관점

Nonaka의 지식창조이론은 서양철학 및 일본(동양)철학, 지식과 관련된 경제이론, 조직이론 및 혁신이론들을 살펴보는 것으로 출발한다. Platoh이 지식을 '정당화된 참의 신념'(justified true belief)으로 생각한 이래 서구 학문에서는 지식의 한 측면만을 강조해왔다. 그것은 객관적이고, 개인의 경험과 분리된 지식이다. 이러한 지식은 누구에게나 보편적이고, 문자나 기호를 통해 형식화하기 쉽다. 그러므로 저장하거나 전달하기에 용이한 지식이다. Nonaka는 이것을 '형식지'(explicit knowledge)라고 불렀다. 서구 학문에서 형식지만이 지식으로 인정되어 온 것은 Descartes 이래의 이분법적 사고와 관련이 깊다. 즉, 정신(이성)과 육체(경험), 주관과 객관, 자신(인식주체)과 타자(인식대상)를 분명히 구분하고, 한쪽이 다른 쪽보다 우월하다는 의식이 서구 학문의 역사를 지배해왔다. 따라서 이성에 근거한 객관적 지식인 형식지가 모든 학문의 중심이 되었다.

그렇지만 우리에게는 다른 종류의 지식도 있다. 자전거 타기나 숙련된 기술처럼 말로 표현할 수 없지만 몸에 배어 있는 지식도 있고, 자신만의 경험에 근거한 사상이나 관점(mental model)도 있다. 이러한 지식은 형식화되기 어렵고, 쉽게 전달될 수도 없다. 이것이 '암묵지'(tacit knowledge)이다. 암묵지는 Nonaka의 지식창조이론에서 가장 중요한 개념으로서 Polanyi(1966)의 지식개념과 일본의 근대 철학자 Nishida의 지식관(觀)에 깊이 영향을 받은 것이다. 암묵지는 하나의 사물, 즉 '결과로서의 지식'(knowledge)이 아니라 개인의 주관적 경험과 분리될 수 없는 '과정으로서의 지식'(knowing)을 말하는 것으로, 지금까지 간과되어 왔던 지식의 중요한 측면을 새롭게 바라보는 관점이라고 할 수 있다.[1]

그러나 암묵지가 중요하다고 해서 그것만으로 지식창조가 가능한 것은 아니다. 지식창조는 암묵지가 형식지로, 형식지가 암묵지로 전환될 때 일어난다. 즉, 어느 한 유형의 지식이 절대적으로 중요한 것이 아니라 두 종류의 지식이

---

[1] 물론 서구 학문에서도 지식이 외부세계의 표상이라고 보는 인지주의(cognitivist) 관점과 새로운 구성과 창조의 과정이라고 보는 구성주의(constructionist) 관점이 있다 (von Krogh, 1998). 두 관점은 각각 형식지와 암묵지를 강조한 것이라고 볼 수 있다.

통합될 때, 지식의 창조가 가능하다는 것이다. 이러한 관점은 자연과 인간, 육체와 정신, 자신과 타자를 하나로 파악하는 동양의 인식론에 바탕을 두고 있다. 이렇게 볼 때, 지식은 수치나 자료로 나타나는 객관적 사실이 아니라 '개인적인 신념을 옳은 것으로 정당화하는 역동적인 과정'이 되는 것이다.

지금까지의 경제학, 경영학, 조직이론 등 서구 학문은 이러한 통합적 관점을 갖지 못하고, 이분법적 사고에 사로 잡혀 있었기 때문에 한계를 갖고 있었다. 한마디로 지식의 창조를 중요하게 생각하지 않았고, 지식창조를 통한 기업의 능동적인 변화(혁신)를 소홀히 했다는 것이다. 이러한 한계를 극복하려는 시도가 Nonaka의 지식창조이론이다.

2. 지식창조의 이론

Nonaka의 지식창조이론은 크게 인식론적 차원과 존재론적 차원에서 전개된다. 인식론 차원은 앞서 살펴본 암묵지와 형식지의 차원이며, 존재론적 차원은 개인으로부터 집단, 조직, 기업간 관계로까지 넓어지는 차원을 말한다. 지식의 창조는 암묵지가 형식지로, 형식지가 암묵지로 전환되는 '지식전환'(knowledge conversion)을 통해 일어난다. 그렇지만 지식전환이 한 번으로 완료되는 것은 아니다. 개인 차원의 지식창조가 점점 증폭되면서 집단, 조직, 조직간 관계로 발전하게 되는 것이다. 이것을 '지식 나선'(knowledge spiral)이라고 부른다. 따라서 지식의 창조는 지식의 전환이 연속적인 나선을 그리며 증폭되는 과정으로 파악된다.

지식의 전환은 보통 SECI모형이라고 부르는데,[2] 다음과 같이 4가지로 나누어 볼 수 있다.

첫째, 암묵지가 암묵지로 전환되는 사회화(socialization)이다. 사회화는 암묵지를 가진 개인들이 경험을 공유함으로써 기술이나 사고방식을 체득하는 것을 말한다. 일본 기업들의 '브레인스토밍 캠프'나, 마쓰시다에서 제빵기를 개발할 당시, 제빵기술자에게 직접 도제수업을 받은 것을 예로 들 수 있다. 사회화는 '공감적 지식'(sympathized knowledge)을 만들어내는 것이기 때문에 개인들이 대면접촉을 할 수 있는 공동경험의 장을 마련하는 것이 중요하다. 이런 점에서 기존의 조직문화(organizational culture) 이론과 관련된다고 볼 수 있다.

---

2) 지식전환의 4가지 방식인 Socialization, Externalization, Combination, Internalization의 머릿글자를 조합한 것이다.

둘째, 암묵지가 형식지로 전환되는 외부화(externalization)이다. 이것은 Nonaka 가 지식창조에서 가장 중요하다고 반복적으로 강조하는 요소이며, 기존 이론들도 이 부분은 거의 주목하지 못했다. 외부화는 개인의 암묵지를 구체적인 개념으로 전환해야 하기 때문에 은유(metaphor)나 유추(analogy)가 큰 역할을 한다. 또 집단적 사고활동과 대화가 필수적으로 요구된다. 외부화 과정을 통해 '개념적 지식'(conceptual knowledge)이 만들어진다.

셋째, 형식지가 형식지로 전환되는 결합화(combination)이다. 이는 형식지를 결합하거나 분류, 추가함으로써 새로운 형식지를 만드는 것으로써 일반적인 지식창조 방식이라고 할 수 있다. 문서나 회의, 정보기술 등이 중요한 역할을 할 수 있으며, 결합화를 통해 '체계적 지식'(systemic knowledge)이 만들어진다. 조직이론의 정보처리(information-processing) 모형이 이와 관련된다.

넷째, 형식지가 암묵지로 전환되는 내면화(internalization)이다. 작업자가 업무 매뉴얼을 보고 작업을 하면서 자신만의 새로운 암묵지를 만들어내는 것을 예로들 수 있다. 내면화 과정에는 '실행을 통한 학습'(learning by doing)이 요구되며, Senge(1990)의 학습조직이론도 내면화 방식의 지식창조를 강조했다고 볼 수 있다. 내면화는 '운영 지식'(operational knowledge)을 생성한다.

그러나 지식창조는 사회화에서 내면화로 진행되는 직선적 과정이 아니라 나선적인 반복과정이다. 즉, 내면화를 통해 새로운 암묵지를 체득한 개인들이 다시 사회화로부터 지식창조의 과정을 시작하게 된다. 그리고 개인에서 팀으로, 팀에서 부서로, 부서에서 기업으로, 기업에서 기업간 관계로 증폭되어 가는 것이다. 이러한 증폭과정은 암묵지의 공유 → 개념의 창조 → 개념의 정당화 → 원형(archetype)의 창조 → 조직 내외의 지식확산이라는 단계를 밟아나가게 된다.

최근 들어 Nonaka는 '장'(ba: 場) 개념을 통해 지식창조이론을 심화시키고 있다(Nonaka & Konno, 1998). 장(ba)이란 '관계가 생겨날 수 있는 공유공간'을 의미하는 것으로 물리적인 공간, 정신적인 공간, 혹은 양자가 결합된 형태 모두를 의미한다.3) 위의 SECI 모형은 다시 4가지 종류의 장과 대응될 수 있다. 먼저, 사회화는 '창조의 장'(orinating ba)을 필요로 하는데, 이것은 개인들이 감정과 정서, 경험과 정신모형을 공유하는 마당이며, 애정과 신뢰가 충만한 공동체적 공간을 의미한다. '상호작용의 장'(interacting ba)은 외부화에 대응하는 것으로 프로

---

3) 예를 들어, 사무실, 휴게실, 전자우편, 자료실, 공유경험 등이 모두 장이 될 수 있다. 최근 Nonaka는 장(ba) 개념을 발전시켜 '지식창조적 사무실 설계'(knowledge-affording architecture)까지 이야기하고 있다.

젝트 팀, 태스크 포스(task-force) 등이 예가 될 수 있다. 상호작용의 장에서는 대화가 가장 중요하다. '가상의 장'(cyber ba)은 결합화에 해당하는 것으로 형식지를 다루기 때문에 정보 네트워, 데이터베이스 등 정보기술의 역할이 크다. 마지막으로 '실행의 장'(exercising ba)은 내면화 과정을 촉진하는데 선임자에 의한 멘토링(mentoring)을 예로 들 수 있다.

지금까지의 논의를 일목요연하게 정리해보면 다음 〈표 1〉과 같다.

‖ 표 1 ‖ 지식창조의 모형

사회화(Socialization)	외부화(Externalization)
▪ 암묵지 → 암묵지 ▪ 생성지식: 공감적(sympathized) 지식 ▪ 요건: 창조의 장(originating ba) ▪ 관련이론(학자): 조직문화이론 　　　　(E. Schein, K. Weick)	▪ 암묵지 → 형식지 ▪ 생성지식: 개념적(conceptual) 지식 ▪ 요건: 상호작용의 장(interacting ba) ▪ 관련이론(학자): 거의 없음
내면화(Internalization)	결합화(Combination)
▪ 형식지 → 암묵지 ▪ 생성지식: 운영(operational) 지식 ▪ 요건: 실행의 장(exercising ba) ▪ 관련이론(학자): 학습조직이론 　　　　(P. Senge)	▪ 형식지 → 형식지 ▪ 생성지식: 체계적(systemic) 지식 ▪ 요건: 가상의 장(cyber ba) ▪ 관련이론(학자): 정보처리이론 　　　　(H. Simon, K. Galbraith)

3. 지식창조의 실천

지식창조이론이 기업현장에서 효과적으로 실천되기 위해서는 몇 가지 조건들이 갖추어져야 한다. 그리고 경영방식과 조직구조도 지식창조에 적합해야 한다.

지식창조를 위해 필요한 조건으로는 먼저, 기업의 의도(intention)를 들 수 있다. 이는 기업의 전략이라고 볼 수 있다. 지식창조를 위해서는 지식에 관련되는 기업의 장기적인 비전이 필요하다는 것이다.

둘째는 자율성(autonomy)이다. 지식창조를 위해서는 기업의 모든 구성원이 가능한 자율적으로 행동할 수 있어야 한다. 그래야만 지식창조의 동기가 생긴다. Nonaka는 살아있는 유기체의 세포와 기관을 주종(主從)관계도 아니고 전체-부분관계도 아닌 '자기생산 시스템'(autopoietic system)으로 보는 Maturana와 Varela(1980)에서 영향을 받았다.

세번째 조건은 요동(fluctuation)과 창조적 혼돈(creative chaos)이다. 이것은 혼돈으로부터 자발적으로 질서가 생성됨을 주장하는 Prigogine 등의 생각(Prigogine & Stengers, 1984)과 상통하는 것으로 Nonaka의 기업관을 잘 보여준다. 즉, 지식의 창조는 혼란이 없는 안정된 상태가 아니라 모호하거나 혼돈스러운 상황에서 더 잘 일어날 수가 있다는 것이다.

넷째는 중복성(redundancy)이다. 나일강의 범람이 이집트 문명을 꽃피웠듯이, 조직구성원들에게 당장 필요한 것 이상의 정보를 중복적으로 제공함으로써 지식창조의 가능성을 높일 수 있다. 특히 개념의 개발단계에서는 정보의 중복성이 대단히 효과적으로 작용한다. 일본 기업들이 소위 '럭비식 제품개발'을 하고 있는 것도 같은 이유라고 볼 수 있다.

마지막 조건은 필요다양성(requisite variety)이다. 이것은 어떤 시스템이 외부환경에 대응하기 위해서는 그만큼의 복잡성을 갖추어야 한다는 것이다. 마찬가지로 다양성을 극대화하고, 모든 구성원이 정보에 최대한 빠르고 평등하게 접근할 수 있는 구조가 지식창조 능력을 높인다는 것이다. 카오(Kao)가 계층구조를 버리고 유기체적인 조직구조로 바꾼 것도 같은 맥락이라고 볼 수 있다. 이와 같은 지식창조의 조건은 두뇌와 같은 조직을 만들려는 Morgan(1986)의 '홀로그래픽 조직설계'(holographic design)의 원리와 상당히 유사한데, 이는 기업을 하나의 유기체로 보는 Nonaka의 생각을 반영하고 있다.

조직을 유기체로 보고, 대립적인 요소를 통합함으로써 새로운 것을 창조하고자 하는 Nonaka의 생각은 경영방식이나 조직구조에 대한 제안에도 그대로 이어진다. Nonaka는 지식창조에 적합한 경영스타일을 '중간층 주도'(middle-up-down) 방식이라고 한다. 이것은 프로젝트 팀장과 같은 중간관리자가 지식에 대한 비전을 정립하는 경영자와 지식을 실천하는 일선 구성원을 연결하는 주도적인 역할을 하는 것을 말한다. 지식창조라는 면에서 볼 때, 하향식(top-down) 접근과 상향식 접근(bottom-up)은 모두 한계를 갖는다. 즉, 형식지와 주로 관련되는 결합화와 내면화에는 하향식 접근이 효과적이고, 암묵지와 관련되는 사회화와 외부화에는 상향식 접근이 효과적이다. 그러므로 4가지 지식전환 방식을 모두 효과적으로 뒷받침하기 위해서는 상향식 접근과 하향식 접근을 통합한 중간층 주도방식이 요구되는 것이다. 이렇게 중간관리층을 변화의 촉진자로 중시하는 것은 상당히 독특한 관점으로써, 이는 지식사회의 진전에 따라 중간층의 역할이 대폭 축소될 것이라는 대다수의 이론적 전망과 분명히 구별되는 것이다.

조직구조 역시 마찬가지로 일반적인 계층구조와 팀 조직의 통합을 제시하고 있다. 전통적인 관료제는 결합화와 내면화에서 효과를 발휘한다. 그러나 사회화와 외부화에는 팀 단위의 태스크 포스(task-force)가 효과적이다. 따라서 지식창조의 전 과정을 지원하려면 관료제의 효율성과 태스크 포스의 유연성을 결합한 새로운 형태의 조직이 요구된다. Nonaka는 이를 '하이퍼텍스트형 조직' (hypertext organization)이라고 부른다. 하이퍼텍스트가 글, 동영상, 음향 등 각각의 독립적인 파일로 이루어진 여러 층의 텍스트인 것처럼 하이퍼텍스트 조직은 일상적인 계층구조인 비즈니스 시스템, 프로젝트 팀, 그리고 조직적 실체는 아니지만 두 계층에서 생성된 지식이 기업비전이나 문화 등으로 저장되는 지식베이스(knowledge base) 등 3개의 계층으로 이루어진다. 구성원은 한 시점에서는 한 계층에만 소속되지만 3개의 계층을 자유롭게 이동할 수 있다. 특정 부서에 소속되어 있던 사람이 전사적인 제품개발팀으로 이동하는 것을 예로 들 수 있다. 따라서 두 조직에 동시에 소속됨으로써 여러 가지 문제점을 야기하는 매트릭스 조직(matrix organization)과는 다르며, 하이퍼텍스트 구조를 통해 지식창조는 원활히 이루어질 수 있다.

4. 이론적 평가와 전망

Drucker는 지식이 자본주의 이후 사회(post-capitalist society)에서 유일한 중요성을 갖는 요소가 될 것으로 전망하고 있다(Drucker, 1993). 지식사회가 본격화되는 현 시점에서 모호하게 보이는 지식창조의 과정을 명확하게 이론화하고, 실천의 조건들을 제시한 Nonaka의 업적은 중요한 공헌이며, 향후에도 지식연구의 길잡이가 될 것이다. 특히 Nonaka의 지식창조이론은 다음과 같은 점에서 기존의 지식이론들과 구별된다.

첫째, 지식의 활용이 아닌 창조를 본격적으로 다루었으며, 지식창조의 과정을 규명했다는 점이다. 경제학 분야의 연구들은 지식의 중요성은 인정했지만 능동적이고 주체적인 (따라서 애매모호한) 지식창조 과정을 소홀히 다루었다. 경영학에서도 과학적 관리에 이어 조직을 '정보처리 기계'로 보는 관점(March & Simon, 1958)이 주류를 이루면서 조직의 능동적인 지식창조는 주목을 받지 못하였다. 그러나 Nonaka는 지식창조가 기업의 가장 중요한 활동임을 보여주었다.

둘째, 조직학습(organizational learning)이론과 핵심역량(core competence)이론을 보완·발전시켰다. 조직학습 이론은 많은 경우 개인 차원의 학습에 머무르거나, 과거의 경험에 의한 적응적인 조직변화를 주로 다루고 있다. 그러나 Nonaka는 조직 스스로가 지속적인 지식창조의 주체임을 보여주었다. 핵심역량 이론

(Hamel & Prahalad, 1994) 역시 '어떻게 핵심역량이 만들어지는가'에 대한 설명이 별로 없었는데, 지식창조이론은 이러한 공백을 훌륭하게 채워주고 있다.

셋째, 무엇보다 중요한 것은 서구의 인식론이 아닌 동양적 인식론에 바탕을 두고 있다는 점이다. Nonaka에 의하면 지식창조는 연속적인 자기초월(self= transcending)과정이며, 상태(being)가 아닌 과정(becoming)이다. 그리고 그 핵심은 대립적인 것의 통합이다. 지식창조는 혼돈과 질서, 미시와 거시, 정신과 육체, 형식지와 암묵지의 통합을 통해 달성된다. 따라서 지식창조의 실천 역시 양자택일(either/or)이 아닌 양자통합(both/and)의 관점을 요구하는 것이다.

넷째, 지식창조이론은 기업을 보는 새로운 관점을 대표한다. 지금까지 조직이론에서는 기업을 목적달성을 위한 도구나 정보처리 기계로 보아왔다. 그러나 Nonaka는 조직이 기존의 지식체계를 파괴하고, 스스로를 재창조하는 존재라고 보고 있다. 최근 들어 조직을 생명을 가진 유기체로 보는 관점이 늘고 있는데 (De Geus, 1997; Baskin, 1998), 지식창조이론은 유기체의 원리를 이해하고, 이에 따라 조직을 혁신하는 데 도움이 될 것이다.

Nonaka는 최근의 한 강연[4]에서 이제까지 발표되었던 지식이론의 통합모형을 제시한 바 있다. 이는 4가지 요소로 이루어지는데, 지식창조의 토대인 지식자산(knowledge asset), 지식창조의 존재론적 장이 되는 Ba, 그리고 인식론적 차원에서 지식전환과정인 SECI 모형, 마지막으로 각 과정을 조율하고 비전을 제시하는 리더십(knowledge vision)이 그것이다. Nonaka는 이것이 동·서양을 초월하는 보편적인 지식이론, 경영이론이 될 것으로 믿고 있다. 그러나 중간관리층의 역할, 하이퍼텍스트형 조직 등 상당 부분 일본식 경영의 현실이 반영되어 있는 점 또한 사실이다. 아울러 기업의 지식창조를 설명하는 보편적인 이론이 과연 필요한가도 근본적인 의문이 될 수 있다. 이것은 향후 Nonaka 자신과 지식을 연구하는 후학들에 의해 답해져야 할 과제일 것이다.

---

4) 매일경제신문사 주최 제2회 지식경영 학술심포지움(1999. 5. 8)에서 발표된 논문, "SECI, Ba and Leadership."

참 | 고 | 문 | 헌

Baskin, K., *Corporate DNA*, Boston, Mass.: Butterworth Heinemann, 1998.

De Geus, *The Living Company*, Boston, Mass.: Harvard Business School Press, 1997.

Drucker, P., *Post-Capitalist Society*, New York: Harper Business, 1993.

Hamel, G. & C. K. Prahalad, *Competing for the Future*, Boston, Mass.: Harvard Business School Press, 1994.

Kagono, T., I. Nonaka, K. Sakakibara & A. Okumura, *Strategic vs. Evolutionary Management*, Amsterdam: North-Holland, 1985.

March, J. & H. Simon, *Organizations*, New York: John Wiley & Sons, 1958.

Maturana, H. & F. Varela, *Autopoiesis and Cognition*, Dordrecht, Holland: D. Reidel Publishing, 1980.

Morgan, G., *Images of Organization*, Thousand Oaks, Cal.: Sage, 1986.

Nonaka, I., "The Knowledge-Creating Company", *Harvard Business Review*, Nov-.Dec., 1991, pp. 96~104.

_____ & H. Takeuchi, *The Knowledge-Creating Company*. New York: Oxford University Press, 1995.

_____ & N. Konno, "The Concept of 'Ba': Building a Foundation for Knowledge Creation," *California Management Review*, Vol. 40, No. 3, 1998, pp. 40~54.

Polanyi, M., *The Tacit Dimension*, London: Routledge & Kegan Paul, 1966.

Prigogine, I. & I. Stengers, *Order out of Chaos*, New York: Bantam Books, 1984.

Senge, P. M., *The Fifth Discipline*, New York: Doubleday Currency, 1990.

Von Krogh, G., "Care in Knowledge Creation," *California Management Review*, Vol. 40, No. 3, 1998, pp. 133~153.

Stafford Beer의
자생조직모델*

I. 머 리 말

관료조직이론이 현대사회의 조직 문제를 해결할 수 없기 때문에 새로운 패러다임이 나와야 한다는 것은 이제 더 이상 새로운 주장이 아니다. 규정과 명령 위주로 운영되는 계층적 관료조직은 급변하고 복잡한 환경의 도전에 효과적으로 대응하기 힘들기 때문이다. Beer가 제시한 자생조직모델은 이러한 관료조직의 한계를 극복할 수 있는 조직이론의 대안으로 제시될 수 있을만한 충분한 가치가 있다. 그는 일상적으로 조직 내에서 발생하는 많은 문제점을 자체적으로 다룰 수 있도록 하기 위해서 복잡하고 급격히 변화하는 상황에서 조직이 생존하기 위해서는 조직 내 탄력성이 부가되어야 한다는 것을 지적한다. 조직의 문제해결 능력을 증진하고 효과성을 달성하기 위해서는 조직 전체의 응집력과 조직 내 하부조직단위 및 개인의 독립성이 확보되어야 한다는 전제로부터 이 모델의 논의는 출발한다. 그는 탄력적 조직에 관한 포괄적인 일련의 원칙 및 법칙을 개발했다.

자생조직모델은 조직 또는 하위조직, 조직구성원이 모두 상황에 대처하는 방법을 스스로 감지하고 대응방법을 찾아 자신이 처한 문제를 해결하는 창조적 능력을 갖도록 하는 데 초점을 둔다. 변화하는 환경에서는 조직단위가 자신이 하는 일에 대해 적절한 문제의식을 갖고 새로운 환경에 적응할 수 있는 행동을 개발하도록 해야 자신이 처한 문제에 대응할 수 있는 힘을 갖게 되는 것이다. 하부조직 또는 조직구성원이 복잡하고 급변하는 환경에 대응하기 위해 지속적으로 자기개발을 하고, 환경과의 끊임없는 상호작용을 통해 행동양식을 판단, 수행할 수 있는 능력을 가질 때 결국 조직의 능력이 강화된다는 논리이다.

* 박희봉: 중앙대학교 공공인재학부 교수.

Ⅱ. 자생조직모델의 가정

자생조직모델은 기계론적 관료조직이론과 달리 조직과 하부조직, 조직 내 인간을 기계 또는 기계의 부속품이 아닌 스스로 판단하고 행동하는 생명체로 이해한다. 일단 환경을 정해 놓지 않기 때문에 발생하는 문제 역시 주어진 문제가 아니며, 목표 또한 고정되어 있다고 가정하지 않는다. 즉 급변하는 환경에서 예기치 못한 문제가 언제든지 발생할 수 있으며, 조직 또는 체제, 하부조직 또는 하위체제, 조직구성원이 이러한 문제해결 능력을 가지기 위해서는 주어진 단편적인 기능 또는 접근을 해서는 안 되고 하나의 완전한 사고를 할 수 있는 전면적이고 입체적인 홀로그래픽(holographic)한 접근을 해야 하는 것으로 가정한다. 전체에 요구되는 능력이 부분에도 부여돼야 새롭게 발생하는 문제에 대한 적극적 대처가 가능한 것이다.

1. 체제의 정의 및 체제의 반복구조

자생조직모델에서는 환경을 급변하고 복잡한 것으로 가정하고 있다. 체제는 이러한 상황에 적응하고 새롭게 발생한 문제를 해결할 수 있도록 설계되어야 한다는 것이다. 따라서 모든 체제는 상황에 따라 가변적으로 대응할 수 있도록 사고 능력을 지녀야 한다. 즉 각 체제는 외부환경과의 의사소통을 지속적으로 하고 있으며 생존하기 위해서는 스스로 단위 시스템을 통제해야 한다. 따라서 각 체제는 처해 있는 환경과 문제에 따라 독특한 특성, 즉 창발특성(emergent property)을 가져야 한다.

체제와 관련하여 이해할 필요가 있는 두번째 주요 개념은 반복(recursion)의 개념이다. 모든 자생조직체제는 일련의 하위체제로 구성되어 있고, 하위체제 역시 각각 자체조직 및 자체규제 특성을 갖는다. 더 나아가 각 하위체제는 또 다른 하위체제를 갖고 있으며, 이 하위체제 또한 자체특성을 갖고 있고 또 다른 하위체제를 보유한다. 즉 체제가 독립적이듯이 하위체제 역시 개념상 독립적이다. 체제가 외부 환경변화에 적응하여야 하듯이 내부 환경변화에도 적응할 능력을 지니고 있으며, 체제에 관련된 복잡성을 다룰 능력을 지니고 있어야 한다.

반복구조는 모든 수준에서 효과적으로 작동할 수 있는 효율적인 통제 및 의사소통 기능을 하는 일차적 의사결정 또는 책임 활동의 역할을 하게 된다. 예를 들어, 제조업 환경에 있는 작업현장 수준에서도 기본적으로 독립적 의사결정에 의한 업무수행이 인정된다. 기본적 단위 수준에서 전체 조직에까지의 각 일차적 활동은 고유한 일련의 가치, 즉 고유한 내·외적 논리와 관련된 지원 서비스를 지니고 있다. 이런 복잡한 구조, 즉 반복구조는 조직 운용상 복잡성에 대처하는 능력을 증가시키며, 조직의 응집력을 강화한다. 이렇게 체제는 반복구조로 조직돼야만이 조직 또는 체제뿐 아니라 하부조직 또는 하위체제, 조직구성원 모두는 스스로 학습하고 자체 조직되는 하나의 완전한 체제가 될 수 있다. 또한 이로써 조직 내 모든 단위는 자체 문제해결 능력을 갖게 되고, 조직의 특정한 부분이 기능하지 못하고 혹은 제거되는 때에도 기능상 완전한 체제를 지속적으로 유지할 수 있게 된다.

2. 필수 다양성

한 체제가 특정한 환경에 효과적으로 대응하기 위해서는 자체적 통제체제가 내부 다양성을 보유해야 하며, 이 내부 다양성은 환경의 다양성 및 복잡성에 상응해야 한다는 것이다. 즉 조직은 내부적으로 환경에 대응할 수 있는 다양한 능력을 스스로 보유하고 있어야 하는 것이다. Ashby는 업무과정이 하위체제에 따라 이루어지지 않고 각 하위체제가 상대적으로 독립적이지 못하면 어떤 복잡한 적응체제도 일정 기간 지속적인 역할을 수행함에 있어서 성공할 수 없다는 점을 지적한다. 이 원칙대로 모든 조직 또는 하부조직에 다양성을 인정하고 능력을 부여한다고 해서 문제해결 능력이 향상되고, 실제로 문제를 해결할 것이라고 단정할 수 없다. 그러나 최소한 조직 또는 하부조직이 이러한 내부적 다양성이 인정되지 않는다면 문제해결은 쉽지 않을 것이다.

3. 최소한의 구체화

이 원칙은 가능한 한 분명하고 정확히 조직 구조 및 형태가 정의되어야 한다는 관료제적 원칙을 역행하는 것이다. 기본적으로 조직을 편성하고 나면 부서의 업무수행에 대해 필요한 핵심사항만 규정하고 나머지는 각 부서가 스스로 기획·관리할 수 있도록 재량권을 부여해야 한다는 것이다. 조직관리자는 조율하고 종합하는 역할만 담당하고 하위체제가 스스로 형태를 찾아가도록 유도해야 조직 내부의 신축성이 증대되기 때문이다. 이것은 일반적으로 한 사람이 특정한 행동을 위해 절대적으로 필요한 만큼만을 특정화함으로서 탄력성을 유지하고자 하는 것이다. 예를 들어, 회의를 개최할 때, 누군가가 의장을 맡아야 되지만 그 과정을 제도화하고 누가 의장직을 맡고 누가 비서직을 맡을 것인지까지 정할 필요는 없다. 다양한 사람이 자기가 할 수 있는 능력과 공헌도에 따라 다양한 상황을 주도할 수도 있기 때문이다. 이것은 변화하고 복잡한 환경에서 체제가 문제해결능력을 갖기 위해서는 조직이 어떤 방식으로 운영되어야 할지를 설명한다.

4. 학습을 위한 학습

이 원칙 역시 하부조직 또는 조직구성원은 법령의 규정에 따라 권한이 주어져야 한다는 관료제의 계층제 원칙에 위배된다. 이 원칙은 규범이 행동의 적절한 근거가 되는가의 여부를 판단하기 위해 체제로 하여금 응집된 가치와 규범에 의거하여 운영되도록 하면서, 동시에 이 규범이 행동의 지침이 될 수 있는 적절한 기반을 제공해 주는가에 대해서 항상 의문을 가질 수 있는 학습능력을 적극적으로 보장해야 한다는 것이다. 사실 체제가 환경에 대응하기 위해서는 수시로 환경과의 상호작용을 통해 생존과 발전을 위한 전략을 정해야 한다. 한 체제의 능력은 학습과 밀접한 관계가 있다. 예를 들어, 독립 작업 집단에서 구성원은 관련된 활동 및 생산한 상품에 가치를 두어야 하고, 이러한 활동 및 상품 설계에 의문을 갖고 도전하여 변화시킬 수 있는 일련의 학습을 스스로 할 수 있어야 한다. 이것 역시 최소한의 구체화와 같이 변화하고 복잡한 환경에서 체제가 문제해결능력을 갖기 위해서는 조직이 어떤 방식으로 운영되어야 할지를 잘 보여준다.

Ⅲ. 자생조직모델

Beer는 조직의 독립적 단위가 자기 환경에서 효과적으로 작동되려면 5가지 기능을 포함하고 있어야 한다고 주장한다.

1. 체제 1: 실행기능

실행(implementation)기능은 조직의 독자성에 함축된 상품 또는 서비스를 생산하는 데 책임이 있는 활동으로서 반복모델의 핵심이다. 조직 전체가 전반적인 목표를 수행하는 것과 같이 조직에 내재된 일차적 활동 및 일련의 조직 가치에 의해 조직의 상품 및 서비스는 다양한 수준에서 생산된다. 대부분의 자생조직체제는 환경의 복잡성을 취급하기 위해 하위체제를 보유한다. 이러한 하위체제는 체제의 가치를 부가하는 데 책임을 진다.

2. 체제 2: 조정기능

자생조직체제는 가치부가 기능과 기본적인 하위단위의 기능의 연결을 조정하는 체제를 보유한다. 즉 조정(co-ordination)은 가치부가 기능간뿐 아니라 기존의 내부 활동간에도 필요하다. 여기에서 사용하고 있는 조정의 의미는 상의하달식 지시 및 통제를 말하는 것이 아니라 지원 기능간 그리고 독립 기능간의 상호조정이란 의미이다.

작업흐름 또는 사업과정 재설계의 본질은 상호조정을 위한 효과적인 쌍방 의사소통 및 체제의 설계를 통해 가치부가 및 지원 기능간의 조정이 매우 필요하다는 것에 주의해야 한다. 특히 기본적 하위단위는 상호 상승효과를 가져올 수 있도록 작용할 필요가 있다. 하위단위들은 내부 운영상에 있어서 그리고 외부환경과 논리적으로 상호 밀접히 연결되어 있다. 서로 직접적으로 경쟁을 한다든지 서로를 무시한 채 운영되는 것이 아니라는 것을 의미한다.

더욱 많은 팀이 공동의 기준, 접근방법, 가치를 공유하면 즉각적인 평면적 의사소통이 발생할 가능성과 상승작용의 기회가 많아진다. 인간 본성에 존재하는 이런 평면적 연결이 강해지면 경영에 있어서 위로부터의 통제가 줄어들고, 포함된 기본 활동에 의한 독립성과 권한이양을 촉진할 수 있다.

3. 체제 3: 통제기능

의사소통 통로의 효과적인 이용이 감독 통제의 요구를 감소시킬지라도 하위단위와 상위조직간의 쌍방 의사소통은 생존을 위한 선행조건이 될 수밖에 없

다. 의사소통은 자원의 협상, 직접적 계선 경영 지침의 발행, 사건과 접촉하는
상위수준의 경영을 유지하기 위해 상부로 보고하는 것을 포함한다.

한편, 상위체제와 하위체제간의 가장 원칙적 관계는 상위체제의 직접적 통
제, 즉 관찰통로(monitoring channel)이다. 이 통제(control)기능은 기본적 활동의
위치를 정확히 반영하고 있다는 것을 보증하고 활동에 대한 책임을 요구한다.
현실적으로 책임 있는 보고라 하더라도 제공되는 정보가 개인적 편견 및 다른
자연적 의사소통 문제를 반영하는 경향이 종종 있다. 따라서 모든 보고사항은
다른 정보원천과 부합할 필요가 있다. 상위수준의 경영과 하위단위의 운용간의
차이를 줄이기 위해서는 직접 소통되는 관찰통로를 발전시킬 필요가 있다. 조
직이 지속적으로 생존하기 위해서는 이런 관찰은 특별한 설계 법칙을 고수해야
한다. 이것은 규칙적이고 예견되기보다는 우발적이어야 한다는 것을 의미한다.
이러한 관찰이 자주 있어서는 안된다. 하위단위의 경영에 투자된 권위와 신용
을 훼손할 위험이 있기 때문이다. 따라서 이것은 관심 있는 모든 사람이 알 수
있도록 공개될 필요가 있고, 체계화될 필요가 있다.

4. 체제 4: 정보기능

정보(intelligence)기능은 기본적 활동, 즉 자생조직체제와 외부환경간의 쌍방
연결이다. 정보는 조직체제가 외부 환경변화에 적응하는 데 있어서 필수 불가
결한 요소이다. 정보는 기본적 활동에 외부환경에 대한 지속적 환류, 기술 변
화, 미래에 정보와 관련된 외부요소 등을 제공하는 동시에, 환경에 대해서는 조
직의 구체적 방향 및 의지를 투영한다. 정보기능은 외부환경 변화와 내부조직
능력에 초점을 두고, 미래의 생존전략을 기획하는 데 관심을 갖는다. 또한 정
보기능은 조직이 환경에 의해 통제되지 않은 채 자신의 고유한 미래를 창조할
수 있도록 하기도 한다. 현재 조직을 정확히 인지하여 계획이 원만히 달성될
수 있도록 하기 위해서는 정보기능이 조직의 최신 모델을 형성, 제시할 필요가
있다.

5. 체제 5: 정책기능

정책(policy)기능은 조직단위 및 주변환경의 복잡성과 비교할 때 다양성이
낮은 기능이다. 즉 정책기능을 수행함에 있어서는 제공받는 정보를 선택적으로

수용할 필요가 있다. 정보 선택과정은 정보 및 통제기능의 활동과 상호작용을 통해 대부분 이루어진다. 정책의 주요 기능은 조직의 전반적인 방향, 즉 조직단위의 가치와 목적을 명확히 하고 조직의 상위수준에서 조직 효과성을 위한 조건을 설계하는 것이다. 정책기능은 보통 광범위한 토론과 결정이 정보와 통제기능 내 또는 기능간에 이루어진 후에 이루어지기 때문에 실질적으로 정책기능은 소수의 주요 의사결정만을 행하며, 주로 조직의 전반적인 방향에 대한 점검을 하게 된다.

조직 효과성을 증진하기 위한 주요 조건의 하나는 정보와 통제기능이 어떻게 조직되고 상호 연결되었는가와 관련된다. 정보 및 통제는 조직단위의 활동에 대한 보완적 관점, 즉 조직단위의 조정과 실행 기능에 보조적 역할을 한다. 효과적인 정책결정을 위해서는 정보 및 통제기능이 상호 연결될 필요가 있고 발생하는 대부분의 정보 및 통제 이슈들은 정책기능의 관심에 도달하기 전 다른 여과장치에 의해 상호 점검되는 것이 바람직하다.

IV. 평가적 의견

자생조직체제는 각 조직단위가 자체적인 문제해결 능력을 갖는 데 초점을 둔다. 조직이 생존하려 한다면 친숙한 도전뿐 아니라 예상치 못한 장애에도 대응할 수 있는 잠재력을 가져야 하기 때문이다. 자생조직모델은 기본적으로 개념적이다. 따라서 이러한 개념적 모델을 어떻게 현실에 적용하느냐가 관건이다. 물론 이 모델 자체가 그럴듯이 모든 조직을 같은 틀에 맞추어서는 안되며, 모든 조직에 이 모델을 적용할 수도 없다. 이 모델을 적용하기 위해서는 우선적으로 조직체제가 이 모델에 적용 가능한지와 이 모델을 적용할 때 조직발전에 도움이 되는지를 살펴보아야 한다.

자생조직모델은 조직단위 및 조직구성원이 의사소통 과정의 체제적 관점을 갖게 하는 데 유용한 도구이다. 조직을 이중적으로, 즉 독립적인 부분과 통합된 전체로 이해하게 되면 조직 내에서 발생하는 다양한 종류의 변화를 이해하는 기반이 된다. 또한 이 모델은 조직이 생존하기 위해서는 어떤 기능이 필요한지를 잘 나타내 준다. 체제가 보유하여야 하는 5개의 기능은 각 체제 또는 하위단위가 독립성을 갖기 위해 반드시 필요한 부분으로 자체적으로 책임과 영역을 창조하고, 이와 더불어 상위체제의 생존과 발전을 위해 어떻게 연결, 조정되어야 하는지를 보여준다.

실제로 자생조직모델을 적용하는 접근방법으로는 첫째, 이 모델의 개념을 실제 조직에 도입함에 있어서 논리적 하자가 없는 경우 실제 조직이 부족한 부분을 보완함으로서 약점을 치유하는 방법이 있을 수 있다. 둘째, 조직이 처해 있는 환경에서 조직활동을 분석하여 조직전략을 분석할 수 있다. 셋째, 실제 조직구조를 분석하여 각 하부조직 및 조직단위들의 독특한 환경 내에서 독자성을 갖기 위해서는 무엇이 필요한지를 진단할 수 있다. 넷째, 각 체제 및 하위체제가 체제 1부터 체제 5까지의 역할을 충실히 하고 있는지를 살펴보고, 각 하위체제의 법적, 제도적 상황을 진단하며, 단위조직의 환경적응 노력 및 능력을 진단할 수 있다.

자생조직모델의 반복체제는 급변하는 환경에 필수적 요소로서 환경의 변화와 복잡성에 대해 탄력적이라는 장점을 갖는다. 이 모델은 주변 구조를 많이 변화시키지 않은 채, 새로운 전략사업단위를 쉽게 포함시킬 수 있다는 점에서 탄력적이다. 따라서 이 모델에 기초한 통합구조는 급격하고 지속적이지 않은 변화라기보다 조직이 환경 및 운영상의 필요에 따라 지속적으로 적응한다는 점에서 스스로 진화한다고도 할 수 있다.

공공조직이 급변하고 복잡한 조직환경을 맞이하여 새로운 도전에 직면함에 따라 이를 해결하기 위해서는 조직을 바라보는 패러다임이 전환되야 한다. 전통적 조직이론에서는 조직환경이 변화하지 않고, 그에 따라 조직이 해결해야 하는 문제도 정형화한 것으로서 조직구조는 계층적 구조를 갖는 것이 가장 효과적인 조직으로 간주했다. 그러나 조직환경이 급변함에 따라 조직이 해결해야 하는 문제가 정형화되지 않은 것으로 계층제 조직구조로는 이러한 문제를 해결할 수 없다. 조직 전체 또는 조직을 구성하는 하부조직 모두가 변화하는 환경에서 정형화되지 않은 문제를 해결하기 위해서는 모두가 새로운 도전을 스스로 판단하고 즉각적으로 대응할 수 있는 조직체제가 요구되는 것이다. 따라서 모든 조직 또는 하부조직은 독립적으로 사고하고 판단하는 창의성을 갖추어야 하는 것이다.

전통적인 기계론적 조직관으로는 현대사회 문제를 더 이상 해결할 수 없다는 것은 자생조직모델에서 유일하게 지적한 것은 아니다. 조직을 보는 패러다임이 전환되야 하고, 관료조직을 대체할 이론에는 어떤 것이 있는지는 현재까지 많은 논의가 있다. 그렇지만 지금까지 대부분의 관료조직의 대안은 패러다임의 전환으로 보기에는 부족한 점이 많다. 패러다임의 전환이라기보다는 관료조직 이론의 단점을 보완하는 수준에 그치는 경우가 대부분이고, 대안으로 제시되었다 하더라도 기존의 관료조직구조를 변형한 것에 그치는 경우가 많았다. 이런 측면에서 자생조직모델은 한편에서는 개념화된 모델이기는 하지만 분명한 모델을 제시하였다는 점에서 장점을 지니며, 조직구조에 초점을 맞추기보다는 독립적인 조직단위 또는 조직구성원의 자체 능력 향상에 초점을 두어 조직의 탄력성 및 문제해결 능력을 증진하기 위해 조직체제 및 하부조직체제가 어떻게 구조화되어야 하는지까지도 제시한다는 점에서 시사하는 바가 있다.

참 | 고 | 문 | 헌

Beer, Stafford, "The Viable System Model: its provenance, development, methodology and pathology," Raul Espejo and Roger Harnden, eds., *The Viable System Model*, New York: John Wiley and Sons Ltd., 1989.

Espejo, Raul, "The VSM revisited," Espejo Raul & Roger Harnden eds., *The Viable System Model*, New York: John Wiley and Sons Ltd., 1989.

Espejo, Raul & Antonia Gill, *The Viable System Model as a Framework for Understanding Organizations*, www.phrontis.com/vsm.htm.

Gortner, Harold F., Julianne Mahler & Jeanne Bell Nicholson, *Organization Theory: A Public Perspective*, Fort Worth: Harcourt Brace College Publishers, 1997.

Morgan, Gareth, *Images of Organization*, Newbury Park: Sage Publications, 1986.

Ralph D. Stacey의
복잡성 조직이론*

Ⅰ. 머 리 말

Stacey의 학문세계는 자연과학과 일반 사회과학에 서서히 도입되고 있는 복잡성과학분야를 경영학 내지는 조직운영에 적용해 보려는 데 있다고 하겠다. 아직 그의 이러한 시도가 일천하기 때문에 검증되지 못한 무리가 따르기는 하지만 지금까지의 경영학 패러다임을 근본적으로 바꾸어 본다는 데에서 그 의미를 찾을 수 있으며 이제는 과거의 기계론적 패러다임으로 기업 현상을 설명하기에는 현상이 너무나 복잡해졌다는 것이다. 그간 경영학자들은 복잡한 상황을 단순하고 질서정연한 모형만을 이용하여 설명하려 한다는 비판이 있어 왔다. 그런데 기업세계를 포함한 인간사회와 자연현상의 한 쪽은 질서와 법칙이 작용하는 밝은 세상이어서 예측과 계획 그리고 통제가 가능한 곳이 있으며 동시에 다른 한 쪽은 무질서와 혼돈이 지배하는 어두운 세상으로서 예측과 통제가 통하지 않는 복잡한 현상이 있는데 이들은 서로 얽혀서 공존하고 있기에 지금까지의 연구모형으로는 실상을 제대로 발견하거나 해명할 수 없다는 견해가 대두되었다.

복잡성이론(complexity theory)은 원소환원론에 바탕을 둔 현대 과학이 잘 해결하지 못하는 문제들을 전체적 입장에서 이해해 보려는 새로운 시도이다. 물고기를 부위별로 해부하여 파악한 다음 다시 합한다고 해서 다시 한 마리의 물고기가 될 수 없기 때문이다. 즉 수많은 인자들로 복잡하게 얽혀 있는 시스템이은 그 구성요소인 각 인자들의 성질들을 단순히 선형적으로 합해 가지고는 결코 이해할 수 없다는 생각이 복잡성과학의 밑바탕에 흐르고 있다. 생명이란 어떻게 발현되는가? 인식이란 어떻게 얻어지는가? 또 진화의 원동력은 무엇인가에 대하

***

* 임창희: 홍익대학교 경영학과 초빙교수.

여 복잡성 과학은 현대 과학이 진정으로 이해하고 있지 못하는 수많은 문제들에 대한 해답을 줄 통일된 대통합 이론을 추구하고 있다고 볼 수 있다.

복잡성이론은 원래 자연과학자, 특히 생물학자, 수학자들이 먼저 관심을 갖고 출발했으며 정치학, 경제학 등 사회과학자들이 관심을 갖게 된 것도 비교적 최근의 일이며 이제는 문학, 음악 등 예술계에 이르기까지 모든 학문영역으로 확대되고 있는 주제이다. 경영학자들 사이에도 예외는 아니어서 복잡성 이론을 연구하려는 움직임이 점차 확대되고 있으며 이를 주제로 한 논문과 학회활동이 이뤄지고 있으며 조직연구자들은 아직 관심의 초기에 불과하다.

기존의 조직연구자들은 조직을 하나의 단순시스템으로 간주하고 조직시스템이 가지고 있는 질서(균형)와 무질서(불균형) 두 측면 중 질서측면만을 강조하면서 균형이론 또는 기계론적 관점에서 조직 행태는 반복되는 것이고 일정한 법칙이 있고 따라서 예측 가능한 것이라고 간주했다. 그러므로 예측가능한 이론을 많이 발견할수록 훌륭한 업적으로 치부되고 그런 쪽으로만 많은 연구자들이 총 매진했다고 볼 수 있다.

이러한 관점의 효시는 원소환원주의에서 찾아볼 수 있다. 아무리 복잡한 것이라도 계속 쪼개어 나가다 보면 종국에 가서는 단순해지고 각각의 단순한 원소들을 이해하면 전체를 알 수 있다는 Descartes와 Newton의 주장에 일치한다. 지금까지 모든 조직이론은 조직시스템의 구조와 행동을 기계적인 것으로만 묘사하고 정태적인 관점에서 외부환경에 수동적으로 적응하는 방식 찾기에만 몰두하였다. 이는 구조기능주의 이론과 결합되면서 조직의 환경적응이 주요연구 테마가 되는 상황이론으로 발전하여 오늘에 이르게 되었다고 할 수 있다.

이러한 관점에서 연구되고 주장된 이론이나 실험결과들은 언제 어디서나 공통적이며(universality) 항상 일정하고(time relevant) 반복적이며(replicability) 무엇보다도 예측가능(predictability)하기 때문에 가장 합리적인(rationality) 원칙을 찾아내어 사용하려는 시도가 근간을 이루고 있었다.

그러나 직접 조직을 운영하는 사람들은 말하기를 경영이나 관리는 항상 똑같은 것도 아니고 단순하지도 않기에 법칙도 없으며 예측하기도 힘들고 오히려 복잡(complex)해서 어떤 원칙을 하나 발견하더라도 외부타당도가 약하며 다른 조직이나 다른 시점에 적용하려 하면 안 맞는다는 것이다. 복잡성 과학을 조직관리 이론에 적용하려는 Stacey를 비롯한 일련의 학자들의 의도 역시 이러한 기존 패러다임을 바꾸어야 한다는 필요성에서 출발하였다.

II. 복잡성과학과 조직이론

1. 복잡성과학의 연혁

복잡성(complexity)이란 단순성의 반대개념이다. 단순한 것은 이해하기 쉽기 때문에 단순한 요소들을 지배하는 법칙을 알면 이들 요소가 모여서 된 전체의 원리를 알 수 있다는 것이 과거의 견해였다(원소환원주의). 그러나 아무리 나누어 봐도 단순해지지 않고 나누어질 수도 없는 것들이 많이 있다. 예를 들면 증권시장, 두뇌활동, 인구이동, 홍수, 제트기류, 경기변동, 질병 등이 그것이다. 이러한 복잡시스템(complex system)의 속성에 관한 이론을 지칭하는 다른 말로는 복잡성(혹은 복합성)과학(science of complexity), 복잡성이론(complexity theory), 혼돈이론(chaos theory), 혹은 복잡·혼돈이론(complexity·chaos theory) 등이 있는데 복잡성이론이란 이들을 총칭한 개념이다.

그러나 복잡성개념은 정리가 그리 간단하지는 않다. 어디까지를 복잡성이론이라고 부를 것인가도 불분명하다. 이미 수학자들은 비선형 다이내믹 시스템(nonlinear dynamic system)에서 출발된 카오스개념을 100년 이상 연구해 왔으며, 프랙털(fractal)개념, 공진화(coevolution), 유전적 알고리즘(genetic algorithm), 자기조직화(self-organization) 등의 주제가 광범위하게 토론되어 왔다. 경제학분야에서는 수확체증의 경제학, 진화경제학 등이 복잡성이론과 유사하다고 볼 수 있으며 경영학에서의 경영과 카오스, 마케팅, 진화론적 전략 등도 복잡성이론을 적용한 예로 볼 수 있겠다. 그러나 복잡성이론은 그 연구범위와 방법론이 매우 다양하고 다방면에 걸쳐 동시에 유행되고 있기 때문에 그 이론을 간단히 정리하는 것이 쉽지 않다. 여기에 공헌을 한 연구소로서 미국 뉴멕시코주 Santa Fe에 1984년 설립한 비영리기관인 산타페 연구소를 들 수 있는데 그곳에서 물리학, 생물학, 의학, 경제학, 수학 등의 분야에서 모인 학자들이 복잡성이론을 공동으로 연구하고 있다.

2. 복잡성과학의 내용

복잡성이론을 개략적으로 이해하기 위해서는 수학에서 연구되는 비선형적 동태시스템(nonlinear dynamic system)을 이해할 필요가 있다. 비선형적 동태시스템이란 변수들간의 상관관계가 시간이 지남에 따라 비선형적으로 변화하는 시스템을 말하는데 이러한 시스템은 다음과 같은 세 가지 유형이 있다.

첫째, 부의 피드백시스템을 가진 것으로서 변화가 있으면 균형으로부터 멀리 떨어져 있기에 균형으로 가려는 속성에 의해 변화를 억제하는 장치가 작동되어 시스템은 최초의 상태로 환원된다. 예를 들면, 자동온도조절장치가 있는 난방시스템이 그것이다.

둘째, 정의 피드백시스템을 가진 것으로서 일단 변화가 일어나면 그 변화가 변수 중 하나를 더욱 강화시켜 더 큰 변화를 불러 일으키는 체계로서 처음에는 작은 변화일지라도 점점 가속되어 폭발까지 이르게 되고 이런 상황에서는 단기 예측은 거의 불가능하다.

셋째, 부와 정의 두 가지 피드백시스템이 공존하는 것으로서 어떤 것은 초기에 변화가 와도 정기적으로 균형상태를 다시 회복하는 것도 있고 어떤 것은 초기변화에 매우 민감해서 조그만 변화가 전혀 예기치 않은 결과를 가져오기도 한다. 전자를 균형상태라고 하고 후자를 카오스상태라고 한다면 균형이냐, 카오스냐를 결정하는 것은 시스템에 작용하는 수많은 변수들 사이의 상대적인 힘의 균형에 따라 결정된다고 볼 수 있다. 즉, 변수들의 변화가 서로 다른 빈도로 일어난다면 그것은 변수들간의 관계의 힘도 변할 것이기 때문에 결과를 예측할 수 없는 혼돈으로 몰고 갈 것이다. 이런 상황에서 단기적으로는 한 개 변수의 변화를 예측하기는 가능하지만 장기적으로는 거대한 변화가 되기 때문에 예측이 불가능하게 된다.

이러한 카오스 상황은 전혀 새로운 것은 아니며 수학자들이 이미 오래 전에 지적한 내용이다. 그런데 문제는 조직(organization)에 작용하는 수많은 변수들간에도 이러한 비선형적 관계가 있기 때문에 조직도 하나의 다이내믹시스템으로 볼 수 있다는 것이 Stacey의 주장이다. Stacey는 조직을 비선형적 다이내믹시스템, 혹은 카오스시스템, 혹은 복잡 시스템으로 간주하고 나서 조직을 연구하고 그 관리방식도 헤아려 보아야 한다는 것이다.

실제로 모든 시스템은 균형과 항상성(homeostasis)을 유지하는 질서의 측면과 끊임없이 스스로를 파괴하면서 새로운 균형을 찾아가는, 즉 이미 설정된 균형에서 벗어나는 일탈을 증폭시키는 무질서의 측면을 통합함으로써 존속한다. 시스템은 끊임없이 질서와 무질서의 영역을 오가면서 스스로를 재생산한다. 즉 시스템은 부의 피드백과 정의 피드백이라는 두 측면이 공존하면서 재창조되고 성장 발전해 나가는 것이다. 그러므로 시스템이 성장하기 위해서, 새로운 것이 창조되기 위해서는 균형을 파괴하는 비합리적 행동, 즉 무질서의 측면이 필수적이라는 것이다.

3. 복잡시스템으로서의 조직

조직 안에는 수많은 행위자들(actors)이 존재한다. 행위자들은 조직 안에서 서로 정보를 교환하고 협동하면서 자신의 목표를 추구하는데 이러한 과정을 자세히 살펴보면 한 행위자의 행동이 다른 사람의 행동에 영향을 주고 그가 다시 다른 사람의 행동에 영향을 주면서 결과적으로는 한 개인으로서는 예측 불가능한 카오스 상황 내지는 복잡한 결과를 가져오게 한다. 이처럼 적응적 복잡시스템은 다수행위자의 경쟁과 협동의 상호 작용이 항상 있으며 그 결과 그들은 새로운 행동유형을 만들어가며 외부환경에 적응하는 가운데 조직 시스템은 스스로 어디론가 진화해 나간다고 주장한다.

그리고 모든 시스템 내에는 질서의 세계와 무질서의 세계가 공존 내지는 혼재 되어 있는데 기업조직 내에도 역시 구조화된 세계(제도와 규정, 문화와 관습)와 비 구조화된 세계(자율과 재량, 자유의지)가 공존하고 있다는 것이다. 예를 들어 기업의 의사결정과정을 보면 합리적 절차를 거치는 방식과 쓰레기통방식 (garbage can)이 공존한다. 어떤 때는 문제의 인식, 대안수집, 대안검토와 평가, 대안선택과 실행의 정식 단계를 거치는 것 같으면서도 사안이 복잡하고 대안 수집이 여의치 않을 때, 설령 그것이 가능하더라도 의사결정 당사자간의 복잡한 이해관계가 얽혔을 때는 공식과 합리성과 질서를 무시한 채 기분과 영감에 의해 결정을 해버린다.

이러한 특성은 조직과 환경과의 관계에서도 마찬가지로 나타난다. 조직시스템의 형성이 조직 내 행위자들 간의 주고받는 행동에 의해 자생적으로 형성되기도 하지만 그러면서 조직은 시간이 흐름에 따라 조직행동 결과를 피드백받으면서 검토하며 경험을 반복하면서 변해나간다. 이를 학습(learning)이라 한다. 학습이 계속되는 한 조직의 어떤 요소도 불변으로 남아 있기 어려운 것이며 이것이 조직변화, 조직불안정의 원인이요 복잡성의 원인이 된다.

그러므로 복잡성이론에서는 시스템 내 행위자들 스스로가 상호 작용을 통해 시스템의 변회를 능동적으로 가져오면서 학습하고 진화하기 때문에 환경의 작용에 따라서 반작용하는 기계론적 관점을 배제한다. 즉 조직은 환경에 적응하거나 피동적으로 환경에 의해 선택되는 존재가 아니라 능동적으로 새 질서를 창조해 나가는 시스템이라는 것이다.

4. 안정과 불안정의 상호작용

조직은 두 개의 상호 이율배반적인 힘을 가지는데 하나는 조직을 안정 (stability) 쪽으로 미는 힘과 또 하나는 조직을 불안정(instability) 쪽으로 미는 힘을 동시에 소유하고 있다. 안정지향의 힘이란 조직이 존속, 성장하기 위해 계획을 세우고 구조와 제도를 만들며 자원을 관리하는 힘을 말한다. 즉 돌발적인 상황으로부터 자신을 보호하고 타의에 의해 변하지 않고 현상유지를 위해 조직은 계속해서 계획(planning), 구조화(structuring), 통제(controlling)하는 힘을 발휘하는 것이다.

한편 조직을 불안정 쪽으로 미는 힘이란 기존의 안정을 파괴하고 새롭게 변신하고 외부환경에 수동적으로 지배당하기보다는 능동적으로 바꿔보고 스스로 창조해 나가려고 혁신(innovation), 시도(experimentation), 개척(initiation)하려는 힘을 말한다. 이 두 가지 상호 배반적인 힘들이 조직 내부에 혼재해 있기 때문에 조직은 복잡한 상황, 즉 혼돈상태에 있게 되는 것이다. 그런데 조직은 안정적 평형 혹은 불안정한 상태로 가려는 강한 힘을 지속적으로 거부하여 카오스의 영역에 머물러야만 한다는 것이다. 그 이유는 첫째, 조직과 환경간의 평형 관계를 유지하려는 것은 조직의 실패를 초래하기 때문이다. 관리자들이 조직의 장점에 안주하여 안정감에 빠지게 될 경우 조직은 환경과 적응하는 안정적 평형상태로 끌려가고 조직은 고객이 원하는 것만을 하며 고객의 요구가 변할 때까지 계속 그러할 것이다. 이 경우 조직은 혁신성을 잃게 되어 혁신적인 경쟁사와의 경쟁에서 도태된다. 둘째, 조직이 평형 상태를 유지하려고 집권화를 통한 조직통합을 강조한다면 조직이 경직화하여 급격한 변화에 대처할 수 없게 되기 때문이다.

그리고 조직은 발전을 위해 스스로 노력하다가 조직 스스로가 불안정 상태에 놓이게 된다. 예를 들면 조직은 그 구성원들에게 기업가정신을 가지라고 외친다. 즉 조직구성원들에게 새로운 시도를 할 수 있는 자율권을 준다든지 새로운 자원을 개발하고 새로운 시장개척과 신제품개발을 부추기게 된다. 그런데 구성원들의 이러한 일련의 행동은 어디까지나 미래를 예측하고 미래에 가장 적합할 것 같은 행동을 선택하지만 이미 미래는 누구에게나 완전한 예측은 불가능하기 때문에 항상 시행착오가 있게 된다. 그러나 그럼에도 불구하고 조직은 미래에 대비하기 위한 수많은 행동들의 레퍼토리를 만들어 가지고 있다가 수시로 선택해서 사용하고 있는 것이다.

그러므로 조직은 현재의 목표와 직접 관련이 없는 것이라도 변화하는 미래 환경에 사용될(혹은 사용 안된 채 버려질 수도 있지만) 많은 행동대안들을 개발해 놓아야 한다. 그러기 위해서는 조직은 수많은 시도(experimentation)를 필요로 한다. 그리하여 조직은 미래에 부딪칠 문제에 대한 해답을 시도와 실험에서 발견하고 학습해야 하는데 이런 행동을 계속하면서 스스로를 변화 발전시켜 나가는 조직의 움직임을 자기조직화(self organization)라고 한다. 즉, 조직 안에서 개체와 개체가 이익적 행동을 자발적으로 행함으로서 전체적 질서를 자연히 만들어간다. 전체적 질서는 다시 개체의 활동에 영향을 미쳐 새로운 행동을 유발시킨다. 이를 반복함으로써 시스템은 계속 진화 발전해 나가는 것이다. 그러므로 자기조직화를 계속하기 위해서는 항상 내부적 불균형 상태에 있어야 하는데 그 이유는 균형상태에서는 새로운 변화가 있을 수 없기 때문이다.

Ⅲ. 복잡성과학과 조직관리

1. 창조와 혁신

혼돈과 무질서의 개념은 정상적이고 자연적인 현상으로서 새로운 질서를 창조하는 효과를 가지고 있다는 복잡성이론을 전제로 한다면 기업조직의 도처에 일상적으로 존재하는 비합리적이고 무질서한 프로세스들을 통제하기보다는 오히려 능동적으로 이를 부추기고 조장함으로써 조직목표를 효과적으로 달성해 나갈 수 있도록 해야 할 것이다. 혼란과 무질서가 기업경영에 장애가 되기 때문에 이를 통제해야 된다는 기존의 주장들은 합리주의적 사고방식에 매인 채 합리성이란 원리만을 이용하여 정당화하려는 것뿐이다.

그러나 복잡성을 연구하는 학자들은 조직이 변화에 수동적으로만 적응하여서는 안 되고 오히려 변화를 능동적으로 만들어 가야 한다는 점을 강조한다. 다시 말해서, 비선형적인 역동성 아래 있는 조직은 가만히 있는 것도 위험할 수 있다는 것이다. 오히려 위험을 무릅쓰고 새로운 노하우를 위해 계속 학습을 시도하는 것이 도움이 될 수 있다고 한다. 또한 그들은 비평형 상태의 역동적 조직이 창조적이라는 점을 지적한다. 복잡성과학의 관점에서 보면, 안정적이고 조직의 응집력이 강한 기업은 오히려 빨리 망할 수 있다는 것이다. 왜냐하면 이렇게 안정적이고 평형상태에 있는 기업은 혁신이 일어나지 않기 때문이다. 반면에 긴장과 역설 그리고 갈등이 공존하는 역동적인 조직은 발전적이고 창조적이다. 완전한 무질서와 안정 사이의 카오스 상태에 있을 때에만 혁신이 가능하다.

그러기 위해서는 우선 조직의 최고 경영진은 새로운 비젼을 계속 창출하면서 현상유지에 안주하지 말고 항상 관행과 관습을 깨고 새롭고 도전적인 목표를 제시해야 한다. 조직 내에 혁신의 사례가 발생할 경우 그 결과의 성공여부를 기다리지 말고 일단 높게 평가해 주면 혁신행동 자체가 증가하게 될 것이다.

2. 자생적 학습

의도나 목표 없이 아무런 계획 없이도 학습은 일어날 수 있다. 조직 내 행위자들은 자신들의 이해관계에 따라 다른 사람이나 조직의 질서 혹은 외부환경에 반응하게 되고 그러면서 조직에 일정한 질서가 생기고 그 질서는 더 나은 것으로 발전하기도 하는데 이것이 자생적 학습이다. 즉 누가 구체적으로 프로그램을 짜서 가르쳐주지 않더라도 자신들끼리 치고 부대끼고 하다가 스스로 터득하고 이것이 모여서 더 나은 조직으로 될 때 그 조직은 더 좋은 환경대처능력을 갖게 되는데 이것이 자생적 학습의 결과이다.

그러므로 학습이란 주제를 다른 관점에서 파악해야 한다는 것이 Stacey의 주장이다. 개인학습과 조직학습, 개인지식과 조직지식, 잠재지식과 유형지식 등의 연구보다는 조직을 항상 학습하고 있는 유기체로 파악해야 한다는 것이다. 그러므로 조직의 지식창조를 효율적으로 돕기 위해서는 학습의 목표나 계획은 그리 중요하지 않다. 왜냐하면 어차피 의도대로 되지 않을 수 있기 때문이다. 다만 학습이 이루어지도록 환경을 만들어주고 조직보다도 그 구성원 개인에게 학습여건을 마련해 주는 것이 중요하다고 한다.

3. 자기조직화

외부의 영향력에 의해서 조직이 변화하거나 강화되는 것이 아니라 조직이 스스로 자신의 특질을 파악하고 자신이 학습하며 성장한다. 따라서 단순한 지식으로부터 더욱 고차원적인 지식을 창조해 내는 자발적인 작용이 계속되는 것이 자기조직화이다. 그러기 위해 조직은 개체간에 그리고 조직과 외부간에 개방적이어야 하며 조직 자체가 비평형 상태를 유지해야 한다. 이러한 관점에서 보면 성공적 조직이란 불안정성과 불확실성을 유용하게 활용하여 질서를 수립해 갈 수 있는 조직이다.

이는 복잡 적응시스템 내에서 가능한데, 복잡 적응시스템이란 규칙 체계에 따라서 상호 작용하는 다수의 행위자(agent)로 구성된 시스템을 말한다. 이 행동의 규칙에서는 다른 행위자의 행동을 관찰하고 다른 행위자의 행동에 따라 자신의 행동을 조정하는 것이 필요하다. 복잡 적응시스템은 일상적으로 다른 복잡 적응시스템과 상호 작용을 통해 학습하고 진화해 나간다. 복잡 적응시스템은 규칙을 도출하기 위해 정보를 생성하고 이러한 규칙을 경험을 통해서 끊임없이 변화시키는 시스템이다.

저자는 자기조직화의 특징을 다음과 같이 요약하고 있다. 첫째, 자기조직화는 자기생성적(self-generated)이며, 자기통제적(self-guided)이다. 즉 수직계층에서 오는 변화와 외부 강제력에 의한 변화가 아니라는 뜻이다. 둘째, 자기조직화이론은 조직시스템이 혁신이나 변화에 저항한다고 생각지 않고 오히려 조직 속에는 항상 변화잠재력을 내포하고 있다고 본다. 셋째, 자기조직화는 우연적이고 불규칙한 사건들을 활용하고 이를 받아들인 결과로서 나타나게 된다는 것이다. 즉 카오스를 회피하는 것이 아니라 카오스 자체로부터 질서가 창출된다는 것이다.

이처럼 자기조직화는 카오스적 비선형시스템에서 출발된다. 하나의 시스템을 근본적으로 변형시키는 자기조직화의 방법은 조직시스템이 변화에 저항하든지 무질서로 쇠퇴하든지 한다는 과거의 견해와는 다르다. 오히려 능동적인 질서를 만들어 낸다는 것이다. 즉 창조적 파괴를 통해 새로운 질서로 발전하고 진화해 갈 수 있다는 것이다.

그런데 복잡 적응시스템은 분열과정을 거치면서 카오스적인 상태로 진화해 간다. 그리고 이 시스템은 카오스적으로 운영될 때만 창조적이 된다. 왜냐하면 복잡 적응시스템은 카오스적 상태에서 자발적 자기 조직화 과정을 통해서 의외의 산출물을 생산하기도 하기 때문이다.

4. 복잡 다기능화

복잡성 관점에서 조직을 보면 기술과 시장이 일목요연하게 분리된 관점의 조직이 아니라 누가 기술자인지 누가 판매사원인지 뒤섞여 있는 조직이 필요하다. 즉 실제로 고객이 원하는 대로 만들고 적시에 제공하는 유효한 조직이 되기 위해서는 생산과 시장이 하나로 혼합되어야 한다. 그러기 위해서 어떤 회사는 생산기술자를 정기적으로 영업부서의 판매담당을 맡게 하기도 한다. 엔지니어가 상품 진열방식도 알아야 하고 모든 노하우가 서로 만나고 겹치고 교환되도록 하기 위하여 인력의 과감한 로테이션도 필요하다.

과업단위 팀원들은 서로 다른 기능을 가지고 모이지만 부서로 나뉘지 않게 조직된 교차 다기능팀(cross-functional team)도 필요하다. 엔지니어, 생산자, 디자이너, 연구원이 신제품개발을 위해 한 팀으로 묶여졌지만 부서간 장벽도 없고 팀 소속도 다르지 않게 만든다는 의미이다. 의사결정방식이나 과업 프로세스상 품의나 결재 단계도 없이 서로 직접 이마를 맞대고 커뮤니케이션함으로써 관료제는 없어지고 즉각적이고 직접적인 실험과 시도가 가능할 뿐만 아니라 구성원들의 조직몰입도와 만족감도 커질 것이다.

가장 혼돈스런 회사조직 형태는 가상 복합기능팀(Virtual multifunctional team)이다. 여러 기능을 담당하는 팀이지만 특별히 고정된 것이 아니라 시공간적으로 구애받지 않고 수시로 변형되면서 필요한 업무를 완수하도록 하는 조직형태이다. 조직의 각 부서는 고정적인 것이 아니라 수시로 생성, 발전, 소멸하며 그 크기나 기능도 시시각각 변할 수밖에 없으며 자연적으로 구성원들의 담당업무가 확정될 수가 없다. 그리고 하나의 단순한 업무로는 지식창출과 혁신가능성이 약하기 때문에 여러 가지 업무와 기술을 담당하면서 새로운 발상이 나올 수 있도록 다기능 담당자, 다기능 부서, 다기능 복합조직이 필요하다. 이렇게 되면 서로 부딪치고 상호 작용하면서 우연한 기회에 순기능적 산출물이 생성될 수 있다.

5. 조직축소

거대한 조직은 커뮤니케이션과 의사결정차원에서 극히 비능률적이다. 복잡성이론에 근거한 자기조직화와 조직유연성을 높이기 위해서는 거대조직을 슬림(slim)화, 플랫(flat)화, 그리고 소규모(small) 단위로 재설계하는 것이 필요하다. 그 이유는 복잡성의 순기능은 상호 교류와 부닥침에서 비롯되는데 단위 구성원 수가 커지면 커뮤니케이션 채널이 기하급수적으로 증가하기 때문에 개인이 담당하기 어렵고 상호 결속력도 떨어진다. 그러므로 하나의 팀은 소규모의 인원으로 유지되는 것이 바람직하다.

과거의 효율적인 대량생산을 추구하는 전통적 조직관리 법칙은 작업방식과 도구, 생산물 등을 표준화시킴으로써 질서를 유지하고 효율화하려 했으며 이를 제도적으로 뒷받침하는 관료제는 인간의 감정과 주관성을 제거하고 원리원칙을 만들어 이상적인 조직을 운영하려 하였다. 이는 수평적으로 기능별 분업과 수직적으로 감독적 계층화를 만들어 대량생산시대의 환경에 잘 부응해 왔다.

그러나 앞으로 창조력이 조직생명을 좌우하는바, 창조력의 원천인 부서간의 복잡한 상호 작용이나 구성원들의 독특한 개성을 고려하여야만 한다. 기능, 계층에 관계없이 자연스럽게 흐르는 작업프로세스를 구축함으로써 기계적 경영방식의 틀을 깨고 스스로 창조력을 높일 수 있는 횡적 구조가 필요하며 조직단위를 작게 하여 서로 다른 단위간에 교차시키면서 창조의 기회를 만들어 줄 필요가 있다는 주장이다. 즉, 프로세스과정에서 자기조직화나 새로운 발전이 가능하며 고정적이고 안정적인 기능중심의 구조에서는 변화를 기대하기 어렵기 때문이다.

Ⅳ. 맺 음 말

질서와 무질서간의 복잡 시스템 개념은 어제오늘의 이야기는 아니다. 일찍이 고대 그리스 Heraclitus의 원자론, W. Kohler의 게쉬탈트(Gestahlt) 개념, Hegel의 변증법에서 복잡 시스템 개념이 태동되었다고 볼 수 있는데 그들은 시스템이 전체와 부분, 질서와 무질서의 변증법적 통일을 통해 존속할 수 있다고 강조하였다.

한편 경영학은 경영과 전혀 무관해 보이는 분야의 선구적인 개념을 통해 발전해 왔다. 특히 시스템이론, 사이버네틱스, 진화론 등 자연과학 이론들이 조직이론의 발전에 큰 영향을 끼쳤다. 복잡성과학도 앞으로 이러한 역할을 하게 될지는 정확히 알 수 없다. 그러나 경영이 기업조직이라는 시스템을 대상으로 하는 한, 복잡성과학이 조직 특히 기업의 조직이론과 실무에 획기적인 발전을 가져올 가능성은 높다. 그러나 복잡 시스템을 조직연구와 연계하려는 많은 시도들이 다음과 같은 한계점을 가지고 있다.

첫째, 복잡성이론이 과연 기존의 이론들과 얼마나 차이가 있는가 또한 실무적 조직관리에 얼마나 유용하게 적용될 수 있는가를 검토한 연구는 많지 않았

다. 이들의 연구가 복잡성이론을 조직연구분야에 소개하는 데 그치지 않고 그
간 주장되어 온 조직이론과의 관련성을 찾으면서 조직개발을 위한 새로운 관점
을 제공했다는 데 의미를 찾을 수 있겠다. 즉 복잡성이론은 그저 관념적이거나
하나의 사고방식에 그치지 않고 실제 조직관리에 유용한 이론적 자원을 소지하
고 있음을 확인했다고 볼 수 있다.

둘째, 복잡성이론 자체에 대한 연구가 일천할 뿐만 아니라 여러 분야의 학
제간 연구도 통일되어 있지 않은 관계로 그 이론을 일반화하기 어렵고 더구나
조직관리에서 적용되고 있는 실제의 예가 많지 않아서 사례적용이나 경험적 연
구가 되지 못한 것이 한계점이다. 그러나 기업조직은 자연과학의 그 어느 조직
보다도 복잡한 시스템인 만큼 단순성과 합리성으로 해석되기에 벅찬 부분이 너
무 많다. 그러므로 복잡성이론이 계속해서 조직이론과 관리실무에 획기적 발전
을 가져올 가능성이 매우 크다고 본다.

셋째, 복잡성이론은 아직까지 일반 경영자들이 접근하기에는 난해하고 현실
성이 없어 보이는 것이 사실이다. 복잡성과학의 적용은 극히 소수의 혁신적인
사람들만이 갖는 문제인지도 모른다.

넷째, 복잡성원리를 경영에 적용한다는 것은 균형을 포기한다는 것을 의미
한다. 조직을 항시 유동상태로 유지하는 것이 경영자로서는 대단한 부담일 것이
다. 따라서 조직을 자기조직시스템으로 운영하기 위해서는 먼저 기업 경영자
들의 생각이 크게 바뀌어야 한다. 또 복잡성원리가 규범적으로만 옳은 것이 아
니라 경영성과의 향상과 조직구성원의 실질적인 도움이 된다는 것을 확인해야
한다. 조직설계나 전략 분야에서의 작은 실험들이 중요한 이유는 여기에 있다.
그럼에도 불구하고 복잡성이론을 조직경영연구에 접목시키려는 그들의 의도는
후속 연구자들에게 많은 호기심과 이정표를 제시하고 있을 뿐만 아니라 경영
실무자들에게도 유용하고 많은 실천적 대안을 제시해 주고 있다.

🔖 참 | 고 | 문 | 헌

Bygrave, W. D., "The Entrepreurship Paradigm: Chaos and Catastrophes among
     Quantum Jumps?" *Entrepreneurship: Theory and Practice*, 14, 1989.
Gemmill, G. & C. Smith, "A Dissipative Structure Model of Organizational
     Transformation," *Human Relations*, Vol. 38, No. 3, 1985.

Goldstein, J., *The Unshackled Organization*, Portland, Oregon: Productivity Press, 1994.

Kanter, R. M., *The Change Master: Innovation in the American Corporation*, Englewood Cliffs, NJ: Simon & Shuster, 1985.

Kiel, L. D. & E. Elliott, *Chaos Theory in the Social Science: Foundations and Applications*, Ann Arbor, MI: The University of Michigan Press, 1996.

Nilson, T. H., *Chaos Marketing: How to Win in a Turbulent World*, London: McGraw-Hill, 1995.

Nonaka, I., "Creating Organizational Order out of Chaos: Self-Renewal in Japanese Firms," *California Management Review*, Spring, 1988.

Pascale, R. T., *Managing on the Edge: How Successful Companies Use Conflict to Stay Ahead*, London: Viking Penguin, 1990.

Peters, T., *Thriving on Chaos*, London: MacMillan, 1985.

Priesmeyer, H. R. & K. Baik, "Discovering the Patterns of Chaos," *Planning Review*, Vol. 17, No. 6, 1989.

Prigogine, I. & I. Stengers, *Order out of Chaos: Man's New Dialogue with Nature*, New York: Bantam Books, 1984.

Stacey, R., *Strategic Management and Organizational Dynamics*, London: Pitman Publishing, 1996.

_____, *Managing Chaos: Dynamic Business Strategies in an Unpredictable World*, London, UK: Kogan Page, 1992.

Waldrop, M. M., *Complexity: The Emerging Science at the Edge of Order and Chaos*, London: Viking, 1992.

Zimmerman, B. J., "Nonequilibrium: The Flipside of Strategic Processes," *Working Paper*, North York, Canada: Faculty of Administrative Studies, York University, 1990.

Duncan J. Watts의
복잡한 연결망 이론*

I. Watts의 학문세계

Duncan J. Watts는 오스트레일리아의 New South Wales 대학에서 물리학을 전공한 후 미국 Cornell 대학에서 이론 및 응용기계공학을 전공하여 박사학위를 받았다. 그는 수학자인 Steven Strogatz와 함께 그래프 이론을 연구하였고 복잡 시스템에 대한 학제적 연구를 수행하는 것으로 유명한 산타페연구소(Santa Fe Institute)에서도 공동연구를 해왔다. 이후 그는 콜롬비아 대학의 사회학과 교수로 재직하면서 복잡한 연결망 이론(complex network theory)을 사회과학 영역으로 확대 적용해왔다. 최근에는 Yahoo 연구소의 수석 연구원으로 일하면서 트위터와 같은 기술이 만들어내는 사회연결망(social network)의 특징에도 관심을 기울이고 있다.

Watts가 연구하는 복잡한 연결망 이론은 원래 수학의 그래프 이론에 기원을 두고 발전했던 것이었다. 물론 Watts의 연구 이전에도 이미 사회학에서는 사회연결망 이론(social network theory)이라는 주제 하에서 집단, 커뮤니티 혹은 기업 단위의 연결망에 대한 연구가 활발히 진행되고 있었다. 하지만 사회과학에서의 연결망 분석은 대부분 중소규모의 연결망에 초점이 맞추어진 것이 사실이다. 또 여러 연결망에서 공통적으로 나타나는 구조적 특징을 일반화하려는 노력이 부족하였다. 이에 반해 Watts가 복잡한 연결망 이론을 발전시키기 시작했던 1990년대 중후반은 인터넷 기술과 정보통신기술을 바탕으로 거대하고 복잡한 연결망들이 빠른 속도로 등장하고 있던 시점이었다. 많은 연구자들이 인터넷망, 전력망, 전염병의 전파경로, 혹은 수천 명 혹은 수십만 명으로 구성된 다국적 기업의 연결망이 과연 어떻게 만들어지고 발전하는지에 대한 관심을

* 고길곤: 서울대학교 행정대학원 교수.

기울이기 시작한 것이다. 바로 이 시점에 Watts는 복잡한 연결망을 컴퓨터 시뮬레이션과 수학적 기법을 이용하여 어떻게 분석할 수 있을지를 보여주었다. 뿐만 아니라 Watts는 이렇게 발견된 연결망의 특징이 현실 연결망에도 얼마나 잘 작용되는지를 실증적으로 검토하고 실제 조직에 어떻게 응용할 수 있는지도 탐구하였다.

Watts의 복잡한 연결망 이론은 조직 내 혹은 조직 간 연결망을 직접적으로 분석하기 위해 개발되지는 않았다. 하지만 사이버네틱스나 복잡성 과학 등이 조직이론에 심대한 영향을 미쳤듯이 복잡한 연결망 이론은 현대 조직을 연결망의 관점에서 이해하는데 많은 시사점을 제공하고 있다.

II. '작은세상(small worlds)' 이론

1. 조직 내 연결망의 특성

세상에는 다양한 조직이 존재하고 이 조직들은 여러 형태의 연결망을 가지고 있다. 그렇다면 조직들의 연결망이 어떻게 형성이 되고 어떤 구조적인 유사점을 가지고 있는 것일까? Watts의 작은세상 연결망(small worlds network) 이론은 현실에 존재하는 여러 연결망의 특징을 수학과 시뮬레이션을 이용하여 찾아내고자 하는 노력의 일환이었다. 이를 위해 Watts는 현실 연결망이 아래와 같은 특징을 가지고 있다고 가정하였다(Watts, 2003, p. 72).

첫째, 사람들은 다수의 작은 집단에 중복하여 소속되어 있고, 각 집단 내부에서는 서로 밀접하게 연결되어 있다. 즉 현실 연결망에서 군집(clustering)의 정도가 높다는 것이다. 군집의 중요성은 무작위그래프(random graph) 이론의 한계와 관련되어 있다. 1950년대에 Erdos와 Reiny는 무작위그래프 이론[1]을 통해 연결망이 매우 크더라도 각 행위자간의 평균거리는 가깝다는 사실을 보여주었다.[2] 평균거리가 가깝다는 것은 연결망에서 정보나 자원이 신속하게 유통될 수

---

1) 무작위그래프는 다음과 같이 만들어진다. 먼저 N명의 행위자가 있다고 가정하고(n_1, n_2, $\cdots$, n_N) N명의 행위자 쌍들의 조합(n_i, n_j)이 관계(tie)를 가질지 여부를 확률 p에 따라 결정을 한다.

2) 수학적으로 평균거리의 근사치를 구해보면 다음과 같다. 평균거리=lnN/ln(pN), 단 N은 연결망을 구성하는 노드(행위자)의 수 즉 연결망 크기, p는 두 개의 노드가 서로 관계(tie or edge)를 형성할 확률이다.

있고 행위자간의 접근성이 높다는 것을 의미한다. 하지만 왜 연결망의 크기가 커도 평균거리가 작은지에 대해서는 설명을 하지 못하고 있었다. 군집은 왜 평균거리가 작은 연결망이 가능한지를 설명하는 단서를 제공해준다.[3)]

둘째, 연결망이 정태적인 것이 아니라는 점이다. 현실에서는 새로운 행위자가 연결망에 들어오고 혹은 기존의 관계가 사라지는 동태적인 특징을 가진다. 이 동태적 연결망의 특징을 기존의 무작위 그래프 이론에서 잘 보여주지 못했다.

셋째, 새로운 관계의 형성은 무작위로 형성되는 것이 아니라 행위자가 가지고 있는 기존 관계에 영향을 받는다는 것이다. 즉 개인의 선택은 연결망의 구조에 영향을 받는다는 것이다. 예를 들면 연결망에서 구조적으로 중요한 위치를 차지하는 사람들은 정보와 자원의 접근성이 높아 다른 사람들과 더 많은 관계를 형성해 나갈 수 있게 된다.

Watts는 이런 특징을 가진 연결망을 컴퓨터 시뮬레이션을 이용하여 모델링하였다. 또 이 모델링의 결과는 이후 수학적으로 일반화되었다(Watts, 1999). 첫 번째로 Watts가 모델링한 것은 행위자가 자신이 속한 집단이나 조직 내의 관계를 더 강조하는지 아니면 조직 간의 관계를 더 강조하는지에 따라 변화하는 연결망 구조였다. 알파모델이라고 불리는 이 연결망 모델링에서는 두 명의 행위자가 관계를 형성할 확률이 공통적으로 연결된 친구의 수에 비례한다고 가정하고 있다.

사람들이 여러 개의 분리된 동굴에 거주한다고 가정을 하자. 이 경우 동굴 내에 있는 사람들은 서로 잘 연결 되어 있지만 다른 동굴에 있는 사람들과는 잘 연결되어 있지 못하다. 내적 응집력이 높은 연결망의 경우 두 사람에게 공통적으로 연결된 행위자가 많을수록 두 사람이 서로 관계를 형성할 확률은 높게 된다. 반면에 넓은 초원에 개별적으로 흩어져 사는 사람들은 조직 내의 연결보다는 소규모 조직 간의 연결이 일반적이다. 이 경우 두 사람에게 공통적으로 연결된 사람이 많다고 하더라도 두 사람이 관계를 형성할 확률이 높아지는 것은 아니다.

Watts는 조직 내 응집력이 지나치게 강한 경우에는 전체 연결망은 완전히 연결되지 않고 몇 개의 그룹으로 분할(fragment)되게 되지만 점차 조직 간의 연결

---

3) 조직이 여러 개의 군집으로 구성되어 있고 우리가 다른 군집에 있는 정보를 얻어야 된다고 가정을 하자. 군집 내에는 응집력이 높기 때문에 우리가 군집과 군집을 연결해주는 사람(structural hole)을 찾으면 다른 군집의 정보에 접근할 수 있는 기회가 증가하는 것이다.

┃그림 1┃ Watts의 베타모델

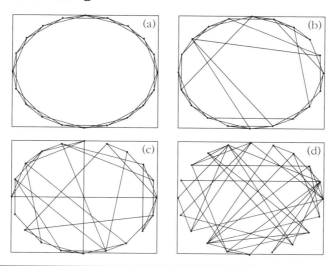

주: a)는 재연결이 전혀 없는 경우, d)는 재연결이 최대로 이루어진 무작위 그래프, b)와 c)는 재연결이 어느 정도 이루어진 경우.

이 조금씩 높아져 일정수준(critical point) 이상이면 연결망 전체가 연결되어 행위자들이 다른 모든 행위자들에 도달할 수 있는 경로(path)가 형성된다는 것을 보여주었다. 또 이렇게 형성된 연결망은 무작위그래프보다 군집계수(clustering coefficient)가 높고 각 행위자간의 평균거리도 짧다는 점을 보여주었다.

　　Watts는 이 모델링 결과를 좀 더 발전시켜 연결망에서 행위자간의 거리가 짧아지는 이유를 연결선의 재연결(rewiring) 메커니즘을 통해 설명하였다.4) 베타모델이라고 이름지어진 이 시뮬레이션은 처음에는 둥근 원 모양에 N명의 행위자를 배치시킨다. 그리고 인접 k명의 행위자와 연결선을 생성한다. 이렇게 생성된 초기 연결망은 높은 군집계수를 가지지만 행위자간의 평균거리는 상당히 길다([그림 1]의 a). 긴 평균거리 문제를 해결하기 위해서 Watts는 임의로 연결선을 택하여 아래 그림 b), c)와 같이 인접한 행위자가 아닌 인접하지 않은 다른 편 행위자와 재연결시켰다. 흥미로운 것은 몇 번의 재연결만 허용하더라도 연결망 전체의 평균거리는 빠르게 작아지는 경향을 보인다는 것이다. 이렇게 행

---

4) 시뮬레이션에 관심 있는 독자는 시뮬레이션 소프트웨어 NetLogo를 참고. Wilensky, U. (2005). NetLogo Small Worlds model. http://ccl.northwestern.edu/netlogo/models/SmallWorlds. Center for Connected Learning and Computer-Based Modeling, Northwestern University, Evanston, IL.

위자들이 서로 짧은 경로를 통해 연결되고 높은 군집경향을 보이는 연결망을 '작은세상 연결망(small world network)'이라고 불렀다. 베타모델의 재연결 메카니즘 자체가 앞의 알파모델에서 조직간 연결과 비슷하게 기능한다는 점에서 군집 간 연결선이 연결망의 거리를 단축시키는 핵심적 역할을 하고 있음을 보여주고 있다. 예를 들면 조류독감에 감염된 환자가 비행기를 타고 다른 나라로 가는 경우 재연결이 발생하여 다른 지역에도 질병이 확산되게 하는 것이다. 이후 실증자료에 의해 영화배우의 인적 연결망, 전력망, 인터넷, 전염병의 전파 등 여러 현실의 연결망이 Watts의 작은세상 연결망과 유사한 특징을 가지고 있음이 알려졌다.

2. 연결망의 안정성

조직 내의 구성원들이 여러 군집을 형성하고 지나치게 밀접하게 연결되어 있는 것이 항상 바람직하지는 않다. 예를 들면 조직의 한 부분이 정상적으로 작동을 하지 않는 경우 조직 전체의 연결망에 문제가 생길 수 있기 때문이다. 찰스 페로우(Charles Perrow)는 현대 조직이 여러 복잡한 부분으로 구성되어 있고 각 부분이 다른 부분과 연결되어 여러 기능을 수행하고 있어 부분의 실패가 시스템 전체의 실패를 초래하기 쉽다고 주장하였다. 원자력 발전소나 전력망과 같은 것은 이러한 예 중 하나이다. 하지만 Watts는 밀접하게 연결된 복잡한 연결망이 상당한 안정성을 가지고 있다고 주장하였다.

Watts는 복잡한 연결망에 내재되어 있는 안정성을 보여주기 위해 Barabasi와 Albert의 연구결과를 소개하고 있다. 이 연구 결과에 따르면 복잡한 연결망에서는 다른 행위자에 비해 매우 많은 사람들과 연결된 사람들(허브)이 자연스럽게 등장하는 것으로 나타났다. 이 허브는 어떤 인위적인 설계과정에서 나타나는 것이 아니라 정보 접근성을 높이기 위한 조직구성원의 개별적인 선택의 결과이다.

한편, 허브가 의도적으로 공격을 당하지 않는 이상 연결망은 사소한 실패에 큰 영향을 받지 않게 된다. 복잡한 연결망들은 그 규모가 작은 경우에 나타나던 구조적 특징이 규모가 커지는 경우에도 그대로 유지되는 자기유사성 구조(fractal)를 가지고 있다. 이 자기유사성 구조는 어떤 부분이 실패하더라도 실패한 부분과 유사한 구조를 가진 다른 부분이 이를 대체하여 연결망의 실패를 보완할 수 있게 한다. 이 경우 전체 연결망은 여전히 안정성과 효율성을 유지할 수 있는 장점이 있다.

Watts는 이러한 연결망의 특징이 현실을 더 잘 설명한다고 주장한다. 실제로 Perrow의 주장과 달리 현실의 많은 복잡시스템은 정상적으로 운영되는 것이 실패하는 경우보다 훨씬 많다. 또한 조직에서 의사소통의 실패가 끊임없이 일어나고 있지만 조직 내의 연결망들은 매우 신속하게 대체 의사소통 경로들을 만들어간다. 이것은 단순히 소규모 조직에서만 가능한 것이 아니다. 정부나 다국적 기업의 규모는 20세기 초반에 비해 엄청나게 커지고 그 활동의 범위가 다양한 영역에 걸쳐 있지만 심각한 연결망의 단절이나 과부하가 일반적인 현상은 아니다.

Watts는 현실 연결망은 재연결(rewiring)같은 기법을 통해 연결망 전체의 거리를 줄일 뿐 아니라 자기유사성 구조를 가지고 있어 부분의 실패에도 불구하고 연결망 전체의 효율성에는 큰 영향을 받지 않는다고 주장을 한다. 또 Watts는 뉴욕 9/11 테러로 인해 전산망이 완전히 파괴된 어느 금융기업의 예를 들면서 그 기업이 거래를 재개를 할 수 있었던 것은 생존한 직원간 연결망이 기하급수적 과정을 통해 복구되었기 때문에 가능했다고 주장한다. 이것은 조직이 연결망의 실패를 극복하기 위해서는 자생적 복구능력(self-resilience)의 강화에 초점을 맞출 필요가 있음을 시사한다.

3. 복잡한 연결망 내에서의 정보의 탐색과 조정

Watts의 또 다른 중요한 공헌은 복잡한 연결망에서 우리가 원하는 정보나 행위자를 어떻게 찾아낼 수 있는지에 대한 이론적인 단서를 제공하였다는 점이다. 기존의 이론에서는 아무리 큰 연결망도 임의의 두 행위자간의 평균거리는 작다는 것을 보여주었다. 흔히 알려진 밀그램(Stanley Milgram)의 6단계(six-degree) 실험은[5] 그 좋은 예이다.

하지만 무수히 많은 행위자로 구성되어 있는 조직 내에서 어떻게 최적경로를 찾아 우리가 원하는 상대방을 찾아 정보를 얻을 수 있을까? 실제 복잡한 연결망에 있는 개인들은 연결망 전체에 대한 정보를 가지고 있지도 못할 뿐만 아니라 소수의 행위자와 연결되어 있을 뿐이다. 스펨메일이나 행운의 편지를 보

---

5) Milgram은 미국 중부 네브라스카주에 거주하는 사람이 보스턴에 거주하는 낯선 사람에게 편지를 전달할 때 평균 6단계만 거치게 되었다는 결과를 보고하였다. 여러 가지 실험설계의 문제에도 불구하고 이 실험은 밀접하게 연결된 사회적 관계를 보여주는 상징적 연구로 인용되어 왔다.

내는 것처럼 동시다발적인 정보탐색을 수행하면 손쉽게 원하는 정보를 찾을 수 있지만 이 방법은 연결망에 심각한 과부하를 초래하게 된다.

대신 Watts는 현실 연결망이 여러 차원의 군집을 가지고 있다는 점에 착안을 한다. 이 군집은 사람들이 서로 유사한 성질을 가진 사람들과 모이는 경향(homophily)을 반영하고 있다. Watts는 사람들이 복잡한 연결망 전체의 구조를 알지 못하더라도 자신이 찾고자 하는 대상이 소속된 '차원'을 알고 있다면(지리적 위치, 국가, 인종, 직업 등) 그 차원을 공유하는 사람들의 군집을 찾아 낼 수 있고 이를 이용하면 원하는 사람을 손쉽게 찾아 낼 수 있다고 보았다. 또 복잡한 연결망에서는 굳이 많은 차원 정보를 이용하지 않고 단 두세 개 차원 정보만을 이용하더라도 손쉽게 최단 거리를 찾아 낼 수 있다고 주장하였다. 즉 미국에 있는 사람이 한국에 근무하는 어떤 은행원을 찾고자 한다면 자기 주변의 사람들 중 '한국'이라는 국적 차원과 '은행원'이라는 직업 차원 연결망에 속한 사람에게 접근하면 되는 것이다. 이러한 Watts의 주장은 우리가 연결망을 이해할 때 관계의 '내용'이 중요함을 보여준다.

실제로 사람들은 중첩되어진 다양한 관계를 바탕으로 여러 연결망에 참여한다. 이 연결망의 다차원성은 조직 구성원들이 정보를 공유하고 탐색하기 쉽게 만들며 또 한 차원의 연결망이 작동하지 않을 때 다른 차원의 연결망이 이를 보완하여 연결망의 안정성을 높일 수 있도록 만든다.

한편 Watts의 복잡한 연결망 이론은 효과적인 커뮤니케이션 조정을 위해 조직구조를 어떻게 설계해야 할지 문제에도 관심을 기울인다. 일반적으로 괸리자는 어떤 조직구조가 좋은지 사전적으로 알 수 없다. 예를 들면 기업조직 형태가 계층제가 바람직한지 아니면 독립적이고 분권화된 시장형태가 바람직한지에 대한 산업조직론의 논쟁은 Watts의 관점에서는 무의미하다. 문제의 핵심은 계층제냐 시장이냐에 있는 것이 아니라 어떻게 효과적으로 정보와 자원을 탐색하는 활동을 조정할 것인가에 있기 때문이다.

계층제는 정보를 신속하게 전달할 수 있지만 정보와 의사결정의 책임이 최상층부에 집중되어 과부하가 발생하게 된다. 또 계층제의 중간에서 한 부분이라도 실패가 발생하면 조직 전체의 효율성이 낮아지는 문제가 발생한다. 이 문제를 해결하기 위해 Watts는 효율적인 조정과 정보흐름을 위해 아래와 같은 연결망 구조를 고려해 볼 수 있다고 주장한다. 첫째, 계층제의 국지적(local) 의사소통을 강화하는 방식이다. 이것은 각 계층을 구성하는 여러 군집내부의 칸막이를 없애 소통을 강화하고 군집 간 소통은 상위계층의 관리자 군집에 의해 이루어지도록 하는 것이다(그림 2)의 왼쪽). 이것은 동일 계층 내에서는 수평적인 정보흐름을, 계층 간에는 수직적인 정보흐름이 유지되도록 하는 것이다. 이 경우 동일한 계층 내의 한 부분이 작동을 하지 않더라도 동일 계층내의 다른 구성원이 이를 보완 할 수 있게 된다. 또한 상위 계층으로 전달된 정보의 경우도 수평적인 조정을 거친 것이기 때문에 정보의 오류를 줄일 수 있다.

다른 하나의 방법은 통솔범위(span of control) 원리에 의한 계층제 구조를 그대로 유지하되 상위 계층은 핵심 관리자들로 구성된 군집을 형성하도록 연결망을 설계하는 것이다(그림 2)의 오른쪽). 모든 계층에서 국지적 의사소통을 강화하는 것은 상당한 수준의 시간과 비용이 요구된다. 이 문제를 해결하는 방법으로는 상위 계층의 군집에서 수평적인 정보흐름을 강화시키고 하위 계층에서는 전통적인 계층구조를 유지하는 방식이다. Watts의 이런 접근 방법은 실증연구를 통해 보완 되어야 하지만 정보의 효과적인 조정을 위한 바람직한 연결망 구조를 찾는 데 많은 시사점을 준다.

▌그림 2 ▌ 효율적인 연결망 구조의 여러 형태 ────────────

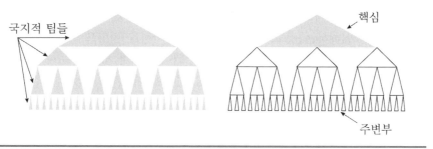

출처: Watts(2003, pp. 280~281).

또 다른 가능한 방법은 공식적인 연결망 이외의 다른 연결망을 활용한 조정방식이다. 실제로 이념형 관료제처럼 의사소통 구조가 지극히 제한적이고 계층화 되어 있는 경우 조직 내 연결망을 통해 정보가 효율적으로 공유되는 것은 기대하기 어렵다. 하지만 현실조직에는 여러 차원의 군집이 비공식조직 형태로 형성되어 있다. 예를 들면 정부조직 내에 있는 관계도 법적관계, 정보공유관계, 인적자원공유관계, 예산공유관계 등 여러 관계가 종합되어 있는 형태이다. '출신학교'나 '출신지역'과 같은 차원도 비공식적인 연결망을 만들어준다. 이렇게 다차원적인 연결망 구조는 정부조직이 단일하고 공식적인 계층제에 의존하는

것보다 풍부한 정보의 흐름을 가능하게 한다. 앞으로는 실증연구를 통해 Watts
가 제시한 군집을 이용한 국지적 의사소통을 강화하는 방식과 다차원적인 연결
망을 활용하여 조직의 의사소통과 조정활동을 수행하는 방법의 효과성을 밝혀
나가야 할 것이다.

Ⅲ. 평가 및 결론

학제성(interdisciplinarity)과 융합(convergence)을 현대학문의 특징이라고 이야
기 한다면 와츠(Duncan J. Watts)의 복잡한 연결망 이론(complex network theory)
은 이 특징을 잘 보여주는 이론이라고 할 수 있다. Watts의 복잡한 연결망 이
론은 그래프이론, 시뮬레이션, 그리고 조직이론을 융합시키고자 노력해 왔다.
Watts는 다양한 연결망의 특징을 탐색(explore)하거나 혹은 기존의 특징을 확인
(confirm)하였다. 컴퓨터 시뮬레이션을 이용한 조직연구는 결코 새로운 것은 아
니지만 조직 내의 연결망 분석에 직접 이를 활용할 수 있다는 가능성을 보여준
것은 Watts의 기여라고 할 수 있다. 각종 실증연구를 통해 조직이 가지고 있는
여러 특성을 이해하는 것도 중요하지만, 여러 가정을 바탕으로 현실에 존재하
는 여러 조직의 형태를 시뮬레이션하는 것 역시 의미가 있기 때문이다. 마지막
으로 Watts의 복잡 연결망 이론은 완료형 이론이 아니다. 복잡한 연결망이 가
지고 있는 여러 가지 특징에 대한 연구들이 여전히 진행되고 있으며 현실조직
은 Watts의 이론보다 훨씬 더 복잡하다. 하지만 행정조직이 가지고 있는 복잡
한 연결망의 구조와 질서를 이해하는 데 있어서 Watts의 이론은 그 유용성이
매우 크다고 할 수 있다.

참|고|문|헌

Watts, Duncan J., *Small worlds: the dynamics of networks between order and randomness*. Princeton, N.J.: Princeton University Press, 1999.

_____, *Six degrees: the science of a connected age*. 1st ed. New York: W.W. Norton, 2003.

_____, P.S. Dodds, and M. E. J. Newman. 2002. "Identity and Search in Social Networks." *Science* 296 (5571), pp. 1302~5.

Ronald S. Burt의
사회적 자본이론*

Ⅰ. Burt의 학문세계

　　Ronald S. Burt는 사회학자 J. Coleman의 제자로서 사회적 자본(social capital) 의 네트워크 구조(network structure)를 연구한 대표적인 네트워크이론가이다. 그 는 1977년 미국 시카고 대학(University of Chicago)에서 사회학 박사학위를 마치 고 Columbia대학 사회학과 교수로 10여년을 재직하였으며, 1993년부터 현재까 지 시카고대학 경영대학원(Graduate School of Business)에서 전략적 리더십, 조직 행동, 네트워크이론 등을 강의하고 있는 경영학자이자 조직학자이다. 1980년대 이후 그는 미국경영학회(Academy of Management), 미국사회학회(American Sociological Association), 그리고 *Administrative Science Quarterly* 등의 편집위원 으로 활동하면서 사회 네트워크를 주제로 하는 많은 논문을 게재하였다. 1998 년부터는 3년간 프랑스의 INSEAD의 교환교수로 재직하였으며, 2001년 이후에 는 미국 메사추세츠 소재 전기회사인 Laytheon의 리더십연구소장을 역임하면서 사회적 자본의 네트워크 구조를 분석하고 실증하는 연구활동을 계속하고 있다. 뿐만 아니라 Burt는 Coleman, Nan Lin 등 네트워크 이론가들과의 공동 연구를 통하여 다양한 네트워크 모델을 개발하고 네트워크 이론을 구축하는데 헌신하 여 왔다. 특히 그는 STRUCTURE와 ASSISTANT라는 독자적인 네트워크 분석프 로그램을 직접 개발하여 적용함으로써 네트워크 이론의 발전과 확산에 크게 기 여하였다.

　　지난 30여년간 Burt의 연구관심은 네트워크 구조와 사회적 자본이다. 이러 한 관심은 네트워크 구조 분석을 주제로 한 박사학위 논문에서 시작되었다. 그 이후 1980년대까지 그는 네트워크 구조를 통하여 네트워크 내 경쟁(competition)

＊ 이창길: 세종대학교 행정학과 교수.

의 사회적 구조와 원리를 연구하는데 집중하였다. Burt는 경쟁을 행위자의 개별적 특성보다는 행위자의 관계(relation)의 문제로 인식하고, 관계 편익을 확보하기 위한 경쟁적 구조와 경로를 분석한다. 1992년에 발간한 Burt의 저서 '구조적 틈새(structural hole)'는 이러한 정보편익을 가져다주는 네트워크 구조를 이론화한 대표적인 연구이다. 이후 구조적 틈새는 행위자 상호간의 정보격차를 연결하는 네트워크 위치를 말하는 개념으로 사회적 자본을 형성하는 대표적인 용어가 되었다.

Burt는 2001년 그의 동료 Nan Lin과 함께 사회적 자본의 이론연구를 종합한 "Social Capital: Theory and Research"를 발간하고 2005년에는 "Brokerage & Closure: An Introduction to Social Capital"을 단독으로 발간함으로써 사회적 자본의 이론적 실증작업에 집중한다. 특히 2005년 그의 저서는 지금까지 연구한 사회적 자본 이론을 종합한 그의 두 번째 대표저서로서 사회적 관계구조에 존재하는 경쟁적 우위(competitive advantage)의 메커니즘을 사회적 자본으로 개념화하여 구체적으로 설명하고 실증하고 있다. 1980년대 그의 연구가 사회적 자본의 개념과 원리를 설명하고 분석하는 데 치중하였다면, 2000년 이후에는 사회적 자본의 구체적 편익을 확인하고 실증하고자 하는 연구노력이 많다.

이 장에서는 Burt가 제시한 매개성(brokerage)과 밀접성(closure)의 메커니즘을 토대로 사회적 자본이론을 종합한다. 두 메커니즘을 통해서 구조적 틈새를 확인하고, 이를 연결하는 사회적 관계와 위치, 그리고 그로부터 발생하는 편익을 살펴봄과 동시에, 이러한 사회적 자본을 안정적이고 지속적으로 확보하는 Burt의 이론적 주장들을 요약한다.

Ⅱ. 사회적 자본(social capital) 이론

1. 사회적 자본의 개념, 그리고 매개성과 밀접성

일반적으로 자본(capital)은 '기대이익을 위한 투자' 개념으로 정의된다. Burt는 자본을 재정적 자본(financial capital), 인적 자본(human capital), 그리고 사회적 자본(social capital)으로 구분한다. 고전적인 의미의 재정자본은 생산수단을 가진 자본가들의 잉여가치의 일부이자 시장에서 이익을 얻기 위한 투자이다. 이러한 고전적 의미의 재정적·물적 자본을 구자본(old capital)이라 하고, 인적 자본(human capital)이나 사회적 자본(social capital)이라는 신자본(neo- capital)과 구분하기도 한다(Nan Lin, 2001). 인적 자본은 유능하고, 매력적이며, 기량이 뛰어난 사람을 의미하는 행위자 중심의 자본이다. 하지만, 사회적 자본은 관계적 자본으로서 Burt는 '사회적 관계속에서 한 사람 또는 조직의 위치에서 만들어진 우위성'로 정의한다. 즉 '사회적 관계에 존재하는 기대이익을 위한 투자' 개념에 해당된다.

Burt가 말한 사회적 자본은 맥락의 특성을 강조한 반면, 인적자본은 개인의 특성을 강조한다. 인적 자본이 개인이나 조직이 단독으로 소유하고 있는 재산이라면 사회적 자본은 조직내부와 외부의 관계구조 속에서 쌍방이 함께 소유하는 재산으로서 다른 사람이 관계를 철회하면 사회적 자본은 없어진다. 재정자본이나 인적 자본은 직접적인 생산능력 향상을 위한 투자개념인 반면 사회적 자본은 재정자본이나 인적 자본의 수익률을 높여주는 역할을 하기 때문에 투자자본이 충분하나 불완전한 경쟁이 존재할 때 매우 중요한 자본이 된다. 사회적 자본은 인적 자본을 보완할 수 있는 중요한 관계적 자산이며 네트워크로부터 발생하는 자산이다.

사회적 자본이론은 한 사람 또는 한 조직이 다른 사람 또는 다른 조직보다 성과가 높은 이유를 설명하는 명확하고도 안정적인 모델을 제시한다. 사회적 자본을 어떻게 측정할 것인가? 그리고 그러한 측정도구가 개인이나 조직에 어떤 이익을 가져다 주는가? 즉 어떤 형태의 네트워크 구조가 네트워크의 편익(network benefit)을 가지고 오는가? Burt는 사회적 자본의 메커니즘과 편익에 관한 심층적인 논의와 분석을 시도한다. 그는 네트워크 매개성(brokerage)와 네트워크 밀접성(closure)이라는 두 가지의 메커니즘을 통해서 사회적 자본을 설명한다.

매개성은 네트워크상의 구조적 틈새(structural hole)를 연결하는 관계적 특성을 의미하며, 밀접성은 네트워크상 관계의 밀도를 의미한다. 매개성은 조직상호간의 차별성에 관한 관계개념이며 밀접성은 조직상호간의 동질성에 관한 관계개념이다. 일반적으로 매개성이 강한 위치에 있는 사람이나 조직은 통합하고 조정하는 업무에 유리하며, 상대적으로 높은 평가와 보상이 주어진다. 즉 매개성을 보유한 매개자(broker)들이 일을 더 잘하며, 높은 비전을 가질 수 있 을 뿐만 아니라 창의적인 아이디어를 생산하고 이를 집행할 수 있는 능력을 가진다.

반면에 밀접성은 하나의 네트워크내에서 집단적 선호와 차이가 있는 개인들의 행동과 인식을 통제하는 성향을 가지며, 이에 따라 현재의 상태(status quo)를 유지하고 강화하는 역할을 하게 된다. 또한 신뢰(trust)와 불신(distrust)의 양

극단적인 관계를 강화하게 된다. 즉 밀접성을 통하여 신뢰관계는 그 정도가 강화되는 경향이 있고, 불신관계는 불신을 더욱 심화되는 경향이 있다. 이와 같이 밀접성은 신뢰와 협동의 관계를 강화한다는 점에서 매개성에 대한 보완제적 역할을 하기도 한다. 따라서 사회적 자본은 네트워크의 두 가지 메커니즘, 즉 조직내부의 밀접성(closure)과 조직외부와의 매개성(brokerage)에 의해 정의되고 실현된다.

2. 사회적 자본으로서의 매개성(brokerage)

Burt에 의하면, 매개성(brokerage)으로부터 발생하는 사회적 자본은 구조적 틈새(structural hole) 개념에 그 바탕을 두고 있다. 하나의 네트워크 내에서 두 그룹이 가지고 있는 정보가 차이가 있을 경우 하나의 틈새가 발생하고, 그 틈새는 두 그룹 상호간의 존재하는 일종의 완충장치(buffer)가 된다. 이러한 관계에서의 두 그룹이 가지는 각각의 정보는 서로 중복적이지 않고(non-redundant) 상호 부가적인(additive) 의미를 가진다. 이러한 두 그룹을 상호 연결해주는 다리가 바로 매개성(brokerage) 개념이다. 즉 구조적 틈새는 행동을 하기 위한 잠재가치를 품고 있는 맥락(context)인 반면 매개성은 그 틈새를 연결해주는 행동(action) 그 자체이다. 그리고 이러한 다리 역할을 해주는 사람이 바로 매개자(broker)이다.

사회적 자본은 상호 다른 관계구조 속에서 다른 정보, 의견, 행동을 서로 연결시켜 줌으로써 얻어지는 편익이다. 구조적 틈새를 가진 행위자들은 보다 다양한 정보를 접할 수 있고, 보다 빨리 정보에 접근할 수 있으며, 네트워크 내 정보의 흐름을 통제할 수 있는 힘을 가지게 된다. 따라서 구조적 틈새를 연결하는 지위에 있는 개인이나 조직은 사회적 자본의 우위적 편익을 향유하게 된다. 자기를 제외하고는 두 그룹을 연결해주는 제3의 사람이나 조직이 존재하지 않기 때문이다.

이러한 매개자 역할을 어떻게 발견할 수 있을까? Burt는 네트워크 제약(network constraint) 개념에 의해서 설명한다. 네트워크 제약이란 한 사람의 네트워크 시간과 에너지를 어느 한 관계에 집중하는 정도를 0에서 100으로 측정하여 나타내는 집중도이다. 이러한 네트워크 제약이 큰 경우는 일반적으로 네트워크 규모가 아주 작거나, 네트워크 밀도가 지나치게 높은 경우, 그리고 어느 한 사람에 집중된 계층적인 네트워크 구조를 가지는 경우이다. 네트워크 제약

이 많으면 네트워크 편익은 보다 작아지고, 네트워크 제약이 적으면 네트워크
로부터 얻을 수 있는 편익은 커진다.

매개성에 의해 결과적으로 나타나는 사회적 자본의 편익은 두 가지이다. 첫
째는 자원 확보에서의 우위성과 그 사회 내의 인식과 명성에서의 우위성이다.
매개성을 연결하는 위치에 있는 개인은 높은 보상(compensation), 높은 성과평가
(evaluation), 그리고 빠른 승진(promotion)을 가지게 된다. 즉 구조적 틈새가 크
고 네트워크의 제약이 적으면 성과는 높은 반면, 구조적 틈새가 적고 네트워크
제약이 많으면 성과는 감소한다. 즉 네트워크 편익은 구조적 틈새가 적을 때보
다 구조적 틈새가 클 때, 보다 더 크게 나타난다. 구조적 틈새와 성과와의 관
계는 단순히 선형적인 비례관계라기보다는 우하향의 비선형 곡선의 형태로 나
타난다.

왜 이러한 성과를 가져올 수 있는 것인가? 구조적 틈새의 사회적 자본은 창
의성(creativity)과 학습효과(learning)를 가져오기 때문이다. 창의적인 아이디어는
구조적 틈새를 연결하는 선택과 종합의 과정에서 발생한다. 이는 곧 학습의 과
정이기도 하다. 즉 사람들이 스스로 몰랐던 것을 배우게 하기 때문이다. 사회
적 네트워크 내 교차지점에 위치한 행위자는 좋은 아이디어를 개발할 가능성이
높다는 것이다. 사고방식이나 행동양식은 조직 내에서는 동질적이지만, 조직 상
호간에는 이질적인 경우가 많다. 따라서 이질적인 집단을 연결하는 행위자는
보다 다양한 사고와 행동의 대안을 개발할 수 있고 이를 선택하고 종합할 수
있는 기회를 가지게 된다. 업무과정에서 관련 업무에서 다양한 정보, 믿음, 그
리고 행동을 다른 사람보다 빠르게 접하게 되면서 구조적 틈새를 가진 행위자
들은 새로운 아이디어를 개발하고 집단 상호간에 아이디어를 전달하고, 창의성
이 높은 사람으로 인식된다. 소위 여론주도자(opinion leader) 또한 일종의 여론
매개자(opinion broker)이며, 좋은 아이디어의 적절한 집행도 구조적 틈새를 가진
사회적 자본가(social capital entrepreneur)에게 유리하다.

3. 사회적 자본으로서 밀접성(closure)

Burt가 설명하는 사회적 자본의 두 번째 메커니즘은 밀접성(closure)이다. 밀
접성(closure)은 대표적인 사회적 자본으로 인식되는 신뢰관계(trust)를 형성하는
기본요인이다. Burt에 의하면 신뢰관계는 밀접성의 외부적 표현이다. 네트워크
내부의 밀접성은 신뢰를 저해할 수 있는 요인들을 제거하는 역할을 하기 때문

이다. 네트워크 내부의 밀접성이 강할수록 조직구성원의 잘못된 행동에 대한 암묵적인 통제가 이루어진다. 밀접성은 집단 내의 나쁜 행동에 대한 명예유지 비용(reputation cost)을 상승시킴으로써 신뢰를 저해시키는 요인을 감소시킨다. 이러한 편익이 밀접성에 의해서 증가한다면, 밀접성은 사회적 자본이 된다. 밀 접성이 높으면 높을수록 잘못된 행동은 그 네트워크 내에서 보다 강하게 감시 되고 처벌받는다. 예를 들면, 부모님과 형제 가족들과 함께 살고 있거나 유사한 이웃들과 함께 생활하는 학생들은 학교 중도탈락률이 낮아지게 된다(Coleman, 1988).

　일반적으로 신뢰(trust)란 다른 사람의 행동이 구체적으로 나타나기 전에 그 사람과 이미 관계를 유지하고 있기 때문에 그 사람의 협조를 받을 것으로 예측 되는 상황이다. 불신이란 다른 사람의 행동에 대하여 확실한 보장 없이는 받아 들이지 않으려는 성향이다. 신뢰는 도덕성과 진실성을 전제한다. 신뢰관계는 계약관계를 세부적으로 정하지 않는 관계구조이며 유연하고 탄력적인 협조관계 이다. 과거의 협력관계는 미래의 협력관계의 기본요건이 된다. 두 사람 사이의 협조관계가 오랫동안 반복될 경우 상호관계는 더욱 강화되고, 이는 곧 상호 신 뢰할 가능성을 높여준다. 과거에 꾸준히 협조관계가 유지되고 반복되었다면 신 뢰관계가 형성될 것이고, 상호 협조관계를 유지 못하거나 실패한 경우에는 불 신관계가 형성될 수 있다. 따라서 신뢰관계는 때때로 강한 상호관계로 정의되 기도 한다.

　Burt는 밀접성과 관련하여 Bandwith와 Echo의 개념을 활용하여 밀접성의 효과를 차별화하고 있다. Bandwith는 밀접성의 높은 네트워크의 경우 모든 구 성원들이 모든 정보를 상호 공유하는 것을 전제한다. 하지만 Echo는 비공식적 인 대화에서 네트워크 구성원들 상호간에는 선택적으로 정보를 제공한다는 전 제를 가진다. 즉 전자는 경제학적 관점에서 밀접성이 높은 네트워크는 다양한 커뮤니케이션 채널을 제공함으로써 정보흐름을 촉진하는 역할을 한다는 것이 며, 후자는 사회심리학적 관점에서 밀접성이 높은 네트워크라 하더라도 현재의 의견이 확산되는 만큼 정보흐름을 촉진하지는 못한다는 것이다. Bandwith 상황 하에서는 한 사람의 행동 변화가 집단 내에서 그 사람에 대한 인식을 변화시킬 가능성이 크다. 왜냐하면 정보흐름이 완전하게 유통되기 때문이다. 하지만 Echo 상황 하에서는 한 사람의 행동변화가 네트워크 내 그 사람에 대한 인식 변화를 가져오기 무척 힘들다. 왜냐하면 한 사람이 가지고 있는 부정적인 이미 지는 네트워크 내 구성원들 사이에 선택적으로 확산될 뿐만 아니라 신규전입자에게도 부정적인 요인만 확산되기 때문이다.

두 가설이 상반된 측면이 있으나 실증 연구결과는 Bandwith보다는 Echo가 타당성이 있는 것으로 나타났으며, 이는 개인 상호간의 관계는 관계의 방향성 (direction)보다는 관계의 강도(intensity)에 의하여 영향을 받기 때문이다. 일반적으로 신뢰는 밀접성이 높은 네트워크의 긍정적인 관계에서 더 강화된 반면 불신은 부정적인 관계에서 더 강화되는 경향이 있다. 하지만, 실제 연구결과에 의하면 긍정적인 동료관계가 특정대상에 대한 불신를 완화시키지는 못한다는 것이다. 오히려 동료상호간의 긍정적인 관계의 강도가 높으면 높을수록 특정대상에 대한 불신는 더욱 심화될 수 있으며, 동료 상호간의 부정적인 관계에 있더라도 그 강도가 높으면 특정대상에 대한 신뢰가 강화될 수 있다.

4. 매개성(brokerage)와 밀접성(closure)의 관계

매개성과 밀접성은 다음 세 가지 점에서 상반된 관계를 가진다. 첫째, 매개성은 집단 상호간을 연결 조정하는 역할을 통하여 자원, 지식, 그리고 경험을 확보함으로써 사회적 자본을 창출한다. 반면에 밀접성은 정보흐름을 촉진하고, 네트워크 내의 나쁜 행동을 감시하고 처벌함으로써 신뢰를 형성하고 이를 통해 사회적 자본을 창출한다. 매개성은 성취와 보상과 관련되는 비전 메커니즘(vision mechanism)을 제공한 반면 밀접성은 행복하고 안전한 생활을 제공하는 명예 메커니즘(reputation mechanism)을 제공한다.

둘째, 네트워크 내 정보의 흐름과 방향의 관점에서도 두 메커니즘은 서로 다른 역할을 한다. 매개성은 정보의 다양성을 통하여 가치를 창출한 반면 밀접성은 네트워크에서 정보다양성을 축소함으로써 가치를 창출한다. 따라서 매개성은 관계의 비중복성(non-redundancy)을 통하여 가치가 생성되고, 밀접성은 관계의 중복성(redundancy)에서 가치가 생성된다.

셋째, 두 메커니즘은 행동주체가 다르다. 매개성에서는 행동주체는 '한 사람 (you)'이다. 그 사람이 집단 간의 다양한 의견과 경험에 노출되면서 특정한 행동을 강요받는다. 다양한 집단으로부터 다양한 요구를 받는다. 이러한 상황에서 비전을 개발하고 아이디어를 생성한다. 반면에 밀접성은 행동주체는 '다른 사람들(other people)'이 된다. 네트워크 내에서 명성을 유지하기 위해서는 다른 사람들로부터 협조받아야 한다. 매개성이 전통적인 수직적 조직구조를 상징한다면, 밀접성은 이에 대한 대체적인 통제방식으로 활용될 수 있다.

Burt는 이러한 두 메커니즘의 상반된 관계를 극복할 수 있는 방법으로 세 가지가 있다고 전제하고 구조적 자율성(structural autonomy)의 확보를 최선책으로 제시한다. 첫째는 하나의 메커니즘을 거부하는 것이다. 먼저 밀접성보다는 매개성을 선택할 수 있다. 매개성은 좋은 아이디어를 생성할 수 있고, 직무평가에서 높은 점수를 받을 수 있고, 동료들보다 보상과 승진에서 유리한 위치에 있다는 점에서 밀접성보다 경쟁적 우위에 있기 때문이다. 하지만 구조적 틈새가 관계적 편익의 주원천이 될지라도 밀접성 또한 새로운 관계가 생성될 경우에 반드시 필요한 관계적 편익의 부원천이 될 수 있다. 이러한 관점에서 사회적 자본의 확보를 위해 매개성만을 위하여 밀접성을 거부하는 것은 곤란하다. 둘째의 방법은 두 메커니즘을 분리함으로서 하나를 숨기는 것이다. 둘 다 타당하지만 다르다고 말하는 것이다. 밀접성은 안전한 신뢰관계를 보장하는 역할을 한 반면, 매개성은 신뢰관계에서 매우 가치있는 메커니즘이라고 규정하는 것이다. 밀접성은 가급적 다양성을 축소하여 집단표준이나 규범에 맞추려고 한 반면, 매개성은 보상편익을 위해 다양성을 촉진하는 역할을 한다는 식이다. 하지만 이는 실질적인 해결보다는 이론적인 논의에 그칠 가능성이 있다.

Burt가 주장하는 가장 바람직한 방법으로서 셋째의 방법은 구조적 자율성(structural autonomy)의 개념을 활용하여 두 메커니즘을 통합하는 것이다. 한 집단의 구조적 자율성(structural autonomy)은 집단 외의 관계는 매개적 역할이 강하고 집단 내의 관계는 상호 밀접하게 연결되어 있는 관계구조를 말한다. 이는 구조적으로 가장 자율적인 집단은 집단 내에서는 강한 명예 메커니즘이 작동되고, 집단 밖에서는 매개성을 기초로 강한 비전 메커니즘을 형성하게 된다. 즉 집단 내의 응집력이 강하고 집단 외부와의 다양한 접촉이 이루어진 경우 구조적 자율성은 가장 높고, 집단내 응집력이 약하고, 집단 외부와 접촉도 유사집단에 한정될 경우 구조적 자율성은 가장 낮다.

Burt는 구조적 자율성에 의해서 통합효과를 얻을 수 있을지라도 매개성과 밀접성의 사회적 자본에 미치는 긍정적 효과는 다르게 나타날 수 있음을 강조한다. 즉 상황변수(contingency function)에 따라 다르게 나타날 수 있기 때문이다(Burt, 1997). 예를 들면, 매개성의 효과는 다수의 동료가 있는 직무, 즉 동일계급에 많은 인원이 구성되어 있는 조직의 경우에는 긍정적인 성과를 유발하기 어려운 것으로 나타났다(Burt, 2004). 또한 집단성과는 한 집단으로서 서로의 차이점을 얼마나 극복하느냐에 따라 달라질 수 있다. 즉 집단성과는 집단외부의 매개성보다는 집단내부의 밀접성에 의해 좌우될 수 있다. 왜냐하면 집단구성원들의 외부 매개성이 정해진 상태에서는 밀접성이 사회적 자본의 핵심변수가 되기 때문이다. 반면에 팀 성과의 경우에도 반대의 경우가 성립된다. 팀의 응집력이 강조되면서 모든 팀의 응집력이 높은 수준에 도달하면, 팀 성과는 외부와 다양하게 접촉하는 팀이 보다 성과가 높은 것으로 나타났다. 이경우 팀 성과는 내부적인 밀접성보다는 외부적인 매개성이 보다 결정적인 요인이 된다.

5. 사회적 자본의 안정성과 균형

Burt의 연구에 의하면, 매개성과 밀접성 메커니즘은 상호보완적 작용을 통하여 일정한 균형상태(equilibrium)에 도달하게 된다. 밀접성이 강한 관계는 쉽게 쇠퇴(decay)하기는 어렵게 되고, 점차적으로 현재의 구조를 계속 유지하려는 타성(inertia)이 강해진다. 기존의 밀접하게 연결된 네트워크는 내부적인 변화가 어려운 상태에 도달한다. 반면 매개성은 계속적으로 새로운 아이디어를 창출하고 변화를 요구한다. 결국 균형상태는 밀접성에서 발생한 타성과 이를 깨뜨리려는 매개성의 정도에 따라 결정된다. 이러한 균형상태에 도달함에 따라 두 메커니즘을 통합하는데 소요되는 비용과 편익은 점점 감소하게 된다. 즉 구조적 틈새를 연결하는 다리(bridge)의 수가 증가하면서 그런 다리를 설치하는 비용이 감소함은 물론 구조적 틈새에서 얻어지는 편익은 감소하게 된다. 이러한 과정을 거쳐서 균형상태에 이르게 되고, 신규진입에 추가편익은 더 이상 발생하지 않게 되고, 순편익은 영(0)에 근접하게 된다.

따라서 Burt는 매개성으로부터 얻어지는 편익은 일시적인 성향을 가진다고 주장한다. 이러한 편익은 균형상태에 다다르는 과정에서 발생하는 단기적인 편익이고, 구조적 틈새를 연결하는 비용과 편익을 확인할 수 있는 공간에서만 적용될 수 있기 때문이다. 따라서 균형상태로 이동하는 과정은 편익의 존재와 공간의 위치를 완전하게 확인하지 못하는 불안정한 상황이며 최적상태는 아니다. 또한 시행착오의 과정과 외부적인 충격에 의하여 새로운 균형으로 이동할 수 있다. 따라서 균형상태로의 이동속도가 매우 느리거나 균형상태가 반복적으로 파괴될 경우에는 지속적인 편익(enduring advantage)을 유지할 수 있다. 즉 급격한 기술변화나 반복되는 변혁은 새로운 균형상태로 이동하게 되면서 매개성의 편익은 계속 유지할 수 있게 된다.

Burt는 매개성 편익을 지속적으로 유지하기 위해서는 구조적 틈새가 능동적이어야 한다는 점을 강조한다. 그는 두 가지 유형의 구조적 틈새를 제시한다.

수동적(passive) 틈새와 능동적(active) 틈새이다. 수동적인 구조적 틈새는 이를 연결하는 다리가 많아지면서 틈새 주위의 사회적 관계 속에 흡수되어버리는 틈새이며, 능동적인 구조적 틈새는 그 틈새로 인한 편익이 추가적인 다리의 생성을 거부하면서 계속해서 유지되는 틈새를 말한다. 즉 후자의 경우 구조적 틈새를 연결하는 새로운 다리의 생성을 반대하면서 불균형상태가 계속되는 경우이다. Burt는 Tilly(1998)의 연구를 토대로 능동적인 구조적 틈새를 유지하게 되는 네 가지의 메커니즘을 제시한다. 첫째, 틈새의 한쪽 집단이 다른 한쪽 집단을 착취하는 기회를 제공하고 있을 경우, 둘째, 틈새의 한쪽 집단이 다른 한쪽 집단으로부터 틈새의 기회를 살 수 있을 경우, 셋째, 한쪽 집단이 자기에게 유리한 현재의 모델에 따라 새로운 조직을 만드는 경우, 넷째, 일상생활이나 영향력, 그리고 정보활동들이 그 틈새에 적응하게 되는 경우이다. 네 번째 메커니즘은 사람들이 현재 존재하는 틈새에 적응해 나감으로서 수동적 틈새가 능동적 틈새로 전환되는 경우이다. Burt는 능동적 틈새를 통하여 불균형상태를 유지함으로써 매개성 편익을 지속적으로 확보할 수 있다고 주장한다.

Ⅲ. 사회적 자본이론과 미래연구

Burt는 사회 내 개인과 조직의 경계에 위치한 빈 공간(empty space)를 발견하였다. 뿐만 아니라 이러한 공간을 채울 수 있는 통합의 가치를 보다 명확하게 인식하도록 하였다. 사회에 존재하는 구조적 틈새를 하나로 융합된 세계의 지혜와 변혁들이 채워야 할 공간으로 전환하였고 조직이 통합되고 기술이 진보하면서 구조적 틈새들은 더욱 빛을 발하기 시작했다.

Burt의 사회적 자본의 네트워크 모델은 다음 몇 가지 시사점을 가진다. 첫째, 조직학 연구에 있어서 제도주의자들이 공식조직에 대한 논의에 집중한 반면 비공식적인 구조에 관심을 불러 일으켰다. 공식적 구조나 제도보다는 개인 상호간의 비공적 관계를 연구대상으로 했다는 점이다. 충고, 협력, 조정, 우정, 잡담, 지식, 신뢰 등의 문제를 주요 연구대상으로 삼았다는 점이 특이하다. 둘째, 네트워크의 구조적 특성의 분석이나 방법론의 제시에 그치지 않고 네트워크 방법론을 활용하여 사회적 자본의 이론화에 획기적인 전기를 마련하였다. 즉 네트워크 분석을 기술적 또는 방법론적인 접근방법에서 이론적 학문체계로 발전시켰다. 셋째, 신뢰나 관계와 같은 추상적 개념을 실증적 연구에 적용가능한 구체적 개념으로 정리하였다. 구조적 틈새와 사회적 자본의 개념은 행동의 사회적 구성(social construction)에 대한 논의를 이론적으로 실체화하는 한편, 다소 추상적인 조직 환경을 분석 가능한 구체적인 이론적 틀을 제시하고 있다.

Kilduff & Tsai(2003: 129-131)는 Burt가 제시한 사회적 자본의 네트워크 구조에 대한 미래연구를 위하여 몇 가지 연구방향을 제시한다. 첫째, 네트워크을 중심으로 하는 구조론자들이 개인을 중심으로 하는 행동론자들과 통합적 연구작업이 필요하다. 어떤 종류의 개인이 어떤 형태의 네트워크와 관련이 되어 있는가가 연구과제가 될 수 있다. 특히 사회적 네트워크는 인간과 인간의 관계를 다루지만 실제 현상에서는 인간과 사물과의 관계로 나타날 수 있기 때문에 인간네트워크와 비인간네트워크를 연결하는 사회기술적인 접근방법이 필요할지도 모른다. 둘째, Burt의 사회적 자본이론은 실질적인 사회생활과 연계성에도 불구하고 네트워크 연구의 특성상 기술적이고 방법론적 모델에 치중하고 있다. 연구범위와 대상을 확대하고 이론적 토대를 다지는 더 많은 연구노력이 필요하다. 셋째, 조직 상호간의 공식적이고 법적인 구조를 대체하는 비공식적이고 신뢰를 기반으로 하는 거버넌스 시스템에 대한 논의가 필요하다. 조직 상호간 또는 조직 내부의 구성에 있어서 네트워크 형태의 조직구조를 이론화하는 연구도 여기에 포함될 수 있다. 급변하는 환경하에서 주요자원은 조직상호간을 연결하는 교차지점에서 발생하며, 어떻게 이러한 자원을 안정적으로 확보할 수 있는지에 보다 많은 관심을 기울일 필요가 있다.

참 | 고 | 문 | 헌

Burt, Ronald S., *Structural Holes*. Cambridge, MA: Harvard University Press, 1992.

_____, "The Contingent Value of Social Capital" *Administrative Science Quarterly*, 42: 339-365, 1997.

_____, "Structural Holes and Good Ideas" *American Jounal of Sociology* 110: 349-399, 2004.

_____, *Brokerage and Closure: An Introduction to Social Capital*, Oxford University Press, 2005.

Coleman, James S., "Social Capital in the Creation of Human Capital," *American Journal of Sociology*, 94: S95-S120, 1998.

Kilduff, Martin and Wenpin Tsai, *Social Networks and Organization*. Thousand Oaks: CA: Sage, 2003.

Lin, Nan, Caren S. Cook and Ronald S. Burt, *Social Capital*, New York: Aldine de Gruyter, 2001.

Tilly, Charles, *Durable Inequality*, Berkeley, CA: University of California Press, 1998.

08

조직과 미래

Guy Benveniste의
21세기 조직과 상황변화추세*

Ⅰ. Benveniste의 학문세계

프랑스 태생인 Guy Benveniste는 미국 Harvard University에서 대학교육을 받았다. 그는 이 대학에서 공학 및 응용물리학을 공부하여 1948년에 학사학위를 받았고, 1950년에는 기계공학전공으로 석사학위를 받았다. 1950년부터 10년간은 멕시코의 한 전기회사(Mexlight)와 캘리포니아에 있는 Stanford Research Institute에 근무하였다.

1959년에는 미국 상원 외교위원회에 제출할 미래연구보고서를 Eugene Staley와 공동집필하였다. 이 보고서는 장기적인 과학발전과 그것이 미국 외교정책에 미칠 영향을 예측한 것이었다. 1960년에는 케네디행정부의 국무부에 근무하였다. 1962년에는 세계은행(IBRD)에서 일하였다. 그 뒤 파리에 있는 UNESCO로 옮겼다. 그는 파리에 있는 교육계획국제기구를 창설하는 데 주도적인 역할을 하였다.

1965년에는 프랑스에서 미국으로 돌아와 Stanford University에서 학업을 재개하였으며 1968년 이 대학에서 계획사회학박사학위(doctorate in sociology of planning)를 받았다. 같은 해에 U. C. Berkeley 교육대학원 교수로 부임하였다. Benveniste는 이 대학원에서 조직이론, 기획론, 관리이론 등을 강의해 왔다. 그는 전문직업, 교육, 기획, 조직 등을 주제로 한 많은 저서와 논문을 출간한 바 있다.

---

* 오석홍: 서울대학교 행정대학원 명예교수.

Ⅱ. 21세기 조직상황의 변화추세

Benveniste는 2050년이라는 먼 장래의 시점을 예측년도로 잡고 조직 내외의 상황이 어떻게 변할 것이며 그러한 변화는 조직을 어떻게 모양지울 것인지에 대해 추정하였다. 그는 조직이라고 우리가 부르는 사회적 창안물의 내외에 걸쳐 이미 나타나고 있는 6대 변동추세에 바탕을 두고 거기서 장기적인 미래의 영상을 구성하였다. 즉 현재의 추세를 분석함으로써 미래를 상상하였다.

Benveniste는 조직상황의 장기적인 변화를 추정하면서 미래조직의 세 가지 주요과제를 규정하였다. 세 가지 주요과제란 첫째 급진적인 분권화에도 불구하고 계속성과 목표지향성을 유지하는 능력을 확보하는 것, 둘째 현재 정부의 규제기관들이 외재적으로 수행하고 있는 일을 조직에 내재화시키는 것, 그리고 셋째 급속한 사회적·기술적 변동에 수반되는 비용과 고통을 줄여 줄 사회적 장치를 창출하는 것이다. 그리고 미래조직의 분권성과 쇄신성은 대단히 높아지고 조직 내에 형성되는 비공식적인 네트워크가 쇄신에 큰 영향을 미치게 된다는 것, 정부의 규제책임을 면제하고 이를 조직에 내재화시킬 가능성이 커진다는 것, 일자리가 없어지고 또 새로 생겨나는 데 따른 손상과 고통이 과다하지 않은 고속변동을 추진할 새로운 사회제도가 창안될 가능성이 크다는 것 등을 전제하고 있다.

「21세기 조직을 모양지울 여섯 가지 추세」(Six Trends Shaping the Twenty-First Century Organization)에 관한 Benveniste의 논의를 요약하면 다음과 같다.

미래의 조직을 모양짓는 데 중요한 영향을 미칠 변화추세는 여섯 가지로 집약할 수 있다. 여섯 가지 변화추세란 첫째 아이디어 경쟁의 세계화, 둘째 노동력의 교육수준 향상, 셋째 조직문화의 여성화, 넷째 새로운 기술, 다섯째 급속한 변동의 제도화, 그리고 여섯째 조직에 대한 새로운 이해를 말한다.

1. 아이디어 경쟁의 세계화

새로운 아이디어를 얻기 위한 전세계적 경쟁이 심화될 것이다. 미국의 조직관리는 이미 다른 문화권들에서 개발한 방법들을 흡수·혼합하고 있다. 이러한 추세는 앞으로도 지속될 것이다. 자본·원자재·상품 등이 세계 어느 곳에나 자유로이 유동할 수 있게 되면 문화적인 고유성을 유지하는 문제보다 조직을 보다 잘 경영할 수 있는 아이디어를 얻는 문제가 더 중요해진다.

나라마다의 문화차이는 앞으로도 소멸되지 않을 것이지만 출처가 어디건간에 성공적인 경험들을 상호채택해가면 지배적인 조직관리문화를 세계적으로 공유하는 결과가 빚어질 것이다. 장래에 미국인들은 아이디어를 행동으로 전환시키는 데 걸리는 시간을 줄이고 나아가 경쟁상의 우위를 유지할 수 있는 조직관리방법에 더 많은 주의를 기울이게 될 것이다.

경쟁상의 우위는 생활수준을 낮추어 얻어지는 것이 아니라 신속히 적응·쇄신하고 우리의 장점을 유지할 수 있게 해주는 최선의 아이디어·조직·사회제도를 갖게 됨으로써 얻어지는 것이다.

아이디어경쟁이 세계화되면 연구개발(R&D)의 국제화가 촉진될 것이다. 연구개발의 국제화추세는 민간부문과 정부부문의 협력을 증진시키고 세계 도처에 있는 연구인들 사이의 협력을 증진시킬 것이다.

연구개발활동의 지리적 집중현상도 심화될 것이며 연구결과의 실용화는 신속해질 것이다. 많은 연구기관들이 협동적 연구를 하고 그 결과가 바로 실용화되면 지적 소유권의 귀속을 결정하는 문제가 아주 어려워질 것이다. 그리고 연구개발투자결정에서는 장기적이고 융통성 있는 전략의 중요성이 매우 커질 것이다.

아이디어경쟁의 국제화시대에 경쟁을 민간부문에만 맡겨 둘 수는 없다. 정부부문도 다방면의 정치경제학적 경쟁에 깊이 간여하지 않을 수 없다. 앞으로 국가의 수는 늘어날 것이며 지역협력공동체(regional block)들도 늘어날 것이다. 그리고 아이디어, 자본, 금융, 기술, 생산과 소비의 국제적 유동이 더 자유로워진다고 해서 국가간의 성장 및 번영격차가 소멸되지는 않을 것이다. 이 점에 있어서 오히려 고도의 분화를 보일 것이다.

2. 노동력의 교육수준향상

교육수준이 높아짐에 따라 전문가주의와 직업생활의 질이 핵심적인 문제로 될 것이다. 앞으로 50년 내에 우리 직업이 의사이든, 변호사이든, 기사이든, 아니면 장차 '기술적 정보인출자'로 불릴지도 모를 문서 정리 직원이든을 막론하고 우리는 모두 소위 '전문가'가 될 것이다. 그러나 이 말을 모든 사람들이 교육을 잘 받게 된다거나 모든 업무가 전문가적 업무로 될 것이라는 뜻으로 한 것은 아니다. 단순업무들도 남아 있게 될 것이다. 형식화된 교육의 폐단도 남아 있게 될 것이다.

그러나 근로자집단은 분명히 달라질 것이다. 근로자집단의 욕망이 달라지고 그들이 단순한 수의 집결이 아니라 전문성·분화된 재능·지식 등에서 새로운 權力源을 찾게 되면 노동조합활동은 크게 달라질 것이다. '전문적' 인력을 관리하려면 새로운 전문가주의적 근로문화 속에서 다원화된 인간욕망을 인정해야 할 것이다.

현재도 많은 폐단을 빚고 있는 학력주의와 과잉학력의 문제는 장차 더 악화될 수 있을 것이다. 현대조직의 인사관리가 실적개념에 기초를 두기 시작하면서부터 사람들의 직업, 사회적 유동, 취업 등은 그들의 교육수준에 긴밀히 결부되게 되었으며 교육기관들은 확장일로를 걸어왔다. 교육기관들은 사회적 유동을 조절하는 판막으로서 그 중요성을 더 해 온 것이다.

교육이 중요해지면서 지나친 학력존중주의와 과잉학력의 폐단을 빚게 되었다. 사람들은 교육이 발전기회를 확대해 준다고 믿기 때문에 자기 직업에 필요한 수준을 넘어 과잉학력, 경우에 따라서는 형식적인 간판을 추구하는 풍조가 생겼다. 노동시장의 교육훈련수준이 높아짐에 따라 고용주들은 채용예정직의 필요에 불구하고 고학력후보자들을 선호하게 되었다.

고학력추구의 추세는 장래에도 지속될 것이다. 21세기에 보게 될 고학력인력의 욕망양태와 문화는 크게 달라질 것이다. 그들은 전문가적 직업생활을 원할 것이며 재량권행사역할의 수행을 원할 것이다. 그들은 관리층과의 협동적인 관계를 원할 것이다.

조직의 국제화는 교육의 국제화를 촉진할 것이다. 조직상황의 급속한 변동은 재교육의 필요를 또한 증대시킬 것이다.

3. 조직문화의 여성화

여성의 취업이 늘어나고 그들의 교육훈련 등 직업적 준비수준이 남성들과 대등해져 감에 따라 조직에 대한 우리의 관념은 크게 달라질 것이다. 여성들의 가치관과 일하는 스타일이 남성들의 경우와 다를 뿐만 아니라 그들이 직장에 정규직으로 참여하게 되면 가족생활과 직업생활의 경계를 재조정하지 않을 수 없기 때문에 여러 가지 변화를 수반할 것이다.

그렇게 되면 직업이나 개인적 성공에 대한 우리의 관념이 바뀔 것이다. '풍요로운 삶'(good life)에 대한 보다 총체적인 파악이 종래의 협착한 의미규정을 대체할 것이다.

장차 점점 더 많은 여성들이 직장생활을 하게 될 것이며 그들은 남성들과의 권력균형화를 이루어 갈 것이다. 그에 따라 조직문화에 대한 영향을 키워갈 것이다. 여성들은 결국 성별에 기초한 보수차별을 극복할 것이며 家事責任을 분담하게 되고 직장 내의 성희롱을 축출하게 될 것이다. 21세기의 조직에서는 여성의 역할이 매우 중요해지기 때문에 보수차별, 가사책임전담, 성희롱 등의 장애는 제거되지 않을 수 없을 것이다. 조직 내의 비공식적 관계가 공식적·계서적 관계보다 더 중요해지고 조직의 응집성 유지를 위해 신뢰·지원·참여의 필요가 커질수록 조직문화에 미치는 여성들의 영향은 더욱 증대될 것이다.

그리고 여성적 관리스타일을 필요로 하는 조직의 조건이 커질수록 여성의 조직에 대한 기여는 커질 것이다. 여성적 관리스타일이란 다정하고, 고마워할 줄 알고, 보살펴 주고, 온정적이고, 부드럽고, 감성적이고, 이해심 많고, 지원적인 스타일을 말한다. 이것은 공격적이고, 독단적이고, 권위주의적이고, 분석적이고, 자신만만하고, 경쟁적이고, 강력하며, 지배적인 남성적 관리스타일과 대조된다. 여성적 관리스타일을 필요로 하는 조직의 조건이란 조직의 학습·적응에 돈독한 신뢰감이 필요하고 고도로 전문화된 직원들이 관리상의 참여적 역할수행을 원하는 불확실한 상황을 의미한다.

4. 새로운 기술

향후 50년간 과학기술 특히 정보통신기술의 발전은 계속될 것이다. 기술진보는 조직에 많은 영향을 미칠 것이다. 정보통신기술 등 과학기술의 발전이 조직에 미치는 영향은 물론 많은 영향요인 중의 하나일 뿐이다. 그것이 유일한 결정요인인 것은 아니다. 업무의 성격, 환경적 요인, 사람들의 선호, 문화적 전통 등 많은 요인들이 조직의 특성을 결정하는 데 영향을 미친다. 기술진보가 조직에 미칠 영향에 관한 다음의 설명을 이해할 때에는 다른 영향요인의 개입 가능성을 염두에 두어야 한다.

기술발전 특히 정보통신기술의 발전은 표준화와 통제, 조직계층의 축소, 분권화, 조직 내외에 걸친 의사전달, 네트워킹, 재택근무 등 제반영역에서 여러 가지 새로운 기회를 창출할 것이다. 이러한 기회창출은 인력구성의 변화와 조직재설계를 유도할 것이다.

의사전달매체와 통로의 풍요화(media richness)는 의사전달을 원활화하고 분권화의 기술적 수단을 제공할 것이다. 쇄신과 적응의 필요가 커지면 분권화의 필요도 커지는데 의사전달매체와 통로의 발전은 분권화추진을 뒷받침해 줄 수 있다.

기술발전에 따라 업무처리자동화가 촉진되고 표준화된 일상적 업무의 대부분이 정보화기기에 의해 처리되면 인력구성이 크게 달라질 것이다. 인력구성의 변화는 조직관리방식의 변화를 초래할 것이다. 미래사회의 인력은 대개 세 가지의 전문인력범주로 구성될 것이다. 첫째 범주는 '상징분석가'(symbolic analysts) 집단이다. 여기에 포함되는 인력은 관리자, 디자이너, 분석가, 계획입안자, 은행가, 변호사 등 관념과 상징을 다루는 사람들이다. 둘째 범주는 로봇을 조종하는 '고급기술조작원'(sophisticated technology operators) 집단이다. 셋째 범주는 '개인화된 서비스를 제공하는 사람들'(in-person service workers)의 집단이다. 셋째 범주에 포함되는 사람들은 보모, 조리사, 미용사 등이다. 장차 이들의 기술도 상당히 고도화될 것이다.

과학기술의 발전은 국제교류를 촉진한다. 교통·통신의 발달이 우선 문물의 교류를 원활하게 한다. 아이디어산출과 활용이 전세계적으로 확산되기 때문에, 새로운 기술개발은 원자재 획득을 위한 새로운 의존관계를 설정하기 때문에, 그리고 기술적 쇄신은 기존의 생산·분배센터들이 누렸던 비교우위를 바꾸어 놓기 때문에 국제적인 교류가 증대·촉진된다. 국제적인 상호의존도 또한 높아진다. 미래의 과학기술발전은 조직환경의 국제적 복잡성을 증폭시킬 것이다.

국제적 의존관계가 확대되고 조직환경의 국제적 복잡성이 높아지는 기술고도화사회에서는 조직이 홀로 활동하는 일이 거의 없을 것이다. 복잡성과 급속한 변동에 대응하기 위해 여러 조직들이 서로 긴밀히 연계된 연결구조를 형성하는 방식이 일반화될 것이다.

조직환경이 복잡해지고 급속히 변동하면 소규모기업들이 늘어나고 그 입지도 강화될 것이다. 소규모기업들의 강점은 신속성, 융통성, 적은 관리비용, 그리고 작은 위험부담이라고 할 수 있다. 이러한 강점을 지닌 소규모기업들은 새로운 기술개발분야에 빨리 진출할 수 있고 새로운 제품이 개발되면 신속히 방향전환을 할 수 있다. 그리고 생산자와 소비자의 연결을 보다 원활히 할 수 있다.

5. 급속한 변동의 제도화

급속한 변동의 제도화란 변동에 대한 적응능력이 향상되고, 변동이 순조롭게 추진되고, 변동에 따른 충격과 고통이 감소되는 현상을 지칭한다. 급속한 변동에 대응하는 방안을 강구하여 쇄신적 아이디어가 실용화되는 데 걸리는 대기시간을 줄이고 변동에 수반되는 비용과 고통을 줄일 수 있게 된다는 뜻이기도 하다.

미래의 조직들은 서로 다른 문화권 내에서 각기 쇄신을 촉진할 수 있는 방안들을 강구하게 될 것이다. 미국의 조직들은 쇄신실천의 대기시간을 줄이기 위해 조직구성원들에게 힘을 실어 주고 융통성 있는 비공식적 장치와 새로운 보상체제 그리고 저항극복방안들을 채택하게 될 것이다. 체계적인 재훈련계획에 의해 직원들을 감원의 희생으로부터 보호하고 신속한 재투자계획의 실천으로 여러 가지 공동자산들을 보호하게 될 것이다.

미래의 조직에서는 변동의 고통과 비용이 지금보다 훨씬 더 공평하게 분담될 것이다. 고통·비용의 분담은 정부부문과 민간부문 사이의 분담을 포함한다. 정부와 민간부문은 변동의 비용 그리고 변동에 대한 저항을 줄여 줄 새로운 제도를 개발하기 위해 보다 긴밀히 협조하지 않을 수 없게 될 것이다. 그렇게 되면 무엇이 정부이고 무엇이 민간부문인가에 대한 우리의 관념도 달라지게 될 것이다.

미래사회에서 변동이 가속되면 외재적이었던 규제과정이 조직의 내부과정으로 전환될 가능성이 커질 것이다. 규제과정의 내재화와 더불어 조직들이 그 환경과 보다 긴밀히 통합되고 관리자와 전문직원들이 그들의 역할과 책임에 대해 보다 총체적인 이해를 하게 되면 조직의 경계에 대한 관념은 많이 달라질 것이다.

6. 조직에 대한 새로운 이해

미래사회에서는 조직에 대한 우리의 이해가 지금의 조직관과는 많이 달라질 것이다. 우리의 조직관이 달라지는 까닭은 환경과 교호작용하는 조직이 실제로 변동될 것이며 조직에 대한 우리의 사고방식이 또한 달라질 것이기 때문이라 할 수 있다. 미래사회의 조직에서 우리가 중요시하게 될 요인들은 다음과 같다.

첫째 장기적 사고의 중요성이 크게 부각될 것이다. 왜냐하면 거대한 경제전환은 50년에서 70년이라는 긴 세월이 걸리기 때문이다. 장기적·전략적 사고의 중요성이 커지면 이를 유도하는 새로운 보상체제가 발달하게 될 것이다.

둘째 집단적·협동적 활동의 중요성이 커질 것이다. 현재의 조직들은 개별조직의 자기생존과 이익추구에 집착하고 있지만 앞으로 세계적인 경쟁이 격심해지면 조직들이 집단적으로 협동해야만 경쟁상의 우위를 유지할 수 있을 것이다.

셋째 미래의 조직에서는 신뢰가 아주 중요해질 것이다. 쇄신·변동·학습은 모두 신뢰를 바탕으로 해야 하기 때문이다. 장차 신뢰성을 높이기 위한 참여, 진실한 의사전달, 직업윤리의 향상 등에 우리는 더 많은 관심을 갖게 될 것이다.

넷째 적응성의 제고가 매우 중요해질 것이다. 오늘날의 조직들은 단기적인 안목, 현상유지적 성향, 쇄신을 위한 지식의 결여, 자원부족 등 여러 가지 이유로 장기적인 적응보다는 단기적인 능률에 집착하는 경향이 있다. 그러나 미래사회에서 변동은 기대될 뿐 아니라 규범적인 요청이기도 할 것이다. 그러므로 장기적인 안목을 가지고 변동에 대한 저항의 극복방안을 개발해 나가야 할 것이다.

다섯째 비공식적 관계의 중요성이 커질 것이다. 왜냐하면 대부분의 쇄신과 변동은 공식적 구조 밖에서 시작되기 때문이다.

여섯째 환경에 대한 탐색(scanning), 경계확장(boundary spanning), 네트워킹, 그리고 기획의 중요성이 커질 것이다. 환경의 중요한 변동을 잘 감지하고 그에 대응하는 조직의 능력이 크게 신장되어야 할 것이다. 조직간의 비공식적인 네트워킹이 중요한 경계확장활동으로 될 것이다. 비공식적 네트워킹은 공식적 과정과 대등한 중요성을 가지게 될 것이다. 전략적 계획의 관료적 특성은 사라지지 않을 수 없을 것이며 행동지향적인 특성은 강화될 것이다.

일곱째 조직의 민주화와 전문직원들의 관리과정에 대한 참여가 강조될 것이다. 직원들의 교육수준이 높아지고, 조직의 적응성이 높아지고, 조직의 학습과 변동이 가속되면 지배적인 조직모형은 관료적 모형에서 전문가적 모형(professional model)으로 바뀔 것이다. 전문가적 모형은 조직의 융통성과 적응성을 높이는 데 필요한 전문가들의 재량과 참여를 보장할 것이다.

여덟째 변동을 원활히 성취하면서도 동시에 계속성을 유지하는 문제가 매우 심각해질 것이다. 조직의 생성·사멸·확장·축소가 무상하게 일어나게 되는 미래사회에서 변동은 조직의 계속성을 위협하는 것으로 인식되기 쉽다. 그러한 인식은 변동에 대한 저항을 야기한다. 그러므로 변동을 촉진하려면 변동비용의 감소와 조직의 계속성 유지에 관한 믿음을 사람들에게 심어 주어야 한다. 이러한 자가당착적인 임무가 결코 쉬운 것은 아니다.

아홉째 정부와 민간부문의 관계가 보다 긴밀해질 것이다. 정부의 규제와 지원사업은 개인과 조직의 쇄신능력에 직접적인 영향을 미치게 될 것이다. 예컨대 정부는 쇄신에 따른 과오를 막기 위해 규제활동을 하기도 하고 쇄신의 비용을 보상해 주기도 해서 바람직한 변동을 촉진할 수 있다.

✔ 참 | 고 | 문 | 헌

Benveniste, Guy, *The Twenty-First Century Organization: Analyzing Current Trends-Imagining the Future*, Jossey-Bass Publishers, 1994.

Charles Handy의
미래조직론*

I. Handy의 학문세계

Charles Handy는 비이성적 조직이론가이다. 이론가가 아닌 이론가이다. 살아 있는, 변화하고 있는 조직과 조직행동의 모습을 느끼고 있는 사람이다. 그는 그의 비전을 주창하고 있는 이론가가 아니라 그 비전을 느끼며 살아가는 조직변화 사상가 중의 한 사람이다. 그의 「역설의 시대」(The Age of Paradox)와 「비이성의 시대」(非理性의 時代: The Age of Unreason)는 바로 조직과 조직행동의 단절적이고 불연속적인 변화에 관한 책이다. 즉, 우리의 일(working)과 삶(Living)의 변화(changing)에 관한 명쾌하고도 흥분할만한 충격적인 책이다.

스페인 정복자들의 함대가 수평선에 나타난 것을 본 페루 인디언들은 그저 날씨가 변덕을 부리겠거니 하고서 그들의 삶을 계속해 나갔다. 왜냐하면 그들의 제한된 경험세계에는 함대의 개념은 존재하지 않았던 것이다. 연속성을 가정하였던 그들은 결국 재앙을 끌어들이게 되는 운명을 맞이하였다. 만약 우리들이 페루 인디언의 운명을 피하고자 한다면 불연속적이고 단절적인 변화를 찾아내고 수용하는 방법을 배워야만 할 것이다. 기도해서 변화하는 것은 하느님도 아니고 세상도 아니고 바로 우리 자신이어야 한다는 것을 잊고 살아가고 있는 우리들에게 단절의 시대, 비이성의 시대인 21세기의 조직의 변화와 조직행동의 변화에 우리가 어떻게 변화함으로써 적응하여 갈 것인가를 이야기하고 있다. 변화는 바로 우리시대의 이야기인 것이다. 테크놀로지가 변화하고, 일하는 패턴이 변화하고, 우리의 조직과 사회제도가 변화하고, 사회적 관계가 변화하고, 우리가 서로에 대해서 어떻게 느끼고 인식하느냐가 변화하고 있다.

변화가 오히려 항상한 시대, 단절적이고 불연속적인 변화가 일어나고 있는

---

* 박헌준: 연세대학교 경영대학 매니지먼트 교수.

시대에 살고 있는 오늘, 우리의 조직은 비이성적 조직인들을 요구하고 있다. 이 변화를 우리에게 유용한 것으로 이용하기 위해서는 과거의 전통적 사고방식에서 벗어나야 하는 것이 가장 중요하다고 본다. 즉, 우리에게 거꾸로 뒤집힌 (upside-down) 사고를 요구하고 있는 것이다. 우리 사회의 본질적 성격에 대한 새로운 생각들이 필요하고, 새로운 유형의 학교가 필요하며, 일에 대한 새로운 접근방식이 필요하고, 새로운 모습의 조직이 필요하다.

　Handy는 이러한 변화하는 조직의 모습이 우리 생활의 모든 분야에 걸쳐 어떻게 영향을 미치게 될지를 구체적으로 보여주고 있다. 1932년 아일랜드 킬데어에서 태어난 Charles Handy는 런던 비즈니스 스쿨의 교수로 재직하였으며 1977년부터 1981년까지는 사회의 가치와 윤리에 대한 연구센터인 윈저성의 성 조지 하우스의 학장을 역임하였고 BBC방송의 명성 있는 해설자로서, 세계적 강연가로서, 왕립예술원의 회장으로서, 그리고 무엇보다도 한 사람의 아버지로서 또 남편으로서의 그의 넓고 깊은 경험 속에서 우러나온 체험의 이야기들이기에 더욱 강렬하게 또 의미 있게 우리들에게 다가온다. 그의 이야기는 우리 삶의 구석구석으로 파고 들어오는 깊은 통찰력으로 가득 차 있다.

Ⅱ. 비이성의 시대: 조직과 조직행동의 변화

　오늘 우리가 내다보는 미래는 꼭 필연적인 것은 아니다. 우리가 어떠한 미래를 원하는가를 알 수가 있다면 그 미래에 영향을 미칠 수 있을 것이다. 우리는 이 변화의 시대에 우리 자신의 운명을 책임져야만 하고 또 할 수 있을 것이다. 그러므로 그의 이야기는 조직이론가뿐 아니라 사기업 조직의 경영자, 공공조직의 경영자, 행정가, 교육조직, 병원조직, 비영리조직 등 모든 형태의 조직을 경영하고 있는 실천 경영자들에게 꼭 필요한 이야기라고 본다. 조직을 경영하고 조직 속에서 일하고 살아가고 있는 우리들 모두에게 제삼의 눈을 열어 주고 있는데, 왜냐하면 우리가 깨닫고 있지는 못하지만, 우리들의 손이 바로 변화를 움직이는 지렛대 위에 놓여 있음을 보여주고 있기 때문이다. 또한 우리가 현대문명이 이룩한 죄악 중의 하나인 환원론(reductionism)에 빠져서 나무를 자세히 들여다 보려다 숲의 의미와 숲이 던져 주고 있는 메시지를 놓치고 있다는 것을 깨닫게 해 준다.

　Handy는 기본적으로 세 가지 가정을 상정하고 있다. 첫째는 지금의 변화가 과거와는 달리 불연속적이며, 단절적이라는 것이다. 둘째는 이러한 변화들이 지금 당장 우리 눈에 보이지는 않을지라도 우리 생활에 커다란 영향을 미칠 것이라는 가정이다. 특히 우리의 일이 조직되는 방법에 변화가 오면 우리 모두가 어떻게 살아 나가는가에 엄청난 영향을 미칠 것이다. 세번째 가정은 단절적이고 불연속적인 변화에 대응하려면 비록 처음에는 어색하고 이상하게 보일지라도 단절적 사고, 거꾸로 뒤집힌 사고가 필요하다는 것이다. 단절적 변화를 포용한다는 것은 우리가 어떤 일을 배우는 방법을 완전히 다시 생각한다는 것을 의미한다.

「바보 이반」이라는 톨스토이의 소설이 생각난다. 이반이라는 바보가 살고 있는 이 나라는 평화롭기 그지 없었다. 사탄이 이 나라를 망가뜨리기 위해 금화를 갖다 주면서 이 금화가 쌀 열 가마를 살 수 있는 힘이 있다고 가르쳐 주었다. 이반은 반가워하면서 금화를 땅에 심고서 열심히 물을 주었다. 그러나 금화에서는 싹이 트지 않았다. 생명이 없는 금화는 아무 소용이 없다고 버리고 만다. 그래서 이 나라는 계속 평화를 지켜 나갈 수 있게 된다. 바로 이 비이성적인 듯 보이는 행동이 역설적으로 조직을, 사회를, 나라를 지켜 가는 원동력이 된 것이다.

우리는 아무런 예측도 맞지 않을 것이라는 예측만이 진실인 시대에, 개인생활이든 공공 조직생활이든 과감한 상상력이 필요한 시대에, 가능할 것 같지 않을 것을 생각해야만 할 시대에, 비이성적인 일이 필요한 시대에 막 들어서고 있는 것이다. 창조적인 생각들은 우리가 생각하는 방식을 바꾸는 일 이외에는 아무것도 한 일이 없지만 모든 것을 바꾸어 놓을 수 있는 것이다.

과거에도 지금도 우수한 조직들은 보통의 조직들이 움직이는 것과는 다른 방식으로 거꾸로 움직이고 있다. 예를 들면 미국의 '고어와 동료들'이라는 회사, 일본의 '메난 제작소', 우리의 '이랜드' 같은 조직들은 조직의 모양도 다르고, 일하는 습관도 다르고, 연령 프로파일도 다르고, 권위에 대한 전통도 다르다. 생각의 차이지만 사람을 사랑과 투자를 필요로 하는 자산으로 여기는 조직과 사람을 언제 어디서나 가능하면 절감해야 하는 비용이라고 생각하는 조직의 사이에는 엄청난 차이가 있는 것이다.

거꾸로 생각하지 못하는 조직들에서는 항상 변화의 싹을 짓밟고 자라나지 못하게 하며 배움을 가로막아 버린다. 항상 '그들'에 의존하고, '그들'이 누가 되었든, '그들'을 증오하는 조직에서는 변화란 일어나지 않는다. 바로 '그들 증후군'에 시달리고 있는 조직을 말한다. 많은 경영자들이 조직 구성원의 기(氣)를 죽이고 있으며 변화의 싹을 짓밟고 있다.

Handy가 처음 말레이시아 지사에 근무를 시작하게 되었을 때의 이야기이다. 어떤 부서에서 업무가 아주 비효율적으로 처리되어지는 것을 보고 개선안을 연구 작성하여 상사에게 보냈다. 그리고는 칭찬이나 감사의 말을 기다리고 있었는데 그 상사가 드디어 Handy를 불렀다.

"여기 온 지 얼마나 되었는가?"

"6개월 지났습니다."

"그러면 이 회사가 이 곳에서 성공적으로 영업해 온 지 얼마나 된 줄 아는가?"

"아마 오십 년쯤 되었을 겁니다."

"거의 맞았네. 정확하게는 오십사 년이라네. 그런데 자네가 6개월 동안에 나나 우리의 선배들이 오십사 년에 걸쳐 안 것보다 더 잘 알 수 있었을 것이라고 생각하는가?"

그 뒤 3년간 그는 더 이상 아무 질문도 할 수가 없었고 더 이상 아이디어도 없었으며, 더 이상 개선안 같은 것은 만들지도 않았다. 이 상사는 Handy의 변화의 싹을, 배움의 싹을 아예 짓밟아 버렸던 것이다. 부하의 목적을 훔치고 상사의 목적을 강요하는 조직은 부하들의 배움의 의지를 잘라 버리고 만다. 그들은 아마 복종하거나 방황하거나 또는 반항하게 될 것이다. 그러나 그들이 변화하지는 않을 것이다.

과연 우리 시대의 변화는 우리의 일과 삶의 방식에 어떤 영향을 미치게 될 것인가? Handy는 미래에 꽃을 피울 조직의 모습에 대한 날카로운 조명을 하고 있는데, 첫째로 삼엽조직(the shamrock organization), 둘째로 연방조직(the federal organization), 셋째로 트리플 아이(triple I) 조직이 그것이다. 삼엽조직이란 주요 간부와 종업원의 중핵을 기저로 외부계약·하청업체와 시간제 또는 임시작업자들의 도움을 받는 조직을 말한다. 연방조직이란 장기전략에 치중하는 중앙전략 기능만을 갖고 있으면서 일상적 업무와 의사결정 사항은 독립조직에 일임하는 조직을 말한다. 그리고 트리플 아이 조직은 경쟁적 우위의 원천으로서 지능, 정보, 아이디어에 초점을 둔 조직을 말하고 있다.

이 새로운 조직들에서의 일은 새로운 의미를 가진다. 삼엽조직의 중핵에 있는 노동력은 이제 종업원이라기보다는 파트너로, 상사와 부하가 아닌 동료로 바뀌어 가고, 직위와 직급이 아닌 이름, 즉 개인이 더욱 중요시되어진다. 제2엽인 계약·하청의 외변조직은 더 이상 시간에 의한 임금을 받는 것이 아니라 결과에 따른 요금(fee)을 받게 된다. 그러므로 통제의 방법도 작업방법을 감독할 수 있는 것이 아니라 작업의 결과를 규정함으로써만 가능하도록 바뀌어 간다. 제3엽인 유동적 노동력도 고용주가 아무 때나 필요할 때 싼 값으로 고용할 수 있는 그런 노동력이 더 이상 아니다. 연방조직은 꽉 조인 조직이면서 동시에 느슨한 조직이어야 자율성과 협동을 연결시켜 나갈 수 있게 된다. 텔레커뮤팅(telecommuting)이 시작되고 조직이 꼭 도시에 집중해 있을 필요성이 점차 사라진다. 사람이 일터로 오는 것이 아니라 일을 사람에게로 가져가는 것이다. 경영자·관리자·노동자라는 말들이 점차 퇴색해 가고 개인 전문가·지도자·실천가 등의 말들이, 그리고 팀리더 프로젝트 책임자·조정자라는 말들이 중요도를 더해 간다. 과거의 명령의 조직이 사라져 가고 동의의 조직이 중요해지며 경영환경 속에서는 품질이라는 것이 가장 중요한 진리로 등장하게 된다. 과거에 부(富)의 원천은 땅이었고 만들어 내는 생산능력이었으나 점차 트리플 아이, 즉 지능, 정보, 아이디어로 바뀌어 간다. 부의 원천이 지식과 지식을 사용하는 능력으로 바뀌어 가면서 미래의 조직은 대학사회나 연구소의 모습처럼 바뀌어 간다. 과거의 지시하고 명령하는 영웅적 리더가 아닌 후기영웅적 리더(post-heroic leader)가 필요해진다. 그들은 구성원들이 일을 더 잘할 수 있도록 도와주고, 조직의 나머지 부분과 연결시켜 주고, 그들이 더욱 일을 효과적으로 해낼 수 있도록 조직해 주고, 모범을 보이며 계속적으로 격려해 주는 경영자이다. 궁극적으로는 경영자가 해야 할 일이 없을 정도가 되며, 그렇게 되면 경영자가 별로 없어도 조직이 잘 움직여 나간다.

한 가지 일이 아니라 여러 가지 범주의 일들이 묶여지고(일 포트폴리오: work portfolio) 여러 가지 일에서부터 포트폴리오 수입이 생기고, 포트폴리오 인간의 요구에 적응하는 포트폴리오 결혼이 나타난다. 집에서 일을 하고(텔레커뮤팅), 조기퇴직, 두번째 커리어, 제3연령층 등의 변화가 나타난다. 이러한 미래의 조직과 사회의 문제들을 풀어 나가려면 과거의 사고방식을 계속해서 사용해서는 안 될 것이다. 우리 자신의 삶의 모습이 달라지고, 성공과 성취도 현재와는 다른 의미를 갖게 될 것이고, 다른 가치관을 갖게 될 것이다. 만약 어느 회사를 통제하고 싶다면 소유해 버려라 하는 것이 1960년대, 1970년대의 메시지였다.

수직적·수평적 통합전략이 바로 그것이다. 공급자를 사들이고, 고객을 사들이고, 경쟁자를 사들여라. 그러면 세상은 네 것이다라는 식의 논리는 상당히 비싼 대가를 치러야만 했다. 그러나 이제 조직들은 다르게 생각하기 시작했다. 삼엽조직이나 연방조직 같은 것이 좀 통제하기는 어렵더라도 훨씬 더 경제적이라는 것을 느끼기 시작했다.

비이성의 시대에는 비이성적 조직이 필요하다. 이 모든 변화를 수용할 수 있으려면 가장 먼저 교육에 관한 생각부터 새롭게 탈바꿈시켜야 한다. 분석능력에만 치우쳐 온 과거에서 탈피하여 인간관계능력, 실천능력, 조직능력 등을 갖출 수 있도록 교육의 초점이 바뀌어야만 한다. 같은 또래의 나이, 그리고 비슷한 능력을 갖춘 집단 속에서의 개인간의 경쟁을 가르치는 것이 아니라, 공부도 일하는 것같이 바꾸어야 할 필요가 있다. 실제의 문제, 실제의 업무를 나이도 다르고, 서로 다른 능력을 갖춘 팀의 협력과 행동을 통해 해내는 공부를 해야 한다. 이것이야말로 일터에서 가장 필요한 능력이다. 분석능력에만 치우쳐 온 우리의 교육이 지능의 다른 측면에 더 많은 관심을 기울여 가야 할 것이라고 생각한다. 예를 들면, 패턴 인식능력, 음악적 능력, 신체적 능력, 실천적 능력, 대인적 능력, 대내인적 능력 등이 그것인데, 다른 나라에서는 교과외 활동이라고 뭉뚱그려 얘기하고 있는 것이며, 그나마 우리 나라에선 아직 그것조차 얘기하지 않고 있다. 미래의 포트폴리오 세상에서는 위의 일곱 가지 지능, 또는 그보다 더 넓은 의미의 지능이 필요할 것이다. 그러므로 우리 교육에서 지능의 의미가 좀더 확충되고 공식적으로 인정되어지는 것이 중요하다고 본다.

이윤 극대화, 생산성 극대화라는 것도 더 이상 조직의 목적을 나타내는 훌륭한 표현이 되지 못한다. 이것은 어디까지나 목적이 아니라 수단이라는 것이다. 조직의 목적은 소비자로부터, 고객으로부터 비롯되어야 한다. 그들이 누구이며, 무엇을 필요로 하며, 무엇을 원하는가로부터 출발해야 한다. 고객·소비자 없는 조직이란 존재가치가, 존재할 권리가 없는 것이다. 조직이 배우는 조직(the learning organization)의 모습으로 바뀌어져 가면서 과거 우리가 집단응집력 또는 단결력이라고 부르던 집단사고(groupthink)라는 병에 걸리지 않도록 예방해야 한다.

서서히 끓는 물 속에서 그 변화를 눈치채지 못하고 삶아져 버리는 개구리 이야기처럼 점진적이고 지속적인 변화 속에 있는 사람들은 우선은 편안함을 즐길 수 있으나 결국에는 그 변화에 삼켜져 버리고 만다. 변화를 환영하는 조직은 그저 변화에 대처하려고만 하는 조직과는 달리 그 변화를 유리한 방향으로 이용한다. 변화의 바퀴란, 곧 배움의 바퀴이다. 우리가 변화의 바퀴를, 배움의 바퀴를 잘 돌리지 못하면 다른 이에게 짐이 되기 시작한다. 사람도 조직도 배우도록 태어났다. 초기의 창조적 조직을 보라. 어린 아이를 보라. 그들은 쉴 새 없이 배움의 바퀴를 돌린다. 그러나 나이가 점점 들어가면서 점점 그 속도가 떨어지다가 아예 바퀴가 돌지 않게 되어 버리고, 종국에는 바퀴에서 떨어지고 만다.

변화를 두려워하는 조직에는 배움의 바퀴를 돌지 못하게 만드는, 변화의 숨통을 막아 버리는 규칙들이 열 가지 있다. 첫째로, 아래로부터의 새로운 아이디어를 의심의 눈초리로 바라본다. 둘째로, 내 허락을 받으려면 우선 먼저 하부관리자들의 검토와 사인을 거쳐야만 한다. 셋째로, 제안시에는 항상 다른 부서나 다른 사람들의 비판을 먼저 받아야 한다. 넷째로, 비판을 자주 하고 칭찬을 삼가라. 그들이 언제라도 파면당할 수 있다는 것을 상기시켜 주어라. 다섯째로, 문제가 발생하면 실패의 징후로 여겨라. 여섯째로, 모든 것을 잘 세어 놓고 잘 통제해라. 일곱째로, 조직 재설계나 변화의 방침들은 비밀로 해라. 여덟째로, 중요 정보가 자유롭게 유통되어서는 안 된다. 아홉째로, 초급 또는 중견 관리자들에게 예산 삭감이나 해직 또는 전직결정을 내리는 책임을 위임과 참여의 이름으로 부여하라. 마지막으로, 최고경영자인 당신은 당신의 사업에 관한 한 모든 일들을 이미 잘 알고 있다고 생각하라. 위에서 열거한 열 가지 규칙을 깨뜨려 버리는 작업을 벌이자. 이 규칙들을 거꾸로 뒤집어 놓자. 그렇게 해야만 꽉 막혀 버렸던(get unstuck) 배움의 바퀴가 돌기 시작할 것이다.

많은 최고경영자들이 그들의 성취에 대해 아무 해석도 없이, 아무 철학도 이론도 없이 그의 찬란한 업적의 기록만을 얘기한다. 그러나 그들은 그들의 성공으로부터 아무것도 배우지 않으며, 그 성공이 다시 되풀이되리란 보장은 없다. 많은 조직들에는 평가제도가 있다. 그러나 그것이 실패나 실수만을 기록하는 비밀장부 역할을 하고 있는 한 그 조직에는 더 이상 배움이 없으며 변화도 없다. 이것을 벌주기 위해서 사용하며 좀더 일 잘하기 바라면서 겁주는 데 사용한다면 미래에는 어떤 실수도 하지 않으려 하고 모험을 회피하게 되며 새로운 아이디어의 실험을 하려 하지 않는다.

조직의 구성원들에게 어떤 일을 해낼 능력이 없다면 그들에게 책임을 주기란 어렵다. 그러나 그들에게 어떠한 책임도 주지 않는다면 어떻게 그들에게 능력이 있는지를 알아낼 수 있겠는가? 큰 책임을 준다는 것은 실수할 수 있는 기회도 준다는 뜻이다. 당연히 실수할 수 있는 기회가 주어져야 한다. 실수할 수 있는 기회가 주어진다는 것이 바로 신뢰가 주어진다는 뜻이고, 바로 거기에서 신뢰가 얻어지는 것이다. 리더십과 비전의 언어도 바뀌어 가야 한다. 첫째, 비전이란 달라야(새롭게 다르게 틀지어 주어야) 한다. 둘째, 비전은 다른 사람들에게 의미가 있어야(아하 효과를 창출해야) 한다. 셋째, 비전은 이해되어져야 한다.

넷째, 리더는 비전에 살아야(에너지가 스며나와야) 한다. 다시 말하면 리더는 비전을 계속적으로 창출하는 삶을 살아야 한다. 그리고 리더는 반드시 다른 사람들의 일이라는 것을(나를 통해서가 아니라 다른 사람들을 통해서 일한다는 것을) 기억해야 한다.

Eisenhower가 대통령이 되기 전 콜럼비아 대학의 총장이었을 때이다. 교수단 대표가 찾아와서 학생들이 캠퍼스 중앙 뜰의 잔디를 자꾸 밟고 다니므로 이것을 금지시켜 주도록 요구했다.

"왜 학생들이 그 잔디 위를 걸어다닙니까?"라고 Eisenhower가 물었다.

"교문에서 중앙 홀로 가는 가장 쉬운 지름길이니까요."

"그렇다면, 거기에 통로를 하나 내십시오."

그렇게 해서 그 문제는 해결되었다. 어떤 변화가 회피할 수 없는 것일 때에는 그 변화를 우리를 위해 사용하면 된다.

우리가 살고 있는, 아니 살아가야 할 비이성의 시대에는 과거의 가정들이 모두 정당한 도전을 받을 것이다. 그리고 비이성의 시대는 자유와 평등보다 서로를 인정하는 '협동'이 무엇보다도 중요한 위대한 시대가 될 것이다.

참 | 고 | 문 | 헌

Handy, Charles, *The Age of Unreason*, Boston, Mass.: Harvard Busine ss School Press, 1989.

_____, *The Age of Paradox*, Boston, Mass.: Harvard Business School Press, 1994.

_____, *Waiting for the Mountain to Move: Reflections on Work & Life*, San Francisco, Cal.: Jossey-Bass, 1999.

Bruno Latour, Michel Callon, John Law의 행위자-네트워크 이론*

Ⅰ. Latour, Callon, Law의 학문 세계

Bruno Latour, Michel Callon, John Law는 프랑스의 사회학자들이다. 부루노 라토르는 1947년에 프랑스 파리에서 태어난 철학자, 인류학자이자 사회학자이다. 그는 1982년 이후 2006년까지 파리 국립광업대학교 혁신사회학센터(École des Mines de Paris, Centre de Sociologie de l'Innovation) 교수로 재직했고, 2006년 이후에는 파리과학원(Sciences Po Paris) 교수로 2017년까지 과학미디어랩 소장으로 활동했다. 런던경제대학(London School of Economics)의 특임교수(centennial professor)로 활동하기도 했고, 주로 과학과 기술 연구 분야에서 특별한 연구 업적을 남겼으며, 과학의 권위와 신뢰 회복을 위해 노력했다. 미쉘 칼롱은 1945년생으로 파리 국립광업대학교의 사회학 교수로서 1982년부터 1994년까지 동 대학교 혁신사회학센터의 소장을 역임하였다. 과학사회연구학회의 회장으로 활동했고, 부르노 라투르 교수와 함께 과학과 기술 연구에 집중하였다. 존 로는 1946년생으로 과학과 기술을 연구하는 사회학자이다. 현재 오픈 대학교 사회과학대학 교수로 있으며, 혁신사회학센터를 통하여 라투르 교수와 칼롱 교수와 함께 행위자-네트워크 이론(actor-network theory, ANT)을 개발했다.

행위자-네트워크 이론(actor-network theory)은 1980년대 후반, 프랑스 과학기술학(Science & Technology Studies) 분야의 브루노 라투르(Bruno Latour), 미쉘 칼롱(Michel Callon), 존 로(John Law)를 중심으로 체계화되었다(Callon, 1984, 1992; Latour, 1984, 1987, 2005; Law, 1984, 2009). 이 세 학자는 자신의 관점에서 끊임없는 학문적 대화를 통해서 행위자-네트워크 이론을 구성하는 데 중요한 공헌을 하였다. 과학기술학은 과학 기술에 관한 사회학적 이론을 연구하는 분야로, 행

---

* 김상준: 이화여자대학교 경영학과 교수.

위자-네트워크 이론은 프랑스의 탈구조주의적 관점이 수용된 것으로 볼 수 있다. 즉 행위자-네트워크 이론은 사회적, 조직적, 과학적, 기술적 구조와 과정과 사건을 기술하고 설명하는 사회과학 접근방법으로서 인간이든 비인간이든 그런 구조의 모든 요소가 관계 네트워크를 통해 그림으로 그려지고 묘사될 수 있다고 전제를 가지고 출발한다. 이들 세 STS(science, technology, and society) 학자들에 의해 개발된 행위자-네트워크를 물질 기호학적 방법이라고 말하기도 한다.

Ⅱ. 행위자-네트워크 이론

1. 행위자-네트워크의 전제와 원칙

행위자-네트워크 이론은 사회과학이 과학과 기술을 바라보는 관점에서 나타날 수 있는 모순점과 역설에서 출발한다. 자연과학과는 달리 사회과학에서는 연구자의 가치관이 개입되고, 연구자와 연구대상의 구분이 쉽지 않게 되는 가능성이 크다. 즉 연구자의 주관성을 완전히 배제할 수 없으므로 과학과 기술과 관련된 현상에 대한 객관적인 이해가 제한될 수밖에 없다. 이러한 과학 및 기술 분야에 나타나는 현상의 이해를 제한하는 사회과학의 패러다임을 벗어나기 위해서 행위자-네트워크 이론은 세 가지 원칙을 제시한다. 하나는 연구자가 '모두 알 수는 없다'라는 소위 '불가지론(agnosticism)'이다. 연구자는 자연 현상 및 과학에서 다루어지는 다양한 현상을 설명하면서 연구자의 개입을 최소화하고 옳고 그름을 섣불리 판단하지 않는 것이다. 하지만 이는 인간의 본성상 불가능하다. 이에 행위자-네트워크 이론은 다양한 연구자의 다양한 관점과 현상에 대한 이해를 최대한 수용한다. 두 번째 원칙은 다양한 연구자의 관점을 집적하고 통합하는 과정에서 과학 및 기술 분야에서 나타나는 현상에 대해 보다 깊은 이해를 제공할 수 있다고 본다. 이를 위해서 연구자의 자연 현상을 바라보고 표현함에 있어서 쓰는 언어를 전적으로 연구자의 재량으로 남기고자 한다. 같은 자연 현상이라고 할지라도 다양한 표현이 공존하게 되고, 공존하는 해석적 표현들이 집합적으로 존재하면서 자연 현상에 대한 보다 본질적인 이해가 가능하다고 보았다. 세 번째 원칙은 관습적으로 규정되었던 자연과 사회 간의 연결고리를 무시하는 것이다. 이는 어떤 선입견 없이 오로지 연구자의 관찰과 그에 대한 해석에 근거하여야 함을 의미한다. 이를 통해서 연구자들의 다양한 해석이 그 자체로 받아들여질 수 있고, 어떠한 가치평가도 배제할 수 있게 된다.

2. 행위자-네트워크와 사회구성주의

　　행위자-네트워크 이론은 현상학의 기본 가치와 연관성이 높지만, 사회구성주의와는 구분된다. 기술 사회구성주의는 기술이 어떻게 사회를 구성하고 또한 어떻게 사회가 기술의 발전을 촉진하는가에 대한 구조적 이해를 도모하는 것이다. 기술 사회구성주의의 주요 관점은, 기존 기술결정론에서 주로 다루어져 왔던 기술에 의해서 인간 행동 및 조직 행동이 달라진다는 주장에 인간의 역할이 빠져있음을 지적하고, 기술의 형성 및 변화는 인간의 세상에 대한 다양한 시각과 이해에 기반한 것이라고 보는 것이다. 기술 사회구성주의적 관점에 의하면, 조직 내에서 채택된 업무구조와 행태는 기술에 의해서 영향을 받으며, 동시에 그 도입과 실행은 조직 구성원에 의해서 결정되는 이중적 구조를 가진다. 전자는 조직(organization)이며, 후자는 조직하기(organizing)로 구분된다. 조직은 일종의 기술과 인간과의 상호작용하에 만들어진 부산물로 기술결정론에 근거한 개념이라 볼 수 있고, 조직하기란 인간이 기술에 대응하여 인간들 상호 간 또는 인간과 기술과의 상호작용을 어떻게 만들어 내는가에 대한 개념이다. 따라서 '조직하기' 과정은, 인간의 인지 과정을 기초로 이루어지기 때문에, 인간-인간, 인간-기술 간의 상호작용이 다양한 형태로 변화 및 발전하는 모습을 보이게 된다. 하지만, 기술의 사회구성주의는 인간 중심적 이론으로, 어떻게 인간이 기술을 수용하고, 대응하며, 활용하는가를 중심으로 논의하는 한계를 가진다. 즉 기술 사회구성주의에서는 기술과 인간의 상호작용에서 여전히 기술은 타자화되어 있고, 기술은 인간의 대응과 활용 대상에 지나지 않는다고 지적되고 있다.

　　이에 반해, 행위자-네트워크 이론은 행위자라는 중립적 존재를 가정한다. 사람과 기술 인공물 모두는 각각 자율성을 가진 주체가 되며, 서로가 서로를 해석하고 연결하는 과정을 통해 하나의 네트워크를 구성한다. 하나의 기술은 독립적으로 존재하지 않으며, 사람과 기계, 인공물이 서로 결합되는 네트워크로 존재하는 것이다. 따라서 기술의 발전은 하나의 사람 기술의 동맹적 네트워크가 다른 네트워크로 대체되는 과정으로 본다. 이 이론은 과학 기술 영역에서의 사회적 영향력과 사회 영역에서의 과학 기술의 영향력을 모두 인정한다(Callon, 1992). 사회와 과학 기술 간의 상호 영향 관계에 천착한다기보다는 과학 연구의 결과물이 다양한 과학 기술 영역 내 요소들 상호 간의 연결구조에 의해서 만들어진다고 본다. 그런 연결구조를 구성하는 요소는 인간에 국한하지 않고 비인격적 행위자도 포함된다. 사람들이 사물이나 상징과의 연결구조 속에서 자연 현상이나 과학 기술을 해석하는 것이다.

3. 행위자-네트워크 이론의 분석틀

행위자-네트워크 이론의 핵심적인 논점은 세 가지로 구분할 수 있다. 첫째, 과학 기술의 사회과학적 이해를 설명함에 있어서 다양한 행위자를 정의한다. 행위자는 실천에 참여하는 모든 인간 및 비인격적 행위자를 포함하며, 서로 다른 행위자들은 이해관계와 행동 패턴이 다르다. 여기서 비인간적 행위자는 범위를 제한하지는 않는다. 기술, 금융, 제도와 같이 존재 자체를 식별할 수 있는 개체에서 인식, 문화 등 보이지 않는 존재도 포함한다. 따라서, 행위자의 다양성은 행위자 네트워크의 중추적인 개념이 되고 이로 말미암아 행위자로 구성된 네트워크 또한 복잡성을 탐지한다.

하지만, 행위자-네트워크 이론에서의 주요 관점은 인간 행위자를 중심으로 이루어진다. 다시 말해서, 인간이 어떻게 다른 행위자와 연결 관계를 구성하는가를 중심으로 행위자 네트워크를 구조화하게 된다. 예를 들어, 인간과 기술 간의 행위자 네트워크를 상정한다면, 이는 인간이 다양한 방식(활용, 변형, 전이 등)으로 기술과 관계를 맺는다는 것을 의미하고, 기술이 주체적으로 행위 능력을 가지고서 인간과의 관계를 맺을 수 있음을 주지하는 것은 아니다. 물론 기술로 인해서 인간의 행동이 달라질 수 있기 때문에, 기술이 완전히 대상화되는 것은 아니다. 인간과 기술 간의 상호 영향 관계가 행위자 네트워크를 구성하는 중요한 요소이다. 또한, 비인격적 행위자 간의 연결 관계 또한 인간 행위자를 중심으로 행위자 네트워크 속에 배태된다. 예를 들어, 인간 행위자는 비인격적 행위자를 통해서 문제를 해결하거나 현상을 이해하려고 하지만 그 과정에서 새로운 문제에 직면하고 복잡한 상황에 봉착하게 되면, 이를 해결하기 위해서 또 다른 비인격적 행위자를 도입할 수 있다. 이러한 경우, 인간과 비인격적 행위자 두 개체 간의 삼자 연결 관계가 나타나게 된다. 이러한 연결구조의 확장이 결국은 자연 현상 그 자체로 이해될 수도 있고 우리가 속해 있는 사회의 구조를 투영한다고도 볼 수 있다. 결국, 행위자-네트워크 이론은 인간 중심적이다. 인간이 자신과 연결 관계를 맺고 있는 다양한 행위자(인격적이든 비인격적이든)들과 어떤 네트워크 구조로 되어 있는가를 규명함으로써, 특정한 현상이나 맥락을 설명할 수 있다고 본다.

둘째, 행위자-네트워크 이론은 행위자 간 네트워크 구조를 상정한다. 네트워크의 개념이 성립하기 위해서는 두 가지 조건이 필요하다. 하나는 행위자가 존재론적 차원에서 완전히 분리되고 독립된 개체여야 한다. 인간과 기술은 존재론적인 차원에서 다른 개체임으로 행위자로 인정할 수 있다. 두 번째 조건은 행위자들은 행위나 지위 차원에서 차별적이지 않다는 것이다. 행위자들은 동질적(equivalent)인 특성이 있고, 동등한 지위에서 연결 관계를 구성하게 된다. 이로써 연결구조 자체에는 사회구조나 행위자 간 관계를 뛰어넘는 영향력이 존재하지 않는, 그렇기에 행위자 간 관계에 있어서 특정한 가치가 개입되지 않는, 순수한 행위자 간 상호작용만을 의미하게 된다. 다만, 연결구조의 결과론적 특성으로 특정한 가치가 발현될 수는 있다.

결국, 행위자-네트워크 이론에 따르면 실재(reality)는 다양한 행위자들 간의 다양한 상호작용의 패턴으로 구성된 연결구조(네트워크)라 볼 수 있다. 특히, 이러한 실재를 나타내는 구조가 인간을 중심으로 재구성이 되면, 인간의 행위 자체가 개별 인간이 고립된 채로 스스로 만들어지는 것이 아니라, 인간의 육체를 넘어 다양한 비인격적 행위자 간의 네트워크를 통해 생성되는 결과물로 이해될 수 있다. 이러한 관점에서 행위자와 네트워크를 동일시한다는 차원에서 "행위자-네트워크" 용어가 사용된다. 즉, 행위자만으로도 네트워크만으로도 실재를 구성할 수 없다. 다양한 행위자들을 연결하는 주체와 행위자 간 연결구조 간의 존재론적 구분이 사실상 어렵기 때문이다. 따라서, 행위자-네트워크 이론은 행위자들이 고정된 본질과 특성을 가진다기보다는 끊임없이 다른 행위자 간의 연결 관계를 구성함으로써 실재를 구성하고 있다는 입장이다. 하지만 행위자-네트워크가 언제나 유동적임을 상정하지는 않는다. 다양한 행위자들이 하나의 대상으로 수렴할 수도 있는데, 이때는 행위자-네트워크가 정태적인 속성을 띠게 된다. 이를 결절(punctuation)이라고 부르는데, 결절 네트워크를 통해서 실재는 더욱 단순한 형태로 이해되고 인지된다. 예를 들어, 자동차는 다양한 부품과 정형화되어 있는 노동력의 결합을 통해서 광범위하게 통용될 수 있는 대상으로 축약된, 결절 행위자-네트워크라 볼 수 있다.

셋째, 행위자-네트워크 이론은 행위자 네트워크에서의 이질적, 다중적 또는 혼종적 연결구조를 구성해 내는 행위자들의 행동 패턴을 구체화하여, 행위자와 네트워크 간의 동일시 과정을 설명한다. 이러한 행위자의 네트워크 내에서의 연결맺음 그리고 상호작용 행위를 이루는 과정을 번역(translation)이라고 부른다.

다시 말해서, 행위자들은 번역이라는 행동과정을 통해서 행위자-네트워크를 구성하게 된다. 행위자 네트워크에는 다양한 행위자가 존재하므로 행위자의 특성에 따라 다양한 번역 과정이 나타나게 된다. 번역 과정을 개념적으로 구체화한 Callon(1984)에 따르면, 번역은 한 행위자가 다른 행위자를 설득하여 이미 존재하고 있거나 잠재적인 행위자 네트워크에 편입시키는 과정이다. 이때 의사소통과 언어의 역할이 중요하게 작용하고, 언어의 사용으로 말미암아 행위자들(특히 인격적 행위자들)의 인지적 프레임에도 영향을 미치게 된다. 하지만 행위자는 저마다 다른 관점과 행동 패턴을 가지고 있으므로 행위자들의 의도가 완벽하게 같아질 수는 없다. 다만, 번역을 통해서 끊임없이 행위자-네트워크가 구성 및 재구성되는 것이다. 즉 다양한 행위자들 간의 연결 관계를 구축하여 네트워크를 구성하는 일련의 행위의 집합이 번역을 구성하게 된다. 따라서, 번역은 일시적인 행위라기보다는 행위과정이다.

Callon(1984)에 따르면 번역은 4가지 단계를 거치게 된다. 첫 번째 단계는 문제제기(problematization) 단계이다. 이 단계에서는 현상에 대한 문제를 인지하고 이러한 문제의 본질을 규명하고자 하는 단계이다. 행위자 네트워크에는 다양한 행위자가 존재함으로써 같은 문제라고 할지라도 다양한 관점에서 문제의 본질을 파악하고자 한다. 문제제기 단계에는 다양한 행위자의 관점으로 문제를 정의하고 그 본질을 규명한다고 할지라도 반드시 공통으로 다루어야 하는 논의의 지점이 존재한다고 본다. 이러한 지점을 의무통과점(obligatory passage point)이라고 부른다. 행위자-네트워크는 의무통과점을 중심으로 서로 연결될 수 있다고 본다. 번역의 두 번째 단계는 관심끌기(interessement)이다. 이는 다른 행위자들을 기존의 행위자-네트워크에서 분리하여 새롭게 조명하고자 하는 문제에 개입시키게 하는 단계를 의미한다. 관심끌기 단계를 거치게 되면 다양한 행위자들이 공통의 문제에 대해서 자신만의 방식의 관심 및 이해관계를 드러내게 된다. 이때 세 번째 단계인 등록하기(enrollment)로 이어지는데, 이 단계에서는 다양한 행위자들이 상호 작용하면서 다양한 의견들이 수렴되면서 행위자-네트워크를 구성하게 된다. 이렇게 구성된 행위자-네트워크가 본래의 문제에 대한 해결안이 되면서 집합적인 형태로 유지되는 데 이를 동원하기(Mobilization) 단계라 부른다.

번역 과정의 핵심은 협상과 의견 수렴 과정을 통해서 행위자-네트워크를 끊임없이 변화하면서 동시에 자신의 특성을 동태적으로 재정의하는 데 있다. 특히, 행위자-네트워크가 본질적으로 가지고 있는 안정적이지 않고 소멸하기 쉬운 속성하에서, 행위자들은 스스로 다양한 행위자들의 이해관계를 이해하고 받아들이면서 동시에 설득하는 과정을 거치면서 끊임없이 자신의 이해관계, 네트워크 속에서의 역할과 기능, 지위 등을 재구성해 나간다. 그리고 이러한 행위자의 끊임없는 번역 활동으로 말미암아 행위자-네트워크는 더욱 안정적인 형태를 구성하는 방향의 변화를 지향하게 된다.

4. 행위자-네트워크 이론과 조직이론

행위자-네트워크 이론은 특정한 사회현상을 설명하는 이론이 될 수도 있지만, 기술과 조직 간의 관계를 규명하는 이론적 관점으로도 받아들여질 수 있다. 기술은 사실 인간의 피조물이지만, 기술 자체가 사회를 구성하고 사회변화를 만들어 내는 역할을 무시할 수 없다. 이러한 사회변화는 기술의 기술적 특성에 기인한 것도 있지만, 궁극적으로는 인간이 기술을 어떻게 이해하고 자신의 맥락에 맞추어 재구성하는가에 따라 달라진다. 이러한 관점에서 행위자-네트워크 이론은 단순히 비인격적 행위자를 행위자로 간주할 수 있을 것인가에 대한 논의를 뛰어넘어 실재가 어떻게 구성될 것인가에 대한 폭넓은 사고의 방식을 제공해준다.

행위자-네트워크 이론에서 행위자의 범위를 인간으로 제한하지 않는 것은, 그리하여 인간이 아닌 존재가 능동적으로 연결구조를 만들어 낼 수 있다는 주장은 조직이론의 차원에서 쉽게 받아들여지지 않을 수 있다. 행위자는 반드시 '행위'가 수반되어야 하고, 그 행위의 원천을 파악할 수 있어야 하기 때문이다. Latour(1996)는 대리인 관계 그 자체가 행위를 담보할 수 있다고 보았다. 예를 들어 인간이 기계에게 특정한 임무를 맡기게 되면, 기계가 인간 대신 임무를 수행하는 것이니, 주인-대리인 관계가 형성되고, 이로 말미암아 기계는 행위를 수반하게 된다. 또한, 그 행위의 원천 또한 알 수 있게 된다. 기계도 행위를 할 수 있음에 반증인 것이다. Latour(2005)에 따르면, 인간이 칼로 사과를 자른다고 할 때, 당연히 인간이 칼을 사용하여 사과를 자르는 행위를 한 것이지만, 그 자르는 행위는 칼이 없으면 이루어지지 않는다. 칼도 자르는 행위에 중요한 역할을 하고 있음을 시사하는 것이다. 그렇기에 대리인 관계가 따라서 행위자-네트워크를 구성하는 중요한 기제 중의 하나로 이해될 수 있다.

이 논의를 조직 내에서의 기술과 인간과의 관계로 환원하게 되면, 조직이 다루고 있는 기술과 그 기술에 직접적인 관련이 있는 행위자와의 연결 관계도 조직의 변화에 있어서 중요한 역할을 하지만, 조직 내외에 있으면서 특정 기술의 의미와 가치를 재정의, 재구성, 재편하는 행위자들과의 관계도 동시에 고려할 필요가 있음을 알 수 있다. 4차 산업혁명은 행위자-네트워크 이론이 조명하는 실재에 대한 보다 가까운 맥락을 제공한다. 사물인터넷, 클라우드, 인공지능 등 기술의 발전은 비인격적 행위자의 보다 적극적인 개입이 가능해지게 되었다. 지금까지 행위자-네트워크 이론은 인격적 행위자의 시선에서 행위자-네트워크 구성에 초점을 두었다면, 향후 보다 인간의 인지를 모사하면서도 나름의 인지 과정을 구성해 낼 수 있는 휴머노이드의 시선에서 행위자-네트워크가 우리의 실재를 어떻게 구성하고 진화 및 발전시킬 것인가에 대한 논의가 필요할 것이다. 이와 더불어, 비인격적 행위자가 주도하는 행위자-네트워크에서 인간의 인지 및 행동과정은 어떻게 재정립될 수 있을지에 대한 담론도 요구될 것이다.

참 | 고 | 문 | 헌

Callon, M., Some elements of a sociology of translation: Domestication of the scallops and the fishermen of St. Brieuc Bay, In Law, J. (eds.), *Power, Action & Belief: A New Sociology of Knowledge?*, 196-233, London: Routledge & Kegan Paul, 1984.

_____, The dynamics of techno-economic networks, In R. Coombs, P. Saviotti, V. Walsh (Eds.), *Technological Change and Company Strategies: Economic and Sociological Perspectives*, 77-102, London: Harcout Brace Jovanovich, 1992.

Latour, B., The powers of association, *The Sociological Review*, 32(1_suppl), 264-280, 1984.

_____, *Science in Action: How to Follow Scientists and Engineers through Society*, Cambridge, MA: Harvard University Press, 1987.

_____, Mixing humans and nonhumans together: The sociology of a door-closer, *Social Problems*, 35(3), 298-310, 1988.

_____, On actor-network theory: A few clarifications, *Soziale Welt*, 47(4), 369-381, 1996.

_____, *Reassembling the Social: An Introduction to Actor-Network Theory*, New York: Oxford University Press, 2005.

Law, J., *Power, Action, and Belief: A New Sociology of Knowledge,* London: Routledge and Kegan Paul, 1984.

_____, Actor network theory and material semiotics, In B. S. Turner (Ed.), *The New*

Blackwell Companion to Social Theory, 141-158, London, UK: Blackwell
Publishing, 2009.

Law, J. & Hassard, J., *Actor-Network Theory and After*, Oxford: Blackwell Publishers,
1999.

Eric S. Maskin의
인센티브 메커니즘 디자인이론*

I. Maskin의 학문세계

Eric Maskin은 1950년 뉴욕시에서 태어났다. 그는 고등학교 시절, 수학의 뛰어난 아름다움(striking beauty)에 매료되었다고 한다. 하버드 대학에서 수학을 전공하던 중 Kenneth Arrow에게 정보경제학(Information Economics)을 배우면서 초기단계의 메커니즘 디자인 이론을 접하게 된다. 그는 메커니즘 디자인이론이 수학적 정교함을 통하여 사회문제를 바라볼 수 있다는 사실에 놀랐고, 비록 응용수학으로 박사학위를 받았지만 이후 경제학을 전공하게 된다. 그 후 캠브리지 대학에서 박사 후 과정(post-doc)을 하면서 조직이 원하는 목적을 성취하도록 구성원들을 유도할 수 있는 메커니즘을 디자인할 수 있는 조건이 무엇인지 집중적으로 연구한 결과, 소위 단조성(monotonicity)이 가장 중요한 조건임을 발견하게 된다. 이러한 연구논문은 공식적으로 출판이 되기도 전에 유명한 이론이 되었고, 따라서 Maskin은 굳이 출판을 하지 않기로 결정하게 되었다. 메커니즘 디자인이론에 관한 이 논문은 출판되지 않은 논문들 중 가장 유명한 논문 중에 하나로 꼽힌다.

그 후 MIT 경제학과에서 조교수로 시작한 Maskin은 Harvard 대학 경제학과로 이동하여 정교수가 된다. 많은 이론경제학자들은 Eric Maskin을 현존 경제학자 중에 가장 천재적인 학자로 꼽는다. 흔히 천재들은 성격이 괴팍한 경우가 많이 있는데, Maskin은 반대로 가장 친절한 경제학자 중의 하나로 알려져 있다. 그의 연구실에는 학생들이 줄을 서서 기다리는 것을 자주 볼 수 있는데, 만약 다른 일로 학생들과의 시간약속을 지키지 못할 경우 비서를 통하지 않고 본인이 직접 전화해서 사과하는 배려를 보여준다. 2000년 Maskin은 경제학자로

---

* 권일웅: 서울대학교 행정대학원 교수.

서는 최초로 Princeton대학의 Institute for Advanced Study (IAS)에 부임하게 된다. 그 이후 2007년 Eric Maskin은 메커니즘이론의 발전에 기여한 공로를 인정받아 다른 두 경제학자 Leonid Hurwicz 및 Roger B. Myerson과 함께 노벨 경제학상을 수상하였다. 현재 그는 천재적인 명성에 걸맞게 과거 아인슈타인이 살던 집에 거주하고 있고, 음악적 재능도 뛰어나 오보에 연주 실력이 수준급인 것으로 알려져 있다.

많은 사회과학자들은 사회 또는 조직의 주어진 관습이나 법칙 안에서 구성원들의 행동을 분석한다. Eric Maskin이 연구한 메커니즘 디자인이론은 이러한 주어진 관습이나 법칙 자체를 어떻게 바꾸면 사회나 조직이 원하는 구성원들의 행동을 이끌어 낼 수 있는지를 연구하는 학문분야이다. 물론 가장 간단한 해결책은 구성원들에게 사회나 조직이 원하는 행동을 하도록 직접 지시하는 방법일 것이다. 그러나 조직의 계획자(예를 들면, 기업의 소유자, 최고 관리자, 정책 결정자)들은 그 구성원들이 가지고 있는 정보를 모두 가지고 있지는 못하다. 특히 구성원들이 지시한 행동을 실제로 하고 있는지, 각각의 구성원들이 지시한 행동을 수행할 능력을 가지고 있는지 모르는 경우가 대부분이다. 따라서 메커니즘 디자인은 이러한 정보의 비대칭성 문제를 해결하는 데 초점을 두고 있다. 본 이론은 실제 인사정책, 보험상품 디자인, 공공자원 분배, 민영화 등 다양한 분야에 적용되고 있다. Eric Maskin의 메커니즘 디자인이론의 주요내용과 단조성(monotonicity)조건, 그리고 '진정한' 다수결 결정(true majority rule) 등을 살펴본다.

II. 인센티브 메커니즘 디자인

1. 메커니즘 디자인

Maskin이 연구한 메커니즘(Mechanism)이란 조직의 목적을 달성하는 방향으로 조직구성원의 행동을 유도하는 유인체계(incentive mechanism)이다. 일반적으로 조직은 어떠한 목적을 달성하기 위해 모인 사람들의 집단으로 정의된다. 하지만 조직 구성원들의 선호와 목적이 동질적일 수 없기 때문에 조직의 책임자(principal)는 구성원(agents)들이 조직의 목적을 수행할 수 있도록 하는 유인체계를 구축(implementation)하는 것이 필수적이다. 메커니즘 디자인(mechanism design)

은 이러한 유인체계를 설계하고 구축하는 이론이라 할 수 있다.

　보다 구체적인 예를 들면, 정부 조직은 사회 안전과 국민복지의 실현을 위하여 국방, 치안, 교육 등의 공공재를 공급함으로써 사회복지 실현을 최대화 하려는 목적을 추구한다. 기업 조직은 인사, 생산, 재무 등의 기능 수행을 통해 이윤을 극대화하려는 목적을 추구한다. 또한 주택건설회사는 개인이 만족하는 주택을 합리적 비용으로 건설하는 목적을 가지는 조직이라고 할 수 있다. 이 경우 정부 메커니즘은 세금제도를 통한 자본조달, 우선적인 공공재 공급대상의 선정과정, 공공재 생산업자의 선정, 공공재 생산업자와의 계약 등을 포함하며, 기업 메커니즘은 인사정책과 임금계약, 생산관리와 재무관리 시스템 등을 포함한다. 개인과 주택건설업자와의 계약도 일종의 메커니즘으로 볼 수 있다. 만약 모든 정보를 조직원들이 공유한다면 메커니즘 디자인 문제는 간단하다. 예를 들어 공공재를 가장 필요로 하는 사람을 정부가 미리 알고 있거나 공공재 생산업자의 비용을 정부가 미리 알고 있다면, 정부는 가장 필요로 하는 사람에게 최소의 비용을 들여 공공재를 공급하도록 법령을 제정하면 될 것이다. 마찬가지로 개인과 주택건설업자가 개인이 원하는 집의 구조와 건설비용을 정확히 안다면 간단한 계약을 통해 거래가 이루어 질 것이다.

　하지만 위에서 언급한 바와 같이 현실에서 이러한 정보들을 공유하기란 쉽지 않다. 첫 번째 이유는 공공재를 누가 가장 필요로 하는지 시민들의 선호체계를 정부가 관찰할 수 없기 때문이고, 두 번째 이유는 시민들이 그들의 선호체계를 솔직히 정부에 표현하려 하지 않기 때문이다. 예를 들면 모든 시민들이 자신이 가장 공공재가 필요하다고 주장할 것이다. 즉 정보 비대칭성(information asymmetry) 문제가 발생한다. 따라서 메커니즘 디자인은 조직의 구성원들이 자신이 가진 정보를 정확히 알려야 하는 '진실성조건(truth-telling condition)'과 개인들이 말한 주어진 정보를 가지고 조직 목적에 맞는 행동을 하도록 하는 '유인체계 조건(incentive condition)'이 동시에 만족되어야 한다.

　효과적인 메커니즘 디자인의 대표적인 예로 탈무드의 이야기가 자주 인용된다. 예를 들면, 두 사람이 공동소유 재산을 나누려 한다고 가정하자. 두 상속자가 아버지의 기업을 공정하게 나누려 하는데, 두 상속자 모두 자신의 몫이 적다며 더 받으려 주장할 수 있다. 이 때 제3자 혹은 정부가 기업을 공정하게 나누는 방법을 알고 있다면, 분쟁을 효과적으로 해결할 수 있을 것이다. 하지만 정부가 기업 내 다양한 사업의 미래 수익률과 비용을 알 수 없기 때문에, 정부 주도의 분할은 현실적으로 불가능할 것이다. 여기서 탈무드가 제시하는 해결책은 한 상속자가 기업을 둘로 분할하고 다른 상속자가 자신의 몫을 선택하게 하는 방법이다. 이 때, 분할하는 상속자가 한 쪽을 더 크게 분할한다면, 다른 상속자가 큰 몫을 차지할 것이므로, 공정하게 분할할 인센티브가 생긴다. 따라서 이 해결책은 위에서 논의한 incentive condition을 만족하는 효과적인 메커니즘이 된다.

또 하나의 예로서 비행기의 이코노미 좌석과 비즈니스 좌석을 비교해 보자. 비즈니스 좌석의 이용자들은 흔히 도착지에서 능률 있게 업무를 즉시 시작하는 것을 중요시하고 경비가 회사에서 처리되기 때문에 높은 가격이라도 좋은 품질의 좌석을 중요시하는 고객들이다. 가령 비즈니스 고객이 품질 100의 좌석에 최대 400만원까지 지불할 용의가 있다고 하자. 이 때 항공사는 단순하게 품질 100의 좌석을 400만원의 가격에 책정하는 것이 최적이라고 판단할 수 있다. 하지만 그러한 경우 아무도 비즈니스 좌석을 구입하지 않을 것이다. 왜냐하면, 비즈니스 고객은 자신이 최대 400만원 지불할 용의가 있음을 밝히지 않고 차라리 이코노미 좌석을 살 것이기 때문이다. 즉 품질 100에 가격 400만원이라는 정책은 비즈니스 고객의 truth-telling condition을 위반하는 것이다. 따라서 효과적인 메커니즘은 비즈니스 좌석의 가격을 내리는 것이며, 이와 동시에 이코노미 좌석의 품질을 떨어뜨려 비즈니스 고객이 비즈니스 좌석을 스스로 선택하도록 유도해야 한다.

마찬가지로 조직의 인사관리에 있어서, 능력이 높은 직원을 어려운 작업에 배치하고 능력이 낮은 직원을 쉬운 작업에 배치하는 것이 효율적이다. 이 때 조직에서 직원들의 능력을 관찰할 수 없다면, 능력이 높은 직원은 스스로 능력이 높다고 말할 유인이 적게 마련이다. 즉, 위에서 논의한 truth-telling 조건에 위배되고, 아무도 어려운 작업을 하려고 하지 않을 것이다. 반면에 단순히 어려운 작업의 임금을 높이 책정하면 능력이 없는 사람도 어려운 작업을 하려고 하는 또 다른 문제점이 생길 것이다. 이 때, 메커니즘 디자인의 해결책은 위의 예에서 본 항공사의 경우와 유사하다. 즉, 어떤 작업은 어렵지만 높은 성과급을 지불하고, 다른 작업은 쉽지만 낮은 성과급을 부여하게 한 뒤, 직원들에게 스스로 선택하게 만드는 것이다. 이 때 능력이 높은 직원만이 높은 성과급 하에서 소득이 높기 때문에 어렵더라도 많은 성과급을 부여하는 작업을 스스로 선택하게 될 것이다.

이처럼 조직 안에 많은 정보의 비대칭성 문제가 존재할 때 truth-telling 조건이나 incentive 조건을 만족시키지 못하는 메커니즘(즉, 인사정책, 법률, 규제 등

등)은 반드시 실패하기 마련이고, 따라서 두 조건을 만족시키는 효과적인 메커니즘을 디자인하는 것이 중요하다.

2. Maskin 단조성(Monotonicity)

　Maskin은 (1) 주어진 조직의 목적을 달성하기 위해 이러한 유인체계를 디자인할 수 있는지, (2) 그러한 유인체계는 구체적으로 어떠한 모습을 가지는지, (3) 그러한 유인체계를 디자인하는 것이 불가능한 경우는 언제인지에 대한 이론적 규명을 해왔다. 이러한 메커니즘 디자인 이론을 좀더 구체적으로 설명하기 위해 다음과 같은 상황을 살펴보자. 정부가 국민들이 원하는 에너지 공급원을 중점적으로 지원하려 한다고 하자. 석유, 가스, 석탄, 원자력 중에서 선택을 해야 하는데, 정부가 국민들의 선호체계를 정확히 알지 못하는 경우가 많다. 설명을 간단히 하기 위해 갑과 을이라는 두 명의 국민(혹은 집단)만이 존재한다고 생각해보자. 또한, 정부는 이들의 선호체계를 정확히 알지는 못하지만 아래와 같은 두 가지 상황 중에 하나라는 것은 안다고 가정하자.

‖ 표 1 ‖

선호도	상황 1		상황 2	
	갑	을	갑	을
1 (효용 =10)	가스	원자력	원자력	석유
2 (효용 = 7)	석유	석유	가스	가스
3 (효용 = 5)	석탄	석탄	석탄	석탄
4 (효용 = 3)	원자력	가스	석유	원자력

　어떤 상황에서도 갑과 을이 모두 가장 선호하는 공통된 에너지 공급원이 없기 때문에 갑과 을의 효용의 합을 최대화하기 위해서는 "상황 1에서 석유를 선택하고 상황 2에서는 가스를 선택"하는 것이 최적 정책일 것이다. 하지만 정부는 어느 상황에 놓여있는지 모르기 때문에 최적정책을 실행하기가 쉽지 않다. 가장 간단한 해결책은 갑과 을에게 놓여진 상황이 무엇인지 물어보고 선택하는 방법일 것이다. 그러나 갑은 두 상황 모두 가스를 석유보다 선호한다. 반대로 을은 두 상황 모두 석유를 가스보다 선호한다. 따라서 갑은 항상 상황 2라고 말할 것이고, 을은 항상 상황 1이라고 말할 것이다. 따라서 단순히 갑과

을에게 물어보는 것은 최적정책을 실행할 수 있는 해결책이 되지 못한다. 이러한 예는 기업이나 정부 내에서 자원이나 예산을 배분하여 부처 간 우선순위를 정할 때 흔히 생기는 문제이기도 하다.

이러한 상황에서 메커니즘 디자인은 아래와 같은 해결책을 제시할 수 있다. 즉, 정부가 갑과 을에게 다음과 같은 게임을 수행하도록 한다고 하자. 여기서 갑은 '위' 또는 '아래'를 선택할 수 있고, 을은 '좌' 또는 '우'를 동시에 선택할 수 있다. 두 사람의 선택에 의해 아래에 표시된 바와 같이 에너지 공급원이 결정된다.

┃표 2┃

[을]

		좌	우
[갑]	위	석유	석탄
	아래	원자력	가스

만약 상황 1에 놓여있다고 하자, 이때 을은 석탄보다 석유를 선호하고, 가스보다 원자력을 선호하기 때문에 갑의 선택과 상관없이 '좌'를 선택하려 할 것이다. 이를 예측한 갑은 원자력보다 석유를 선호하기 때문에 '위'를 선택할 것이다. 따라서 이 게임의 결과(혹은 Nash균형)는 '석유'가 된다. 이는 위에서 논의한 상황1에서의 최적의 정책결과이기도 하다. 이제는 상황 2에 놓여있다고 하자. 이 때 갑은 석유보다 원자력을 선호하고, 석탄보다 가스를 선호하기 때문에 을의 선택에 상관없이 '아래'를 선택할 것이다. 이를 예상한 을은 원자력보다 가스를 선호하기 때문에 '우'를 선택할 것이다. 결국 게임의 결과는 '가스'가 된다.

여기서 주목할 것은 위의 게임을 갑과 을이 수행하게 하면, 비록 정부가 어느 상황에 놓여 있는지 모를지라도 갑과 을이 알아서 각 상황의 최적정책을 선택하게 된다는 것이다. 이것이 성공적인 메커니즘 디자인의 예이다. 이러한 예를 보고 혹자는 성공적인 메커니즘을 찾는 일은 단순히 지능검사에 나오는 어려운 퍼즐을 푸는 과정과 비슷하다고 느낄 수도 있을 것이다. 하지만 지능검사의 문제에는 대부분 답이 존재하지만, 정보의 비대칭성 문제에도 불구하고 조직목적을 달성할 수 있는 성공적인 메커니즘은 아예 존재하지 않을 수도 있다. 따라서 성공적인 메커니즘을 찾기 위해 장기간 노력을 들이기 전에 그러한 성공적인 메커니즘이 존재하는지 여부를 먼저 아는 것이 매우 중요하다. 위에서 소개한대로 Maskin은 1977년 성공적인 메커니즘이 존재하기 위한 조건이 단조성(monotonicity)임을 밝혀낸다.

이는 'Maskin 단조성'이라고도 불리는 바 간단히 설명하면 다음과 같다. 즉 "상황1에서 석유가 최적의 선택이고 갑과 을 모두 석유를 석탄보다 좋아한다"는 가정하에 '만약 상황 2에서 갑과 을이 모두 다시 석유를 석탄보다 좋다고 한다면 최적의 선택은 역시 석유가 되어야 한다'는 조건이다. 〈표 1〉의 경우 상황 2에서 갑은 석유를 석탄보다 선호하지 않는다. 따라서 단조성의 가정에 해당하지 않기 때문에, 논리적으로 단조성이 자동으로 만족되고 위에서 밝힌 바와 같이 성공적인 메커니즘을 찾을 수 있다. 단조성의 이해를 돕기 위해 이번에는 단조성이 위반되는 예를 찾아보자. 〈표 3〉은 〈표 1〉에서 상황 2에 대한 선호를 약간 변형하였다. 유의할 점은 상황 1에서는 석유가 최적의 선택이고, 상황 2에서 갑과 을 모두 석유에 대한 상대적 선호도는 바뀌지 않았다. 따라서 단조성에 의하면 석유가 최적이 되어야 하지만, 실제 갑과 을의 효용을 극대화하는 선택은 상황 2의 원자력이다. 따라서 〈표 3〉의 선호체계는 단조성을 위배하며, 이런 상황에서는 아무리 노력을 해도 성공적인 메커니즘을 디자인할 수 없음을 Maskin의 이론을 통해 알 수 있다.

‖ 표 3 ‖

선호도	상황 1		상황 2	
	갑	을	갑	을
1 (효용 =10)	가스	원자력	가스	원자력
2 (효용 = 7)	석유	석유	석유	석유
3 (효용 = 5)	석탄	석탄	원자력	석탄
4 (효용 = 3)	원자력	가스	석탄	가스

3. Maskin과 '진정한' 다수결 결정 (true majority rule)

메커니즘 디자인은 위에서 논한 바와 같이 다양한 분야에서 응용되고 있다. 그 한 예로서 Maskin은 메커니즘 디자인 이론을 바탕으로 투표 이론(voting theory)에도 크게 기여하였다. 민주적인 조직에서 투표는 대표적 의사결정 수단으로 사용되고 있지만, 투표의 규칙에 대한 논란도 끊임없이 일어나고 있다.

예를 들어, 2000년도 미국 대통령 선거에서 Al Gore 후보는 미국 유권자 전체에게 얻은 표를 합해서는 George W. Bush 후보를 이겼지만 선거구별 승리를 집계해서는 Bush후보에게 짐으로써, 대통령선거에 낙선하게 되었으며, 이는 미국 대통령선거제도에 대한 많은 논란을 일으키게 된다.

그렇다면 과연 조직의 목적을 달성하기 위한 의사결정 메커니즘으로서 완벽한 투표규칙이 있을까? 이 문제에 대한 논의가 오랜 세월 지속되어 오던 중, 1952년 Kenneth Arrow가 완벽한 투표규칙을 디자인하는 것이 불가능함을 수학적으로 증명하면서 논란의 종지부를 찍게 된다. 이 수학적 증명을 흔히 불가능성 정리(Impossibility Theorem)라고 부른다. 하지만 Maskin은 자신의 스승이었던 Kenneth Arrow의 이 불가능성 정리에 대해 항상 불만을 가지고 있었다고 한다. 이는 완벽한 투표규칙이 없다면, 과연 우리는 어떤 투표규칙을 사용해야 하는가에 대해 불가능성 정리는 답을 해주고 있지 않기 때문이다.

최근 2008년 Maskin은 공저자 Partha Dasgupta와 함께 '진정한' 다수결 방식이 완벽하진 않지만, 많은 다른 투표 규칙들보다 우수함을 보임으로써 투표이론(voting theory)에 중요한 기여하게 된다. 단순 다수결 방식은 투표에서 유권자가 자신이 가장 선호하는 후보를 투표하고, 가장 다수의 표를 받은 후보가 뽑히는 경우를 얘기한다. 하지만 이러한 다수결 방식은 유권자의 전반적인 선호체계를 반영하지 않는 문제가 있다. 예를 들어 38%의 유권자가 Gore, Bush, Nader 순으로 선호하고, 40%의 유권자가 Bush, Gore, Nader 순으로 선호하며, 22%의 유권자가 Nader, Gore, Bush 순으로 선호한다고 하자. 이 때, 단순 다수결 방식의 투표에서는 Bush가 40%의 최다 득표로 당선될 것이다. 하지만 60%의 유권자가 Gore를 Bush보다 선호하고 있기 때문에 이는 진정한 대다수의 결정이라고 볼 수 없다.

이러한 문제점들을 해결하기 위해 Maskin은 진정한 다수결 원칙(true majority rule)을 제안한다. 예를 들면, 진정한 다수결 원칙에서는 어느 후보와 단 둘이서 선거를 해도 이기는 후보가 당선되게 된다. 위의 예에서 Gore는 Bush와 단 둘이서 경선을 해도 60%의 투표를 얻어 승리하고, Nader와 단 둘이서 경선을 해도 78%의 투표를 얻어 승리한다. 따라서 진정한 다수결 원칙을 따르면 Gore가 승리하게 된다. Maskin은 이와 같은 진정한 다수결 방식이 항상 완벽하지는 않지만, 다른 많은 투표 규칙보다 우수함을 수학적으로 증명함으로써, 투표이론에서 불가능성 정리를 뛰어넘어 현실적인 대안을 제시해 주고 있다. 이 외에도 Maskin은 메커니즘 디자인 이론을 반복적 게임(repeated game)이론, 경매이론, 진화적 게임이론(evolutionary game theory), 제도 이론(institution theory) 등 다양한 방면에 적용하며 중요한 이론적 기여를 하고 있다.

Ⅲ. 비판과 불완전(incomplete) 계약이론

Maskin이 제공한 이론적 기반을 바탕으로 메커니즘 디자인은 이론경제학의 가장 중요한 부분 중에 하나로 떠오르게 되었다. 하지만 메커니즘 디자인 이론은 동시에 많은 비판을 받았다.

첫째, 조직이 성공적인 메커니즘을 디자인하면, 의사결정권, 자산 소유권과 같은 개념이 어떠한 의미도 가지지 않는다. 예를 들어, 메커니즘을 컴퓨터 프로그램화 하면, 개인은 자신이 가진 정보를 입력한 후에 컴퓨터가 제시하는 선택만 따르면 된다. 이는 현실에서 의사결정권이나 자산 소유권이 가지는 중요성에 정면으로 위배되며, 따라서 Oliver Williamson이나 Oliver Hart의 불완전 계약이론(incomplete contract theory)이 메커니즘 디자인이론과 대립하는 이론으로 크게 발전하게 되었다. 하지만 Maskin은 1999년 "Two Remarks on the Property Right Literature?"(Jean Tirole 공저)라는 논문을 통해, 계약이 불완전하더라도 당사자들의 정보교환에 관한 규칙을 사전에 만들어 불완전성을 해결할 수 있다고 밝혀 불완전계약이론의 기본가정을 비판하는 중요한 논쟁을 이끌어 냈다.

둘째, 이론이 지나치게 수학적인 모델에 의존하게 되면서 일반적인 경제학자조차 이해하지 못할 수준이 되어, 메커니즘 디자인의 현실 적용성에 대한 많은 의문이 제기되었다. 하지만 이러한 비판 속에서 메커니즘 디자인 이론의 중요성이 뜻밖에 인정받게 되는 계기가 생기는데, 이는 여러 국가의 민영화 사업이다. 시장경제와 시장규모의 확대와 함께 많은 정부가 민영화 작업을 벌이게 되는데, 이 때 국유자산을 어떻게 배분하는 가가 중요한 문제로 떠오르게 되었다. 특히 이 자산을 가장 효율적으로 사용할 수 있는 기업에 배분해야 하는데 정부가 그러한 기업의 효율성을 관찰할 수 없으므로, 위에서 논의한 전형적인 정보의 비대칭성 문제가 발생하게 된다. 이러한 문제를 해결하기 위해 이론적으로만 논의되어 왔던 다양한 메커니즘이 현실에 적용되고, 그 적용과정에서 습득한 교훈을 통해 새로운 이론이 발전되는 등 메커니즘 디자인은 제2의 중흥기를 맞이하고 있는 듯하다. 또한 민간산업, 특히 보험업계에서 메커니즘 디자인을 적용하여 보험상품을 설계하고, 각 기업의 인사정책에서도 메커니즘 디자인을 응용하여 성과급이나 승진기준을 만들기 시작하면서 '메커니즘 디자인은 단순한 수학적 모델이고 비현실적'이라는 비판은 설득력이 떨어지고 있다.

하지만 메커니즘 이론들은 일반 시민이나 정책결정자가 쉽게 이해하고 현실에 적용할 수 있는 방법들을 제시하는 노력이 부족한 것이 사실이다. 예를 들어, 양자물리학은 일반인이 이론적으로 이해하긴 어렵지만 이론의 기초적인 내용을 알기 쉽게 소개하는 책자들이 많다. 이와 같이 메커니즘이론의 경우에도 복잡한 이론내용을 쉽게 설명하는 대중화 작업이 필요한 것으로 생각된다. 또한 메커니즘 디자인이론이 조직 내에서 중요시되는 의사결정권, 자산 소유권, 재무관리 등에 대하여 만족스러운 설명은 하지 못한 것 또한 사실이다. 이는 경제학 전반에서 가정하는 개인의 합리성과 이기성에 대한 지나친 신뢰에서 비롯된 측면이 강한 것으로 보인다. 따라서, 최근 각광받고 있는 행동경제학이나 실험경제학을 통해 경제학 외의 행정학, 사회학, 심리학 등과의 학문적 협업을 강화함으로써 앞으로 메커니즘 디자인이론이 보다 다양한 분야의 실증적 연구에 적용될 수 있도록 노력할 필요가 있다.

참 | 고 | 문 | 헌

Maskin, S. Eric, and Jean Tirole, "Two Remarks on the Property Rights Literature," Review of Economic Studies, 66, 1999, pp. 139~150.

Maskin, S. Eric and Partha Dasgupta, "On the Robustness of Majority Rule," Journal of European Economic Association, 6 (5), 2008, pp. 949~973.

Maskin, S. Eric, "Mechanism Design: How to Implement Social Goals," American Economic Review, 98(3), 2008, pp. 567~576.

Elinor Ostrom의
공유제도이론*

I. Ostrom의 학문 세계

　　Elinor Ostrom은 1933년 미국 로스앤젤레스에서 태어나 캘리포니아 대학 로스앤젤레스 캠퍼스(UCLA)에서 정치학과 경제학을 전공하였으며 1965년에 동 대학에서 정치학 박사학위를 받았다. 현재 그녀는 미국 인디애나 대학 정치학과의 석좌교수로 재직하고 있으며, 남편이자 저명한 정치철학자인 Vincent Ostrom 교수와 함께 '정치이론 및 정책분석 워크숍'(이하 '워크숍')이라는 연구센터를 설립하여 오랫동안 공동소장을 맡아 연구에 전념하고 있다. Ostrom은 또한 1997년 미국 정치학회 회장직을 역임한 바 있고, 정치경제학 분야에서 가장 권위 있는 상으로 평가되고 있는 프랑크 사이드만 상(The Frank E. Seidman Distinguished Award in Political Economy — 이 상의 역대 수상자 가운데 5명이 후에 노벨 경제학상을 수상한 바 있다), 스웨덴 웁살라(Uppsala) 대학의 요한 스카이트 상(Johan Skytte Prize in Political Science, 1999), 미국 로체스터 대학의 윌리엄 라이커 상(William H. Riker Prize in Political Science, 2008) 등 정치학, 경제학 분야에서 수십 개의 저명한 상을 수상하였다. 또한 쥬리히 대학(1999), 스웨덴 루엘라 대학(2005), 스웨덴 웁살라 대학(2007), 독일 훔볼트 대학(2007), 캐나다 맥길 대학(2008), 노르웨이 공과대학(2008) 등에서 명예 박사학위를 수여받기도 하였다.

　　Elinor Ostrom은 2009년 Oliver Williamson과 함께 노벨경제학상을 공동 수상하여 여성 최초의 노벨경제학상 수상자가 되었다. 노벨 경제학상 선정위원회는 Ostrom 교수의 여러 업적들 가운데에서도 특히 1990년에 출판된 *Governing the Commons: The Evolution of Institutions for Collective Action*을 가장 중요한 업적으로 꼽았다. 위원회는 Ostrom 교수가 이 책을 통해서 "공유자원은 제

---

　* 안도경: 서울대학교 정치외교학부 교수.

대로 관리될 수 없으며 완전히 사유화되거나 아니면 정부에 의해서 규제되어야
한다는 전통적인 견해에 도전"하였고 수많은 사례들에 대한 경험적인 연구를
바탕으로 하여 "사용자들이 자치적으로 관리하는 세계 도처의 공유자원 관리체
계에서 나타나는 정교한 제도적 장치들"을 발굴하여 소개하고 이를 이론적으로
분석한 것을 가장 중요한 업적으로 평가하였다.

　　Ostrom은 1973년 '워크숍'을 중심으로 지난 37년 동안 게임이론과 제도분석
의 이론적 틀을 가지고 공공부문의 조직과 정책을 새로운 차원에서 접근하는
학문 활동을 조직화해 오고 있다. Ostrom이 이끄는 '워크숍'의 초기 연구 활동
은 로스앤젤레스 등 대도시 지역에서의 공공서비스―수자원 개발공급이나 경
찰서비스 등―의 효율적인 제공방안을 모색하는 문제에 집중되었다. 이러한
연구는 서로 다른 조직유형이 어떠한 방식으로 메트로폴리탄 지역에서의 공공
서비스 공급에 영향을 미치는가에 초점이 맞추어 졌다. Ostrom은 공공서비스의
생산 및 공급과정에서 공공관리들뿐만 아니라 그 서비스의 수혜자인 시민들이
핵심적인 공동생산자(co-producer)임을 역설하고 있다. 더 나아가 Ostrom은 공공
서비스의 조달이 반드시 정부조직에 의해서만 이루어질 수 있는 것은 아니며,
정부조직이나 시장조직에 의존하지 않고서도 다양한 방식에 의해 공공서비스가
보다 효율적으로 조달될 수 있다는 전망을 제시하고 있다. Ostrom이 생각하고
있는 보다 효율적인 대안은 그 공공 서비스를 필요로 하는 당사자들이 자발적
조직화를 통하여 서비스의 생산 및 공급과정에 참여하는 것이다.

　　1980년대 중반 이후 Ostrom교수의 연구활동은 산림자원이나 관개체계(irriga-
tion system) 등 공유자원(common-pool resources) 문제를 주된 대상으로 공유자원
을 효과적으로 개발 관리해 나가기 위한 제도적 방안의 모색을 중심으로 조직
화되어 오고 있다. Ostrom이 이끄는 '워크숍'이 일관되게 추구하는 연구활동은
제도가 어떠한 방식으로 다양하게 조직화될 수 있느냐 하는 것이다. 어느 한
목적과 필요성을 공유하고 있는 사람들의 집단이 있을 때, 사람들을 어떠한 방
식으로 조직화하는 것이 이러한 목적을 보다 효율적으로 성취할 수 있으며, 또
그 제도적 장치의 고안원리는 무엇일 수 있는가 하는 것이다. 제도에 관한
Ostorm의 기본 관점은 제도는 외부로부터 주어진 고정 불변의 것이 아니며, 끊
임없이 생성 발전해 간다는 것이다. 제도는 이의 영향을 받는 구성원들의 인센
티브를 변화시킬 수 있으며, 거꾸로 구성원들의 집합적 선택에 의해 수정 변모
되기도 한다. 특히 제도는 이의 영향을 받는 사람들의 집합적 선택에 의해서
변경될 수 있을 때 내구성과 견고성을 갖는다는 것이 Ostrom의 기본 철학이다.

이러한 의미에서 '워크숍'에서는 그 동안 '자발적으로 조직화되고, 자치규율이 이루어지는' 공유자원제도를 강조해 오고 있으며, 이를 검증하기 위하여 세계 각 지역의 공유자원 체계를 대상으로 방대한 양의 경험적 자료를 축적해 나가고 있다. 반세기에 걸친 학문적 여정을 통해서 Ostrom이 답하고자 하였던 바는 사람들이 어떻게 제도를 통해서 집합행동의 문제를 극복하고 협동을 이루는가 하는 문제였다. 공공서비스 공급에 대한 연구, 노벨경제학상 수상의 계기가 된 공유자원의 지속가능한 관리에 대한 연구(Ostrom, 1990), 그리고 이러한 연구를 제도에 대한 이론으로 일반화 하고자 하는 노력(Ostrom, 2005)에서 Ostrom은 국가와 시장이라는 단순한 이분법을 넘어서 정렬된 규칙의 체계로서의 제도를 통해서 사람들이 공존하고 협동을 이루어 내는 방식을 연구하였다.

Elinor Ostrom은 조직의 문제를 직접 다루지는 않았으며 따라서 그의 제도 이론을 조직론의 관점에서 조명하려는 시도 역시 없었다고 보인다. 남편이자 반세기에 걸친 지적 동반자인 Vincent Ostrom이 Herbert Simon의 지적인 기여를 높이 평가하면서도 사람들의 상호작용에 대한 연구를 '조직'이라는 틀 속에 가두려한 점을 Simon의 한계로 지적한 이후(V. Ostrom, 1974), Ostrom 부부는 자신들이 연구하는 것을 제도라고 일관되게 말해왔다. 그 간의 제도에 대한 연구를 총괄하여 펴낸 *Understanding Institutional Diversity*(2005)에서도 Elinor Ostrom은 제도를 연구함에 있어서 제도와 조직의 차이를 분명히 할 필요가 있다고 천명한다. 하지만 Ostrom의 제도 연구가 조직이론에 대해서도 중요한 함의를 가진다고 볼 근거 또한 충분히 있다. *Governing the Commons*의 서문에서 Ostrom은 1981년 Paul Sabatier로부터 '조직 학습'(organizational learning)에 관한 발표를 해달라는 요청을 받았던 것이 이 책을 집필하게 된 결정적인 계기였다고 말한다. 그 요청을 받았을 때 Ostrom이 떠올린 것은 자신이 박사학위 논문에서 연구한 남부 캘리포니아 지하수 생산자들이 공유자원의 지속적이고 협동적인 관리를 위한 제도를 발전시킨 과정이 조직 학습의 주요한 사례가 될 수 있다는 것이었다. Ostrom은 그 제도가 잘 운영되고 있으리라 믿었고 Sabatier가 그러한 확신에 대해 도전했을 때 그 사례들을 다시 조사할 필요성을 느꼈다. 이 후 캘리포니아의 지하수분지 뿐만 아니라 다른 여러 형태의 공유자원에 대한 자치적 관리 문제로 연구를 확대하여 결국 *Governing the Commons*가 탄생한 것이다.

Ⅱ. Ostrom의 조직론

1. 조직과 제도

Elinor Ostrom의 제도이론을 조직학의 관점에서 재조명하는 것은 가능할 뿐만 아니라 조직학의 발전에 상당히 도움이 될 수 있으리라 생각된다. 특히 조직이라는 형식보다도 조직화라고 하는 과정을 중요시하고, 조직을 그러한 과정의 결과물 중의 하나라고 보는 Ostrom의 견해는 집합행동 이론의 일환으로 조직론을 볼 수 있게 해준다. Ostrom의 제도에 대한 이해는 Chester Barnard (1938)의 조직에 대한 정의와 유사하다. Barnard는 조직을 사람들의 집합으로 보는 견해를 명시적으로 비판하고 조직을 '활동의 체계'(a system of activities)로 본다. 특히 체계화된, 혹은 체계로 볼 수 있는 활동들이 의식적으로 (consciously) 조정되어 (coordinated) 있을 경우 Barnard는 조직이 존재하는 것으로 정의한다. Oliver Williamson 이 Barnard를 현대적 조직론의 창시자로 극찬한 것은 Barnard의 조직에 대한 접근이 이 후 신제도주의 경제학의 조직이론에 큰 영감을 줄 수 있는 요소들을 포함하고 있었기 때문이다.

Ostrom은 제도를 반복되는 상호작용의 상황에서 협동의 문제를 해결하기 위해 관련자들이 사용하는 규칙들의 체계로 정의한다. 여기서 규칙이란 행위나 그 결과에 대해 해야 한다, 해서는 안 된다, 또는 해도 된다(must, must not, may)라고 하는 처방이며 특히 이러한 처방이 그 위반에 대한 처벌의 가능성을 내포하는 것이다(Ostrom 2005, Ch.5). Ostrom에 있어서 제도를 만든다는 공동의 이익을 실현하기 위해서 이전에 독립적으로 행해지고 있던 행위들을 조건부적, 상호의존적인 행위로 전화시키는 것이다. 즉 Barnard가 말하는 활동의 조정을 의식적으로 이루어 내는 것이다. 조직을 사람들의 모음이 아니라 활동의 체계로 보기 때문에 파생하는 또 하나의 유사점은 Barnard의 비공식 조직(informal organization)에 대한 강조 그리고 Ostrom의 실행규칙(working rules)에 대한 강조이다. 즉, 그 기원과 형식화, 명문화의 정도에 관계없이 현재의 시점에서 행위자들에 의해 인지되어 있고 행동의 기준으로 작용하고 있는 관계들과 규칙들이 중요하다는 것이다.

2. 집합행동의 문제와 조직화

공유자원의 사용 문제를 비롯한 여러 가지 형태의 집합행동의 문제에 직면한 사람들은 협동을 통해서 모두 이익을 볼 수 있음에도 불구하고 공동의 노력에 대해 무임승차를 하려는 유인을 지니고 있다. 전통적인 경제학에서는 이러한 집합행동의 문제를 해결하기 위해서는 정부가 직접 통제를 하거나 또는 시장의 원리를 도입하여 각자가 자기 이익을 추구함에도 불구하고 보이지 않는 손의 작용에 의해 공동의 이익에 봉사할 수 있게 해야 한다고 보았다. Ostrom은 정부나 시장의 역할과 가능성을 부정하지는 않는다. 그러나 정부와 시장의 단순한 이분법으로 설명할 수 없는 다양한 제도적인 해결이 가능하고 우월할 때도 있음을 강조한다. 흔히 자치적 해결책 또는 다중심성(polycentricity)에 입각한 해결책이라고도 불리는 이러한 집합행동 문제에 대한 대안적인 해결방안에 있어서 가장 중요한 것은 관련된 행위자들의 '조직화'이다. 여기서 사람들을 조직화한다는 것은 그들을 하나의 조직체의 구성원으로 만드는 것을 의미하지 않는다. 그러한 조직체가 조직화 활동의 결과로서 만들어 질 수도 있겠으나 성공적인 조직화가 반드시 명시적인 조직체의 건설로 이어지는 것은 아니다. Ostrom은 다음과 같이 말한다.

"가장 일반적인 수준에서 보자면, 공유 자원의 사용자들이 직면한 문제는 '조직화'의 문제다. 즉 어떻게 하면 구성원들이 독자적으로 행동하는 상황을 상호 조율된 전략을 채택하는 상황으로 변화시켜 보다 높은 수준의 공동 이익을 얻거나 공동의 피해를 줄일 것인가 하는 문제다. 그렇게 하는 것이 반드시 하나의 새로운 조직을 만드는 것을 의미하지는 않는다. 조직화는 하나의 과정이고, 조직은 이러한 과정의 결과다. 계속 진행될 사업을 도모해 가는 사람들의 조직은 이러한 조직화 과정의 산물로서 이루어지는 조직체의 한 형태일 뿐이다."(오스트롬 2010, p. 86)

조직화되기 이전에 사람들의 행동은 동시적(simultaneous), 비조건부적(unconditional), 발생 빈도 독립적(frequency-independent)이다. 즉 Barnard식으로 말하자면 행동이 조정되어(coordinated) 있지 않은 것이다. 이 경우 사람들은 공동의 이익을 실현하지 못하거나 공동의 피해를 줄이지 못한다. 조직화는 이러한 행동들을 순차적(sequential), 조건부적(conditional), 빈도 의존적 (frequency- dependent)으로 바꾸는 것이다. 이처럼 행동이 조직화되는 것은 사람들이 공동의 규칙체계를 발전시키고 그 규칙체계에 대한 공유된 인식(common understanding)을 발전시키며, 그 규칙체계에 입각하여 행동하는 것을 의미한다. 그 경우 하나의 제도가 탄생하였다, 또는 제도가 변화하였다라고 말할 수 있다. 제도는 조직의 형태로 응축될 수도 있으며, 여러 조직체들을 그 제도에 의해 영향을 받는 행위자로 포함하고 있을 수도 있다. 따라서 제도는 조직보다 상위의 개념으로서 모든 조직체들은 제도의 관점에서 이해될 수 있다.

제도를 통해서 행동을 '조직화'하는 것이 어떻게 집합행동의 문제 해결을 돕는가? 이에 대한 Ostrom의 견해는 다음과 같다. 첫째, 조직화는 안정적으로 반복되는 상황을 만들어 낸다. 집합행동의 딜레마를 협동을 통해 극복하기 위해서는 문제가 되는 상황이 비교적 안정적으로 반복되어야 한다. 반복 게임에 대한 이론적 분석이 보여주는 바와 같이 게임 상황의 예측 가능한 장기적인 반복은 협동의 가능성을 크게 증가시킨다. 둘째, 조직화는 빈도 의존적인 전략을 가능하게 한다. 여기서 빈도 의존적인 전략이라 함은 "충분히 많은 다른 사람들이 협동을 한다면 나도 협동을 하겠다"와 같은 일종의 조건부 전략을 의미한다. Ostrom은 방법론적인 개인주의의 입장을 취하지만 사람들이 단기적 자기이익의 추구만을 목적으로 한다고 보지는 않는다. Ostrom에 의하면 사람들은 장기적인 공동의 이익을 위해서 목전의 이익을 기꺼이 포기할 수도 있지만 그러나 그렇게 하기 위해서는 다른 사람들도 자신과 마찬가지로 생각하고 행동할 것이라는 확신을 필요로 한다. 조직화를 위한 의식적인 노력은 한편으로는 조직화를 위해 다수의 협동이 필요하다는 인식을 확산시키고 또한 다른 사람들이 어떻게 행동하고 있는가에 대한 정보를 제공함으로써 사람들이 빈도의존적인 전략을 사용하여 조직화의 노력에 동참하는 것을 가능하게 한다.

전통적인 기업이론(theory of firm)과 국가이론(theory of state)은 조직화의 문제에 대한 나름의 해결책을 제시한다. 기업이론은 분업을 통해서 생산성을 증대시키고 이로 인한 이익을 참여자들이 나누어 가지는 위해서는 근본적인 집합행동의 문제가 극복되어야 한다고 본다. 협동적인 생산 과정에 있어서의 각 개인의 기여를 정확하게 측정하는 것이 어렵고 따라서 보상이 기여의 정도와 괴리되는 경우 각자는 무임승차의 강력한 유인을 지니게 된다는 것이다. 감시자의 도입을 통해서 무임승차의 문제를 극복하는 것을 생각할 수 있겠지만 그러나 문제는 감시자가 감시활동의 정확하고 성실하게 수행할 동기유인이 무엇인가 이다. 결국 이 문제는 기업가를 통해서 해결된다. 기업가는 생산조직의 다양한 참여자들과 개별적인 협상을 통해서 계약을 맺고 참여자들이 활동의 조정을 어떠한 방식으로 이룰 것인가를 결정한다. 참여자들은 기업의 구성원이 되어 일정한 보수를 받는 대가로 활동에 대한 재량권을 기업가에게 양도한다. 기업가가 활동의 조정에 대한 최선의 방법을 모색하고 참여자들이 무임승차를 하지 않도록 감시하며 그들에게 기여야 따른 적절한 보상을 지급할 동기유인은 기업가가 잔여이익에 대한 권리를 가짐으로써 보장된다. 최대한 이윤을 극대화시키면 정해진 보수이외의 부분을 기업가 개인이 차지 할 수 있기 때문에 기업가는 집합행동의 딜레마를 해결하는 중심에 설 수 있게 되는 것이다.

국가이론에서 통치자의 역할은 기업이론에서 기업가의 역할과 유사하다. 홉스가 말한 만인의 만인에 대한 투쟁 상태를 극복하기 위해 통치자는 폭력의 사용권을 독점하고 그 강제력을 이용하여 사람들을 조직화하여 집합적인 편익을 낳도록 할 수 있다. 통치자는 세금과 노동을 피통치자로부터 확보하며 사회적 생산성을 높이기 위한 공공재를 공급하기도 한다. 장기적인 안목에서 합리적으로 자신의 이득을 극대화 시키고자 할 때 통치자는 단기적으로 피통치자들을 약탈하여 이익을 챙기려는 유혹을 극복할 수 있다. 즉 기업가가 잔여이익에 대한 권리를 바탕으로 기업의 생산을 극대화할 동기유인이 있듯이 통치자 역시 사회적 잉여를 극대화하여 자신의 몫을 키우려는 합리적인 동기를 가질 수 있는 것이다.

3. 조직화의 딜레마

Ostrom은 기업이론과 국가이론의 기여를 충분히 인정하지만 또한 두 이론이 사람들이 집합행동의 문제를 스스로 해결하는 것은 불가능 하다는 지나친 단정에 입각해 있으며 집합행동의 해결방식에 대한 다양한 경험적인 사례들을 반영하고 있지 못하다는 점에서 비판한다. 현실의 사례에서는 기업가나 국가를 통하지 않고 당사자들이 자발적인 제도를 만들어서 집합행동의 문제들 해결하는 경우가 많이 있다. 이러한 자발적인 조직화와 관련하여 Ostrom은 세 가지의 이론적, 실천적인 딜레마들을 제시한다. 그 첫째는 제도 공급의 문제이다. 제도, 즉 규칙의 체계를 확립함을 통해서 행동을 조정하면 관련자들이 모두 이득을 볼 수 있는 상황이라 하더라고 그러한 제도 자체가 일종의 공공재의 성격을 띠기 때문에 그 제도를 공급하는 비용을 누가 부담할 것인가의 문제가 발생한다. 즉 합리적인 개인은 제도를 만드는 데 따르는 비용은 부담하지 않으면서도 만들어진 제도의 혜택을 누리고자 하는 무임승차의 동기를 가지게 된다.

두 번째는 신뢰할 만한 이행약속(credible commitment)의 문제이다. 조직화를 통해서 규칙의 체계를 만들고 이를 준수하여 모두가 이득을 볼 수 있는 상황이라 하더라도 과연 미래의 순간에 다른 사람들이 지금의 약속을 준수할 것인지의 문제가 남는다. 예들 들어 가뭄이 들어 물 부족이 심각해지면 농부들은 관개체계의 사용에 대한 규칙을 위반하고 단기적인 이익을 취하는 쪽을 택할 수도 있다. 대부분의 사람들은 조건부적 협동의 의지를 지니고 있으나 협동을 위해서는 다른 사람들이 미래에도 약속을 지키리라는 보장을 원한다. 과연 자발적인 조직화를 이루는 과정에서 사람들은 신뢰할 만한 이행약속의 문제를 어떻게 해결할 수 있을 것인가?

세 번째의 난제는 위의 두 번째 문제와 관련된 것으로서 '상호감시의 문제'이다. 신뢰할 만한 이행약속은 사람들이 규칙을 준수하는지를 서로 감시함을 통해서 극복될 수 있다. 상호감시가 규칙체계의 일부로 자리 잡고 있으면 신뢰할 만한 이행약속의 문제를 해결하는 것이 수월해 진다. 감시와 처벌이 인센티브를 변화시키므로 감시와 처벌이 있을 경우 사람들이 규칙을 준수하리라 기대할 수 있어서 신뢰할 만한 이행약속의 문제가 해결이 될 수 있는 것이다. 그러나 과연 자발적인 감시와 처벌이 가능할 것인가? 감시와 처벌을 수행하는 사람들은 그에 따른 비용을 지불해야 하지만 그 활동으로 인한 혜택은 모든 사람들에게 공유된다. 따라서 감시와 처벌의 문제를 자체적으로 해결하는 것 역시 집합행동의 문제를 야기하는 것이다.

Ostrom은 위의 세 가지 딜레마가 자치적 제도의 성립을 설명하는데 핵심적인 이론적 문제로서 서로 긴밀하게 연관되어 있는 것으로 본다. 즉 "감시 활동 없이는 신뢰할 만한 이행 약속이라는 것이 있을 수 없고, 신뢰할 만한 이행 약속이 불가능하다면 새로운 규칙을 제안할 이유가 없다"는 것이다(오스트롬 2010, p. 98). Ostrom은 성공적인 사례들과 실패 사례들을 비교하면서 자치적인 조직화 과정에서 위의 세 가지 문제를 성공적으로 극복하기 위해 필요한 여덟 가지의 디자인 원리를 제시한다. 그 원리들이란 1) 명확하게 정의된 경계, 2) 사용 및 제공 규칙의 현지 조건과의 적합성, 3) 사용자들이 참여할 수 있는 집합 선택 장치, 4) 사용자들에 의한 또는 사용자들에게 책임을 지는 대리인들에 의한 감시 활동, 5) 점증적인 제재, 6) 저비용의 갈등 해결 장치, 7) 최소한의 자치적인 조직권의 보장, 그리고 8) 대규모 공유자원 체계의 경우 중층의 정합적인 사업 단위의 구성 등이다.

위와 같은 기준에 부합하는 규칙체계가 존재하거나 제안되는 경우 사람들은 신뢰할 만한 이행약속의 딜레마를 극복할 수 있다. 즉 사람들은 조건부 전략을 사용하기에 충분한 정보가 저비용으로 제공될 것임을 알 수 있고 규칙 준수의 수준을 다른 사람들의 규칙이행 정도에 연계 시킬 수 있으며 따라서 다른 사람들에 의해 이용당하는 것을 피할 수 있다는 믿음을 가지게 된다. 공유자원의 사용자들은 또한 현장의 상황에 대한 지식을 바탕으로 저비용의 감시체계를 만들 수 있으며, 이러한 저비용의 감시체계와 점증적인 제재는 신뢰할 수 있는 이행 약속을 더욱 쉽게 만든다. 제도 공급의 딜레마와 관련하여서 Ostrom은 제도 공급의 점증적, 순차적, 그리고 자기 변형적인 속성을 강조한다. 즉 완성된 제도가 한꺼번에 도입되는 것이 아니라 "소규모의 초기 제도를 출범시키는데 성공함으로써" 사회적인 자본을 축적하고 이를 바탕으로 "보다 복잡한 제도적 장치가 만들어지면 보다 큰 문제들을 풀어 나갈 수 있다"는 것이다(오스트롬 2010, p. 340).

Ⅲ. 평   가

집합행동이론을 근간으로 하는 Ostrom의 제도이론은 조직이론에 새로운 접근방법을 제공할 수 있다고 보인다. Ostrom은 전통적 의미에서의 조직학자는 아니며 자신의 연구 대상을 '제도'라고 강조해왔다. Ostrom에 있어서 제도란 반복되는 집합행동의 상황에 처한 사람들이 공동의 문제를 해결하기 위해 발전시키고 행동을 통해서 구현하는 규칙의 체계를 의미한다. 제도를 이와 같이 정의하면 조직을 제도의 관점에서 연구하는 것이 가능해진다. 이 경우 중요한 것은 조직이라는 형태를 집합행동의 조직화라는 '과정'의 결과물로서 보아야 한다는 점이다. 그러나 성공적인 조직화가 항상 조직이라고 하는 형태를 부산물로서 낳는 것은 아니다.

물론 정형화된 조직이 형태를 갖추고 존재하는 경우에도 이를 제도분석의 관점에서 연구하는 것이 가능하다. 특히 Ostrom과 동료들이 발전시킨 '제도분석과 발전(IAD, Institutional Analysis and Development)' 분석틀을 조직에 적용할 경우 조직을 집합행동의 문제를 극복하기 위한 협동의 체계라는 관점에서 볼 수 있다. IAD 분석틀에서 분석의 기본 단위는 행동상황(action situation)이다. Ostrom도 조직을 행동상황들의 결합체로 볼 수 있다고 주장하였으며[1] 실제로

---

1) "규칙들은 하나 또는 일련의 행동 상황을 구성하는 근본 구조의 일부이다. 조직은 규칙

동료들과 함께 스웨덴 국제원조기관인 SIDA(Swedish International Development Cooperation Agency)를 이러한 관점에서 분석한 바 있다.

참 | 고 | 문 | 헌

오스트롬, 엘리너, (윤홍근, 안도경 역), 공유의 비극을 넘어: 공유자원관리를 위한 제도의 진화. 서울: 랜덤하우스코리아, 2010.

Barnard, Chester, 1938. *The Functions of The Executives*, Cambridge: Harvard University Press.

Ostorm, Elinor, *Governing the Commons: The Evolution of Institutions for Collective Action*, New York: Cambridge University Press, 1990.

Ostrom, Elinor, *Understanding Institutional Diversity*, Princeton, N.J.: Princeton University Press, 2005.

Ostrom, Vincent, *The Intellectual Crisis in American Public Administration*, Tuscaloosa: University of Alabama Press, 1974.

에 의해 구조화된 행동 상황 속의 참여자 일 수도 있고 또는 공동의 목적에 의해 결합된 집단에 의해 사용되는 상호 연결된 행동상황들을 통해서 분석될 수도 있다. 대부분의 조직은 여러 개의 동시적, 순차적인 행동 상황으로 구성되어 있을 것이며, 그러한 행동 상황들은 물리적 세계의 특징들뿐 아니라 규칙들에 의해서 구성된 것으로 볼 수 있다."(Ostrom 2005, pp. 179~180, 필자의 번역)

Camilla Stivers의
페미니즘 조직이론*

I. Camilla Stivers의 학문세계

Camilla Stivers는 미국 캔자스 대학의 명예석좌교수로 *Gender Images in Public Administration: Legitimacy and the Administrative State*를 비롯하여 *Bureau Men, Settlement Women: Constructing Public Administration in the Progressive Era, Governance in Dark Times: Practical Philosophy for Public Service, Democracy, Bureaucracy, And the Study of Administration, Government Is Us: Public Administration in an Anti-government Era*(공저) 등의 저서와 다수의 논문을 출간한 여성 행정학자이다. 특히 전통적인 관점과는 달리 젠더관점을 적용하여 조직현상을 조망한 *Gender Images in Public Administration: Legitimacy and the Administrative State*는 행정학분야의 우수연구상(Distinguished Research Award)을 수상하기도 하였다. Camilla Stivers는 캔사스 대학에 재직하기 이전에 Unversity of Akron과 Evergreen state college에서 교수로서 연구와 후학양성에 헌신하였다. 더욱이 그녀는 학자일 뿐만 아니라 20여년 이상을 공동체 기반의 비영리조직을 이끈 사회운동가(활동가)이기도 하다.

그녀가 행정조직연구에서 젠더 및 페미니즘 관점의 적용필요성을 역설하는 저변에는 행정학 및 행정조직관련 연구가 오랫동안 그리고 광범위하게 '남성성(masculinity)'을 지배적 규범으로 당연시 했다는 비판적 문제의식이 자리하고 있다. Camilla Stivers는 행정 및 행정조직에는 젠더를 기반으로 한 모순적 현실과 갈등하는 이미지가 있음에도 불구하고 조직이론이 이를 표면화하지 못한 한계를 인정해야 한다고 주장한다. 이러한 한계를 극복하기 위한 하나의 방법으로 페미니즘 관점(lens)을 통해 행정조직의 현실을 조망해야 할 필요성 제기하는

---

* 원숙연: 이화여자대학교 행정학과 교수.

것이다.

물론 Camilla Stivers도 과거에 비해 조직에서 여성이 수적으로 증가하고, 미국 행정학석사(MPA)프로그램에도 여성이 다수를 차지하는 현실적 변화를 긍정적으로 평가한다. 조직에서 여성의 현실이 과거에 비해 진일보한 점도 인정한다. 그러나 그녀는 조직에서 여성을 둘러싼 현실의 표면적이고 양적인 변화의 이면에 여전히 여성과 남성의 차별적인 경험이 존재하는 현실이 - 즉 젠더이슈 - 무시되고 있음을 비판적으로 주목한다. 이러한 문제의식을 기반으로 Camilla Stivers는 행정조직에 배태되어 작동하는 젠더이미지 또는 젠더딜레마를 페미니즘 관점을 통해 제시한다.

흥미롭게도 그녀는 조직현상에 대한 페미니즘적 접근이 부재한 현실에서 자신의 논의가 여타의 페미니즘적 접근처럼 '자의적이고 편파적'(arbitrary and biased)이라는 평가를 받거나 '과잉반응'(oversensitivity)으로 인식될 가능성을 열어둔다. 그러한 가능성을 받아들이면서도 Camilla Stivers는 페미니즘 조직이론은 전통적 조직이론에서는 볼 수 없었던 그리고 여타의 다른 관점을 통해서는 밝혀낼 수 없는 조직의 숨겨진 현실을 보여준다는 점에서 그 의미를 찾고 있다. Camilla Stivers 자신의 페미니즘 조직이론을 둘러싼 상반된 평가의 가능성을 인정하면서 (최종적) 평가는 독자에게 남겨두고 논의를 시작한다.

Ⅱ. 페미니즘 조직이론의 본질

페미니즘 관점을 통해 구체적인 조직현실을 조망하기에 앞서 '페미니즘'에 대한 이해가 필요하다. 특히 Camilla Stivers는 페미니즘에 대한 오해에 주목할 것을 주문한다. 페미니즘 관점이 기존의 조직을 보는 지배적 관점과 단순히 다르다는 평가는 받아들일 수 있다. 그러나 문제는 전통적 관점과 '다르다'는 평가에서 그치는 것이 아니라 페미니즘 관점은 무엇인가 '나쁜 것'으로 오인되는 현실이다. Camilla Stivers는 조직현상을 페미니즘적 관점에서 접근하는 것이 어떤 편협함이나 '남성혐오'(man hating)와 동일시 되는 것이 현실이라는 점, 그리고 그러한 현실은 분명히 바로잡아야 한다는 점을 강조한다.

이러한 문제의식을 견지하면서 Camilla Stivers는 조직현상에 대한 페미니즘 관점의 특징을 다음과 같이 제시한다. 첫째, 페니미즘 관점은 특정한 단일의, 또는 모두가 합의하는 관점이 아닌 '관점의 다양성'(diversity of viewpoints)을 함축한다. 한마디로 페미니즘 관점은 전통적 관점과는 다른, 전통적 관점으로는 볼 수 없는 조직현상을 보여줌으로써 다양한 시각을 제공한다. 둘째, 같은 맥락에서, 페미니즘 관점은 조직이론에 존재하는 '과잉일반화'(overgeneralization)의 문제를 일깨워준다. 후술하겠지만 전통적 조직이론은 '관료제의 중립성'에 기반을 두고 남성의 경험과 현실을 여성에게도 똑같이 적용할 수 있다고 전제한다. 조직에서 백인의 경험과 현실이 유색인종에게도 그대로 적용된다는 인식도 같은 맥락에서 이해된다. 그러나 페미니즘 조직이론에 따르면 조직은 성(인종)-중립적이지 않은데도 불구하고 마치 성(인종)-중립적인 것처럼 가정함으로써 불가피하게 과잉일반화의 오류를 범하게 된다. 따라서 페미니즘 조직이론은 이러한 과잉일반화의 오류를 바로잡는 것을 하나의 목적으로 한다고 보았다.

이러한 목적을 달성하는 데 있어서 페미니즘 조직이론은 '젠더렌즈(gender lens)'가 주효하다고 본다. 주지하는 바와 같이 젠더는 생물학적 성으로서 sex와 달리 사회적 성이다. 다시 말해 젠더는 남성과 여성의 사회적 관계 설정 그리고 남성성과 여성성과 같은 사회적 정체성을 함축한다. 생물학적 성으로서 sex가 시공에 따른 변화가 없는데 반해 사회적 개념으로서 젠더는 시대에 따라, 또는 사회 따라 달라지는 남성(성)과 여성(성) 사이의 관계를 담아낸다. 이러한 관계에서 중요한 것은 권력관계가 함축되어 있다는 점이다. 젠더개념의 저변에는 여성(성)에 대한 남성(성)의 우위를 전제하는 권력관계가 작동한다(Stanley, 2002). 남성우위의 권력관계를 내포하는 젠더를 하나의 관점(lens)으로 설정하여 조직에서 남성과 다른 여성의 현실과 경험을 극명하게 보여주는 것이 바로 페미니즘 조직이론의 주요내용이다.

이처럼 페미니즘 조직이론이 젠더렌즈를 통해 밝히고자 하는 것은 조직구성원이 경험하는 표면적 현실만이 아니라 그러한 현실의 '기저에 존재하는 가정 또는 전제'(underlying assumption)이다. 젠더렌즈가 없었다면 볼 수 없었던 남성(성)과 여성(성)간의 관계설정과 권력관계가 이러한 기저가정에 배태되어 나타난다고 보았다. 예를 들어 조직에서 이상적이고 긍정적으로 평가되는 기저논리는 남성성에 보다 가깝다. 그런데 문제는 이러한 기준이 마치 성-중립적인 것처럼 위장하고 나타난다. 말할 것도 없이 남성이 남성성에 부합하는 행동을 보이는 것은 어렵지 않다. 자신들의 기본적 삶의 방식 또는 행동양식에 따라 행동하면 그 기준을 맞출 수 있기 때문이다. 그러나 여성은 완전히 다른 이야기가 된다. 여성이 조직에서 생존하고 발전하기 위해서는 중립적 기준처럼 위장한 남성적 행동양식에 적응해야 하기 때문이다. 만일 여성이 그러한 기준이나 기저논리에 적응하지 못하면 조직에서 종속적이고 한계적 위치(marginization)를 당연히 받아들여야 한다. Camilla Stivers의 페미니즘 조직이론은 여성이 남성적 기준에 적응하던가 종속적 위치를 수용해야 하는 선택의 길에서 겪는 딜레마와 갈등, 그리고 좌절에 주목하는 것이다. 무엇보다 여성이 겪는 딜레마와 갈등, 그리고 좌절은 단순히 심리적 차원을 넘어서 조직에 존재하는 희소자원 또는 권력에 대한 접근성에 차이를 만든다는 점에서 정치적 차원으로 확장된다는 것이 페미니즘 조직이론의 기본주장이다.

Ⅲ. 페미니즘 조직이론의 맥락

이처럼 Camilla Stivers가 제시하는 페미니즘 조직이론은 젠더렌즈를 통해 관료제조직에 배태되어 있는 '젠더딜레마' 또는 젠더화된 조직현실을 밝히기 위해서는 상호연계되어 작동하는 맥락에 대한 이해가 필요하다고 강조한다.

첫 번째 맥락은 남성성의 헤게모니적 지배이다. 조직에서 소위 이상적이라고 평가되는 이미지는 남성(성)이다. 보다 정확하게는 헤게모니적 남성성(hegemonic masculinity)이다(Connell, 1987: 183; Cockburn 1991; Connell & Messerschmidt, 2005).[1] 헤게모니적 남성성은 물리적이고 강압적이며 직접적인 방식으로 남성성을 주장하거나 강요하는 형태가 아니다. 오히려 헤게모니적 남성성은 '문화적으로 이상적인'것으로 남성성을 당연시하고 여성성과 대조를 이루면서 비가시적인 지배력을 행사한다. 조직의 구조와 관행 그리고 문화 속에서 작동하는 '남성-편향성'(male-stream)이 그것이다. 남성편향성은 표면적으로 볼 때 젠더중립적인 것처럼 보이지만 실제로는 남성친화적이라는 것이 Camilla Stivers의 문제의식이다. 예를들어 리더는 공격성, 추진력, 단호함 등 소위 남성적인 속성으로 분류되는 특성을 보일 때 긍정적으로 평가된다. 또한, 사적생활을 희생하고 조직 또는 일

---

1) '헤게모닉 남성성'은 외적 헤게모니(external hegemony)와 내적 헤게모니(internal hegemony)로 구분된다(Demetrious, 2001). 외적 헤게모니는 여성과 남성과의 관계에서 남성의 지배력이 구성되고 제도화되는 것을 말한다. 즉 남성 대 여성 사이에서 작동하는 남성성의 지배이다. 이에 반해 내적 헤게모니는 남성 대 남성 사이에서 작동하는 남성성의 지배이다. 예를들어 동성애 남성이나 비주류남성 집단 대 이성애 남성과 주류 남성집단 사이에 존재하는 차이이다. 즉 이성애 남성에 대해 동성애 남성이 부정적으로 평가되고 사회에서 수용되지 못하는 것은 남성성의 내적 헤게모니의 작동인 것이다. 기본적으로 페미니즘 조직이론은 남성 대 여성 사이에 존재하는 남성성의 지배인 외적 헤게모니에 주목하기 때문에 여기에서의 헤게모니적 남성성은 외적 헤게모니에 한정적으로 의미한다.

(work)을 인생의 중심에 둘 것을 강조하는 일 ─ 헌신 스키마(work devotion schema) ─ 역시 여성보다는 남성에게 보다 친화적이다.

Camilla Stivers의 페미니즘 조직이론은 남성편향성이 조직의 구조, 문화, 관행을 지배함으로써 남성(성)과 다른 여성(성)의 경험은 기준에서 벗어난 것으로 만들고, 기준에서 벗어난 것은 당연히 부정적이며 문제적으로 평가된다고 보았다. 더욱이 페미니즘 조직이론이 비판하는 것은 남성친화적 현실이 단순히 '표피적인 현상'(window-dressing) 또는 '의도하지 않은 부작용'이 아니라는 점이다. 오히려 조직의 저변에 공고하게 '체계화(systemic)'되어 있어서 극복하기가 쉽지 않다고 보았다. Camilla Stivers의 이러한 인식은 조직을 가부장제적 발현체라는 일련의 주장과 맥을 같이 한다. 조직구조, 문화, 관행에 존재하는 가부장제는 여타의 가부장제와 마찬가지로 "우연적이기보다는 구조적이며, 지엽적이기보다는 광범위하고, 일시적이기보다는 안정적이며, 자기증식적인 사회구조"로 (Cockburn, 1990: 6), 헤게모니적 남성성을 유지한다고 보았다.

조직에 존재하는 젠더딜레마의 두 번째 맥락은 공-사영역의 이분법(puplic-private dichotomy)이다. 공-사영역의 이분법은 남성은 공적영역(시장, 유급노동, 조직)을, 여성은 사적영역(가정, 무급노동)을 책임진다는 성분리주의적 인식이다. Camilla Stivers의 페미니즘 조직이론은 공-사영역의 이분법은 공적영역으로부터 여성을 배제하기 위한 수단이며 공적영역에서 여성의 기여를 인정하지 않는 방식으로 활용된다고 보았다.

Max Weber의 이상형 관료제에서 가정(또는 개인적 삶)으로 표상되는 사적영역은 고려의 대상이 아니다. 이상형 관료제를 규정하는 원리 어디에서도 구성원의 사적영역에 대한 논의는 발견되지 않는다. Camilla Stivers의 페미니즘 조직이론은 이상형 관료제가 기반하고 있는 공-사영역이분법이 이론적으로 또는 관행적으로 가정을 여성(만)의 공간으로 규정하고 여성의 관심을 사적인 것으로 치부하는 데 기여한다고 보았다. 따라서 "사적인 영역은 여성의 책임이고, 여성의 경험은 '정치적이지 않은(not political)'"것이 된다(p. 4).

주지하는 바와 같이 여성의 노동시장 참여가 활발해지면서 과거와 비해 여성이 공적영역에 참여하는 기회가 증가하고 있다. 그렇다면 공-사영역이분법은 종언을 고한 것인가? Camilla Stivers 페미니즘 조직이론에서는 이에 대해 부정적인 답을 한다. 여성이 노동시장에 활발하게 참여하는 현 상황에서도 공-사영역 이분법의 작동은 견고하다는 것이 기본입장이다. 공적인 조직에서 여성이 지속적으로 증가하더라도 그들은 남성의 영역에 들어 온 이방인일 뿐이다. 따

라서 공적인 영역의 주인인 남성과 비교해 이방인인 여성에게 상대적으로 덜
가치있거나 덜 중요하다고 인식되는 업무를 부여하는 것을 정당화하는 논리로
공-사영역이분법이 활용된다. 같은 맥락에서 공-사영역이분법은 전술한 헤게모
니적 남성성을 공고히 하는 데 기여한다. 사적영역을 책임지는 여성은 공적영
역인 조직에서 '이상적인 구성원'이 되기 어렵다는 인식을 확인해주기 때문이
다. 요약하면, Camilla Stivers의 페미니즘 조직이론은 남성성의 헤게모니적 지배
와 공-사영역이분법을 맥락으로 하여 젠더화된 조직에서 남성과는 다른(차별적)
여성의 경험과 현실을 비판적으로 논의한다.

Ⅳ. 페미니즘 조직이론의 관심영역

1. 관료제의 합리성과 페미니즘조직이론

Camilla Stivers 페미니즘 조직이론은, 젠더렌즈를 통해 조직현상을 보는 다
른 연구자들과 마찬가지로, 베버식 관료제의 합리성은－명시적이지는 않더라도
－남성친화적이라고 본다.[2] 주지하는 바와 같이 베버식의 관료제는 '중립성'을
근간으로 한다. 관료제는 기본적으로 도구적 합리성에 따라 움직이는 목표달성
의 도구이다. 따라서 성별(인종, 계층 등)과는 무관하게 성-중립적(인종-중립적/계
층-중립적)인 것처럼 보인다. 관료제 조직이 달성하고자 하는 목표에 기여할 수
있다면 그(녀)가 누구인지, 어떤 배경을 가졌는지는 문제가 되지 않는다.

그러나 Camilla Stivers 페미니즘 조직이론은 관료제 조직의 성-중립성에 문
제를 제기한다. 현실의 조직에서 '그'와 '그녀'는 도구적 합리성에 따라 중립적
으로 대우받기보다는 주류집단(남성, 백인, 상층부)과는 다른 경험을 한다. 페미
니즘 조직이론은 관료제의 중립성, 특히 성중립성은 남성적인 관점이며 여성구
성원에 대해 차별적으로 적용되는 조직문화와 관행을 감추는 데 기여한다고 본
다. 베버가 관료제를 근대적 질서를 통해 전통적 가부장제를 대체한 것으로 보
았다면, 페미니즘 조직이론은 관료제 조직을 가부장제의 근대적 발현체로 본다.
관료제조직의 표면적 중립성은 관료제가 가진 계급이나 젠더에 기반을 둔 이해

---

2) 이 장에서 주목하는 Camilla Stivers의 페미니즘 조직이론은 젠더관계에 초점을 맞추기
때문에 관료제의 중립성이 남성친화적이라고 규정한다. 같은 맥락에서 비판적 조직이론에서
는 관료제의 중립성은 계층(class), 인종(race), 성적지향성(sexual orientation)측면에서 볼 때
'중산층 이상의, 백인 그리고 이성애 친화적'이라고 규정한다

관계의 차이를 위장하는 기제라는 주장이다.

비근한 예로 전통적 조직이론에서 '섹슈얼리티'와 관련한 논의는 거의 이루어지지 않았다. 베버식의 도구적 합리성과 성-중립성의 관점에서 볼 때 조직은 '탈-성적'(desexualized)이기 때문이다. 그러나 페미니즘 조직이론에서 관료제 조직은 성-중립적이지도, 탈성적이지 않다. 오히려 조직에서 존재하는 섹슈얼리티와 관련한 문제를 감추는 데 '성-중립성'이 활용되고 있다고 본다. 조직에서 성희롱이 일상적으로 존재하고 있으며 성희롱은 일부 조직구성원의 일탈행위이기보다는 여성(성)에 대한 남성(성)의 권력행사의 한 방식이다. 조직에서 남성은 여성보다 높은 직위에 있고 그에 따라 행사할 수 있는 권력의 양이 다르기 때문이다. 결국 Camilla Stivers의 페미니즘 조직이론은 관료제 조직의 성-중립성은 일상적으로 존재하는 여성성에 대한 남성성의 권력행사가 마치 존재하는 않는 것처럼 보이게 하는 젠더딜레마를 만들어낸다고 보았다.

2. 리더십과 페미니즘 조직이론

Camilla Stivers 페미니즘 조직이론이 주목하는 또 하나의 젠더화된 조직현실은 리더십과 연결된다. 전통적 조직연구에서 이상적인 리더십은 비전을 제시하고, 공격적이며 결단력을 가진 의사결정자로서 그려진다. 이러한 특성은 여성성보다는 남성성에 보다 가깝다. 또한 현실적으로 남성이 여성에 비해 리더십지위를 더 많이 점하고 있기 때문에 효과적인 리더십은 남성성과 자연스럽게 연결된다. 이 경우 리더가 남성성과 거리가 있는 여성적 성향을 보일 경우 이는 문제적 행태(problematic behavior)로 규정된다.

Camilla Stivers 페미니즘 조직이론이 주목하는 것은 조직에서 리더의 공격성과 합리성 그리고 과업지향성 등 남성적 속성이 마치 '중립적'인 것으로 규정된다는 점이다. 리더로서 갖추어야 하는 '중립적 성향'이기 때문에 남녀를 불문하고 리더로 성공하기 위해서는 이러한 속성(남성성에 부합하는)에 부합할 것이 요구된다. 다시 말해 조직에서 리더의 공격성과 합리성 그리고 과업 지향적 특성이 남성적임에도 불구하고 마치 '중립적'인 것으로 규정함으로써 중립적인 속성에 부합하지 않는 여성은 이상적인 리더가 될 수 없다는 평가로 이어진다.

문제를 더 복잡하게 하는 것은 여성리더가 남성성에 부합하는 행태를 보일 경우, 오히려 부정적으로 평가되는 역설이다. 중립성을 가장한 남성적 리더십을 요구하면서 동시에 여성성을 잃지 말아야 한다는 모순적 기대가 여성리더에게 가해진다. Camilla Stivers는 여성리더가 직면하는 모순적 상황을 "여성처럼 보이되 남성처럼 행동하라"(Look like a lady , Act like a man)라고 극명하게 표현하고 있다. 그녀는 마가렛 대처 영국 수상의 자서전에서 다음을 인용한다.

> "사람들이 당신을 비난하는 이유인 강인하고 단호하며 결단력이 있다와 같은 특성은 만일 당신이 남성이었다면 칭송받을 만한 것들이다"(The characteristics that they criticize you for, that you are strongminded, that you make firm and tough decisions, are also characteristics which, if you were a man, they would praise you for. -Margaret Thatcher(quoted in '"Iron Lady' Attacks/' 1990)(Stivers, 1993:66).

마가렛 대처의 토로는 관료제 조직에 존재하는 여성리더에 대한 이중적이고 모순적인 요구를 그대로 보여준다.

이처럼 Camilla Stivers 페미니즘 조직이론은, 대처의 주장(경험)처럼, 여성리더가 자신의 여성성과 조직에서 이상적이라고 규정된 (남성적) 리더십 사이의 부조화 속에서 겪는 딜레마에 주목한다. 페미니즘 조직이론은 여성리더가 이상적 리더십 유형인 남성적 리더십을 구사할 경우도 부정적으로 평가되고(여성이라는 젠더이미지와 부합하지 않기 때문에), 여성적 리더십을 구사할 경우에도 부정적으로 평가되는(이상적 리더십 이미지와 부합하지 않기 때문에) 모순적 현실을 역설한다.

Camilla Stivers는 이처럼 모순적 현실이 여성리더에 대한 고정관념적 편견을 만들어낸다고 보았다. 전통적 조직이론에서 주로 제시되는 리더십 유형은 1) 비전을 보여주는 리더(visionary), 2) 책임질 줄 알고 결단하는 리더(decision makers), 3) 조직관리의 통제력을 지니고 잘 이끄는 리더(manager), 4) 구성원에게 영향을 미치고 동기부여하는 리더(symbol), 5) 일의 의미를 알려주고 보여주는 리더 (definer of reality) 등이다.

이에 반해 여성리더에 대해서는 다른 유형화가 이루어진다. Camilla Stivers는 여성리더에 대한 고정관념적 편견이 개입된 다음과 같은 리더십 유형을 제시한다. 1) 회의에 간식이나 음료를 챙기는 여성리더(earth mother), 2) 조직이나 팀의 마스코트가 되는 여성리더(pet), 3) 자신의 여성성을 이용하여 계략을 꾸미는 여성리더(manipulator), 4) 권한 위임을 할 줄 모르고 자신이 다하는 여성리더(workholic), 5) 강하고 독재자처럼 보이는 여성리더(iron maiden), 6) 부하를 동료라고 주장하면서 자신의 권력을 부정하는 여성리더(egalitarian)가 그것이다. 여성리더에 대한 이러한 유형화는 어느 것도 긍정적인 또는 이상적인 리더의 이미지는 아니다.

결국, Camilla Stivers 페미니즘 조직이론에서 강조하는 여성구성원의 경험과 현실은 "해도 문제, 안해도 문제"(damned if you do, damned if you don't)가 되는 딜레마적 상황으로 요약된다. 페미니즘 조직이론은 이 둘 사이의 아슬아슬한 줄타기를 하는 여성의 현실을 비판적으로 접근할 것을 강조한다. 이러한 현실은 분명하게 존재함에도 전통적 조직이론에서 조망할 수 없었던 젠더화된 현실이며, 이를 수면 위로 끌어올리는 것이 페미니즘 조직이론의 책무인 것이다.

참 | 고 | 문 | 헌

Cockburn, C., *In the Way of Women: Men's Resistance to Sex Equality in Organizations*, London: Macmillan, 1991.

Connell, R., *Gender and Power,* Oxford: Polity, 1987.

Connell, R., & Messerschmidt, J., "Hegemonic Masculinity: Rethinking the Concept", *Gender & Society*, 19(6), 2005, pp. 829-859.

Demetriou, D. Z., "Connell's Concept of Hegemonic Masculinity: A Critique", *Theory and Society*, 30(3), 2001, pp. 337-361.

Stivers, C., *Gender Images in Public Administration: Legitimacy and the Administrative State*, London: Sage, 1993.

Robert Cooper와 Gibson Burrell의
포스트모던 조직연구*

Ⅰ. Cooper와 Burrell의 학문세계

포스트모더니즘이 여러 분야에서 여러 매체를 통하여 다양한 형태의 논쟁을 불러일으키고 있다. 특히 철학과 문학 등 인문학분야에서 그러하다. 사회학과 인류학 등 사회과학 분야에서도 이들의 이론적 성취를 활발히 받아들이고 있다. 이제 그 여파가 조직연구(organizational analysis) 혹은 조직이론(organization theory) 분야에도 왔다. 예컨대, 조직이론 교과서에 포스트모더니즘 이론가로 Foucault, Lyotard, Derrida 등을 언급하며 그들의 이론을 간략히 소개하고 있다(Scott, 1992, pp. 118~119). 그와 함께 *Academy of Management Review, Organization Studies, Organization* 등 조직연구 분야의 학술잡지들이 포스트모더니즘을 다룬 논문을 싣고 있다.

특히 1980년대 들어오면서 유럽의 학자들이 중심이 되어 조직연구 분야에서 포스트모던 이론의 도입과 적용이 눈에 띄게 활발하다. 그 중에서도 영국의 Robert Cooper와 Gibson Burrell(Cooper & Burrell, 1988; Burrell, 1988; Cooper, 1989; Burrell, 1994)의 연구는 많은 이에게 영향을 끼쳤다. 1988년 이후 이 두 학자가 공동으로 혹은 단독으로 Organization Studies에 게재한 일련의 논문들은 포스트모던 이론을 바탕으로 조직이론 분야를 연구하는 학자들에게 중요한 저작으로 받아들여지고 있다.

Cooper와 Burrell은 모두 영국 랑카스터 대학교(Lancaster University) 조직행동학과(Department of Behaviour in Organisations)의 교수를 역임했으며, 1970년대부터 1980년대 말까지 랑카스터 대학교에 같이 있을 당시 많은 공동 연구를 하였다. 그러나 현재 Cooper는 킬 대학교(University of Keele)로, Burrell은 워릭 대학

---

* 장승권: 성공회대학교 경영학부 교수.

- 694 -

교(University of Warwick)로 옮겨 연구를 계속하고 있다.

두 사람 각각의 학문 세계를 간략히 정리해 보자. 먼저, Cooper는 영국의 유명한 사회조사연구기관인 Tavistock Institute의 연구자들과 1960년대에 깊은 교류를 나눈 바 있다. 흔히 Socio-technical System Theory라고 불리는 이 그룹의 연구자들과 공감을 나누어 온 것이다. 그는 지금도 기술과 사회의 문제를 천착하고 있으며, 이는 영국의 조직이론이 조직과 기술의 문제를 깊이 다루어 온 전통과도 그 맥을 같이한다. 그러나 그의 연구는 실증적이고 경험적인 연구는 아니며, 철학적이며 개념적인 접근에 바탕하고 있다. 최근에는 예술과 미학 등을 연구하며, 그의 연구 영역을 단지 조직분야에만 국한하는 것이 아니라 사회연구 전반으로 넓혀가고 있다.

Burell은 1970년대 말, 동료연구자인 Gareth Morgan과 함께 쓴 *Sociological Paradigms and Organisational Analysis*라는 책으로 유명해진 학자이다. 그는 Cooper와 함께 연구를 하며 지속적으로 철학과 조직 문제를 다루어 왔고, 최근에는 *Pandemonium: Towards a Retro-Organization Theory* 이라는 책을 낸 바 있다. 그 역시 Cooper와 마찬가지로 철학적이고 개념적인 연구로 조직이론의 지평을 넓혀가고 있는 학자로 평가할 수 있다.

II. 이론 소개

1. 모더니즘과 포스트모더니즘이란 무엇인가

모더니즘(modernism)과 포스트모더니즘(postmodernism)을 어떻게 이해 할 것인가? 사실 포스트모더니즘에 관련된 논쟁을 이해하는 것은 쉽지 않다. 왜냐하면 포스트모더니즘 논의에 여러 갈래가 있기 때문이다. 그럼에도 불구하고 이를 단순화시켜 요약해 보자. 이러한 단순 분류가 논쟁을 불러일으킬 수 있다. 또한 다음에 우리가 분류할 내용 모두가 뒤섞여 있다고 보아야 할지 모르겠다. 그렇지만 이런 구분이 포스트모더니즘 논의를 이해하는 데 조금은 도움을 줄 수 있을 것으로 생각하기에 정리해 본다.

조직연구와 관련하여 보면, 포스트모더니즘은 두 가지 정도로 나누어 생각할 수 있다(Hassard, 1993). 첫째, 역사상의 구분이나 사회흐름의 구분으로서의 포스트모더니즘을 들 수 있다. 모던이전의 사회(pre-modern society), 모던사회

(modern society) 그리고 포스트모던사회(postmodern society) 등으로 시대를 나누어 보는 것이다. 둘째, 포스트모더니즘을 새로운 관점 혹은 철학의 흐름으로 볼 수 있다. 이 글에서는 두번째 견해의 포스트모더니즘을 다루려 한다. 왜냐하면 우리가 소개하려는 Cooper & Burrell의 글이 바로 두번째 입장에 서 있기 때문이다.

두번째와 비슷한 관점에서 Chia(1995, p. 591)도 '생각의 스타일'(styles of thinking)을 말하고 있다. 그는 모더니즘이 어떤 시기의 구분을 나타내는 용어는 아니라고 강조한다. 포스트모던이 모던보다 시간적으로 반드시 뒤에 나타나야 하는 것은 아니다. 오히려 포스트모던이 모던보다 앞서 나타난 것일 수도 있다. 예컨대, 그리스의 헤라클리토스(Heraclitus)나 동양의 선불교(禪佛敎)나 도가(道家)사상은 모던사상이 아니라 포스트모던사상이라고 볼 수 있다는 것이다.

위에서 말한 두번째 견해인 관점이나 철학으로서의 포스트모더니즘과 가장 직접적으로 관련된 것으로 후기구조주의(post-structuralism)를 들 수 있다. 이는 서양의 지적 전통을 근본적으로 반성하려는 일련의 철학적 시도로 이해할 수 있다. 이런 흐름의 포스트모더니즘은 모더니즘의 근본적 가정을 공격하고 비판하여 또 다른 사고의 가능성을 열어 주는 하나의 철학적 흐름이다.

이런 논의의 연장에서 포스트모더니즘을 모더니즘과 비교해 보자(Cooper & Burrell, 1988). 먼저 모더니즘이란 서양의 지배적 사조로서 특히 계몽주의시대 이후에 두드러진 철학사조이다. 이는 영원하고 안정된 존재(being)와 그에 바탕을 둔 진리(truth)에 대한 신념이라고 할 수 있다. 그 뿌리는 Plato의 이원론(dualism) 전통에서부터 찾을 수 있는데, 이것이 서양의 정신사에 커다란 영향을 주었다. 그리고 사물(thing), 결과(outcome), 존재(being)에 대한 강조로부터 출발한다고 할 수 있다. 또한 이런 관점에서 인식론적, 존재론적 인본주의(humanism)는 전형적인 모더니즘에 바탕을 둔 입장으로 볼 수 있다. 다시 말해, 인식론적으로 인간을 만물의 중심에 놓고 이를 바탕으로 현대의 기술문명의 세계를 이해하려는 것이다.

모더니즘에도 두 가지 접근이 있다(Cooper & Burrell, 1988, pp. 95~98). 하나는 비판적 모더니즘(critical modernism)이고 다른 하나는 시스템적 모더니즘(systemic modernism)이다. 비판적 모더니즘은 Kant의 사상에 그 뿌리를 두고 있고, Habermas 등의 비판이론 등이 이 흐름에 속한다. 반면, 시스템적 모더니즘은 Saint-Simon과 Comte에서 출발한 도구적 이성에 관심을 두고 있다. 이 흐름은 Bell의 후기산업사회론(post-industrial society)에서 잘 읽을 수 있다.

  이런 점에서 모더니즘은 계몽주의 이후의 시대와 연결되는 역사적 구분의 의미를 갖는 것으로 볼 수 있다. 신(神)으로부터의 해방과 동시에 인간 중심의 역사 그리고 인간 중심의 사회인식이 시작되는 시기가 서양의 경우는 계몽주의 시대 이후이기 때문이다. 인간을 중심에 놓고 세상의 문제를 조감하는 모더니즘의 입장에서 본다면 근대의 과학기술문명이란 너무나 당연시되는 의미 있는 역사의 흐름으로 간주되는 것이다.

  그럼 이와는 다른 포스트모더니즘은 어떤 것인가? 포스트모더니즘의 중심어는 과정(process), 행동(action), 그리고 생성(becoming)이라고 할 수 있다. 이에 바탕하여 진리와 존재를 이해하기 시작하면, 진리와 존재는 사건(event)으로서 인식할 수 있다. 그 결과 진리와 존재(being)는 항상 다시 쓰여지고 재해석되어야 할 대상이다.

  그래서 포스트모더니즘의 입장에서는 중심과 주변의 구분이 흐려지거나 약해진다. 이와 관련하여 Derrida의 생각을 정리해 보자(Cooper, 1988). 탈구성론(脫構成論: deconstruction) 혹은 해체론(解體論)이라고 불리는 Derrida의 전략은 포스트모더니즘 생각의 한 예이다. 그는 서구의 전통적인 이성중심주의(logocentrism) 혹은 모더니즘을 거부하는 포스트모더니즘 생각을 보여 주기 위해서 탈구성 논리를 이용한다.

  그럼 탈구성의 논리는 무엇인가? 탈구성이란 계층적으로 만들어진 위계 서열적 구성물을 비판적으로 보자는 것이다(Cooper, 1989, pp. 481~484). 예를 들면, 이성중심주의에서 보면 이성(理性)과 비이성(非理性)은 상하 위계 서열을 갖고 있다. 즉 이성은 중심부(상부)에 서고 비이성은 주변부(하부)로 내려와 있는 모습의 구성을 이루고 있다. 탈구성이란 이러한 구성을 다시 되돌려 놓자는 것이다. 이를 위해, 먼저 '뒤집기'(overturning)를 해서 이러한 이원적 대비의 계층을 뒤집는다. 그러나 이 단계는 여전히 또 다른 모습의 계층을 만들고 있다는 문제를 낳고, 그래서 본래의 문제의식에 해답을 제공하지 못하고 있다. 그래서 다음으로, '은유화'(metaphorization)과정을 통해, 뒤집기로 만들어진 또 다른 형태의 이원적 계층을 계속해서 뒤집는 과정을 만든다. 그래서 이 단계를 위해 바로 '불확정의 논리'(undecidability)를 이용한다. 이는 계속 끝없이 반복하는 논리 과정이라고 할 수 있는데, 마치 사전에서 어떤 말의 정의를 계속 찾아가는 것과도 같다.

  이런 과정을 통해 이원적 계층도 서로가 서로의 특성을 주고받고 있다는 점을 드러내게 하여 어느 것이 우선인지를 알 수 없게 하는 것이다. 예를 들

면, '독약'이란 말의 경우 '독'과 '약'이 한 단어 안에 공생하는 사실에 주목한다
면, 독약이란 말 안에 독의 요소와 약의 요소가 함께 살고 있음을 깨우치게 된
다는 것이다. 이런 과정을 통해 우리는 독도 아니고 약도 아닌, 혹은 약이면서
독인 독약에 대한 탈구성을 시도한 것이다. Derrida가 말하는 Plato의 파마콘
(pharmakon)의 예가 바로 우리말의 독약의 경우와 비슷하다. 그리스 말의 파마
콘은 바로 독과 치료의 성격을 모두 갖고 있는 말인데, 독의 요소가 감추어지
면 약의 요소가 떠오르면서 파마콘은 약이 된다. 물론 정반대의 경우도 같은
논리로 전개된다. 그런 의미에서 탈구성은 언어와 의미를 이해하는 데 큰 역할
을 할 것이다. 또한 탈구성이라는 생각을 갖고 딱딱하게 구축되어 있는 의미체
계를 되돌려 보려는 Derrida의 시도는 단순히 '해체'한다는 의미보다는 '탈-구
성'(de-construct) 혹은 '원래로 돌리기'(un-do)로 이해해야 할 것이다.

이처럼 모더니즘이 독약을 단지 딱딱하게 굳어진 어떤 결과로만 이해하는
반면, 포스트모더니즘이란 이런 딱딱한 구조를 깨려는 시도이다. 모더니즘과 포
스트모더니즘의 차이도 이러한 것으로 이해하는 것이 바로 앞에서 말한 두번째
의 '관점이나 철학'으로서의 포스트모더니즘이다.

2. 모더니즘과 포스트모더니즘의 조직연구는 어떻게 다른가

우리는 앞에서 시대구분으로의 포스트모더니즘과 새로운 철학적 이해의 관
점으로의 포스트모더니즘을 언급했는데, 구체적으로 이 분류는 조직의 연구에
서도 나타난다. 즉, 포스트모던 시대의 조직을 연구(organization theory of
postmodern organizations)하는 것이다. 이는 분명히 포스트모더니즘의 관점에서
조직을 연구(postmodern theory of organization)하는 것과는 구분할 수 있다. 전자
의 관점은 포스트모던 시대에 나타나는 새로운 유형의 조직을 연구하자는 것으
로, 탈관료제 조직(post-bureaucratic organization) 등을 연구하는 것이다. 이에 반
해, 후자는 어떤 형태의 조직이든, 즉 모던 시대의 조직이든 포스트모던 시대의
조직이든, 포스트모더니즘의 이론적 바탕 아래 연구하자는 것이다. 다시 말해
새로운 관점으로서의 포스트모더니즘에 초점을 둔다(Cooper & Burrell, 1988).

물론 앞서 언급한 바와 같이 이 둘 사이의 차이는 어쩌면 편의적인 것일
수 있다. 포스트모던 조직은 포스트모더니즘의 관점을 요구하기 때문이다. 그
러나 우리는 포스트모던 조직을 여전히 모더니즘의 관점으로도 연구할 수 있
고, 그러한 연구들이 포스트모더니즘 조직이론으로 받아들여지기도 한다. 예를

들면, 분권화된 전문가집단의 조직 혹은 유연한(flexible) 조직을 포스트모던 조직(postmodern organization)이라 부르는 것이다. 이는 단지 탈관료화된 조직, 혹은 조직구조의 단순화 경향 등의 포스트모던 조직과 포스트모더니즘을 동일시하고 이를 포스트모더니즘의 조직 이해로 인식한 결과이다.

이러한 두 가지 유형의 연구는 조직을 어떻게 정의하고 접근하느냐에 그 근본적 차이가 있다. 그래서 우리는 모더니즘과 포스트모더니즘의 차이를 조직의 개념이란 관점에서 비교해 볼 필요가 있다. 이 둘의 차이는 조직연구에 직접 도움을 줄 수 있는 어떤 시발점이 되기 때문이다.

이러한 맥락에서, Cooper & Burrell(1988)은 모더니즘과 포스트모더니즘의 논쟁을 소개하면서, 조직연구에 포스트모더니즘이 어떤 의미를 줄 수 있는지를 논하고 있다. 그들이 말하는 논의의 초점은 '담론'(discourse)에 관한 것이다. 특히 정보, 지식, 의사소통 등이 사회시스템에서 담당하는 역할에 큰 비중을 두고 있다. 모더니즘 담론은 초월적이면서도 인간 중심적인 기준으로 진보와 이성에 중점을 두고 있다. 반면 포스트모더니즘 담론은 사회현상을 모순적이며 불확정적인 것으로 본다. 따라서 인간 행위자를 이성적 통제와 이해의 중심에 놓는 것을 거부한다.

양자의 차이를 조직연구의 관점에서 대비하여 볼 수 있다(Cooper & Burrell, 1988). 모더니즘의 입장에서는 조직은 사회적 도구이며 인간 합리성의 확장이라고 본다. 그러나 포스트모더니즘의 관점에서는 조직을 인간의 계획적인 사고와 계산된 행위의 표현으로 보지 않는다. 오히려 조직화된 생활세계의 안정된 질서를 지속적으로 위협하는 어떤 힘에 대해서 수동적으로 반응한 결과로 나타난 것이 조직이라고 본다. 이러한 포스트모더니즘의 관점을 따르면, 인간의 합리적이고 주체적인 노력의 결과로 조직이 등장했다는 접근은 비판적으로 다시 보아야 한다. 바로 이 점에서 기존의 조직연구를 본다면 어떤 해석이 가능할지를 그들은 논하고 있다. 모더니즘이 조직현상을 어떻게 이해해 왔는지, 그리고 포스트모더니즘의 관점으로 접근한다면 또 다른 이해가 가능할지를 보여주고 있다.

모더니즘의 입장에서 보면 조직이란 불확실성을 줄이는 도구이며, 인간행동의 합리성에 바탕을 둔 예측 가능한 사회적 실재이다. 그래서 모더니즘은 조직을 인간사회에서 적극적이고 긍정적인 역할을 하고 있는 것에 초점을 두고 있다. 이는 효율적인 경영활동의 도구성과 같은 것이다. 이에 반해, 포스트모더니즘은 모더니즘보다는 조직에 관해 소극적이고 조금은 비관적인 견해를 보인다. 즉, 포스트모더니즘은 조직을 인간이 합리성에 바탕하여 적극적으로 만들어 낸 도구로 보기보다는 변화라는 큰 힘에 대처하기 위하여 생겨난 수동적이고 소극적 대응물로 본다. 다시 말해 조직이란 무질서에서 질서를 끌어내기 위한 과정 그 자체라고 이해할 수 있다. 세상이란 근본적으로 불확정적인 것으로 보고, 이를 극복하려는 권력의 행사과정이 드러나게 되고 그것을 '조직하기'라는 행위로 이해하는 것이다. 바로 이것이 조직이라는 형태로 발현된다고 본다.

이는 Foucault(1977)의 권력과 지식에 관한 이해에서도 볼 수 있다. 즉, 권력을 향한 의지(will to power)라는 Nietzsche의 생각은 Foucault에서는 지식을 향한 의지(will to knowledge)로 바뀌어 표현된다. 여기서 권력과 지식은 서로 분리될 수 없는 것으로 동시에 나타난다. Foucault는 일상적인 언어와 담론(discourse)에 권력/지식(power/knowledge)의 관계가 뿌리깊이 스며 있음을 보여준다. 그 예로 시간표(time-table)가 어떻게 통제와 조직을 만들어 가는지, 시험(examination)이 어떻게 권력행사를 촉진하는지 등을 보여준다. 이처럼 Foucault에게는 조직이라는 과정은 감시와 규율을 가능하게 하는 것으로, 항상 변동하고 있는 세상에서 짜여진 생활을 유지시키기 위한 권력의 표현과정이다. 이런 포스트모더니즘의 관점에서 보면 조직이란 완성된 그리고 정체된 물체와 같은 것이 아니라 계속적으로 만들어져 가는 과정으로 인식할 수 있다. 그 때문에, 조직하기(organizing)의 예를 여러 가지 경우에서 보여준다.

Foucault(1977)는 권력/지식의 관계를 여러 가지 역사적 경험에서 보여주고 있는데 그 중에서 현대의 조직에도 직접적으로 이용되고 있는 원리를 하나 보여 주고 있다. 그것은 19세기 영국의 공리주의자 J. Bentham이 설계한 판옵티콘(Panopticon)인데, 권력/지식의 전형을 보여 준다. 판옵티콘은 시각성(visibility)을 높임으로써 통제를 원활히 하는 권력/지식의 모습을 잘 보여준다. 즉 중앙의 감시탑에 있는 간수는 주위의 원형 감옥에 갇힌 죄수들을 볼 수 있으나 죄수들은 간수를 볼 수 없도록 만들어진 설계를 통해, 볼 수 있는 간수(지식을 갖고 있는)와 볼 수 없는 죄수(지식을 갖지 못한)의 관계에서 어떻게 권력/지식이 행사되어 통제를 가능하게 하는지를 보여준다.

이런 원리를 바탕으로, Zuboff(1988)의 정보판옵티콘(Information Panopticon)에 관한 연구는 실제로 첨단의 정보화된 조직에서 실행되고 있는 판옵티콘의 원리들을 잘 보여주고 있다. 컴퓨터를 주로 사용하는 작업현장에서 우리는 이러한 보임과 보이지 않음의 원리에 입각한 통제를 쉽게 찾을 수 있다. 중앙의 통제관리자는 컴퓨터를 이용하는 하부의 작업자가 현재 무엇을 하는지, 그리고 얼마나 열심히 일하고 있는지를 그 작업자 모르게 알아 낼 수 있다. 실상 이런 종류의 권력/지식의 통제는 오늘날 조직의 어디서든지 쉽게 볼 수 있다.

3. 포스트모던 조직연구에 대한 평가

포스트모던 조직연구는 실용적인 접근과는 거리가 있다. 그러나 이들이 유럽의 조직연구자들에게 준 영향력은 아주 크다. 특히 비판적 관점으로 기존의 조직연구를 분석한 것이 최대 공헌이라고 할 수 있을 것이다. 비록 이들이 주류 조직이론에 미친 영향력은 크지 않다고 할지라도 이들의 이론적 작업이 지닌 힘은 아주 크다. 때문에 조직이론을 연구하는 한국의 학자들도 포스트모던 조직이론을 꼼꼼히 살필 가치가 있는 것이다.

결론적으로 포스트모더니즘이 조직연구에 무엇을 어떻게 기여할 수 있을까라는 문제를 생각해 보자. 포스트모더니즘이 조직연구의 새로운 패러다임을 제공하는 시발점이 될 것인가 하는 문제와도 연결된다. 물론 새로운 패러다임의 가능성 문제는 우리만의 문제가 아닌 전세계 조직이론가들의 공통된 문제이다. 포스트모더니즘의 영향력은 과연 조직연구의 패러다임을 전환시킬 수 있을 정도가 되겠는가? 아니면 그저 하나의 새로운 안목을 제공하는 정도일 것인가? 그도 아니면 유행의 흐름 정도로 남아 있다가 조만간 사라질 것인가? 혹은 조금 다른 방식으로 질문할 수도 있을 것이다. 조직을 도대체 무엇이라고 생각하고 연구 할 것인가? 지금까지 조직연구가 갖고 있던 과학(science) 모델에서 인문학(humanity) 모델로 방향을 선회할 수 있고, 해야 하는가? 이와 관련하여 조직연구는 실증적 사회과학에서 해석과 이해의 사회과학으로 변신해야 하는 것인가?

이런 질문 모두가 쉽게 답할 수 있는 것이 아니다. 그러나 만약 우리가 포스트모더니즘과 같은 새로운 사조의 현실 적합성과 그 필요성을 보다 심각하게 받아들인다면, 위의 질문에 대한 대답은 잠정적이나마 있어야 할 것이다. 그리고 이런 질문들에 대한 답을 찾는 노력에도 어떤 출발점이 필요할 것이다. 그런 의미에서, Cooper & Burrell의 글은 우리에게 심화된 토의를 할 수 있는 좋은 출발점이 될 것이다.

참ㅣ고ㅣ문ㅣ헌

Burrell, Gibson, "Modernism, Postmodernism and Organizational Analysis 2: The Contribution of Michel Foucault," *Organization Studies*, 9, 2, 1988, pp. 221~235.

_____, "Modernism, Postmodernism and Organizational Analysis 4: The Contribution of Jürgen Harbermas", *Organization Studies*, 15, 1, 1994, pp. 1~45.

Chia, Robert, "From Modern to Postmodern Organizational Analysis," *Organization Studies*, 16, 4, 1995, pp. 579~604.

Cooper, Robert, "Modernism, Post Modernism and Organizational Analysis 3: The Contribution of Jacques Derrida," *Organization Studies*, 10, 4, 1989, pp. 479~502.

_____ & Gibson Burrell, "Modernism, Postmodernism and Organizational Analysis: An Introduction," *Organization Studies*, 9, 1, 1988, pp. 91~112.

Foucault, Michel, *Discipline and Punish: The Birth of the Prison*, London: Penguin, 1977.

Hassard, John, *Sociology and Organization Theory: Positivism, Paradigms and Postmodernity*, Cambridge: Cambridge University Press, 1993.

Scott, W. Richard, *Organizations: Rational, Natural, and Open Systems*, 3rd ed., Englewood Cliffs, NJ: Prentice-Hall, 1992.

Zuboff, Shoshana, *In the Age of the Smart Machine: the Future of Work and Power*, Oxford: Heinemann, 1988.

■ **고길곤(高吉坤)**
연세대학교 응용통계학과 졸업(응용통계학사)
서울대학교 행정대학원 졸업(행정학 석사)
미국 Univ. of Pittsburgh(행정학 박사)
싱가포르 국립대학교 교수 역임
현, 서울대학교 행정대학원 교수

■ **권기헌(權祈憲)**
한국외국어대학교 행정학과 졸업(행정학사)
서울대학교 행정대학원 졸업(행정학 석사)
미국 Harvard University(정책학 석, 박사)
경희대학교 행정학과 교수 역임
현, 성균관대학교 행정학과 교수

■ **권일웅(權日雄)**
서울대학교 경제학과 졸업(경제학사)
미국 Harvard University(경제학 박사)
미국 Univ. of Michigan 및 State Univ. of
New York, Albany 경제학과 조교수 역임
현, 서울대학교 행정대학원 교수

■ **김민수(金旼秀)**
서울대학교 심리학과 졸업(문학학사)
미국 University of California, Berkeley(경영
학 박사)
현, 한양대학교 경영학부 교수

■ **김병섭(金秉燮)**
서울대학교 농경제학과 졸업(경제학사)
서울대학교 행정대학원 졸업(행정학 석사)
미국 University of Georgia(행정학 박사)
정부혁신지방분권위원장
서울대학교 행정대학원 교수 역임
현, 서울대학교 행정대학원 명예교수

■ **김상묵(金相默)**
한양대학교 행정학과 졸업(행정학사)
한양대학교 대학원 졸업(행정학 석사)
미국 Michigan State Univ.(정치학 박사)
현, 서울과학기술대학교 행정학과 교수

■ **김상준(金相俊)**
연세대학교 경영학과 졸업(경영학사)
연세대학교 경영학과 졸업(경영학 석사)
미국 Worcester Polytechnic Institute 졸업
(시스템모델링 석사)
미국 University of California, Irvine 졸업
(경영학 박사)
현, 이화여자대학교 경영대학 부교수

■ **김석준(金錫俊)**
서울대학교 공과대학 졸업(공학사)
서울대학교 행정대학원 졸업(행정학 석사)
미국 UCLA(정치학 석사, 박사)
이화여자대학교 행정학과 교수 역임
과학기술정책연구원장 역임
현, 건국대학교 융합인재학교 초빙교수

■ **김성국(金聲國)**
서울대학교 문리대 졸업(문학사)
서울대학교 대학원 졸업(경영학 석사)
독일 Mannheim대학교(경영학 박사)
이화여자대학교 경영학과 교수 역임
현, 이화여자대학교 경영학과 명예교수

■ **김영배(金永培)**
서울대학교 경제학과 졸업(경제학사)
KAIST 졸업(경영과학 석사)
KAIST 졸업(경영과학 박사)
현, KAIST 테크노경영대학원 교수

■ **김영수(金映秀)**
고려대학교 경영학과 졸업(경영학사)
미국 USC(경영학 및 행정학 석사)
미국 Boston University(경영학 박사)
현, 숭실대학교 벤처중소기업학과 교수

■ 김완식(金完植)
서울대학교 공과대 졸업(공학사)
서울대학교 행정대학원 졸업(행정학 석사)
Australian National Univ.(사회학 박사)
충남대학교 조교수 역임
현, 숭실대학교 행정학과 명예교수

■ 김윤호(金潤浩)
고려대학교 행정학과 졸업(행정학사)
미국 University of Georgia(행정학 석사)
미국 Cornell University(정치학 석, 박사)
미국 Southern Illinois Univ. 조교수
현, 서울시립대학교 행정학과 교수

■ 김종순(金鍾淳)
건국대학교 행정학과 졸업(행정학사)
미국 University of Georgia(행정학 석사)
미국 University of Georgia(행정학 박사)
현, 건국대학교 행정학과 교수

■ 김주엽(金注燁)
연세대학교 경영학과 졸업(경영학사)
연세대학교 대학원 졸업(경영학 석사)
미국 University of Oregon(경영학 박사)
충북대학교 경영학과 교수
현, 충북대학교 경영학과 명예교수

■ 김희천(金熙天)
고려대학교 경영학과 졸업(경영학사)
KAIST 졸업(경영과학 석사)
미국 Texas A&M Univ.(경영학 박사)
한양대학교 경영학부 교수 역임
현, 고려대학교 경영대학 교수

■ 남상화(南相華)
서울대학교 농과대학 졸업(농학사)
서울대학교 행정대학원 졸업(행정학 석사)
서울대학교 대학원 졸업(행정학 박사)
전, 호서대학교 행정학과 교수

■ 문명재(文命在)
연세대학교 정치외교학과 졸업(정치외교학사)
경희대학교 평화복지대학원 졸업(정치학 석사)
미국 Univ. of Texas at Austin(정책학 석사)
미국 Syracuse University(행정학 박사)
현, 연세대학교 행정학과 교수

■ 민진(閔振)
건국대학교 행정학과 졸업(행정학사)
서울대학교 행정대학원 졸업(행정학 석사)
서울대학교 행정대학원 졸업(행정학 박사)
미국 University of Georgia 객원교수
국방대학교 국방관리대학원장 역임
현, 국방대학교 국방관리대학원 명예교수

■ 박세정(朴世正)
연세대학교 경영학과 졸업(경영학사)
미국 University of Georgia(경영학 석사)
미국 University of Georgia(행정학 박사)
현, 계명대학교 행정학과 교수

■ 박천오(朴天悟)
건국대학교 법학과 졸업(법학사)
건국대학교 대학원 졸업(법학 석사)
미국 Ohio State University(정치학 석사)
미국 Univ. of washington(정치학 박사)
현, 명지대학교 행정학과 교수

■ 박헌준(朴憲俊)
연세대학교 경영학과 졸업(경영학사)
연세대학교 대학원 졸업(경영학 석사)
미국 Ohio State University(경영학 박사)
한국협상학회 회장 역임
현, 연세대학교 경영대학 매니지먼트 교수

■ 박희봉(朴熙峯)
한양대학교 행정학과 졸업(행정학사)
한양대학교 대학원 졸업(행정학 석사)
미국 Temple University(정치학 박사)
현, 중앙대학교 공공인재학부 교수

■ 손태원(孫泰元)
한국외국어대학교 영어과 졸업(문학사)
서울대학교 행정대학원 졸업(행정학 석사)
미국 Rutgers Univ.(New Jersey 주립대)
　(경영학 박사)
한양대학교 경영대학 교수
현, 한양대학교 경영대학 명예교수

■ 송근원(宋根源)
서울대학교 사회사업학과 졸업(문학사)
서울대학교 행정대학원 졸업(행정학 석사)
미국 West Virginia Univ.(정책학 박사)
육군 제3사관학교 교수 역임
전, 경성대학교 행정학과 교수

■ 신유형(辛唯馨)
서울대학교 심리학과 졸업(문학사)
미국 Columbia University(조직심리학 석사)
미국 Columbia University(조직심리학 박사)
현, 한양대학교 경영대학 교수

■ 신환철(申桓澈)
전북대학교 졸업(정치학 및 행정학 석사)
미국 Univ. of Wisconsin, Madison(행정학 석사)
전남대학교 대학원 졸업(행정학 박사)
전북대학교 행정학과 교수
현, 전북대학교 행정학과 명예교수

■ 안도경(安度勁)
서울대학교 정치학과 졸업(정치학사)
서울대학교 대학원 졸업(정치학 석사)
미국 Indiana University(정치학 박사)
현, 서울대학교 정치외교학부 교수

■ 안성호(安成浩)
숭전대학교 영문학과 졸업(영문학사)
서울대학교 행정대학원 졸업(행정학 석사)
서울대학교 행정대학원 졸업(행정학 박사)
대전대학교 행정학과 교수 역임
현, 한국행정연구원 원장

■ 오석홍(吳錫泓)
서울대학교 법과대학 졸업(법학사)
서울대학교 행정대학원 졸업(행정학 석사)
미국 Univ. of Pittsburgh(행정학 박사)
서울대학교 행정대학원 교수
현, 서울대학교 행정대학원 명예교수

■ 원숙연(元淑淵)
이화여자대학교 행정학과 졸업(행정학사)
이화여자대학교 대학원 졸업(행정학 석사)
영국 Univ. of Nottingham(행정학 박사)
현, 이화여자대학교 행정학과 교수

■ 유규창(劉奎昌)
중앙대학교 정치학과 졸업(정치학사)
미국 University of Toledo(경영학 석사)
미국 University of Wisconsin, Madison
　(경영학 박사)
현, 한양대학교 경영학부 교수

■ 윤견수(尹堅秀)
고려대학교 행정학과 졸업(행정학사)
고려대학교 대학원 졸업(행정학 석사)
고려대학교 대학원 졸업(행정학 박사)
현, 고려대학교 행정학과 교수

■ 이근주(李根柱)
서울대학교 언어학과 졸업(언어학사)
서울대학교 행정대학원 졸업(행정학 석사)
미국 Indiana University(행정학 박사)
현, 이화여자대학교 행정학과 교수

■ 이달곤(李達坤)
서울대학교 공과대 졸업(공학사)
서울대학교 행정대학원 졸업(행정학 석사)
미국 Harvard University(정책학 석, 박사)
한국행정학회 회장 역임
서울대학교 행정대학원 교수 역임
현, 가천대학교 행정학과 석좌교수

■ 이순묵(李舜默)
서울대학교 경영학과 졸업(경영학사)
미국 Indiana University(경영학 석사)
미국 Ohio State University(심리학 박사)
미국 Fordham Univ. 심리학과 교수
충북대학교, 성균관대학교 심리학과 교수
현, 성균관대학교 심리학과 명예교수

■ 이창길(李昌吉)
전남대학교 경제학과 졸업(경제학사)
서울대학교 행정대학원 졸업(행정학 석사)
미국 Cornell University(조직학 박사)
제28회 행정고등고시 합격(행자부 근무)
한국조직학회 회장 역임
현, 세종대학교 행정학과 교수

■ 임도빈(任道彬)
서울대학교 사회교육과 졸업(문학사)
서울대학교 행정대학원 졸업(행정학 석사)
프랑스 Paris 정치대학교(행정학 박사)
현, 서울대학교 행정대학원 교수

■ 임상훈(林尙勳)
서울대학교 경영학과 졸업(경영학사)
미국 Univ. of Wisconsin(경영학 석사)
미국 Univ. of Wisconsin(노사관계학 박사)
현, 한양대학교 경영학부 교수

■ 임창희(林昌喜)
서강대학교 경제학과 졸업(경제학사)
서울대학교 경영대학원 졸업(경영학 석사)
프랑스 Paris IX 대학교(경영학 박사)
홍익대학교 경영학과 교수 역임
현, 홍익대학교 경영학과 초빙교수

■ 장승권(張承權)
연세대학교 경영학과 졸업(경영학사)
영국 Lancaster University(경영학 석사)
영국 Lancaster University(경영학 박사)
현, 성공회대학교 경영학부 교수

■ 장용석(張容碩)
연세대학교 사회학과 졸업(문학사)
미국 Stanford University(사회학 석사)
미국 Stanford University(사회학 박사)
현, 연세대학교 행정학과 교수

■ 전상길(全相吉)
고려대학교 경영학과 졸업(경영학사)
고려대학교 대학원(경영학 석사)
고려대학교 대학원(경영학 박사)
현, 한양대학교 ERICA 캠퍼스 경영학부 교수

■ 전영한(全泳漢)
서울대학교 심리학과 졸업(심리학사)
서울대학교 행정대학원 졸업(행정학 석사)
미국 University of Georgia(행정학 박사)
현, 서울대학교 행정대학원 교수

■ 정명호(鄭明鎬)
연세대학교 경영학과 졸업(경영학사)
연세대학교 대학원 졸업(경영학 석사)
연세대학교 대학원 졸업(경영학 박사)
한성대학교 경상학부 교수 역임
현, 이화여자대학교 경영대학 교수

■ 정창화(鄭昌和)
한국외국어대학교 독일어과 졸업(문학사)
독일 Speyer국립행정대 졸업(행정학 석사)
독일 Speyer국립행정대(행정학 박사,
 Dr.rer.publ.)
한국조직학회 회장 역임
현, 단국대학교 행정학과 교수

■ 조경호(趙慶鎬)
고려대학교 영어영문학과 졸업(문학사)
미국 University of New York, Albany(행정
 학 석사)
미국 University of Georgia(행정학 박사)
현, 국민대학교 행정정책학부 교수

- **조남신(趙南炻)**
  서울대학교 경영학과 졸업(경영학사)
  한국과학원 졸업(산업공학 석사)
  미국 Univ. of Pennsylvania(경영학 박사)
  한국개발연구원 연구원 역임
  현, 한국외국어대학교 경영학과 교수

- **조영호(趙永鎬)**
  아주대학교 경영학과 졸업(경영학사)
  한국과학원 졸업(경영학 석사)
  프랑스 Aix Marsellie Ⅲ 대학교(경영학 박사)
  한국외국어대학교 조교수 역임
  아주대학교 경영학과 교수 역임
  현, 아주대학교 경영학과 명예교수

- **최병선(崔炳善)**
  서울대학교 경영학과 졸업(경영학사)
  서울대학교 행정대학원 졸업(행정학 석사)
  미국 Harvard University(정책학 박사)
  제18회 행정고등고시합격(상공부 근무)
  서울대학교 행정대학원 교수
  현, 서울대학교 행정대학원 명예교수

- **최태현(崔台鉉)**
  서울대학교 법과대학 졸업(법학사)
  서울대학교 행정대학원 졸업(행정학석사)
  미국 University of Southern California
    (정책 · 계획학박사)
  현, 서울대학교 행정대학원 교수

- **하태권(河泰權)**
  서울대학교 정치학과 졸업(정치학사)
  서울대학교 행정대학원 졸업(행정학 석사)
  미국 University of Georgia(행정학 박사)
  한국행정학회 회장 역임
  전, 서울과학기술대학교 행정학과 교수

- **한인수(韓仁洙)**
  서울대학교 경영학과 졸업(경영학사)
  서울대학교 경영대학원 졸업(경영학 석사)
  서울대학교 행정대학원 졸업(행정학 박사)
  독일 Mannheim대학교 연구교수
  현, 충남대학교 경영학과 명예교수

- **한정화(韓正和)**
  서울대학교 경영학과 졸업(경영학사)
  미국 University of Georgia(경영학 석사)
  미국 University of Georgia(경영학 박사)
  현, 한양대학교 경영학부 명예교수

조직학의 주요이론 [제6판]

2000년　2월 12일　제2판 발행
2008년　4월 22일　제3판 발행
2011년 10월 25일　제4판 발행
2019년 10월 30일　제5판 발행
2024년　2월 20일　제6판 1쇄 발행

저 자　오　　석　　홍　외

발행인　배　　효　　선

발행처　도서
　　　　출판　法　文　社

주　소　10881 경기도 파주시 회동길 37-29
등　록　1957년 12월 12일/제2-76호(윤)
전　화　(031)955-6500~6　FAX (031)955-6525
E-mail　(영업) bms@bobmunsa.co.kr
　　　　(편집) edit66@bobmunsa.co.kr
홈페이지　http://www.bobmunsa.co.kr

조 판 법 문 사 전 산 실

정가 37,000원　　　ISBN 978-89-18-91463-3